Modernismo

O Lado Oposto e os Outros Lados

SERVIÇO SOCIAL DO COMÉRCIO
Administração Regional no Estado de São Paulo

Presidente do Conselho Regional
Abram Szajman
Diretor Regional
Danilo Santos de Miranda

Conselho Editorial
Ivan Giannini
Joel Naimayer Padula
Luiz Deoclécio Massaro Galina
Sérgio José Battistelli

Edições Sesc São Paulo
gerente Iã Paulo Ribeiro
gerente adjunta Isabel M. M. Alexandre
coordenação editorial Cristianne Lameirinha, Clívia Ramiro, Francis Manzoni, Jefferson Alves de Lima
produção editorial Thiago Lins, Maria Elaine Andreoti
coordenação gráfica Katia Verissimo
produção gráfica Fabio Pinotti, Ricardo Kawazu
coordenação de comunicação Bruna Zarnoviec Daniel

Biblioteca Brasiliana Guita e José *Mindlin*

UNIVERSIDADE DE SÃO PAULO

Reitor Carlos Gilberto Carlotti Junior
Vice-reitora Maria Arminda do Nascimento Arruda

Pró-Reitoria de Cultura e Extensão Universitária
Pró-reitora Marli Quadros Leite
Pró-reitor adjunto Hussam El Dine Zaher

Biblioteca Brasiliana Guita e José Mindlin
Diretor Alexandre Macchione Saes

Publicações BBM
Editor Plinio Martins Filho
Editoras assistentes Millena Santana, Mirela de Andrade Cavalcante e Amanda Fujii

Edições Sesc São Paulo
Rua Serra da Bocaina, 570 – 11º andar
03174-000 – São Paulo SP Brasil
Tel.: 11 2607-9400
edicoes@sescsp.org.br
sescsp.org.br/edicoes
/ edicoessescsp

Publicações BBM
Biblioteca Brasiliana Guita e José Mindlin
Rua da Biblioteca, 21
Cidade Universitária
05508-065 – São Paulo, SP, Brasil
Tel.: 11 2648-0840
bbm@usp.br

Modernismo

O Lado Oposto e os Outros Lados

ELIAS THOMÉ SALIBA (ORG.)

© Elias Thomé Saliba e colaboradores, 2022
© Edições Sesc São Paulo, 2022
Todos os direitos reservados

Direitos reservados e protegidos pela Lei 9.610 de 19.02.1998.
É proibida a reprodução total ou parcial sem autorização,
por escrito, das editoras.

Edição	Plinio Martins Filho
Assistência de edição	Amanda Fujii, Isac Araujo dos Santos, Mirela de Andrade Cavalcante
Preparação	Camila Gonçalves, Isac Araujo dos Santos, Mirela de Andrade Cavalcante
Composição	Amanda Fujii, Isac Araujo dos Santos
Projeto gráfico	Isac Araujo dos Santos
Capa	Fabio Pinotti
Revisão	Isac Araujo dos Santos, Mirela de Andrade Cavalcante

Dados Internacionais de Catalogação na Publicação (CIP)
(Câmara Brasileira do Livro, SP, Brasil)
Ficha catalográfica elaborada pelo Serviço de Biblioteca e Documentação da Biblioteca
Brasiliana Guita e José Mindlin (BBM-USP)

M689

Modernismo: o lado oposto e os outros lados / Elias Thomé Saliba (org.). – São Paulo: Publicações BBM; Edições SESC, 2022.
552 p. ; 16 x 23 cm.

ISBN: 978-65-86111-79-8

1. Modernismo. 2. Semana de Arte Moderna. 3. 1922. 4. Brasil.
I. Organizador. II. Título.

CDD: 709.040981

Bibliotecário
Rodrigo M. Garcia, CRB8ª: SP-007584/O

A Nicolau Sevcenko
In memoriam

SUMÁRIO

Faces do Modernismo Brasileiro – *Danilo Santos de Miranda* 13
Destravando o Holofote da Memória Social – *Elias Thomé Saliba* 15

Parte I
OS OUTROS LADOS DO MODERNISMO

1. Modernismo: Os Outros Lados, os Outros Horizontes – *Elias Thomé Saliba* 27

Parte II
O LADO OPOSTO, OS OUTROS IMPRESSOS E OS OUTROS LEITORES

2. Sérgio Buarque de Holanda, a Imprensa e o Modernismo (1920-1926) – *Tania Regina de Luca* 51
3. Monteiro Lobato e a Nacionalização da Ficção Policial – *Leandro Antonio de Almeida* 89
4. A Era dos Inquéritos: Livros, Leitura e Leitores na Pauliceia – *Nelson Schapochnik* 127

Parte III
O LADO OPOSTO E OS OUTROS BICHOS

5. Nacionalismo, Modernidade, Antas e Outros Bichos no Museu Nacional – *Regina Horta Duarte* 163
6. "O Brasil É um Carro de Boi": Os Animais, a Orgânica Cidade dos Modernistas e a Difusa Modernidade Brasileira – *Nelson Aprobato Filho* 183

Parte IV
O LADO OPOSTO E AS OUTRAS CULTURAS

7. Poesia em Comprimidos, Pensamentos em Gotas. Expressão Afro-Romântica em Tempos de Modernismo – *Elena Pajaro Peres* 219
8. O Outro Lado Urgente e Atual do Modernismo: *Clara dos Anjos*, de Lima Barreto – *Camila Rodrigues* 243

Parte V
O LADO OPOSTO E OS OUTROS TRAÇOS

9. O Modernismo e os Outros Traços: O Risco e o Riso, a Conjunção Ausente – *Ana Luiza Martins* 267
10. O Penumbrismo Solar, a Mulher-Peixe e um Papagaio para Disney: A Arte de J. Carlos na Contramão do *Le Monde* Modernista – *Rosane Pavam* 293
11. Da Arte do Riso e da Modernidade: O Humor Gráfico – *Andréa de Araujo Nogueira* 323

Parte VI
O LADO OPOSTO E OS OUTROS MONUMENTOS

12. As Estátuas da Praça da República: Memória e Esquecimento – *Roney Cytrynowicz* 357
13. E se Ouvíssemos as Estátuas da Cidade? Uma Retomada das Experiências com o Espaço Público da Cidade de São Paulo – *Paula Ester Janovitch* 389

Parte VII
O LADO OPOSTO E OS LADOS LÚDICOS: A LITERATURA INFANTIL

14. Animais Falantes, Brinquedos Animados e Livros que Divertem: Os Álbuns Ilustrados Publicados no Brasil nas Primeiras Décadas do Século XX – *Patricia Tavares Raffaini* 407
15. Literatura Infantojuvenil em Tempos de Modernismos: Monteiro Lobato, Graciliano Ramos e o Tema da Linguagem – *Gabriela Pellegrino Soares* 429

Parte VIII
O LADO OPOSTO E AS OUTRAS DERIVAS

16. Do Modernismo à Modernidade, Três Vezes: Artistas *Dérives* nos Palcos Brasileiros – *Wagner Martins Madeira* 445
17. Outros Lados, Outras Derivas: Revistas, Movimentos e Debates Modernistas em Mato Grosso – *Thaís Leão Vieira* 469

Parte IX
O LADO OPOSTO E O MODERNISMO DAS RUÍNAS

18. A Vaga Melancolia da Desolação e da Decadência: *Um Bandeirante do Século XX Observa Ruínas no Brasil Central* – *Luciana Murari* 499
19. Ilusões Cronológicas: Etéreos que se Querem Eternos – *Francisco Foot Hardman* 533

Sobre os Autores 547

Faces do Modernismo Brasileiro

Danilo Santos de Miranda

Diretor do Sesc São Paulo

CRIADO NA DÉCADA de 1940, pode-se dizer que o Sesc é tributário dos projetos de país vislumbrados pelos modernistas de diferentes extrações e gerações. Não devem, contudo, ser desconsideradas as divergências entre eles no que tange às concepções de nacionalidade, herança e realidade brasileiras. Desse legado, cuja base pode ser identificada na exigência de autodeterminação das populações que aqui vivem, a instituição nutriu-se e segue nutrindo-se das perspectivas plurais engendradas na rica, embora fraturada, vida nacional. É dessa premissa que provém a amplitude dos programas desenvolvidos pela instituição no intuito de se haver com as complexidades da existência social.

Essa variedade de projetos modernistas e modernizadores exige que eles sejam verificados e reconhecidos em suas distintas vertentes – premissa essencial para o Sesc, cuja ação é comprometida com a pluralidade de pontos de vista e repertórios. Daí qualquer fantasia de tábula rasa ou versão uniformizante do que se passou se revelem inoportunas, solicitando que o nosso modernismo seja compreendido como volume multifacetado, cuja espessura pressupõe um passado secular moldado pelo processo colonial, com base na produção agrária e no sistema escravista. Logo não se poderia conciliar a ebulição da sensibilidade brasileira, simbolizada pela Semana de 22, com o imperativo modernista europeu de "zerar a tradição", uma vez que o processo colonial-escravista constitui a matriz da nação.

Lidar com esse volume implica sondar a diversidade de programas e manifestações que excediam as margens do restrito concerto modernista de primeira onda – rastreáveis na variedade de agentes, poéticas, publicações, ensaios. Passado o rumor da Semana, é a partir de 1924 que tal multiplicidade se deixa perceber com maior nitidez, inclusive pela entrada em cena de uma nova geração comprometida com a renovação e a revisão da história brasileira. A esses "outros lados" seria possível justapor, ainda, o quadro das produções que, nas duas primeiras décadas do século xx, não foram reconhecidas como "modernistas", por não se orientarem pelos preceitos da vanguarda.

Esse fenômeno cultural - que se estende, ao menos, até os anos 1940 - coloca em jogo o desejo de repensar o país para além de um destino determinado por forças retrógradas, acentuadamente exploratórias e racistas. Com sua energia de ruptura, em chave ambivalente, 1922 foi tanto um evento acachapante, ofuscando o que não se enquadrava em seu receituário, quanto um marco a partir do qual foi possível revisitar o passado e revalorizar a história e suas tradições, sendo esses os lastros de narrativas alternativas acerca da trajetória do Brasil. Ao Sesc cabe repercutir releituras do modernismo brasileiro como as reunidas neste volume, ao passo que compreende a importância de se complexificar as visadas em torno dele.

Destravando o Holofote da Memória Social

Elias Thomé Saliba

Comemorações são sempre bem-vindas, sobretudo em épocas tão obscuras nas quais diminuem ainda mais as oportunidades de dinamizar a cultura neste país. Para o historiador, contudo, o problema dos impulsos comemorativos é que eles secundariamente ativam na memória social uma espécie de holofote giratório, que ilumina alguns eventos, personagens, narrativas e temas do passado, obscurecendo outros ou deixando-os na mais completa escuridão do esquecimento. É certo que o evento modernista de 1922 foi de grande impacto na história cultural brasileira. Mas qualquer balanço do seu legado apresenta dificuldades: a intrínseca diversidade dos projetos estéticos ali anunciados, passando ao largo das culturas já existentes, em suas várias linguagens, estilhaçou-se na história cultural posterior, passando por reciclagens, apropriações e descartes que resultaram num autêntico palimpsesto, quase irreconhecível cem anos depois.

Entretanto, pelo jogo de efeitos deliberados ou por contingências imponderáveis da própria história brasileira, 1922 acabou transformando-se também em marco decisivo na elaboração furtiva de estratégias de esquecimento de tempos, trajetórias, temas e personagens – iluminando e celebrando uns e obscurecendo e silenciando outros, incluindo – vale lembrar – os projetos diferenciados dos próprios lideres do movimento cultural paulista – estes últimos, um tanto esquecidos, apropriados ou renegados no âmbito da concepção orgânica de cultura que se instalou ulteriormente no país. Afinal, já a partir da década de 1930, se iniciou entre críticos de formação variada, não raro hauridos dentre os próprios arautos modernistas, uma meta-narrativa do modernismo brasileiro que começaria a engendrar os termos de sua própria canonização. E aquele holofote giratório começou a travar, iluminando alguns lugares canônicos e deixando outros na escuridão.

"O Lado Oposto e os Outros Lados" é um artigo do jovem Sérgio Buarque de Holanda, de 1926, que serve de título para este livro – mas também de mote inspirador para muitos dos ensaios contidos neste volume[1]. Mais do que um balanço existencial e intelectual do então jovem crítico modernista e um divisor de águas nos desdobramentos do modernismo - as reflexões contidas naquele artigo constituíram um marco decisivo e sutilmente antecipador dos próprios dilemas de compreensão da história do país. "Ainda muito jovem, foi o maior ledor que conheci; não lia, devorava livros. Nos recintos mais barulhentos, tinha a invejável faculdade de fazer abstração do rumor e ler imperturbavelmente – recorda-se Onestaldo de Penafort[2], descrevendo aquele jovem de apenas 24 anos. "De monóculo em punho, com senso de humor e temperamento irreverente, dotado de certa impertinência intelectual, senão por vezes briguento"[3], Sérgio Buarque já antevia, não sem alguma frustração, o quanto alguns militantes modernistas, ao pretenderem inventar de chofre a nacionalidade, acabavam por desprezar a história. Percebia ainda que, por trás da forma, do vocabulário e do repertório de imagens dos gestos inovadores dos seus confrades modernistas, subsistia latente uma mesma tônica idealista, nativista, nacionalista e militante. Daí porque encarar os movimentos de formação da história brasileira do ponto de vista da sua singularidade era - senão é até hoje – um desafio angustiante.

Segundo a historiadora Maria Odila da Silva Dias, tais desafios já aproximariam precocemente o crítico literário do futuro historiador, sobretudo ao compor um estilo de escrita que se nutria de sucessivas "negações de ne-

---

1. Publicado pela primeira vez na *Revista do Brasil* em 15 out.1926, foi republicado por Francisco de Assis Barbosa (org.), *Raízes de Sérgio Buarque de Holanda*. Rio de Janeiro, Rocco,1988, pp. 85-88.
2. O. de. Pennafort, *Um Rei da Valsa*. Rio de Janeiro, Livraria São José, 1958, pp. 81-82.
3. Maria Odila da S. Dias, *Negação das Negações* em Pedro M. Monteiro e João K. Eugênio, *Sérgio Buarque de Holanda: Perspectivas*. Rio de Janeiro/Campinas, Edueri/Editora da Unicamp, 2008, p.319.

gações", pois em vez de chegar à síntese, os antagonismos resultavam apenas em impasses. Negações que se referiam exatamente à perda de forças criadoras do processo histórico, à descrença nas energias emancipadoras da história brasileira, que redundavam em nada, resultando em retrocessos pífios, regressões frustrantes – quando não burlescas - e outras tantas apostas perdidas[4]. "A história do Brasil dá a ideia de uma casa edificada na areia. É só uma pessoa se encostar na parede, por mais reforçada que pareça, e lá vem abaixo toda a grampiola"[5]. Escrita apenas cinco anos antes do seminal artigo de Sérgio Buarque, esta confissão em carta de Capistrano de Abreu, reiterava o fracasso do historiador em vislumbrar o sentido geral da história brasileira. Todavia, longe do amargor atrabiliário de Capistrano, Sérgio Buarque atacava a idealização de alguns dos seus confrades modernistas pois concebiam, ainda que de forma latente, "uma elite de homens inteligentes e sábios, embora sem grande contato com a terra e o povo" [...] sempre almejando "impor uma hierarquia ou uma ordem que estrangulassem de vez nosso maldito estouvamento de povo moço e sem juízo". Augúrio tristemente antecipatório do fato que as elites brasileiras nunca ultrapassaram os limites extremos do reformismo liberalizante, gerando quadros políticos bastante pródigos naquela esperteza que todos conhecemos – esperteza tão bem definida por um humorista, em "simular uma história justamente para não ter que fazê-la"[6].

Para além do olhar comemorativo, portanto, já é tempo de parar de interpretar todos os inúmeros (e pouco conhecidos) personagens e significados do modernismo cultural brasileiro, partindo apenas dos temas levantados em 1922. Nem é mais possível reler o passado cultural do país apenas com as lentes do movimento, transformando-o numa espécie de vesúvio cultural cuja erupção iluminaria toda a história cultural brasileira. É certo que iluminado pela clareza do holofote, o "lado oposto" parecia unanimemente reconhecido por todos, fossem os parnasianos, simbolistas ou toda aquela série

---

4. Cf. Maria Odila da S. Dias, *Negação das Negações*, pp. 317-347. Ver ainda Elias Thomé Saliba, *Cultura: As Apostas na República* em Lilia M. Schwarcz (org.), *História do Brasil Nação: 1808-2010. Vol. 3: A Abertura para o Mundo*. Rio de Janeiro, Objetiva/Fundación Mapfre, 2014, pp. 239-294.
5. Citado em Elias Thomé Saliba, "Prefácio", em Fernando Amed, *As Cartas de Capistrano de Abreu: Sociabilidade e Vida Literária na Belle Époque Carioca*. São Paulo, Alameda Editorial, 2006.
6. A frase é de Luis Fernando Veríssimo em "O Brasil Está Algumas Revoluções Atrasado", entrevista em *O Globo*, Rio de Janeiro, 12 nov. 2018.

de tradicionalistas – depois desprezados com a equívoco rótulo de "pré-modernistas". Já aqueles "outros lados" iniciavam a sua longa senda da escuridão e do esquecimento – embora também acabassem percorrendo caminhos insuspeitos: o alijamento de muitas das linguagens culturais populares, mais diversificadas e plurais, acabou ainda por deixá-las mais suscetíveis de serem apropriadas pela indústria cultural nascente – o que, afinal, à parte raras exceções, acabou ocorrendo.

Talvez seja oportuno, sob pretexto comemorativo, sair dos limites brasileiros e pensar o modernismo de forma mais ampla, ampliando o olhar para outros países e outros continentes ou, ainda, vendo-o como movimento deflagrador de temas e inovações que já estavam colocados no horizonte cultural brasileiro. Acompanhando a tantos outros intérpretes[7], este é o objetivo do capítulo que abre esta coletânea. Os outros blocos procuram cobrir as lacunas que surgem daqueles irreconhecíveis "outros lados" do palimpsesto modernista, envolvendo lugares, trajetórias, registros, imagens e discursos relacionados à memória de humoristas, artistas do traço, afrodescendentes, anarquistas, cientistas, escravos, imigrantes, mulheres, crianças e tantos outros grupos. Sem a pretensão de cobrir tais lacunas, este livro reuniu especialistas em cada um dos blocos que procuram explorar livremente aqueles "outros lados", mapeando temas como leitores e literatura popular, práticas de escrita e leitura, fauna, natureza, monumentos, infância, derivas regionais e ruínas.

Utilizando-se da correspondência e das revistas da época, produzidas no tempo bem mais curto dos acontecimentos e deixando de lado as recordações em retrospectiva, as quais, enredando-se em urdiduras finalísticas, não reproduzem o realmente vivido -, Tânia de Luca reconstitui as circunstâncias detalhadas da publicação de "O Lado Oposto e os Outros Lados" e sua repercussão, tanto na trajetória de Sérgio Buarque quanto no próprio ambiente intelectual dos modernistas. Neste mesmo bloco temático sobressai a sempre impertinente pergunta: quem eram os leitores das obras modernistas? Este é

---

7. Entre muitos, lembramos ao menos três importantes intérpretes; Nicolau Sevcenko, *Orfeu Extático na Metrópole; São Paulo: Sociedade e Cultura nos Frementes Anos Vinte*. São Paulo, Companhia. das Letras, 1992; Sérgio Miceli, *Nacional Estrangeiro; História Social e Cultural do Modernismo Artístico em São Paulo*. São Paulo, Companhia. das Letras, 2003, e Jorge Schwartz, *Vanguardas Latino-Americanas; Polêmicas, Manifestos e Textos Críticos*. São Paulo, Edusp, 2008,

um outro lado esquecido naquelas décadas e o personagem principal deste universo foi, sem dúvida, Monteiro Lobato. É certo que a trajetória deste último foi bastante analisada por estudiosos em inumeráveis e importantes trabalhos. Ocorre que, de maneira semelhante à sua bastante conhecida atuação na literatura infantil, Lobato também conclamou a todos para afastarem preconceitos, desprezar experimentos narrativos e incrementar o gênero policial – que, afinal, já era bastante consumido no Brasil. Um incentivo concreto para a arte de contar boas histórias. É o que mostra Leandro Antonio de Almeida no provocador capítulo "Monteiro Lobato e a Nacionalização da Ficção Policial". Já Nelson Schapochnik, rastreando os inquéritos literários, realiza uma bem documentada topografia das publicações e das práticas de leituras em universos variados, completamente ausentes das canonizações modernistas. Difícil saber quem eram os leitores das produções modernistas, mas, a julgar pelo testemunho do próprio Lobato, prevalecia aquele quase lugar-comum da cultura brasileira, não destituído de certa hipocrisia: lustrosos volumes de Platão, Taine ou Spencer a embelezar as estantes dos palacetes, enquanto no recato das alcovas e cabeceiras das camas, lá estavam Alexandre Dumas ou Nick-Carter. Contar uma boa história foi um desafio que muitos modernistas, com raras exceções, não chegaram a enfrentar.

A erupção do vesúvio modernista em 1922 também contribuiu para difundir uma espécie de amnésia histórica em relação à pujante produção gráfica da *Belle Époque*, disseminada em publicações irreverentes e efêmeras. Reaparecem neste livro, alguns daqueles artistas gráficos os quais, embora um tanto ignorados pelos arautos modernistas, foram até mais modernos nos seus traços, como Voltolino, Di Cavalcanti e, sobretudo, o incrível J. Carlos. É o que se explora nos capítulos da parte v, "O Lado Oposto e os Outros Traços", escritos respectivamente por Ana Luiza Martins e Rosane Pavam. Inspirando-se em Benjamin Péret, mas também na esquecida poética de Ribeiro Couto, Rosane recupera os traços líricos dos desenhos de J. Carlos, um "penumbrista solar", na feliz designação da autora. No outro capítulo que também compõe esta parte do livro, Andréa de Araujo Nogueira resgata artistas dos traços como Rian, Pagu e Hilde Weber – cujas trajetórias foram esmaecidas não apenas pelos holofotes modernistas, mas também pela entranhada e crônica misoginia da cultura brasileira. Ao exercitar sua vocação em aclimatar o torto surrealismo de Péret e seus confrades a um país de sol e de cores fortes, onde tudo era aparente e ostensivo, o lirismo do penumbrista solar parece mesmo ter dado o tom para a atmosfera na qual emergiram aqueles tantos personagens e calungas efêmeros esboçados por chargistas e caricaturistas. Mobilizaram um lirismo completamente depreendido de fórmulas e indiferente às expectativas, revelando forte empatia para com as criaturas privadas de fantasias, comoções exaltadas ou delírios de grandeza.

Já entre os cientistas da época, contrariando as metáforas modernistas, não se tratava apenas de prosaicamente comprovar que a anta sequer poderia representar a brasilidade, já que não era uma espécie genuinamente brasileira; mas como eles próprios, ao construir pontes entre a história natural e a biologia, estiveram bem próximos dos horizontes modernistas, pois, afinal, também queriam mostrar o verdadeiro Brasil aos brasileiros. Foi o caso do aracnólogo do Museu Nacional, Cândido Firmino de Mello Leitão que, por décadas, trabalhou para construir e divulgar amplamente o conhecimento sobre a fauna do Brasil. Este é o tema da inédita sondagem de Regina Horta Duarte no capítulo "Nacionalismo, Modernidade, Antas e Outros Bichos no Museu Nacional". Traduzidos em metáforas leves, filtrados das rebarbas, os animais foram solenemente ignorados na sua corporeidade e existência biológica e, afinal, como atores principais de uma história natural de milhões de anos. Mas eles estavam lá, à vista de todos. A São Paulo dos anos modernistas era uma cidade povoada por animais – e a presença física, simbólica ou metafórica dos bichos servia como termômetro para mostrar também o "outro lado" de uma cidade de muitos modernistas, mas de pouquíssima modernidade. É o que se mostra na trepidante narrativa de Nelson Aprobato Filho, que completa a parte III: "O Lado Oposto e os Outros Bichos".

No contra fluxo da história cultural brasileira e passando ao largo até mesmo do otimismo teleológico dos modernistas, lá estão outras duas outras trajetórias liminares e prescientes: o sempre revisitado Lima Barreto – aqui, na releitura de Camila Rodrigues do romance *Clara dos Anjos* – que vislumbra dolorosamente uma alternativa de futuro à qual o Brasil continuava (e continua) virando as costas; e a escritora Carolina de Jesus - tão bem relembrada por Elena Pajaro Peres - em sua árdua faina de escrita e de leitura: um rito de iniciação com as palavras o qual, muito além do ambiente modernista - ocorria num universo da parcimônia, da intensidade e da escassez. Outros lados, a exigir ainda olhares atentos de outros intérpretes.

Ecoando as manifestações mundiais antirracistas e de contestação, que chegaram mesmo à derrubada de estátuas no ano de 2020, a parte VI trata daqueles artefatos que fixam e promovem atos comemorativos: os monumentos. Inspirando-se nas derivas poéticas de Alfred Jarry, Picasso, Apollinaire e outros modernistas parisienses - que insistiam em visitar recantos e arrabaldes da cidade, completamente desconhecidos e destituídos da aura do urbanismo moderno –, Paula Janovitch realiza um original passeio etnográfico por monumentos que mobilizam "outros lados" da memória coletiva paulistana. O passeio afetivo da autora lembra muito as deambulações do situacionista Guy Debord, que em 1955, descreveu a deriva como "encontro fugitivo de várias atmosferas à medida que se vagueia casualmente pela cidade". Outros lados também revisitados pelo historiador Roney Cytrynowicz, ao explorar detalhadamente as oblíquas narrativas de trajetórias das estátuas num lugar de memória paradigmático da cultura brasileira: a Praça da República. Na sua pequena história de cada busto, herma ou estátua e de seus equívocos destinos e sucessivas apropriações, trata-se de um lugar que parece fazer parte daqueles "outros lados", já que ali, o modernismo está praticamente ausente: os monumentos e bustos republicanos não chegam aos pés dos grandes eixos monumentais paulistas. Noutros termos, paradoxalmente o modernismo vai aparecer não na praça republicana por excelência, mas em monumentos do nativismo paulista – como o Monumento às Bandeiras, de Brecheret – nos quais se verá escancarado aquele latente e sutil atavismo bandeirante.

Posta de lado a figura de Monteiro Lobato, a literatura infantil atraiu pouquíssima atenção dos modernistas de primeira hora. Seja em Monteiro Lobato ou, em anos posteriores, com Graciliano Ramos, vislumbra-se um amplo universo de linguagem sem ferrugem e sem artifícios, que transparece tanto através da filtragem da oralidade, quanto nas imagens criadas especialmente para os álbuns ilustrados. Uma literatura direta, hábil na arte de contar boas histórias – e que, felizmente, guardou respeitosa distância dos sofisticados experimentos narrativos das vanguardas modernistas. Parece que as crianças, como um público sensível às narrativas vivas e descomplicadas tinham muito a ensinar àqueles que escreviam para o público adulto. É o que mostram as duas inéditas abordagens de Patricia Raffaini e Gabriela Pellegrino Soares, em capítulos que compõem parte VII deste volume.

Outras derivas, trajetórias e perspectivas que perturbam a cadeia temporal da história do modernismo brasileiro e se colocam à margem das cronologias retrospectivas que fazem tudo datar de 1922, são singularmente reveladas nos dois capítulos da parte VIII. À contrapelo da canônica critica modernista, que desprezou a linha evolutiva da criação teatral brasileira, Wagner Martins Madeira recupera a trajetória de três figuras de artistas desenraizados, que palmilharam suas carreiras em circos, teatros mambembes, efêmeras encenações de rua nas periferias das cidades – e, depois, até mesmo nas telas de cinema e de televisão: Grande Otelo, Vianinha e Gianfrancesco Guarnieri. Já Thaís Leão Vieira, contrasta o quadro de tantos deslocamentos temporais com o necessário contraponto espacial, examinando os impasses da estética modernista numa situação de fronteira. Os itinerários pouco conhecidos da revista *Pindorama* e da obra de Zulmira Canavarros permitem antever o paradoxo de uma das respostas modernistas às gritantes desigualdades regionais, desmistificando o tom messiânico contido, por exemplo, em registros como a "Marcha para o Oeste", de Cassiano Ricardo, que não escapou ser utilizada como corolário útil e leniente à ideologia do Estado Novo.

No último bloco temático do livro, Luciana Murari, acompanhando os relatos da surpreendente *Bandeira Anhanguera* em pleno ano de 1937, desencravava outra trajetória pouco conhecida, a de Hermano Ribeiro da Silva. O estilo preciso da historiadora ao registrar as aventuras de Hermano, às vezes nos dá a impressão de uma formidável paramnésia, ao apreciarmos a figura de um bandeirante vivo – talvez por isto solenemente ignorado – em pleno século XX modernista! Figura incrível, sobretudo por se tratar de um personagem vivo, real – daí causar certo incômodo um tanto constrangedor para a cultura do atavismo bandeirantista: Hermano Ribeiro, com sua contemplação da natureza real e selvagem, sua visão solidária com a experiência sertaneja das ruínas e, afinal, sua morte em plena selva, na atmosfera de um Brasil real – bem mais real do que as tantas cartografias geossimbólicas dos modernistas. Afinal, por aí se vê que a maioria dos modernistas paulistas, com raras exceções, acabou incorporando o tema dos primeiros colonizadores como metáfora tanto do papel histórico pioneiro de São Paulo na cultura brasileira, quanto como afirmação de sua própria identidade moderna.

Intérprete sagaz dos processos espaço-temporais gestados sob o signo predatório do capitalismo mercantil, especialmente do colapso sistêmico atravessado pelo mundo nas primeiras décadas do século XX, Francisco Foot Hardman, que já nos deu contribuições pioneiras para o deslinde de todos os lados do modernismo – os opostos e os outros – recorda-nos de modernistas antigos, anarquistas incômodos, representações fantasmagóricas de pontos extremos do território brasileiro e de alguns outros registros literários, injustamente marginalizados por certa bitola canônica da crítica literária. Com sua ironia e erudição desconcertantes, nos dá o final mais do que pertinente ao tema dos vários lados do modernismo e da modernidade, advertindo-nos para as armadilhas das cronologias e ampliando nosso olhar para os processos descontínuos e fragmentários da história brasileira.

Finalizando esta breve apresentação, nos sentimos altamente gratificados por reunir contribuições inéditas de pesquisadoras e pesquisadores altamente qualificados num livro por nós longamente concebido e que esperamos, seja uma contribuição para uma melhor compreensão da história cultural brasileira. Registrando, enfim, que não se alimenta nenhuma pretensão de estabelecer novos marcos – mesmo porque estes sempre nasceram de uma ilusão de continuidade da história brasileira: uma história plena de tantas apostas e tantas expectativas perdidas. Mas, certamente, cumprirá sua tarefa se conseguir dar mais uma volta naquele holofote giratório da memória social.

Parte I

Os Outros Lados do Modernismo

1

Modernismo: Os Outros Lados, os Outros Horizontes

ELIAS THOMÉ SALIBA

OS ESTUDOS SOBRE O MODERNISMO implicam uma objetividade difícil, visto que há um incomensurável volume de fontes, e, sobretudo, um incontido e generalizado entusiasmo pelos gestos inconformistas daqueles intrépidos vanguardistas, que se transformaram em peças indistinguíveis da cultura brasileira nos últimos cem anos.

Como muitos autores reconhecem é melhor exemplificar do que definir o modernismo e, no amplo universo retrospectivo de passados à nossa disposição, difícil resistir à tentação de escolher um conceito único. Assim, ao tratar do modernismo, ou dos *modernismos,* a história cultural se vê às voltas com aporias de vocábulos reconhecidamente imprecisos e demasiado abrangentes.

Talvez a metáfora mais expressiva dessas aporias seja a, já bastante citada na história cultural, dos "anões nos ombros de gigantes". Umberto Eco observa que esse célebre aforismo, de origem medieval, tornou-se um lugar comum na história das ideias e da cultura, porque permitia "que se revolvesse de modo aparentemente não revolucionário o conflito entre gerações e representava solução mais equilibrada para um diálogo crítico com as tradições herdadas"[1].

---

1. Umberto Eco, *Nos Ombros dos Gigantes; Escritos para La Milanesiana, 2001-2015*, Rio de Janeiro, Record, 2018, p. 24.

Foi, portanto, a partir do surgimento dessa história medieval que teve início a história da modernidade como inovação, mas sempre atrelada à poderosa metáfora condicional, que afirma "que só pode inovar porque recupera modelos esquecidos pelos pais". Ainda segundo Eco, as vanguardas históricas do início do século XX representam o ponto extremo do parricídio realizado pelo anão modernista, que se quer livrar de qualquer obséquio em relação ao passado. E, com ironia, completa:

[no modernismo] também ressurge, sob a recusa de novos gigantes que querem zerar a herança dos antigos, o obséquio do anão. Nem vou falar de Marinetti, que, para ser perdoado pelo assassinato do luar, acabará por entrar para a Academia da Itália, na qual se via o luar com muito bons olhos. Mas de Picasso, que desfigura o rosto humano a partir de uma reflexão sobre os modelos clássicos e renascentistas e retorna, por fim, a uma revisitação dos minotauros; Duchamp põe um bigode na Gioconda, mas precisa dela para fazer seu bigode; Magritte tem de pintar, com detalhismo minucioso, um cachimbo, para negar que aquilo que pintou é um cachimbo. E para terminar, o grande parricídio cometido no corpo histórico do romance, o de Joyce, instaura-se assumindo o modelo da narrativa homérica. O novíssimo modernista Ulisses também navega nos ombros, ou até no mastro principal, do antigo[2].

Ao analisar as mais importantes e significativas alterações da crítica marxista ao modernismo, Franco Moretti acabou sutilmente por subscrever a mesma metáfora, ao chamar a atenção para o fato dessas abordagens estarem lastreadas cada vez mais em teorias interpretativas que pertenceram ao próprio modernismo. Isto conduziu os intérpretes a obscurecer cada vez mais os silêncios da literatura modernista em relação à História e deixar de perceber, segundo Moretti, o quanto a cultura de massa - como um sistema paralelo e mantendo o foco na arte de contar boas histórias – acabou por preencher as lacunas legadas pelo modernismo. Note-se que o crítico italiano mistura propositalmente os dois sentidos do vocábulo história, usado em letra maiúscula e em minúscula. Seja como for, conclui Moretti, isso conduziu as vanguardas a um olhar cronicamente programático e à uma canonização investida de formas anódinas e incompreensíveis, mas, sobretudo, hesitantes e omissas em relação à História[3].

2. *Idem*, pp. 28-29.
3. Franco Moretti, *Signos e Estilos da Modernidade; Ensaios Sobre a Sociologia das Formas Literárias,* Rio de Janeiro, Civilização Brasileira, 2007, pp. 281-289.

Contrariando um pouco a imputação culposa de Moretti apenas à uma "crítica marxista", Raymond Williams, reconhecido historiador de inspiração marxista, apontou para o mesmo tópico da ausência de História:

> Após a canonização do modernismo, contudo, pela acomodação do pós-guerra e o consequente e cúmplice endosso acadêmico, há então a pressuposição de que, desde que o modernismo é "aqui", nesta fase ou período específico, não há nada além dele. [E assim] o modernismo se vê confinado a esse campo altamente seletivo e desconectado de todo o resto em um ato de pura ideologia, cuja primeira ironia inconsciente é o fato absurdo de parar a história[4].

Williams aponta para o apego de inúmeras formas de interpretação a atividades, obras ou setores artísticos, deixando de lado manifestações, escritos ou personagens não diretamente engajados em tais eventos, quando erigidos em marcos de periodização do modernismo. Não se pode deixar de assinalar que quaisquer das heresias modernistas seriam inconcebíveis sem uma quantidade considerável de patronos, mecenas e clientes importantes, com dinheiro, liberdade e disposição suficientes para fornecer apoio, repercussão, aceitação ou rejeição das obras modernistas junto ao público. Como assinala Tom Wolfe, as explosões dadaístas, que começaram antes das explosões da Primeira Guerra, transmutam-se, lentamente, durante os anos posteriores em moedas prestigiosas e entram, definitivamente, numa fase de consumação. Daí também a persistência de uma ideologia um tanto heroica e algo triunfalista do modernismo, que sobreviveu a duas guerras mundiais e à hostilidade assassina de regimes totalitários, começando a gerar lucros quando transferiu seu polo irradiador de Paris para Nova York[5].

Inúmeros estudiosos apontaram ainda para uma espécie de "mito da ruptura" ou para o "fascínio pela heresia", construído e partilhado pelos modernistas de variadas estirpes, vertentes e artes, incluindo tanto os que insistiram em julgar as obras exclusivamente em termos de ruptura com a intenção de criar convicção em seus seguidores, quanto aqueles que tomaram os acontecimentos como marcos monumentais, sequestrando a pluralidade de tempos,

---

4. Raymond Williams, *Política do Modernismo: Contra os Novos Conformistas*, São Paulo, Editora da Unesp, 2011. pp. 6-7.
5. Tom Wolfe, *A Palavra Pintada*, trad. Lia Wyler. Rio de Janeiro, Rocco, 2009.

passados e zerando as tradições. Nesse sentido, os gestos iconoclastas acabaram por contaminar a todos, em especial os críticos, que passaram a estabelecer periodizações para os vários setores artísticos a partir de obras fundadoras ou eventos monumentais. Parece que, neste caso "ninguém falava: os acontecimentos parecem se narravam por si mesmos", escreveu Benveniste, sugerindo a imperceptível ebulição de tempos renegados. Foi engendrada, a partir daí, uma série de renitentes ilusões cronológicas e geográficas que passaram ao largo dos limites de um único país[6].

Zerar a herança dos antigos ou o obséquio do ano foi, portanto, um propósito mais vasto e utópico da mentalidade modernista que se expandiu e universalizou no mundo ocidental no início do século XX. No contexto internacional, a cultura europeia também atravessava os impasses do período pós-guerra, mergulhando numa atmosfera turva de desenraizamento social e fragmentação política pelos efeitos combinados da revolução tecnológica, dos traumas da própria guerra e das novas perspectivas do conhecimento. Começava, na sucinta metáfora musical de Arnold Shoemberg, "uma dança fúnebre de todos os princípios"[7].

Recomeçar do zero se tornou uma espécie de palavra de ordem e um propósito quase universal da cultura modernista após 1918, na ansiedade de encerrar definitivamente a *Belle Époque* e sepultar, entre os escombros da Guerra, fragmentos daquele projeto liberal, igualmente utópico, de uma grande comunidade internacional, autorregulada pelas mãos invisíveis da perfeição e da harmonia. Forjar novas significações a partir da ruína das noções públicas da linguagem, instaurar um grande divisor de águas entre o passado e o presente, entre a arte de antes e a arte do presente. Em suma, instituir a descontinuidade, esta categoria que, embora fomentando ilusões, tão bem caracterizou os olhares modernistas. Futurismo, Dadaísmo, Surrealismo, Cubismo, Expressionismo e outros movimentos, buscavam superar de vez os códigos estéticos chamados realistas, livrarem-se dos ombros dos

---

6. Cf. Henri Meschonnic, *Modernidade, Modernidade,* São Paulo, Edusp, 2017; Peter Gay, *Modernismo: O Fascínio da Heresia.* São Paulo, Companhia das Letras, 2009, e Neil Larsen, *Modernism and Hegemony: A Materialist Critique of Aesthetic Agencies*, Minneapolis, University of Minnesota Press, 1990.
7. Elias Thomé Saliba, "Olhares Modernistas", em *Catálogo da Exposição "Brasil-Brasis: Cousas Notáveis e Espantosas",* Lisboa, Museu do Chiado, abr.-jun. 2000.

gigantes e captar as imagens frementes de uma nova era da velocidade, dos esportes, da ação e da técnica.

Mas essa propalada ruptura com a tradição e o recomeçar do zero não era fácil porque, de acordo com muitos autores, o modernismo tinha que partir de duas visões de mundo muito diversas e que o século XIX mantivera separadas - a visão mecanicista e a visão intuitiva. Daí, encontrarmos nos amplos quadros da estética modernista, a tentativa de fusão explosiva entre razão e desrazão, intelecto e emoção, objetivo e subjetivo. "Nossa ideia do tempo como continuidade numa linha reta e eterna mutilou brutalmente nossa consciência", escreveu D.H. Lawrence em 1915, resumindo as ambiguidades inerentes à essa autêntica revolução na imaginação cultural e científica que convencionamos sintetizar como modernismos. Situada entre a renúncia ao intelectualismo das abstrações racionais e a procura das emoções emanadas do contato com a vida, tornava-se difícil reconhecer na angustiada busca dos modernistas por novas formas de conhecimento, quaisquer fronteiras muito definidas entre o racional e o irracional.

A cultura *fin-de-siècle* preparou o advento da consciência dividida dos modernismos, primeiro com a razão filosófica atacando elementos de sua composição, sobretudo a linguagem e a percepção, e depois, fazendo eco à descrição nietzscheana da verdade como o "exército móvel de metáforas", mudando constantemente de formação para enfrentar o oponente. Se a razão não mais conduzia às certezas, servindo antes para destruí-las, a salvação só poderia estar no instinto, nas forças primitivas, nas veleidades místicas, na celebração da ação espontânea e da violência, no fascínio com o inconsciente[8].

Melhor deixar claro, como observação cautelar, o quanto os modernismos constituíram uma vasta paisagem cultural e temporal que marcaram a descontínua consciência cultural na passagem do século XIX para o XX. Uma mentalidade que buscava uma nova forma de ver o mundo, que se pretendia distante das concepções tradicionais, daí a obviedade de seu nome, mas que acabou sempre por compor a dúplice herança oitocentista: romântica e naturalista, intuitiva e mecanicista, mística e científica, irracional e racional.

---

8. Cf. Willian R. Everdell, *The First Moderns; Profiles in the Origins of Twentieth-Century Tought*, Chicago, Chicago University Press, 1998.

Adicione-se a isso, outra observação importante: a ingenuidade em acreditar que os modernismos estiveram sempre associados à iconoclastia, à heresia ou à inovação. Para isso, basta um exemplo: o campo de concentração também foi uma invenção modernista, sobretudo na insistência em prol da separação e da fragmentação. Os nazistas não inventaram campos de concentração: criaram campos de extermínio. Quem teve a ideia inicial de separar o então inseparável, foi Valeriano Weyler y Nicolau, um oficial do exército espanhol, na Terceira Guerra da Independência Cubana, em 1896: em terrenos cercados por arames farpados (uma invenção norte-americana de 1874 para controlar o gado), ele separou os guerrilheiros de suas famílias, criando os primeiros campos de "reconcentración" da história[9]. Um exemplo, talvez perverso demais, mas, de qualquer forma, um exemplo da fragmentação e da descontinuidade dos modernismos.

Ruptura com a tradição, condenação da estética passadista, ênfase na descontinuidade, busca de novos procedimentos cognitivos, fascínio da heresia, culto da novidade como virtude também marcaram o clima cultural do modernismo no Brasil. Mas, como toda mudança na história brasileira, sobretudo num meio cultural rarefeito, com um mercado incipiente para as artes e com pouca ou nenhuma autonomia intelectual, a ânsia de renovação trilhou caminhos que excluíam, de imediato, quaisquer veredas alternativas. Mais do que outros movimentos, o modernismo brasileiro significou a consagração de fórmulas estéticas e a projeção de um jogo de imagens, sugerindo de um lado a antítese a todos os significados estéreis do passado e, de outro, as imagens de uma refundação da cultura do país. Contudo, mais do que a realização efetiva, disseminou-se um desejo de modernidade que começou por se desprender de quaisquer laços ou compromissos com o passado. Discursos concorrentes, fórmulas estéticas ou linguagens que insinuassem ou ousassem confrontar esta mistificação de temporalidades foram desqualificados *a priori* ou rotuladas como passadistas, obsoletas.

O evento de 1922 foi, portanto, um marco decisivo na elaboração furtiva de estratégias de esquecimento dos tempos renegados, celebrando uns e silenciando outros, incluindo os projetos diferenciados dos líderes do movimento

---

9. Cf. *Idem*, p. 186.

cultural paulista, esquecidos ou relegados na concepção orgânica da cultura que se instalou ulteriormente no país. Senão, vejamos: ao delinear-se aquele outro caminho, denominado pelos tradicionais intérpretes como o "segundo tempo modernista", genericamente periodizado a partir de 1924, podemos vislumbrar com muito mais clareza, no horizonte intelectual deste movimento, o desafio crucial de uma renovação da história brasileira. Como zerar a tradição e, ao mesmo tempo, libertar a sensibilidade cultural brasileira do peso do seu passado colonial, rural e escravista?

Iniciando-se em 1924 e prolongando-se até os anos 1940, esta época será marcada por uma produção cultural extremamente rica, embora não menos significativa do que muitas daquelas produzidas nas duas primeiras décadas do século, que não acabaram batizadas de "modernistas". Nesse período, surgem obras de arte, livros, peças teatrais, poemas e filmes caracterizados, em todos os níveis e nos seus traços mais salientes, por um dilacerado desejo modernista de compreender o país, de repensá-lo, rejeitando as teorias colonizadoras e todas as explicações de cunho determinista - clima, raça, miscigenação – que ainda pesavam sobre a compreensão do país. Por meio de registros escritos memoráveis, discursos visuais ostensivos e imagens plásticas ou fílmicas, Paulo Prado, Guilherme de Almeida, Gilberto Freyre, Sérgio Buarque de Holanda, Cândido Portinari, Murilo Mendes, Humberto Mauro e tantos outros produziram narrativas brilhantes, sólidas, paradigmáticas, quase que pequenas obras-primas da história brasileira, mas todos também engendraram significados e sentidos muito diversos, ou ainda, desdobramentos políticos muito peculiares – que seria necessário, ao menos, apontar. Para além das diferenças de linguagens, gêneros e opções estéticas, todos os registros caracterizaram-se por um desejo angustiado de compreender o Brasil, de repensá-lo, resgatando as hipotecas deterministas e pesados lastros racistas que ainda empanavam a compreensão do país.

Foi, portanto, esta ansiedade pela descoberta da *brasilidade*, nascida com a propalada *atualização* da inteligência brasileira a partir de 1922, que conduziu à uma intenção de rever o passado, à uma revalorização do conhecimento histórico, à uma reinvenção da História. Daí o interesse editorial surpreendente, em razão da precariedade da indústria editorial na época, pela edição ou reedição de inúmeros livros documentários da história brasileira, como os de Heitor Furtado de Mendonça, Claude d'Abeville e tantos outros.

Ainda assim, aquele dilema modernista universal de "começar do zero", aplainar a tradição e buscar novas formas cognitivas através de uma combinação espúria de razão e sensibilidade também estaria por trás desta reinvenção brasileira da história, enchendo-a de novos desafios e aporias. Reinventar e reescrever uma história não levaria à reiteração de novos compromissos com a racionalidade? Novas teleologias seriam inventadas? Como apreender aquela realidade brasileira, presente e passada, fugidia e pouco sedimentada, sem novos determinismos intelectualistas? Apreendê-la pela razão ou pela emoção? Decifrá-la pela ciência ou pelo mito? Retratá-la pelo controlável diagrama da abstração ou pela anárquica figuração da vida? Através de uma formulação de uma "teoria do conhecimento da vida nacional"? Ou, ao contrário, através da intuição imediata, do ensaio sintético, da sublimação ou fuga da racionalidade? É por isto, como reconhece a ampla bibliografia sobre o tema, que a partir de 1924, vemos o modernismo brasileiro cindir-se nas mais variadas posições, sobretudo no que se refere às diferentes formas de apreensão da identidade nacional[10].

É nesta fértil reinvenção das temporalidades que se deixarão ficar desviados ou descartados à beira do caminho, desejos bloqueados, formas de expressão inoportunas e tempos renegados. A despeito de suas diferenças, esses projetos pela busca de uma marca distintiva da cultura nacional, acabaram demarcando, de maneira compulsória, a orientação francamente nacionalista do modernismo brasileiro. Artistas e escritores transformaram-se em mediadores deste singular processo de nacionalização da cultura, vinculando – não raro, de forma traumática – suas vocações, projetos e trajetórias intelectuais aos incertos destinos da nacionalidade. Criou-se um oxigênio mental que impunha uma expectativa de adesão total a um frívolo culto do novo, que impunha constrangimentos difusos a quaisquer opositores. Por trás da cortina de fumaça de ataque aos valores convencionais, a novidade tornou-se uma virtude por si mesma, obscurecendo narrativas alternativas do passado, muitas ainda em gestação.

10. Elias Thomé Saliba, "Cultura: As Apostas da República", em Lilia M. Schwarcz (org.), *História do Brasil-Nação*, vol. 3: *A Abertura para o Mundo*, São Paulo, Objetiva/Fundaccion Mapfre, 2013, pp. 281-283.

Um dos primeiros exemplos das polêmicas da época pode ser resumido pela palavra regionalismo. Seria ele um óbice à modernização da cultura brasileira ou um catalizador da verdadeira identidade do país? *Raça*, de Guilherme de Almeida, publicado em 1925 e o lançamento da revista *Terra Roxa e Outra Terras*, no ano seguinte, constituem marcos de uma primeira tomada de posição sobre este primeiro foco de divisão entre os intelectuais modernistas. Lembre-se, que é do primeiro número dessa revista, esta observação notável de Sérgio Milliet, sobre *Raça*, de Guilherme de Almeida:

[...] ele conseguiu deslumbrar, embebedar de santa poesia os leitores mais exigentes. [...] é que ele tocou na corda musical: na nossa brasilidade. [...] Pode-se criticar Raça, sob o ponto de vista mesquinho dos modernistas franceses e italianos. Eu nego, porém, qualquer valor a essas críticas, porque o nosso modernismo tem de ser diferente. E Guilherme é profundamente brasileiro. Digo mais: paulista. [...] Isso não é um defeito, porque só se é brasileiro sendo paulista, como só se é universal sendo do seu país.

Mário de Andrade fez críticas a essa posição de Milliet, por considerá-la "heroica, grandiloquente" e excessivamente paulista[11].

A polêmica citada foi apenas uma amostra das posições que depois serão assumidas pelos grupos modernistas em relação à definição de uma brasilidade. De um lado, os verde-amarelistas, para os quais São Paulo representava o cerne da nacionalidade, difundem, através de uma operação mais intuitiva e sintética, uma noção mitológica da história brasileira. Ignorando completamente aquela imagética das ruínas, presente tanto em Euclides da Cunha como em autores das décadas anteriores, e abdicando de um certo derrotismo melancólico em relação à paisagem, argumentavam que São Paulo, com sua configuração geográfica original com os rios fluindo em direção ao interior, possibilitou, através da epopeia das entradas e bandeiras, o descobrimento do verdadeiro Brasil de índole primitiva, o "Brasil rural". Mas não será a corrente euclidiana, eivada de um angustiado derrotismo etnográfico e da denúncia da renitente indiferença dos poderes públicos com as populações sertanejas, que vingará. A realidade é que São Paulo continuava uma cidade

---

11. Cf. Elias Thomé Saliba, "Olhares Modernistas", em *Catálogo da Exposição "Brasil-Brasis: Cousas Notáveis e Espantosas"*, Lisboa, Museu do Chiado, abr-jun. 2000.

provinciana e os indícios de sua modernidade, com a urbanização acelerada pela velocidade tecnológica, conjugavam-se com símbolos regressivos e arcaicos, próprios de uma geração que sentia que não tinha mais passado e partia na busca das raízes tradicionais paulistas, de bandeirantes, sertanejos ou caipiras estilizados, forjando todo um imaginário de mitos tradicionais. "Fixar silhuetas, feições e sortilégios", escreveu Sevcenko, "dar-lhes almas com forte poder de sugestão, seria uma forma de se confirmar contra a dúvida, de seduzir os desgarrados, de atrair os desorientados, de estigmatizar os recalcitrantes"[12].

Talvez um dos maiores ícones daquele cenário rarefeito de ausência de um mercado cultural para as artes, assumindo o poder público a tarefa de negociar suas aquisições politicamente com os diferentes *lobbies*, - ficaria representado no nada sutil "Monumento às Bandeiras", de Victor Brecheret, definido pelo memorial que acompanha a maquete original como o "monumento ímpar da epopeia paulista". Não por coincidência, deve-se lembrar que, em julho de 1920, Monteiro Lobato, Menotti Del Picchia e Oswald de Andrade compõem uma comissão para obter do governador Washington Luís a encomenda para a execução e implantação do referido monumento[13].

De outro lado, outros intelectuais modernistas se colocarão como críticos do regionalismo mesclado de misticismo, assumindo uma perspectiva mais analítica, substituindo o conceito de "raça" pelo de "cultura", vocacionados a uma pesquisa mais profunda da história brasileira. Publicado pela primeira vez em 1928, meio a contrapelo da maré triunfalista daqueles anos, combatendo tanto o ufanismo estéril quanto os determinismos biológicos e raciais que pesavam na compreensão do Brasil, o *Retrato do Brasil*, de Paulo Prado, pode ser visto como uma espécie de catalisador da ansiedade dos modernistas em compreender o país de forma intuitiva e rápida. Catalisador hiperbólico do "começar do zero" modernista, já que o livro pregava, à sua maneira, mas explicitamente, a necessidade de uma "Revolução que virá de mais longe e de mais fundo (...) a afirmação inexo-

12. Nicolau Sevcenko, *Orfeu Extático na Metrópole*, São Paulo, Sociedade e Cultura nos Frementes Anos Vinte. São Paulo, Companhia das Letras, 1992. p. 231.
13. Cf. *Idem, Ibidem*; Elias Thomé Saliba, "Olhares Modernistas", em *Catálogo da Exposição "Brasil--Brasis: Cousas Notáveis e Espantosas"*, Lisboa, Museu do Chiado, abr.-jun. 2000.

rável de que quando tudo está errado, o melhor corretivo é o apagamento de tudo o que foi malfeito"[14].

Mais um obséquio do anão? De qualquer forma, *Retrato do Brasil* também representou a síntese mais notável de um debate virtualmente já estabelecido entre a intelectualidade que, nas décadas anteriores, se voltava para a busca de uma explicação das origens brasileiras. O imaginário melancólico foi uma das saídas para compensar a sensação de perda, nostalgia e exílio em relação a uma paisagem rural e às enormes diversidades regionais. O substrato mítico e melancólico em relação à paisagem rural do país traduzia-se, como escreveu Roger Bartra em relação aos mexicanos, "na melancolia das almas arcaicas cuja relação dramática com a modernidade obrigou-as a reproduzir permanentemente seu primitivismo"[15]. É o caso do renegado e pouco conhecido ensaio "Melancolias", de Matheus de Albuquerque, publicado em 1915, com tema e argumentação semelhantes ao ensaio de Eduardo Prado, embora literariamente esquecido. Para Albuquerque, o substrato melancólico se aproximava daquela ética emotiva ancestral, já que a "bisonhice histórica" do brasileiro resultava numa história risível, carente de alegorias e de atitudes heroicas. "O grito do Ipiranga, fulminava Albuquerque, mercê de cujo estouvamento iniciamos a nossa vida de povo livre, é, moral e esteticamente, quase humorístico"[16]. Os ritmos lentos da vida rural constituíam parte de uma temporalidade que não mais convinha à definição de uma identidade, a não ser reinventando novos tempos e novos espaços, espelhados e estetizados, de forma difusa, em substratos míticos, à margem da história.

Também não havia nada de especificamente brasileiro naquela equação de Paulo Prado que apontava a tristeza como signo da nacionalidade, pois tal discurso sintético era parte de um conjunto de padrões de comportamento que, há muito, a cultura ocidental vinha atribuindo ao universo selvagem e rural, os dois bastante assimilados. O mais ilustre padrinho dos modernistas paulistas revelou-se ainda implacável contra quaisquer regionalismos. Ao tratar da deca-

---

14. Paulo Prado, *Província e Nação: Paulística e Retrato do Brasil*, 5. ed., Rio de Janeiro, José Olympio, 1972, pp. 225-227.
15. Roger Bartra, *La Jaula de la Melancolia: Identidad y Metamorfoses del Mexicano*, México, Editorial Grijalbo, 1987, p. 31.
16. Matheus de Albuquerque, "Melancolia", *Sensações e Reflexões*, Lisboa, Edições Portugal-Brasil Ltda., 1915, p. 43.

dência paulista na época da mineração, arrematava: "Foi quando os paulistas se barbarizaram de vez: dispersos, escondidos pelas roças, procurando a solidão no seu amuo característico, vivendo de canjica, pinhão e içá torrado". Conclui ainda que a cidade de Salvador não passava de "um extravagante caravançarai, pitoresco e tropical", e ao caracterizar o Rio de Janeiro, não deixa por menos, subscrevendo a extravagante descrição de Luccock de que a cidade era uma "das mais imundas associações de homens debaixo dos céus"[17]. Prado parecia ter esquecido, ou talvez não tenha gostado da maior sensação teatral do ano de 1919: a montagem da peça *O Contratador de Diamantes*, de autoria de seu falecido cunhado Afonso Arinos, patrocinada e protagonizada por suas duas irmãs Antonieta e Eglantina, além de inusitados atores hauridos de famílias paulistanas tradicionais que cederam móveis e objetos para o cenógrafo Wasth Rodrigues. Enfim, quase um autêntico *happening* regionalista e celebratório de um certo passado. Em vez do regionalismo rebarbativo e soturno das décadas anteriores, sobrevinha o nativismo mítico dos paulistas. Seja como for, o *Retrato do Brasil*, embora assuma a atitude plenamente intuitiva do ensaio, começa por reconhecer que "o Brasil é, sim, o reino da mestiçagem". Orgulho elitista mal disfarçado ou resignação em busca da autenticidade histórica?

Os leitores podem tirar suas próprias conclusões, mas, a troca do conceito de *raça* pelo de *cultura* ficaria claro no subtítulo de *Macunaíma*, de Mário de Andrade: Macunaíma é *herói de nossa gente* e não "herói de nossa raça", como queria Guilherme de Almeida. Para este grupo de modernistas, no qual podemos incluir Gilberto Freyre e Sérgio Buarque de Holanda, menos do que a origem étnica, importava a totalidade cultural, onde se inseriam índios, caipiras, sertanejos, negros, mulatos, cafuzos, mazombos e, até mesmo, os brancos. Esse culturalismo, de raízes antropológicas difusas, fontes e resultados díspares e variados – Franz Boas em Gilberto Freyre, Lévy-Bruhl e Frazer em Mário de Andrade, historistas alemães em Sérgio Buarque – conduzirá a uma futura reinterpretação do passado brasileiro e a uma reinvenção da História. Não importa que, nesta linha, todos seguissem a maré geral do modernismo europeu em suas veladas simpatias pela *art nègre*, pela África ou pelo *jazz*

---

17. Paulo Prado, *Retrato do Brasil; Ensaio Sobre a Tristeza Brasileira*, 4. ed., São Paulo, Companhia das Letras, 1997, pp. 165-169

afro-americano. Reinventar a história implicava, nessa perspectiva do ideário modernista, voltar ao primitivo, intuir o inconsciente, definir o próprio *ethos*: retratar o Brasil significava também descobrir suas raízes. Persistia a reiteração de uma grandiloquente, ainda que ilusória, coincidência entre brasilidade e modernidade, a qual vertentes modernistas, como a poesia pau-brasil ou a antropofagia, acabaram incorporando um índio idealizado e um negro domesticado como sinal trocado, isto para ficarmos apenas nos dois grandes conjuntos étnicos não-brancos da formação social brasileira. A nova nacionalidade que deveria nascer dessas operações ideológicas-discursivas será a que homogeneíza diferenças culturais, aplaina temporalidades estanques e sublima todos os seus conflitos.

Se estes intelectuais criaram uma tradição mais analítica de reinvenção da história e da temporalidade brasileiras, o mesmo não ocorreu com os verde-amarelistas que entabularam um diálogo ambíguo com a tradição cultural, encaminhando-se para um outro lado do modernismo. Seguindo a mais epidérmica sensibilidade modernista, rejeitavam a tradição imediata do Brasil parnasiano, mas apegavam-se a uma tradição que transcendia a própria história, buscando construir uma nova espécie de mito das origens. O tênue limiar entre racionalismo e irracionalismo, inerente aos projetos modernistas na cultura ocidental, começa a desaparecer. Para estes autores, que se expressaram depois em inúmeros manifestos públicos, a tradição era exorcizada e a história paralisada pelo mito. A posição contrária pode ser vislumbrada no vasto esforço de pesquisa musical, etnológica e folclórica de Mário de Andrade, ou mesmo de Villa-Lobos. Mário pensava mais numa "tradição móvel", que atualizaria as manifestações da cultura popular no tempo presente, condição única para retirar a *brasilidade* da metafísica, recolocando-a no dinâmico fluxo da história. Também veríamos, sob a forma mais sofisticada da historiografia, a realização deste mesmo desiderato em Sérgio Buarque de Holanda, pois era necessário conhecer e definir as raízes mais profundas da história brasileira para saber extirpá-las e semear o futuro. Por aí, percebemos os muitos e inumeráveis caminhos pelos quais passava o dilema geral de uma reinvenção da História aos olhares modernistas brasileiros.

Assumindo o lado mais irracional do imaginário modernista no ocidente, os verde-amarelistas bateram-se ainda contra aquele espírito frio, analítico, incapaz de criar, intuir e entrar em comunhão profunda com a *brasilidade*. Estes artistas e intelectuais procuram "reinventar" a história brasileira menos através de uma reinterpretação do tempo e muito mais através de uma reinterpretação mítica do espaço e da geografia do país. É assim que o mapa do Brasil toma a surpreendente forma de uma harpa num dos poemas de *Martim Cererê*, publicado em 1928, por Cassiano Ricardo. O arremate vem na *Geografia Sentimental*, de Plínio Salgado, publicada na mesma época, em que ele escreve: "A pátria, nos outros países, é uma coisa feita de tempo; aqui é toda espaço. Quinhentos anos quase não é passado para uma nação. Por isso, nós a compreendemos no presente, na síntese prodigiosa do nosso país". Assim Plínio Salgado definia a *brasilidade* em 1927, mais pela reinvenção poética da geografia do que pelo estudo mais profundo da história, concebendo o mapa do Brasil no grande e único poema nacional. Pode-se antever aqui não apenas a veiculação radical do mito ufanista do novo país, levado ao extremo, mas o desdobramento do lado mais irracional do modernismo, que eclipsou a razão, turvou as mentes e forjou mitos de mobilização política, conduzindo a desdobramentos também políticos nefastos, que todos conhecemos. Ambiguidades inerentes ao imaginário modernista no ocidente, aos quais os brasileiros não escaparam.

Quando posta em flagrante contraste com as vanguardas europeias, a arte brasileira de vanguarda mostrou-se bastante mais palatável ao gosto dominante. As imagens das atraentes telas de Tarsila do Amaral, sobretudo na fase chamada de *antropofagia*, tornaram-se nacionalmente arquetípicas, saindo das cores leves da infância para dar corpo a seres ímpares que simbiotizavam a origem diferenciada da brasilidade. Elas foram cruamente definidas pelo crítico Rodrigo Naves, em 1966: "A ingenuidade das folhas de papel celofane, a singeleza dos tons caipiras, tingem de doçura esses bichos arredios: ovos, cobras, corpos destemidos, vegetações substancializadas – o que faz nossa particularidade tem traços absolutamente esquisitos. E, no entanto, eles estão prontos a vir comer em nossa mão, tão logo solicitados. O maquinismo de Léger se organiza, torna-se mais selvagem – e caseiro como um gato de estimação"[18]. De qualquer forma, quase cinquenta anos depois, as telas da mesma artista

---

18. Rodrigo Naves, *A Forma Difícil: Ensaios Sobre a Arte Brasileira,* São Paulo, Ática, 1966, pp. 19-20.

voltaram a encantar o público, formado por quase duzentas mil pessoas que passaram pela Mostra "Tarsila Popular", no Masp, em julho de 2019.

Já Anita Malfatti ficou mais conhecida depois da agressiva reação de Monteiro Lobato a uma exposição de suas obras, no final do ano de 1917. O mal do rumoroso episódio, catalizador de tantos ressentimentos e frustrações, é que ele ajudou a cristalizar uma série de falsas interpretações, entre as quais, a lenda, fomentada pelos jovens modernistas, de que Anita seria o "estopim do modernismo" ou a "protomártir do movimento". Tal polarização permitiu aos modernistas jogar com uma projeção de imagens que renegavam tempos passados, demarcar mais claramente a oposição entre *tradicionais* e *modernos*, apresentando o movimento como fundador e hegemônico. Por tabela, jogaram a culpa em Lobato, cuja força do ataque supostamente levara a jovem artista plástica a alterar seu rumo. Os quadros expostos em 1917 representavam a fase de experimentação expressionista de Malfatti, a "festa de cores" que ela havia presenciado tanto nas mostras modernistas de Berlim e Paris quanto nas ebulições norte-americanas, produzidas pelo *Armory Show*, em 1913. Embora, naquela ocasião, ela era uma artista que ainda se debatia em face de várias tendências, sem consolidar nenhuma delas. O paradoxo é que quando encontrou com os modernistas, em 1922, já havia abandonado a chamada *experimentação futurista*. A famosa reação de Monteiro Lobato à exposição de Malfatti em 1917 não foi, como se pensava afinal, um marco definidor da trajetória da pintora. Ela já começara a sentir a ojeriza agressiva no interior do próprio círculo familiar: "Isto não é pintura, são coisas dantescas", teria dito o seu tio e protetor, Jorge Krug, a propósito dos seus quadros, bem antes de Lobato. Em um gesto retrospectivo modernista típico, Lobato acabou exorcizado por Oswald de Andrade, em 1943, que o designou como "o *Ghandi do modernismo*, aquele que jejuou e produziu a mais eficaz resistência passiva de que se possa orgulhar uma vocação patriótica".

Nos anos 1940, a obra de Portinari pode ser vista como uma retomada do figurativismo e uma redescoberta do povo brasileiro, embora também viesse imbuída das mesmas ambiguidades modernistas, impostas pelas escolhas e desafios apresentados pela apreensão da brasilidade e reinvenção da história. É o que se revela no depoimento posterior de Mário Pedrosa, ao acentuar a ambiguidade constante na obra do pintor: "Portinari tende a buscar, e buscará sempre, constantemente, uma síntese fugidia, dramática em sua precariedade, entre o plástico e o abstrato, entre o puro pictórico e a vida. Esse dualismo deu o drama à sua obra anterior. Dá à obra atual. E continuará a dar à sua obra futura"[19]. Marinheiros nas cenas da descoberta da terra, bandeirantes em meio a um cenário exótico de cotias e tamanduás, seja qual for o mote temático, Portinari retorna sempre à "necessidade nacional", a mesma *brasilidade*, que Mário de Andrade só vem reafirmar, no seu comentário de 1942: "Se é certo que Portinari parte sempre da Natureza para encontrar a forma, não é menos certo que em cada forma achada ele encontra o Brasil". Na ânsia de renovação, ao contrário, todos operavam sobre uma espécie de palimpsesto de antigas camadas cromáticas da brasilidade, fossem elas românticas, naturalistas ou regionalistas, revelando algumas, obscurecendo outras e deixando várias camadas parcialmente raspadas, indiscerníveis aos olhares menos atentos.

Centrar-se na brasilidade também engendrou uma forma sutil de passar ao largo de autores como Alberto Rangel, Hugo de Carvalho Ramos, Domício da Gama, Rodolfo Teófilo, Matheus de Albuquerque, Araripe Junior e outros. Modernistas? Sim, mas que olhavam torto para uma propalada modernidade do país em contraste com o interior desconhecido. Simples troca de figurino, projeção efêmera da modernização exterior, insistiam em mostrar que a modernidade passava longe do Brasil rural, incapaz de promover qualquer reversão na longa história de confronto dramático e aniquilamento que até então caracterizava a relação entre os homens e a natureza no país. Com uma piscadela de Euclides da Cunha, tais escritores criaram um discurso modernista instável, noturno, oscilante, em contínua redefinição, cuja única diferença em relação ao modernismo posterior foi não estar vestido com as vistosas, chamativas e enganadoras roupas da vanguarda.

O esforço de redescoberta da história, ao contrário do que se propalava como deslinde de um passado único, transitava, anárquica e descomprometida, também pela paródia e pelo humor. Pelos poemas telegráficos de Oswald de Andrade: "Contra as histórias do homem que começa, no Cabo Finisterra. O mundo não datado. Não rubricado. Sem Napoleão. Sem César".

---

19. Mário Pedrosa, "Pintura e Portinari". *O Espelho*, Rio de Janeiro, mar. 1935. p. 6.

Também é assim nos inúmeros poemas-piada e no humor intrínseco a todas as criações modernistas, das quais temos o fascinante exemplo de Murilo Mendes, com sua *História do Brasil*, obra humorística publicada em 1932 e, logo em seguida, fortemente renegada pelo autor. Com versos curtos de redondilha, Mendes nos deu um livro hilário, crivado de cômicas e surpreendentes paramnésias que, no entanto, às vezes não passam de comentários de fatos e personagens reais da história brasileira. Segundo Manuel Bandeira, esse tipo de verso mais combinava com o caráter brasileiro, pois a nossa redondilha era "solecista, abagunçada, amulatada"[20]. Trata-se de outro registro renegado, pelo próprio autor, que abominava seus arroubos de "paródias juvenis".

É pena. Pois, a paródia desmonta a narrativa histórica, embaralha o que se pretendia categorizado, inclusive os tempos e as cronologias; desmistifica os heróis e busca, na mesma chave da reinvenção artística, o fundo mais autêntico da história brasileira. Potenciais alavancas de libertação e purificação da linguagem carcomida pela retórica do passado, os registros humorísticos também acabaram utilizados ou apropriados de forma bastante seletiva pelos modernistas. O humor demolidor servia como alavanca de reinvenção da história brasileira, livrando-a dos pesos deterministas. Quem sabe este não tenha sido o motivo por que Murilo Mendes, J. Carlos, Voltolino, Oduvaldo Vianna, entre outros, acabarem, no limbo das temporalidades renegadas?

As cisões posteriores a 1922 frustrariam dramaticamente modernistas dos mais variados matizes, sobretudo porque o aparato hegemônico das elites brasileiras, na sua inércia estrutural, transformava-se em ritmo bem mais lento que os voos imaginativos das vanguardas. "Eu sou um encalacrado que fala num Congresso de encalacrados", vociferava Oswald de Andrade, uma figura impertinente em pleno Congresso dos Lavradores, em 1928. Encalacrados estavam todos num país de muitos modernistas, mas de pou-

---

20. Segue o trecho completo de Manuel Bandeira: "Pois bem, já desde a redondilha estes poemas da *História do Brasil* são bem da gente, porque se trata de uma redondilha solecista, abagunçada, amulatada (devo advertir que estes três qualificativos vão aqui com intenção de elogio), o que a distingue nitidamente da irmã portuguesa neste poeta de Minas Gerais". A crônica é do ano de 1933, em Manuel Bandeira, *Crônicas Inéditas* II, Julio Castañon Guimarães (org.), São Paulo, Cosac & Naify, 2009, pp. 129-130.

quíssima modernidade. O que não quer dizer que, entre os próprios notáveis do modernismo, não coexistissem projetos diferenciados de escritores, artistas e intelectuais, que retomaram, cada um à sua maneira, o diálogo com a tradição. As projeções e obras foram inúmeras e marcaram toda a história cultural brasileira nas décadas posteriores. Mas, a visão monolítica e orgânica de cultura, impulsionada pela busca da entidade nacional, gerada pelo modernismo de 1922, persistiu e foi encampada pelo caráter centralizador do Estado Novo, em 1937, escolhendo apenas algumas destas respostas, celebrando outras e excluindo aquelas que não se enquadraram nos seus cânones programáticos.

***

"O Lado Oposto e os Outros Lados" é o título de um artigo de Sérgio Buarque de Holanda, de 1926, no qual ele expõe suas distâncias tanto em relação ao tradicionalismo quanto em relação aos seus próprios confrades modernistas, sobretudo, aqueles que se engajavam numa concepção orgânica e intelectualista da cultura brasileira, supondo que uma arte de expressão nacional nasceria apenas da imposição de uma ordem ou hierarquia "que estrangulassem de vez este nosso maldito estouvamento de povo moço e sem juízo".

Relembramos duas passagens mais incisivas deste artigo, que, embora rejeitado pelo historiador maduro, foi um sintoma da mudança de rumos na trajetória intelectual de Sérgio Buarque. A primeira é bastante reveladora das suas frustrações com o ambiente intelectual e com os desdobramentos do movimento modernista, que havia se transformado em "aranhismo", em referência à Graça Aranha:

É indispensável romper com todas as diplomacias nocivas, mandar pro diabo qualquer forma de hipocrisia, suprimir as políticas literárias e conquistar uma profunda sinceridade para com os outros e para consigo mesmo. A convicção desta urgência foi para mim a melhor conquista até hoje do movimento a que chamam de 'modernismo. [...] Penso naturalmente que poderemos ter em pouco tempo, com certeza, uma arte de expressão nacional. Ela não surgirá é mais que evidente, de nossa vontade, nascerá muito provavelmente de nossa indiferença. Isto não quer dizer que nossa indiferença, sobretudo nossa indiferença absoluta, vá florescer por força nessa expressão nacional que corresponde à aspiração de todos. Somente me revolto contra muitos que acreditam possuir ela desde já no cérebro tal e qual deve ser, dizem conhecer de cor todas as suas regiões, as suas riquezas incalculáveis e até mesmo os seus limites e nos querem oferecer essa sombra da realidade que poderíamos esperar deles[21].

E arremata o artigo, desta vez ferino e certeiro:

> O que idealizam, em suma, é a criação de uma elite de homens inteligentes e sábios, embora sem grande contato com a terra e o povo – [...] gente bem-intencionada e que esteja de qualquer modo à altura de nos impor uma hierarquia, uma ordem, uma experiência que estrangulem de vez esse nosso maldito estouvamento de povo moço e sem juízo[22].

Embora partilhe aquele mesmo exercício de renegar temporalidades, o artigo é revelador já que o próprio historiador não autorizou a sua republicação posterior. Pois bem, o título deste desconfiado artigo do jovem Sérgio Buarque de Holanda serviu como mote inspirador para esta coletânea, que reúne uma série de debates sobre o modernismo brasileiro a partir de um foco intencionalmente crítico e anti-canônico. O modernismo brasileiro representou a consagração de fórmulas estéticas e a projeção de um jogo de imagens, reforçando de um lado a antítese a todos os significados estéreis do passado e, de outro, as imagens de um novo início, uma refundação da cultura do país. Mais do que a realização efetiva, disseminou-se um desejo de modernidade que começou por se desprender de quaisquer laços ou compromissos com o passado. Discursos concorrentes, fórmulas estéticas ou linguagens que insinuassem ou ousassem confrontar esta mistificação de temporalidades foram desqualificados *a priori* ou rotuladas como passadistas ou obsoletas – transformando-se, para usar a expressão do jovem Sérgio Buarque, não no lado oposto, mas nos "outros lados". Ressalte-se ainda, que os intérpretes posteriores também não deixaram de colaborar com a consagração do movimento como vanguarda, privilegiando o exame dos textos programáticos, especialmente a sequência de manifestos ou as críticas literárias praticadas pelos seus próprios artífices, êmulos ou mesmo concorrentes.

A associação tácita entre modernidade e brasilidade como resposta a um cosmopolitismo difusamente vanguardista, tornou-se parte de um discurso

---

21. Em Francisco de Assis Barbosa (org.), *Raízes de Sérgio Buarque de Holanda,* Rio de Janeiro, Rocco, 1989, pp. 85-87.
22. *Idem*, p. 87.

hegemônico que consolidou imagens e fantasias de uma cultura nacional orgânica com a falsa incorporação de grupos subalternos.

A intrínseca diversidade dos projetos estéticos, passando ao largo das culturas já existentes, em suas várias linguagens, estilhaçou-se na história cultural posterior, passando por reciclagens, apropriações e descartes que resultaram num autêntico palimpsesto, quase irreconhecível cem anos depois.

Recuperar registros e autores destas temporalidades tantas vezes renegadas e raspando as camadas do palimpsesto – os "outros lados" da cultura brasileira – é o objetivo deste livro. Juntando reflexões, debates e ensaios, que incluam outros lugares de memória, monumentalizados, poetizados ou marginalizados nas lembranças coletivas dos eventos, mostrando as alterações radicais na metropolização e modernização urbana brasileiras; as junções espúrias entre os patrimônios materiais e imateriais; a eleição de marcos emblemáticos e o consequente apagamento de lugares, personagens, referências, imagens e discursos relacionados à memória de afro-descendentes, escravos, imigrantes, mulheres, crianças e tantos outros grupos.

Neste aspecto, os ensaios esforçam-se por descobrir, ausências temáticas significativas, posteriormente incorporadas, como a ecologia e a preocupação com o ambiente; as relações entre os homens e os animais; o teatro, o humor gráfico, os livros e o espaço das edições e dos leitores. Os ensaios não esgotam os temas, cenários ou personagens um tanto renegados, mas procuram instigar novas pesquisas e dar visibilidade a lados esquecidos do chamado modernismo brasileiro.

REFERÊNCIAS BIBLIOGRÁFICAS

ALBUQUERQUE, Matheus de. "Melancolias". *Sensações e Reflexões*. Lisboa, Portugal-Brasil Ltda. 1915.

_____. *As Belas Atitudes*. 3. ed. Rio de Janeiro, Pongetti, 1965. [1912].

BARTRA, Roger. *La Jaula de la Melancolia: Identidad y Metamorfosis del Mexicano*. México, Editorial Grijalbo, 1987.

BRADBURY, Malcolm & MCFARLANE, James (orgs.). *Modernismo: Guia Geral*. São Paulo, Companhia das Letras, 1989.

BOTELHO, André. *O Brasil e os Dias: Estado-Nação, Modernismo e Rotina Intelectual*. Bauru, Edusc, 2005.

CHIARELLI, Tadeu. *Um Jeca nos Vernissages. Monteiro Lobato e o Desejo de uma Arte Universal no Brasil*. São Paulo, Edusp, 1995.

DE LUCA, Tania Regina. *Revista do Brasil: Um Diagnóstico para a (N)ação*. São Paulo, Editora da Unesp, 1999.

GAY, Peter. *Modernismo, O Fascínio da Heresia. De Baudelaire a Beckett e Mais um Pouco*. Trad. Denise Bottmann. São Paulo, Companhia das Letras, 2009.

GOMES, Angela de Castro. "Essa Gente do Rio... Os Intelectuais Cariocas e o Modernismo". *Estudos Históricos*, vol. 6, n. 11, pp. 62-77, Rio de Janeiro, Editora da FGV, 1983.

_____. *Essa Gente do Rio... Modernismo e Nacionalismo*. Rio de Janeiro, Editora da FGV, 1999.

EVERDELL, Willian R. *The First Moderns; Profiles in the Origins of Twentieth-Century Tought*. Chicago, Chicago University Press, 1998.

ECO, Umberto. *Sulle Spalle dei Giganti*. Milão, Edit. La Nave di Teseo, 2016.

GUASTINI, Mario. *A Hora Futurista que Passou e Outros Escritos*. Nelson Schapochnik (org.). São Paulo, Boitempo Editorial, 2006.

HARDMAN, Francisco Foot. "Antigos Modernistas". *In*: NOVAES, Adauto (org.). *Tempo e História*. São Paulo, Companhia das Letras/Secretaria Municipal de Cultura, 1996.

_____. "Brutalidade Antiga: Sobre História e Ruínas em Euclides da Cunha". *Estudos Avançados*, vol. 10, n. 26, pp. 293-310, São Paulo, 1996.

_____. "Algumas Fantasias de Brasil; O Modernismo Paulista e a Nova Naturalidade da Nação". *In:* DE DECCA, Edgard & LEMAIRE, Ria. *Pelas Margens: Outros Caminhos da História e da Literatura*. Campinas, Editora da Unicamp, 2000, pp. 317-331;

LAFETÁ, J. L. *1930: A Crítica e o Modernismo*. São Paulo, Duas Cidades/Editora 34, 2000.

LARSEN, Neil. *Modernism and Hegemony: A Materialist Critique of Aesthetic Agencies*. Minneapolis, University of Minnesota Press, 1990.

NAVES, Rodrigo. *A Forma Difícil: Ensaios Sobre a Arte Brasileira*. São Paulo, Ática, 1966.

MENDES, Murilo. *História do Brasil*. Prefácio de Aníbal Machado. Rio de Janeiro, Ariel, 1932.

MESCHONNIC, Henri. *Modernidade, Modernidade*. Trad. Lucius Provase. São Paulo, Edusp, 2017.

MONTEIRO, Pedro Meira (org.). *Mario de Andrade e Sérgio Buarque de Holanda: Correspondência*. São Paulo, Companhia das Letras/IEB/Edusp, 2012.

MORAES, Eduardo Jardim de. *A Brasilidade Modernista: Sua Dimensão Filosófica*. 2. ed. rev. e atual. Rio de Janeiro, Edit. Ponteio/PUC-Rio, 2016.

MORAES, Marcos Antonio. *Orgulho de Jamais Aconselhar: A Epistolografia de Mário de Andrade*. São Paulo, Edusp, 2007.

Moraes, Rubens Borba de. *Domingo dos Séculos*. São Paulo, Imprensa Oficial do Estado de São Paulo/Giordano Editor, 2007. Fac-símile da edição de 1924.

Murari, Luciana. *Natureza e Cultura no Brasil (1870-1922)*. São Paulo, Alameda Editorial/Fapesp, 2009.

Paz, Octavio. *Marcel Duchamp ou o Castelo da Pureza*. Trad. Sebastião Uchoa Leite. São Paulo, Perspectiva, 2014,

Prado, Antonio Arnoni. *Cenário com Retratos: Esboços e Perfis*. São Paulo, Companhia das Letras, 2015.

_____. *Itinerário de uma Falsa Vanguarda: Os Dissidentes, a Semana de 22 e o Integralismo*. São Paulo, Brasiliense, 1976.

Prado, Paulo. *Retrato do Brasil; Ensaio Sobre a Tristeza Brasileira*. 4. ed. São Paulo, Companhia das Letras, 1997.

Saliba, Elias Thomé. *Raízes do Riso: A Representação Humorística na História Brasileira*. São Paulo, Companhia das Letras, 2002.

_____. *A Dimensão Cômica da Vida Privada na República*. In: Sevcenko, Nicolau (org.). *História da Vida Privada no Brasil*. São Paulo, Companhia das Letras, 2008, vol. 3.

_____. "Cultura: As Apostas na República". *In:* Schwarcz, Lilia M. (org.). *História do Brasil Nação, 1808-2010*, vol. 3: *A Abertura para o Mundo, 1889-1930*. 2. ed. São Paulo, Objetiva/Fundación Mapfre, 2013, pp. 240-294.

_____. *Juó Bananére, O Raté do Modernismo Paulista? Revista de História*, n. 137, pp. 113-122, São Paulo, fflch-usp, 1997.

_____. "Histórias, Memórias, Tramas e Dramas da Identidade Paulistana". *In:* Fernandes, Paula Porta (org.). *História da Cidade de São Paulo*. São Paulo, Paz e Terra, 2005, vol. iii

Schwarz, Roberto. "A Carroça, o Bonde e o Poeta Modernista". *Que Horas São? Ensaios*. São Paulo, Companhia das Letras, 1987.

Schwartz, Jorge. *Vanguardas Latino-Americanas: Polêmicas, Manifestos e Textos Críticos*. São Paulo, Iluminuras/Edusp, 1995.

Sevcenko, Nicolau. *Literatura como Missão: Tensões Sociais e Criação Cultural na Primeira República*. 2. ed. ver. e ampl. São Paulo, Companhia das Letras, 2003.

_____. *Orfeu Extático na Metrópole*. São Paulo, Sociedade e Cultura nos Frementes Anos Vinte. São Paulo, Companhia das Letras, 1992.

Velloso, Monica P. *et al. O Moderno em Revistas: Representações do Rio de Janeiro de 1890 a 1930*. Rio de Janeiro, Faperj/Garamond, 2010.

Victor, Nestor. *Cartas à Gente Nova*. Rio de Janeiro, Edição do Annuario do Brasil, 1924.

Parte II

O Lado Oposto, os Outros Impressos e os Outros Leitores

2

SÉRGIO BUARQUE DE HOLANDA, A IMPRENSA E O MODERNISMO (1920-1926)

TANIA REGINA DE LUCA

NUM TEXTO INSTIGANTE, Beatriz Sarlo referiu-se à sintaxe das revistas que, na própria materialidade de suas páginas, incorporam "marcas de la coyuntura en la que su actual passado era presente". Ao insistir na dimensão de atualidade das revistas políticas, culturais e/ou literárias, que almeja(va)m intervir e alterar o aqui e o agora, a crítica alertou que "nada es más viejo que uma revista vieja", uma vez que "há perdido el aura que emerge de su capacidad o, mejor, de su aspiración a ser una presencia imediata en la actualidad". Entretanto, se tal aspecto pode desinteressar grande parte dos leitores, localizados num futuro próximo ou remoto em relação ao período de circulação de um dado impresso, é justamente aí que reside a fascinação que tais objetos exercem sobre os estudiosos, uma vez que se constituem em "provas de cómo se pensava o futuro desde el presente"[1] vivido por aqueles que lhe foram contemporâneos. A formulação não é diversa da proposta por Pierre Bourdieu em relação aos livros e às práticas de leitura: "um livro muda pelo fato de que não muda enquanto o mundo muda"[2].

---

1. Beatriz Sarlo, "Intelectuales y Revistas: Razones de uma Practica. Le Discours Culturel dans las Revues Latino-Américaines (1940-1970)", *América, Cahiers du Criccal*, n. 9-10, pp. 9-16, 1992, citações nas páginas 9, 8 e 11, respectivamente.
2. Pierre Bourdieu e Roger Chartier, "Debate. A Leitura: Uma Prática Cultural", em Roger Chartier (dir.). *Práticas de Leitura,* 2. ed., São Paulo, Estação Liberdade, 2001, p. 250.

A problemática proposta nesta coletânea inspira-se em artigo que suscitou considerável polêmica nos meios intelectuais de seu tempo. Estampado em 15 de outubro de 1926, no terceiro número da *Revista do Brasil* (RJ, 1926-1927, 2ª fase), foi escrito por Sérgio Buarque de Holanda (1902-1982), hoje um dos nomes canônicos da historiografia e da cultura brasileiras, mas que então era um jovem de pouco mais de vinte anos. O objetivo desse texto é o de tentar reconstituir os termos do debate sobre o modernismo, tal como era então aprendido, levando-se em conta as rápidas alterações da conjuntura e o cambiante lugar ocupado pelos protagonistas no quadriênio 1922-1926. A tarefa, aparentemente singela, exige que se coloque de lado o que se cristalizou como história, de modo a discernir as possibilidades e as apostas que os atores sociais tinham à disposição quando o amanhã ainda era incerto. Esse trabalho, para o qual as revistas e a correspondência constituem-se em fontes estratégicas, pode contribuir para historicizar verdades e versões que se nos afiguram evidentes.

INIMIGOS COMUNS

Em 1926, a Semana de Arte Moderna, ocorrida nos dias 13, 15 e 17 de fevereiro de 1 922, já se constituía num acontecimento fundador, capaz de unir ou de apartar tantos os que participaram do evento quanto aqueles que foram os alvos das críticas, isso a despeito de o interregno ser de apenas quatro anos.

Em sintonia com o papel estratégico desempenhado pela imprensa no meio intelectual do início do século passado[3], os debates sobre a renovação artística ocupavam as páginas dos periódicos, bastando citar o tão conhecido – e diversamente interpretado – artigo de Monteiro Lobato, "Paranoia ou mistificação", acerca da exposição de Anita Malfatti em 1917[4]. No caso da Semana, que anunciava a chegada de um novo tempo, seus promotores esforçaram-se por dar a conhecer os princípios norteadores que, finalmente, nos redimiriam e possibilitariam acertar o passo com as vanguardas europeias. Nos momentos que antecederam e que sucederam o encontro no Teatro Municipal, registrou-se considerável movimentação na imprensa paulista, em cujas páginas esgrimiram--se opositores e defensores das inovações, logo associados aos termos passadis-

---

3. Sobre o tema, ver: Nicolau Sevcenko, *Literatura como Missão: Tensões Sociais e Criação Cultural na Primeira República*, 2. ed., São Paulo, Companhia das Letras, 2003.
4. Sobre o tema ver: Tadeu Chiarelli, *Um Jeca nos Vernissages*, São Paulo, Edusp, 1995.

mo e futurismo, este último cercado por não poucas controvérsias no interior das hostes renovadoras[5].

O cuidadoso levantamento realizado por Boaventura, circunscrito apenas ao ano de 1922 e aos textos que explicitamente faziam referência à Semana, evidencia o papel chave desempenhado pelos artigos de imprensa, ainda que a adesão tenha sido bastante distinta, abarcando desde órgãos que franquearam suas páginas para o debate, aos que noticiaram o evento de forma lacônica e a outros que, a exemplo da *Revista do Brasil* (SP, 1916-1925, 1ª fase), nem mesmo se deram ao trabalho de mencioná-lo[6]. A pesquisa também deixou patente que a questão mobilizou bem menos os periódicos do Rio de Janeiro, fato aliás confirmado por Rafael Cardoso que, ao analisar a presença do tema arte moderna no *Correio da Manhã* (RJ, 1901-1974), então um dos principais matutinos do país, constatou que as menções ao assunto foram "desprezíveis mesmo no período de 1922, quando da ocorrência da Semana"[7].

No que respeita à temporalidade, a julgar pelos resultados apresentados por Boaventura, a Semana empolgou a grande imprensa nos dois primeiros meses do emblemático ano, que também era o do Centenário da Independência, para logo esmaecer, como é praxe nesse gênero de impresso, particularmente interessado nas novidades e nas ocorrências que se encontram na ordem do dia.

No ambiente carioca, bastante hostil aos novos valores, a atuação de Sérgio Buarque foi providencial. Se não participou da Semana, pois a família mudara-se de São Paulo para o Rio em algum momento do ano de 1921, o agora estudante da Faculdade de Direito deu continuidade à sua já significativa colaboração na imprensa, iniciada em 1920 e dispersa pelo *Correio Paulistano* (1854-1963), *A Cigarra* (1914-1975), *A Garoa* (1921-1924) e na primeira fase da *Revista do Brasil*, com artigos que tratavam, sobretudo, de questões literárias e estéticas. Na capital, o rol de títulos nos quais escrevia logo se alargou, com textos estampados em *Árvore Nova* (1922-1923), *Fon-Fon* (1907-1958), *Mundo Literário*

5. A respeito das polêmicas em torno do termo, ver: Annateresa Fabris, *O Futurismo Paulista,* São Paulo, Perspectiva/Edusp, 1994.
6. Maria Eugenia Boaventura (org.), *22 por 22. A Semana de Arte Moderna Vista por Seus Contemporâneos,* São Paulo, Edusp, 2000.
7. Rafael Cardoso, "Modernismo e Contexto Político: A Recepção da Arte Moderna no *Correio da Manhã* (1924-1937)", *História,* n. 172, pp. 335-365, citação na p. 339, São Paulo, jan.-jun. 2015.

(1922-1926), *Rio Jornal* (1918-?). Tal como se verifica no conjunto reunido por Boaventura, suas colaborações não apenas estavam entre as poucas provenientes do Rio de Janeiro a abordar o contexto paulista como eram as únicas francamente favoráveis à Semana e seus princípios. A defesa, aliás, já se iniciara no ano anterior, quando tratou explicitamente do tema em "O futurismo paulista", publicado em dezembro na *Fon-Fon*. Nessa oportunidade, fez questão de pontuar a distância dos futuristas de São Paulo em face da versão italiana, um tema então candente – "não se prendem aos de Marinetti, antes têm mais pontos de contato com os modernérissimos da França desde os passadistas Roman Rolland, Barbusse e Marcel Proust até os esquisitos Jacob, Apollinaire, Stietz, Salmon, Picabia e Tzara." Também se referiu aos integrantes do grupo:

> Um dos seus chefes é Menotti del Picchia, já conhecido em todo o Brasil como autor do lindo poema *Juca Mulato* e também da horrível palhaçada *Laís*. Outro não menos ilustre é Oswald de Andrade, que escreveu três romances ainda inéditos que vão construir a *Trilogia do Exílio*: *Os Condenados*, *A Estrela de Absinto* e *A Escada de Jacó*. Há ainda muitos outros, como Mário de Andrade, do Conservatório de São Paulo, que escreveu há tempos uma série de artigos de sensação sobre *Os Mestres do Passado*[8].

Observe-se o lugar secundário ocupado por Mário de Andrade: enquanto Menotti, nomeado como um dos chefes, e Oswald eram identificados por suas obras, ainda que, no caso do último, não publicadas, a evocação do poeta subordinava-se ao Conservatório e a um conjunto de artigos, sem que *Paulicéia Desvairada*, lida em casa de Ronald de Carvalho naquele mesmo ano e que, segundo informa Manuel Bandeira, contou com a presença de Sérgio Buarque, fosse mencionada[9]. Uma possível explicação para as opiniões expressas

---

8. Sérgio Buarque de Holanda, "O Futurismo Paulista", em Antonio Arnoni Prado (org.), *Sérgio Buarque de Holanda. O Espírito e a Letra. Estudos de Crítica Literária (1920-1947)*, São Paulo, Companhia das Letras, 1996, pp. 131-133, citação na pp. 132-133. Todas as produções de Sérgio Buarque mencionadas no decorrer do texto encontram-se reunidas nessa obra, salvo indicação em contrário.
9. Em nota incorporada à edição organizada Marcos Antonio de Moraes (org.), *Correspondência Mário de Andrade & Manuel Bandeira*, 2. ed., São Paulo, Edusp/IEB, 2001, p. 63, Manuel Bandeira esclareceu: "Avistei-me a primeira vez com Mário de Andrade em casa de Ronald de Carvalho. Lembra-me que estavam presentes Oswald de Andrade, Sérgio Buarque de Holanda, Austregésilo de Ataíde e Oswaldo Orico". Agradeço a Marcos Antonio de Moraes a referência à nota publicada por Menotti del Picchia no *Correio Paulistano*, em 22 out. 1921, que mencionou a partida para o Rio de Janeiro, no dia anterior, da "Bandeira Futurista", com vistas a divulgar o modernismo, oportunidade em que Mário levou "consigo, certamente, aquele chuço de ouro que é a *Pauliceia Desvairada*". A crônica foi reproduzida

e o silêncio em torno de *Pauliceia* encontra-se em Francisco de Assis Barbosa, que assevera haver distância de meses entre a elaboração do texto, que se deu ainda em São Paulo, e seu aparecimento na *Fon-Fon*[10]. O detalhe é importante pois reforça a hipótese de que Sérgio e Mário conheceram-se quando ambos residiam na mesma cidade, ainda que a efetiva aproximação só tenha ocorrido depois de o primeiro já estar instalado na capital[11]. Três décadas depois (1952), ao dar seu testemunho sobre a Semana, Sérgio mencionou o citado artigo como resultado dos primeiros contatos travados com o grupo modernista:

> O interesse pela literatura moderna viera-me principalmente nas conversas com Guilherme de Almeida. Em seu escritório de advocacia, à Rua Quinze [de Novembro] [...]. Por esse tempo vim a travar relações com Menotti e, através deste, com Mário e com Oswald de Andrade. Uma consequência desse encontro foi um certo artigo, sem dúvida bem cabrestro, escrito com 19 anos de idade, que, já de mudança para o Rio, publiquei em 1921 no *Fon-Fon*[12].

A frente ampla, formada contra as instâncias de consagração do mundo literário e que conseguiu congregar forças dispares na Semana, logo tendeu a se esgarçar. A começar pela sucessão de revistas fundadas por modernistas, ou nas quais eles se fizeram presentes em instâncias diretivas, e a intensa movimentação que o lançamento ou a presença nas publicações suscitava, o que se encontra, pelo menos em parte, registrado na não menos intensa troca de correspondência entre os envolvidos. O mesmo pode ser dito em relação às obras oriundas do

---

por Yoshie S. Barreirinhas, *Menotti Del Picchia, o Gedeão do Modernismo, 1920-1922*, Rio de Janeiro, Civilização Brasileira, 1983, pp. 266-268.

10. Francisco de Assis Barbosa, "Verdes Anos de Sérgio Buarque de Holanda. Ensaio Sobre Sua Formação Intelectual até Raízes do Brasil", em Arlinda Rocha Nogueira (org.), *et al. Sérgio Buarque de Holanda: Vida e Obra*, São Paulo, Secretaria de Estado da Cultura/IEB, 1988, pp. 27-54, informação na p. 33.

11. Dados que reforçam a suposição de Pedro Meira Monteiro (org.), *Mário de Andrade e Sérgio Buarque de Holanda. Correspondência*, São Paulo, Companhia das Letras/IEB/Edusp, 2012, pp. 7-8, "É difícil saber quando e onde os dois missivistas se conheceram. É muito provável que tenha sido em São Paulo, quando Sérgio, paulistano como Mário, ainda lá vivia, em 1921. Nesse ano, no entanto, ele se mudou com a família para o Rio de Janeiro, onde passaria a estudar direito e trabalhar como jornalistas. É plausível que os dois tenham se reencontrado e estreitado relações no Rio, durante alguma das excursões dos modernistas paulistas à capital da República". A correspondência inicia-se a 8 maio 1922, com carta de Mário de Andrade.

12. Sérgio Buarque de Holanda, "Em Torno da Semana", em Marcos Costa (org.), *Sérgio Buarque de Holanda. Escritos Coligidos. Livro II, 1950-1970*. São Paulo, Unesp/Fundação Perseu Abramo, 2011, pp. 170-173, citação nas pp. 172-173. Texto originalmente publicado no *Diário Carioca*, 17 fev. 1952.

campo considerado moderno, cujas resenhas insuflavam os ânimos e deixavam antever desavenças e discordâncias que, aos poucos, corroíam a imagem unitária projetada na preparação e realização do encontro de fevereiro.

A primeira delas, *Klaxon,* mensário de arte moderna (SP, maio 1922- jan. 1923), ainda reunia um grupo bastante amplo e heterogêneo, mas as divisões já se evidenciavam, assim como também os mal-entendidos e as disputas internas, o que aumentava a complexidade e as tensões no campo literário. Não cabe aqui retomar a análise da revista, bastando lembrar o quiproquó em torno da resenha do romance *O Homem e a Morte,* de Menotti del Picchia[13], editado por Monteiro Lobato, que não se animou a imprimir *Pauliceia Desvairada*[14]. Mário subordinou a avaliação da obra ao papel até então desempenhado pelo cronista do *Correio Paulistano* em prol da causa e à amizade que devotava ao autor – poeticamente captada no traço de Anita que, com Mário, Tarsila, Menotti e Oswald, formava o grupo dos cinco[15]. A revista encerrou-se com um número dedicado a Graça Aranha, fonte de novas e intensas discussões no interior do grupo[16], que podem ser acompanhadas na correspondência trocada entre Mário de Andrade e Manuel Bandeira[17].

---

13. Rubens Borba de Moraes, "Recordações de um Sobrevivente da Semana de Arte Moderna", em Aracy A. Amaral, *Artes Plásticas na Semana de 22*, 5. ed. rev. e ampl., São Paulo, Editora 34, 1998, pp. 304-307, explicita o que considerava falso modernismo de Menotti e detalha as idas e vindas da resenha: uma que explicitava as divergências, a de Mário, muito elogiosa, e a que foi publicada, com assinatura deste mas "corrigida" pelo depoente, Tácito de Almeida e Couto de Barros. O texto gerou, ainda, atritos entre Mário e Oswald, como indica a correspondência trocada por Mário e Tarsila, especialmente a carta datada de 16.06.1923 (Aracy Amaral (org.), *Correspondência Mário de Andrade & Tarsila do Amaral*. São Paulo, Edusp/IEB, 2001, pp. 72-75, com destaque para a nota 13, que contextualiza a questão).
14. Sobre a história da criação e da publicação de *Pauliceia Desvairada*, consultar: Marcos Antonio de Moraes, *Pauliceia Desvairada* nas Malhas da Memória", *O Eixo e a Roda*, vol. 24, n. 2, pp. 173-193, 2015.
15. Na seção "Livros e Revistas", foram resenhados, sempre elogiosamente, os autores então associados ao movimento, a exemplo de Menotti del Picchia (duas obras), Mário e Oswald de Andrade, Renato de Almeida e Ronald de Carvalho, registro bem diverso do adotado para os considerados passadistas.
16. Em outro depoimento, Rubens Borba Moraes, "Memórias de um Sobrevivente de *Klaxon*", *Revista Anhembi*, vol. XLV, ano 12, n. 138, p. 495, maio 1962, assim se referiu ao episódio Graça Aranha: "[...] com uma sem-cerimônia espantosa, decretou, ali na nossa frente, que o próximo número de *Klaxon* seria consagrado a ele! Tanta vaidade deixou-nos, pobres caipiras paulistas, inertes e silenciosos. Tomando nosso silêncio e sorrisos encabulados como aprovação, passou ele a nos explicar como o número deveria ser composto e a distribuir tarefas".
17. A recusa de Manuel Bandeira e Ribeiro Couto em colaborar no número foi tema de várias missivas, que incluíram discussão sobre a colaboração financeira de Mário para a impressão do número. Ver: Mar-

Sérgio Buarque recebeu a primeira carta de Mário de Andrade pouco antes do lançamento de *Klaxon*, oportunidade em que o poeta exortou o representante carioca a colaborar com o mensário: "Estou à espera dos poemas que prometeste. E não te esqueça do teu conto. Desejo conhecer-te na ficção"[18]. Sérgio atendeu ao convite e publicou, no quarto número, de agosto de 1922, o poema em prosa "Antinous", uma de suas bissextas incursões pela ficção[19]. As sete missivas relativas a esse ano indicam que Sérgio efetivamente envolveu-se com a representação da revista: angariou assinaturas, viabilizou sua distribuição em livrarias, entregou exemplares a figuras de destaque, como Lima Barreto, autor de nota ácida contra o periódico paulista em *Careta* (RJ, 1908-1960)[20], acompanhou atentamente e colocou Mário a par da recepção de *Klaxon* na imprensa carioca, além de sair em defesa da revista e seus colaboradores.

Nesse sentido, sua presença em *O Mundo Literário*. Mensário de literatura nacional e estrangeira, lançado, tal como *Klaxon*, em maio de 1922 pela Livraria Leite Ribeiro, merece ser destacada[21]. Segundo apurou Chaves, a tiragem do periódico foi de dez mil exemplares até fevereiro de 1924, quando a empresa passou às mãos da Freitas Bastos, que reduziu o preço da publi-

cos Antonio de Moraes (org.), *Correspondência Mário de Andrade & Manuel Bandeira*, pp. 76-78 e 152-161.

18. Pedro Meira Monteiro (org.), *Mário de Andrade e Sérgio Buarque de Holanda. Correspondência*, pp. 19-20. Reticências de Sérgio quanto à ficção foram mencionadas por Mário em carta a Bandeira, de 6 jun. 1923: "O Sérgio quer publicar um livro de ensaios críticos antes de dar qualquer obra de ficção, para mostrar primeiro que não é louco. Acho que ele faz bem. É bom começar sempre por um prefácio interessantíssimo" (Marcos Antonio de Moraes (org.), *Correspondência Mário de Andrade & Manuel Bandeira*, p. 81).

19. Nesse âmbito, veja-se o conto: Sérgio Buarque de Holanda, "Viagem a Nápoles", *Revista Nova*, ano 1, n. 4, pp. 595-615. A atitude irreverente do jovem crítico no início dos anos 1920, assim como suas produções humorísticas de 1923, que apontam para outra de suas facetas, foram analisadas com perspicácia por Elias Thomé Saliba, *Crocodilos, Satíricos e Humoristas Involuntários. Ensaios de História Cultural do Humor*, São Paulo, Intermeios/Programa de Pós-Graduação em História Social/USP, 2018, pp. 37-65.

20. Lima Barreto, "Futurismo", em Maria Eugenia Boaventura, *22 por 22. A Semana de Arte Moderna Vista por Seus Contemporâneos*, pp. 323-324, publicado em 22 jul. 1922. Sobre o encontro entre Sérgio e Lima Barreto, consultar o depoimento registrado em: Antonio Arnoni Prado, "Sérgio, Mário e Klaxon: Um Encontro com Lima Barreto", *Trincheira, Palco e Letras. Crítica, Literatura e Utopia no Brasil*, São Paulo, Cosac & Naif, pp. 257-260. Já a resposta, que se sabe ser de autoria de Mário de Andrade, foi publicada na seção "Luzes e Refrações". *Klaxon*, n. 4, p. 17, 15 ago. 1922. Edição fac-símile de *Klaxon*, São Paulo, Martins/Secretaria da Cultura do Estado de São Paulo, 1976. As citações, provém desta fonte.

21. A despeito de ter figurado em outras publicações, conforme se destacou, foi em *O Mundo Literário* que compareceu, de maneira mais assídua, tratando de questões ligadas ao modernismo.

cação e aumentou a edição para quinze mil, números bastante expressivos e que apontam para um leitorado amplo e diversificado, aspecto não desprezível quando se trata de refletir sobre a difusão dos novos valores estéticos[22]. Diferentemente de *Klaxon*, a revista mantida pela livraria era ecumênica e aceitava contribuições variadas, não se pautando pela defesa de um programa pré-definido[23].

Sérgio Buarque contribuiu para a seção "Literatura nos Estados", tendo respondido, por algum tempo, por São Paulo[24]. Assumiu a tarefa com a expectativa de ter campo aberto para polemizar com as críticas que, já no número inaugural de *O Mundo Literário*, foram dirigidas a *Klaxon*. Tanto que declarou a Mário: "espero responder por essa mesma revista se me permitirem. Se não, estou em dúvida se deixo de fazer a seção paulista ou se continuarei a pregar as ideais klaxistas que são as minhas nessa mesma seção". Exceção feita à série que apenas iniciou sobre o passado literário paulista em outubro de 1924, única a tratar de autores não contemporâneos, os demais textos – quatro em 1922 (junho, julho, agosto e outubro) e dois em 1923 (janeiro e julho) – foram sempre incisivos na defesa do movimento e se particularizavam por ainda difundir uma imagem unitária do mesmo, como bem explicita o datado de janeiro de 1923 que, depois de relembrar o lançamento de *Os Condenados*, *O Homem e a Morte*, ambos editados por Lobato, e *Pauliceia Desvairada*, anunciava para o decorrer do ano novos livros de Oswald, Mário, Guilherme de Almeida e seu irmão Tácito, Couto de Barros, Luís Aranha, Ribeiro Couto, Rubens Borba, além de elogiar os "belos poemas" que Agenor Barbosa e Plínio Salgado "continuam a produzir," isso não sem antes, de modo incisivo, atacar o autor de *Espumas:* "a nova Pauliceia renega com veemência a poesia idiota do Sr.

---

22. Eneida Maria Chaves, *O Mundo Literário: Um Periódico da Década de 20 no Rio de Janeiro*, São Paulo, FFLCH-USP, 1977, vol. 1, p. 10 (Dissertação de Mestrado em Letras).
23. Antonio Arnoni Prado, "Entrevistas com Murilo Araújo, José Geraldo Vieira e Sérgio Buarque de Holanda", *O Mundo Literário: Um Periódico da Década de 20 no Rio de Janeiro*, vol. 2, pp. 327-357.
24. Sérgio informou a Mário que assumira o lugar de Ribeiro Couto, inicialmente convidado para responder pela seção, o que o fez apenas no número inaugural, em função de sua transferência para Marselha. Pedro Meira Monteiro (org.), *Mário de Andrade e Sérgio Buarque de Holanda. Correspondência*, p. 38. Em 1924, Sérgio deixou de colaborar com a publicação por conta de desentendimentos com a direção, que não aceitou uma correção que fez em artigo de Assis Cintra, como declarou a Eneida Maria Chaves, *O Mundo Literário: Um Periódico da Década de 20 no Rio de Janeiro*, vol. 2, p. 356.

Figura 1: O *Grupo dos Cinco* de Anita Malfatti.
Tinta e lápis de cor sobre papel (26,5 x 36,5).

Amadeu Amaral, o poeta indigesto dos comendadores ventrudos e burros, dos orientalismos convencionais etc."[25].

Não se imagine, porém, que a opinião de Sérgio fosse majoritária na revista. Pelo contrário, em *Klaxon* há notas que respondem às críticas que eram dirigidas do Rio de Janeiro[26], a exemplo do texto *O Homenzinho que Não Pensou*, no qual Mário de Andrade contrapôs-se às ofensivas anônimas publicadas em *O Mundo Literário*, mas que Sérgio informou serem de autoria de Agripino Grieco, responsável pela secretaria da revista por quase dois anos[27].

---

25. Apenas o texto de 1924 não foi reproduzido em Antonio Arnoni Prado (org.), *Sérgio Buarque de Holanda...*, o trecho citado está na p. 163, grifo no original.
26. A seção "Luzes e Refrações", de responsabilidade coletiva, aliás como era praxe na revista, refutava, no mais das vezes de forma irônica e bem humorada, os ataques dirigidos à revista por diferentes órgãos de imprensa.
27. "O Homenzinho que Não Pensou", *Klaxon*, n. 3, 15/07/1922, pp. 10-11. A identificação da autoria está na carta de Sérgio, de fins de julho de 1922 (Pedro Meira Monteiro (org.), *Mário de Andrade e Sérgio Buarque de Holanda. Correspondência*, pp. 50-51).

As opiniões expressas por Sérgio na seção paulista acabaram por exigir que os editores se posicionassem, especialmente depois da referência feita ao imortal Amadeu Amaral. Se, por um lado, lembravam que os colaboradores eram responsáveis pelas opiniões emitidas e tinham liberdade para expressá-las, por outro recomendavam "respeito à inteligência e ao talento alheios, mormente quando são notórios"[28].

Coincidência ou não, Sérgio voltou às páginas de *O Mundo Literário* somente em julho de 1923, para reafirmar sua certeza de que "o passadismo morrera definitivamente em São Paulo e que nem Jesus Cristo em pessoa seria capaz de ressuscitá-lo"[29]. Esse texto pode ser interpretado como o que encerra o ciclo de combate aos valores do passado, aberto com o publicado em 1921 na revista *Fon-Fon*, uma vez que o crítico não via mais razão em insistir numa questão que já lhe parecia destituída de sentido. Estabelecia claramente dois campos: o que foi superado e o renovador, no interior do qual ainda não fazia distinções. Não deixou de mencionar a repercussão do texto anterior: "quando há seis meses atrás publiquei meu último artigo nesta seção, estava longe de imaginar que ele causasse a indignação que causou nos arraiais do *passadismo* paulista"[30].

Essa breve incursão na conjuntura imediatamente posterior à Semana, nem de longe exaustiva, indica que o combate aos inimigos comuns, pauta capaz de agregar e reunir no início de 1922, ia aos poucos deixando de ocupar o centro da cena, o que contribuía para o aflorar de dissensões e tensões internas que puderam ser, por motivos diversos, contidas. O papel de Sérgio Buarque não se restringiu ao de mero coadjuvante, pois ele foi um representante ativo de *Klaxon* e dos ideais do movimento na capital da República, cuja defesa ardorosa, sobretudo em *O Mundo Literário*, contribuiu para que os mesmos fossem debatidos além das fronteiras paulistas. Os seus textos permitem observar deslocamentos na abordagem, que se inicia com a defesa das inovações estéticas frente à ordem estabelecida e caminhou no sentido de tomá-las como

---

28. *Apud* Eneida Maria Chaves, *O Mundo Literário: Um Periódico da Década de 20 no Rio de Janeiro*, vol. 1, p. 81. De forma jocosa, o ataque à Amaral foi comentado em "Luzes e Refrações", *Klaxon*, n. 8-9, p. 32, dez. 1922/jan. 1923.
29. Sérgio Buarque de Holanda, Resenha sem título, em Antonio Arnoni Prado (org.), *Sérgio Buarque de Holanda...*, pp. 165-169, citação na p. 165.
30. *Idem*, p. 165, grifo no original.

ganhas, o que tornava inócuo insistir em contestar os representantes da velha ordem estética.

INIMIGOS INTERNOS

Foi justamente em janeiro de 1923, data da publicação do derradeiro número de *Klaxon*, que uma inesperada oportunidade se abriu quando, em dezembro de 1922, Paulo Prado, que se tornara sócio de Monteiro Lobato em seus negócios editoriais, assumiu a codireção da prestigiada *Revista do Brasil*. O editorial que anunciou a novidade, não assinado mas provavelmente escrito pelo novo diretor, depois de saudar a longevidade da publicação, que entrava no seu oitavo ano, anunciava uma "*Revista do Brasil* como que transformada, com um novo aspecto, e com a colaboração de uma nova direção". E, como que para tranquilizar o leitor, emendava: "É sempre a mesma publicação, que tantos favores tem merecido do público que lê, mas com outros elementos, que podem talvez completar a obra brilhante do passado, e num anseio de renovação, escapar à lamentável velhice, que tanto desfigura e enfeia os homens, as coisas e os livros"[31].

Não se tratava, de fato, da mesma publicação, como atesta a estreia, já nesse número, da seção "Crônica de Arte", sob a responsabilidade de Mário de Andrade, e a subsequente incorporação no índice da revista de vários dos nomes mais destacados da Semana de 1922. Ter espaço num periódico consagrado, com distribuição significativa e associado a uma editora que vinha revolucionando o mercado livreiro, ampliava em muito a circulação dos novos valores e sua presença no espaço público. Se a liberdade era maior do que a desfrutada por Sérgio Buarque em *O Mundo Literário*, tendo em vista o lugar ocupado por Paulo Prado, esta não era absoluta, uma vez que não se tratava de fazer tábula rasa da trajetória do impresso que, é bom não esquecer, continuava a ser propriedade de Monteiro Lobato. Além do mais, para a boa saúde financeira do empreendimento, haveria que aumentar e não diminuir o número de assinantes, preocupação que deve ter sido compartilhada pelos dois diretores.

Há indícios que Lobato, sobretudo a partir de 1924, mergulhado na sua aventura gráfico-editorial, afastou-se cada vez mais da revista. Em carta de

---

31. *Revista do Brasil*, ano 8, n. 85, p. 1, jan. 1923.

abril do referido ano, endereçada a Godofredo Rangel, declarou: "entreguei a revista ao Paulo Prado e Sérgio Milliet e não mexo mais naquilo. Eles são modernistas e vão ultramodernizá-la. Vejamos o que sai – e se não houver baixa no câmbio das assinaturas, o modernismo está aprovado"[32]. Não se tratava de simples retórica pois ao receber uma contribuição do amigo alertou que era preciso que "o diretor da revista (eu sou honorário) aprove"[33].

O afastamento de Lobato ocorreu num ano particularmente agitado, que se abriu com a presença de Blaise Cendras no Brasil, cuja primeira conferência ocorreu em 21 de fevereiro, além de duas outras proferidas em maio e junho"[34], a publicação do *Manifesto da Poesia Pau-Brasil,* de Oswald de Andrade, em 18 de março no diário carioca *Correio da Manhã*, a realização, em abril, da famosa viagem a Minas Gerais, o retumbante rompimento, em 19 de junho, de Graça Aranha com a Academia, o lançamento do primeiro dos três números de *Estética* (RJ, 1924-1925) em setembro e a publicação de *Memórias Sentimentais de João Miramar*. Antes, em dezembro de 1923, surgiu *Novíssima*. Revista de arte, ciência, literatura, sociedade, política (SP, 1923-1926).

A enumeração bem indica a pluralidade de caminhos que então se abriam e a dificuldade de apreender todos os matizes das mudanças em curso. No que tange às revistas, o lançamento de *Novíssima*, jocosamente denominada de *Velhíssima*, tendo à frente Cassiano Ricardo e Francisco Patti, explicitava uma cisão entre os modernistas da primeira hora, já insinuada em *Klaxon* e que não tardou a ganhar materialidade num periódico cujos colaboradores mais assíduos, além dos responsáveis, foram Menotti del Picchia, Alfredo Ellis Júnior e Plínio Salgado, núcleo do grupo Verde e Amarelo, que também criou sua própria editora, a Helios, que passou a imprimir a revista e, sobretudo mas não exclusivamente, as obras dos escritores reunidos em torno da redação.

---

32. José Bento Monteiro Lobato, *A Barca de Gleyre*, 11. ed., São Paulo, Brasiliense, 1964, vol. II, pp. 263-265, citação na p. 264. Carta datada de 7 abr. 1924. A atestar as mudanças em curso, Sérgio Milliet assumiu a redação da revista em fevereiro de 1924, no lugar de Júlio César da Silva.
33. *Idem*, pp. 270-271, citação na p. 271. Carta datada de 7 out. 1924.
34. Sobre a presença de Cendrars no Brasil, consultar a edição, revista e ampliada por Carlos Augusto Calil de Alexandre Eulalio, *A Aventura Brasileira de Blaise Cendrars: Ensaio, Cronologia, Filme, Depoimentos, Antologia, Desenhos, Conferências, Correspondência, Traduções,* São Paulo, Edusp/Fapesp, 2001 e Aracy A. Amaral, *Blaise Cendrars no Brasil e os Modernistas*, 2. ed. ver. ampl., São Paulo, Editora 34/Fapesp, 1997.

Não se tratava de publicação devotada apenas à literatura, o que de certa forma antecipava a *Revista Nova* (SP, 1930-1932) que, a exemplo de *Novíssima*, tampouco é incluída na lista das publicações modernistas. Declarando-se imparcial, o periódico acolheu, não sem as devidas justificativas para os leitores, a produção de Segall, poema de Cendrars e de Oswald em sua fase pau-brasil, ou seja, autores que não comungavam da postura estética propalada pelos verde-amarelos – a defesa do belo, de uma arte genuinamente nacional, livre de espúrias influências vanguardistas europeias e de imitações servis[35].

O ponto a destacar é a convivência, em São Paulo[36], de duas publicações: a tradicional *Revista do Brasil*, agora com as páginas em parte controladas por Paulo Prado, e *Novíssima*, em tese um projeto renovador. Comparando o tratamento dado a um dos acontecimentos centrais de 1924, o manifesto de Oswald, fica evidente que não era possível restabelecer o consenso, a despeito de se compartilhar o desejo de produzir uma literatura nacional. Partia-se, contudo, de pressupostos muito diversos, o que não implicava, nesse momento, impossibilidade de interlocução, com indica, aliás, a presença dos poemas pau-brasil em *Novíssima* e de Menotti em *Estética*.

Em São Paulo, a *Revista do Brasil* efetivamente assumiu a função de porta-voz dos renovadores, tanto que imediatamente replicou o texto do manifesto de Oswald em suas páginas, divulgou poemas inéditos e o prefácio de Paulo Prado para o futuro livro *Pau-Brasil*, impresso em Paris no ano seguinte, com ilustrações de Tarsila[37]. Além disso, abrigou grande parte dos modernistas da

35. As informações sobre a revista estão em Maria Lúcia Fernandes Guelfi, *Novíssima. Estética e Ideologia na Década de 1920*, São Paulo, IEB, 1987. Note-se que a periodicidade foi muito irregular, sobretudo a partir de 1925. Dos treze números publicados, quatro não foram localizados em acervos, o que é um indício relevante para a avaliar a circulação. Não há edição fac-símile ou exemplares digitalizados. Sobre o grupo Verde Amarelo, consultar: Antonio Arnoni Prado, *Itinerário de uma Falsa Vanguarda. Os Dissidentes, a Semana de 22 e o Integralismo*, São Paulo, Editora 34, 2010, que também faz referências à revista.
36. A *Revista do Brasil* circulou, com Paulo Prado à frente, de janeiro de 1923 até maio de 1925, quando faliu juntamente com os negócios editoriais de Lobato. *Novíssima* surgiu em dezembro de 1923 e o último número conhecido é de jun.-jul. 1926, cabendo notar, ainda uma vez, que entre 1925 e 1926 saíram apenas cinco números, três deles não localizados, o que impossibilita precisar o momento de publicação. Ver: Maria Lúcia Fernandes Guelfi, *Novíssima. Estética e Ideologia na Década de 1920*, p. 21. Em termos de eficácia, a *Revista do Brasil*, sempre pontual e distribuída pelo eficiente sistema arquitetado por Monteiro Lobato, levava franca vantagem em relação a *Novíssima*.
37. Para análise detida da viagem de 1924 a Minas e considerações sobre os impactos da mesma nas obras de Tarsila e Oswald, ver: Luciano Cortez Cortez, "Por Ocasião da Descoberta do Brasil: Três

primeira hora (Graça Aranha, Menotti, Ronald, Renato e Guilherme de Almeida, Agenor Barbosa, Couto de Barros, Mário e Oswald de Andrade, Paulo Prado, Rubens de Morais, Sérgio Milliet, René Thiollier, Ribeiro Couto, além de Tarsila e Segall no campo das artes plásticas), seja na condição de colaboradores, transcrevendo textos que publicaram em outros órgãos da imprensa, resenhando suas obras e/ou reproduzindo avaliações sobre as mesmas, nem sempre em registro favorável, é bom frisar.

O interessante é que nas páginas do mensário o embate modernistas versus passadistas, tido como encerrado por Sérgio Buarque em meados de 1923, continuava em plena ebulição, isso porque a publicação seguia acolhendo também os da velha guarda e a transcrever desqualificações contra os renovadores que campeavam na imprensa. Se tal postura pode ser atribuída à dupla orientação da revista, o resultado não deixava de servir à estratégia de enfrentamento dos vanguardistas, restando ao leitor a tarefa de avaliar os argumentos mobilizados em cada um dos campos. De fato, entre 1923 a 1925, a *Revista do Brasil* acabou por abrigar em suas páginas visões contrastantes, que se enfrentavam a cada número. No registro jocoso, já com Paulo Prado na direção, a seção "Caricaturas do Mês" reproduziu charge, originalmente publicada em *D. Quixote* (rj, 1917-1927), que retomava os argumentos, tantas vezes repisados, da importação de ideias.

Se, no campo das revistas, o que se tinha eram dois projetos muito diversos, um que continuava no mesmo diapasão da destruição e do combate às convenções (*Revista do Brasil*) e outro, com menor alcance de público, mas que já expunha importante fissura (*Novíssima*), o manifesto de Oswald deflagrou novos reordenamentos e gerou reações particularmente negativas. A começar por Graça Aranha e seus mais fiéis escudeiros – Ronald de Carvalho e Renato de Almeida, trio conhecido como a mesa, em função de fotografia publicada na *Revista da Semana* (rj, 1900-1959) em 18 de março de 1922.

No discurso que selou o seu rompimento com a ABL, Graça não deixou de lançar farpas contra o novo roteiro proposto pelo poeta que, se tinha em mira a brasilidade, afastava-se do objetivismo dinâmico e das intenções de perscrutar

---

Modernistas Paulistas e um Poeta Francês no País do Ouro", *O Eixo e a Roda*, vol. 19, n. 1, pp. 15-37, 2010. O livro *Pau-Brasil* contém um conjunto de poemas que fazem referência à viagem.

Figura 2: O futurismo na seção "Caricatura do Mês".
Revista do Brasil, ano 8, n. 50, p. 190, jun. 1923.

Figura 3: Fotografia que deu origem ao termo "a mesa".
Fonte: *Revista da Semana*, ano 23, n. 12, 18 mar. 1922.

a nacionalidade na toada patriótica do grupo de *Novíssima*, permanecendo fiel à postura corrosiva e crítica que já antecipava aspectos que seriam radicalizados no futuro *Manifesto Antropófago* (1929).

Foi nesse contexto que surgiu *Estética*, essa sim efetivamente modernista, sob responsabilidade de Prudente de Moraes, neto e Sérgio Buarque de Holanda. O processo de fundação da revista, as dificuldades financeiras enfrentadas, a relação dos responsáveis com Graça Aranha, que sugeriu o título, redigiu o texto de abertura e não hesitou em usar seu prestígio junto aos jovens diretores, são bem conhecidos, graças ao depoimento de Prudente de Morais, neto que acompanha a primeira edição fac-símile do periódico, assim como nos que ele, Sérgio e Pedro Nava, representante do periódico em Minas Gerais, concederam a Leonel[38]. Não se pode perder de vista, contudo, que se tratam de evocações muito posteriores, que não reproduzem o vivido, mas dele oferecem uma representação a partir de um dado presente. Bem diversas, portanto, da perspectiva fornecida pela correspondência, produzida no tempo curto dos acontecimentos, contemporânea dos dramas e desafios do aqui e agora.

Os três exemplares de *Estética* (set. 1924, jan.-mar. e abr.-jun. 1925), a despeito de não conterem um programa formal, acabaram por expressar a intenção de avaliar, sem subterfúgios, as realizações e os caminhos seguidos pelo modernismo, uma vez que investir contra os antigos padrões e valores era, na perspectiva de seus diretores, inócuo[39]. Ganhava corpo o intui-

---

38. Consultar: Pedro Dantas [Prudente de Moraes, neto], "Vida de Estética e Não Estética da Vida", em Edição fac-símile de *Estética*, Rio de Janeiro, Gernasa/Prolivro, 1974, fonte das futuras citações da revista. Depoimentos em Maria Célia de Moraes Leonel, *Estética. Revista Trimestral e o Modernismo*, São Paulo, Hucitec, 1984, pp. 170-192. Observe-se que o título de Prudente estabelece, de saída, distanciamento em relação a Graça Aranha.
39. Em entrevista concedida por Sérgio Buarque e Prudente de Moraes, neto ao *Correio da Manhã*, ano xxv, n. 9322, p. 5, 19 jun. 1925, ou seja, no momento em que o terceiro número da revista estava em circulação, Sérgio declarou: "Demais a feição de combate que parece a muitos a fisionomia característica do nosso movimento está interessando mais as pessoas alheias a esse movimento que aos participantes dele. É indiscutível que ela representou e ainda representa um fato, um dos papeis mais salientes, embora não dos mais difíceis da nossa tendência. Mas se foi necessário e até urgente há algum tempo, já começa a se tornar fatigante". Prudente, por sua vez, combate a ideia de atraso e afirma a sincronia dos nossos relógios com a Europa: "Agora que parecemos ter chegado ao ponto crítico de nossa evolução não imitamos a França, com o atraso dos outros tempos. Pode-se dizer até que a vanguarda daqui é paralela à de lá. Estamos com as ideias ao par. Precisamos, portanto, achar por nós mesmos o nosso caminho. Ora o *modernismo* que ao lado de sua feição universal corresponde em toda parte a uma exaltação de nacionalismo, está magnificamente aparelhado para enfrentar esse problema" (grifo no original).

to reflexivo e a preocupação de construir e de realizar, tanto que, não por acaso, um dos títulos imaginados por Sérgio para o periódico tenha sido justamente *Construção*[40].

Nesse sentido, reveste-se de particular importância as seções dedicadas à análise de diferentes literaturas, com destaque para a brasileira e a francesa, de que se ocuparam, sobretudo, Sérgio e Prudente. A publicação acolheu novos nomes, com destaque para o jovem Carlos Drummond de Andrade, e foi nela que Mário, colaborador assíduo, publicou, entre vários outros, o seu *Noturno de Belo Horizonte*, resultado da profícua viagem à Minas e que é frequentemente apontado como um dos marcos na busca da brasilidade, escoimada do exótico e do pitoresco.

É interessante observar que a revista abriu-se com *Mocidade e Estética*, de Graça Aranha, autor incensado em dois outros artigos da revista, de autoria de Renato de Almeida e Sérgio Buarque de Holanda, para trazer, nas páginas finais da terceira edição, a Carta Aberta de Mário de Andrade a Alberto de Oliveira. Em poucos meses, os desentendimentos extravasaram o âmbito privado e ocuparam o espaço público, em grande parte devido à atitude firme e mesmo iconoclasta dos jovens diretores que, mobilizando recursos analíticos sofisticados, submeteram à impiedosa análise a produção do tempo. A cumplicidade de propósitos e a camaradagem expressavam-se na autoria conjunta de algumas resenhas – inseparáveis, chegaram a ser identificados pelos amigos como o Prudente Sérgio. Na entrevista concedida em junho de 1925 ao *Correio da Manhã*, Prudente explicitou os critérios que informavam os julgamentos estéticos:

[...] algumas das invenções puramente formais introduzidas pelos modernos vão perdendo a importância que a princípio pareciam ter. Não é por estar de acordo com este ou aquele padrão que uma obra de arte é ou deixa de ser *moderna*. Ao contrário, o abuso de certos processos facilmente assimiláveis que ameaçam degenerar em maneirismo estéril e um dos grandes perigos a evitar. O *modernismo* não se satisfaz com essas aparências e com a introdução nas artes de alguns atributos da vida contemporânea: é interior e íntimo.

---

40. Pedro Meira Monteiro (org.), *Mário de Andrade e Sérgio Buarque de Holanda. Correspondência*, p. 66. Carta de Sérgio Buarque endereçada à Mário de Andrade em maio de 1924.

A atitude atual do homem em face do mundo e dos problemas que hoje nos atormentam e a expressão dessa atitude é que constituem o *modernismo*[41].

Figura 4: Charge publicada por ocasião de entrevista de Sérgio
Buarque de Holanda e Prudente de Moraes, neto.
Correio da Manhã, ano XXV, n. 9322, p. 5, 19 jun. 1925.

Foram diversos os pontos sensíveis abordados nas recensões e nos artigos de Prudente e Sérgio. Sem pretensão de explorar a questão em toda a sua complexidade[42], pode-se identificar um núcleo que desencadeou um diálogo, restrito às cartas, deflagrado pelo artigo de Sérgio, "Perspectivas", publicado no terceiro número de *Estética*, e pela longa resenha de Prudente, estampada no mesmo número, consagrada à *Escrava que Não é Isaura*. De fato, como se depreende tanto da carta de Sérgio Buarque, que traz menções às objeções de Mário, feitas em missiva a Prudente que, infelizmente, não foi conservada, quanto na detida

41. *Correio da Manhã*, ano XXV, n. 9322, p. 5, 19.06.1925, grifos no original.
42. A respeito, ver: Pedro Meira Monteiro, "'Coisas Sutis, Ergo Profundas'. O Diálogo entre Mário de Andrade e Sérgio Buarque de Holanda", *Mário de Andrade e Sérgio Buarque de Holanda. Correspondência*, pp. 169-360.

resposta do poeta ao seu resenhista[43], estava em jogo o peso do inconsciente, do irracionalismo, da experimentação, das amarras que ainda subordinariam a produção poética a convencionalismos e abstrações de cunho intelectual. A atração exercida pelo subjetivismo expressava-se em artigos, análises e também na ficção, como indicam, por exemplo, os poemas de Prudente. Vale destacar, também, a independência e a coragem dos jovens críticos, como se observa nas linhas finais da resenha de Prudente, o que não o impediu de reverenciar o autor:

> Pra conseguir discordar desse livro e marcar aqui principalmente as discordâncias, tive de ler ele três vezes. Só depois disso pude distinguir bem as minhas próprias ideias, através das ideias do autor. *A Escrava que Não É Isaura* me perturbou e me irritou. Mas eu teria sido igualmente sincero comigo mesmo se me limitasse a dizer aqui todo o meus entusiasmo toda a minha admiração por esse – insisto na expressão – sempre admirável Mário de Andrade[44].

Outro ponto de tensão e atrito, esse público, diz respeito à resenha de *Estudos Brasileiros*, de Ronald de Carvalho, assinada pelos diretores e estampada no segundo número, relativo aos meses de janeiro a março de 1925. Os autores criticaram de forma ácida o volume, resultado de uma série de conferências no México. Sem meias palavras, abriram o texto caracterizando o livro como "o mais fraco de seus livros em prosa". E explicitavam os problemas: "Sobre nossa nacionalidade, sobre nossas letras, sobre nossas artes, quase nada que já não se tenha dito" e sugeriam a fórmula correta: "seria necessário estudá-las com espírito novo, ousado, irreverente, sem a menor preocupação com o que escreveram

---

43. Trata-se de carta de Sérgio Buarque, remetida após abril de 1925. Pedro Meira Monteiro (org.), *Mário de Andrade e Sérgio Buarque de Holanda. Correspondência*, pp. 71-72. Para a carta de Mário a Prudente, datada de 15 set. 1925, ver: Georgina Koifman (org.), *Cartas de Mário de Andrade a Prudente de Moraes, neto*, Rio de Janeiro, Nova Fronteira, 1985, pp. 99-107. A respeito da produção crítica e poética de Prudente, ver: Leandro Pasini, "Uma Originalidade Dispersiva: Prudente de Moraes, neto e a (Des)articulação do Modernismo no Rio de Janeiro", *Nau Literária*, vol. 14, n. 1, pp. 105-122, 2018. Disponível em: <https://seer.ufrgs.br/NauLiteraria/article/viewFile/75868/48667>. Acesso em jan. 2019.
44. Prudente Moraes, neto, *A Escrava que Não É Isaura*. *Estética*, ano II, n. 3, pp. 317-318, abr-jun. 1925. Na correspondência, Mário voltaria ao tema da resenha em carta de 3 out. 1925: "É verdade não dei minha opinião geral sobre a crítica de você sobre mim. Me esqueci. O artigo está muito bem feito e é o milhor que a *Escrava* despertou até agora. O do Drummond esteve fraquinho e já falei isso para ele" (Georgina Koifman (org.), *Cartas de Mário de Andrade a Prudente de Moraes, neto*, p. 121).

Rocha Pombo e Silvio Romero"[45]. Antes da publicação, Mário de Andrade, que já havia declarado ao autor a impressão negativa que a obra lhe causara[46], agora compartilhava com Prudente sua preocupação em relação à futura resenha que a dupla escreveria. Depois de declarar "eu nem sei como será a crítica que vocês vão publicar" e insistir que não tinha "nenhuma pretensão de aconselhar", mas de raciocinar junto, expressou seu temor pela reação do resenhado, que se zangaria. Para além dos estragos no âmbito das relações pessoais, questionava se a atitude

> [...] será útil pros outros? Creio que não. Pensem bem nisso: o livro têm os defeitos que tem, só para nós, um grupo restritíssimo. Pros outros encante e é de grandíssima utilidade. O livro não pode passar despercebido à *Estética*. Isso é indiscutível. Pois não será preferível compassadamente lhe salientar apenas os lados bons? A utilidade, a importância do Brasil nos estudos dos novos, a careza, extrema de exposição, faculdade raríssima entre nós, os modernistas – que nos compreendemos muito bem porque lidamos os mesmos dados e estamos num estádio intelectual e sentimental der par mas que os outros não compreendem – lembrar que os *Estudos* são conferências daí o lado encanto de dicção, coisa dizível que têm etc.?[47]

A exemplo do que fizera em relação à resenha de Menotti publicada em *Klaxon*, Mário tentou conter os danos que uma análise mais contundente poderia causar. Os resenhistas, porém, mantiveram-se firmes em seus propósitos e não pouparam o autor. Registre-se que, no parágrafo final da resenha, reproduziram os aspectos positivos destacados por Mário, tanto que retomaram, quase literalmente, trechos da missiva. Porém, no novo contexto, os elogios esmaeciam-se e acabavam por apartar o autor da grei dos modernos, o que não parece ter sido a intenção original de Mário:

> Entretanto, os defeitos que apontamos no livro, só são defeitos para um pequeno grupo. É provável, mesmo, que a não alguns modernistas, ninguém possa concordar com o

---

45. Prudente Morais, neto e Sérgio Buarque de Holanda, *Estudos Brasileiros. Estética*, ano I, n. 2, p. 216, jan.-mar. 1925.
46. A avaliação de Mário sobre os *Estudos* e a magoa que Ronald demonstrou frente à avaliação do amigo, foram detidamente descritas a Manuel Bandeira. Ver: Marcos Antonio de Moraes (org.), *Correspondência Mário de Andrade & Manuel Bandeira*, pp. 135-137, carta datada de 10 out. 1924.
47. Georgina Koifman (org.), *Cartas de Mário de Andrade a Prudente de Moraes, neto*, pp. 59-60, carta datada de 16 dez. 1924.

que dissemos. Além disso, há uma série de qualidades que o Sr. Ronald de Carvalho conserva sempre. Clareza rara. Os modernos são confusos. Não se explicam bem. Entendem-se uns aos outros, mas não conseguem por suas ideias ao alcance de todos. O sr. Ronald de Carvalho, temperamento profundamente clássico, caracteriza-se ao contrário por uma grande serenidade[48].

Um dos resultados do imbróglio foi o afastamento de Graça Aranha da publicação, no que foi acompanhado por Renato de Almeida, ambos solidários ao amigo que, por sua vez, mostrou-se pouco receptivo às críticas. Ao petardo contra os *Estudos*, seguia-se resenha dos mesmos autores consagrada ao romance *Memórias Sentimentais de João Miramar*, esta francamente favorável, o que deve ter irritado ainda mais Graça e seu grupo, em guerra aberta com Oswald que, logo após o episódio da Academia, respondeu aos ataques à poesia pau-brasil com o famoso texto "Modernismo atrasado"[49].

Em carta angustiada, Sérgio analisou a repercussão da resenha para concluir que Ronald "não tem o menor motivo para sentir isso [ofendido]". Ancorava-se na honestidade de princípios para enfrentar a situação: "pouco me importam as possíveis consequências de nossa atitude porque estou certo de que tanto você como eu agimos de boa fé e fomos sinceros". Contudo, mostrava-se ansioso para saber como Mário via a questão e pedia ao amigo que se comunicasse com o poeta: "Desejaria muito saber a opinião dele e principalmente saber se ele acha que o Ronald tem motivos de queixa pessoa contra nós"[50].

A opinião de Mário foi expressa em carta a Bandeira, na qual ele se autorrecriminou – "Se eu não tivesse sido covarde, mandasse a minha opinião pra *Revista do Brasil* em vez de pro Ronald, os rapazes não estariam sofrendo o mau conceito em que se meteram de escoteiros sacrificados de um terceiro astucioso" – e confessou: "Mas quanto mais eu penso, Manuel, mais acho que os rapazes tiveram razão [...]. Fizeram bem. Foram lindos [...]. Não praticaram nenhuma *gaffe*, me deram uma lição, isso sim"[51].

---

48. Prudente Morais, neto e Sérgio Buarque de Holanda, *Estudos Brasileiros. Estética*, ano I, n. 2, p. 217.
49. Texto publicado em *A Manhã. Suplemento Literário de São Paulo*, 25 jun. 1924.
50. Carta de Sérgio Buarque a Prudente de Morais, datada de 7 abr. 1925. Reproduzida em: Georgina Koifman (org.), *Cartas de Mário de Andrade a Prudente de Moraes, neto*, p. 63.
51. Marcos Antonio de Moraes (org.), *Correspondência Mário de Andrade & Manuel Bandeira*, p. 202, carta datada de 18 abr. 1925, grifo no original.

Fechou o último número da revista, que interrompeu sua circulação por questões financeiras, a famosa carta aberta de Mário de Andrade ao príncipe dos poetas. Agora pouco contemporizador, Mário insurgiu-se contra a liderança atribuída a Graça Aranha, de quem já discordara com um "não apoiado" durante discurso na Semana, e reivindicou: "Deixem ao menos o início do modernismo brasileiro para nós", estabelecendo uma primazia paulista que esta(va) longe de ser pacífica[52]. A revista, cujo lançamento parecia ungir, mais uma vez, Graça Aranha, selou o rompimento definitivo de parte dos modernistas com o autor de *Estética da Vida* e introduziu mais uma fissura no "pequeno mundo estreito" dos modernos.

A pluralidade de procedimentos, abordagens e temáticas, em vez de fraqueza, constituía-se na pedra de toque do modernismo, pelo menos foi o que expressou Prudente na já citada entrevista, concedida no momento em que *Estética* dava os últimos suspiros: "Uma das crítica mais absurdas que nos têm sido feitas, é a que nos censura por falta de coesão, de unidade de vistas, de regras e de um fim comum que se possa reconhecer imediatamente. Querem que o modernismo seja uma escola quando é um estado de espírito"[53].

DISCERNINDO LADOS

Estado de espírito, contudo, que não era interpretado da mesma forma, como se evidenciou, sem meio tom, em *Estética*. Essa foi cronologicamente sucedida por *A Revista*, editada em Belo Horizonte, cujo primeiro número veio a público em julho de 1925, ou seja, no mês subsequente ao encerramento do periódico carioca, capitaneada por Carlos Drummond e Martins de Almeida. Sua periodicidade foi bastante irregular e espaçada (jul. e ago. 1925 e jan. 1926), menos por questões financeiras, que tanto atormentaram os diretores de *Estética*, do que por compromissos pessoais dos responsáveis. A redação reunia o grupo "descoberto" na famosa viagem de abril de 1924, observando-se a ausência de nomes ligados à *Novíssima* ou dos que eram próximos a Graça Aranha, excetuando-se Ronald de Carvalho, que publicou um único poema. Prudente e Sérgio não colaboraram.

---

52. Mário de Andrade, "Carta Aberta a Alberto de Oliveira", *Estética*, ano II, n. 3, p. 338, abr.-jun. 1925.
53. *Correio da Manhã*, ano XXV, n. 9322, p. 5, 19 jun. 1925, grifo no original.

Em sintonia com o meio no qual surgiu, *A Revista* não abrigou em suas páginas apenas os adeptos das inovações, antes estabeleceu uma convivência amistosa, que se constituía em condição para sua existência, num registro diverso do que vigorou na *Revista do Brasil* durante os anos Paulo Prado. Tal circunstância constituía-se em fonte de apreensões para os mineiros, que Mário soube apaziguar: "botem bem misturado o modernismo bonito de vocês com o passadismo dos outros"[54]. A circulação, fora do eixo Rio-São Paulo, de uma publicação dessa natureza já testemunhava a força com que sopravam os ventos da renovação.

Em janeiro de 1926, mês que marca o encerramento da revista mineira, uma nova publicação, *Terra Roxa e Outras Terras...*, foi lançada em São Paulo, cidade que desde maio do ano anterior, com o fechamento da *Revista do Brasil*, só contava com a irregular *Novíssima*. O quinzenário, em formato jornal, somou sete números (jan. a set. de 1926), com direção de Couto de Barros e Alcântara Machado e Sérgio Milliet na secretaria da redação. Bem diversa da contida *A Revista*, agora a busca da brasilidade, que não esteve ausente na antecessora, foi elevada a critério fundamental para a avaliação das obras. As páginas do segundo número (02/1926) registraram o rompimento entre Mário e Menotti, desencadeado pela resenha de *Losango Cáqui*, e que foi antecedida por outra manifestação pública, a Carta aberta a Graça Aranha, publicada no suplemento paulista de *A Manhã* em janeiro de 1926[55].

A correspondência de Mário e de Alcântara Machado[56] indicam o quanto que Sérgio e Prudente foram instados a colaborar. O primeiro foi incumbido da crítica: "Procure o Prudente, Sérgio. Logo. Imediatamente. Há novidade. E grossa. Fique sabendo só que, a contar de hoje, você é o crítico de prosa de *Terra Roxa*. E que, até o dia 15 de janeiro, impreterivelmente, tem de enviar

---

54. Lélia Coelho Frota (org.), *Correspondência de Carlos Drummond de Andrade e Mário de Andrade*, Rio de Janeiro, Bem-Te-Vi Produções Literárias, 2002, pp. 35-142, citação na p. 142.
55. A integra da carta está reproduzida em Georgina Koifman (org.), *Cartas de Mário de Andrade a Prudente de Moraes, neto*, pp. 185-190.
56. Para as cartas de Mário a Prudente, ver: Georgina Koifman (org.). *Cartas de Mário de Andrade a Prudente de Moraes, neto*. Já a correspondência entre Alcântara e Prudente encontra-se em Cecília de Lara (org.), *Pressão Afetiva e Aquecimento Intelectual. Cartas de Antônio de Alcântara Machado a Prudente de Moraes, neto*, São Paulo, Giordano/Lemos/Educ, 1997.

a primeira crônica"[57]. Mário, por seu turno, insistia com o segundo: "Negócios. Os rapazes de *Terra Roxa* inda não receberam nada de você nem do Sérgio. Não vem? Vem sim! Mandem depressa pra sair no primeiro número"[58].

Sérgio descreveu as dificuldade de distribuir a publicação nas livrarias, em função do formato, e anunciou a preparação de vários textos – "Não mandei nada porque só hoje passo a máquina meu artigo que enviarei hoje mesmo. Estou escrevendo outro (para o n. 4) sobre dois livros do Jackson de Figueiredo que saíram há dias"[59] – mas, de fato, acabou publicando apenas a resenha de *Pathé Baby*, de Alcântara Machado, enquanto Prudente mandou duas colaborações.

A bibliografia especializada bem destacou a importância dessa impressionante sequência de revistas, a sugerir que o movimento não podia abdicar de um instrumento de intervenção no espaço público, estivesse este total ou parcialmente nas mãos de elementos do grupo, como no caso das revistas. Não se desperdiçavam oportunidades, a exemplo da oferecida por *A Noite* (RJ, 1911-1957) e o chamado mês modernista, uma coluna nas páginas do jornal, sob responsabilidade de diferentes colaboradores e que contou com a participação de Mário de Andrade, Sérgio Milliet, Manuel Bandeira, Prudente de Morais, neto, Carlos Drummond e Martins Francisco. Os debates gerados em torno da atividade atestam a importância estratégica da imprensa para legitimar, incluir e excluir"[60].

Ao lado dos periódicos considerados tipicamente modernistas, que contam com pelo menos duas edições fac-símiles cada – *Klaxon*, *Estética*, *A Revista*, *Terra Roxa e Outras Terras* e, para além do período aqui privilegiado, *Verde* (Cataguazes, set. 1927-jun. 1928 e maio 1929) e *Revista de Antropofagia* (SP,

---

57. Cecília de Lara, "Terra Roxa... e Outras Terras. Um periódico Pau-Brasil", em *Terra Roxa... e Outras Terras*. Edição fac-similar. São Paulo, Martins/Secretaria da Cultura, Ciência e Tecnologia, 1977, p. VII, reproduz a integra da carta.
58. Georgina Koifman (org.), *Cartas de Mário de Andrade a Prudente de Moraes, neto*, p. 180.
59. Carta enviada a Mário em 10 fev. 1926. Pedro Meira Monteiro (org.), *Mário de Andrade e Sérgio Buarque de Holanda. Correspondência*, pp. 83-84, citação na p. 84.
60. As muitas intrigas em torno do mês modernista, que novamente envolveram Graça Aranha, expressavam, de fato, disputas em torno da liderança do movimento. Para os detalhes, acompanhar a correspondência entre Mário e Bandeira nos meses de novembro e dezembro de 1926 (Marcos Antonio de Moraes (org.), *Correspondência Mário de Andrade & Manuel Bandeira*, pp. 255-267). O tema é tratado por Sérgio Buarque em carta de 12 jan. 1926 e contextualizado em notas do organizador (Pedro Meira Monteiro (org.), *Mário de Andrade e Sérgio Buarque de Holanda. Correspondência*, pp. 80-82).

maio 1928-ago. 1929) –, por duas vezes a *Revista do Brasil* foi veículo de difusão dos ideais modernistas: na primeira fase, entre janeiro e 1923 e maio de 1925, nos tantas vezes evocados anos Paulo Prado, e entre setembro de 1926 e janeiro de 1927, com dez exemplares publicados, quando o título já pertencia a Assis Chateaubriand e era editado no Rio de Janeiro. Estas, assim como *Novíssima, Festa* (RJ, out.1927-jan.1929 e jul.1934-ago.1935) e a *Revista Nova*, não são incluídas na genealogia heroica.

Tal exclusão talvez possa ser explicada pelo fato das duas primeiras contestarem, cada uma a seu modo, a herança que, com o correr do tempo, acabou por se tornar canônica a respeito de 1922, enquanto a terceira dificilmente poderia, pelas suas próprias características, ser considerada porta-voz da vanguarda literária, a despeito de ter a frente Paulo Prado, Mário de Andrade e Antônio de Alcântara Machado. Já em relação à *Revista do Brasil*, a ambiguidade que a caracterizou, no final da primeira fase e na subsequente, acaba por torná-la um periódico bastante híbrido e contraditório, do que resulta o lugar secundário que ocupa no panteão das publicações modernistas.

Lugar secundário, é bom frisar, a partir da perspectiva oferecida pela distância temporal. Em setembro de 1926, ter novamente no Rio de Janeiro um impresso porta-voz dos novos padrões parecia essencial aos envolvidos. E isso a despeito de não poderem, naquele momento, saber que o último número de *Terra Roxa* sairia justamente em setembro, ainda que, em janeiro de 1927, Alcântara Machado nutrisse esperança de revivê-la[61].

O relançamento da *Revista do Brasil* atendia aos interesses de Assis Chateaubriand, que então iniciava a construção de seu império de comunicações. Para dirigi-la, convidou nomes laureados, indicando a preocupação de colocar à frente do projeto indivíduos cuja reputação fosse análoga à que cercava a própria revista – Plínio Barreto, Alfredo Pujol, Afrânio Peixoto e Pandiá Calógeras, cabendo a chefia de redação ao jovem Rodrigo Melo Franco de Andrade que, por sua vez, convidou Prudente de Moraes, neto para o cargo de secretário *ad hoc*. Somente o último dos figurões fez questão de se imiscuir nos rumos editoriais do periódico, não se contentando em apenas dignificá-lo com o prestígio do seu nome.

---

61. Como informa Cecília de Lara (org.), *Pressão Afetiva e Aquecimento Intelectual*, p. 71, nota 7.

A reunião que definiu o perfil da revista, da qual participaram Calógeras, Chateaubriand, Rodrigo e Prudente, foi por esse rememorada em depoimento:

> [...] Calógeras, ao contrário dos outros [diretores], fazia absoluta questão de ter uma atuação efetiva e direta e de ter conhecimento de tudo e de dar ordens e exercer em suma a direção. [...] Queria fazer uma revista muito mais parecida com a *Revista do Brasil* antiga do que a que estava nas nossas intenções. Então foi preciso que nós chegássemos a uma acomodação, atendendo ao Calógeras e ao Chateaubriand e reivindicando para nós uma certa liberdade de ação na área com a qual eles não se preocupavam muito. [...] Havia a parte Calógeras/Chateaubriand e havia a parte Rodrigo/Prudente. Nós nos sujeitamos, acabamos nos adaptando a esse esquema, porque tínhamos liberdade de publicar o Oswald, o Manuel, o Mário, o Alcântara e fomos publicando e isso já nos satisfazia um pouco e a revista não deixou de ter uma influência no movimento cultural, literário modernista, pelo fato de publicar também [...] outros que eram levados pelo Calógeras e pelo Chateaubriand[62]

Reeditava-se, mais uma vez, padrão semelhante ao vigente entre 1923 e 1925, o que deu margem a várias discussões na correspondência, que evidenciam as dúvidas quanto às possibilidades de Rodrigo e Prudente influenciarem, de fato, nos caminhos da publicação"[63]. Tal como a antecessora, não era uma publicação estritamente literária, mas reservava espaço para a crítica e a produção ficcional. Em suas páginas compareceram Mário, Bandeira, Oswald, Drummond, Couto Ribeiro, Ronald de Carvalho, Alcântara Machado, Pedro Nava, enfim o lado Rodrigo/Prudente que, nesse âmbito específico, foi majoritário. E vale destacar, ainda uma vez, que no período de circulação da segunda fase da *Revista do Brasil* não havia nenhum outro órgão que atuasse como representante dos modernos, pois *Novíssima* publicou seu último exemplar em julho de 1926, ano, aliás, marcante para os verde-amarelos, que lançaram, pela editora Helios, *Vamos Caçar Papagaios*, de Cassiano Ricardo, *O Estrangeiro* e *A Anta e o Curupira*, de Plínio Salgado. Já do lado da

---

62. *Apud* Marilda A. Balieiro Ikeda, *Revista do Brasil Segunda Fase. Contribuição para o Estudo do Modernismo Brasileiro*, São Paulo, FFLCH-USP, 1975, pp. 134-135 (Dissertação de Mestrado em Literatura Brasileira).
63. Para detalhes sobre a trajetória da revista, ver: Tania Regina de Luca, *Leituras Projetos e (Re)vista(s) do Brasil, 1916-1944*. 2. ed. rev. e ampl., São Paulo, Unesp, 2017. Disponível em: <http://editoraunesp.com.br/entrar?ReturnUrl=%2Fcatalogo%2F9788539301041%252Cleituras-projetos-e-revistas-do-brasil%2Fdownload.pdf>.

"mesa", foram editados *Toda América e Jogos Pueris*, de Ronald de Carvalho, e *História da Música Brasileira*, de Renato de Almeida.

Sérgio Buarque publicou dois textos na revista: uma resenha muito elogiosa, no número inaugural, sobre o livro de poesia de Ribeiro Couto, *Um Homem na Multidão*, e, no terceiro, "O Lado Oposto e Outros Lados". Àquela altura, sua participação ativa no movimento já lhe assegurara lugar de crítico respeitado, sobretudo em função da atuação em *Estética*, prestígio também desfrutado por Prudente. Esse, em função da condição de diretor *ad hoc*, foi bem mais ativo e resenhou para a revista todos os lançamentos citados, exceção feita à *Toda América*, de Ronald, cuja recensão, não estampada na revista, rendeu-lhe novas escaramuças[64]. As reações às opiniões expressas por Prudente causavam constrangimentos não apenas junto aos criticados, mas também entre amigos, como se observa nas cartas a ele enviadas por Mário e nas trocadas entre esse e Bandeira. O mal-estar reinante frente às avaliações parecia residir no tom utilizado. Referindo-se à resenha de *História da Música*, Mário apontou a Prudente enganos conceituais, "além da agressividade geral com que você mexe com todo mundo até com Ronald e Graça"[65].

Não obstante todas as limitações oriundas da duplicidade de orientação da *Revista do Brasil*, Prudente e Sérgio deram sequência à ação iniciada em *Estética*. Se o primeiro enfrentava problemas com as resenhas, o artigo do segundo incomodou por expor, sem rodeios, concessões afetivas ou reverenciais, as clivagens que marcavam o que era então considerado o campo do movimento modernista. O autor declarou a intensão de "romper com todas as diplomacias nocivas, mandar pro diabo qualquer forma de hipocrisia, suprimir as políticas literárias e conquistar uma profunda sinceridade pra com os outros e pra consigo mesmo". E emendava: "A convicção dessa urgência foi pra mim a melhor conquista até hoje do movimento que chamam de *modernismo*"[66].

---

64. Ronald de Carvalho contestou sua avaliação de *Toda América* em carta pouco simpática, datada de 15 jun. 1926 e reproduzida em Georgina Koifman (org.), *Cartas de Mário de Andrade a Prudente de Moraes, neto*, pp. 205-209.
65. Georgina Koifman (org.), *Cartas de Mário de Andrade a Prudente de Moraes, neto*, pp. 201-203, citação na p. 202. Carta sem data, mas que é posterior a setembro de 1926, tendo em vista que a crítica saiu no primeiro número da *Revista do Brasil*.
66. Sérgio Buarque de Holanda, "O Lado Oposto e Outros Lados", em Antonio Arnoni Prado (org.), *Sérgio Buarque de Holanda...*, p. 224, grifo no original.

Tal desprendimento e frieza eram possíveis a partir da posição assumida, qual seja, a de representante de uma nova geração, que se via confrontada com o desafio da busca por uma arte nacional.

É interessante como os pronomes nós e eu mesclam-se ao longo do texto, que passa da opinião pessoal para a compartilhada coletivamente pelos mais jovens, o que lhe dá um caráter programático, próximo ao de um manifesto. Não por acaso, nos dois primeiros parágrafos, adotou-se o marco temporal de dez anos, contrapondo-se o Brasil intelectual de 1916 ao de 1926. A primeira fronteira foi então definida: de um lado o que foi caracterizado como o "ceticismo bocó, o idealismo impreciso e desajeitado, a poesia *bibelô*, a retórica vazia, todos os ídolos da nossa *intelligentsia*"[67]. A enumeração, tida por suficiente, encerrou a menção a esse território que desde 1923 o crítico já desqualificara: "Não quero insistir na caracterização dessa divergência, que me parece profunda, nem vejo no que poderia ser útil mostrando o motivo que me leva a preferir um [o de 1926] ao outro [o de 1916]"[68]. Portanto, o esforço tinha em mira a crítica interna, tarefa a que ele e Prudente já vinham se dedicando, sobretudo desde *Estética*, e cujos termos, conforme se destacou, não se prendiam a amarras de espécie alguma.

As distinções iniciaram-se, de fato, com o reconhecimento de que muito se fizera com a contestação e superação da ordem vigente em 1916, entretanto detectava, no interior do movimento vitorioso "germens de atrofia que os mais fortes já começam a combater sem tréguas"[69]. O tom belicista é claro, inclusive com a menção aos que se mantinham firmes na linha de frente, combatendo em prol da causa. As frases eram precisas e incisivas, tanto que o autor não precisou mais do que três breves parágrafos para traçar o contexto, expor o problema e o método para enfrentá-lo.

Em seguida, de forma impiedosa, Sérgio começou por descartar Graça Aranha, Ronald de Carvalho, Renato de Almeida e o amigo que poucos anos antes elogiara, Guilherme de Almeida[70]. Todos foram atirados

---

67. *Idem*, p. 224.
68. *Idem, ibidem*.
69. *Idem, ibidem*.
70. Sérgio Buarque de Holanda, Guilherme de Almeida, em Antonio Arnoni Prado (org.), *Sérgio Buarque de Holanda...*, pp. 113-115, publicado em *Fon-Fon* em 3 set. 1921.

na vala comum do academicismo, ainda que "modernizante". O critério para tanto era o da atualidade: "hoje logo à primeira vista se sente que falharam irremediavelmente", ainda que fizessem "todo o possível para sentirem um pouco a inquietação da gente da vanguarda," na qual o autor se incluía. E para que não restassem dúvidas, assim concluiu os dois parágrafos que lhes dedicou: "no ponto em que estamos hoje eles não significam mais nada para nós"[71], nós este bem caracterizado.

Detectado e eliminado o primeiro "germe da atrofia", o crítico voltou-se então para o efetivo desafio que considerava o da sua geração: uma arte de expressão nacional, ao qual consagrou três parágrafos. Como alcançar tal feito? A resposta vinha em termos negativos, o que pode ser interpretado como marca da dificuldade de precisar os caminhos para realizar a tarefa – "ela não surgirá, é mais que evidente, de nossa vontade, nascerá muito mais provavelmente da nossa indiferença"[72], ou seja, o autor convidava a pensar num lento processo de maturação, ancorado em forças internas, num registro diverso do que o motivara nos momentos iniciais de *Estética*, para a qual sugeriu o nome *Construção*, postura que agora abominava. Sua crítica, ou melhor, a sua revolta, para retomar o termo de que se valeu, tinha por endereço os que julgavam que arte nacional seria "criação de uma elite de homens inteligentes e sábios, embora sem grande contato com o povo e a terra". Esses iluminados julgavam ter as respostas para todas as angústias e almejavam "impor uma hierarquia, uma ordem, uma experiência que estrangulem de vez esse nosso maldito estouvamento de povo jovem e sem juízo". Ora os aspectos condenáveis (falta de tradição, juventude, caos e desordem) eram, segundo o autor, fruto de uma dada apreensão que, produzida no isolamento e silêncio dos gabinetes, a partir de parâmetros externos ("senão do outro mundo pelo menos do velho mundo"), acabava por resultar em "uma detestável abstração inteiramente inoportuna e vazia de sentido", que comprometia a liberdade, "que é, por enquanto pelo menos, o que temos de mais considerável"[73]. O alvo declarado era Tristão de Ataíde, cujas fontes eram

---

71. Sérgio Buarque de Holanda, "O Lado Oposto e Outros Lados", em Antonio Arnoni Prado (org.), *Sérgio Buarque de Holanda...*, p. 225.
72. *Idem*, pp. 225-226.
73. *Idem*, p. 226.

identificadas: "gente da *Action Française* e sobretudo de Maritain, de Massis, de Benda talvez e até da Inglaterra, do norte-americano T. S. Elliot"[74].

Pode-se dizer que Tristão de Ataíde está no centro dos debates pois Sérgio Buarque identifica pontos de contato entre o crítico e os acadêmicos modernizantes, mas também entre ele e o "esplêndido grupo *modernista* mineiro de *A Revista* e até mesmo Mário de Andrade". Sua profunda admiração pelo poeta, aliás explicitada em mais de uma passagem do texto, não o impedia de apontar a dissonância: "sua atual atitude intelectualista me desagrada"[75].

O parágrafo final, a despeito de não citar Tristão, valorizava justamente a postura por ele combatida com maior vigor, pois atribuía a dianteira do movimento a Oswald de Andrade que, na sua avaliação, "é um dos sujeitos mais extraordinários do modernismo brasileiro", Prudente de Moraes, neto, Couto de Barros e Antônio Alcântara Machado, escolhidos "sobretudo por representarem o ponto de resistência necessário, indispensável contra as ideologias do construtivismo"[76].

Eis o desenho das tropas, no qual se observa o lado do inimigo externo já derrotado (os de 1916) e as várias facções internas: a de Graça, tida por vencida, a ameaça representada por Tristão que, pelo menos em parte, parecia estender seus tentáculos entre os mineiros e Mário Andrade e, por fim, os que eram aceitos sem reservas. Note-se que, após identificar os que ocupavam o primeiro plano, tratou de preservar a aliança com aqueles que, embora pudesse discordar, deveriam ser preservados na condição de aliados: "Manuel Bandeira, por exemplo, que seria para mim o melhor poeta brasileiro se não existisse Mário de Andrade. E Ribeiro Couto que com *Um Homem na Multidão* acaba de publicar um dos três mais belos livros do *modernismo* brasileiro. Os outros dois são *Losango Cáqui* e *Pau-Brasil*"[77]. Em algumas páginas, Sérgio Buarque retomou opiniões e críticas que ele e Prudente já vinham expressando, mas que ganharam outra dimensão quando apresentadas num quadro sintético, que identificava aproximações e distanciamentos.

74. *Idem*, p. 227
75. *Idem, ibidem*, grifos no original.
76. *Idem, ibidem*.
77. *Idem*, pp. 227-228, grifo no original.

CONCLUSÃO

O texto de Sérgio Buarque, já analisado por tantos especialistas, está, em larga medida, de acordo com a leitura canônica do modernismo, especialmente no que diz respeito a Graça Aranha e seu grupo. Entretanto, no momento de sua publicação, chocou pela sem cerimônia com que deu concretude às perspectivas em curso, sem recuar diante da força que os personagens então dispunham no campo literário.

A agressividade que Mário apontou em carta a Prudente foi retomada na correspondência com Manuel Bandeira em novembro de 1926, quando as repercussões do artigo de Sérgio galvanizavam as atenções: "Prudentico principalmente inda mais que Sérgio quando escrevem contra dão pras frases um ar de ataque que fere. Fazem a restrição com uma secura uma aspereza que pode ser peculiar neles porém faz com que os outros caíam na ideia de ataque"[78]. Manuel, que não parecia convencido, ponderou: "À turma novíssima (Prudente, Sérgio, Alcântara) não fica mal agitar-se, dar e apanhar. Fazem muito bem. O papel da rapaziada é esse mesmo"[79]. E apanharam dos amigos e dos inimigos, em público e no âmbito privado[80].

Prudente de Moraes, neto defendeu o amigo em artigo no qual expressou sua inteira concordância com o balanço apresentado, que retomou detidamente. Na sua perspectiva, o texto explicitou as diferenças de propósitos que impossibilitavam a reunião de todos os modernos sob a mesma rubrica. E completava: "Muito mais do que uma opinião isolada, ele [Sérgio Buarque] traduz alguma coisa que andava no ar, o descontentamento visível, ainda que impreciso, de todos os que não consentem em ficar parado". Subscrevia as limitações aportadas à liberdade de criação por aqueles que tinham convicções e denunciava a "falta de ar na literatura dos que [a elas] se sujeitam" e o fato

---

78. Marcos Antonio de Moraes (org.), *Correspondência Mário de Andrade & Manuel Bandeira*, pp. 320-325, citação na p. 323. Carta datada de 10 nov. 1926.
79. *Idem*, pp. 325-326, citação na p. 325. Carta datada de 11 nov. 1926. Infelizmente, para o ano de 1926, conta-se com duas cartas enviadas por Sérgio (jan. e fev.) e uma por Mário (fev.), sendo a correspondência retomada somente em 1928.
80. Bandeira relatou a Mário a agressão de Guilherme de Almeida, em conferência pública, na qual estavam presentes Prudente e Sérgio. O último foi aludido como "um desses rapazinhos dúbios, efeminados, tomadores de cocaína. O Sérgio devia ter se levantado e agredido o Guilherme em plena conferência" (Marcos Antonio de Moraes (org.), *Correspondência Mário de Andrade & Manuel Bandeira*, p. 318. Carta datada de 3 nov. 1926, grifos no original).

de se sentir "mal à vontade". Exemplificou a partir da reação suscitada pela pau-brasil que, na sua perspectiva, "perturbava os que se diziam modernistas". E referiu-se aos "preconceitos inumeráveis, intelectuais e sociais [enfrentados por Oswald] que cerceiam, embaraçam, anulam o movimento". Terminava com uma frase de efeito, tal como na entrevista de 1925, rebelando-se contra imposições e formalidades dos que "agem e pensam de acordo com a boa regra e o bom-tom, numa palavra as pessoas educadas. Ora, nós precisamos de homens sem educação"[81].

A leitura da correspondência, que trata de uma miríade de acontecimentos, isoladamente miúdos, aponta que as posições de Sérgio e Prudente dificilmente poderiam ser circunscritas ao grau de polidez dos críticos, ou seja, o problema não dizia respeito à maneira como expressam suas opiniões. Tanto que, passada a tempestade, em carta a Drummond, datada do início de 1928, Mário confessava:

> [...] ninguém não conseguirá nesse mundo fazer que eu recuse sob o ponto de vista de modernice, a obra do Ronald e do Guilherme e creio que você nisso concorda comigo. Eu era incapaz de botar eles "do outro lado" só porque são totalmente diferente da gente. É uma contribuição diferente e, meu Deus! Talvez mais humana[82].

Vê-se, portanto, que a problemática dos lados calou fundo e continuou a ser retomada nos anos subsequentes. É digno de nota que esse texto não tenha sido selecionado pelo autor para figurar nos dois volumes que organizou em vida, *Cobra de Vidro* (1944 e reeditado em 1978) e *Tentativas de Mitologia* (1979), tendo sido reproduzido apenas em 1987, num número especial que a *Revista do Brasil*, relançada em 1984 pelas mãos de Darcy Ribeiro, dedicou a Sérgio Buarque"[83]. Não é possível precisar os motivos da exclusão, que já ocorreu quando da primeira edição de *Cobra de Vidro*, lançada pela paulistana Livraria Martins, num contexto em que grande parte dos protagonistas de 1926 continuava em plena atividade.

---

81. Prudente Moraes, neto, "O Lado Opostos e Outros Lados", *A Manhã*, ano II, n. 262, p. 3, 30 out. 1926.
82. Lélia Coelho Frota (org.), *Correspondência de Carlos Drummond de Andrade e Mário de Andrade*, pp. 309-313, citação na p. 311. Carta datada de 21 jan. 1928.
83. Sobre esse número, ver: Robert Wegner, "Um Número Especial e Esquecido da Revista do Brasil", *Revista Estudos Políticos*, vol. 6, n. 1, pp. 283-294, 2015.

Quiçá Sérgio já não mais subscrevesse inteiramente os termos nos quais equacionara o debate ou, como lembra Sarlo, o artigo lhe parecesse velho e sem aura em face de um campo literário reconfigurado. De qualquer forma, cabe lembrar que foi justamente no ano de 1944 que a sua correspondência com Mário se adensou – na década de 1930, trocaram duas cartas, em 1944, com data confirmada, foram seis –, com registro de uma menção explícita à coletânea então recém-lançada. Ao solicitar do amigo um favor, Mário declarou: "Peço pagamento pela propaganda que tenho feito de você e de *Cobra de Vidro*. O próprio Martins, outro dia, me olhou assim com ar de sarapantado, quando eu lhe disse outro dia o que eu pensava do livrinho pequeno infelizmente que você nos deu, e especialmente de você"[84].

Há um outro dado curioso, de ordem pessoal, que Francisco de Assis Barbosa vinculou diretamente à publicação do texto. Informa o estudioso que "perplexo e desiludido" com a "onda de intolerância" provocada pelo artigo, Sérgio teria se desfeito de seus livros e decido aceitar o convite de um amigo para dirigir o jornal *O Progresso* na cidade de Cachoeira do Itapemirim[85]. Em entrevista concedida pouco antes de morrer, ele referiu-se à "experiência extravagante de seis meses como redator de um jornal numa pequena cidade do Espírito Santo," sem entrar em maiores detalhes"[86]. A recepção do texto calou fundo no jovem crítico, cujo retorno ao Rio de Janeiro deve ter ocorrido no segundo semestre de 1927, quando retomou suas atividades de tradutor na *United Press* e a colaboração em periódicos importantes, como o *Jornal do Brasil* (RJ, 1891) e *O Jornal* (RJ, 1919-1974), que o enviou para Berlim em 1929.

A trajetória de Sérgio Buarque como historiador acabou por sombrear a do crítico, cuja importância é atestada pela atuação aqui analisada. Nos anos 1940, ele ocupou lugar dos mais prestigiados, tendo substituído Mário de Andrade no *Diário de Notícias* (RJ, 1930-1976). Difícil considerar bissexta esta

---

84. Pedro Meira Monteiro (org.), *Mário de Andrade e Sérgio Buarque de Holanda. Correspondência*, pp. 138-139, citação na p. 138. Carta datada de 23 jul. 1944.
85. Francisco de Assis Barbosa, "Verdes Anos de Sérgio Buarque de Holanda", Arlinda Rocha Nogueira (org.) *et al. Sérgio Buarque de Holanda: Vida e Obra*, pp. 27-54, citação na p. 42. Sobre a passagem de Sérgio pela cidade, ver as reminiscências de Rubem Braga, "O Dr. Progresso Acendeu o Cigarro na Lua, em *Recado de Primavera*, 8. ed., Rio de Janeiro, Record, 2008, pp. 154-157. Originalmente publicado em maio de 1982, por ocasião da morte de Sérgio Buarque.
86. Richard Graham, "Entrevista com Sérgio Buarque de Holanda, Realizada em Maio de 1981", *Ciência e Cultura*, ano 34, n. 9, pp. 1175-1182, set. 1982, citação na pp. 1175-1176.

verdadeira militância, iniciada nos anos 1920 e que se tornou mais espaçada no final dos anos 1950, diante das demandas da docência. A publicação da correspondência dos nomes ligados ao modernismo, enriquecida por notas e material iconográfico, revela que sua participação no cenário dos anos 1920 não foi a de um coadjuvante.

Recolhas recentes de textos dispersos em órgão da imprensa, para além daqueles editados em vida pelo autor, a exemplo da organizada e anotada por Antonio Arnoni Prado, convidam a revisitar essa produção e estabelecer pontes entre o trabalho do crítico e o do historiador, que não se situam em lados opostos. Talvez uma edição, com os mesmos cuidados da citada, que reunisse a totalidade da sua produção na imprensa, independente da temática abordada, possibilitasse novas interpretações sobre suas múltiplas atuações. Já a correspondência, disponível para os especialistas, ainda aguarda publicação e também poderá revelar novas surpresas, a exemplo da trocada com Mário de Andrade, argutamente analisada por Pedro Meira Monteiro. A avaliação de Walnice Galvão, feita em 2001, não perdeu sua força: "a recepção de Sérgio Buarque de Holanda crítico literário... mal começa"[87].

REFERÊNCIAS BIBLIOGRÁFICAS

"O HOMENZINHO que Não Pensou". *Klaxon*, n. 3, pp. 10-11, 15 jul. 1922.

AMARAL, Aracy (org.). *Correspondência Mário de Andrade & Tarsila do Amaral*. São Paulo, Edusp/IEB, 2001, pp. 72-75.

_____. *Blaise Cendrars no Brasil e os Modernistas*. 2. ed. ver. ampl. São Paulo, Editora 34/Fapesp, 1997.

ANDRADE, Mário de. "Luzes e Refrações". *Klaxon*, n. 4, p. 17, 15 ago. 1922. Edição fac-símile de *Klaxon*. São Paulo, Martins/Secretaria da Cultura do Estado de São Paulo, 1976.

_____. "Carta aberta a Alberto de Oliveira". *Estética*, ano II, n. 3, p. 338, abr.-jun.1925.

BARBOSA, Francisco de Assis. "Verdes Anos de Sérgio Buarque de Holanda. Ensaio Sobre Sua Formação Intelectual até Raízes do Brasil". *In*: NOGUEIRA, Arlinda Rocha (org.). et al. *Sérgio Buarque de Holanda: Vida e Obra*. São Paulo, Secretaria de Estado da Cultura/IEB, 1988, pp. 27-54.

---

87. Walnice Nogueira Galvão, "Presença da Literatura na Obra de Sérgio Buarque de Holanda", *Estudos Avançados*, vol. 15, n. 42, pp. 471-486, 2001, citação na p. 476.

BARREIRINHAS, Yoshie S. *Menotti Del Picchia, O Gedeão do Modernismo, 1920-1922*. Rio de Janeiro, Civilização Brasileira, 1983, pp. 266-268.

BARRETO, Lima. "Futurismo". *In*: BOAVENTURA, Maria Eugenia (org.). *22 por 22: A Semana de Arte Moderna Vista por Seus Contemporâneos*. São Paulo, Edusp, 2000, pp. 323-324.

BOAVENTURA, Maria Eugenia (org.). *22 por 22: A Semana de Arte Moderna Vista por Seus Contemporâneos*. São Paulo, Edusp, 2000.

BOURDIEU, Pierre & CHARTIER, Roger. "Debate. A Leitura: Uma Prática Cultura". *In*: CHARTIER, Roger (dir.). *Práticas de Leitura*. 2. ed. São Paulo, Estação Liberdade, 2001, p. 250.

BRAGA, Rubem. *Recado de Primavera*. 8. ed. Rio de Janeiro, Record, 2008, pp. 154-157.

CARDOSO, Rafael. "Modernismo e Contexto Político: A Recepção da Arte Moderna no Correio da Manhã (1924-1937)". *História*. n. 172, pp. 335-365, São Paulo, jan.-jun. 2015.

CHAVES, Eneida Maria. *O Mundo Literário: Um Periódico da Década de 20 no Rio de Janeiro*. São Paulo, FFLCH/USP, 1977, vol. 1, p. 10 (Dissertação de Mestrado em Letras).

CHIARELLI, Tadeu. *Um Jeca nos Vernissages*. São Paulo, Edusp, 1995.

Correio da Manhã, ano xxv, n. 9322, p. 5, 19 jun. 1925.

CORTEZ, Luciano Cortez. "Por Ocasião da Descoberta do Brasil: Três Modernistas Paulistas e um Poeta Francês no País do Ouro". *O Eixo e a Roda*, vol. 19, n. 1, pp. 15-37, 2010.

DANTAS, Pedro [Prudente de Moraes, neto]. "Vida de Estética e Não Estética da Vida". *In*: Edição fac-símile de *Estética*. Rio de Janeiro, Gernasa/Prolivro, 1974.

EULALIO, Alexandre. *A Aventura Brasileira de Blaise Cendrars: Ensaio, Cronologia, Filme, Depoimentos, Antologia, Desenhos, Conferências, Correspondência, Traduções*. São Paulo, Edusp/Fapesp, 2001.

FABRIS, Annateresa. *O Futurismo Paulista*. São Paulo, Perspectiva/Edusp, 1994.

FROTA. Lélia Coelho (org.). *Correspondência de Carlos Drummond de Andrade e Mário de Andrade*. Rio de Janeiro, Bem-Te-Vi Produções Literárias, 2002, pp. 35-142.

GALVÃO, Walnice Nogueira. "Presença da Literatura na Obra de Sérgio Buarque de Holanda". *Estudos Avançados*, vol. 15, n. 42, pp. 471-486, 2001.

GRAHAM, Richard. "Entrevista com Sérgio Buarque de Holanda, Realizada em Maio de 1981". *Ciência e Cultura*, ano 34, n. 9, pp. 1175-1182, set. 1982.

GUELFI, Maria Lúcia Fernandes. *Novíssima. Estética e Ideologia na Década de 1920*. São Paulo, IEB, 1987.

HOLANDA, Sérgio Buarque de. "O Futurismo Paulista". *In*: PRADO, Antonio Arnoni (org.). *Sérgio Buarque de Holanda. O Espírito e a Letra. Estudos de Crítica Literária (1920-1947)*. São Paulo, Companhia das Letras, 1996, pp. 131-133.

_____. "Em Torno da Semana". *In*: Costa, Marcos (org.). *Sérgio Buarque de Holanda. Escritos Coligidos. Livro II: 1950-1970*. São Paulo, Unesp/Fundação Perseu Abramo, 2011, pp. 170-173.

_____. "Viagem a Nápoles". *Revista Nova*, ano 1, n. 4, pp. 595-615.

_____. "Resenha sem Título". *In*: Prado, Antonio Arnoni (org.). *Sérgio Buarque de Holanda. O Espírito e a Letra. Estudos de Crítica Literária (1920-1947)*. São Paulo, Companhia das Letras, 1996, pp. 165-169.

Ikeda, Marilda A. Balieiro. *Revista do Brasil Segunda Fase. Contribuição para o Estudo do Modernismo Brasileiro*. São Paulo, fflch-usp, 1975, pp. 134-135 (Dissertação de Mestrado em Literatura Brasileira).

Koifman, Georgina (org.). *Cartas de Mário de Andrade a Prudente de Moraes, neto*. Rio de Janeiro, Nova Fronteira, 1985, p. 99-107.

Lara, Cecília de (org.). *Pressão Afetiva e Aquecimento Intelectual. Cartas de Antônio de Alcântara Machado a Prudente de Moraes, neto*. São Paulo, Giordano/Lemos/Educ, 1997.

_____. "Terra Roxa... e Outras Terras. Um Periódico Pau-Brasil". *In*: Edição fac-similar de *Terra Roxa... e Outras Terras*. São Paulo, Martins, Secretaria da Cultura, Ciência e Tecnologia, 1977, p. vii.

Leonel, Maria Célia de Moraes. *Estética. Revista Trimestral e o Modernismo*. São Paulo, Hucitec, 1984, pp. 170-192.

Lobato, José Bento Monteiro. *A Barca de Gleyre*. 11. ed. São Paulo, Brasiliense, 1964, vol. ii, pp. 263-265, citação na p. 264.

Luca, Tania Regina de. *Leituras Projetos e (Re)vista(s) do Brasil, 1916-1944*. 2. ed. rev. e ampl. São Paulo, Unesp, 2017. Disponível em: <http://editoraunesp.com.br/entrar?ReturnUrl=%2Fcatalogo%2F9788539301041%252Cleituras-projetos-e-revistas-do-brasil%2Fdownload.pdf>.

Monteiro, Pedro Meira (org.). *Mário de Andrade e Sérgio Buarque de Holanda. Correspondência*. São Paulo, Companhia das Letras/ieb/Edusp, 2012, pp. 7-8.

_____. "'Coisas Sutis, Ergo Profundas'. O Diálogo entre Mário de Andrade e Sérgio Buarque de Holanda". *Mário de Andrade e Sérgio Buarque de Holanda. Correspondência*. São Paulo, Companhia das Letras/ieb/Edusp, 2012, pp. 169-360.

Moraes, Marcos Antonio de (org.). *Correspondência Mário de Andrade & Manuel Bandeira*. 2. ed. São Paulo, Edusp/ieb, 2001, p. 63,

_____. "*Pauliceia Desvairada* nas Malhas da Memória". *O Eixo e a Roda*, vol. 24, n. 2, pp. 173-193, 2015.

Moraes, Rubens Borba de. "Recordações de um Sobrevivente da Semana de Arte Moderna". *In*: Amaral, Aracy A. *Artes Plásticas na Semana de 22*. 5. ed. rev. e ampl. São Paulo, Editora 34, 1998, pp. 304-307.

_____. "Memórias de um Sobrevivente de Klaxon". *Revista Anhembi*, vol. XLV, ano 12, n. 138, p. 495, maio 1962.

MORAES, neto, Prudente. "A Escrava que Não É Isaura". *Estética*, ano II, n. 3, pp. 317-318, abr.-jun. 1925.

_____. & HOLANDA, Sérgio Buarque de. *Estudos Brasileiros*. *Estética*, ano I, n. 2, p. 216, jan.-mar. 1925.

_____. "O Lado Opostos e Outros Lados". *A Manhã*, ano II, n. 262, p. 3, 30 out. 1926.

PASINI, Leandro. "Uma Originalidade Dispersiva: Prudente de Moraes, neto e a (Des)articulação do Modernismo no Rio de Janeiro". *Nau Literária*, vol. 14, n. 1, pp. 105-122, 2018. Disponível em: https://seer.ufrgs.br/NauLiteraria/article/viewFile/75868/48667. Acesso em jan. 2019.

PRADO, Antonio Arnoni. "Sérgio, Mário e Klaxon: Um Encontro com Lima Barreto". *Trincheira, Palco e Letras. Crítica, Literatura e Utopia no Brasil*. São Paulo, Cosac & Naif, pp. 257-260.

_____. "Entrevistas com Murilo Araújo, José Geraldo Vieira e Sérgio Buarque de Holanda". *O Mundo Literário: Um Periódico da Década de 20 no Rio de Janeiro*, vol. 2, pp. 327-357.

_____. *Itinerário de uma Falsa Vanguarda. Os Dissidentes, a Semana de 22 e o Integralismo*. São Paulo, Editora 34, 2010.

REVISTA do Brasil, ano 8, n. 85, p. 1, jan. 1923.

SALIBA, Elias Thomé. *Crocodilos, Satíricos e Humoristas Involuntários. Ensaios de História Cultural do Humor*. São Paulo, Intermeios/Programa de Pós-Graduação em História Social/USP, 2018, pp. 37-65.

SARLO, Beatriz "Intelectuales y Revistas: Razones de uma Practica. Le Discours Culturel dans les Revues Latino-Américaines (1940-1970)". *América, Cahiers du Criccal*, n. 9-10, pp. 9-16, 1992.

SEVCENKO, Nicolau. *Literatura como Missão: Tensões Sociais e Criação Cultural na Primeira República*. 2. ed. São Paulo, Companhia das Letras, 2003.

3

Monteiro Lobato e a Nacionalização da Ficção Policial

LEANDRO ANTONIO DE ALMEIDA

INTRODUÇÃO

NO NÚMERO INAUGURAL de um fascículo literário, Monteiro Lobato fez publicar curta e jocosa autobiografia, a qual, revertendo as expectativas sobre a vida gloriosa de um famoso escritor, põe em evidência elementos pouco lisonjeiros. Sua infância é irreverentemente marcada pelas doenças que teve, "caxumba aos nove anos. Sarampo aos dez. Tosse comprida aos onze. Primeiras espinhas aos quinze". Na sua formação escolar e acadêmica transparece a mediocridade de quem "foi aluno nem bom nem mau – apagado", "tomou bomba em exame de português, dada pelo Freire", "Formou-se em direito, com um simplesmente no 5º ano – merecidíssimo". Já o início da sua vida profissional aparece como sucessão de fiascos: "foi promotor em Árias e não promoveu coisa nenhuma", "fez-se fazendeiro. Gramou café a 4200 a arroba e feijão a 4000 o alqueire. Convenceu-se a tempo que isso de ser produtor é sinônimo de ser imbecil e mudou de classe". Observando aos incautos que "não faz nem entende de versos", até mesmo a bem sucedida atividade de editor e escritor de famosos livros foi representado com a graça de quem "começou editando a si próprio e acabou editando aos outros. Escreveu umas tantas lorotas que se vendem". Para coroar essa autobiografia jocosa, retoma suas predileções literárias da infância, um gosto por narrativas como *Carlos Magno e os Doze Pares de França*, *Robson Crusoé* e todos os livros de Júlio Verne, e se propõe a lançar a seguinte obra:

Pretende publicar ainda um romance sensacional que começa com um tiro:
– Pum! E o infame caiu redondamente morto...
Neste romance introduzirá uma novidade de grande alcance, qual seja a de suprimir todos os pedaços que o leitor pula[1].

Essa brincadeira tinha um fundo sério, pois Lobato elaborava comicamente uma de suas apostas editoriais de 1921. Traz também uma boa amostra do que significava fazer "psicologia comercial"[2], modo jocoso como se referiu à atividade de editor, mobilizando um tema de um gênero da moda, focado na ação mais palpitante possível, em uma prosa capaz de agradar ou ao menos não cansar o provável comprador e leitor. A última frase provoca riso pela ambiguidade da expressão "leitor", pois quem "pula" trechos enfadonhos não é da mesma categoria de quem comumente os escreve ou aqueles bem formados que fruiriam todo o texto. Lobato não pensava nos seus pares da elite cultural e sim no público que à época os intelectuais, jornalistas e editores se referiam como popular. Através da referência jocosa, vemos que as preferências e práticas de leitura de tal segmentação do público foram visadas pelo editor e escritor, e é essa visada que será objeto de nosso trabalho. Inicialmente trataremos como ele polemizou a nacionalização da leitura popular na primeira metade dos anos 1920, para então contextualizar e abordar um efêmero e pouco conhecido empreendimento cuja ideia aparece na jocosa autobiografia: o lançamento de uma coleção de fascículos policiais pela Monteiro Lobato & Cia. no segundo semestre de 1921.

LOBATO POR UMA LITERATURA BRASILEIRA PARA O POVO

Além de visá-los como compradores, Lobato refletiu sobre a ampla gama de leitores a partir de um problema caro aos intelectuais de seu tempo, a questão nacional. Ao questionar um inquérito sobre livros promovido pelo jornal *O Estado de S.Paulo*[3], Lobato arrola os títulos mais lidos e trata das práticas da leitura entre a população brasileira para, ao cabo, apontar um problema. As

---

1. Autobiografia de Monteiro Lobato, *Novela Semanal*, n. 1, 2 maio 1921, Suplemento, pp. 18-19.
2. Monteiro Lobato, *A Barca de Gleyre*, São Paulo, Brasiliense, 1956, p. 299. Carta a Godofredo Rangel, 13 maio 1923.
3. Para uma leitura aprofundada do comentário de Lobato e sua relação com o inquérito, ver o artigo de Nelson Schapochnik neste volume.

condições de promoção da cultura letrada não lhe pareciam favoráves: se o cosmopolitismo e o modismo das elites letradas brasileiras as tornam alienadas, mais parecidas com as de outros locais que com seus conterrâneos, e a leitura aí teria a mera função de adorno, por outro lado as desagradáveis obras escolares afastavam os jovens da leitura e do patriotismo que pretendiam incutir. Separada dessa elite por um abismo cultural, o grosso da população, quando lia[4], há gerações preferia uma literatura dirigida à emoção e aos instintos – libido, agressão, amor masculino e feminino, representados respectivamente por *Thereza Filósofa*, *Carlos Magno e os Doze Pares de França*, os poemas de Casimiro de Abreu e as obras de Perez Escrich. Lobato considerava tais narrativas relevantes porque seriam um passo inicial para tais leitores alcançarem formas mais elevadas, como a filosofia. O problema era outro porque o inventário sobre "Os Livros Fundamentais" levou Lobato a uma conclusão nada agradável: "as letras nacionais só forneceram até hoje um livro de influência marcada na formação popular: as Primaveras, de Casimiro Patativa. Os mais vieram da península, com a pimenta e o queijo do reino. Só nacionalizamos, portanto, o amor – e o amor masculino, apenas"[5].

Quatro anos depois o assunto voltou à baila quando Lobato foi instigado a comentar a situação do romance brasileiro em uma entrevista para o jornal paulista *Folha da Tarde*. Surpreendendo o interlocutor ao opinar mais como editor que como escritor, deslocou a questão do valor intrínseco da obra dentro do campo literário para uma outra que, segundo ele, estava sendo esquecida entre os literatos brasileiros, a de "interessar ao povo". Mais uma vez, retomou o tema da permanência da preferência por autores do século xix, estrangeiros e brasileiros, atestada pela larga tiragem de cinquenta mil exemplares de *A Moreninha* em todo o país, e apelou: "os romancistas brasileiros precisam tornar-se populares. Já reparou, que não temos um escritor verda-

---

4. Segundo o censo de 1920, o número de analfabetos brasileiros acima de 6 anos de idade era 69% da população em 1920. O único local que essa relação se inverte é no Distrito Federal, Rio de Janeiro, onde se declaravam leitores 61% da população, o que correspondia a 710.252 pessoas. (Brasil. *Recenseamento do Brasil (1920)*. Vol iv: *População, Parte iv - População Segundo o Grau de Instrução*, Rio de Janeiro, Tip. da Estatística, 1929, pp. ix e ss.). Disponível em: <https://biblioteca.ibge.gov.br/visualizacao/livros/liv31687.pdf>.
5. Monteiro Lobato, "Os Livros Fundamentais", *A Onda Verde*. 2. ed. São Paulo, Monteiro Lobato & Cia., 1922 [1921], pp. 153-162. O artigo provavelmente é de 1920, se considerarmos as referências ao inquérito sobre leitura publicada pelo *O Estado de S.Paulo*.

deiramente popular, em nossos dias? Não rebusque por não encontra. Todos querem fazer parte do rol da 'elite'... e até hoje Alencar e Macedo permanecem sem substitutos". Dentre as causas para essa situação, apontou que:

> [...] o que há é uma pavorosa crise de romancismo. Sim, falta coração nesse dilúvio de romances modernos, e o pior é que os tolos não percebem que só o coração é inalterável e imortal. O naturalista que escreve um calhamaço e urde episódios crispantes ou imundos numa novela, com o fim de parecer psicológico, consegue interessar, quando muito, meia dúzia de leitores entre mil amantes de literatura de ação. É, sim. Foi a psicologia que estragou o romance. Qual psicologia qual nada! A meia dúzia de cidadãos do caso formulado na minha hipótese, pode ser que não se reproduza nas gerações vindouras. Por conseguinte, não escreva para exceção que eles constituem. O romancista, muito mais imperiosamente do que os cultores de outros gêneros literários, devem escrever para a costureirinha. Esta, sim, é eterna: simboliza a humanidade; possui, como esta, duas cordas só no coração: a trágica e a cômica. Daí a razão por que Dumas e Hugo, Bernardim e Zevaco são imorredouros. Por isso. Porque descobriram essas cordas e nelas apenas tocam[6].

Preconizando uma escrita engajada com a solução de problemas da realidade, Lobato incitou seus contemporâneos a modernizar o país também pela via da nacionalização da literatura consumida pelo amplo público. Se bem sucedido, além de boa grana ao editor, esse projeto traria dois ganhos, a elevação do nível civilizacional do brasileiro, deixando de ser analfabeto para ser familiarizado com a leitura, e também maior conhecimento do país ou desenvolvimento da sensibilidade nacional. O problema era como chegar lá. Primeiramente era preciso se desfazer das práticas alienantes, a escrita para poucos, a atenção voltada para a Europa, a leitura para enfeite ou pedantemente pedagógica. Despindo-se delas, Lobato propõe que os escritores redescubram o país, mais especificamente o que o povo gosta de ler. Ele próprio já se lançara a essa descoberta, cujas linhas gerais constam no seu inventário sobre a leitura e nas ações como editor. Contrariando a opinião padrão na imprensa do período, a predileção por narrativas que se centram na ação, incendeiam a imaginação e atingem as emoções não é desancada como prejudicial nem censurada em prol de formas socialmente saudáveis ou literariamente mais elevadas. Lobato hierarquiza as propostas narrativas mas mantém seus regimes próprios, um

---

6. Monteiro Lobato, "O Romance Brasileiro", *Revista do Brasil*, n. 109, p. 76, jan. 1925.

podendo ser porta de entrada ou escada para o outro. A exemplo das demais modas literárias de origem europeia, aí inclusos os experimentos vanguardistas, o romance psicológico não é desancado por ser problemático em si, mas por ser hegemônico em um país de leitores despreparados, criando um abismo cultural entre os literatos e o povo. Daí, ao aconselhar seus compatriotas que "estudem os processos do romantismo francês", preconiza uma nacionalização da literatura popular, atualizada a partir dos esquemas narrativos dos congêneres estrangeiros, não abrindo mão deles. O processo teria fim quando o escritor imiscuísse nessa prosa temas, perspectivas, ambientes e elementos do próprio país, capazes de mobilizar numa chave nacional as emoções e interesses de um público mais amplo, como fizeram autores do romantismo brasileiro como Casimiro de Abreu ou Joaquim Manuel de Macedo.

Lobato escreve essas ideias em um contexto após a Primeira Guerra Mundial, a qual "acabou atuando como um catalizador de um renovado nacionalismo, manifesto na disposição de encarar devidamente os problemas do país e propor soluções compatíveis com as nossas especificidades. Ganhou força o coro dos que propunham o abandono de ideais postiços, ou de empréstimo, sem raízes na intimidade da nação, em prol de um trabalho de autoconhecimento, capaz de revelar o Brasil aos brasileiros"[7]. Contrapondo-se tanto a um europeísmo quanto a um patriotismo ufanista presentes na intelectualidade brasileira, esse nacionalismo crítico e militante em prol da defesa e do conhecimento, inflamado pelo discurso de Olavo Bilac na Faculdade de Direito de São Paulo em 1915, ensejou a criação de movimentos como a Liga de Defesa Nacional no Rio e da Liga Nacionalista em São Paulo em 1916, da Propaganda Nacional (1919) e da Ação Social Nacionalista (1920), bem como a orientação de periódicos como *Revista do Brasil* (1916), *Brazilea* (1917), *Gil Blas* (2ª fase, 1919). Foi nesse momento que surgiram e se difundiram campanhas em prol do serviço militar obrigatório e da educação cívica, do apoio aos Aliados na Primeira Guerra, do movimento sanitarista destinado a curar as mazelas do homem do campo, bem como o impulso para estudos e divulgação sobre a cultura sertaneja e literatura regionalista, fazendo com que o nacio-

---

7. Tânia Regina de Luca, *A Revista do Brasil: Um Diagnóstico para a (N)ação*, São Paulo, Unesp, 1998, p. 110.

nal se associasse ao mundo rural[8]. Esta tendência intelectual se transformou, em São Paulo, em uma voga social após a encenação, no Teatro Municipal de São Paulo, da peça de Afonso Arinos *O Contratador de Diamantes* em 1919. Além do lançamento de livros, elaboração de filmes e encenação de peças e concertos musicais, Nicolau Sevcenko nota o surgimento dos bem-sucedidos e concorridos saraus regionalistas, estes promovidos pela revista *A Cigarra*, e também no ressurgimento do Folclore como forma de resgate da cultura popular, tendo como expoente maior o acadêmico Amadeu Amaral[9].

A fama do escritor Monteiro Lobato e sua inserção no círculo da elite intelectual paulista veio da atuação como polemista nesse momento. Quando ainda era fazendeiro, publicou em fins de 1914 duras críticas às práticas de queimada e ao caboclo caricaturado como um ignorante e preguiço Jeca Tatu, depois reunidas em *Urupês* (1918), livro de sucesso com seis edições e vinte mil exemplares até o final da década. Ainda em 1918, morando em São Paulo, sob a inspiração higienista e sanitarista a cuja campanha aderiu, Lobato publicou em *Problema Vital* (1918) uma versão atenuada e menos agressiva contra o caboclo, sintetizada no bordão "o Jeca não é assim, está assim"[10]. Tanto que o livro seguinte, *Ideias de Jeca Tatu* (1919), ao reunir polêmicos artigos sobre diversos assuntos, retomou a imagem do caboclo e a vestiu como "um grito de guerra em prol da nossa personalidade" contra a imitação servil ou "macaqueação" do estrangeiro: "Jeca Tatu, coitado, tem poucas ideias nos miolos. Mas, filho da terra que é, integrado vive no meio ambiente, se pensasse,

---

8. Sobre a emergência do Regionalismo em São Paulo, ver Tânia Regina de Luca, *A Revista do Brasil: Um Diagnóstico para a (N)ação*, São Paulo, Unesp, 1998, cap. 5; Nicolau Sevcenko, *Orfeu Extático na Metrópole*, São Paulo, Companhia das Letras, 1992, pp. 236-254; Luciana Murari, *Natureza e Cultura no Brasil*, São Paulo, Alameda, 2009, cap. 3. "Sobre o Nacionalismo", ver Lúcia Lippi Oliveira, *A Questão Nacional na Primeira República*, São Paulo, Brasiliense, 1990, cap. 7.
9. Nicolau Sevcenko, *Orfeu Extático na Metrópole*, São Paulo, Companhia das Letras, 1992, pp. 247-252. Também, Tânia Regina de Luca, *A Revista do Brasil: Um Diagnóstico para a (N)ação*, p. 263 e ss.; Luciana Murari, *Natureza e Cultura no Brasil*, São Paulo, Alameda, 2009, cap. 3.
10. Na análise do Jeca Tatu de Lobato, recorro às análises de, Carmen Lúcia Azevedo, *Jeca, Macunaíma, a Preguiça e a Brasilidade*. São Paulo, USP, 2012, sobretudo cap. 1 e 3. (Tese de Doutorado em História Social). Ver também Carmen Lúcia Azevedo, Márcia Camargos e Vladimir Sacchetta, *Monteiro Lobato: Furacão na Bocúndia*. São Paulo, Senac São Paulo, 1997, parte 2; e André Gilberto da Silva Froes, *Do Urupê de Pau Podre à Maquinização – Monteiro Lobato e a Formação Nacional (c. 1914-1941)*, São Paulo, IEB-USP, 2014 (Dissertação de Mestrado em Estudos Brasileiros). Na literatura infantil, ver Elisângela da Silva Santos, *Monteiro Lobato e Seis Personagens em Busca da Nação*, São Paulo, Editora Unesp, 2011.

pensaria assim"[11]. A reflexão sobre "os livros fundamentais", publicada em *Onda Verde* (1921), está intimamente ligada a essa formulação salvacionista de Lobato sobre o tipo brasileiro, buscando conhecer e refletir sobre as predileções literárias de Jeca Tatu, caso soubesse ler, para que delas emergisse uma orientação literária ao mesmo tempo popular – no sentido de consumida pelo amplo público – e nacional.

Como evidencia a entrevista de 1924, a posição de Lobato em prol de uma literatura popular brasileira não deriva apenas das polêmicas na imprensa, mas também do engajamento em empreendimentos de difusão da leitura que o tornaram bastante conhecido até hoje. Ao primeiro já nos referimos: atuou na expansão do próprio livro como mercadoria, com a transformação da *Revista do Brasil* em editora (1918), o estabelecimento de uma editora junto com Olegário Ribeiro (1919), a subsequente fundação da editora Monteiro Lobato & Cia (1920) junto com Octalles Marcondes Ferreira e, por fim, em 1924, a Cia Gráfico-editora Monteiro Lobato. O segundo ligava-se à difusão do gosto pela leitura a partir dos referenciais nacionais, como o inquérito entre os leitores sobre o Saci-Pererê em 1917, a produção de outros livros de contos para adultos como *Cidades Mortas* (1919) e *Negrinha* (1920), e a publicação de literatura infantil, iniciada com *A Menina do Narizinho Arrebitado* (1920), comprada pelo governo e difundida pelas escolas de São Paulo, à qual se seguiu vários títulos nessa fase da sua editora até a falência em 1925[12]. A necessidade e o projeto de uma literatura nacional para crianças já havia sido expressa em carta do autor para um amigo em 1916:

> Guardo as tuas notas sobre Malazarte. Um dia talvez aborde esse tema. Ando com várias ideias. Uma: vestir à nacional as velhas fábulas de Esopo e La Fontaine, tudo em prosa e mexendo nas moralidades. Coisa para crianças. Veio-me diante da atenção curiosa com que meus pequenos ouvem as fábulas que Purezinha lhes conta. Guardam-nas de memória e vão reconta-las aos amigos – sem, entretanto, prestarem nenhuma atenção à moralidade, como é natural. A moralidade nos fica no subconsciente para ir se revelando mais tarde, à medida que progredimos em compreensão. Ora, um fabulário nosso, com bichos daqui em vez dos

---

11. Monteiro Lobato, "Prefácio", *Ideias de Jeca Tatu*.
12. Sobre a ação de Lobato como editor, ver Cilza Bignoto, *Figuras de Autor, Figuras de Editor: As Práticas Editoriais de Monteiro Lobato*, São Paulo, Editora Unesp, 2018, parte 2; Alice Mitika Koshiama, *Monteiro Lobato: Intelectual, Empresário, Editor*, São Paulo, Edusp/Com-Arte, 2006, pp. 67-128.

exóticos, se for feito com arte e talento dará coisa preciosa. As fábulas em português que conheço, em geral traduções de La Fontaine, são pequenas moitas de amora do mato – espinhentas e impenetráveis. Que é que nossas crianças podem ler? Não vejo nada. Fábulas assim seriam um começo da literatura que nos falta. Como tenho um certo jeito para impingir gato por lebre, isto é, habilidade por talento, ando com ideia de iniciar a coisa. É de tal pobreza e tão besta a nossa literatura infantil, que nada acho para a iniciação de meus filhos. Mais tarde só poderei dar-lhes o Coração de Amicis – um livro tendente a formar italianinhos...[13]

O artigo sobre "Os Livros Fundamentais", de 1920, aponta o mesmo problema da nacionalização da literatura infantil, pensado agora em relação a um segmento maior do público. Nesse mesmo momento Lobato começou a entender que nem tudo era permanência ao perceber como as narrativas de um detetive norte-americano também figuravam entre as preferências de muitos leitores:

> Entre comprar livros e lê-los vai alguma diferença. Muita gente adquire os 'Ensaios' de Montaigne para enfeitar a estante; mas só lê o fescenino Alfredo Gallis. Outros ornamentam a biblioteca de Taine, Spencer, Mommsen, Nietzsche, W. James, Maeterlinck, Ésquilo, Platão. Entretanto, à cabeceira da cama, só lhes vereis o velho Dumas ou o moderno Nick-Carter[14].

Além dessa referência nada mais é dito, mas a menção mostra que Lobato conhecia a repercussão da recém divulgada ou "moderna" literatura policial, a qual lhe fornecia uma pista de que as predileções populares não necessariamente estariam restritas aos escritores do romantismo francês ou brasileiro do século XIX.

SHERLOCK, NICK CARTER E A FICÇÃO POLICIAL NO BRASIL

Modificando o campo mais vasto da literatura de sensação, especificamente a de crime que circulava no país desde os anos 1870[15], a literatura policial, com essa denominação, difundiu-se no Brasil a partir de 1907, seguindo

---

13. Monteiro Lobato, "Carta a Godofredo Rangel, set. 1916", *A Barca de Gleyre*, São Paulo, Brasiliense, 1956, p. 104.
14. Monteiro Lobato, "Os Livros Fundamentais", *A Onda Verde*, 2. ed., São Paulo, Monteiro Lobato & Cia, 1922 [1921], pp. 153.
15. Alessandra El Far, *Páginas de Sensação: Literatura Popular e Pornográfica no Rio de Janeiro (1870-1924)*, São Paulo, Companhia das Letras, 2004; Ana Gomes Porto, *Novelas Sangrentas: Literatura de Crime no Brasil (1870-1920)*, Campinas, SP, Unicamp-IFCH, 2009 (Tese de Doutorado em História).

o rastro da sua popularidade na França da Belle Époque[16]. Foi quando detetives como Nick Carter e Sherlock Holmes e os ladrões de casaca Arsênio Lupin e Raffles se tornaram conhecidos do público brasileiro, inicialmente o carioca. Como ocorreu em Paris, um traço importante foi a difusão dessas narrativas em vários suportes, novos e antigos em processo de modernização tecnológica. Se tomarmos o caso do emblemático Sherlock Holmes, então referido como paradigma do gênero, vários jornais diários e revistas do país, transformados em empresas voltadas a um amplo público, passam a publicar os contos e romances do detetive britânico em seus folhetins a partir de 1907. A editora e livraria Garnier mandou traduzir quatro livros do Sherlock em 1908 e outro em 1909. Em fins de 1908, a adaptação das aventuras de Holmes para teatro feita por Pierre Decoucelle em 1907 foi traduzida e encenada pela Companhia Dias Braga no Teatro Recreio do Rio, então iluminado pela eletricidade que se expandia no Rio, e no início do ano seguinte já estava nos palcos do teatro Carlos Gomes de São Paulo. Ao mesmo tempo, fruto dessa mesma eletrificação, nas novas salas de cinema do centro do Rio de Janeiro era possível ver os filmes em série sobre o Sherlock, produzidos pela dinamarquesa Nordisk Films[17]. Já a difusão do Nick Carter no final da década de 1900 foi mais tímida, anunciado em alguns cinemas em 1908 e 1909.

Ambos os detetives ficaram em pé de igualdade na década seguinte. Além das várias séries de filmes, sua difusão ocorreu sobretudo por meio de modernos fascículos traduzidos, promovidos por duas importantes revistas ilustradas do período. Em 4 de janeiro de 1910, a *Fon-Fon* iniciou a publicação dos fascículos de Nick Carter, cujo sucesso motivou o cartunista Raul Pederneiras a adaptar uma peça sobre o detetive norte-americano. Em fins de abril de 1910

---

16. A respeito da difusão dos policiais na França, ver Dominique Kalifa, *L'Encre et le Sang: Récits de Crimes et Société à la Belle Époque*, Paris, Fayard, 1995, cap. 1.
17. Sobre os livros de 1908, ver a propaganda da Garnier *Correio da Manhã*, Rio de Janeiro, 20 ago. 1908, p. 10. Em 1910, o *Almanaque d'O Paiz* (p. 281) menciona que o *Cão dos Baskevilles* e as *Memórias de Sherlock Holmes* foram editadas em 1909. Sobre o primeiro dos folhetins, ver: "O Polegar do Engenheiro" (*Aventuras de Sherlock Holmes*), *Leitura Para Todos*, Rio de Janeiro, maio-jun. 1907. As propagandas das apresentações teatrais no Rio e em São Paulo podem ser encontradas no *Jornal do Brasil*, Rio de Janeiro, 10 out. 1908, Propaganda menciona a 14ª apresentação no Recreio; e *Correio Paulistano*, 10 jan. 1909, p. 7, menciona a apresentação da Companhia no Politeama de São Paulo. A propaganda dos filmes dinamarqueses aparece em "Cinema-Teatro", *Jornal do Brasil*, Rio de Janeiro, 5 nov. 1909, p. 14.

uma coleção de fascículos contendo as *Aventuras de Sherlock Holmes* começou a ser editada pela Empresa de Publicações Populares, impressa e promovida pela *Careta*[18], que entrou na concorrência para ganhar o consumidor da nova ficção policial. Logo depois, a Empresa de Edições Modernas, uma pequena editora do Rio[19], lançou histórias dos mais famosos ladrões do período, Arsenio Lupin e Raffles[20], ambos inspirados nas histórias de Doyle e com referências a Holmes. Estima-se que esses quatro, bem como outros três dos sete títulos lançados em 1910, possam juntos ter atingido a cifra de 3 milhões de exemplares[21]. Não por acaso, Lima Barreto afirmou que o Nick Carter deu ao dono da *Fon-Fon* um retorno de 100 contos de réis em dois anos, fato que levou o missivista a tentar se inserir nesse filão com o seu Dr. Bogoloff[22]. Com os fascículos do Sherlock não deve ter sido diferente: lançados semanalmente e vendidos a 300 réis no Rio de Janeiro e 400 réis nos Estados, circularam até pelo menos fins de 1912. Do Nick Carter saíram duas séries de sessenta fascículos, com tiragens respectivas de 40 000 e 30 000 exemplares. Do Sherlock foram publicados um total de cento e quarenta números e tiragem semanal estimada em 20 000 exemplares.

18. O anúncio feito informa uma parceria entre a Empresa de Publicações Populares, com impressão e ilustração nas gráficas de *Careta*. O idêntico endereço das duas, rua da Assembleia, 70, sugere que a referida Empresa talvez possa se tratar de um braço desse periódico destinado à publicação de folhetos. Depois do Sherlock Holmes, *Careta* anuncia pela mesma empresa em 27/5/1911 a série *Dramas do Novo Mundo*, romance de Gustavo Aiman, com 50 fascículos, ilustrados por J. Carlos, colaborador da revista.
19. A Empresa de Edições Modernas Pertencia ao dono da Casa A. Moura, uma importadora de livros, revistas e outras mercadorias que se tornou livraria e editora. A partir de 1910 funcionava na Rua da Quitanda, parte do centro do Rio onde se concentravam os livreiros. Ramo Casa A. Moura, a "Empreza de Edições Modernas" lançava fascículos quinzenais de histórias nos gêneros "para homens", aventuras, policial e faroeste, ao gosto de leitores em busca de entretenimento e emoções. Os fascículos de Lupin saíram em julho, e os de Raffles em setembro.
20. O detetive Nick Carter foi concebido por Ormond G. Smith e foi escrito por John Russel Coryell, sendo pela primeira vez publicado na *New Yorker Weekly*, num formato de revista popular (*dime novel*) em setembro de 1886. Foi filmado em 1908 pela companhia francesa Eclair, sob o título *Nick Carter le Roi des Detetives*. Raffles é um ladrão cavalheiro, uma personagem criado pelo britânico por Ernest William Hornung (cunhado de Conan Doyle) e também inspirado em Sherlock Holmes. O primeiro livro *Raffles: O Ladrão Amador* apareceu em 1899. Outro das tantas personagens do período inspirado em Holmes foi o espanhol Lord Jackson, criado em 1911, alcunhado como o rival de Sherlock Holmes.
21. Todas as estimativas de tiragens foram extraídas de Athos Cardoso, *O Fascículo de Literatura de Massa: Mercado Cultural no Brasil (1909-1940)*, UnB, 1992, pp. 151-182 (Dissertação em Comunicação).
22. Lima Barreto, "Carta a Antonio Noronha dos Santos, de 19 set. 1912", *Correspondência*, vol. 1, São Paulo, Brasiliense, 1956, p. 99.

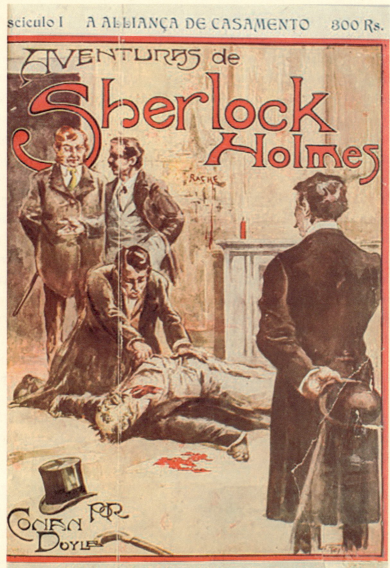

Capa do fascículo n. 1 de *Aventuras de Sherlock Holmes* (1910)[23].

23. A foto do fascículo de Sherlock consta no site Levy Leiloeiro, Leilão (17 abr. 2013), lote 803, disponível em: <https://www.levyleiloeiro.com.br/peca.asp?ID=64116>, acesso em 19 mar. 2019.

Para se sobressair no duelo literário de fascículos em 1910[24], ambos os periódicos promoveram agressivamente as suas personagens no interior das publicações. Além das propagandas, *Fon-Fon* ilustrou duas capas, promoveu uma "entrevista" com Nick Carter, alardeou seu sucesso, escreveu ou o mencionou em textos ou cartas aos leitores, e anunciou filmes e a peça de Pederneiras sobre a personagem. *Careta* também se valeu da publicação de textos e charges com referências a Holmes e Conan Doyle, que complementava a propaganda direta feita em quase todos os números no período em que os fascículos circularam. Nestas peças de divulgação direta *Careta* não se sentiu necessidade de apontar nada sobre Sherlock Holmes e a seu autor, talvez porque os editores os julgassem já conhecidos do público, e se apostou as fichas na qualidade do impresso, na "edição primorosamente ilustrada, impressa nas oficinas da CARETA". De fato, exceção em relação a outras publicações semelhantes, essa larga tiragem e impressão de Sherlock Holmes acompanhou a transformação empresarial e massiva da imprensa carioca no início do século XX. As novas revistas ilustradas como *Fon-Fon* (1907) e *Careta* (1908) incorporaram aos fascículos policiais que patrocinavam as novas técnicas e recursos gráficos que usavam nas suas páginas semanais[25]. Daí porque esses fascículos do Sherlock primam pela qualidade a preço relativamente baixo, um luxo nesse tipo de publicação, aspecto destacado também pelas notas nos jornais: "temos à vista o primeiro fascículo da primeira aventura A *Aliança de Casamento*, que nos foi oferecido pela agência pernambucana; é impresso em fino papel *couché*, com 32 páginas, ilustrações no texto e capa em cores, custando apenas 400 réis"[26].

24. Sobre esse "duelo" no Rio de Janeiro da *Belle Époque*, ver Flora Sussekind, "O Cronista & o Secreta Amador", *A Voz e a Série*, Belo Horizonte, UFMG, 1998, pp. 179-212, na leitura que faz de "A Profissão de Jacques Pedreira" (1910), de João do Rio.
25. Sobre as transformações da imprensa na virada do século XX, ver Nelson Werneck Sodré, *História da Imprensa no Brasil*, Rio de Janeiro, Civilização Brasileira, 1966; Marialva Barbosa, *História Cultural da Imprensa: Brasil – 1900-2000*, Rio de Janeiro, Mauad X, 2007; Marcelo Bulhões, *Jornalismo e Literatura em Convergência*, São Paulo, Ática, 2007; Cristiane Costa, *Pena de Aluguel: Escritores Jornalistas no Brasil – 1904 a 2004*, São Paulo, Companhia das Letras, 2005; Tânia Regina de Luca e Ana Luíza Martins (orgs.), *História da Imprensa no Brasil*, São Paulo, Contexto, 2008.
26. As propagandas dos fascículos constam, por exemplo, em *Careta*, Rio de Janeiro, 23 abr. 1910, p. 20, e *O Século*, Rio de Janeiro, 26 abr. 1910, p. 2. O recebimento do fascículo em pernambuco saiu em *A Província*, Recife, 9 maio 1910, p. 1. Athos Cardoso comenta acerca desse luxo: "Os fascículos mais luxuosos, quem sabe do mundo foram os Sherlock Holmes impressos nas oficinas da *Careta* de 1910 a 1913 pela *Empresa de Publicações Populares*. Totalmente em papel *couché* capa sempre diferente e em policromia. Ilustrações artísticas externas e internamente a cargo de W. Taylor, contratado para o

Capa da *Fon-Fon*, desenhada por Kalixto, 8 jan. 1910. A legenda diz: "Minhas senhoras, meus senhores, tenho a honra de lhes apresentar o legendário Nick Carter, cujas proezas, de algum tempo para cá, tem despertado a maior curiosidade e admiração na América do Norte e na Europa".

Os fascículos também aproveitavam as redes e processos de distribuição dos periódicos voltados ao entretenimento, divulgados e remetidos para os estados do norte e do sul do Brasil através das agências de notícias e dos correios, duas novidades da circulação de impressos do início do século XX que permitiram a formação de um mercado nacional para esse produto[27]. Uma reclamação de um leitor do Espírito Santo permite mapear as expectativas com relação à difusão semanal de fascículos por esse novo serviço postal, remetido diretamente da capital (e pago em selos) ou através de familiares: "todas as semanas desde 31 de Maio [de 1911] pessoa de minha família remete-me o 'Sherlock Holmes' [...] pois bem, desde esse dia até hoje só recebi dois números. Escrevendo para Petrópolis obtive a resposta de que quatro números já tinham sido remetidos para mim e só recebi a metade!"[28] Além de recebê-los pelos correios, os leitores também poderiam comprá-los localmente nas livrarias, bancas de jornal e na mão de vendedores ambulantes, avulsos ou assinaturas[29]. Essa difusão dos periódicos da capital federal aos Estados via agências levou a um padrão semanal de anúncios que costumar associar indistintamente os diferentes formatos e títulos de revistas e fascículos, como mostram as notas dos jornais acusando o recebimento das publicações. Por exemplo, em 1912, o *Correio do Norte*, de Manaus, assim divulga as novidades aos seus leitores: "Recebemos e agradecemos *O Malho, Careta, Tico-Tico, Aventuras de Sherlock Holmes, Nick Carter, Fon-Fon* e a *Leitura para Todos*, chegados pelo Minas Gerais, entrando ontem do Rio de Janeiro e portos do sul, enviados pelos populares irmãos França, da conhecida agência *Vale quem Tem*."[30]. Esse tipo de anúncio que não distingue as revistas dos fascículos era padrão também nas propagandas das livrarias e dos vendedores ambulantes, como as do curitibano "Salvador Schiavo – Vendedor ambulan-

---

serviço" (Athos Cardoso, *O Fascículo de Literatura de Massa: Mercado Cultural no Brasil (1909-1940)*, p. 174).
27. Sobre a circulação de fascículos, ver Athos Cardoso, *O Fascículo de Literatura de Massa...*, pp. 81 e ss.
28. *Cachoeirano*, 9 jul. 1911, p. 2, Cachoeiro do Itapemirim-ES.
29. A assinatura é anunciada em Pernambuco pelo livreiro J. Agostinho Bezerra, *A Província*, Recife, 30 jul. 1910, p. 1: "*Aventuras de Sherlock Holmes,* romance importante em fascículos semanais com 32 páginas, com ilustrações, textos e capas coloridos. Assinaturas: ruas Barão da Vitória n. 10, Imperador n. 31 e Imperatriz n. 40. 400 réis semanalmente". J. Agostinho Bezerra.
30. *O Correio do Norte*, Manaus-AM, 26 mar. 1912, p. 4, grifos do original.

te de jornais. *Nick Carter, Sherlock Holmes, Bufalo Bill, Caretas, Malho, Fon-Fon, Leitura para Todos, Estado de S.Paulo* etc., por preços do Rio"[31]. A divulgação por esses agentes parecia tão expressiva no período que *Fon--Fon* costumava estampar as fotos dos colaboradores na própria revista.

Arrefecido após 1913, um novo impulso de publicações policiais ocorreu após o sucesso internacional da série de filmes *Os Mistérios de Nova York*, exibidos no Rio entre março e agosto de 1916 nos cinemas Pathé e Ideal. Trazido pela empresa Marc Ferrez & Filhos, trata-se de uma adaptação dos movimentados e heroicos filmes estrelados pela atriz norte-americana Pearl White. Adotou-se a estratégia já vigente nos Estados Unidos de, junto do filme, publicar-se a história seriada em jornais[32]. No Rio o folhetim que saiu a partir de março de 1916, os fascículos que saíram no final desse ano, e sua posterior difusão em livro em 1920 ficaram a cargo de *A Noite*, que faz referência ao gênero a partir do sucesso de Conan Doyle e procura explicar a novidade do "romance-cinema" policial:

> O simples romance a que daremos também o título de *Mistérios de Nova York*, constituiria só por si mais um novo e grande triunfo da literatura policial, tão grande quanto o das aventuras de Sherlock Holmes; o mais interessante, o mais original, porém, é que os americanos souberam conjugar perfeitamente esses episódios ao cinematógrafo, constituindo um só trabalho literário e artístico, tornando o romance ainda mais empolgante. Assim, o *film* é a ilustração animada do romance e este é a explicação necessária do *film*[33].

Outros filmes seriados chegaram ao Rio de Janeiro e, como caíram no gosto do público, incentivaram uma tentativa de ambientar esse gênero cinematográfico no Brasil. Com ampla publicidade mesmo jornal *A Noite*, dois filmes roteirizados e acompanhados pelo acadêmico Coelho Neto estrearam em 25 de outubro de 1917, *Os Mistérios do Rio de Janeiro* e *A Quadrilha do Esque-*

---

31. Anúncio do vendedor ambulante aparece em *Olho da Rua*, Curitiba, 12 ago. 1909, p. 29. Em 1917, a Empresa de Romances Populares inseriu anúncio de emprego para ambulantes no *Jornal do Brasil*, Rio de Janeiro, 20 maio 1917, p. 5.
32. Rafael de Luna Freire, *Carnaval, Mistério e Gangsters*: O Filme Policial no Brasil (1915-1951), Niterói, UFF, 2011, pp. 146-149 (Tese de Doutorado em Comunicação).
33. "Os Mistérios de Nova York", *A Noite*, Rio de Janeiro, 8 mar. 1916, p. 1. A informação sobre os fascículos dessa narrativa estão em Athos Cardoso, *O Fascículo de Literatura de Massa*..., pp. 167 e 269-270.

leto, que contaram com poucas exibições na capital e chegaram a São Paulo no início de 1918[34]. Em março desse mesmo ano, um escritor português, sob o pseudônimo Amador Santelmo, aproveitou para iniciar, pela livraria Antunes (Rio), uma série de fascículos igualmente intitulada *Mistérios do Rio de Janeiro*, no qual se vale de casos de crimes e criminosos do Rio de Janeiro para ficcionalizar as aventuras de Jacques Guaracy, o primeiro detetive brasileiro que conhecemos até agora. Suas narrativas, que tiveram o subtítulo de "memórias póstumas de um detetive carioca", também foram reunidas em livro em 1919 e divulgadas em várias livrarias do país. Navegando nessa onda, também em 1918 a *Fon-Fon* menciona a retomada da publicação de Nick-Carter dentro da revista *Selecta*, cujos contos, formando uma nova série, seguiram continuamente anunciados até setembro de 1919 e depois se esparsaram. Talvez seja esse o motivo de Lobato mencionar o detetive norte-americano quando se referiu aos livros de cabeceira de inúmeros leitores.

LOBATO EDITOR DE LITERATURA POLICIAL

Se todas essas publicações e filmes criaram um clima favorável, o livro que despertou Lobato para a popularidade dos policiais foi *O Mistério*, que ele próprio editou em 1920. Inicialmente foi publicado em folhetim no jornal *A Folha*, fundado por Medeiros e Albuquerque em dezembro de 1919 e tão marcado por forte oposição ao governo Epitácio Pessoa que chegou a ser apreendido nas ruas pela polícia carioca em fevereiro de 1920. Nesse conturbado contexto, em 20 março começa a ser publicado *O Mistério*, terminando em 20 de maio com total de quarenta e sete episódios. Esse romance em folhetim foi concebido como uma obra coletiva, publicada a oito mãos por Coelho Neto, Afrânio Peixoto e Viriato Correia, sendo um deles substituído por Medeiros e Albuquerque se necessário. O enredo trata do assassinato de um importante banqueiro do Rio de Janeiro, as peripécias risíveis da investigação policial, com indicação de suspeitos errados e trapalhadas de um "Sherlock da cidade", acompanhada de um

---

34. A produção e circulação dos filmes seriados de Coelho Neto consta em Rafael de Luna Freire, *Carnaval, Mistério e Gangsters: O Filme Policial no Brasil (1915-1951)*, pp. 150-162; Danielle Crepaldi Carvalho, "Os Mistérios da Cidade Moderna: A Propósito de *Os Mistérios de Nova York* (1914) e Seus Congêneres Brasileiros", *Significação, Revista de Cultura Audiovisual*, vols. 42(43), pp. 74-95. Disponível em: <https://doi.org/10.11606/issn.2316-7114.sig.2015.97034≥.

melodrama envolvendo os filhos desconhecidos do falecido banqueiro, fruto de suas inúmeras vilanias arrivistas, até que o criminoso, também filho do morto e enamorado da irmã, confessa o crime e é absolvido num caricato julgamento. Apesar de concebido como uma narrativa policial séria na pena de Medeiros e Albuquerque, ganhou fortes traços humorísticos quando a história ficou a cargo dos demais escritores. Quando a publicação em jornal se encerrou, Afrânio Peixoto enviou, em 11 de junho, a seguinte carta a Monteiro Lobato:

> Negócio. Não sei se V. sabe que na *Folha*, do Medeiros, perpetramos, o Coelho Netto, eu, o Viriato Correia e ele, Medeiros, um romance de aventuras, policial, amoroso, etc, au jour le jour, com algumas coisas bem interessantes, e que aqui do que nos disse, não sei se por amabilidade o Medeiros despertou interesse a ponto de aumentar a tiragem do jornal. Foi o *Mistério*. Trata-se de o publicar em volume. Embora de qualidade literariamente modesta, há interesse para o público, não sendo somenos os dos nomes que o subscrevem (ó Afranio!). Editor: o Alves não convém ao Neto, o Leite Ribeiro não pode consigo, o Garnier é em Paris. Lembrei-me de V. Como negócio, não é mau, creio que faremos algumas edições; como reclame, magnífico. Poderá V. fazê-lo agora? É negócio, veja lá, e não favor, de sorte que V. não se sentirá embaraçado em nos dizer, ou me dizer, "não". Sei das angustias dos nossos editores. Como é V. um novo negociante, daí a minha lembrança. Insisto: não tenha o menor vexame na recusa, porque apenas lhe proponho um negócio. Pessoalmente, ou individualmente, eu seria obrigado a levar ao Alves, pelos meus antecedentes, como lhe levei, ainda esta semana, um outro livro. Neste, tenho sócios e suas incompatibilidades, que é preciso resguardar[35].

Nessa abordagem abertamente mercantil da obra ficcional, que busca resguardar os delicados liames do compromisso editorial na cena carioca, o aspecto humorístico é o único elidido, escondido sob o "etc", em prol da dimensão sensacional expressa na salada dos gêneros "policial", "aventuras", "amoroso". A ausência da referência ao humor e a insistência no "negócio" apontam para o desejo de Afrânio em aproveitar a moda de narrativas policiais entre o grande público, com critérios de gosto menos ligado à qualidade literária que a seus efeitos emotivos, além de suscetível ao prestígio dos auto-

---

35. Rio de Janeiro, 11 jun. 1920, grifos do autor. Citada por Cilza Carla Bignotto, "Monteiro Lobato e a Edição de *Mistério*", em Antonio Adami *et al* (org.). *Mídia, Cultura e Comunicação 2*, São Paulo, Arte & Ciência, 2003, pp. 303-311. Disponível em: <http://principo.org/monteiro-lobato-e-a-edico-de--mistrio1.html>. Carta de Afrânio citada na pp. 304-5.

res. Tal segmentação do público é explícita, sendo esse um livro para vender e não para fruição e avaliação dos pares. Procurado justamente por ser um novo editor na praça, distante do complicado cenário carioca e mais aberto a riscos, a isca que fisgaria Lobato para o investimento era a informação sobre o aumento de tiragem do jornal por conta do folhetim, prometendo lucros quando reunido em livro ou, ao menos, tornar sua editora mais conhecida. Tal visão sobre essa obra era tão compartilhada que Coelho Neto, ao tentar se autopromover, foi mais duro: "a pedido do Afrânio assinei o contrato para publicação de *O Mistério*, moxinifada escrita *à la diable* (pelo menos para mim) e de muita má vontade. Que espera o meu amigo de tal balbúrdia? Não seria melhor que eu me inscrevesse na bibliografia da *Revista do Brasil* com alguma coisa mais decente [...]?"[36] *O Mistério* nasce com o estigma de ser visto pelos próprios autores como uma produção menor voltada para um público desqualificado, um sentimento provavelmente compartilhado por outros intelectuais contemporâneos e que talvez explique os parcos, minúsculos e constrangidos comentários nas seções literárias dos jornais na época, inclusive sua ausência na bibliografia da própria *Revista do Brasil*.

Lobato não deixou passar a oportunidade. Apesar constar como data de edição 1920, o livro provavelmente foi lançado no início de 1921, quando sua referência começa a aparecer na *Revista do Brasil*. No número de janeiro, na seção sobre o movimento editorial, aparece no rol das edições "de fins do ano passado" sob a rubrica da editora "Revista do Brasil", com a autoria de "Afrânio Peixoto e outros", a qualificação "(rom.)" e a alta tiragem de 3 000 exemplares. Nos números de fevereiro, março e junho aparece na propaganda da editora: "O MISTÉRIO, romance policial por *Afrânio Peixoto*, *Medeiros e Albuquerque*, *Coelho Neto e Viriato Corrêa*", vendido a 4$000 réis a brochura e 5$000 o encadernado[37]. É provável que em julho o romance já tenha se esgotado, como evidencia uma carta de Afrânio Peixoto a Moacir de Abreu,

---

36. Carta de Coelho Neto a Monteiro Lobato, Rio de Janeiro, 16 jul. 1920, grifos do autor. Citada por Glaucia Soares Bastos, "Monteiro Lobato Editor", em I *Seminário Brasileiro sobre Livro e História Editorial*, Fundação Casa Rui Barbosa, 2004, pp. 7-8 (Cartas de Coelho Neto). Disponível em: <www.livroehistoriaeditorial.pro.br/pdf/glauciasoares.pdf>.
37. *Revista do Brasil*, vol. 61, jan. 1921, p. 89, "Resenha do Mês, Movimento Editorial", *Revista do Brasil*, vol. 63, mar. 1921, pp. 278-279, pp. 94-95, "Resenha do Mês, Movimento Editorial". A propaganda consta na p. 290, grifos do editor.

a qual faz referência a uma carta de Lobato: "Quando quer '*O Mistério*'? Os homens já corrigiram o exemplar, para a segunda edição. Como ele [Lobato], em carta, falou 'nestes dois meses' (isto em começo de agosto) 'faremos a reimpressão' etc. 'tenha v. à mão o exemplar correto' etc., parece o caso"[38]. A segunda edição provavelmente foi lançada em maio de 1922 com o mesmo preço e tiragem, quando passa a constar na propaganda da editora na Revista do Brasil. A chamada aparece com leves modificações e um indicativo do sucesso da primeira edição: "O MISTÉRIO, 2ª edição do apreciado romance policial escrito por Afrânio Peixoto, Coelho Neto, Viriato Corrêa e Medeiros e Albuquerque"[39].

Após *O Mistério* ter se esgotado, enquanto iniciava as tratativas para sua segunda edição, Monteiro Lobato deu ensejo a um projeto próprio de publicação de fascículos que visasse o gosto dos aficionados por policiais. Segundo o precioso depoimento de Pedro Ferraz do Amaral, o editor foi motivado tanto pelo sucesso de *O Mistério* quanto pelas iniciativas da Sociedade Editora Olegário Ribeiro, dirigida por Clóvis Ribeiro. A primeira delas era a *Novela Nacional*[40], uma coleção mensal de pequenos livros populares de oitenta páginas a preços acessíveis (1$000), dirigida por Amadeu Amaral, que circulou desde janeiro de 1921. Lobato contribuiu para o segundo número da coleção com a história sentimental *Os Negros ou Ele e o Outro*, cujo subtítulo já indicava a segmentação público e promessas de fortes emoções: "Novela cine-romântica, com pios de coruja, noite tempestuosa, mortes trágicas e outros ingredientes de tomo; leitura perigosa às meninas histéricas e aos velhos cardíacos que creem em almas do outro mundo". A segunda iniciativa, dirigida por Breno Ferraz do Amaral, foi *A Novela Semanal*, revista literária que reuniu contos de diversos autores em volume de 250 páginas, e circulou entre maio e agosto de 1921. A capa de *A Novela Semanal*, colorida, era feita por Juvenal Prado, ilustrador descoberto por Lobato e que também se encarregou das capas de *O Mistério* e de sua coleção de fascículos policiais. Eram "Impressas com me-

38. Carta de Afrânio Peixoto a Moacir de Abreu, Rio de Janeiro, 6 out. 1921. CEDAE, IEL/Unicamp, fundo Monteiro Lobato, Correspondências, série Terceiros, grifo de Afrânio Peixoto.
39. Sobre a segunda edição, ver *Revista do Brasil*, n. 77, maio 1922, p. 4 (capa + 3 anúncios). Os anúncios vão até outubro desse ano. Uma terceira edição de 4000 exemplares foi lançada em 1928 pela Companhia Editora Nacional.
40. Ver "A Novella Nacional", *Revista do Brasil*, n. 61, jan. 1921, p. 10,

Capa da primeira e segunda edição de O *Mistério*.

nor carinho"[41], embora no mesmo papel que a *Novela Semanal*, por serem os fascículos destinados a um público mais amplo possível.

Mesmo inspirado por *Novela Nacional*, *A Novela Semanal*, ou até *Selecta*, Lobato utilizou o formato adotado pelas edições promovidas pelas revistas ilustradas desde início da década anterior. Sua intenção era publicar fascículos policiais, com 32 páginas e ilustrados, com histórias independentes a cada número de periodicidade quinzenal. Como acontecia com outras do mesmo gênero, provavelmente seriam reunidos em volume após o término de uma série, cujo título geral era *Aventuras Maravilhosas de Sherlock Holmes, Nick Carter e Pearl White no Brasil*. Diferentemente de *O Mistério*, a iniciativa da publicação partiu do próprio editor, que encomendou a redação de cada episódio a pessoas diferentes, cujos nomes não apareciam nos fascículos. O primeiro, *O Diamante Negro*, é de autoria do próprio Lobato, enquanto o segundo, *O Quilombo Misterioso*, ficou a cargo do delegado e escritor Amando Caiuby[42], e Pedro Ferraz do Amaral diz também ter recebido a encomenda para um episódio, que ainda guardava em uma gaveta quando proferiu sua homenagem. Daí um apelo: "não somente valeria a pena reeditar os dois fascículos impressos em 1921 ou 1922, mas também buscar por aí os originais dos fascículos apenas anunciados e de outros que Monteiro Lobato encomendara, alguns dos quais sabemos que foram escritos"[43]. O apelo de Pedro Ferraz ainda é válido, tendo em vista que não temos notícia se algum fascículo restou para consulta. Mas a memória o traiu ao afirmar que apenas dois episódios foram lançados. Se levarmos em conta os anúncios em jornais e revistas da época, perceberemos que saíram cinco: *O Diamante Negro*, *O Quilombo Misterioso*, *A Víbora Turca*, *O Estrangulador das Moças Loiras* e *O Pirata Cresulesco*. *A Feiticeira da Casa Verde* foi anunciado mas provavelmente não publicado, podendo estar em alguma gaveta. Uma propaganda de 1923, deixa entrever que a empreitada parou mesmo no quinto episódio:

---

41. Pedro Ferraz Amaral, "Monteiro Lobato", *Revista da Academia Paulista de Letras*, ano XL, n. 103, pp. 92-94, nov. 1983, cit. p. 94. Palestra realizada em 23 maio 1983 na Academia Paulista de Letras.
42. Entre outras obras, Amando Caiubi publicou o livro de contos sertanejos *Sapezais e Tigueras* em 1921 e, pela Companhia Editora Nacional em 1931, uma reunião de novelas policiais intitulada *O Mistério do Cabaré*.
43. Pedro Ferraz Amaral, "Monteiro Lobato", *Revista da Academia Paulista de Letras*, ano XL, n. 103, pp. 92-94, cit. p. 94, nov. 1983. Palestra realizada em 23 maio 1983 na Academia Paulista de Letras.

"AVENTURAS EXTRAORDINÁRIAS DE SHERLOCK, NICK CARTER E PEARL WHITE NO BRASIL – Fascículos ilustrados, contendo episódios das aventuras desses três heróis no Brasil. A 500 réis o fascículo de 32 páginas, ou 2$000 a série dos cinco"[44]. Lobato esbarrou nos crônicos problemas de distribuição, que logo o levaram a abandonar o projeto[45].

LITERATURA POPULAR, NO GÊNERO CONAN DOYLE, COM ELEMENTOS NOSSOS

Todos esses títulos aparecem inclusive na *Revista do Brasil*, nas propagandas de página inteira publicadas nos números de setembro e outubro de 1921, e na nota bibliográfica do número de agosto, que anuncia o primeiro episódio:

> O DIAMANTE NEGRO – *Aventuras Maravilhosas de Sherlock Holmes, Nick Carter e Pearl White no Brasil* é o primeiro fascículo de um extraordinário romance cine-policial destinado a um grande sucesso entre nós. Pela primeira vez se faz no Brasil, com elementos nossos, em cenários nossos, literatura popular, no gênero Conan Doyle – gênero que conquistou o mundo. [...] Pois bem: estão aí essas aventuras, ao alcance de qualquer bolsinho de colete. Quinzenalmente sairá um novo fascículo, estando anunciados já – *O Quilombo Misterioso, O Estrangulador das Moças Loiras, A Feiticeira da Casa Verde*, e outros[46].

Como que justificando a relevância comercial e intelectual de sua nova empreitada, na nota de lançamento do número de agosto na *Revista do Brasil* Lobato aponta o provável sucesso com base em dois aspectos. Primeiro eram os preços acessíveis às classes menos abastadas, que deve ter motivado sua opção pelo fascículo seriado e não pelo livro, já que seu o preço era a metade da coleção de livros populares *A Novella Nacional*, e bem abaixo dos outros

---

44. "Últimas Edições de Monteiro Lobato & Cia.", *Monteiro Lobato, o Macaco Que Se Fez Homem*. São Paulo, Monteiro Lobato & Cia., 1923, p. 10
45. Pedro Amaral não apenas comenta que "Monteiro Lobato desanimou com a falta de cooperação dos distribuidores de revistas e jornais" como atribui o fracasso à tentativa de atuar em outro ramo distinto dos livros (Pedro Ferraz Amaral, "Monteiro Lobato", *Revista da Academia Paulista de Letras*, ano XL, n. 103, p. 94, nov. 1983).
46. "O Diamante Negro". Seção Bibliografia. *Revista do Brasil*, n. 68, ago. 1921, pp. 455-456, São Paulo.

Propagandas de página inteira da série
de fascículos, n. 69 (setembro) e
70 (outubro) de 1921 da *Revista do Brasil*.

volumes divulgados pela Monteiro Lobato & Cia. Segundo, o nacional é explicitamente mobilizado como propaganda, para se diferenciar dos concorrentes, já que a nota aponta a inserção de temas "nossos" em uma estrutura narrativa sensacional com apelo popular mundial. Tanto que Lobato mobiliza o prestígio do autor da mais famosa personagem policial e do gênero "cine-policial", mesmo sem perspectiva de haver o correspondente fílmico, indicando que a fórmula "cine-policial" havia se tornado mais um chamariz publicitário do que descritor literário. A inserção de nota bibliográfica e das propagandas na revista cultural mais conceituada do período aponta para a possibilidade de que Lobato almejava angariar leitores ou ao menos compradores entre um público culto. Aliás, parecem adequadas a esse gosto a sobriedade dos anúncios, priorizando sem grandes apelos elementos os referenciais como preço e locais de venda, títulos da série e de cada fascículo. São esses títulos e a expressão "sensacional romance de aventuras", consagrada desde os anos 1870 do século XIX[47], que apontam para a natureza da leitura divulgada, repleta de peripécias voltadas sobretudo a mobilizar as emoções.

Todos esses componentes das propagandas feitas na *Revista do Brasil* aparecem nas peças diretamente dirigidas ao público almejado, acrescidos de outros elementos para fisgar a atenção. É o que vemos nas ações publicitárias de início de agosto de 1921, em especial na revista *A Cigarra*:

> Os leitores de *A Cigarra* vão ficar surpreendidos com uma estranha e sensacional novidade. Nick Carter, o prodigioso "detetive" norte-americano, e Sherlock Holmes, o genial detetive inglês, que, como nem todos sabem, não são duas figuras de ficção, mas dois homens de carne e osso, estiveram no Brasil no ano passado, tendo desembarcado no Rio de Janeiro a 12 de julho. Veio com eles a famosa e perturbadora atriz cinematográfica Pearl White. Permaneceram os três no Rio durante alguns dias apenas, o tempo necessário para visitarem a cidade e observarem o aparelhamento policial carioca, e de lá partiram para o norte, internando-se no sertão. Visitaram todo o nordeste brasileiro, grande parte do norte e centro do país, onde se demoraram, parece, dois meses ou mais. [...] Sherlock Homes e Nick Carter não vivem apenas dentro das páginas das novelas policiais, e Pearl White não vive somente nas películas da Paramount e Fox Film. São entidades reais, que

---

47. A esse respeito ver Alessandra El Far, *Páginas de Sensação: Literatura Popular e Pornográfica no Rio de Janeiro (1870-1924)*. Ana Gomes Porto, *Novelas Sangrentas: Literatura de Crime no Brasil (1870-1920)*.

foram nossos hóspedes, que observaram minuciosamente os nossos costumes, que nos estudaram profundamente, e que embarcaram há dias para Nova York, levando do nosso país as mais gratas recordações.

Soubemos dessas coisas por uma carta que nos enviou de bordo um dos nossos amigos, que foi companheiro de viagem dos três célebres personagens. Conta-nos esse amigo que os dois detetives tomaram parte em numerosas aventuras durante a sua permanência no Brasil, aventuras de todo o gênero, interessantes e sensacionais. Adiante mais o nosso missivista que essas aventuras vão ser postas em novelas, que serão publicadas brevemente em Nova York. Essas novelas serão por certo traduzidas para o português. Preparemos, pois, os nossos nervos para essas futuras e grandes sensações[48].

Como na *Revista do Brasil*, percebemos a mobilização de elementos de prestígio, como as personagens estrangeiras de sucesso mundial dos fascículos, peças, livros e filmes, os Estados Unidos como polo de influência, cultural global, ou o ambiente brasileiro como suporte de identidade do leitor visado. Porém, o traço mais notável da matéria de *A Cigarra* é o apagamento das distinções entre ficção e realidade. O autor afasta qualquer intenção de invenção ou imaginação para colocar os eventos no plano do real, dando uma qualidade especial ao que será contado. É o que vemos na negação da dimensão ficcional dos detetives e das personagens da famosa atriz, nas referências a elementos geográficos, temporais e institucionais, e no testemunho direto do acompanhante e missivista do narrador. Essa estratégia era mobilizada nos fatos diversos dos jornais e na publicidade das narrativas ficcionais de crime e policiais desde finais do século XIX, incluindo os fascículos dos dois detetives lançados pelas revistas ilustradas de início da década de 1910. Vemos então um sensacionalismo realista[49], no qual

---

48. "Aventuras Maravilhosas de Nick Carter e Sherlock Holmes", *A Cigarra*, n. 165, 1 ago. 1921, p. 19, São Paulo.
49. Ana Gomes Porto, *Novelas Sangrentas: Literatura de Crime no Brasil (1870-1920)*, p. 7: "A invocação da veracidade criava uma característica relevante do gênero: o sensacional. A emoção decorrente das sensações criadas pelas histórias gerava esse aspecto importante das narrativas. O "sensacional" era inerente à literatura de crime existente entre 1870 e 1920. A criação de sensação decorria de apelo exagerado ao real. Assim, cenas sangrentas, descrições de cadáveres e delineação do momento do crime eram sensacionais por se fixarem em contar os fatos nas suas minúcias. Em alguns momentos, o exagero à estética do sensacional criava cenas que mais se assemelhavam a histórias inverossímeis. Apesar da contradição aparente, o hiper-realismo das histórias de crime podia gerar situações rodeadas de mistérios e relações proibidas. Em algumas narrativas, o criminoso era norteado por características que o retiravam do cotidiano corriqueiro. Portanto, o hiper-realismo intrínseco à literatura de crime deste período era, às vezes, exagerado ao ponto de se assemelhar a ações falsas, ou personagens inverossímeis, extrapolando o efeito de veracidade."

a afirmação da veracidade dos conteúdos tem tanto destaque quanto a promessa de emoções fortes através dos lances de efeito e elementos extraordinários. Tal aspecto verossímil foi tão importante que também apareceu na publicidade dos paratextos. Por exemplo, as personagens da ficção policial ladearam Jeca Tatú na propaganda do Biotônico Fontoura, seguindo nos fascículos a estratégia adotada no longevo almanaque que Lobato ajudara a editar pela primeira vez em 1920: "Além de Monteiro Lobato & Cia., anunciava nas capas de cada fascículo o Instituto Medicamenta, de Fontoura, Serpa & Cia., a cujo Biotônico Monteiro Lobato, que redigia os anúncios, atribuía a extraordinária argúcia de Sherlock e Nick Carter"[50].

O outro lado da questão, a intenção explícita de dialogar com o gosto sensacionalista do grande público, já está expressa no próprio título *Aventuras Maravilhosas de Sherlock Holmes, Nick Carter e Pearl White no Brasil*. O consagrado termo "aventuras" reforça a promessa de uma narrativa cheia de peripécias, suspense e perigos causadores de fortes emoções, complementadas pelo qualificativo "maravilhosas", sugerindo ambientes, pessoas, costumes ou ações extraordinárias e distante do cotidiano, capaz de impressionar a imaginação. A segunda parte recorre à memória do consumo e dos efeitos das narrativas emocionantes nos prováveis leitores ao tentar captar o prestígio das principais personagens da ficção de fascículos, folhetins e do cinema policial da época. É aí que se define o gênero policial na sua dupla vertente, enigma e *noir*, jogos de dedução a partir de pistas e ação. Por fim, a inserção do Brasil como ambiente das aventuras não é mero adendo geográfico, pois responde ao apelo nacionalista do período, visando aguçar o interesse a partir dessa identidade.

Alguns aspectos sensacionais também foram ressaltados nas propagandas, que continham palavras-chaves capazes de direcionar a atenção para o tipo de texto ficcional, pressupondo uma segmentação do público. Ao anunciar os primeiros episódios, o jornal *O Paiz* ressalta que "Monteiro Lobato, agora, satisfaz igualmente o paladar do povo" com "duas novelas de aventuras violentas, escritas em estilo despreocupado". Ao anunciar o terceiro, o *Correio Paulis-*

---

50. Pedro Ferraz Amaral, "Monteiro Lobato", *Revista da Academia Paulista de Letras*, ano XL, n. 103, p. 94, nov. 1983.

tano aponta para "um episódio cheio de arrojados lances em que os denodados criminalistas mostram mais uma vez de quanto é capaz a sua habilíssima arte de investigar e descobrir". E o quarto episódio é descrito pelo *Jornal do Recife* como "aventuras, por isso mesmo que são de gênero policial, são de enredo interessantíssimo, empolgando a sua leitura. A casa Monteiro Lobato & Cia, divulga, desta maneira, bem urdidos romancetes policiais"[51]. Temos a constante promessa de uma narrativa em que a ação e a peripécia estão em primeiro plano, e as propagandas encontradas enfatizam que isso se expressa pelo gênero, pelo enredo e pela forma de escrita, para não deixar dúvida ao comprador as fortes emoções que lhe são vendidas.

De modo menos frequente, algumas propagandas procuram captar a atenção mobilizando aspectos externos à narrativa. Parte delas investe no efeito manada ao ressaltar a popularidade, como a nota de *O Combate* ao informar que "os editores srs. Monteiro Lobato & Cia. Estão lançando o gênero literário de mais agrado do público: o policial", ou a suposta aceitação dos números anteriores da coleção, a exemplo de *O Correio Paulistano*: "como era de esperar foi enorme a aceitação que teve o terceiro fascículo dessas aventuras por parte do grupo efetivo de leitores que já conquistou para todas as edições"[52]. Outros chamarizes ressaltam elementos editoriais e o preço acessível, como o anúncio de *O Combate* ao apresentar os dois primeiros números: "são fascículos de 30 páginas, com soberbas ilustrações, postos à venda apenas por 500 réis. [...] A parte gráfica muito recomenda as oficinas Mário Andrade"[53]. Busca-se atrair tanto o olhar quanto o bolso de uma camada social mais baixa e provavelmente pouco familiarizada com a leitura a ponto de necessitar de imagens como suporte à leitura, ou ser suscetível de opiniões alheias sobre seu sucesso.

No seio desse realismo sensacionalista é possível identificar como se encaminha o tema nacional. Tais "elementos nossos" e "cenários nossos" mencionados na *Revista do Brasil* estão mais especificados no texto do número de 1º de agosto de *A Cigarra*. Há uma contraposição geográfica entre o Rio

---

51. "Publicações", *O Paiz*, p. 11, 28 ago. 1921; "A Víbora Turca", *Correio Paulistano*, 9 set. 1921, p. 7; "Publicações", *Jornal do Recife*, p. 2, 9 set. 1921.
52. "A Víbora Turca", *Correio Paulistano*, p. 7, 9 set. 1921.
53. "Novelas Policiais", *O Combate*, 27 ago. 1921, p. 3.

de Janeiro e as regiões do Norte, Centro e Nordeste, que simbolizava a contraposição entre a capital cosmopolita e os vastos e desconhecidos sertões interioranos. A predileção pelos segundos é explicitada tanto pelo tempo dedicado à estadia, dias nos primeiros e meses nos segundos, quanto pelas ações dos protagonistas. As "aventuras de todo o gênero, interessantes e sensacionais", almejadas pelo leitor comum, são acompanhadas de observações minuciosas e estudos profundos dos costumes dessas regiões. A contradição de serem personagens estrangeiras a protagonizar o livro e supostamente lançá-lo para fora do Brasil, tanto quanto estratégia publicitária para mobilizar os leitores, soa como um convite para despertar os brasileiros, para que imitem Nick Carter, Sherlock Holmes e Pearl White no impulso de conhecer o país.

Essa contradição também aparece na capa do segundo episódio, que segue o padrão de outras publicações do gênero, na França e no Brasil, com um cabeçalho com o nome da série, o título do episódio e uma cena. Em uma ilustração realista, o cabeçalho contém os rostos dos três protagonistas olhando, o Sherlock de soslaio com o cachimbo e os outros dois diretamente fascinados, para uma pedra preciosa, o que remete ao número anterior, em torno O *Diamante Negro*. Já a imagem de baixo mostra uma cena de ação em um ambiente ermo, no qual um felino pintado com tons avermelhados (seria uma onça?) salta sobre duas pessoas sentadas em uma espécie de motocicleta com asas. Com uma postura firme, quase indiferente, o piloto da moto é representado com as mesmas cores da moto, visualmente confundido com a máquina, predominando aí traços realistas, com roupas modernas. Apesar do rosto encoberto, o chapéu e o longo casaco permitem sua identificação: é Nick Carter.Em contraposição a esses elementos modernos que ocupam a centralidade da ação, o espaço é indefinido, podendo ser identificado como "brasileiro" apenas pelas esparsas e esboçadas palmeiras. Igualmente o personagem negro, a única referência ao quilombo do título, é representado com feições de assustado, olhar cruzando o do animal, e, principalmente, como uma caricatura, um rosto disforme onde se confundem cabelo, orelha, pele, nariz, sobre os quais se destacam os olhos e a boca.

Não é necessário precisar a ambiguidade visual da cena – fica a cargo da imaginação do leitor definir se estão fugindo da onça ou se o animal aparece

Capa do fascículo n. 2. *O Quilombo Misterioso*[54].

inesperadamente – já que a resolução é tanto um convite para abrir o fascículo quanto uma certeza de que as personagens são salvas pela motocicleta. Na imagem essa audácia tecnologicamente equipada representada por Nick Carter está acompanhada mais acima pelas "deduções" de Sherlock

---

54. A foto consta no site Vera Nunes Leilões, Leilão 4287 (13 maio 2016), lote 168, disponível em: <http://www.veranunesleiloes.com.br/peca.asp?ID=1700565>, acesso em 19 mar. 2019.

Holmes e pela coragem intrépida de Pearl White. Ou seja, a aventura não deixa de ser uma ode à razão, à ciência e à tecnologia, mantendo aquela autoconfiança otimista na civilização ocidental calcada no progresso e, por isso, se torna parâmetro desejável para as demais sociedades e culturas do planeta.

Porém, se esses pressupostos permanecem em um fascículo de aventuras que se pretende nacional e voltada para o povo brasileiro, como representar essa dimensão fora do rebaixamento e da caricatura? Como os fascículos até o momento não foram localizados, algumas fontes indiretas podem ajudar a precisar mais ainda esses elementos. O número da segunda quinzena de agosto de *A Cigarra* divulga os episódios iniciais nos seguintes termos:

> De fato, algumas dessas novelas, que foram publicadas com enorme êxito em Nova York, já estão à venda aqui, lindamente traduzidas para o português. A ação dessas primeiras novelas se desenrola no Rio e nos sertões da Bahia. Muitos não sabiam que há na Bahia duas formosíssimas lendas, a do Diamante negro e a do Quilombo misterioso. Essas duas lendas constituem o assunto das duas primeiras novelas, em que tomam parte os três célebres forasteiros que nos visitaram, e que já estão à venda em São Paulo[55].

O enredo dos dois primeiros números segue essa diretriz expressa nas propagandas. A mais rica descrição continua sendo o depoimento de Pedro Ferraz do Amaral, que comenta o enredo dos dois episódios iniciais:

> Escreveu ele [Lobato], se não nos enganamos, o primeiro episódio, intitulado *O Diamante Negro*, o qual começa pelo desembarque da "mais formosa mulher loira que já desceu no Rio de Janeiro", no famoso cais Pharoux. "Acompanhava-a um homem de feições enérgicas e olhar penetrante, roupas largas e sapatos grossos, no qual facilmente se reconhecia o tipo clássico do norte-americano"... Corre a narrativa e, no final do episódio, Nick Carter 'se confessa vencido pelo detetive inglês', que era Sherlock Holmes. Os fatos passavam-se no sertão da Bahia, girando em torno do desaparecimento de um roteiro de minas. O segundo episódio, (ao qual sabemos escrito por Amando Caiubi) era *O Quilombo Misterioso*, no qual se revelavam as descobertas de Sherlock Holmes, através de pesquisas do folclore baiano, a cubata da velha Cambinda, a feitiçaria negra, uma dinastia de reis negros, o templo do Mulungu, as cobras sagradas e toda uma incrí-

---

55. "O Diamante Negro", *A Cigarra*, 15 ago. 1921, p. 25.

vel série de cenas que a imaginação do autor criou, tendo por fundo relatos autênticos de conhecedores do sertão[56].

A propaganda de *A Cigarra* oferece como aperitivo dos fascículos a ambiência distante dos grandes centros urbanos do sul e do nordeste do país, já que as aventuras se passam nos "sertões" da Bahia. Sertão que, além de uma polissêmica referência geográfica, evocava a natureza e espaços pouco ou não-civilizados através de imagens, valores e sentimentos múltiplos entre os escritores brasileiros na Primeira República[57]. Tal aspecto espacial "outro" é reforçado pela evocação de duas lendas, narrativas orais que circulam como verossímeis entre a população interiorana e que, desencantadas e deslocadas desse contexto originário, se tornam um dos objetos do folclore que se pretende científico, a exemplo dos estudos do folclore dos negros baianos feitos por Nina Rodrigues. Por outro lado, na mesma época, algumas dessas narrativas também foram levadas a sério por exploradores estrangeiros: na década de 1910 o engenheiro francês Apollinaire Frot tentou encontrar nos sertões baianos o roteiro para as minas de Prata de Muribeca, buscadas desde o século XVI por portugueses, e, em 1921, o coronel inglês Percy Fawcett buscou a Cidade Perdida da Bahia, ruínas de uma civilização antiga avistadas por bandeirantes baianos no século XVIII, e perto da qual relatos colhidos no século XIX localizavam um Reino de Negros ou Quilombos poderosos, chefiados por um rei de mão forte[58].

Seja qual for a fonte de inspiração, as narrativas sobre o sertão, o folclore ou a arqueologia, o depoimento de Pedro Amaral dá indícios para entendermos como os fascículos de literatura editados por Lobato aproveitaram e reelaboraram esse material. No segundo episódio aparecem os elementos de

56. Pedro Ferraz Amaral, "Monteiro Lobato", *Revista da Academia Paulista de Letras*, ano XL, n. 103, nov. 1983, pp. 93-94.
57. Luciana Murari, *Natureza e Cultura no Brasil*, São Paulo, Alameda, 2009, cap. 3; Bertold Zilly e Eli Napoleão Lima (orgs.), *De Sertões, Desertos e Espaços Incivilizados*, Rio de Janeiro, Faperj/Mauad, 2001; Ligia Chiappini, "Do Beco ao Belo: Dez Teses sobre Regionalismo na Literatura", *Estudos Históricos*, vol. 8, n. 15, pp. 153-159, 1995, Rio de Janeiro.
58. Sobre essas lendas e explorações ver Johnni Langer, *Arqueologia do Irreal: As Cidades Imaginárias do Brasil*, Curitiba, UFPR, 1996, pp. 70-71 e 98-99 (Dissertação de Mestrado em História); Johnni Langer, "A Cidade Perdida da Bahia: Mito e Arqueologia no Brasil Império", *Revista Brasileira de História* [online]. 2002, vol. 22, n. 43, pp. 126-152. Disponível em: <http://www.scielo.br/scielo.php?script=sci_arttext&pid=S0102-01882002000100008>.

matriz africana, elencados na época pelo folclore ou pelos estudos de intelectuais como reminiscências de uma concepção de mundo desaparecida ou fadada a desaparecer com o progresso, mas que permanecem "através de relatos autênticos de conhecedores do sertão". Nos fascículos, eles ganham contemporaneidade ao aparecerem como uma parte do país descoberta pela argúcia dos detetives estrangeiros, aqui na função de intrépidos exploradores. Os elementos bantu – o quilombo, "a cubata da velha Cambinda, a feitiçaria negra, uma dinastia de reis negros, o templo do Mulungu, as cobras sagradas" –, ao serem reunidos, formam um mundo à parte daquele conhecido ou comumente representado aos leitores: não é urbano, nem rural ou tradicional, nem somente natural ou até o sobrenatural, e sim um reino africano perdido no interior da Bahia. Imaginariamente leva-se às últimas consequências o que era buscado ansiosamente, o Brasil perdido. Através do pacto ficcional, as narrativas "lendárias" são ao mesmo tempo reencantadas, atualizadas, tornadas verossímeis e também brasileiras ao leitor amante de aventuras e mistérios.

NACIONALIDADE E LITERATURA PARA O POVO

Mesmo precisando ser confirmado pela análise dos dois fascículos – quando encontrados –, o argumento do enredo relatado por Pedro Amaral foi um padrão adotado por outros escritores que também se propuseram a escrever literatura popular no gênero de aventuras sertanistas. O desconhecido João de Minas lançou *Farras com o Demônio* (1929) e *Horrores e Mistérios nos Sertões Desconhecidos* (1934), nos quais encontra tribos e ruínas perdidas nos sertões do Araguaia, sendo o último deles inspirado no desaparecimento de Fawcett. Mais conhecido, Menotti del Picchia, aproveitou esse imaginário arqueológico em torno das civilizações perdidas, agora com a referências indígenas na Amazônia, nos romances *República 3000* (1930, depois rebatizado para *A Filha do Inca*) e *Kalum: o Mistério do Sertão* (1936). Já na época, na resenha de *Kalum* feita por Salustiano Silva, apesar do elogio de um estilo envolvente capaz de empolgar e aguçar a imaginação, aponta as contradições e limites da empreitada, como a profusão de nomes e personagens estrangeiros, a falta de cor local nas descrições e, sobretudo, a falsidade do retrato de "negros selvagens" da Amazônia[59]. Aos olhos do crítico a tentativa de

---

59. Salustiano Silva, "Notas Bibliográficas", *Folha da Manhã*, p. 10, 14 jun. 1936.

nacionalização da literatura ao gosto do grande público nada tinha de brasileira. Independente do sucesso e da finalidade – pedagógica, comercial ou ambas – é importante destacar o esforço empreendido e a necessidade que o motiva. Lobato e Caiubi no início dos anos 1920, João de Minas e Menotti Del Picchia anos mais tarde, procuraram resolver na prática o problema de representar adequadamente o Brasil autêntico através de uma narrativa ao gosto do público não intelectual ou literato. Recorreram então a uma divulgação em linguagem sensacionalista, já presente na imprensa e nas publicações do gênero, a enredos que apostavam nas peripécias, e apelaram para temas míticos ou folclóricos da moda para lhes dar uma roupagem nacional, combinando-os com outros mitos que faziam o sucesso das narrativas estrangeiras, sobretudo o papel redentor da inteligência e da tecnologia que constituíam os cumes do progresso da civilização ocidental.

Para evidenciar a novidade da tentativa no início dos anos 1920, vale comparar o projeto dos fascículos editados por Lobato com o do folhetim e livro *O Mistério*. Na supracitada carta de Afrânio Peixoto a segmentação do público e seu gosto peculiar são igualmente levantados como fatores determinantes da forma que o romance tomou, e a empreitada é considerada sob o ponto de vista dos frutos comerciais que poderiam ser gerados. Por isso *O Mistério* de Afrânio Peixoto, Medeiros e Albuquerque, Coelho Neto e Viriato Correia foi divulgado e lido como um romance policial brasileiro, ambientado no Rio de Janeiro, sem que seus autores tivessem o objetivo de torna-lo nacional. O editor tampouco lhe deu essa orientação, já que o elemento de prestígio era o fato de os autores serem renomados escritores, e o enredo minava qualquer tentativa de mitificação ao recorrer ao cômico e ao humor. Já nos dois primeiros fascículos editados por Lobato, os elementos míticos e nacionais foram explicitamente tomados, no enredo e nas propagandas, como fatores importantes da narrativa. Junto com Caiubi, nos dois primeiros episódios aproveitou a voga nacionalista e mobilizou elementos do folclore para estruturar aventuras fundindo mistérios policiais e peripécias sertanistas ao transformar Sherlock Holmes em um misto de Fawcett e Amadeu Amaral. E, pelo pouco que temos dos fascículos, tal empreitada mostra os limites da nacionalidade de Lobato ao veicular estereótipos sobre remanescentes quilombolas e representações caricatas dos negros, que são inferiorizados se comparados com as representações das personagens estrangeiras, da razão ocidental e superioridade tecnológica.

Monteiro Lobato está longe de ser o primeiro, no país, a produzir ou refletir sobre a ficção consumida pelo amplo público. Encarou o tema não apenas do ponto de vista comercial ou dos efeitos sociais, cujas abordagens comuns até então ou consideravam a literatura popular passível de iniciar o consumidor na faculdade de leitura, ou forte elemento para degenerar sua sensibilidade. Inserindo o tema nas reflexões sobre problemas brasileiros que engajou intelectuais após a Primeira Guerra Mundial, projetou e problematizou essa segmentação partindo da questão nacional. Isso significava encarar sob um ângulo novo um fenômeno moderno: embora diminuta em termos percentuais (30% do país em 1920), era crescente a inserção de pessoas na cultura letrada, com gostos e critérios de escolhas de obras alheios às prescrições dos críticos, professores e dos próprios intelectuais[60]. Gosto formado desde meados do século XIX pelas narrativas sensacionais em livros, folhetins, teatro e folhetos de cordel, cujo alcance foi bastante aumentado no início do XX ao se combinarem com o cinema e os novos fascículos ilustrados, estes aproveitando as inovações tecnológicas das novas revistas ilustradas para difundir histórias de aventuras, sobretudo as de detetives.

De maneira semelhante à sua atuação na literatura infantil, Lobato tomou as predileções do amplo público como vetor potencial e desperdiçado de modernização cultural e de nacionalização do país. Conclamou os pares a diminuir o preconceito e deixar por alguns momentos os experimentalismos narrativos para mobilizar temas e linguagens compreensíveis e desejadas pela maior parte da população jovem ou adulta – a costureirinha, o adolescente e a moça em idade escolar ou os mais velhos das cidades e interiores. Sua psicologia comercial e suas aspirações nacionalistas pressupunham um esforço de descoberta dos leitores, de compreendê-los nos seus próprios termos, anseios, prazeres e linguagens. Seguir essa pista levou o pragmático Lobato a partir para uma empreitada editorial e estética, visual e narrativa, ligada à literatura de massa do período, e lançar um formato e gênero bastante consumido no

---

60. Ou, como coloca Sergio Miceli para os anos 1930, "a existência de um público de leitores cujas preferências e escolhas em matéria de leitura são um tanto independentes dos juízos externados pelos detentores da autoridade intelectual" (Sergio Miceli, "Intelectuais e Classe Dirigente no Brasil (1920-1945)", *Intelectuais à Brasileira*, São Paulo, Companhia das Letras, 2001, p. 155)..

período 1910 a 1930, os fascículos policiais *As Aventuras Maravilhosas de Sherlock Holmes, Nick Carter e Pearl White no Brasil.*

REFERÊNCIAS BIBLIOGRÁFICAS

"A NOVELLA Nacional". *Revista do Brasil*, n. 61, p. 10, jan. 1921.

"AUTOBIOGRAFIA de Monteiro Lobato". *Novela Semanal*, n. 1, pp. 18-192, maio 1921, Suplemento.

"AVENTURAS MARAVILHOSAS de Nick Carter e Sherlock Holmes". *A Cigarra*, n. 165, p. 19, 1 ago. 1921.

"A VÍBORA Turca". *Correio Paulistano*, p. 7, 9 set. 1921.

"CARTA de Afrânio Peixoto a Moacir de Abreu", Rio de Janeiro, 6 out. 1921.

"NOVELAS POLICIAIS". *O Combate*, p. 3, 27 ago. 1921. São Paulo.

"O DIAMANTE Negro". Seção Bibliografia. *Revista do Brasil*, n. 68, pp. 455-456, ago. 1921, São Paulo.

"O DIAMANTE Negro". *A Cigarra*, p. 25 , 15 ago. 1921. São Paulo.

"Os MISTÉRIOS de Nova York". *A Noite*, p. 1, 8 mar. 1916. Rio de Janeiro.

"O POLEGAR do Engenheiro" (*Aventuras de Sherlock Holmes*). LEITURA Para Todos, Rio de Janeiro, maio-jun. 1907.

"O ROMANCE Brasileiro". *Revista do Brasil*, n. 109, p. 76, jan. 1925.

"PUBLICAÇÕES". *O Paiz*, p. 11, 28 ago. 1921. Rio de Janeiro.

"PUBLICAÇÕES". *Jornal do Recife*, p. 2, 9 out. 1921.

"ÚLTIMAS Edições de Monteiro Lobato & Cia". *In*: LOBATO, Monteiro. *O Macaco Que Se Fez Homem*. São Paulo, Monteiro Lobato & Cia, 1923, p. 10

A PROVÍNCIA, p. 1, 9 maio 1910. Recife.

AZEVEDO, Carmen Lúcia. *Jeca, Macunaíma, a Preguiça e a Brasilidade*. São Paulo, USP, 2012 (Tese de Doutorado História Social).

_____.; CAMARGOS, Márcia & SACCHETTA, Vladimir. *Monteiro Lobato: Furacão na Bocúndia*. São Paulo, Senac São Paulo, 1997, parte 2.

BARBOSA, Marialva. *História Cultural da Imprensa: Brasil – 1900-2000*. Rio de Janeiro, Mauad x, 2007.

BARRETO, Lima. "Carta a Antonio Noronha dos Santos, 19 set. 1912". *Correspondência*. São Paulo, Brasiliense, 1956, vol. 1, p. 99.

BIGNOTO, Cilza. *Figuras de Autor, Figuras de Editor: As Práticas Editoriais de Monteiro Lobato*. São Paulo, Editora Unesp, 2018, parte 2.

_____. "Monteiro Lobato e a Edição de *Mistério*". *In*: ADAMI, Antonio *et al*. (org.). *Mídia, Cultura e Comunicação 2*. São Paulo, Arte & Ciência, 2003, pp. 303-311. Disponível em: <http://principo.org/monteiro-lobato-e-a-edico-de-mistrio1.html>.

BRASIL. *Recenseamento do Brasil (1920)*. Vol IV: *População, Parte IV – População Segundo o Grau de Instrução*. Rio de Janeiro, Tip. da Estatística, 1929, pp. IX e ss. Disponível em: <https://biblioteca.ibge.gov.br/visualizacao/livros/liv31687.pdf>.

BULHÕES, Marcelo. *Jornalismo e Literatura em Convergência*. São Paulo, Ática, 2007.

CACHOEIRANO, p. 2, 9 jul. 1911. Cachoeiro do Itapemirim-ES.

CARDOSO, Athos. *O Fascículo de Literatura de Massa: Mercado Cultural no Brasil (1909-1940)*. Brasília, UnB, 1992 (Dissertação de Comunicação).

CARETA, p. 20, 23 abr. 1910, Rio de Janeiro.

CARVALHO, Danielle Crepaldi. "Os Mistérios da Cidade Moderna: A Propósito de *Os Mistérios de Nova York* (1914) e Seus Congêneres Brasileiros". *Significação: Revista de Cultura Audiovisual*, n. 42(43), pp. 74-95. Disponível em: <https://doi.org/10.11606/issn.2316-7114.sig.2015.97034>.

CHIAPPINI, Ligia. "Do Beco ao Belo: Dez Teses sobre Regionalismo na Literatura". *Estudos Históricos*, vol. 8, n. 15, pp. 153-159, 1995. Rio de Janeiro.

CORREIO da Manhã, p. 10, 20 ago. 1908. Rio de Janeiro.

CORREIO Paulistano, p. 7, 10 jan. 1909.

COSTA, Cristiane. *Pena de Aluguel: Escritores jornalistas no Brasil – 1904 a 2004*. São Paulo, Companhia das Letras, 2005.

EL FAR, Alessandra. *Páginas de Sensação: Literatura Popular e Pornográfica no Rio de Janeiro (1870-1924)*. São Paulo, Companhia das Letras, 2004.

FREIRE, Rafael de Luna. *Carnaval, Mistério e Gangsters: O Filme Policial no Brasil (1915-1951)*. Niterói, UFF, 2011, pp. 146-149 (Tese de Doutorado em Comunicação).

FROES, André Gilberto da Silva. *Do Urupê de Pau Podre à Maquinização – Monteiro Lobato e a Formação Nacional (c. 1914-1941)*. São Paulo, IEB-USP, 2014 (Dissertação de Mestrado em Estudos Brasileiros).

JORNAL do Brasil, p. 5, 20 maio 1917. Rio de Janeiro.

JORNAL do Brasil, 10 out. 1908. Rio de Janeiro.

JORNAL do Brasil, p. 14, 5 nov. 1909. Rio de Janeiro.

KALIFA, Dominique. *L'Encre et le Sang: Récits de Crimes et Société à la Belle Époque*. Paris, Fayard, 1995, cap. 1.

KOSHIAMA, Alice Mitika. *Monteiro Lobato: Intelectual, Empresário, Editor*. São Paulo, Edusp/Com-Arte, 2006, pp. 67-128.

LANGER, Johnni. *Arqueologia do Irreal: As Cidades Imaginárias do Brasil*. Curitiba, UFPR, 1996, pp. 70-71 e 98-99 (Dissertação de Mestrado em História).

_____. "A Cidade Perdida da Bahia: Mito e Arqueologia no Brasil Império". *Revista Brasileira de História* [online]. vol. 22, n. 43, pp. 126-152, 2002. Disponível em: <http://www.scielo.br/scielo.php?script=sci_arttext&pid=S0102-01882002000100008>.

Lobato, Monteiro. "Carta a Godofredo Rangel, 13 maio 1923". *A Barca de Gleyre*. São Paulo, Brasiliense, 1956, p. 299.

_____. "Os Livros Fundamentais". *A Onda Verde*. 2. ed. São Paulo, Monteiro Lobato & Cia., 1922 [1921], pp. 153-162.

_____. "Prefácio". *Ideias de Jeca Tatu*. Edições da Revista do Brasil, 1919.

_____. "Carta a Godofredo Rangel, set. 1916". *A Barca de Gleyre*. São Paulo, Brasiliense, 1956, p. 104.

_____. "Os Livros Fundamentais". *A Onda Verde*. 2. ed. São Paulo, Monteiro Lobato & Cia., 1922 [1921], pp. 153.

Luca, Tânia Regina de. *A Revista do Brasil: Um Diagnóstico para a (N)ação*. São Paulo, Unesp, 1998, p. 110.

_____. & Martins, Ana Luíza (orgs.). *História da Imprensa no Brasil*. São Paulo, Contexto, 2008.

Miceli, Sergio. "Intelectuais e Classe Dirigente no Brasil (1920-1945)". *Intelectuais à Brasileira*. São Paulo, Companhia das Letras, 2001, p. 155.

Murari, Luciana. *Natureza e Cultura no Brasil*. São Paulo, Alameda, 2009, cap. 3.

O Correio do Norte, p. 4, 26 mar. 1912. Manaus-am.

Olho da Rua, p. 29, 12 ago. 1909. Curitiba.

Oliveira, Lúcia Lippi. *A Questão Nacional na Primeira República*. São Paulo, Brasiliense, 1990, cap. 7.

O Século, Rio de Janeiro, 26 abr. 1910, p. 2.

Porto, Ana Gomes. *Novelas Sangrentas: Literatura de Crime no Brasil (1870-1920)*. Campinas-sp, Unicamp-ifch, 2009 (Tese de Doutorado em História).

Revista do Brasil, vol. 61, p. 89, jan. 1921.

Revista do Brasil, vol. 63, pp. 278-279, mar. 1921.

Revista do Brasil, n. 77, p. 4 (capa + 3 anúncios), maio 1922.

Santos, Elisângela da Silva. *Monteiro Lobato e Seis Personagens em Busca da Nação*. São Paulo, Editora Unesp, 2011.

Sevcenko, Nicolau. *Orfeu Extático na Metrópole*. São Paulo, Companhia das Letras, 1992.

Silva, Salustiano. "Notas Bibliográficas". *Folha da Manhã*, p. 10, 14 jun. 1936.

Sodré, Nelson Werneck. *História da Imprensa no Brasil*. Rio de Janeiro, Civilização Brasileira, 1966;

Sussekind, Flora. "O Cronista & o Secreta Amador". *A Voz e a Série*. Belo Horizonte, ufmg, 1998, pp. 179-212.

Zilly, Bertold & Lima, Eli Napoleão (org.). *De Sertões, Desertos e Espaços Incivilizados*. Rio de Janeiro, Faperj/Mauad, 2001.

4

A Era dos Inquéritos: Livros, Leitura e Leitores na Pauliceia

NELSON SCHAPOCHNIK

> *Ideias estão isentas de impostos alfandegários.*
> *Mesmo assim, há problemas.*
> KARL KRAUS, *Ditos & Desditos*

AO ANALISAR *A VIDA LITERÁRIA NO BRASIL, 1900*, Brito Broca indicou a emergência de uma nova forma de fazer jornalismo que, no que diz respeito às relações com a literatura, implicava na "decadência do folhetim, que evoluiu para a crônica de uma coluna, focalizando apenas um assunto, e daí para a reportagem"[1], acrescentando ainda a disseminação da entrevista como um recurso investigativo pouco utilizado até aquele momento. O emprego dos questionários como peça chave das enquetes ou inquéritos estava inexoravelmente articulado à busca de uma nova objetividade. Neste sentido, aquilo que se dava a conhecer não expressava exclusivamente o ponto de vista daquele que chancelava a coluna, mas procurava dar conta dos efeitos polifônicos da opinião pública.

O artigo de João do Rio, "O Brasil Lê", publicado nas páginas do periódico carioca *Gazeta de Notícias*, 26 nov. 1903[2], pode ser considerado o balão de ensaio deste gênero que posteriormente ele ampliou e empregou de maneira

---

1. José Brito Broca, *A Vida Literária no Brasil, 1900*, 3. ed., Rio de Janeiro, José Olympio, 1975, p. 195.
2. Artigo republicado em *Livro – Revista do Núcleo de Estudos do Livro e da Edição*, n. 2, pp. 334-336, 2012.

precursora em *O Momento Literário*, publicado em 1909 pela Livraria Garnier[3]. Esta obra tinha por modelo a "Enquête sur l'Évolution Littéraire", inquérito promovido por Jules Huret em 1891 nas páginas do *L'echo de Paris*, reunindo depoimentos de 64 escritores que discutiam a situação do naturalismo na França. No caso de João do Rio, o inquérito se valeu de entrevistas e de correspondências trocadas com escritores de diferentes correntes literárias finisseculares que foram reproduzidas originalmente nas páginas da *Gazeta de Notícias*, entre 1904 e 1905. Os depoentes selecionados eram convidados a falar sobre a sua formação e suas preferências literárias, a tradição e a renovação no campo da prosa de ficção e da poesia, as tensões entre o nacional e o regional, e as relações entre o jornalismo e a "arte literária".

Na década seguinte, esta nova forma do fazer jornalístico se espraiou para as páginas de outros jornais, indicando a assimilação do inquérito como uma estratégia que permitia pôr em pauta e especular diferentes aspectos do processo de difusão da cultura letrada e da formação dos leitores.

Neste sentido, é importante recuperar aquela que parece ter sido a primeira enquete promovida pelo jornal *O Estado de S.Paulo* em 1914, que tinha por objetivo refletir sobre a situação da instrução pública e suas necessidades na unidade da federação, sobretudo após as primeiras reformas educacionais introduzidas pelos governos republicanos. Com base em opiniões coligidas a partir de um seleto grupo de dirigentes educacionais, professores e jornalistas, explicitaram-se algumas mazelas experimentadas pelos docentes e os problemas decorrentes da organização escolar[4].

Foi também nas páginas do *Estadinho*, edição vespertina deste mesmo jornal, que Monteiro Lobato lançou, em janeiro de 1917, uma enquete onde convocava a participação dos leitores para responder algumas questões sobre o Saci, personagem emblemático da mitologia cabocla. As respostas, sob a forma de cartas, vieram dos mais distintos e distantes rincões do país e constituíram matéria-prima para a publicação, no ano posterior,

---

3. Veja a edição organizada e anotada por Sílvia Maria Azevedo e Tania Regina de Luca, *O Momento Literário,* São Paulo, Rafael Copetti Editor, 2019.
4. Bruno Bontempi Jr., "O Inquérito Sobre a Situação do Ensino Primário em São Paulo e Suas Necessidades (1914): Análise das Intervenções Jornalísticas e Políticas no Discurso Sobre a Educação", *Revista do Mestrado em Educação*, UFS, vol. 11, pp. 43-50, 2005.

de *Sacy-Pererê: Resultado de um Inquérito*, que marcaria a sua inserção no mercado livreiro como editor[5].

Não resta dúvida que por volta dos anos 1920, o emprego deste procedimento foi se consolidando como uma solução bastante positiva para perscrutar diferentes dimensões da realidade. Instrumento de sondagem capaz de produzir dados, apontar tendências e projeções ou ainda, traçar diagnósticos, ele foi empregado para inquirir o que era publicado em São Paulo, foi apropriado como leitmotiv para crônicas de Monteiro Lobato e de António de Alcântara Machado, que sob diferentes enfoques e padrões estilísticos traçaram ponderações sobre a cultura letrada e o mundo dos impressos, instigou reflexões de José Maria Belo sobre o significado literário da expansão da produção livreira paulista e, finalmente, se desdobrou em recurso metodológico para a reflexão de caráter pedagógico encabeçada pelo educador Manoel Lourenço Filho, ao analisar as práticas de leitura no âmbito do público escolar. A reconstrução parcial destes inquéritos e comentários também permitiu estabelecer uma conexão entre as respostas e inquietações sugeridas a partir deste conjunto de textos e aquelas ações que vão se transmutar em políticas públicas e culturais implantadas na Pauliceia na década seguinte.

"O QUE SE LÊ EM SÃO PAULO?"

É com esta chamada que, no dia 3 de julho de 1920, o *Estadinho* procurou fisgar os leitores e dar conhecimento dos resultados obtidos no inquérito realizado entre cerca de vinte casas editoriais instaladas na capital paulista[6]. Contudo, a leitura do texto com a apresentação dos resultados da investigação revelava um problema de fundo, que era anterior à própria pesquisa. É notável o equívoco comedido pelo jornalista. Ele partia de um pressuposto tácito, isto é, na existência de uma analogia entre aquilo que é produzido e distribuído no mercado editorial, por um lado, e as práticas efetivas dos leitores, por outro.

---

5. Evandro do Carmo Camargo, "Algumas Notas Sobre a Trajetória Editorial de O Saci", em Marisa Lajolo e João Luís Ceccantini (orgs.), *Monteiro Lobato, Livro a Livro: Obra Infantil*, São Paulo, Editora Unesp/Imprensa Oficial do Estado de São Paulo, 2008, pp. 87-99.
6. Reproduzido parcialmente na *Revista do Brasil*, n. 63, pp. 278-280, 1921, sob o título "Movimento Editorial". Sobre a inserção da *Revista do Brasil* no campo jornalístico e editorial deste período, a referência fundamental é: Tania Regina de Luca, *A Revista do Brasil: Um Diagnóstico para a (N)ação*, São Paulo, Editora Unesp, 1999.

Portanto, o que se dá ao conhecimento dos leitores é algo bastante distinto do conteúdo e expectativas contidas no título da matéria.

De acordo com o relato, é possível vislumbrar que o inquérito foi construído a partir de um questionário simples e objetivo, remetido aos editores. A estrutura do texto parece reproduzir a ordem das questões, a saber: quantas obras foram publicadas em 1920, qual a natureza ou área de conhecimento dos livros editados e a sua respectiva tiragem. Depois de organizar os dados colhidos, somos informados sobre a existência de "vinte casas editoras entre as de maior e de menor importância, representando um capital de cerca de três mil e quinhentos contos, englobadamente". Apesar da cifra indicar um considerável aporte de investimento, este conjunto não ofuscava a importância e hegemonia da cadeia produtiva do livro instalada na cidade do Rio de Janeiro, capital federal e sede das mais importantes editoras e livrarias, das revistas e jornais de circulação nacional, como também de tipografias, litografias, encadernadoras e de empresas voltadas para a comercialização de insumos para a impressão (papel, tinta, tipos, filetes e etc.).

A pesquisa indicava que no ano de 1920 foram publicadas 203 obras, distribuídas por quinze empresas, que permitindo traçar o seguinte quadro:

Nome	Nº	Nome	Nº
Companhia Melhoramento	35	C. Teixeira & Cia.	10
Paulo de Azevedo & Cia.	32	Empresa Editora Brasileira	9
Augusto Siqueira & Cia.	26	Lyceu Coração de Jesus	9
Monteiro Lobato & Cia.	15	A.O. Rodrigues	8
Livraria Magalhães	13	Antonio F. de Moraes	8
Sociedade Editora Olegário Ribeiro	12	Saraiva & Cia.	8
D. Silva	11	Casa Editora "O Livro"	5

O inquérito também indicava que para além da centralidade verificada na produção editorial instalada na cidade de São Paulo, não seria correto ignorar a existência de uma parcela diminuta de editores ocasionais ou de menor expressão instalados em outras cidades do estado como, por exemplo, em Santos, Campinas, Ribeirão Preto, São Carlos, Piracicaba, Jaú, e Sorocaba. Embora não figurasse no levantamento, o texto não deixa de indicar, por exemplo, a importância da livraria Genaud, instalada em Campinas, que seria responsável por "dezenas de edições de livros infantis, escolares e para adultos".

Com base nas informações prestadas pelas empresas, o inquérito proporcionou uma radiografia da atividade editorial, permitindo constatar uma relativa complexificação desta atividade que se traduzia na existência de editoras voltadas para um determinado nicho do mercado e, portanto, indicando uma crescente diversificação e especialização. Desta maneira, o mercado editorial se transmuta em um universo multifacetado, onde as editoras Monteiro Lobato & Cia e a Casa Editora "O Livro" se destacavam na área de literatura, a Melhoramentos se encaminhava para a produção de livros infantis, a Empresa Editora "Chácaras e Quintais" enfatizava o setor de assuntos agrícolas, a Editora "O Pensamento" se voltava para os temas do ocultismo e espiritualismo, a Empresa Editora Brasileira estava direcionada para os assuntos comerciais, Paulo Azevedo & Cia., Augusto Siqueira & Cia. e o Liceu Coração de Jesus atuavam estritamente na produção de livros didáticos, enquanto a Sociedade Editora Olegário Mariano e a Saraiva & Cia. atuavam em um espectro mais amplo onde figuravam obras de literatura, livros didáticos, livros jurídicos e assuntos comerciais, e por fim, a Livraria Magalhães, D. Silva e Antonio F. de Moraes editavam folhetos e obras populares.

A análise dos indicadores referentes ao número de exemplares produzidos no ano de 1920, segundo as declarações dos editores, remontava a um total de 203 obras publicadas, perfazendo uma tiragem de 901 000 exemplares. O desencontro nas informações, sobretudo em decorrência da ausência de comprovação fornecida pelos mapas da edição, contribuiu para certa suspeição. Por isso mesmo, o texto do inquérito admitia a existência de um exagero no que tange à divulgação do número de exemplares tirados, sugerindo um desvio na casa de dez por cento do valor indicado. A crer nos dados divulgados pelas editoras, constata-se que pouco mais de dois terços da tiragem total cabem aos livros didáticos. Do terço restante, cerca de cem mil exemplares representam edições de livros de literatura, os demais compreendem as edições de livros de direito, medicina, comércio, conhecimentos úteis, literatura de cordel etc.

De maneira conclusiva, o inquérito procurava indicar o tamanho das tiragens de acordo com a natureza do livro, e assim somos informados que as tiragens dos livros didáticos oscilavam entre cinco mil a cinquenta mil exemplares por edição; as dos livros de direito, medicina e comércio, entre mil a dois mil exemplares; as de agricultura tiraram-se de mil a dez mil exemplares, os livros de literatura de cordel, de três a cinco mil exemplares e, por fim, os livros de "boa literatura" entre mil e quatro mil exemplares, sendo excepcional a tiragem de oito mil alcançada pelo *Urupês*, de Monteiro Lobato, ou ainda, a cifra de seis mil exemplares obtidas com os versos de *Alma Cabocla*, de Paulo Setúbal, e com os contos de Monteiro Lobato, reunidos em *Negrinha*; *A Pulseira de Ferro*, novela de Amadeu Amaral contou com uma tiragem de cinco mil e duzentos exemplares, número bastante próximo de *Narizinho Arrebitado*, de Monteiro Lobato.

Pelo que foi exposto, o inquérito não cumpriu o seu fim. De qualquer maneira, é possível inferir que o movimento editorial ali indicado corroborava a forte expansão das matrículas nos estabelecimentos de ensino (ginásios e liceus, o ensino técnico secundário e as escolas normais, entre outros estabelecimentos congêneres implantados no Estado de São Paulo), na difusão do livro voltado para os conhecimentos úteis ou mais imediatos (seja para as atividades urbanas ou rurais), como também apontava para a divulgação de autores nacionais. De maneira dissimulada, o inquérito também serviu como um irradiador das virtudes e potencialidades de Monteiro Lobato, não apenas do autor de literatura para adultos e crianças, mas sobretudo, do editor capaz de forjar um projeto editorial e se dedicar exclusivamente à edição de livros.

Por isso mesmo, não parece ser casual que o inquérito tenha sido reproduzido nas páginas da *Revista do Brasil*, que era dirigida pelo próprio Lobato, como também foi o elemento deflagrador de reflexão sobre "os livros fundamentais", publicado pelo escritor em *Onda Verde*[7].

CONSIDERAÇÕES LOBATIANAS SOBRE O INQUÉRITO DE O *ESTADINHO*

O ensaio de Monteiro Lobato se inicia com duras palavras à propósito do inquérito realizado pelo "filhote vespertino do *Estado*". De acordo com o du-

---

7. Monteiro Lobato, "Os Livros Fundamentais", *Onda Verde*, São Paulo, Revista do Brasil, 1921. Emprego neste ensaio a versão publicada em *Obras Completas de Monteiro Lobato*, vol. 5: *Onda Verde e O Presidente Negro*, 8. ed., São Paulo, Brasiliense, 1957, pp. 83-88.

blê de escritor e editor: "Tais inquéritos são por natureza deficientes e velhacos, intervindo para viciá-los não só a maroteira dos negociantes, como ainda a simpatia dos promotores. Além disso não comprovam o que se lê, senão, e apenas, o que se compra". Reiterando o pressuposto tácito que alimentava o inquérito, ele advertia que muita gente adquiria os *Ensaios* de Montaigne, as obras de filosofia de Platão e Nietzsche, ou os volumes de Taine, Spencer, Mommsen e William James apenas para divulgar a aura de leitor de grande cabedal emblematizada pelos elegantes volumes dispostos nas prateleiras das respectivas bibliotecas privadas. No entanto, na intimidade do quarto, "à cabeceira da cama, só lhes vereis o velho Dumas ou o moderno Nick-Carter". O que lhe permite concluir com uma tirada bastante sarcástica: "De modo que tais inquéritos erram de objetivo e tomam a nuvem por Juno, como se dizia nos saudosos tempos das imagens gregas". Nesta abertura em tom maior, Lobato desfere uma bofetada na chamada cultura ornamental e na distinção entre os livros concebidos como objetos de exposição, que transferiam para o seu proprietário predicados desejáveis, e a menção ao que se dava de fato à leitura, marcada pelo antagonismo entre a "velha" fórmula do romance edificante e a "moderna" narrativa policial.

É também com uma agudeza crítica, que Monteiro Lobato se recusava a universalizar e pasteurizar os hábitos de leitura entre a população paulistana. Ainda que o seu argumento repouse num binarismo quase que maniqueísta, ele asseverava a necessidade de "distinguir o que leem os trezentos de Gedeão do escol nacional, do que lê a massa, os 99% do país". De maneira bastante enfática, ele destacava a atitude de emulação presente entre os hábitos de leitura das classes abastadas, atitude que revelava um falso cosmopolitismo e que era traduzido pelo gosto literário identificado com autores como Anatole France, Maupassant, Maeterlinck, Rostand ou ainda o "d'Annunziozinho". O arrivismo intelectual demonstrado por este segmento, representava uma cultura de caráter postiço, descolada da realidade nacional. Aliás, ele asseverava que "nada a distingue da elite de toda a parte. A cultura uniformiza os cérebros", para concluir com um juízo bastante severo:

> O escol não possui individualidade marcada, nem a coragem do gosto pessoal. Rege-o em toda parte o mesmo código de snobismo... Zelosos do bom-tom, vestem o cérebro pelo

figurino do dia, e usam um poeta, um romancista, um filósofo, do mesmo modo e pelas mesmas razões que usam um certo nó de gravata ou tal moda de chapéu[8].

Como se vê, Monteiro Lobato indicava uma perspectiva disfórica em relação às formas conspícuas de consumo cultural praticadas pelas elites. Embora não renegasse a importância da tradição e do cânone ocidental na formação dos leitores, Lobato sublinhava que este protocolo, na maioria das vezes, significava uma tola adesão. Especialmente porque denotava um artificialismo cujo resultado efetivo nada acrescentava à cultura brasileira. Por isso mesmo, sua atenção se voltaria para outro segmento, aquele representado pelo "povo", com especial deferência ao público infantil. Diferentemente da afetação e do arrivismo presentes nos hábitos culturais das classes abastadas, o escritor exaltava a singeleza da cultura letrada de extração popular nos seguintes termos: "o povo tem a coragem da sua honrada estupidez. Veste-se como quer e lê o que lhe sabe".

Este elogio arrevesado estava assentado na constatação de que aquilo que se oferecia aos estudantes de primeiras letras no âmbito escolar era incapaz de forjar bons leitores. O seu ceticismo resultava da observação de que os modos de aprendizagem da leitura eram desestimulantes, em grande medida porque assentados na memorização de listas de datas, acidentes geográficos e de personagens de um panteão cívico que pouco ou nada sensibilizava os jovens leitores. Daí afirmar:

> O menino aprende a ler na escola e lê em aula, à força, os horrorosos livros de leituras didáticas que os industriais do gênero impingem nos governos. Coisas soporíferas, leituras cívicas, fastidiosas patrioties, Tiradentes, bandeirantes, Henrique Dias, etc. Aprende assim a detestar a pátria, sinônimo de séca, e a considerar a leitura como um instrumento de suplício[9].

O argumento beligerante de Lobato também indicava a existência de um elemento inercial nas relações entre os editores de livros escolares e/ou didáticos e as instâncias oficiais, responsáveis pela aprovação, a recomendação ou ainda, a

---

8. *Idem*, p. 84.
9. *Idem, ibidem*.

compra de exemplares para a distribuição nas escolas. O resultado perverso deste circuito, onde se mesclavam estratégias pedagógicas questionáveis, interesses comerciais explícitos aliado a uma fôrma cívica mal-acabada, configurava um quadro bastante negativo, que não por acaso ele alcunhou de "pátria de fancaria empedagogada em estilo melodramático". O que Lobato parece sugerir é que as diretrizes empregadas na formação dos leitores acabavam por sacrificar qualquer capacidade de considerar usos positivos e mobilizadores dos valores associados à pátria e ao civismo. Diante da alegada incapacidade de estimular a observação e de despertar a imaginação infantil, os conteúdos abordados passariam a ser vistos como uma abstração desagradável, um verdadeiro castigo que repercutia naquele atributo identificado com as competências da prática escolar, resultando em um corolário nefasto: "a leitura é um mal, o livro, um inimigo; não ler coisa alguma é o maior encanto da existência".

Mas é quando ele se volta às práticas de leitura no contexto extraescolar que se evidenciam os sentidos dos "livros fundamentais" aludidos no título do ensaio. O procedimento adotado por Lobato foi por ele denominado de "seriação da leitura". Tal recurso designava a eleição de um determinado título, alçado à condição de representativo, em um momento da formação do leitor. Assim, os tais "livros fundamentais" são peças de uma tipologia ideal, que lhe permite traçar uma homologia entre a vida do leitor e os protocolos de leitura, apresentados como estágios ou etapas que remetem ao percurso de uma vida, da infância à maturidade, agregando certas qualidades narrativas, despertando efeitos e ampliando as habilidades interpretativas. O seu argumento é quase impressionista e por demais genérico, se assentando na capacidade evocativa da memória e na força da tradição. De acordo com o ensaísta: "Mil cidadezinhas pelo interior do Brasil existem onde, em matéria de leitura, de pais a filhos, gerações sucessivas gravitam em torno desse trio, Teresa, Carlos Magno, Escrich".

A afirmação sobre a presença difusa da obra licenciosa e/ou libertina setecentista *Teresa, Filósofa* nas bibliotecas privadas parece ser de saída um dado questionável, embora plausível[10]. De qualquer maneira, este livro ideal,

---

10. De acordo com Alessandra El-Far, a novela de Boyer d'Argens circulou por estas terras sob a forma de edições populares provenientes da França e de Portugal, mas também figurava entre os "livros baratíssimos" editados no Rio de Janeiro e comercializados pelos livreiros à margem do comércio chique da

que ensejava um padrão de leitura escusa, teria um grande mérito que, de acordo com Monteiro Lobato, possibilitaria ao jovem:

> [...] ver que a letra de forma não se limita a veicular as estopadas bocejantes do desagradável tempo de prisão escolar; [...] que a leitura é suscetível de interessar profundamente à imaginação; e que se há livros piores do que palmatórias, há em compensação deliciosos como esse da boa Teresa[11].

Por sua vez, o lugar que a narrativa de *Carlos Magno e os Doze Pares de França* teria enquanto livro formador se justificava por despertar o espírito guerreiro ou imaginação épica no jovem leitor. O contato com esta obra, de a muito multiplicada por diversas edições, sob a forma de cordel, ou ainda, como romance, balizaria o percurso formativo dos leitores nos caminhos pela "boa estrada"[12]. Com efeito, ele registrava:

> [...] a imaginação ali cabriola como potro insofrido, liberto da baia. Aqueles heróis que fendem cabeças de mouros durante trezentas páginas a fio, o cheiro de sangue que exala a história, as façanhas inauditas dos invencíveis pares de França, tudo aquilo por junto forma um amavio inebriante, capitoso como um vinho forte[13].

Por fim, a leitura de Perez Escrich para as meninas e Casimiro de Abreu para os meninos corresponderia à chegada da puberdade, cujo efeito mais imediato seriam as perturbações decorrentes da "aurora do primeiro amor".

Como se não bastasse destacar as qualidades intrínsecas destas obras e autores, como também sublinhar os efeitos na imaginação dos jovens leitores, Monteiro Lobato reiterava a presença dos livros no interior das moradas dos mais distintos pontos do país. A menção à sua distribuição pelos espaços domésticos ("em cima das cômodas, na gaveta dos toucadores, nos cestinhos de

---

Rua do Ouvidor. A obra *Teresa, Filósofa,* também pode ser evocada como uma das matrizes ou modelo narrativo apropriado para a elaboração dos abundantes "romances de sensação" que circularam no período finissecular (Alessandra El Far, *Páginas de Sensação. Literatura Popular e Pornográfica no Rio de Janeiro (1870-1924)*, São Paulo, Companhia das Letras, 2004, pp. 270-272).

11. *Idem*, p. 85.
12. Conforme registrou Marlyse Meyer: "Fixado em livros, mas também em folguedos, a lembrança de Carlos Magno impregna memórias, escritas ou orais, 'letradas' ou 'populares', embala sonhos e encantamentos das crianças". Veja o instigante ensaio "Tem Mouro na Costa ou Carlos Magno 'Reis' do Congo", *Caminhos do Imaginário no Brasil*, São Paulo, Edusp, 1993, p. 149.
13. *Idem*, p. 86.

costura"), aos atributos materiais dos livros ("páginas amarelecidas e encardidas"), de suas marcas de uso ("cantos puídos e folhas uma a uma assinaladas com dobrinhas marcadoras de interrupção da leitura" ou ainda "chegam literalmente a gastar-se, como velhas notas de 1000 réis"), corroboravam a inferência acerca da existência de um diminuto patrimônio bibliográfico coletivo ("alçam-se tais livros à categoria de entidade veneráveis, dignas de maior respeito. Sem donos, em geral, circulam de mão em mão, em empréstimos sucessivos, como bens pertencentes à comunidade").

Lobato encerrava os seus comentários destacando o desprestígio que as letras nacionais exerceram entre os hábitos de leitura popular, uma vez que os livros formadores "vieram da península, com a pimenta e o queijo do reino", exceção feita às *Primaveras* atribuída sarcasticamente à "Casimiro Patativa", talvez para sublinhar a mescla do elemento recitativo e o tom langoroso do poeta romântico. Diante deste quadro pouco favorável, ele asseverava de maneira cabal que:

> Só nacionalizamos, portanto, o amor – e o amor masculino, apenas. Para o resto o nosso povo ainda é colono. E assim será enquanto a literatura for entre nós planta de estufa – desabrochada em flores como as quer a elite, e enquanto a pedagogia por a própria arte de secar as crianças com o didatismo cívico, criando, logicamente, o irredutível horror à leitura que caracteriza o brasileiro[14].

– A força do diagnóstico traçado por Lobato parece ter um efeito autopromocional, uma vez que indicava elementos prescritivos que espelhavam as suas estratégias autorais e empresariais. Por isso mesmo, a publicação do "Inquérito" nas páginas da *Revista do Brasil* e a redação deste ensaio, podem ser lidas como peças de um mesmo circuito que procurava legitimar o lugar dele no mercado de bens simbólicos, como o editor responsável pela divulgação de uma literatura infantil nacional, na qual ele mesmo aparecia como autor, tradutor e adaptador. O sucesso alcançado naquele momento pela editora Monteiro Lobato & Cia. e as expressivas vendagens dos títulos escritos e publicados ali também ofereciam uma resposta para o repudiado "didatismo deformador"[15].

14. *Idem*, p. 88.
15. A expressão "didatismo deformador" foi empregada por Jorge Nagle, *Educação e Sociedade na Primeira República*, São Paulo, EPU/Edusp, 1974. Já os dois aspectos da trajetória intelectual de Lobato

SAPO DE FORA CHIA OU NÃO CHIA?

O inquérito promovido pelo *Estadinho* e replicado na *Revista do Brasil* repercutiu para além das fronteiras paulistas. Responsável pelo rodapé "Vida Literária" que integrava as páginas de *O Jornal*, José Maria Belo, pernambucano que naquele momento respondia pela biblioteca da Câmara dos Deputados, não só atestava o vigor da publicação como também, de maneira bastante sagaz, explicitava a consonância entre o veículo e o seu proprietário, quando sublinhava que a revista "congratula(va)-se consigo mesma pelo auspicioso movimento literário de São Paulo, e que tão bem se traduziu nas sucessivas edições de Monteiro Lobato & Comp."[16].

A saudação dos resultados do inquérito era acompanhada de um arrazoado histórico que procurava justificar as razões para a "extraordinária e auspiciosa florescência literária" verificada na Pauliceia. De acordo com Belo, durante os últimos anos do Império e durante toda a República, "intensificava-se o cultivo das letras, boas ou más, gordas ou finas" no Rio de Janeiro, na Bahia e em Pernambuco enquanto os "homens práticos" de São Paulo se esforçavam para promover o crescimento econômico alicerçado na cafeicultura. Do seu ponto de vista, a "vida mental do país ficava a cargo, dos nortistas ou dos provincianos de origens várias, que se aglutinavam no Rio, à sombra protetora do Estado" ao passo que o triunfo do trabalho e da nova configuração da realidade material em São Paulo favoreceram a conquista da hegemonia econômica e política no âmbito federativo.

A recepção do inquérito por parte do crítico denotava a ascensão cultural paulista, fruto da reordenação das relações entre a vida material e a produção cultural. Desta maneira, ele indicava que o grande movimento literário de São Paulo, traduzido em um vigoroso número de títulos, tiragens, editores e autores, expressava a conquista de um novo patamar cujo significado mais imediato seria a reivindicação, e posterior, reconhecimento do lugar que a cidade de São Paulo passaria a ocupar enquanto um polo de produção cultural. Con-

---

foram objeto do importante trabalho de Cilza Carla Bignotto, *Figuras de Autor, Figuras de Editor. As Práticas Editoriais de Monteiro Lobato,* São Paulo, Editora Unesp, 2018.

16. Publicação original "O Movimento Literário em São Paulo", coluna "Vida Literária", *O Jornal* (RJ), 5 fev. 1922, p. 1. Posteriormente, republicado em *À Margem dos Livros*, Rio de Janeiro, Editora Anuário do Brasil, 1922, pp. 123-129.

tudo, ele captou outra possibilidade de interpretar os dados da pesquisa, que permitia agregar ao dinamismo da produção cultural, o desejo latente de fazer com que as novas experimentações literárias passassem a ser lidas como manifestação da hegemonia literária reivindicada pelos autores aqui radicados.

Embora admitisse que os limites do seu conhecimento não permitiriam questionar os dados revelados pela enquete, ele não só capitulava como também reconhecia o mérito de:

> Três ou quatro poetas ou escritores, cujos livros tive a ventura de conhecer, num comércio mais íntimo, o sr. Amadeu Amaral, o sr. Menotti del Picchia, o sr. Monteiro Lobato, dos admiráveis *Urupês* e o ironista do *Professor Jeremias*, deram-me, de fato, excelentes amostras do talento e da capacidade literárias das modernas gerações paulistas[17].

A explicação para tal triunfo repousava em um argumento longevo, de grande adesão no âmbito da crítica literária e identificado com os pressupostos da chamada Geração de 70. Trata-se daquela concepção de inequívocas marcas spencerianas forjada para explicar a relevância de São Paulo na marcha da civilização brasileira. Mesclando elementos evolucionistas e outros tantos de inspiração no determinismo geográfico, ele traçava uma analogia entre a nova corrente responsável pelo processo de "integralização moral e mental do Brasil", identificada com a produção literária editada em São Paulo, com a outrora "integralização geográfica" realizada pelos bandeirantes. Era com base nesta aproximação e aclimatação de ideias que ele traçou ponderações acerca do significado da nova literatura paulista, caracterizada pela "tendência para um regionalismo romântico" explicada de maneira mais minuciosa nos seguintes termos:

> Na história sem brilho e nos costumes ingênuos do velho "caipira" das margens do Paraíba procuram os escritores e poetas paulistas os motivos de inspiração. Para o pobre Jeca Tatu, vencido sem luta, abandonado ou esquecido nas suas terras cansadas do norte, voltam-se, através de todas as ironias e todas as "maldades" literárias, as melhores simpatias do sr. Monteiro Lobato. No *Dialeto Caipira* desconta o sr. Amadeu Amaral a sua ternura regionalista. No poema *Juca Mulato*, canta o sr. Menotti del Picchia os amores

---

17. José Maria Bello, À Margem dos Livros. Rio de Janeiro, Editora Anuário do Brasil, 1922, p. 125. (Publicado originalmente sob o título "O Movimento Literário em São Paulo", coluna 'Vida Literária', *O Jornal*, Rio de Janeiro, 5. fev.. 1922, p. 1).

infelizes do mestiço, que São Paulo quase não mais conhece, como o sr. Cornélio Pires, aliás de geração anterior, revivera nos seus contos regionais, o caipira clássico a que o contato diário do "colono" estrangeiro vem emprestando outros sentimentos e outra língua[18].

Para José Maria Belo, a literatura que se fazia em São Paulo naquele momento, não expressava novidade alguma e tampouco poderia servir de esteio para propagar a sua superioridade. Em grande medida, ele justificava, porque a "revivescência do espírito regionalista" também era explorada em outros pontos do país. Para fundamentar o seu argumento, ele sublinhava que entre os impressos que obtiveram êxito no comércio livreiro na capital federal no ano anterior, figuravam obras de "tradições, de contos, de versos, de folclore regionais".

Com muita perspicácia, Belo desdenhava a potencial identificação entre o retorno de "inspirações nativistas", verificada nesta literatura regionalista, como uma resposta simultaneamente criativa e repulsiva em relação à emulação e pastiche da literatura francesa praticada por muitos escritores brasileiros. Pior, ele asseverava que o tom nacionalista ali presente, "muitas vezes tocado de jacobinismo, que surgiu aqui depois da guerra", não era nada mais, nada menos, do que uma imitação disfarçada daquilo que também era praticado na França. Portanto, aquela experimentação literária expressava um modismo, uma configuração efêmera, que não teria "nem pode ter raízes profundas ou condições próprias de viver".

O crítico declarava com todas as letras que o intenso movimento das livrarias paulistas e cariocas não lhe despertava grande entusiasmo e além disso acrescentava "a quantidade dos autores não corresponde à qualidade". Segundo ele:

> A literatura "caipira" será sempre uma curiosidade. O Brasil não está no Jeca Tatu, nem no Mané Chique-Chique, nem no caipira paulista ou mineiro, nem no sertanejo nortista, poeta e herói, do sr. Catullo ou do sr. Leonardo Motta. Não o sentiram ainda os nossos homens de letras, como não o sentiu ainda a lamentável miopia dos políticos, que tanto se esforçam por estrangula-lo com os seus erros econômicos e as suas eternas ameaças de caudilhismo e de militarismo, talvez porque ele se encontra no seu grande momento de transformação social[19].

18. *Idem*, p. 126.
19. *Idem*, p. 128.

As reflexões de José Maria Belo, inspiradas na leitura do inquérito, apontavam para alguns impasses experimentados por escritores, artistas, editores e críticos no intuito de suplantar a sensação de incompletude e de vida cultural imitativa, considerados como um obstáculo para traçar uma representação positiva da brasilidade. Longe de refutar ou menosprezar os esforços perpetrados pelos autores arrolados no ensaio, ele ponderava que "não era justo exigir-se uma literatura acabada e definida num país onde nada ou pouco existe de definido" e apostava no papel triunfante da "missão histórica de guia da nacionalidade" atribuído à São Paulo.

LÁ E CÁ: POR QUE NÃO QUEIMAR OS LIVROS?

No dia 9 de outubro de 1926, António Alcântara Machado divulgou mais um solo de "saxofone", denominação que ele atribuiu ao rodapé que publicava semanalmente no *Jornal do Commercio*, edição paulistana. Naquela oportunidade, o mote empregado para iniciar o texto foi o inquérito aberto pelo escritor Marius Boisson, publicado no periódico cultural parisiense *Comoedia*[20]. O tema do inquérito dirigido aos literatos franceses era um tanto bizarro: consistia em indicar qual o livro que deveria ser queimado como castigo pelos estragos causados à humanidade. De acordo com Alcântara Machado, a conclusão à propósito da enquete era esta: "todos os livros desde a Bíblia devem ir direitinho para o fogo menos está claro os da autoria dos interpelados".

A leitura do rodapé confirma que a menção ao inquérito francês por parte do escritor paulistano era tão somente um leitmotiv para introduzir a discussão sobre o que se lia nesta latitude. Daí, ele não pestanejar, e apresentar rapidamente o seu veredito:

> Do ponto de vista brasileiro a resposta seria a mais simples possível: nenhum. Evidente. Não há livro que já tenha conseguido ou consiga impressionar maleficamente o espírito brasileiro.
> Por que isso? Homessa porque o brasileiro não lê. Aí está[21].

---

20. O periódico foi fundado por Henri Desgrange. Entre 1919 e 1937 tinha periodicidade diária, entre os seus colaboradores destacam-se nomes expressivos como Jean Cocteau e Guillaume Appolinaire.
21. António de Alcântara Machado, "Terra Essencialmente Agrícola", *Jornal do Commercio*, 9 out. 1926, São Paulo, em *Obras,* vol. 1, *Prosa Preparatória & Cavaquinho e Saxofone*, Rio de Janeiro, Civilização Brasileira/INL, 1983, p. 174.

Para além da perspectiva referencial, o solo de Alcântara Machado revela o emprego, com maestria, de uma série de procedimentos compositivos que podem ser rapidamente identificados com a harmonia modernista, tais como: o uso de frases breves, a apropriação da linguagem coloquial, a presença do humor, da paródia e da ironia, a bricolagem de textos e de pontos de vista, entre outros. Importante sublinhar que estes procedimentos se emolduravam de maneira adequada aos limites materiais impostos pelo editor. Contudo, a forma e o tom empregados conferiam um novo aspecto à convenção do rodapé como espaço do fato-diverso e da crônica, sem abandonar as exigências do entretenimento e da leitura fácil.

O argumento sobre a incivilidade é todo pautado em fórmulas de exagero, senso-comum e humor. A combinação destes ingredientes funcionava e transformava-se em um argumento persuasivo. Veja por exemplo:

> Não lê mesmo. É inútil. Não há meio de obriga-lo a abrir um jornal quanto mais um volume. Vê lá se ele cabe nessa asneira. Não tem tempo para perder com bobagens. Isso de ler é coisa que não rende. Antes seguir a dezena do elefante três meses seguidos. Ao menos a gente arrisca abiscoitar uns cobres.
>
> Sujeito lido é sujeito pedante. Metido a irônico. Sabe falar francês. Caçoa do próximo. Cita Olavo Bilac. Tem diploma. Faz discursos. Amola os outros[22].

Como se vê, Alcântara Machado parece reiterar uma série de tópicas sobre os efeitos negativos da leitura. Ela é uma prática social excludente e de pouco enraizamento social, é identificada como uma atividade não pragmática, isto é, que não agrega valor. Como se isto não bastasse, aquele que a pratica é descrito como portador de qualidades desairosas. Em matéria de educação literária, continuava ele, afirmava a predileção dos leitores pelos livros ilustrados, revisitava a tese de que a leitura poderia estragar a visão, como também, de que as "ideias de romance" produziriam desvios comportamentais nas leitoras. A enumeração crescente de malefícios suscitados pela leitura atingia o paroxismo quando se referia à recomendação professoral para que os alunos lessem as obras de Coelho Neto. E concluía esta seção com um período telegráfico, que sintetizava tudo aquilo que ele havia

---

22. *Idem*, p. 174.

afirmado: "O que é muito pior. Perigosíssimo. Acachapante. Catastrófico. Fim de tudo".

Na sequência, Alcântara Machado parece reconhecer o exagero das afirmações ao admitir que "há gente que lê sim". E, para tanto, sugeria um inquérito com o intuito de verificar quais seriam os autores de maior predileção ou, em suas palavras, "indagar diretamente dos que nesta terra onde as aves gorjeiam diferente que se dão à leitura quais são os seus livros de cabeceira". De acordo com Alcântara Machado, esta operação deveria incluir entre os depoentes "os fardados da Academia Brasileira de Letras, os machistas da Central (sic)[23], os diretores das associações de classe, as professoras normalistas, os homens do governo, os acendedores de gás e os cabos do exército", compondo um grupo heterogêneo que satisfazia os critérios de diversidade social, intelectual e de gênero. Mais uma vez, a desconstrução daquilo que foi exposto evidenciava a impertinência da proposta e o recurso da ironia, posto que antes mesmo de ser levado a cabo, o inquérito era anunciado como "engraçadíssimo" e as respostas dos entrevistados como "pândegas". Uma vez concluído o levantamento dos questionários, afirmava "a gente reunia todas as respostas num volume bem grosso editado pelo Quaresma com este título: *Porque nos Ufanamos da Nossa Terra de Santa Cruz Credo*. Miguel Meira escreveria o prefácio. Ou Antonio Austragésilo. Indiferente". Obviamente, a proposta editorial trazia implícita uma boa dose de sarcasmo e uma série de divertidas inversões. Inicialmente, a referência ao livreiro e editor Pedro da Silva Quaresma, que se notabilizou por publicar livros de apelo popular (livros práticos, cancioneiros, trivialidades e literatura infantil) em pequeno formato e vendidos por preços baratos, era uma forma zombeteira de desqualificar aquele produto editorial resultante do inquérito, por oposição aos artefatos saídos daquelas editoras que gozavam de mais respeitabilidade, como a Garnier ou a Francisco Alves[24]. Por sua vez, o título sugerido burlava a obra do conde monarquista Afonso Celso, *Porque me Ufano do Meu país*, suprassumo do nacionalismo cívico, e introduzia um veio negativo derivado da interjeição de repulsa àquela denominação empregada por diversos cronistas que se referiam à América

---

23. Não seriam os "maquinistas"? O exemplar consultado indica problema na composição, permitindo pensar em erro tipográfico onde "machinista" passou por machista.
24. Laurence Hallewell, *O Livro no Brasil: Sua História*, 2. ed. rev. e ampl., São Paulo, Edusp, 2005, p. 274.

portuguesa como Terra de Santa Cruz[25]. Ademais, juntava com indiferença a menção aos potenciais autores do paratexto editorial.

Ao longo do artigo, percebe-se a vigência de modulações sucessivas de tom, onde o aspecto jocoso e o emprego da ironia dão lugar ao uso de asserções mais sérias e contidas, para logo adiante sofrerem um novo revertério. É isto que se observa imediatamente após as considerações sobre o inquérito acima mencionado, quando lançava um argumento irrefutável e certeiro: "Não basta ensinar a ler. O essencial é ensinar o que ler". E na sequência, ele agregava o período: "Que adianta a um guri nacional aguentar com três anos de grupo escolar se a primeira cousa que lhe dão para soletrar (e o que é pior para decorar) é o *Ouviram do Ipiranga as Margens Plácidas* do incrível Osório Tudo Estraga? Antes continuar analfabeto".

As diferentes situações traçadas ao longo da crônica indicam o paradoxo entre os elevados fins atribuídos à operação da leitura e aquilo que efetivamente faziam os leitores. Para exemplificar os sucessivos desencontros, ele mencionava o tom "asnático" dos livros escolares adotados no Brasil, que "para começar chamam-se epítomes". Ridicularizava a biblioteca dos administradores e parlamentares, "essa gente que legisla sobre educação", cuja dimensão diminuta permitia alocá-la em uma única estante, reunindo livros para serem vistos e "uma obrinha de Gustave Le Bon que é para citações". A leitura de romances franceses pelas meninas, que tem por hábito "ver primeiro como concluem para saber se vale a pena a leitura deles. Se o final não é de fita de cinema não prestam". Ou ainda a preferência dos rapazes pelas "cousas pornográficas e escandalosas. Romances da vida real. Quanto mais cocaína melhor... Decoram Vargas Vila. Acham Machado de Assis uma besta".

Diante desta acumulação de problemas insolventes, de privações e de vícios decorrentes de uma deliberada ausência de políticas culturais, o diagnóstico oferecido era mesmo desalentador. E assim, o cronista prosseguia arrolando a inanição das revistas literárias, a impossibilidade de fazer das letras profissão, posto que o ato de publicar era análogo àquele experimentado pelo mercado financeiro, isto é, o lançamento de títulos novos se assemelhava a um "banco

---

25. Sobre a obra de Afonso Celso, veja: Maria Helena Câmara Bastos, "Amada Pátria Idolatrada: Um Estudo da *Obra Porque Me Ufano do Meu País*, de Affonso Celso (1900)", *Educar*, n. 20, pp. 245-260, Curitiba, Editora UFPR, 2002.

que emitisse notas sem circulação. É fatal e iminente a falência". Na mesma direção, Alcântara Machado sublinhava a situação vexatória do mercado livreiro nacional, onde o livro de maior sucesso naquele momento, *Noções de Arte Culinária* de D. Maria Tereza da Costa, alcançava a sua décima segunda edição. Ao passo que, nas tiragens dos livros de poesia ou de contos empregava-se uma estratégia ardilosa, que consistia em dividir "uma edição de mil exemplares em três: até quatrocentos primeira edição; de quatrocentos a seiscentos segunda; de seiscentos a mil terceira. O povo fica convencido que lê e o autor tem a ilusão que é lido".

Retomando o leitmotiv, Alcântara Machado afirmava que aqui na *terra brasilis* seria indiferente a existência ou não de livros "diabólicos e maléficos". Na verdade, os tais livros eram inofensivos, uma vez que o analfabetismo grassava de maneira contagiante, e os poucos capazes de os ler, "não compreenderão patavina". Com uma imagem surreal, ele advertia os seus leitores:

> Não pensem que eu prego a supercultura não. Deus nos livre de tal desgraça. Crianças nascendo já com óculos e alternando a mamadeira com Spencer. Uma inflação de axiomas e sentenças estragando o mercado intelectual do país. Mulatos de fraque discutindo Freud. Shakespeare por amadores em Santa Rita do Passa Quatro, Deus nos livre. Seria horrível. Mataria o sertão. Mataria a paisagem. Mataria o Brasil[26].

O excerto é desconcertante e apesar de renegar apego à "supercultura", revelava um inequívoco ranço elitista. Contudo, esta imagem parecia funcionar como um exagero deliberadamente forjado para questionar o suposto cosmopolitismo identificado com os "estrangeiros mais ou menos sabidos que nos visitam à nossa custa". Sem deixar de reconhecer os dilemas que afetavam as práticas da leitura e a produção literária nacional, Alcântara Machado intui que a "escuridão", a "ignorância" ou ainda a vergonha resultante do embate com as ideias vindas de fora, seria uma forma reativa que expressava um certo sentimento de menoridade ou passividade crítica. Esta situação foi objeto de severas reprimendas por parte dele, quando afirmava categoricamente que:

---

26. António de Alcântara Machado, "Terra Essencialmente Agrícola", *Jornal do Commercio*, 9 out. 1926, em *Obras*, vol. 1: *Prosa Preparatória & Cavaquinho e Saxofone*, Rio de Janeiro, Civilização Brasileira/INL, 1983, p. 178.

Qualquer manifestação de inteligência vinda de fora assombra os bobos do Brasil.
O pouco de cultura que por aí existe já está podre tão velho. É imprestável. As ideias embarcam na Europa em canoas a remo. Levam anos para atravessar o Atlântico e daqui não sai nenhuma. Nem para o consumo interno se fabrica esse artigo quanto mais para exportar[27].

Ao invés de enxergar no elemento estrangeiro a fonte de salvação para a situação de atraso, o crítico enfatizava que as raízes do descompasso deveriam ser buscadas aqui mesmo. E desta maneira, ele reconhecia: "o que se lê no Brasil pode-se bem avaliar pelo que se escreve. Ainda mais: no que se escreve é que se encontra o motivo da aversão nacional à literatura". Portanto, diante do acirramento de militâncias que estabeleciam o desapego em relação ao passadismo, o credo no nacionalismo cívico ou ainda a reinvenção nacional por meio da deglutição antropofágica da cultura europeia, Alcântara Machado expressava o seu inconformismo e parecia se recusar a oferecer fórmulas e preceitos, valendo-se mais uma vez da ironia enquanto programa ou plataforma para enfrentar os paradoxos da produção cultural no Brasil. E arrematava a coluna com um desconcertante *grand finale*:

O problema não tem mesmo solução. Mas como Cristo nasceu na Bahia, meu bem, e é portanto brasileiro, (e quem sabe até se mulato) agarremo-nos com ele. Um dia isso endireita. Por que não? Os milagres de hoje são tantos que ninguém mais os percebe. Mas eles existem. Olhem São Paulo com oitocentos mil habitantes por exemplo[28].

"SALVEMOS O PORVIR, MEUS SENHORES"

Alguns meses após ter dedicado o solo de seu saxofone aos problemas da leitura e da edição em São Paulo, Alcântara Machado volta à cena. Desta vez ele informava o público-leitor sobre a mudança de instrumento em função de ter encontrado nas páginas da revista francesa *La Nouvele Revue Française* uma pequena resenha do livro René Bizet, que empregava no título, o mesmo nome do instrumento que ele empunhava nos rodapés de sábado, publicados nas páginas do *Jornal do Commercio*. Este achado, indispôs o escritor, resultando em um esclarecedor desabafo: "Ora ninguém gosta de passar

---

27. *Idem, ibidem.*
28. *Idem*, p. 179.

por plagiário ou cousa que o valha. Sobretudo quando não o é. Tal é o meu caso. Portanto e como brasileiro não se aperta, ponho de lado o saxofone sem pátria e empunho contente da vida o cavaquinho nacional"[29]. Obviamente, a mudança de instrumento implicou em uma alteração do timbre, mas não afetou o tom, que se manteve irônico e contundente.

Com o singelo título "Pela Gurizada", Alcântara Machado iniciou a coluna sondando a formação dos jovens leitores, empregando para tal as suas próprias memórias. Conforme registrou:

> Foi com certeza devorando o *Tico-Tico* que o pessoalzinho da minha idade tomou gosto pela leitura. Como aconteceu comigo. A gente todas as quartas-feiras apanhava dos irmãos mais velhos e dava nos irmãos mais moços só pela febre de ser o primeiro a saber das novas aventuras da família Zé Macaco, Faustina, *flor de caju*, era nesse tempo a dama dos nossos pensamentos. Porque provocava a nossa alegria[30].

Como que reconhecendo no *Tico-Tico* um primeiro degrau na escalada formativa do leitor, ele acrescentava que esgotada a revista, o seu sucedâneo seriam os romances policiais de Nick Carter e as aventuras de Buffalo Bill. O patamar seguinte corresponderia à leitura das obras de Henryk Sienkiewicz, vencedor do Nobel de Literatura em 1905 e sócio correspondente da Academia Brasileira de Letras. Neste rol figuravam *A Ferro e Fogo*, *O Dilúvio*, *Os Cavalheiros da Cruz* e *Quo Vadis*, ressalvando que a leitura deste título "só às escondidas", porque teria "um trecho muito imoral".

Contudo, Alcântara Machado não demonstrava interesse em avançar no esboço dos degraus sucessivos. A coluna, ou a partitura do seu solo de cavaquinho, tinha por tema a discussão das melhores soluções materiais e editoriais para ampliar o horizonte de leituras da gurizada. Além de funcionar como uma estratégia discursiva, simultaneamente afetiva e fática, a menção às "peraltagens hebdomadárias do Chiquinho", personagem do *Tico-Tico*, indicava uma opção deliberada por parte do cronista na defesa da revista ou do jornal infantil como a melhor forma de estimular a leitura dos jovens.

---

29. Cf. *Idem*, p. 192. A nota é publicada na edição de 30 out. 1926.
30. António de Alcântara Machado, "Gurizada", *Jornal do Commercio*, 12 mar. 1927, em *Obras*, vol. 1: *Prosa Preparatória & Cavaquinho e Saxofone*, Rio de Janeiro, Civilização Brasileira/INL, 1983, p. 258.

Comparada com a forma livro, a revista seria portadora de inúmeras virtudes, entre as quais destacava a "leitura mais fácil, mais variada, mais atraente". E como se não bastasse, ele ainda acrescentava a positividade da seriação ("de sete em sete ou de quinze em quinze dias vai ao encontro dos tampinhas") e a sua amplitude, posto que nela tudo cabe, isto é, "histórias, caricaturas, problemas e cousas do estilo".

É com base no reconhecimento destas potencialidades, que Alcântara Machado inverteu o argumento tácito acerca da perenidade do livro, quando confrontado com a fugacidade do jornal. Segundo o cronista, apesar de reconhecer o caráter edificante das "lições de moral e de cousas", por exemplo, divulgadas nas obras escolares de João Kopke, a sua eficácia e permanência era limitada. O emprego do livro remetia à tradição da leitura impositiva praticada no ambiente escolar, estabelecendo uma inequívoca associação entre a leitura do livro e a instrução. O seu efeito era risível, uma vez que "a gente lia aquelas cousas bonitas por obrigação e muito naturalmente as esquecia no mesmo instante".

Se, portanto, a forma livro correspondia às práticas saturadas de tradição, o jornal ou a revista eram concebidos como suportes mais adequados e atrativos para alavancar as práticas de leitura entre os jovens. Ademais, sob a aparência de cumprir uma função de entretenimento, eles também poderiam contribuir efetivamente para o exercício da instrução e do aprendizado. E aí, ele explicitava a sua aposta na necessidade de reinvenção do jornal infantil, como estratégia simultaneamente editorial e formativa, e, de quebra, reforçava também o caráter missionário dos escritores.

> De jornais infantis portanto é que se precisa entre nós. Jornais que ensinem o Brasil antes de mais nada. Nacionalizem o brasileirinho. Inteligentemente. Nada de lorotas patrióticas e tropos auriverdes. Nada disso. Nesse gênero basta o *Porque Me Ufano do meu País* de triste fama. Mas abrasileirar divulgando por exemplo as nossas lendas indígenas ou não. Apresentando o sertão aos meninos da cidade. Acabar principalmente com essas historietas onde entram fadas louras, castelos, pagens e outras cousas inexistentes por aqui ou aqui inadaptáveis. Com material brasileiro construir os nossos contos de Perrault[31].

---

31. *Idem*, pp. 259-260.

Como se vê, o programa advogado por Alcântara Machado procurava tencionar as relações entre o nacional e o estrangeiro no que tange à invenção de um horizonte inovador que contemplasse tanto o conteúdo literário e quanto à forma dos impressos destinados para o público infantil. No entanto, ele reconhecia que a solução era "tentador(a) mas quase impossível". Ele não oferecia uma dica sobre as razões que incidiam no quadro desolador, mas ponderava que se até mesmo "os marmanjos não tem o que ler o pessoal miúdo há de morrer certamente de fome literária. Ou então estragar o estômago com pães espirituais de massa nociva e mal cheirosa". Assim, ele descartava o apelo, "de modo meio antipático aliás", feito por Gilberto Freyre e dirigido ao "grupo moderno de São Paulo para que escrevesse livros para meninos", como anunciava de forma precursora, a necessidade de engendrar uma receita de finos biscoitos para serem oferecidos à gurizada.

Palavras loucas, ouvidos moucos e livros de qualidade duvidosa poderiam sintetizar o diagnóstico traçado pelo cronista sobre a situação experimentada pelo leitor juvenil. Não por acaso, ele descartava os produtos que circulavam por estas terras, formado em sua maioria das vezes por duas classes de livros, igualmente "estúpidos". Por um lado, as "novelas cinematográficas a duzentão o fascículo. De um romance de terceira classe. Escritas com os pés. Suando amor barato por todas as letras. Cretinizantes como elas só". E, de outro lado, uma série composta por "livros inocentes e distintos", designados como os "mais imbecis. Sem nenhum interesse para nós portanto. As bobagens da Condessa de Ségur crescem de tamanho ao calor brasileiro. E bobagens por bobagens antes as nossas. Ainda que bem crescidas". Este padrão de literatura tinha um efeito deformativo na formação do gosto literário das crianças e jovens, mas também era identificado no eugenismo presente na ficção lobatiana, particularmente o *Choque das Raças*.

Considerando que a geração presente estava invariavelmente condenada pelas carências e pela força da tradição, Alcântara Machado lançava um clamor aos seus leitores: "Salvemos o porvir, meus senhores". A salvação estaria calcada na adoção de uma nova política cultural, ou mais particularmente, no emprego de uma tática verificada na América do Norte e que também se disseminava na Europa, consistindo em um combate a ser desenvolvido em duas frentes. No *front* externo, ou mais distante, o desafio era fazer o livro procurar ou chegar às mãos dos leitores. E para isso, ele exaltava o modelo do automóvel-biblioteca, que percorreria distantes paragens para abastecer literariamente "os lugarejos e as casas isoladas nos campos", tal qual preconizava a American Library Association. Já, para o front interno, ele enaltecia o modelo das bibliotecas populares, descentralizadas, providas de bibliotecários incumbidos de estabelecer a mediação entre o desejo e necessidades dos leitores, e as potencialidades do acervo, bem como na implantação do serviço de distribuição "nos hospitais, nas prisões , nas oficinas, onde quer que se encontre um leitor".

Concebido com base na leitura de periódicos que remetiam às experiências estrangeiras, o plano para o porvir era sabidamente uma ideação. Por sua vez, Alcântara Machado se declarava não ser "tão ingênuo que pens(ass)e na possibilidade de se fazer cousa igual ou mesmo parecida aqui nesta terra". A configuração de um futuro patamar, novo e distinto, implicava na ruptura das fronteiras entre a alfabetização e a difusão do gosto pela leitura. De acordo com o cronista, "isso só pode[ria] ser feito com o auxílio das bibliotecas. Cousa sabida em toda a parte menos no Brasil".

O futuro da gurizada, concebida como partícipe ativa da modernização brasileira, deveria ter como esteio a criação de uma modalidade de biblioteca adequada a este público leitor. Dirigindo-se aos gestores e legisladores da cidade, o cronista se atribui o papel de porta-voz desta demanda, asseverando "nada mais urgente e necessário do que a fundação de uma biblioteca pública infantil. Embora modesta para começar. Vocês verão: será muito mais frequentada dos que as duas que já possuímos. E prestará serviços de valor incomparavelmente maior".

Embora consciente da relevância da proposta, Alcântara Machado vislumbrava com bastante ceticismo a possibilidade de implantação de uma política cultural que encampasse as suas propostas. Daí o tom melancólico com que fechava o artigo:

> Os nossos administradores não tem tempo para perder com bobagens dessa ordem. A politicalha absorve inteiramente a maioria deles. E as crianças se quiserem ler que comprem nos pontos de jornais e revistas novelazinhas ordinárias e publicações picantes.

Enquanto isso nas assembleias legislativas e nos relatórios administrativos se proclamará que a nacionalidade caminha avante.

Ai, ai, meu Deus do céu[32].

O QUE LEEM OS FUTUROS PROFESSORES?

O debate sobre o mercado livreiro e os hábitos de leitura entre a população paulista não ficou restrito às colunas e os rodapés dos jornais, tampouco ao saber e sabor dos críticos literários, editores, jornalistas e cronistas. Nesta quadra de "entusiasmo pela educação", o tema da leitura obviamente também ganhou espaço, sobretudo porque se articulava com o debate no campo político-pedagógico. Entre as muitas facetas e fissuras incluídas ali, destacavam-se as reformas educacionais, o embate entre conservadores, progressistas e católicos, a questão do método analítico e as novas perspectivas que incidiam tanto na formação dos professores normalistas, como também no papel das escolas unificadas consideradas como "locus" da difusão de um logos nacional a ser assimilado pelos estudantes brasileiros e imigrantes.

É na condição de ativista no campo educacional, com uma forte inserção na imprensa paulistana, que Manoel B. Lourenço Filho publicou "Um Inquérito Sobre o que os Moços Leem" nas páginas do número inaugural da revista *Educação*[33], órgão da Diretoria Geral da Instrução Pública de São Paulo e da Sociedade de Educação, que neste momento fazia parte da Associação Brasileira de Educação (ABE), na condição de seção paulista. De acordo com Ana Clara Bortoleto Nery, esta nova fase experimentada pela publicação encontrava-se inexoravelmente articulada à reconfiguração do campo educacional paulista, sobretudo a partir do "Inquérito sobre a situação do ensino público em São Paulo", promovido pelo jornal O *Estado de S.Paulo*, em 1926, sob a coordenação de Fernando de Azevedo, que teria por base a crítica a Reforma da Instrução de 1925[34].

---

32. *Idem*, p. 261.
33. Manoel B. Lourenço Filho, "Um Inquérito Sobre o Que os Moços Leem", *Educação*, vol. 1, n. 1, pp. 30-39, out. 1927.
34. Ana Clara Bortoleto Nery, *A Sociedade de Educação de São Paulo: Embates no Campo Educacional (1922-1931)*, São Paulo, Editora Unesp, 2009.

A reflexão proposta pela enquete levada à cabo por Lourenço Filho partia da constatação de que os jovens de quinze a vinte anos estavam muito distantes daquela "intensa febre de leitura, observada em estudantes de outros países", ressalvando ainda a necessidade de pensar "porque o pouco que se lê seja de medíocre qualidade". Partindo dessas considerações gerais, ele procurou definir o objetivo específico do inquérito, a saber, "conhecer o que tem lido, e como tem lido" o público alvo formado pelo conjunto dos alunos da última série de duas escolas normais (uma delas da capital e outra, sem identificação, do interior do estado) e os alunos de um grande liceu da capital paulista.

Segundo Lourenço Filho, de nada valeria tentar paralelos com as experiências promovidas com o intuito de difusão do livro e da promoção da leitura por meio das bibliotecas públicas e populares estabelecidas nos Estados Unidos, Alemanha ou Suíça, uma vez que os recursos econômicos e as tradições culturais seriam elementos distintivos cuja comparação resultaria em um exercício equivocado. Contudo, ele não deixava de buscar respostas ou estímulos nas experiências concretas e contemporâneas implementadas no Uruguai e no México. Em grande medida, a difusão do livro e o estímulo à leitura nestes dois países passava por ações pautadas pelas:

> [...] edições populares custeadas pelo governo, oferecendo os grandes monumentos da literatura mundial pelo preço de um pão; são as bibliotecas circulantes, fáceis, cômodas, espalhadas por todos os cantos, ao lado do botequim e do cinema mais frequentado; quando não, essas curiosas livrarias ambulantes, às costas de um burro ou metidas na caixa de ônibus, que vão até a casa do leitor, na fazenda ou no campo, propiciando, insinuando, insistindo ao passatempo honesto e o ensino disfarçado...[35]

Embora reconhecesse que o procedimento adotado para a elaboração do inquérito pudesse incorrer em imperfeições, uma vez que considerava "defeituosa a técnica empregada para a estatística rigorosa", ele admitia que ainda assim "permite chegar a valores significativos, como se poderá ver, pelas curvas de frequência traçadas". Resta, pois, saber como é que Lourenço Filho obteve o corpus documental que alicerçou sua investigação. Conforme relata,

---

35. Manoel B. Lourenço Filho, "Um Inquérito Sobre o Que Os Moços Leem", *Educação*, vol. 1, n. 1, p. 31.

em uma aula em que encontrava condições mais propícias, ele lançava "uma sugestão ou um pedido" aos alunos:

> E se verificássemos, então, quantos e que livros cada um dos senhores tem lido? Vejamos. Seria interessante. Tome cada um uma folha de papel e lápis. Eu vou fazer o mesmo. Cada qual, agora, ponha no cimo do papel a sua idade. Em seguida, um a um, os livros de que se lembram de ter lido e os respectivos autores, exceto, está claro, os livros obrigatórios do curso. Se não se lembrarem dos nomes dos autores, não importa; o que interessa mais é o nome da obra. Verificarei depois o autor. Vamos começar! Não será preciso assinar ou por o número do aluno. Sejam sinceros e façam todo o esforço de memória possível. Temos uma hora para isto...[36]

Depois de recolher o material produzido pelos alunos, ele tratou de organizá-los em três grupos gerais, compreendendo os dos alunos de cada uma das instituições, posteriormente separados pelo critério sexo e, finalmente, arranjados de acordo com grupos de idade próxima. Os sucessivos ajustamentos apoiavam-se em critérios de caráter sociológico e estatístico, nomeadamente a distinção entre os leitores da capital e do interior, a "influência da propaganda", os "interesses sentimentais", para o primeiro aspecto, e os "grupos homogêneos", os "valores significativos", as "realidades de observação ou pontos de referência", as "curva de frequência" para a segunda vertente.

No que diz respeito aos aspectos quantitativos, especialmente no que tange à ênfase na frequência de obras por leitor, Lourenço Filho constatava não existir grandes diferenças entre a leitura dos moços da mesma idade da capital e do interior. Da mesma forma, ele registrava que "não há, igualmente, diferença sensível na frequência do que leem, na mesma idade, rapazes e moças, de um ou de outro meio". Corroborando a apreciação dos dados quantitativos, ele registrou:

> Os valores frequentes em todas as curvas, dadas as mesmas idades, coincidem impressionantemente, o que significa que a quantidade de leitura está ligada a razões sociais profundas, sensíveis no interior como aqui, sobre um sexo como noutro. Entre elas, não estará como último, por certo, o aspecto econômico da questão, revelado igualmente na

---

36. *Idem*, pp. 31-32.

preferência a certas obras e autores mais vulgarizados pelo baixo preço dos livros. Mas, por isso mesmo, causa tristeza a quantidade insignificante dos livros lidos![37]

Como ele pode constatar, a experiência da leitura e o acesso aos livros estava submetida a uma série de variantes. Contudo, as determinações econômicas encontravam imensa ressonância, repercutindo diretamente na composição do cânone e no tipo de edição manipulada pelos leitores. Ao contrário da mera quantificação empregada, por exemplo, no inquérito do jornal *O Estado de S.Paulo*, na presente enquete evidencia-se o emprego de métodos estatísticos que conferiam uma aura científica ao ensaio, afastando-o de qualquer conotação impressionista.

Com base nos dados obtidos com o grupo homogêneo formado por 86 moças cursando o último ano da Escola Normal de São Paulo, com idade de entre dezessete e dezenove anos, Lourenço Filho teceu algumas significativas considerações sobre a leitura. Desprezando o emprego da média aritmética, ou ainda da mediana, ele optou por agrupar o número de indivíduos, ou frequência por leitor, de acordo com o número de livros lido por cada grupo. Dos onze módulos traçados, com intervalos de uma dezena de livros, aquele que comportava o maior número de leitores havia lido entre trinta a quarenta livros. Segundo o investigador, "é um resultado contristador" e mais adiante admitia que mesmo considerando que o resultado pudesse ser duplicado, "ainda assim, seria desanimador. Quem até os dezoito anos leu sessenta livros apenas, nada leu". De certo, as operações estatísticas entabuladas pelo pesquisador atestavam os descaminhos da leitura entre aquele segmento que mais ano, menos ano, seria responsável pela formação dos jovens estudantes.

Após perscrutar a quantidade de livros manipulados pelos distintos grupos homogêneos, Lourenço Filho tratou de analisar a frequência dos autores. O quadro abaixo reproduz na ordem decrescente o *ranking* dos autores mais visitados pelos leitores paulistas que colaboraram com o inquérito.

---

37. *Idem*, p. 34.

1º	José de Alencar	11º	Georges Onhet
2º	Madame Delly	12º	Alexandre Herculano
3º	Joaquim M. de Macedo	13º	Guy de Chantepleure
4º	Henri Ardel	14º	Paulo Setúbal
5º	Machado de Assis	15º	Júlio Verne
6º	Júlio Diniz	16º	Eça de Queiroz
7º	Baronesa Von Brackel	17º	Victor Hugo
8º	Bernardin de Saint Pierre	18º	Alexandre Dumas
9º	Florance L. Barclay	19º	Pinheiro Chagas
10º	Alfredo Taunay	20º	Perez Escrich

Ao ler a configuração acima, ele quase nada mencionava sobre o significado deste cânone, a diversidade de matrizes histórico e estilísticas representadas pelo conjunto de autores, ou ainda, os valores estéticos e ideológicos associados aos escritores. Contudo, ele foi capaz de vislumbrar algumas dimensões que indicavam uma grande capacidade de ler estes dados a partir de um conjunto de prescrições e mediações cujas "conclusões parciais" são bastante significativas.

Segundo o educador, a ordem dos autores não se adequava a "um plano de cultura, não demonstra(va)m influências coordenadas, nem hierarquia, nem seleção". A observação foi reiterada ainda pela constatação de que o acervo de bibliotecas públicas e particulares era, em grande medida, formado de maneira "acidental", como também se constatava a ausência de diretrizes políticas específicas para a educação e a cultura. Diante do quadro de lacunas, ele preconizava formas de intervenção mais incisivas que deveriam partir desde as deliberações dos conselhos escolares até a "intervenção do Estado no mercado produtor, pela publicação de orientação de leitura".

Por sua vez, ele também interpretou a dispersão de cerca de duzentos autores entre as 2752 obras citadas como uma evidência de que "a maior e mais permanente influência que determina a escolha de autores é o fator econômico". Ou, como concisamente registrou, "o pouco que se lê é o que cabe à mão...o que é mais barato". E para atestar a força deste pressuposto, ele tomou como exemplar o caso do escritor mais mencionado:

O fato de Alencar ter tido sempre, em todas as listas, a primazia da colocação não se deve ao fato de ser um grande romancista nacional, autor de muitas obras, autor moral e ainda perfeitamente de nosso tempo...Alencar é o autor mais ao alcance de todas as bolsas... Há dele horríveis edições mutiladas, de que os exemplares custam dez tostões[38].

Portanto, longe de explicitar um compromisso com um suposto programa de caráter nacionalista ou de um modelo cívico-pedagógico de formar os leitores, a mescla presente no quadro decorria da ação de importantes instâncias de mediação, a saber, de livreiros e bibliotecários, bem como, da capacidade persuasiva empregada pela propaganda, os guias de consciência preconizados pelos católicos e os agentes do mercado. Desta maneira, à tríade identificada com a tradição da literatura brasileira (Alencar, Macedo e Machado), figuravam autores franceses contemporâneos (Delly, Ardel, Barclay, Chantepleure) que foram traduzidos e editados pela Companhia Editora Nacional, integrando a coleção Biblioteca das Moças[39].

Finalmente, ao examinar o conjunto das vinte obras mais lidas entre as 83 jovens estudantes da Escola Normal de São Paulo, Lourenço Filho constatava a predileção pelas obras de ficção que remetiam em grande parte ao repertório romântico brasileiro. Em ordem decrescente, esta série de romances corresponderiam aos títulos: *Iracema* (1º), *O Tronco do Ipê* (2º), *A Moreninha* (3º), *O Guarani* (4º), *Helena* (6º), *Inocência* (16º), *Senhora* (17º) e *História de um Moço Loiro* (20º). Neste mesmo quadro também figuravam obras de Madame Delly como *Escrava ou Rainha?* (5º), *Entre Duas Almas* (6º) e *Magali* (8º); *A Filha do Diretor de Circo* (9º), de Von Brackel, e outros títulos da Biblioteca das Moças, "recomendada pelos jornais católicos como leitura sã".

Para decepção do educador, o Machado de Assis selecionado pelas leitoras era aquele identificado com o entretenimento e a leitura fácil, não correspondendo ao autor incensado pela crítica, daí a diminuta referência ao *Brás Cubas* ou ao *Quincas Borba*. E como que reforçando esta perspectiva acerca

---

38. *Idem*, pp. 35-36.
39. Sobre a Companhia Editora Nacional, veja: Laurence Hallewell, *O Livro no Brasil, Sua História*, 2. ed., São Paulo, Edusp, 2005, pp. 343-358; Maria Rita de Almeida Toledo, *Coleção Atualidades Pedagógicas: Do Projeto Político ao Projeto Editorial (1931-1981)*, São Paulo, PUC-SP, 2001, pp. 55-66 (Tese de Doutorado em Educação). Sobre a Coleção Biblioteca das Moças, veja: Maria Teresa Santos Cunha, *As Armadilhas da Sedução. Os Romances de M. Delly*, Belo Horizonte, Autêntica, 1999, pp. 51-104.

da leitura "de obras de limitado valor literário", ele sublinhava que "entre 60 livros mais lidos, alcançando a frequência de 60 a 14, não há um só livro de viagens ou de fundo; romances de tese, um ou dois; históricos, dois; tudo o mais, novelas e romances de *ficelle*". Se a permanência de *Iracema* e *A Moreninha* entre as práticas de leitura dos jovens de ambos os sexos indicava a inércia da literatura fundacional sob diferentes padrões editoriais disponibilizadas pelo mercado, Lourenço Filho creditava a diminuição do interesse pelas novelas policiais, de tipo Sherlock Holmes, e de livros de viagem e de aventura, como os de Júlio Verne, "ao incremento do cinema".

Apesar de não conclusivo, o inquérito aberto por Lourenço Filho trazia para o centro do debate da Sociedade de Educação a "necessidade da organização de influências educativas quanto à leitura". Como que já adiantando algumas soluções para as debilidades programáticas e também para o estado de miséria dos equipamentos culturais presentes na cidade e no ambiente escolar, ele clamava: "Por que não insistir na organização de bibliotecas públicas pelas municipalidades? Por que não mostrar a necessidade das bibliotecas circulantes? Por que não chamar a atenção do próprio governo para uma obra direta nas escolas?"

ARREMATE FINAL

Conforme aventado no início do ensaio, há uma convergência temática e metodológica entre os textos selecionados, embora nem sempre se tenha verificado alguma forma de remissão entre si. Se, de fato, alguns textos denotam um exercício dialógico ou explicitam modos de apropriação e refutação de argumentos, é também importante sublinhar a existência de uma contiguidade temporal, uma vez que todos foram redigidos e publicados na década de vinte do século passado. Importa sublinhar que todos eles tiveram como suporte material aquela forma de comunicação associada à esfera da opinião pública, isto é, a folha impressa do jornal ou da revista[40].

Sob distintas perspectivas, os textos reunidos aqui são índices de um grande mal-estar compartilhado por políticos, intelectuais, escritores e homens ordiná-

---

40. Sobre a relação dos inquéritos, enquetes e sondagens com a imprensa, veja Tania Regina de Luca, "O Inquérito da Revista do Brasil (1940) Sobre os "Rumos da Literatura Brasileira", *Revista Territórios & Fronteiras*, vol. 9, n. 2, pp. 65-84, jul.-dez. 2016. Cuiabá.

rios que diziam respeito às formas de gestão e convergência aos livros, à leitura e equipamentos que viabilizariam o acesso à cultura letrada. A Era dos Inquéritos corresponde pois à ascensão de um grande debate sobre as políticas culturais que se tornarão práticas de ação governamental na década de 1930, na cidade de São Paulo, emblematizado pelo programa do Departamento de Cultura[41].

Contudo, é preciso não se iludir com as promessas do nacionalismo populista que emergia aí também, onde se mesclavam exoticamente chauvinismo, folclore e vanguarda. Conforme advertiu sensatamente o historiador Nicolau Sevcenko, "é preciso questionar convicções que essa cadeia deixou empedernidas no nosso espírito", posto que:

> Não é porque há eventos acontecendo e obras circulando que há cultura [...] Não é pela possibilidade de repetir uma galeria de nomes consagrados ao infinito que uma cultura se mantém viva, isso é antes um sintoma do contrário. Assim como não é porque há uma legião de artistas, cientistas e intelectuais trabalhando com empenho, que uma atmosfera fértil e criativa está necessariamente sendo forjada. Não é da somatória das práticas e ações culturais que resulta um projeto de cultura integrado com o momento tecnológico e as demandas sociais[42].

REFERÊNCIAS BIBLIOGRÁFICAS

"Movimento Editorial". *Revista do Brasil*, n. 63, pp. 278-280, 1921. São Paulo.

Bastos, Maria Helena Câmara. "Amada Pátria Idolatrada: Um Estudo da Obra *Porque Me Ufano do Meu País*, de Affonso Celso (1900)". *Educar*, Editora UFPR, n. 20, pp. 245-260, 2002. Curitiba.

Bello, José Maria. *À Margem dos Livros*. Rio de Janeiro, Editora Anuário do Brasil, 1922, p. 12. (Publicado originalmente sob o título "O Movimento Literário em São Paulo", coluna "Vida Literária", *O Jornal*, p. 1, 5 fev. 1922. Rio de Janeiro.

Bignotto, Cilza Carla. *Figuras de Autor, Figuras de Editor. As Práticas Editoriais de Monteiro Lobato*. São Paulo, Editora Unesp, 2018.

---

41. Sobre o Departamento de Cultura da Prefeitura de São Paulo, veja: Patricia Tavares Raffaini, *Esculpindo a Cultura na Forma Brasil. O Departamento de Cultura de São Paulo: 1936-1938*, São Paulo, Humanitas, 2001.
42. Nicolau Sevcenko, "O Czar, O Circo e as Tamareiras", seção "Tendências e Debates", *Folha de S.Paulo*, p. 2, 31 dez. 1993.

Bontempi Jr., Bruno. "O Inquérito Sobre a Situação do Ensino Primário em São Paulo e Suas Necessidades (1914): Análise das Intervenções Jornalísticas e Políticas no Discurso Sobre a Educação". *Revista do Mestrado em Educação*, ufs, vol. 11, pp. 43-50, 2005.

Camargo, Evandro do Carmo. "Algumas Notas Sobre a Trajetória Editorial de O Saci". In: Lajolo, Marisa & Ceccantini, João Luís (orgs.). *Monteiro Lobato, Livro a Livro: Obra Infantil*. São Paulo, Editora Unesp/Imprensa Oficial do Estado de São Paulo, 2008, pp. 87-99.

Cunha, Maria Teresa Santos. *As Armadilhas da Sedução. Os Romances de M. Delly*. Belo Horizonte, Autêntica, 1999.

El Far, Alessandra. *Páginas de Sensação. Literatura Popular e Pornográfica no Rio de Janeiro (1870-1924)*. São Paulo, Companhia das Letras, 2004.

Hallewell, Laurence. *O Livro no Brasil: Sua História*. 2. ed. rev. e ampl. São Paulo, Edusp, 2005.

Lobato, Monteiro. "Os Livros Fundamentais". *Onda Verde*. São Paulo, Revista do Brasil, 1921. *Obras Completas de Monteiro Lobato*. Vol. 5: *Onda Verde e O Presidente Negro*. 8. ed. São Paulo, Brasiliense, 1957, pp. 83-88.

Lourenço Filho, Manoel B. "Um Inquérito Sobre o Que os Moços Leem". *Educação*, vol. 1, n. 1, pp. 30-39, out. 1927. São Paulo.

Luca, Tania Regina de. *A Revista do Brasil: Um Diagnóstico para a (N)ação*. São Paulo, Editora Unesp, 1999.

_____. "O Inquérito da Revista do Brasil (1940) Sobre os Rumos da Literatura Brasileira". *Revista Territórios & Fronteiras*, vol. 9, n. 2, pp. 65-84, jul.-dez. 2016, Cuiabá.

Machado, António de Alcântara. "Terra Essencialmente Agrícola". *Jornal do Commercio*, 9 out. 1926. In: *Obras*. Vol. 1: *Prosa Preparatória & Cavaquinho e Saxofone*. Rio de Janeiro, Civilização Brasileira/inl, 1983, p. 174.

_____. "Gurizada". *Jornal do Commercio*, 12 mar. 1927. São Paulo. In: *Obras*. Vol. 1: *Prosa Preparatória & Cavaquinho e Saxofone*. Rio de Janeiro, Civilização Brasileira/inl, 1983, p. 258.

Meyer, Marlyse. "Tem Mouro na Costa ou Carlos Magno 'Reis' do Congo". *Caminhos do Imaginário no Brasil*. São Paulo, Edusp, 1993, p. 149.

Nagle, Jorge. *Educação e Sociedade na Primeira República*. São Paulo, epu/Edusp, 1974.

Nery, Ana Clara Bortoleto. "A Sociedade de Educação de São Paulo: Embates no Campo Educacional (1922-1931)". São Paulo, Editora Unesp, 2009.

Raffaini, Patricia Tavares. *Esculpindo a Cultura na Forma Brasil. O Departamento de Cultura de São Paulo: 1936-1938*. São Paulo, Humanitas, 2001.

Rio, João do. "O Brasil Lê". *Gazeta de Notícias*, 26 nov. 1903. *Livro-Revista do Núcleo de Estudos do Livro e da Edição*, n. 2, pp. 334-336, 2012.

_____. *O Momento Literário*. Rio de Janeiro, B. L.Garnier, s.d (Edição empregada anotada e organizada por AZEVEDO, Sílvia Maria & LUCA, Tania Regina de. *O Momento Literário*. São Paulo, Rafael Copetti Editor, 2019).

SEVCENKO, Nicolau. "O Czar, o Circo e as Tamareiras". Seção "Tendências e Debates". *Folha de S.Paulo*, p. 2, 31 dez. 1993.

TOLEDO, Maria Rita de Almeida. *Coleção Atualidades Pedagógicas: Do Projeto Político ao Projeto Editorial (1931-1981)*. São Paulo, PUC-SP, 2001 (Tese de Doutorado em Educação).

Parte III

O Lado Oposto e os Outros Bichos

5

Nacionalismo, Modernidade, Antas e Outros Bichos no Museu Nacional

REGINA HORTA DUARTE[1]

NO PRIMEIRO parágrafo do livro *Rondônia*, relato reflexivo sobre a viagem em que Roquette-Pinto acompanhou Cândido Rondon como viajante naturalista do Museu Nacional do Rio de Janeiro, em 1912, o autor afirma:

> O "paraíso" sonhado pela gente de outras idades, começa a definir-se aos olhos dos modernos, com as possibilidades que o passado apenas imaginava. O homem culto chegou a voar melhor do que as aves; nadar melhor do que os peixes; libertou-se do jugo da distância e do tempo; realiza na América o que concebeu na Europa, alguns segundos antes; ouve a voz dos que morreram, conservada em lâminas, com o seu timbre, e as inflexões da dor e da alegria; imortaliza-se, arquivando a palavra articulada, com todas as suas características, e as suas formas e seus movimentos com todas as minúcias; e enquanto, mágico inesgotável, vai transformando o mundo e lutando contra o absolutismo da morte, fazendo reviver as vozes que ela extinguiu, as formas que ela decompôs, o homem se esquece de transformar-se a si mesmo, com a mesma vertiginosa rapidez[2].

Essa passagem expressa um otimismo imenso no progresso, na técnica e nas possibilidades do mundo moderno. Entretanto, ao longo da narrativa,

---

1. A autora agradece ao CNPq e à Fapemig pelo apoio recebido como Bolsista Produtividade nível 1 A, e Pesquisadora Mineira, respectivamente. Agradeço também ao Tom, sempre presente nas horas mais difíceis.
2. Edgard Roquette-Pinto, *Rondônia, Archivos do Museu Nacional do Rio de Janeiro,* Rio de Janeiro, Imprensa Nacional, 1917, vol. XX, p. XI.

emerge a melancolia de constatar as ruínas de uma exploração imprevidente e violenta. Ainda a caminho da expedição, em Corumbá, o antropólogo lamentava como seus habitantes gozavam do luxo da luz elétrica, mas consumiam água de qualidade deteriorada. Caçadores perseguiam onças e outros animais silvestres para a venda de couros, matavam garças para arrancar suas plumas, negociadas nas cidades a um conto de réis o quilo. Matas eram devastadas; madeiras de lei, como angico e aroeira, eram usadas para fazer carvão, grandes áreas eram devoradas por queimadas. Tudo isso numa terra onde a lei era "o artigo 44, parágrafo 32, alusão ao calibre da clavina Winchester e do cano das pistolas de repetição"[3].

Roquette-Pinto integrou uma geração de cientistas do Museu Nacional que experimentou, ao longo dos anos 1920 e 1930, um período de intensa atividade e criação. Esses estudiosos se propuseram estimular, fundar, praticar e divulgar no Brasil uma história natural renovada e dinâmica. Eles atuaram em contextos em que se enfrentavam miríades de projetos e debates de como construir um Brasil moderno, buscaram sentidos para a identidade brasileira e, sobretudo, advogaram a importância da história natural – com destaque para a zoologia e a botânica – na transformação do país em uma nação moderna. O Museu não foi um ambiente exclusivamente masculino, mesmo que os homens predominassem. Entre os personagens que transitavam naquele prédio, havia mulheres notáveis e verdadeiramente atuantes, como a bióloga, feminista e política Bertha Lutz – especialista em anfíbios que trabalhou no Museu desde 1919 até aposentar-se em 1964. Heloísa Alberto Torres – antropóloga, especialista na cultura marajoara – entrou por concurso como professora da Seção de Antropologia e Etnografia, em 1925, e foi a primeira diretora mulher do Museu, de 1938 a 1955, enfrentando heroicamente tempos de grandes turbulências para o Museu[4].

---

3. Edgard Roquette-Pinto, *Rondônia*, pp. 47-53.
4. Maria Margaret Lopes, "Prominência na Mídia, Reputação em Ciências: A Construção de uma Feminista Paradigmática e Cientista Normal no Museu Nacional do Rio de Janeiro", *História Ciências, Saúde – Manguinhos*, vol. 15, pp. 73-95, supl, 2008. Bertha entrou inicialmente no cargo de Secretário e, a partir de 1924, como naturalista da Seção de Botânica do Museu Nacional. Heloísa foi estagiária do Museu desde 1918, e entrou em 1925, por concurso, como professora da Seção de Antropologia e Etnografia. Domingues, Heloisa Maria Bertol Domingues, "Heloísa Alberto Torres e o Inquérito Nacional Sobre Ciências Naturais e Antropológicas, 1946", *Boletim do Museu Paraense Emilio Goeldi*, vol. 5, n. 3, pp. 625-643, 2010.

Certamente, os cientistas do Museu Nacional não participaram do movimento estético e artístico de vanguarda que tomou as noites do Teatro Municipal em fevereiro de 1922. Mas aqui me apoiarei no argumento de Francisco Foot Hardman em seu texto "Antigos modernos", segundo o qual pensar o modernismo implica considerar as dimensões socioculturais, filosóficas e políticas relevantes da sociedade Brasileira. Às dimensões citadas por esse autor, acrescentarei a instituição social-histórica do conhecimento científico na sociedade brasileira daqueles anos, ressaltando seus aspectos culturais e políticos. Diante da pergunta colocada por esse autor – Modernismo, qual?[5] – eu argumentarei que, a seu modo, esses cientistas, que transitavam de forma intrigante entre a história natural e a biologia evolutiva, integraram a seu modo os debates e desafios que estavam no coração do horizonte dos modernistas, pois se propuseram, com forte determinação, a descobrir o Brasil aos brasileiros. Suas ações e a seu conhecimento sobre a natureza se configuraram como práticas culturais, políticas, e transitaram entre perspectivas nacionalistas, internacionalistas, e até mesmo transnacionais.

O presente ensaio se estrutura em três partes. A primeira analisa como os membros do Museu Nacional alimentaram grandes esperanças de um novo Brasil moderno e transformado pelo conhecimento. Na perseguição de seus sonhos, a instituição foi forjada como local estratégico de uma série de práticas científicas de importante dimensão cultural.

A segunda seção explora a esfera política e, para tanto, analisa o processo de elaboração do anteprojeto do Código de Caça e Pesca por três naturalistas do Museu, a pedido do Ministério de Educação e Saúde Pública, em 1932, então ocupado por Francisco Campos. Os três relatores – Roquete-Pinto, Cândido de Mello Leitão e Alberto Sampaio – discutiram a transformação da relação dos brasileiros com o mundo natural em prol de um novo projeto de nação, e isso incluiria necessariamente uma relação diferenciada com a fauna

---

5. Francisco Foot-Hardman, "Antigos Modernistas", em Adauto Novaes (org.), *Tempo e História*, São Paulo, Companhia das Letras, 1994, pp. 289-305. Nessa mesma linha de argumentação, ver também Mônica Pimenta Velloso, "O Modernismo e a Questão na Nacional", em Jorge Ferreira e Lucília de A. N. Delgado, *Brasil Republicano I: O Tempo do Liberalismo Excludente*. Rio de Janeiro, Civilização Brasileira, 2003, pp. 351-386.

brasileira. Na discussão dessa ação, o ensaio aponta as dimensões políticas que a biologia alcançou naqueles anos.

Finalmente, o texto analisa as tensões latentes nas concepções nacionalistas desses cientistas. Para tanto, explora aspectos da trajetória do aracnólogo do Museu Nacional e chefe da seção de zoologia, Cândido Firmino de Mello Leitão que, por décadas, trabalhou para construir e divulgar amplamente o conhecimento sobre a fauna do Brasil. Entretanto, a sua prática científica, e a contínua observação dos animais o levaram a refletir sobre como os animais que circulavam pelo território brasileiro necessariamente integravam conexões continentais e globais, desencadeando uma concepção vertiginosa de tempo e espaço que ia muito além dos limites espaciais e temporais da história do Brasil, instaurando um caminho sem volta aos pressupostos dos quais ele partira inicialmente. Aqui, minha abordagem considera a dimensão internacionalista dessas práticas científicas.

Argumentarei que os cientistas construíram projetos de modernidade bastante diferenciados quando comparados a outros brasileiros contemporâneos, pois o encontro e a observação da vida animal catapultaram seu pensamento. Atores de uma história natural de milhões de anos, os animais impuseram questões desafiadoras, alargaram a visão do mundo de seus estudiosos, sintonizando-os à vanguarda da ação conservacionista mundial. Os animais – na sua corporeidade e em sua existência biológica – estimularam alguns cientistas a delinearem uma lógica de pensamento que muito dificilmente poderiam inicialmente imaginar. Somado a isso, por meio do estudo da biologia, muitos se tornaram cada vez mais conscientes de sua condição de animais, mesmo que pertencentes a uma certa espécie, *Homo sapiens*.

SONHOS DE BRASIL

1922 foi um ano chave, repleto de sentidos, indagações e desafios. Em fevereiro, o Teatro Municipal de São Paulo acolheu a Semana de Arte Moderna, verdadeiro terremoto nos meios artísticos, poucos dias após o terremoto que sacudiu a cidade, atemorizando seus habitantes. Em Niterói, a fundação do Partido Comunista do Brasil (PCB), em março, não causaria menos tumulto. Em julho, a Revolta do Forte de Copacabana surgiu como um marco fundador do movimento tenentista. Em 7 de setembro, a Exposição Internacional do Centenário da Independência inaugurou suas instalações, funcionando até março do ano seguinte. No dia 15 de novembro, Artur Bernardes tomou posse após uma campanha e uma eleição cheia de turbulências políticas[6].

Na abertura da exposição do Centenário ocorreu a primeira transmissão radiofônica no Brasil, com a emissão do discurso do então presidente Epitácio Pessoa. Edgar Roquette-Pinto, antropólogo do Museu Nacional, foi tomado pelo entusiasmo. Junto com outros membros da Academia Brasileira de Ciências, fundada poucos anos antes, fundaram uma rádio educativa, a Rádio Sociedade, em 1923, com o objetivo de divulgar o conhecimento científico por todo o Brasil.

Roquette-Pinto se emocionava ao falar do rádio, dizia que ele e seus contemporâneos assistiam a uma revolução comparável ao surgimento do livro. Apostou nas ondas do rádio como forma de transformar a vida das pessoas que viviam pelos mais afastados rincões do Brasil. O rádio seria "a maior escola do porvir", "o livro de quem não sabia ler", e um caminho precioso para a alfabetização. A Rádio Sociedade fez sua primeira emissão em abril de 1923, e duas revistas circularam em torno de suas atividades: a revista *Rádio* (1924), substituída em 1926 pela revista *Electron*[7].

Em 1926, Roquette-Pinto tornou-se o diretor do Museu Nacional e desejou forjá-lo como uma verdadeira "miniatura da pátria". Ele tinha uma experiência anterior que realmente o capacitava em seu projeto de transformar o Museu. Em 1911, viajou para o First Universal Races Congress (1911) em Londres. Em 1912, realizou expedição como naturalista viajante do Museu Nacional junto à Comissão de Instalação de Linhas Telegráficas, liderada por Rondon. Em 1916, foi membro fundador ativo da Academia Brasileira de Ciências. Inaugurou a Rádio Sociedade. Em 1924, participou no XXI International Congress of Americanists realizado em sequência em

---

6. Sobre o ano de 1922, ver Marly Silva da Motta, *A Nação Faz 100 Anos*. Rio de Janeiro, Editora FGV/CPDOC, 1992. Marieta de Moraes Ferreira e Conde Sá Pinto Surama., *A Crise dos Anos 20 e a Revolução de 1930*. Rio de Janeiro, CPDOC, 2006. Ver ainda Marcos Augusto Gonçalves, *1922: A Semana que Não Terminou*. São Paulo, no Nacionalismo, São Paulo, Companhia das Letras, 1992. Sobre o PCB, é importante notar que passaria, em 1961, a intitular-se Partido Comunista Brasileiro).
7. Sobre a Academia Brasileira de Ciências, consultar Dominichi Sá, *A Ciência como Profissão: Médicos, Bacharéis e Cientistas no Brasil (1895-1935)*, Rio de Janeiro, Fiocruz, 2006. Sobre a Rádio Sociedade, e as revistas *Rádio* e *Eléctron*, consultar o valioso website: <http://www.fiocruz.br/radiosociedade/cgi/cgilua.exe/sys/start.htm?sid=35>.

duas cidades: Gotemburgo, na Suécia, e Haya, na Holanda. Logo após o final desse Congresso viajou aos Estados Unidos, a convite de Franz Boas, e lá visitou a University of Columbia e o American Museum of Natural History, em New York[8]. No Museu, tomou contato com um movimento de renovação educacional por meio da biologia que agitava meios intelectuais norte-americanos[9].

O Museu – ou Instituto, como Roquette-Pinto gostava de nomear – foi reorganizado como *locus* transformador e irradiador de conhecimentos e experiências. Logo que assumiu, o antropólogo abriu as visitações nas manhãs e tardes, de terça a domingo. Longe da ideia do gabinete de curiosidades, ou coleções de tesouro, a instituição deveria ser um centro de investigação, unindo o trabalho dentro dos gabinetes com uma profícua atividade de campo, além de participação dos pesquisadores em redes de intercâmbio e participação em congressos internacionais. Em 1927 várias reformas foram feitas, com inauguração de uma sala de conferências e de exibições cinematográficas decorada com motivos da cerâmica marajoara; oficinas de fotomicrografia para material impresso e produção de filmes educativos; uma tipografia (onde, a partir de 1932, seria editada a *Revista Nacional de Educação*); oficinas de mecânica e elétrica, carpintaria e pintura. A euforia dominava os chefes das diversas seções como Cândido de Mello Leitão (zoologia), Alberto Sampaio (botânica), arqueologia (Alberto Childe), antropologia (Roquette-Pinto). Inúmeros projetos foram colocados em prática, obrigando seus membros a desdobrar-se e adquirir versatilidade para cumpri-los.

8. Ver: Vanderlei Sebastião de Souza e Ricardo Ventura Santos, "O Congresso Universal de Raças, Londres, 1911: Contextos, Temas e Debates", *Boletim do Museu Paraense Emílio Goeldi. Ciências Humanas*, vol. 7, n. 3, pp. 745-760, 2012; Nísia Lima e Dominichi Sá, "Roquette-Pinto e Sua Geração na Repúblicas das Letras e da Ciência", *Antropologia Brasiliana: Ciência e Educação na Obra de Edgard Roquette-Pinto*, Belo Horizonte/Rio de Janeiro, Editora UFMG/ Editora Fiocruz, 2005, pp. 99-122. Sobre a viagem de Roquette-Pinto aos EUA em 1924, ver Vanderlei Souza, *Em Busca do Brasil*, Rio de Janeiro, Editora FGV, 2017, pp. 310-311;
9. Sobre o dinamismo dos museus, ver Sally Kohlstedt, "Thoughts in Things: Modernitiy, History, and North American Museums", *Isis*, vol. 96, n. 4, pp. 586-601, 2005. Da mesma autora, ver ainda "Nature, Not Books: Scientists and the Origins of the Nature-Study Movement in the 1890s", *Isis*, vol. 96, n. 3, pp. 324-352, 2005; and "A Better Crop of Boys and Girls: The School Gardening Movement", *History of Education Quarterly*, vol. 48, n. 1, pp. 58-93, 2008. Sobre Roquette-Pinto e o Museu de New York, ver Gilioli, *Educação e Cultura no Rádio Brasileiro: Concepções de Radioescola em Roquette-Pinto*, Pós-Graduação em Educação, Universidade de São Paulo, 2008, pp. 116-118 (Tese de Doutorado).

Nos anos 1930, o Museu se uniu à Universidade do Rio de Janeiro (hoje UFRJ), ofertando cursos de extensão universitária, como "Técnicas de Analise Espectral Aplicáveis à Mineralogia", "Botânica Sistemática", "Escorpiões e Outros Araneídeos Peçonhentos do Brasil", "A Mulher Entre os Índios do Brasil", "Mulheres Egípcias" (pois o acervo do Museu incluía uma rica coleção egípcia), "Curso Prático de História Natural", entre outros. Todas as aulas eram ilustradas com diapositivos (*slydes*), filmes e demonstrações práticas[10].

Inaugurado em 1927, o Serviço de Assistência ao Ensino de História Natural (SAE) levou esses funcionários do Museu a se desdobrarem em muitas atividades. Realizavam programas educativos para a Rádio Sociedade, e – depois de 1934, para a estação de rádio PRD-5, empreendimento conjunto de Roquette-Pinto e Anísio Teixeira, instalado no Instituto de Educação do Rio[11]. Participavam da elaboração de pequenos filmes educativos, organizavam materiais didáticos como quadros, mapas, desenhos e textos de divulgação. Realizavam, ainda, junto a escolas públicas, a consultoria para a montagem de pequenos Museus locais de História Natural, com material muitas vezes coletado pelos alunos, professores e pessoas da região da escola. O material, uma vez enviado para o Museu Natural, recebia o tratamento adequado, e todas as informações científicas sobre o animal, planta ou mineral coletado eram entregues para serem exibidas junto com o item. O Serviço oferecia cursos de museologia prática, taxidermia, técnicas histológicas, coleta de animais, organização de herbários, fotografia (incluindo manejo de máquinas, iluminação, revelação e impressão), desenho e modelagem em cera. Tudo isso era feito nas instalações reformadas do Museu por Roquette-Pinto, proporcionando a experiência da criação, em processos dinâmicos e interativos de conhecimento. Em 1929, o

---

10. Os cursos são detalhados nos ofícios 70 (de 2 de março de 1932), e no ofício 190 (de 19 de julho de 1934), escritos por Edgard Roquette-Pinto aos. reitores da Universidade do Rio de Janeiro, respectivamente Fernando Magalhaes e Candido de Oliveira Filho. Arquivo Semear/UFRJ. Pasta MN.DR. Diretoria do Museu Nacional. Sobre a *Revista Nacional de Educação*, ver Regina Horta Duarte, "Em Todos os Lares, o Conforto Moral da Ciência e da Arte: A *Revista Nacional de Educação* e a Divulgação Científica no Brasil (1932-34)", *História, Ciências, Saúde Manguinhos*, vol. 11, n. 1, pp. 33-56, 2004.
11. A título de exemplo, poderíamos citar alguns programas da Rádio Sociedade: "Paineiras em Flor", "Arvores Desgrenhadas", "O Problema das Árvores no Instituto Pasteur de Paris", "Algumas palavras sobre o plantio de eucalyptos em São Paulo", e todo um curso de silvicultura por Alberto Sampaio. O zoólogo Mello Leitão tinha um horário fixo nas sextas feiras: "As Cigarras", "As Aranhas", "A Grande Serpente do Mar", "Vida das Rãs", "Genética", "Pigmentos Vegetais", etc.

Museu trabalhou conjuntamente com 22 escolas do Rio de Janeiro, com total de 1415 alunos. Preparou e determinou 1027 de exemplares de botânica, zoologia e mineralogia para compor pequenos museus nessas várias instituições. Disponibilizou 1189 diapositivos para aulas de ciências nas mesmas escolas, e realizou cinquenta seções com filmes educativos[12]. Entre 1927 e 1940, os dados são significativos do dinamismo de suas atividades: 1278 conferências e cursos para escolas primárias e colégios; 26360 estudantes atendidos, 746 seções com filmes educativos, 7905 preparações e determinações de materiais destinados às escolas[13].

O Museu foi lugar de experimentação, de articulação de linguagens diversas, de uso de tecnologias, congregando seus membros num esforço coletivo. Essa instituição teve ainda um papel central na organização da I Conferência Brasileira de Proteção à Natureza, em 1934[14]. Paradoxalmente, ao mesmo tempo em que havia um esforço imenso para se afirmarem em áreas de conhecimento específico – botânica, zoologia, antropologia, geologia, arqueologia etc. – o funcionamento dos projetos alimentavam a fluidez entre as várias disciplinas que compõem a história natural, além de colocarem em colaboração os saberes científicos, técnicos, artísticos e literários. Seja para manter uma rádio educativa funcionando, para sistematizar um projeto de assistência educacional, para publicar revistas e materiais didáticos, mas também a revista científica do museu – tudo isso demandou o desenvolvimento e troca de metodologias, e zonas de indefinição das disciplinas estimulavam a produção de saberes sobre uma fauna e flora então muito desconhecidas. Naqueles anos, no museu, articularam-se ciência, arte e técnica, em práticas efetivas que alguém poderia facilmente chamar de transdisciplinares, num ambiente de troca

---

12. *Relatório Annual, Seção de Assistência ao Ensino da História Natural*, Arquivo Semear/UFRJ, documento 07.09 A, pasta 105, 19 folhas.
13. "Movimento do Serviço de Assistência ao Ensino da História Natural de out de 1927 a out de 1940, Relatório de 1941 do SAE. Arquivo Semear/UFRJ, 2 folhas datilografadas. Poderíamos, no entanto, discutir como o alcance de tantos esforços eram limitados, se considerarmos que a população da cidade do Rio de Janeiro era de 1.157.873 habitantes em 1920, e 1.764.141 em 1940, segundo dados históricos do IBGE.
14. Sobre o evento, ver José Luiz de Andrade Franco, "A Primeira Conferência Brasileira de Proteção à Natureza e a Questão da Identidade Nacional", *Varia História*, Belo Horizonte, vol. 26, pp. 77-96, 2002. Carolina Capanema, *A Natureza no Projeto de Construção de um Brasil Moderno e a Obra de Alberto José de Sampaio*. Pós-Graduação em História, Universidade Federal de Minas Gerais, 2006 (Dissertação de Mestrado).

de conhecimentos, compartilhamento de experiências e busca coletiva de soluções técnicas para problemas práticos. Um exemplo: não havia verba para a compra de uma máquina de foto-micrografia. A equipe do museu construiu a sua, improvisada em um suporte de madeira e uma câmara.

Aqui concluo esse primeiro ponto. Em contraposição a um país considerado atrasado, analfabeto e sem saúde, o projeto do Museu daqueles anos lutou pelo ensino público, laico, universal e que não distinguia o espírito científico de meninas e meninos, numa visão cultural do que era ser verdadeiramente moderno. Nas palavras de Roquette-Pinto, tratava-se de tirar a ciência do domínio dos sábios para entregá-la ao povo.

O CÓDIGO DE CAÇA E PESCA

Em 1932, o Ministério da Educação e Saúde do governo provisório de Getúlio Vargas decidiu que o Brasil precisava de um Código de Caça e Pesca. O Ministério considerava a rapidez com que a natureza vinha sendo devastada. Segundo o ministério, isso era uma questão de saúde e educação. Havia risco de danos à saúde da população sertaneja, que tinha na carne de caça uma importante fonte de proteínas A proteção da natureza deveria implicar a educação da população e sua sensibilização para esse problema. O ministério solicitou aos cientistas do Museu Nacional que apresentassem um anteprojeto para o código. Três naturalistas se responsabilizaram pela tarefa: Roquette-Pinto, Alberto Sampaio e Mello Leitão[15].

---

15. Para o anteprojeto publicado, ver: "Projeto de Decreto para Regulamentação da Caça no Território Nacional, Mandado Publicar para Conhecimento dos Cidadãos que Queiram Apresentar ao Ministro da Educação Sugestões a Respeito, no Prazo de Três Meses, Contados da Primeira Publicação", *Diário Oficial da União*, vol. LXXI, n. 272, pp. 21351-21352, 22 nov. 1932, Rio de Janeiro. Tão importante quanto o anteprojeto publicado, é a exposição de motivos que os autores enviaram a Francisco Campos, documento datilografado: Roquette-Pinto e Sampaio Mello Leitão, *Considerações Gerais: Projeto de Decreto Regulamentando a Caça Silvestre*, Anexo ao Ofício 195 de 21 out. 1932, folhas 7 a 22. Semear/UFRJ – BR MN MN DR, jan.-mar. 1933. Ver ainda: Cândido de Mello Leitão, "Protegendo a Nossa Fauna Silvestre" (Entrevista), *A Noite*, 13 fev. 1933, Rio de Janeiro. Recorte, Seção de Memória e Arquivo do Museu Nacional (Semear)/UFRJ – BR MN JF.O.MN.DR.3. O Código de Caça e Pesca, decretado em 1934, já foi discutido por alguns autores que, entretanto, provavelmente desconheciam a existência desse anteprojeto. Ver, como exemplo: José Augusto Drummond, "A Legislação Ambiental Brasileira de 1934 a 1988: Comentários de um Cientista Ambiental Simpático ao Conservacionismo", *Ambiente e Sociedade*, vol. II, n. 3-4, pp. 127-149, 1998/1999, Campinas (SP); Carolina Marotta Capanema, *A Natureza no Projeto de Construção de um Brasil Moderno e a Obra de Alberto José de Sampaio*. Belo Horizonte, UFMG, 2006, p. 28 (Dissertação de Mestrado em História); José Luiz de

Certamente essa incumbência não tinha caído do céu. O Museu era uma das instituições importantes do estudo e pesquisa da biologia no Brasil das primeiras décadas do século XX. E a biologia se delineava então como um saber decisivo para o exercício da política, e se constituía em meio aos grandes desafios do país e estratégias de construção nacional. A biologia fundamentou argumentos díspares no debate eugênico sobre a inferioridade racial ou não povo brasileiro. Apontou insetos vetores de doenças endêmicas, além de estudar o papel de hospedeiros que alguns mamíferos assumiam nas doenças que assolavam milhões de brasileiros. Analisou as relações entre invertebrados e a destruição das colheitas, apontando as razões ecológicas que geravam desequilíbrios das populações de gafanhotos, besouros da broca-do-café ou saúvas. Integrou os objetivos da Comissão Rondon e foi beneficiada por ela, com milhares de itens de zoologia e botânica coletados pelos naturalistas viajantes agregados às expedições. Fortaleceu-se com a fundação de Institutos de pesquisa (como Manguinhos em 1900, Butantã em 1901, e o Instituto Biológico de Defesa Agrícola e Animal em 1927) e com a renovação dos museus de história natural já existentes. Colocou em evidência vários pesquisadores brasileiros projetados mundialmente pela excelência do conhecimento produzido, como Carlos Chagas. Orientou políticas públicas de saúde e saneamento direcionadas às populações humanas, com interferências no mundo vegetal e animal. Essa ampla área de conhecimento foi um saber estratégico e, sobretudo político, pois prometia viabilizar a nação por meio do conhecimento e manejo das populações existentes no território: populações humanas, vegetais e de animais (animais não humanos – mas essa terminologia seria anacrônica). A biologia mostrava como tudo estava interligado – homens, bichos, plantas.

Roquette-Pinto tinha clareza do poder dessa disciplina. No dia 11 de novembro de 1930, quando as tropas revolucionárias faziam um churrasco gaúcho na Quinta da Boa Vista, ele chamou os 530 homens para assistirem filmes educativos no Museu Nacional, dividindo-os em vários grupos para que coubessem na sala de exibições cinematográficas. No dia 24 de novembro, recebeu a visita de Getúlio Vargas e mostrou a ele todo o seu trabalho de renovação do

---

Andrade Franco e José Augusto Drummond, *Proteção à Natureza e Identidade Nacional no Brasil, Anos 1920-1940*, Rio de Janeiro, Editora Fiocruz, 2009.

Museu, percorrendo estantes, mostrando os laboratórios e as oficinas. O Ministério da Educação e Saúde Pública foi criado em 14 de novembro de 1930, e o Museu Nacional passou a sua esfera de competência em março do ano seguinte. Vargas e Francisco Campos encontraram ali a sofisticada estrutura de atividades pedagógicas do Serviço de Assistência ao Ensino de História Natural, e isso não era pouco: era o que distinguia o Museu de todas as outras instituições brasileiras existentes, então voltadas para pesquisas na área biológica. O grande diferencial do Museu, naquele momento, residia em sua competência em aliar biologia e educação[16].

Por tudo isso, a demanda do anteprojeto do Código de Caça e Pesca em agosto de 1932 foi muito provavelmente fruto da pressão dos naturalistas do Museu sobre o novo governo. Afinal, há anos eles denunciavam as muitas práticas devastadoras contra a fauna e flora por todo o território nacional, e propugnavam a necessidade de medidas federais de proteção da natureza.

Os naturalistas do Museu Nacional participaram ativamente da elaboração do Código de Caça e Pesca, que surgiu como decreto em 1934, assim como ocorreu também no caso do Código Florestal. Nessas ações políticas, sofreram muitos revezes e enfrentaram uma miríade de interesses. Entre a extensa apresentação do anteprojeto enviada ao Ministério da Educação, o anteprojeto proposto em 1932 e o decreto definitivo de Vargas, muitas distâncias foram estabelecidas e muitas derrotas foram infligidas. O sinal mais claro pode ser identificado numa mudança estratégica no texto final: a execução do decreto saiu da esfera do Ministério da Educação e Saúde Pública, para a competência do Ministério da Agricultura. Com isso, a questão da caça e pesca assumiu uma perspectiva agrícola, econômica, comercial e logística[17]. Isso representou uma

16. Edgard Roquette-Pinto, *Seção de Assistência ao Ensino da História Natural do Museu Nacional*: *Relatório Referente ao Exercício 1930*. Semear/UFRJ – SAE 146-5; Relatório dos trabalhos do Museu Nacional em 1930, apresentado ao Snr. Ministro da Educação e Saúde Pública, dr. F. Campos. Ofício 109, 3 mar. 1931. Semear/UFRJ – BR MN MN DR 1930; Relatório dos trabalhos do Museu Nacional em 1931, apresentado ao Snr. Ministro da Educação e Saúde Pública, dr. F. Campos. Ofício 48, 16 fev. 1932. SEMEAR/UFRJ – BR MN MN DR 1931; Paulo Roquette-Pinto, "O Museu Nacional", *Uiára*: *Publicação da Sociedade dos Amigos do Museu Nacional*, vol. 1, n. 1, pp. 6, 1937, Rio de Janeiro.
17. Decreto 23/672, 2 jan. 1934. Disponível em: www6.senado.gov.br/. Para uma análise mais detalhada do status do Museu nos anos 1930 e sua variação com os diferentes ministros da pasta de Educação ver Regina Horta Duarte, *A Biologia Militante,* Belo Horizonte, Editora UFMG, 2010, especialmente o capítulo 1.

derrota política para a visão holística de proteção à natureza defendida pelos cientistas do Museu Nacional e, que, de alguma forma, prenunciava a perda de status do Museu na segunda metade dos anos 1930, especialmente na gestão de Capanema do Ministério da Educação, numa história que não cabe aqui contar. Esse evento ilustra como as práticas científicas do Museu integraram discussões e práticas políticas sobre a construção do Brasil como um país moderno.

A ANTA É MESMO "BRASILEIRA"?

Em 1937, quando Cândido de Mello Leitão publicou seu livro *Zoogeografia do Brasil*, o programa *A Hora do Brasil* mencionou e comentou a obra. A intenção de oferecer aos leitores um estudo completo da fauna brasileira foi elogiada, ao mesmo tempo em que o radialista condenou o predomínio, no decorrer do livro, da menção a animais que viviam em outros países e continentes, ao mesmo tempo que se ocupava muito pouco dos que aqui existiam em abundância[18]. Esse questionamento atingia um ponto crítico da obra de Mello Leitão, pois pinçava, com perspicácia, um importante paradoxo que acompanha todo o livro.

No prefácio, o autor justificava a relevância da publicação pelo fato de não existirem estudos sistemáticos sobre a zoogeografia da fauna do Brasil. Havia somente estudos taxonômicos, nos quais o enfoque era a descrição morfológica de animais. Mas a zoogeografia que ele se propunha estudar envolvia saberes da ecologia, paleontologia, geologia assim como o estudo dos efeitos das ações das sociedades humanas sobre a fauna. Essa perspectiva já inviabilizava ao cientista falar de animais brasileiros, e aí reside a grande contradição da proposta do livro. Analisar a distribuição geográfica da fauna tal como ela se apresentava naquele contexto envolvia estudá-la historicamente. Tratava-se de investigar a história dos animais no planeta Terra. Isso envolvia explicações geológicas, e abria uma vertiginosa espiral do tempo na qual a história humana ocupa algo como um instante. E dentro desse instante, a história das nações é como um micro segundo.

Se a temporalidade remetia a eras geológicas, o mesmo ocorria com o espaço. Com o progressivo conhecimento científico sobre a fauna, a sistema-

---

18. "Resenha de Zoogeografia do Brasil, Irradiada na Hora do Brasil", 5 fev. 1937. Ministério da Justiça e Negócios Interiores, Departamento de Propaganda, Seção de Memória e Arquivo do Museu Nacional da Universidade Federal do Rio de Janeiro, pasta BR MN JF O MN, DR2, folha 1.

tização das inúmeras espécies em famílias e gêneros descortinou similitudes entre faunas de continentes separados por imensidões oceânicas. Isso demandava explicações.

Um dos animais estudados no livro de Mello Leitão é a anta, e ela constitui um exemplo esclarecedor na presente argumentação. A anta aparecia, no mesmo período no qual Mello Leitão publicou seu livro, como um símbolo manejado vigorosamente pelo movimento verde-amarelo, no elogio de uma nacionalidade brasileira supostamente autêntica, sem mácula de influências estrangeiras. O texto "A Anta e o Curupira", de Plínio Salgado, publicado inicialmente em 1926, e reeditado em 1935 no livro *Despertemos a Nação*, evocava a anta para reforçar argumentos de individualidade e originalidade nacionais[19].

Entretanto, é outra a anta que encontramos em *Zoogeografia do Brasil*. Em primeiro lugar, ela é *Tapirus terrestris*, do gênero *Tapirus* que, por sua vez, pertence à família Tapiridae, que integra a ordem Perissodactyla, classe Mammalia, filo Chordata, reino Animalia. Perissodactyla é uma ordem de mamíferos ungulados com número ímpar de dedos nas patas, como cavalos, zebras, rinocerontes. Essa ordem tem sub-ordens, entre as quais a Cerathomorfa, na qual se encontram as famílias Rhinocerontidae e Tapiridae. Assim, no estudo evolutivo dos animais, antas e rinocerontes têm ancestrais comuns[20]. O gênero *Tapirus* possui cinco espécies descritas. Quatro delas

---

19. Plinio Salgado, "A Anta e o Curupira", *Despertemos a Nação!*, Rio de Janeiro, José Olympio Editora, 1935, pp. 27-51.
20. Para constatar como a biologia trabalha numa outra lógica que não a das fronteiras nacionais, basta avaliar as classificações das espécies. Atualmente, a zoologia identifica cinco espécies: *Tapirus terrestris* (ocorre em áreas de planície dentro dos territórios do Brasil, Argentina, Paraguai, Peru, Bolívia, Colombia, Ecuador, Suriname, Venezuela, Guiana Francesa, Guiana), *Tapirus indicus* (regiões do sudeste asiático, como Myanmar, Tailândia, Sumatra e Malásia), *Tapirus pinchaque* (áreas na Colômbia, Ecuador, Peru, extinta na Bolívia e na Venezuela), *Tapirus baiardii* (áreas situadas em territórios de Belize, Colômbia, Costa Rica, Guatemala, Honduras, México, Nicarágua, Panamá, El Salvador) e *Tapirus kabomani* (Brasil, Colômbia, Guiana Francesa). Essas classificações mudam, ao longo das décadas, com novos dados científicos do conhecimento biológico. Melllo Leitão também identificava cinco espécies, mas elas eram nomeadas diferentemente: *Tapirus terrestris*, *Tapirus malayanus*, *Tapirus pinchaque*, *Tapirus bairdi*, *Tapirella dowii* (Cândido de Mello Leitão,. *Zoo-geografia do Brasil*, Rio de Janeiro, Companhia Editora Nacional, 1937, pp. 146, 202, 225, 233). Na edição de 1947, as classificações mudaram para *Tapirella bairdi*, *Tapirella dowii*, *Tapirus roulini* (que seria sinônimo para *T. pinchaque*), *Tapirus terrestris*, e ele menciona ainda, baseado no zoogeógrafo argentino Cabrera y Yepes, uma espécie encontrada na Venezuela (*T. terrestris lurillardi*), e outra apenas na foz do Amazonas (*T. t. mexianae*), outra no noroeste argentino (*T. t. spegazzinii*). Os zoólogos, atualmen-

se encontram por vários lugares da América Central e do Sul, enquanto a quinta, a *Tapirus indicus* habita áreas do sudeste asiático, como Sumatra, Malásia, Myanmar e Tailândia.

Como os parentescos desses animais poderia ser explicado? A biogeografia era então uma ciência recente, e ganhara grande impulso no século XX, em franco diálogo com dilemas e desafios de um mundo em acelerada transformação. Como o próprio Mello Leitão observa em seu livro, o aperfeiçoamento dos meios de comunicação e a maior segurança e rapidez das viagens facilitavam como nunca o acesso dos homens a locais onde encontrariam formas de vida diversas das existentes em sua região de sua origem, aguçando a constatação da diversidade biológica. Recursos tecnológicos levavam ao conhecimento cada vez mais fundamentado de novas espécies: seres microscópicos, animais curiosos que habitavam locais antes inacessíveis, como no caso da fauna das regiões mais profundas do oceano, ou ainda formas extintas, cuja existência se inferia através da análise dos fósseis[21]. Os encontros cada vez mais frequentes com a diversidade da vida, decorrentes da intensificação dos percursos, aprofundaram a percepção do espaço mundial. Os estudos da biogeografia incrementaram a produção de conhecimento sobre a movimentação das mais variadas espécies vegetais e animais pelo planeta através das diversas eras. Especialistas em áreas diversas da zoologia estudaram como nunca fenômenos de migrações (movimento regular de animais entre duas localidades ou direcionamento definitivo para outras regiões), nomadismo (mudança incessantemente de pouso em áreas restritas), difusão (conquista de áreas em torno do habitat primitivo) e dispersão (transporte passivo da fauna). Se os naturalistas do século XIX esforçaram-se para enviar exemplares empalhados da fauna exótica dos vários continentes para as estantes dos museus europeus, eis que os biólogos do século XX passaram a focalizar os fluxos voluntários ou passivos da vida. Ao mundo dos homens em movimento, somou-se a ideia de um planeta de seres vivos em intrincada e extensa dinâmica espacial.

---

te, creem que essas são apenas variações, sem que justifiquem a classificação de novas espécies. Mello Leitão, *Zoogeografia do Brasil*, 2. ed. rev. e ampl., São Paulo, Companhia Editora Nacional, 1947, pp. 249, 395, 450-451.

21. Mello Leitão, *Zoogeografia do Brasil*, 2. ed, pp. 7-8.

Os contemporâneos de Mello Leitão descobriram a instabilidade do que parecia fixo. O solo sobre o qual transitavam homens, animais e plantas passou ele próprio a mover-se. A teoria clássica das pontes continentais – segundo a qual comunicações originais entre os blocos continentais permanentes teriam sido posteriormente desgastadas e/ou submersas – mostrava-se crescentemente insatisfatória. Em 1915, Wegener publicou *Die Entstehung der Kontinente und Ozeane* (*A Origem dos Continentes e Oceanos*), no qual propôs a deriva continental. A teoria, que hoje integra nossos paradigmas de compreensão do mundo, foi alvo de radicais rejeições no meio científico, a despeito das reedições da obra em 1920, 1922 e 1929. Suas idéias foram aceitas apenas em fins dos anos 1950, quando estudos sobre paleomagnetismo ofereceram nova visão sobre as marcas deixadas pelo campo magnético da Terra nas rochas, e tornou-se possível inferir o comportamento desse campo em outras eras, assim como a movimentação das placas tectônicas[22].

Apesar das críticas dirigidas a Wegener, sua teoria alcançou alguns meios científicos ainda na primeira metade do século XX. No caso específico de nosso zoólogo brasileiro, a deriva continental recebeu, surpreendentemente, tratamento bastante receptivo nas páginas da sua *Zoogeografia*. Segundo Mello Leitão, a hipótese das pontes, pela facilidade de traçar no papel linhas imaginárias para explicar evidências da ancestralidade comum de faunas de diferentes lugares, trazia as mais mirabolantes propostas, e os geólogos "faziam continentes com a mesma facilidade com que os cozinheiros faziam um bolo". Mello Leitão ficou claramente seduzido pela idéia do deslocamento dos maciços continentais originários de uma terra comum, a Pangea, que se mostrava uma explicação convincente para a história da distribuição dos seres vivos na superfície da terra[23].

Assim, através dos debates da geotectônica, homens de ciência – fossem eles adeptos de uma teoria ou de outra – reforçaram a configuração da vida humana como um átimo na história da terra. Abria-se uma experiência ver-

---

22. Patrick M. Hurley, "The Confirmation of Continental Drift", *Scientific American*, vol. 218, pp. 52-64, 1968; Wolfgang R. Jacoby, "Modern Concepts of Earth Dynamics Anticipated by Alfred Wegener in 1912", *Geology, Journal of the Geological Society of America*, vol. 9, n.1, pp. 25-27, 1981.
23. Mello Leitão, "A Gênese dos Continentes e Oceanos Segundo Wegener", *Revista Nacional de Educação*, vol. 2, n. 15 (1933), pp. 49-54; Mello Leitão, *Zoogeografia do Brasil*, 2. ed., p. 95.

tiginosa do tempo, e o painel que emerge das páginas de Mello Leitão traz o incessante movimento de animais, plantas, homens, as rochas e as águas que lhes servem de abrigo.

Nesse planeta partilhado, os riscos de extinções tomaram a forma de alerta mundial. Em seu livro, Mello Leitão enumera aves recentemente desaparecidos em diferentes partes do mundo, a partir de consulta de *checklists* ornitológicos[24]. Detalha ainda os perigos representados pela caça indiscriminada para alimentação, adorno ou simples prazer venatório. Nota a destruição de habitats pela agricultura e poluição, ou ainda pelo desequilíbrio representado pelo manejo incauto de espécies pelo homem. Assinala espécies cuja dispersão foi involuntariamente realizada pelo homem, gerando efeitos nocivos para as sociedades, como caracóis, piolhos, baratas, fungos, mosquitos, parasitas. O zoólogo apresenta desequilíbrios e extinções em curso por todos os continentes e mares, resultado da ação do homem ao favorecer dispersões insustentáveis, quebrar isolamentos preciosos e destruir habitats naturais, afrontando assim – imprudentemente e com conseqüências imprevisíveis – a unidade e a diversidade da vida na terra. Além das extinções, catástrofes ambientais já se apresentavam, naqueles anos, como um problema que excediam em muito as fronteiras nacionais. Mello Leitão cita denúncias da Comissão Internacional de Defesa da Fauna sobre eventos agudos de mortandade de aves aquáticas, conseqüentes da descarga dos navios movidos a óleo cru. Mesmo desmembrada a Pangéa, os laços entre a vida na terra não seriam desfeitos impunemente[25]. Como homem de seu tempo, Mello Leitão pode ser tomado como exemplo da emergência de um tipo de percepção global da natureza, que se constituiria, nas décadas posteriores, como uma das mais marcantes características do pensamento contemporâneo sobre a natureza.

O estudo da história dos animais trouxe, enfim, uma perspectiva inédita para Mello Leitão. A anta e outros animais lhes colocaram várias perguntas. Era impossível escrever sobre uma suposta zoogeografia exclusiva do Brasil, simplesmente porque a lógica nacional é externa à vida dos animais. Mello Leitão sabia as politicas das nações interferem na sua existência, seja pela

---

24. Para tanto, ele se baseia em James Peters, *Check List of Birds of the World,* Cambrigde, Harvard University Press, 1931. Ver Mello Leitão, *Zoogeografia do Brasil*, 2. ed., pp. 608-609.
25. Mello Leitão, *Zoogeografia do Brasil*, 2. ed., pp. 30, pp. 582-618.

condescendência com a destruição dos habitats, seja pela sua proteção deliberada. Ele lamentava, por exemplo, que o Brasil não tinha políticas efetivas de conservação:

> No Brasil desaparecem o cervo, a anta, o lobo, a lontra, as belas borboletas. Há entretanto, um Código Florestal e um Código de Caça e Pesca que os lenhadores e os caçadores ignoram, os negociantes de peles desconhecem como belas inutilidades, e de que os políticos se riem como livros de desprezível humorismo[26].

Mas o zoológo estava também convencido de que a história da vida animal no planeta é muito maior do que a seres humanos e suas sociedades, que dizer do tempo insignificante das nações. Estudar a zoogeografia da anta exigia que o cientista se libertasse dos mapas políticos e até dos mapas construídos pelos seres humanos sobre a configuração física do planeta. Mesmo ao considerar somente o *Tapirus terrestris*, Mello Leitão sabia que seu habitat integra territórios que, historicamente, tinham sido abarcados pelo Brasil, mas também em de outros países, como Argentina, Paraguai, Bolívia, Colômbia, Guiana Francesa, Guiana, Peru, Suriname e Venezuela.

Em outubro de 1948, quando o movimento mundial de conservação da fauna realizou a Conferência de Fontainebleau, com o apoio da Unesco, Mello Leitão era o único brasileiro presente. Viajou como delegado do governo brasileiro, mas ao chegar lá se apresentou como presidente da Comissão Nacional da Fauna Sul Americana. Nunca encontrei indícios que essa comissão realmente existisse, mas seu título é intrigantemente ambíguo: nacional ou sul americana? Nessa dupla referência, explicitava-se a sua complexa visão da fauna – sua geografia, sua história e desafios para sua conservação. O aracnólogo participou ativamente do evento, no qual foi fundada a Internacional Union for the Protection of Nature, IUPN (atual IUCN, Internacional Union for Conservation of Nature), e suas intervenções podem ser encontradas nas atas finais publicadas pela organização do evento[27].

26. *Idem*, p. 383.
27. Liste des Unesco, Organismes Nationaux e Internationaux non Gouvernementaux Invitée a la Conference de Fontainebleau par l'Union Internationale Provisoire pour la Protection de la Nature. NS/UIPN/5(B), Paris, le 19 juillet 194; General information, Conference for the establishment of the IUPN, NS/UIPN/1, Paris, 20 july 1948; Liste des Delegués, Conference for the establishment of the IUPN. NS/UIPN/11, Paris, 20 October 1948, Unesco Archives, Unesdoc. Digital Library.

CONCLUSÃO

Nesse ensaio, percorri três aspectos da prática científica dos naturalistas do Museu Nacional para argumentar que essa instituição foi um locus importante para a articulação de sonhos de um Brasil moderno, que superasse o atraso por meio da descoberta do Brasil aos brasileiros, especialmente, pelo impulso e divulgação do conhecimento por ações educativas. Essas práticas tiveram desdobramentos culturais e políticos, atendendo simultaneamente a sonhos nacionalistas e às expectativas de participação nos meios científicos internacionais e no movimento conservacionista mundial.

Eles valorizavam os saberes biológicos como um diferencial na construção de uma perspectiva privilegiada sobre os desafios que enfrentavam ao lado de seus contemporâneos. Ciência de todas as manifestações da vida, a biologia era também, na sua concepção, a mestra da vida humana. Podemos certamente discutir todos os limites dessa concepção – e certamente são muitos. Mas um livro como *Zoologia do Brasil* exemplifica como o estudo e a observação da vida animal podem instigar formas originais de pensar e de agir sobre um ambiente que engloba seres humanos, não humanos e plantas que se movimentam por continentes e oceanos que, por sua vez, estão em ininterrupto movimento.

O Museu estabeleceu-se naqueles anos como um local de cultura e ação política, com enriquecimento dos acervos e uma ampla documentação escrita decorrente do trabalho de seus funcionários. Tudo isso – ou quase tudo – foi perdido com o incêndio que destruiu o Museu em 2018, quando a instituição completava duzentos anos. No dia 02 de setembro, quando vi as imagens do Museu em chamas, a primeira coisa que me veio à mente foi Roquette-Pinto, Heloísa Alberto Torres e Mello Leitão. Eles morreriam de novo, se presenciassem essa tragédia.

Mas eis que vemos – pelos jornais, pela televisão – o exemplo da combatividade dos cientistas que lá trabalham atualmente. Paleontólogos, arqueólogos, geólogos, biólogos, museólogos, arquivistas, entre outros, passam seus dias recolhendo, nos escombros, pedaços de peças e vestígios das coleções. Trabalham peneirando o entulho, "minerando" preciosidades. Lutam contra as ruínas, e contra o atraso e o descaso que as gerou, em um esforço heroico, e mesmo um pouco quixotesco. É impressionante o entusiasmo com que recolhem um fragmento de fóssil, um pedacinho de cerâmica, ou mesmo uma folha de papel meio queimada. No meio da melancolia de uma perda tão irreparável, irão reconstruir o Museu em novas bases, como fênix a renascer das cinzas, num exemplo de resiliência e de bravura da qual antigos diretores como Heloísa e Edgar ficariam realmente orgulhosos. Por tudo isso, este ensaio também é uma homenagem aos funcionários de ontem e de hoje do Museu Nacional.

REFERÊNCIAS BIBLIOGRÁFICAS

ALMEIDA, Paulo Mendes de. *De Anita ao Museu*. São Paulo, Perspectiva, 1976.

AMARAL, Solange Melo do. *Discurso Autobiográfico: O Caso de Nair de Teffé*. Rio de Janeiro, Museu da República, 2007.

ARGAN, Giulio Carlo. *Arte Moderna*. Trad. Denise Bottman e Frederico Carotti. São Paulo, Companhia das Letras, 1992.

BAUDELAIRE, Charles. *Escritos Sobre Arte*. Trad. Plinio Augusto Coelho. São Paulo, Imaginário, 1998.

_____. "O Pintor da Vida Moderna". *In*: DUFILHO, Jérôme & TADEU, Tomaz (org.). Trad. Tomaz Tadeu. Belo Horizonte, Autêntica Editora, 2010.

CAMPOS, Augusto (org.) *Pagu: Vida-Obra*. São Paulo, Companhia das Letras, 2014.

COSTA, Carlos. *A Revista no Brasil do Século XIX*. São Paulo, Alameda, 2012.

COTRIM, Alvaro. *O Rio na Caricatura. Catálogo da Exposição no 4º Centenário da Cidade*. Rio de Janeiro, Biblioteca Nacional, 1965. Disponível em: <http://objdigital.bn.br/acervo_digital/div_iconografia/icon693341.pdf>. Acesso em 15 jan. 2019.

CRAWFORD, Mary. "Gender and Humor in Social Context". *Journal of Pragmatics* 35 (2003) 1413-1430. Disponível em: <https://doi.org/10.1016/S0378-2166(02)00183-2>. Acesso em 15 jan. 2019.

DAUMIER, Honoré. *Caricaturas*. Prefácio de Charles Baudelaire. Trad. Eloisa Silveira e Sueli Bueno Silva. Porto Alegre, Editora Paraula, s.d.

FERRAZ, Aydano do Couto. *Revista Diretrizes*, ed. 46, 8 maio 1941.

FONSECA, Maria Augusta. *Lápis de Malícia Lírica* (s. publicação).

HARVEY, David. *Paris: Capital da Modernidade*. Trad. Magda Lopes Renzo. São Paulo, Boitempo Editorial, 2015.

LIMA, Herman. *História da Caricatura no Brasil*. Rio de Janeiro, José Olympio Editora, 1963, vols. 1-3.

MONTERO, Paula & COMIN, Álvaro (org.). *Mão e Contramão e Outros Ensaios Contemporâneos*. São Paulo, Globo, 2009.

NOGUEIRA, Natania. "Rian: Caricatura e Pioneirismo no Brasil". *Anais do XXVI Simpósio Nacional de História – ANPUH*. São Paulo, jul. 2011. Disponível em: <snh2011.anpuh.

org/resources/anais/14/1312664266_ARQUIVO_RIANEOPIONEIRISMOFEMINI-NONACARICATURA.pdf>. Acesso em 10 jun. 2018.

_____. "Jackie Ormes: A Ousadia e o Talento da Mulher Negra nos Quadrinhos Norte--Americanos (1937-1945)". *Revista Identidade,* vol. 18, n. 1, pp. 21-38, jan.-jun. 2013, São Leopoldo. Disponível em: <http://periodicos.est.edu.br/index.php/identidade/article/viewFile/649/670>. Acesso em: 1 out. 2017.

NOVAES, Adauto (org.). *Tempo e História.* São Paulo, Companhia das Letras, 1992.

PARKER, Rozsika & POLLOCK, Grizelda. *Old Mistresses*: *Women, Art and Ideology.* London, Pandora, 1981.

6

"O Brasil É um Carro de Boi": Os Animais, a Orgânica Cidade dos Modernistas e a Difusa Modernidade Brasileira

NELSON APROBATO FILHO

> *[...] e foi numa boca-da-noite frio que os manos toparam com a cidade macota de São Paulo esparramada a beira-rio do igarapé Tietê. Primeiro foi a gritaria da papagaiada imperial se despedindo do herói. E lá se foi o bando sarapintado volvendo pros matos do norte. Os manos entraram num cerrado cheio de inajás ouricuris ubussus bacabas mucajás miritis tucumãs trazendo no curuatá uma penachada de fumo em vez de palmas e cocos. Todas as estrelas tinham descido do céu branco de tão molhado de garoa e banzavam pela cidade.*

SEIS ANOS APÓS A SEMANA de Arte Moderna, mais precisamente num gélido entardecer do inverno de 1928, a cidade-capital do movimento que deflagrou oficialmente o modernismo no Brasil recebia a "visita" de um dos mais polêmicos personagens da literatura brasileira, Macunaíma, "o herói sem nenhum caráter"[1].

Assim que Macunaíma chegou à cidade de São Paulo foi imediatamente impactado por um meio ambiente urbano em processo de transformação. Ele fez a leitura, interpretou e compreendeu os fenômenos tecnológicos em curso na cidade associando-os aos componentes de significação do mundo do qual havia saído, as florestas do norte do Brasil. Ao deparar-se, ao lado de seus ir-

---

1. Mário de Andrade, *Macunaíma – O Herói Sem Nenhum Caráter*, 14. ed., São Paulo, Martins, 1977, a epígrafe acima está na p. 50.

mãos, com a realidade concreta de São Paulo, estranhou, logo de início, as características visuais de inusitadas palmeiras. As suas tão conhecidas "inajás ouricuris ubussus bacabas mucajás miritis tucumãs" foram confundidas com as altas chaminés de algumas fábricas que se viam ao longe. O que mais surpreendeu o personagem de Mário de Andrade foi que essas palmeiras traziam no "curuatá", ou seja, no invólucro de suas flores, ao "invés de palmas e cocos", a constante emissão de fumaça. Em sua primeira andança pelas ruas de São Paulo também ficou intrigado ao reparar que todas "as estrelas tinham descido do céu [...] e banzavam pela cidade". Mais uma vez, contudo, havia se enganado e o que ele presenciava era um contínuo movimento de veículos automotores, com seus faróis acesos, por uma característica noite paulistana, envolta em névoa e garoa.

Três anos antes da descrição da cidade feita por Mário de Andrade um outro escritor, contemporâneo ao autor de *Macunaíma*, mas não pertencente ao núcleo central do modernismo, Sylvio Floreal, em uma de suas crônicas de 1925 descreveu o Brás, um importante bairro de São Paulo. Embora seu livro *Ronda da Meia-Noite* tenha ficado praticamente esquecido – se o compararmos ao sucesso permanente de *Macunaíma* – a descrição que Floreal fez do Brás aproxima-se sobremaneira dos elementos literários modernistas, ou mais precisamente da estética futurista.

> O Brás, na tela panorâmica da cidade, visto cá do alto à luz do dia, é uma pincelada berrante de zarcão, onde as tropas insolentes das chaminés das suas fábricas, expelem, numa ejaculação insistente para o alto, mascarando de negro a fisionomia do céu, atropelados rolos de fumaça! Tem o aspecto de um anfiteatro em combustão, fervilhante, gerando em seu seio um monstro apocalíptico!
>
> Todo ele é o progresso em fantástica escalada para o Futuro[2].

Descrever a cidade, ou partes dela, tem sido prática bastante comum entre escritores, memorialistas, cronistas e principalmente viajantes que passaram por São Paulo em vários períodos de sua história. Se remontarmos, por exemplo, ao século XIX encontraremos relatos que destoam bastante de registros da

---

2. Sylvio Floreal, *Ronda da Meia-Noite. Vícios, Misérias e Esplendores da Cidade de São Paulo*, São Paulo, Boitempo Editorial, 2002, p. 14 (Pauliceia).

década de 1920 – como é o caso de *Macunaíma* e de *Ronda da Meia-Noite* – e visualizaremos uma outra cidade e um outro meio ambiente urbano. Em meados do século XIX, por exemplo, São Paulo foi descrita com os seguintes qualificativos:

> O dia estava delicioso, e a pureza do horizonte imaculado dava um brilho luminoso ao espetáculo que se desenrolava diante de nossos olhos.
> No extremo de uma paisagem infinita, acidentada com a elevação das colinas e o leito de aveludadas planícies, viam-se transparecer, por entre a verdura, as torres das igrejas e as paredes alvas das habitações da cidade de São Paulo, reclinada aos pés do rio Tamanduateí e do ribeirão Anhangabaú, envolta ainda nesse manto de ligeiros vapores com que a natureza desperta de seu sono nas primeiras horas da manhã.
> Entramos finalmente em São Paulo pelo lugar chamado Brás. É um dos arrabaldes mais belos e concorridos da cidade, já notável pelas elegantes casas de campo e deliciosas chácaras onde residem muitas famílias abastadas, ao lado todavia de alguns casebres e ranchos menos aristocráticos, mas que nem por isso deixam de formar um curioso contraste[3].

A paisagem natural na qual estava envolvida a cidade exerce forte impressão a quem nela chegasse. Era comum, como ocorrera a Zaluar entre 1860 e 1861, uma espécie de perplexidade e fascínio. Spix e Martius, passando por ela em 1817, declararam que

> [...] são belos os arredores de São Paulo; entretanto de aspecto mais campestre que os do Rio de Janeiro. Em vez do grande panorama do mar e das imponentes montanhas, que se elevam ali com formas pinturescas, encontra aqui o viajante uma extensa vista sobre a região, cujos alternados outeiros e vales, matos ralos e suaves prados verdejantes, oferecem todos os encantos da amável natureza. Talvez, além do clima ameno, a beleza natural tenha despertado no paulista o gosto pelos jardins, dos quais existem diversos, muito graciosos, perto da cidade[4].

Saint-Hilaire, visitando-a em 1819, afirmou ser a localidade "incontestavelmente a mais bela de todas por mim visitadas desde que estava no Brasil. Chegado ao convento do Carmo, de onde se descortina belíssima vista, des-

---

3. Augusto-Emilio Zaluar, *Peregrinação pela Província de S.Paulo (1860-1861)*, São Paulo, Livraria Martins Editora, 1954, pp. 123-124 (Biblioteca Histórica Paulista).
4. Spix e Martius, *Viagem pelo Brasil*, Belo Horizonte/São Paulo, Itatiaia/Edusp, 1981, vol. I, p. 144.

ci por uma rua calçada, a qual, por uma ladeira bastante íngreme, estende-se até o córrego do Tamanduateí"[5]. A partir de outro ponto, também localizado na cidade alta,

> [...] das janelas do palácio [do governo] que dão para os campos descortina-se uma vista maravilhosa. [...] Abaixo da cidade vê-se o Tamanduateí, que vai coleando por uma campina semialagada (novembro), no fim da qual se estendem os pastos pontilhados de tufos de árvores baixas [...][6].

Ferdinand Denis, ao visitá-la no começo da década de 1830, assim a descreveu: "Hoje, uma das mais belas cidades do Brasil e sobretudo uma daquelas em que a permanência é mais agradável"[7]. Langsdorff, alguns anos antes, dizia que "São Paulo é a cidade mais bonita que já vi no Brasil"[8]. Entre 1846 e 1852, o escritor mineiro Bernardo Guimarães, natural de Ouro Preto, viveu na capital da província enquanto estudava Direito no Largo de São Francisco. Para ele, São Paulo conservava ainda, nesta época, "certos laivos de sua primitiva simplicidade" e não havia "nada mais risonho e pitoresco do que esses vargedos do Tietê, que no tempo das águas se convertem em labirinto de lagoas e canais, no seio dos quais emergem ilhas cobertas de verdejantes balsas com suas casinhas meio sumidas entre moitas..." Ao referir-se, como Zaluar, à região do Brás, extasiava-se ante a "vasta e formosa perspectiva [que] oferece esse bairro, visto do terraço do convento do Carmo... é a mais deliciosa e encantadora que se pode imaginar. A capela de São Brás com seu campanário branco, e aquelas casas dispersas pela planície exalam como um perfume idílico, que enleva a imaginação..." Christopher Columbus Andrews, cônsul geral norte-americano no Brasil, esteve na cidade em 1884. Para ele São Paulo era

> [...] a mais famosa e importante de todas as cidades do interior do Brasil, [...]. Está situada nas elevadas e amenas margens do rio Tietê, que não é muito maior que um

---

5. Ernani Silva Bruno, *Memória da Cidade de São Paulo. Depoimentos de Moradores e Visitantes, 1553-1958*, São Paulo, Prefeitura do Município de São Paulo/DPH, 1981, p. 38 (Série Registros, 4).
6. August de Saint-Hilaire, *Viagem à Província de São Paulo*, Belo Horizonte/São Paulo, Itatiaia/Edusp, 1976, p. 130.
7. Ferdinand Denis, *Brasil*, Salvador, Livraria Progresso Editora, 1955, p. 199.
8. Georg Heinrich Langsdorff, *Os Diários de Langsdorff*, Danúzio Gil Bernardino da Silva (org.), Campinas/Rio de Janeiro, Associação Internacional de Estudos Langsdorff/Fiocruz, 1997, p. 16.

riacho. Em qualquer estação do ano, as árvores de copas verdes, algumas palmeiras entre claras paredes, telhados vermelhos e torres de velhas igrejas, compõem um aspecto impressionante[9].

Se compararmos as impressões sobre São Paulo feitas por Mário de Andrade e Sylvio Floreal na década de 1920 com essas deixadas por viajantes do século XIX podemos concluir que eram duas cidades absolutamente diferentes. Contudo, ao contrapormos esses relatos com outros registros dos mesmos períodos verificaremos que a cidade de meados do século XIX não era tão idílica, natural e prazerosa como vislumbraram esses visitantes e, por outro lado, a capital paulista da segunda metade da década de 1920 não era tão moderna e modernista como a descreveu ou idealizou Mário de Andrade ou Sylvio Floreal. Nesta ainda havia elementos que denotavam uma difusa modernidade, enquanto que naquela existiam características que poderiam destoar de alguns ideais de beleza e de certas expectativas de bucolismo.

Um dos registros mais promissores para se contrapor às visões da cidade feitas pelos viajantes do século XIX é a produção iconográfica do cartunista Ângelo Agostini publicadas nos semanários *Diabo Coxo* (1864-1865) e *Cabrião* (1866-1867)[10]. A São Paulo vista e representada pelo cartunista destoava bastante, por exemplo, das "aveludadas planícies" descritas por Augusto-Emílio Zaluar. Em 1864, ao vislumbrar uma várzea, provavelmente parte da Várzea do Carmo, o Diabo Coxo ironicamente a descreve com essas impressões: "Que belo quadro: a várzea, os urubus, as flores, os cães, os pássaros, e a imundice! – Inspirai-vos, srs. fiscais!" Essa foi a legenda que acompanha a ilustração criada por Agostini.

Na ilustração, em primeiro plano vê-se o próprio personagem Diabo Coxo apreciando o "belo quadro". Com uma das mãos ele tapa o nariz por causa do mau cheiro exalado na várzea. Ao fundo há duas construções

---

9. Ernani Silva Bruno, *Memória da Cidade de São Paulo. Depoimentos de Moradores e Visitantes, 1553-1958*, p. 64 (Bernardo Guimarães) e 98 (Christopher Columbus Andrews).
10. *Diabo Coxo: São Paulo, 1864-1865*, ed. fac-similar, São Paulo, Edusp, 2005, vol. 1, principalmente il., 25 cm. Acervo Digital da Biblioteca Nacional. Disponível em: http://objdigital.bn.br/objdigital2/acervo_digital/div_iconografia/icon1111172/icon1111172.pdf. Acesso em: 26 mar. 2019 (*Cabrião: Semanário Humorístico Editado por Ângelo Agostini, Américo de Campos e Antônio Manoel dos Reis, 1866-1867*, 2. ed. rev. e ampl., São Paulo, Ed. Unesp/Imprensa Oficial, 2000, LXV, 407p., il., 26cm). Acervo Digital da Biblioteca Nacional. Disponível em: http://objdigital.bn.br/objdigital2/acervo_digital/div_iconografia/icon1356161/icon1356161.pdf. Acesso em: 26 mar. 2019.

que representam chácaras existentes no Brás. Próxima ao Diabo Coxo, há uma lavadeira trabalhando na beira do rio ao lado de um varal improvisado com roupas secando. Perto deles, dois urubus fartam-se dos restos de um cão; na margem oposta do rio, há um grande grupo dessas aves disputando os restos de uma carcaça que foi de um grande animal; e, mais ao fundo, dois grupos de urubus circundam monturos não identificados. Sobrevoando a região há um bando de urubus aguardando o momento propício para também participarem da farta refeição que se desenvolve em quatro áreas da várzea[11]. A crítica do artista era direta ao poder público: "Inspirai-vos srs. fiscais!"

Geraldo Sesso Junior, comentando a situação sanitária do bairro do Brás do século XIX, ou mais especificamente da Várzea do Carmo nesse período, destaca a questão dos animais mortos que se acumulavam na região.

> Dessas três encostas [Rua Tabatinguera, Ladeira do Carmo e Ladeira General Carneiro] formavam-se fortes enxurradas, arrastando atrás de si toda sorte de detritos, tais como – além de grossas e fétidas camadas de lama – trapos velhos, jacás, restos de cascas de frutas, cães e aves mortos, pedaços de madeiras e uma infinidade de outras imundícies que iam depositar-se no fundo dos leitos, e boiavam pelas águas paradas na Várzea do Carmo, tornando-se o local um verdadeiro pantanal, onde durante a noite e parte do dia, vagueavam animais soltos[12].

O abandono da Várzea do Carmo voltaria à cena em ilustração traçada por Agostini em 1866 no primeiro número da revista *Cabrião*. A legenda vem com a seguinte nota explicativa: "Os representantes da carniça dirigem-se ao Paço da Ilustríssima, afim de agradecer a conservação dos monturos na Várzea do Carmo".

Na imagem, um grupo de urubus em fila, todos vestidos de fraque, estão entrando na câmara municipal de São Paulo. Um dos animais, no meio do pátio, se distrai comendo algum dejeto ali encontrado. Sobrevoando o local há uma nuvem de urubus, alguns mais próximos, outros mais distantes no horizonte. Todos estão se dirigindo para aquela inusitada sessão de agradecimen-

11. Imagem disponível em *Diabo Coxo*, ano I, n. 9, p. 4.
12. Geraldo Sesso Junior, *Retalhos da Velha São Paulo*, São Paulo, Gráfica Municipal de São Paulo, 1983, p. 29.

to. Usando também um fraque e com uma cabeça postiça de urubu, o único "urubu" que usa calça é, na verdade, o Cabrião que, disfarçado, acompanha o séquito animal[13].

Mais de vinte anos depois da denúncia desenhada de Agostini, em 1890, a Várzea do Carmo continuava na mesma situação de descaso e, conforme o historiador Janes Jorge, juntamente com a poluição do Rio Tietê, a região transformou-se em questão de saúde pública. Em 27 de janeiro desse ano houve um debate público para se discutir projetos referentes à salubridade e "aformoseamento" da Várzea[14]. Desse debate participou o médico Caetano de Campos que, em seu parecer, apresentou as seguintes observações:

> Várzea do Carmo em seu estado atual é um vastíssimo foco de infecção para a cidade alta, e a menor ondulação da atmosfera atira sobre esta todas as emanações pestilenciais que ali se originam nos grandes monturos de lixo, nos corpos dos animais mortos e nas poças de água estagnada [...] Para prová-lo a minha consciência de médico tenho minha prática de quase vinte anos, durante a qual tenho visto numerosos casos de febre grave oriunda daquela podridão[15].

É justamente essa cidade, com essas características de atraso e falta de políticas públicas de sanitarismo, é exatamente essa orgânica São Paulo, no sentido literal da palavra, que os modernistas prefeririam não ter herdado.

Encontra-se nesse período de tempo de vai de meados do século XIX até as três primeiras décadas do século XX – e precisamente no cerne dessas realidades multifacetadas por temporalidades históricas diversas – a problemática central que deu origem a este capítulo.

Neste estudo trataremos de permanências num contexto de rupturas. Procuraremos brevemente explorar aqui a presença física e a presença simbólica ou metafórica dos animais em um meio ambiente, principalmente urbano, em processo paulatino de transformação. Os animais, em muitas circunstâncias, serviram como uma espécie de termômetro para pensar, avaliar e representar

---

13. Imagem disponível em *Cabrião*, p. 8.
14. Janes Jorge, *O Rio que a Cidade Perdeu: O Tietê e os Moradores de São Paulo, 1890-1940*, São Paulo, Alameda Editorial, 2006, p. 29.
15. *Apud* Janes Jorge, *O Rio que a Cidade Perdeu: O Tietê e os Moradores de São Paulo, 1890-1940*, São Paulo, Alameda Editorial, 2006, pp. 29-30.

esse processo de transformação. Serviram como um instrumento de medida para averiguar o modernismo e a modernidade em curso em terras brasileiras e particularmente paulistanas.

A cidade entre as décadas de 1860 e 1940, décadas portanto anteriores e posteriores à Semana de 22, era uma cidade povoada por animais[16]. Os animais povoavam não apenas as ruas de São Paulo, mas também a mentalidade e a cultura de seus habitantes, fossem eles modernistas ou não. Para aqueles que não eram tão modernistas, para aqueles que foram colocados dos "outros lados" do modernismo, como por exemplo Monteiro Lobato, os animais serviram como uma espécie de contraponto ao ideal modernista e de modernidade do Brasil e da cidade de São Paulo[17].

Em praticamente todos os tipos de fontes primárias é possível encontrar rastros, diretos ou indiretos, sobre a presença de animais na cidade. Dos inúmeros periódicos que circularam no período à Coleção de Leis da Cidade de São Paulo, passando pelos Relatórios de Presidentes de Província e de Prefeitos, pelos registros iconográficos e pela literatura, observa-se que viver em São Paulo entre 1860 e 1940 foi um viver em grande parte pautado

---

16. Sobre a história dos animais na cidade de São Paulo, cf. Nelson Aprobato Filho, *O Couro e o Aço. Sob a Mira do Moderno: A "Aventura" Dos Animais Pelos "Jardins" da Pauliceia, Final do Século XIX /Início do XX*, São Paulo, Universidade de São Paulo, 2007 (Tese de Doutorado em História Social). Nesta pesquisa analisou-se a história dos animais na cidade de São Paulo no contexto das transformações urbanas, científicas, tecnológicas e socioculturais do final do século XIX às primeiras décadas do XX, de 1860 a 1940. Foram três os objetivos principais da investigação sendo que, no primeiro, procurou-se compreender os impactos da modernidade e da Revolução Científico-tecnológica sobre as diversas espécies de animais que existiam na capital paulista; no segundo investigou-se de que maneiras os animais foram usados para o processo de "modernização" da cidade; e, por fim, no terceiro, procurou-se reconstruir as múltiplas relações estabelecidas entre o ser humano e os animais nesse contexto de transformações.
17. "Os Outros Lados" é parte de um título de autoria de Sérgio Buarque de Holanda para um artigo no qual discute as cisões no movimento modernista brasileiro. Cf. Sérgio Buarque de Holanda, "O Lado Oposto e Outros Lados", *O Espírito e a Letra: Estudos e Crítica Literária 1, 1902-1947*, vol. I, organização, introdução e notas Antonio Arnoni Prado, São Paulo, Companhia das Letras, 1996, pp. 224-228. O tema foi estudado e aprofundado pelo historiador Elias Thomé Saliba em "Por Que Ninguém Quer Ser Humorista? Sérgio Buarque dos Países Baixos e o *Corredor de Humor* no Modernismo Brasileiro", *Crocodilos, Satíricos e Humoristas Involuntários. Ensaios de História Cultural do Humor*, São Paulo, Intermeios, Programa de Pós-graduação em História Social, USP, 2018, pp. 37-65, (Coleção Entr(H)istória); e em outro texto, parcialmente inédito: Elias Thomé Saliba, Texto Original para Catálogo "Olhares Modernistas" da Exposição "Brasil-brasis: Cousas Notáveis e Espantosas" (Museu do Chiado, abr.-jun. 2000). [Cópia gentilmente cedida pelo autor.]

pelas múltiplas relações entre o ser humano e os animais, sejam essas relações modernas ou não.

Descoberta particularmente intrigante surgiu a partir da análise que fizemos das obras literárias, ou seja, de romances, contos, poemas, crônicas, memórias, correspondências, relatos de viagem, almanaques, estudos e ensaios. Nesse sentido é possível reconstruir a história das relações entre o ser humano e os animais em São Paulo tanto nos escritores considerados canônicos do modernismo, como, por exemplo, Mário de Andrade, Oswald de Andrade, Manuel Bandeira, Patrícia Galvão, Luís Aranha, Guilherme de Almeida, entre outros, como também naqueles que ficaram dos "outros lados" do movimento artístico de 1922, ou seja, escritores como José Agudo, Amadeu Amaral, Edmundo Amaral, Ribeiro Couto, Paulo Eiró, Sylvio Floreal, Geraldina Marx, Alexandre Marcondes, mais conhecido como Juó Bananére, António de Alcântara Machado, Júlio Ribeiro, Hilário Tácito e, principalmente, Monteiro Lobato.

Ao analisar esses dois conjuntos de escritores pode-se perceber que a maior parte das referências sobre a presença dos animais no cotidiano da cidade, principalmente aquela presença que remetia a cidade ao seu passado colonial e rural, encontra-se com certo destaque neste segundo grupo de escritores, ou seja, naqueles que foram contemporâneos ao movimento modernista, mas não foram os seus principais representantes e porta-vozes.

Isso não quer dizer que autores considerados expoentes do modernismo, como Oswald de Andrade, não tenham se utilizado de animais em suas criações literárias. Os próprios manifestos lançados na década de vinte fazem referências aos animais: o jabuti, no "Manifesto Antropófago" de Oswald de Andrade de 1928, e a anta, no "Manifesto Nhengaçu Verde-Amarelo" do também modernista Menotti del Picchia de 1929.

Do "outro lado", Gilberto Freyre, em seu "Manifesto Regionalista" de 1926, distanciou-se do uso metafórico e mitológico feito por Oswald e Picchia e dedicou toda uma parte para tratar da importância dos animais na cultura e no cotidiano regional do nordeste, destacando ainda a questão da proteção animal.

Mas, talvez, um dos registros dos mais significativos para pensarmos na proposta deste capítulo seja o já citado romance *Macunaíma* de autoria do escritor paulista Mário de Andrade. Considerada por muitos como sendo a obra prima do modernismo brasileiro, também é, provavelmente, uma das obras literárias que mais fez referências aos animais[18].

Estudar a importância histórica dos animais em *Macunaíma* é um tema ainda inédito e que demandaria uma grande pesquisa. Neste capítulo nos deteremos em apenas três passagens – possivelmente as mais enigmáticas e promissoras para pensar a presença de animais na cidade de São Paulo e no Brasil, com o objetivo de contrapô-las a outros registros documentais do mesmo período.

Macunaíma, após inquietar-se com as estranhas palmeiras que soltavam fumaça e com as inusitadas estrelas que tinham descido do céu e "banzavam pela cidade", imediatamente depois de sua primeira noite na capital do modernismo, desperta para as descobertas de um novo dia em São Paulo.

A inteligência do herói estava muito perturbada. Acordou com os berros da bicharia lá em baixo nas ruas, disparando entre as malocas temíveis. E aquele diacho de sagui-açu que o carregara pro alto do tapiri tamanho em que dormira... Que mundo de bichos! Que despropósito de papões roncando, mauaris juruparis sacis e boitatás nos atalhos nas socavas nas cordas dos morros furados por grotões donde gentama saía muito branquinha branquíssima, de certo a filharada da mandioca!... A inteligência do herói estava muito perturbada. As cunhãs rindo tinham ensinado pra ele que o sagui-açu não era saguim não, chamava elevador e era uma máquina. De-manhãzinha ensinaram que todos aqueles piados berros cuquiadas sopros roncos esturros não eram nada disso não, eram mas cláxons campainhas apitos buzinas e tudo era máquina. As onças pardas não eram onças pardas, se chamavam fordes hupmobiles chevrolés dodges mármons e eram máquinas. Os tamanduás os boitatás as inajás de curuatás de fumo, em vez eram caminhões bondes autobondes anúncios-luminosos relógios faróis rádios motocicletas telefones gorjetas postes chaminés... Eram máqui-

---

18. Esta parece ser uma característica tão inusitada e marcante que chamou a atenção de especialistas de áreas aparentemente distantes das humanidades. Em 8 de setembro de 2016 a UNIRIO realizou na cidade do Rio de Janeiro um evento intitulado "I Colóquio de Zoologia Cultural". A bióloga da UFRJ, Luci Boa Nova Coelho além de ter sido uma das organizadoras do evento também apresentou a comunicação "Marioandradeando a Zoologia em *Macunaíma*". Surpreendentemente ela fez uma estatística dos animais elencados por Mário de Andrade no romance. Segundo a bióloga, no livro foram encontradas 436 referências aos animais, sendo 129 aves, 109 mamíferos, 82 insetos, 51 peixes, 35 répteis, 12 aracnídeos e 18 outros pertencentes a várias ordens e famílias, incluindo ainda aqueles relacionados a lendas e mitos (Luci Boa Nova Coelho, "Marioandradeando a Zoologia em Macunaíma", *I Colóquio de Zoologia Cultural – Livro do Evento*, Rio de Janeiro, Perse, 2016, pp. 194-195). Disponível em: https://www.researchgate.net/publication/311970022_Marioandradeando_a_Zoologia_em_Macunaima. Acesso em 27 mar. 2019.

nas e tudo na cidade era só máquina! O herói aprendendo calado. De vez em quando estremecia. Voltava a ficar imóvel escutando assuntando maquinando numa cisma assombrada. Tomou-o um respeito cheio de inveja por essa deusa de deveras forçuda, Tupã famanado que os filhos da mandioca chamavam de Máquina, mais cantadeira que a Mãe-d'Água, em bulhas de sarapantar[19].

Se pensarmos na história dos animais na capital paulista do período possivelmente a descrição feita por Mário de Andrade, por meio de seu personagem Macunaíma, pode-se afirmar que a São Paulo do escritor era uma cidade muito mais almejada do que real, uma São Paulo mais presente na representação estética literária modernista dos anos 1920, do que aquela existente no cotidiano das ruas. Nem tudo na capital do modernismo era moderno e era máquina: muita coisa era ainda bicho, muita coisa era ainda gente. Tipos de bicho e tipos de gente que talvez, de alguma forma, incomodassem os preceitos modernistas e maculassem alguns ideais de modernidade da cidade e do país. Como alerta o historiador Elias Thomé Saliba:

> Para os modernistas brasileiros de 1922, a ruptura com a tradição implicava responder aos desafios que o peculiar cenário histórico brasileiro apresentava após a Primeira Guerra Mundial: o que significava ser moderno e como atingir a modernidade? Como construir a nação naquela realidade brasileira cada vez mais paradoxal, infinitamente variada, regionalmente diversificada e, sobretudo depois da guerra, uma realidade indefinida em termos de futuro?
> Mas as cisões posteriores a 1922 frustrariam dramaticamente os modernistas dos mais variados matizes, sobretudo por que o aparato hegemônico das elites brasileiras, na sua inércia estrutural, transformava-se em ritmo bem mais lento que os voos imaginativos das vanguardas. "Eu sou um encalacrado que fala num Congresso de encalacrados", vociferava Oswald de Andrade, uma figura impertinente em pleno Congresso dos Lavradores, em 1928. Na verdade, encalacrados estavam todos num país de muitos modernistas, mas de pouquíssima modernidade[20].

Alguns anos após a publicação de *Macunaíma*, mais especificamente entre 1935 e 1938, o antropólogo Claude Lévi-Strauss viveu em São Paulo e criou uma série de registros sobre a capital. Quase dez anos após as máquinas-so-

---

19. Mário de Andrade, *Macunaíma – O Herói Sem Nenhum Caráter*, pp. 50-51.
20. Elias Thomé Saliba, "Modernistas Viviam em um País Sem Modernidade", *O Estado de S.Paulo*, 3 fev. 2002, Caderno 2/Cultura, p. D9.

noras de Mário de Andrade, Lévi-Strauss observava outras realidades, mais difusas, nem tão modernas.

O encanto da cidade, o interesse que ela suscitava vinham primeiro de sua diversidade. Ruas provincianas onde o gado retardava a marcha dos bondes; bairros deteriorados que sucediam sem transição às mais ricas residências; perspectivas imprevistas sobre vastas paisagens urbanas: o relevo acidentado da cidade e as defasagens no tempo, que tornavam perceptíveis os estilos arquitetônicos, cumulavam seus efeitos para criar dia após dia espetáculos novos[21].

Lévi-Strauss, nessa passagem, chama a atenção de seus leitores para um fato que também lhe chamou particularmente a atenção, ou seja, elementos orgânicos e inorgânicos que demonstravam as "defasagens do tempo" existentes na cidade. A história da cidade de São Paulo, principalmente entre as duas décadas finais do século XIX e as primeiras do século XX foi uma história fortemente marcada por múltiplas temporalidades, por aquilo que o historiador Reinhart Koselleck denominou a contemporaneidade do não-contemporâneo[22]. Se pensadas na perspectiva da história das atitudes humanas para com os animais, as propostas de Koselleck demonstram inúmeras potencialidades de interpretação e compreensão histórica. No período delimitado por este capítulo as relações entre o ser humano e os animais compunham-se a partir de elementos, práticas, usos, atitudes, percepções e representações de idades diversas. O "arcaico" – ou "tradicional" ou, ainda, o "atrasado" e "rural" – e o "moderno" interpenetravam-se e correlacionavam-se nos mais variados níveis e nas mais incomuns direções. Escritores como Lévi-Strauss, Monteiro Lobato ou Zélia Gattai, em seus textos sobre os animais continuamente dialogaram com essas múltiplas temporalidades, com essa contemporaneidade do não-contemporâneo. Manifestações e experiências ditas "coloniais", como por exemplo as carroças ou os carros de boi, coexistiram com aquelas chamadas "modernas".

Na citação Lévi-Strauss fez uma referência ao gado que retardou a marcha do bonde em uma "provinciana" rua da capital. A "provinciana" rua estava lo-

---

21. Claude Lévi-Strauss, *Saudades de São Paulo*, trad. Paulo Neves, Ricardo Mendes (org.), São Paulo, Companhia das Letras, 1996, p. 69.
22. Reinhart Koselleck, *Futuro Passado: Contribuição À Semântica dos Tempos Históricos*, trad. Wilma Patrícia Mass e Carlos Almeida Pereira, Rio de Janeiro, Contraponto, 2006.

calizada no centro da cidade e era uma das principais vias de circulação. Esta menção feita pelo antropólogo resultou nas duas icônicas fotografias de sua autoria nas quais flagrou uma boiada passando pela Rua da Liberdade no ano de 1937, portanto quase dez anos após a cidade-máquina descrita por Mário de Andrade em *Macunaíma*[23].

Nessas fotografias ficam bem evidentes as múltiplas temporalidades, a contemporaneidade do não-contemporâneo coexistindo em um mesmo momento histórico. Nelas se vê uma pequena boiada em movimento, guiada por um boiadeiro a cavalo, passando ao lado de um bonde elétrico e de um ônibus.

Se observarmos detalhadamente é possível notar alguns elementos urbanos e culturais que de certa forma não foram muito bem digeridos por parte dos ideais modernistas. Elementos urbanos e culturais que nos remeteriam muito mais à cidade colonial, "passadista" e "atrasada", do que propriamente à cidade moderna e modernista vislumbrada e ouvida por Macunaíma. Nessas fotos o olhar antropológico de Lévi-Strauss colocou em primeiro plano e em total destaque o lado orgânico, o lado animal da cidade, em detrimento de seu lado tecnológico representado pelos grandes símbolos da modernidade, como o bonde elétrico, o ônibus e os fios de eletricidade, que também estão presentes nas imagens.

Se retirarmos os bois, o boiadeiro e o cão, se retirarmos os passageiros do bonde, o motorneiro e os pedestres, e deixarmos apenas o bonde e os fios de eletricidade, as fotografias de Lévi-Strauss poderiam representar iconograficamente a cidade-máquina que Macunaíma escutou. Mas, talvez infelizmente para determinadas camadas socioculturais, essas presenças orgânicas continuavam por lá e continuariam por muitas décadas ainda.

Registros documentais como os que produziu Lévi-Strauss nos remetem a uma cidade na qual "o couro e o aço" interpenetram-se em múltiplas dimensões para a construção de um cotidiano urbano singular. Nessa metáfora o couro nos remete a todos os elementos vivos, orgânicos e enraizados nas tradições coloniais da cidade, enquanto o aço refere-se às modernas tecnologias,

---

23. É possível visualizar essas duas fotos no site do Instituto Moreira Salles. Fotografia 003LS037.jpg disponível em https://acervos.ims.com.br/portals/#/detailpage/5624; Fotografia 003LS038.jpg disponível em https://acervos.ims.com.br/portals/#/detailpage/5625. Acesso em: 26 mar. 2019.

oriundas principalmente dos resultados da Revolução Científico-Tecnológica, que estavam em processo de implantação em centros urbanos como São Paulo[24]. Nos registros de Lévi-Strauss podemos perceber vários elementos que contrapõem essas duas realidades.

Essa contraposição do "couro e o aço" foi inspirada em um breve fragmento retirado do livro inacabado de Sérgio Buarque de Holanda, *O Extremo Oeste*[25]. Nesse fragmento o historiador escreveu:

> A demora com que, no planalto de Piratininga, se tinham introduzido costumes, tradições ou técnicas provenientes da metrópole, não deixaria de ter ali fundas consequências. Desenvolvendo-se a atividade colonizadora com muito mais soltura do que nas outras capitanias, tendia processar-se através de uma incessante acomodação a condições locais. Por isso mesmo não se enrijava logo em padrões inflexíveis. Retrocedia, onde preciso, a formas de vida mais arcaicas, espécie de tributo requerido para o melhor reconhecimento e posse da terra. Só aos poucos, ainda que de modo consistente, o filho e o neto de europeus acabaria por introduzir usos familiares aos seus ancestrais no Velho Mundo. Com a

---

24. A Revolução Científico-Tecnológica foi marcada, grosso modo, pelo surgimento, aperfeiçoamento e difusão de diversos elementos, técnicas e implementos. Dentre as inúmeras novidades decorrentes da técnica e da ciência modernas podem ser citados: o motor a explosão, o avião e a gasolina; a soda cáustica e a eletroquímica; a eletrólise, o alumínio e o níquel; o dínamo, a lâmpada incandescente e as usinas elétricas e hidrelétricas; os transportes públicos mecanizados, o pneu e a bicicleta; a máquina de escrever e o jornal leve e barato; as primeiras fibras sintéticas e a seda artificial; os primeiros plásticos sintéticos e a baquelita; o clorofórmio, os antissépticos, o fenol e a assepsia; os corantes, a bacteriologia, a microbiologia e a bioquímica; os antibióticos, as vitaminas e os hormônios; a aspirina e a anestesia; os fertilizantes artificiais, a conservação de alimentos através da esterilização e pasteurização e o processo de estanhagem para alimentos enlatados; os sistemas ferroviários de escala continental e os navios de grande tonelagem; a refrigeração e o comércio internacional de frutas, verduras, carnes, trigo, chá e café. Segundo Geoffrey Barraclough, a Revolução Científico-Tecnológica, ou Segunda Revolução Industrial, fora desencadeada a partir de 1870 e ficou conhecida como a era do aço, da eletricidade, do petróleo e dos produtos químicos. Ela trouxe em seu bojo a mudança da estrutura da sociedade industrial, a integração e interligação econômica do mundo e o neoimperialismo do final do século XIX. A principal distinção que separa a primeira da segunda revolução industrial foi o impacto, ou o efeito, desencadeado por esta última, dos progressos científicos e tecnológicos sobre a "vida e perspectivas das pessoas". Numa dimensão mais ampla as transformações das ciências e das tecnologias tiveram também impactos e efeitos incisivos não só sobre o ser humano, sua cultura, sociedade e economia, mas para todo o meio ambiente, para todas as formas de vida existentes no planeta. Com a Revolução Científico-Tecnológica os animais passaram a ter uma importância nunca antes experimentada. Sobre a Revolução Científico-Tecnológica (Geoffrey Barraclough, *Introdução à História Contemporânea*, São Paulo, Círculo do Livro, s.d., capítulo II; Eric Hobsbawm, *A Era dos Impérios (1875-1914)*, 3. ed., Rio de Janeiro, Paz e Terra, 1988, capítulo 10).
25. O título principal por nós dado à tese de doutorado defendida em 2007 foi "O Couro e o Aço" (Nelson Aprobato Filho, *O Couro e o Aço. Sob a Mira do Moderno: A "Aventura" dos Animais Pelos "Jardins" da Pauliceia, Final do Século XIX / Início do XX*).

consistência do couro, não a do ferro e a do bronze, cedendo, dobrando-se, amoldando-se às asperezas de um mundo rude[26].

Essa metáfora é tão poderosa e promissora que extrapola o contexto histórico específico na qual foi inserida por Sérgio Buarque, ou seja, explicar o processo de conquista do oeste de São Paulo e Mato Grosso nos séculos XVIII e XIX. A acomodação e a flexibilidade apontado pelo historiador pode ser quase pensada como uma espécie de teoria para pensar a história do Brasil em toda sua abrangência temporal e espacial, em todos os seus elementos socioculturais, político-econômicos, científico-tecnológicos e ecológico-ambientais. Essa acomodação e flexibilidade pode contribuir para analisar, ainda, as singularidades do modernismo e da modernidade no Brasil. Mesmo pensando em períodos posteriores ao ferro e ao bronze, mesmo pensando em materiais muito mais rígidos como o aço ou o titânio, mesmo assim o velho e bom couro continua, até os dias atuais, embalando, quase que a vácuo, a história e a cultura do país. Muitas vezes esse velho e bom couro tem provocado medos, causado incômodos. É o que relatou em suas memórias o escritor Jorge Americano ao retratar a cidade de São Paulo em 1934, seis anos após a cidade modernista de Macunaíma, três anos antes dos registros antropológicos de Lévi-Strauss:

> Tiniu o telefone. Era Elza, avisando que ninguém saísse de casa, porque andava solta pela cidade uma boiada enfurecida. [...]
> Daí a pouco apareceram no nosso quarteirão da Avenida Angélica alguns bois soltos, uns perseguidos, outros perseguindo, um olhando como boi para palácio, outro filosofando, e vários "naquela aspiração de liberdade de que a natureza dotou a todos os animais".
> Era uma boiada que se assustara com uma buzina de automóvel. [...]
> Havia gente aflita nas janelas, nas ruas corriam homens armados de guarda-chuvas, outros tentavam forçar portões fechados ou saltar grades, guardas civis de revólver em punho corriam quando os bois se aproximavam, boiadeiros de faca e bombacha tentavam laçá-los[27].

A buzina de um automóvel provocando a disparada de uma boiada na São Paulo de 1934. O couro e o aço. Nem tudo na cidade de Macunaíma era máquina, muita coisa era ainda couro, muita coisa era ainda animal. Animais que,

---

26. Sérgio Buarque de Holanda, *O Extremo Oeste*, São Paulo, Brasiliense, 1986, p. 29.
27. Jorge Americano, *São Paulo Nesse Tempo (1915-1935)*, São Paulo, Edições Melhoramentos, s.d., p. 210.

nesse período, mesmo estando sob a mira do moderno; da modernidade, da modernização, do modernismo e do progresso; do urbano, da urbanidade e do capital; da higiene, da civilização, da ciência e da tecnologia, mesmo assim esses animais continuavam sendo animais e continuavam vivendo nas ruas de São Paulo. A partir de 1870-1880, com os primeiros impactos da Revolução Científico-Tecnológica e da cultura da modernidade, os animais paulistas foram ganhando outros graus de importância e valor; foram adquirindo novos papéis, novas funções e novos significados, não menos importantes, mas muitas vezes mais imperceptíveis, tênues, dissimulados e passaram a ter outros significados e representações. A modernidade paulista, e particularmente o modernismo brasileiro, com todas as suas especificidades, singularidades e contingências, também lançou seus difusos reflexos sobre a vida dos animais existentes na cidade. O livro *Macunaíma* pode ser entendido como um desses difusos reflexos.

Entre as décadas finais do século XIX e as primeiras do XX os animais passaram por um profundo, complexo e intrincado processo de recolonização, processo este articulado em múltiplos níveis e em várias direções, e composto tanto por arcaicas tradições e antigos costumes como por novos elementos representativos da modernidade. Entre outros aspectos é importante destacar que esse processo de recolonização a que foram submetidos os animais faz parte do contexto de reconfiguração urbana, econômica, científica, tecnológica, sociocultural e ambiental ocorrida na cidade nesse período[28]. Com a passagem de um padrão de raízes coloniais para outro com elementos marcantes da modernidade o ser humano, entre outras ações, transformações e experiências, redefiniu e redimensionou suas atitudes e relações com os animais. Mas, se essas atitudes e relações, por um lado, estavam prenhes dessa cultura da modernidade, por outro, traziam em seu bojo uma enorme, significativa e viva carga de "velhos" costumes e "antigas" tradições. O couro e o aço interpenetrando-se, expondo-se e talvez ofuscando alguns ideais mais modernistas.

Na literatura talvez um dos exemplos mais candentes desse processo de recolonização pelo qual passaram os animais são as impressões de Macunaíma sobre os bichos da cidade. Mas Mário de Andrade não foi o único. O trem, a

---

28. Sobre a São Paulo da década de 1920, cf. Nicolau Sevcenko, *Orfeu Extático na Metrópole – São Paulo, Sociedade e Cultura nos Frementes Anos 20*. São Paulo, Companhia das Letras, 1992.

locomotiva e todo o sistema ferroviário, mesmo tendo sua origem no século XIX, foi um dos grandes símbolos da modernidade. Para o poeta futurista Luís Aranha, em vários de seus escritos, esse meio de transporte ocupou lugar de destaque, como no poema que se inicia com os seguintes versos:

> O Trem
> Na tarde cor de ouro e brasa,
> Em desfilada
> Passa um comboio em cavalgada
> Entre renque de casas.
>
> Nada o detém,
> Na fúria imensa pelo espaço além.
>
> Nos silvos de vapor,
> Em sibilos de raiva e mugidos de dor,
> Golfando fumo para o céu sonoro
> O trem
> Flamínio meteoro
> Lançando gotas de sangue ardente
> Vara o espaço – além.
>
> A toda brida,
> Por onde passa o chão trepida.
>
> Sacudindo a terra,
> É um batalhão em marcha para a guerra,
> A guerra insana da riqueza
> E as batalhas de audácia e de esperteza.
>
> Fumo que sobes em bulcões
> Dos pulmões
> Ardentes e ferozes da locomotiva,
> O teu furor sacode-me o torpor
> E a correnteza do meu sangue ativa.
> [...][29]

---

29. Luís Aranha, *Cocktails – Poemas*, organização, apresentação, pesquisa e notas Nelson Ascher, São Paulo, Brasiliense, 1984, pp. 78-79. O trem aparece em inúmeros outros poemas de Aranha, como, por exemplo, nas pp. 39-41, 57-59, 68-69, 80-81 e 84-85.

A presença dos animais era tão intensa no cotidiano do poeta que, possivelmente mesmo sem que ele tenha percebido, manifestações intrínsecas da própria natureza animal foram sorrateiramente incorporadas à estética futurista. O representante maior da modernidade e do progresso, o trem, quase se transforma em uma realidade orgânica no poema de Luís Aranha. Palavras do mundo animal foram usadas para engrandecer a tecnologia ferroviária: "Na tarde cor de ouro e brasa, / Em desfilada / Passa um comboio em cavalgada [...]"; "Nos silvos de vapor, / Em sibilos de raiva e mugidos de dor, [...]"; "Fumo que sobes em bulcões / Dos pulmões / Ardentes e ferozes da locomotiva, [...]"[30].

É exatamente neste sentido que apontamos acima que os animais habitavam não somente as ruas do país e particularmente de São Paulo, mas também as representações e as mentalidades das pessoas, sejam elas poetas ou não, sejam elas futuristas e modernistas ou não.

Se levarmos em consideração apenas a presença física dos animais na cidade e consultarmos, por exemplo, uma estatística realizada em 1952 referente à quantidade de bovinos, equinos, asininos e muares existentes na capital paulista nas quatro primeiras décadas do século XX verificaremos uma realidade surpreendente.

Ao analisarmos as colunas referentes aos totais, localizadas à direita da tabela, percebe-se que em 1905 o total somado desses animais era de 21 606; em 1920, 38 885; em 1934, 32 892; e, em 1940, esse número reduziu-se a apenas 5 375. Outra informação importante surge a partir da comparação de dados. Quando observamos os totais de animais existentes na capital paulista com os totais referentes às outras cidades dos arredores – Guarulhos, Cotia, Itapecerica, Santo André, São Bernardo, Santo Amaro, Mogi das Cruzes, Salesópolis, Santa Izabel e Parnaíba – verificamos que São Paulo, entre os anos

---

30. É intrigante observar que quase cinquenta anos antes da publicação deste poema, outro escritor, Antonio Carlos de Almeida, também encontrou no trem, ou mais especificamente na locomotiva, um sentimento bastante semelhante ao de Luís Aranha. As formas poéticas, os recursos de estética, podem até ter sofrido alterações, mas tanto as percepções de Luís Aranha, como os ideais vislumbrados ou almejados por ele, continuavam muito próximos do autor de "A Locomotiva", poema publicado nas páginas do *Almanach Litterario de S.Paulo para 1878*. Até o uso de algumas metáforas animais aproximam os dois escritores como, por exemplo, "cavalgada", em Aranha, e "galope" em Almeida, como nesses versos: "Partiu. Lá vai correndo em rápido galope/como o raio cortando o vasto imenso espaço!/Não olha para traz. Caminha, e as auras mansas/afagam-lhe, beijando, o forte peito de aço." *Almanach Litterario de São Paulo para 1878* publicado por José Maria Lisboa, Abílio Marques e J. Taques, p. 63.

de 1905 e 1940, concentrava a maior parte da produção pecuária do estado. Foi somente em 1940 que a cidade de Parnaíba ultrapassou capital paulista.

Cidade de São Paulo e seus Arredores
Pecuária - Números de Bovinos, Eqüinos, Asininos e Muares, segundo os Municípios:
1905 - 1920 - 1934 - 1940

Municípios	Bovinos 1920	1934	1940	Equinos 1920	1934	1940	Asininos e Muares 1920	1934	1940	Total 1905	1920	1934	1940
Capital	18.937	20.721	3.359	7.198	5.453	1.245	12.750	6.718	771	21.606	38.885	32.892	5.375
Guarulhos	1.924	3.231	940	1.324	1.823	495	1.720	1.480	227	6.042	4.968	6.534	1.662
Cotia	3.120	8.878	569	1.773	3.239	245	1.534	5.166	327	6.694	6.427	17.283	1.141
Itapecerica	1.803	8.273	1.394	1.012	4.506	1.149	1.697	5.405	1.285	8.286	4.512	18.184	3.828
Juqueri	1.343	1.483	1.214	972	1.170	1.806	1.320	2.240	1.051	5.428	3.635	4.893	3.351
Santo André	-	-	820	-	-	452	-	-	205	-	-	-	1.477
Santo Amaro	712	-	-	480	-	-	239	-	-	9.907	1.431	-	-
São Bernardo	1.564	2.453	-	375	1.161	-	410	1.871	-	3.447	2.349	5.485	-
Sub-Total	29.403	45.039	8.296	13.134	17.352	5.392	19.670	22.880	3.866	61.410	62.207	82.271	16.834
Mogi das Cruzes	5.107	4.416	2.241	4.892	3.830	2.537	14.713	2.734	636	...	24.712	10.980	5.414
Salesópolis						683	492	623	94			5.689	1.626
Guararema	1.447	3.038	849	2.224	2.028	529	606	706	91	4.977	4.163	4.095	2.015
Santa Isabel	2.694	2.684	1.395	2.921	705	1.933	860	1.816	1.139	1.684	6.221	8.679	6.618
Parnaíba	992	3.752	3.546	1.275	3.111	956	354	3.391	429	...	3.127	18.346	2.774
Sub-Total	2.438	11.309	1.389	812	3.646	6.638	17.025	9.270	2.389	5.282	3.604	47.789	18.447
	12.678	25.199	9.420	12.124	13.320					11.943	41.827		
Total	42.081	70.238	17.716	25.258	30.672	12.030	36.695	32.150	6.255	73.353	104.034	130.060	35.281

FONTE DOS DADOS BÁSICOS: Crescimento da População no Estado de São Paulo e seus Aspectos Econômicos - USP - Faculdade de Filosofia, Ciências e Letras - José Francisco de Camargo - Boletim n.º 153 - Volume III - 1952.
Elaboração: Emplasa 2001.

Memória Urbana: A Grande São Paulo Até 1940[31].

Portanto, pode-se afirmar que na década de 1920, a década da Semana de Arte Moderna, e durante o período que vai de 1905 a 1940, a capital brasileira do modernismo concentrou o maior número de bovinos, equinos, asininos e muares de todo o estado de São Paulo. Essas criações de animais eram feitas, não nos esqueçamos, dentro dos limites urbanos do município. Eles estavam, portanto, por todos os lados. Muito provavelmente alguns sons da "bicharia" que Macunaíma escutou eram realmente "berros", "sopros" e "roncos" emitidos por bois,

---

31. *Memória Urbana: A Grande São Paulo Até 1940*, São Paulo, Arquivo do Estado, Imprensa Oficial do Estado de São Paulo, vol. 2, tabela n. 63, 2001, p. 160, p. 68. Essa tabela utilizou como "Fonte dos Dados Básicos" a publicação *Crescimento da População no Estado de São Paulo e seus Aspectos Econômicos,* USP, Faculdade de Filosofia, Ciências e Letras; José Francisco de Camargo, Boletim n. 153, vol. III, 1952".

vacas, cavalos, éguas, asnos, burros, etc., e não os "cláxons campainhas apitos buzinas" que as cunhãs tinham ensinado para o herói.

Se a criação de animais era pungente, audível e sensível a todo ser humano, não é difícil imaginar a quantidade de animais que era empregada em inúmeras outras atividades, também humanas, em São Paulo nesse mesmo período. Especificamente sobre a década de 1920, a década dos manifestos modernistas e a década de *Macunaíma*, exatamente sobre essa época, escreveu Zélia Gattai em suas memórias:

> A Alameda Santos, vizinha pobre da Paulista, herdava tudo aquilo que pudesse comprometer o conforto e o status dos habitantes da outra, da vizinha famosa. Os enterros, salvo raras exceções, jamais passavam pela Avenida Paulista. Eram desviados para a Alameda Santos, [...]. Rodas de carroças e patas de burros jamais tocaram no bem cuidado calçamento da Paulista. Tudo pela Alameda Santos! Nem as carrocinhas de entrega de pão, nem os burros da entrega do leite, com seus enormes latões pendurados em cangalhas, um de cada lado, passando pela manhã muito cedo, tinham permissão de transitar pela Avenida.
>
> Nossa rua era, pois, uma das mais movimentadas e estrumadas do bairro, com seu permanente desfile de animais. Em dias de enterros importantes, o adubo aumentava. Imensos cavalos negros, enfeitados de penachos também negros – quanto mais rico o defunto, maior o número de cavalos –, puxando o coche funerário, não faziam a menor cerimônia: no seu passo lento levantavam a cauda e iam fertilizando fartamente os paralelepípedos da rua.
>
> Cada morador tinha direito às porções largadas em frente à sua casa [...]. Munidos de latas e pás, havia sempre meninos dispostos a fazer o serviço de recolhimento e entrega do material, por alguns vinténs[32].

Dimensões orgânicas da cidade modernista. Em 22 de junho de 1920, data que se insere no período representado por Zélia Gattai em suas memórias sobre a Alameda Santos, o então prefeito da cidade Firmiano M. Pinto, por meio do Ato n. 1446, decidia:

> Proíbe o trânsito de carroças e outros veículos pela avenida Paulista, desde que conduzam materiais que a ela não se destinem, e dá outras providências.

---

32. Zélia Gattai, *Anarquistas, Graças a Deus*, 11. ed., Rio de Janeiro, Record, 1984 (1. ed. 1979), pp. 43-44.

Art. 1.º – Fica proibido o trânsito de carroças que conduzam terra, cal, areia, tijolos e outros materiais pela avenida paulista, a não ser quando se destinarem a construções ou obras nessa via pública.

Art. 2.º – Quando qualquer veículo, no caso do art. 1.º, tiver que descarregar naquela avenida, deverá o respectivo condutor levá-lo pelas ruas transversais, só passando pelo trecho da avenida em que o material conduzido vai ser aplicado[33].

A segregação e valorização de "espaços públicos" e a criação de ambientes modernos e higienizados, quase artísticos, sem buracos e estrume, como objetivo intrínseco ou subliminar da Lei, demonstra uma manutenção da desigualdade e um cuidado apenas aparente de determinados trechos urbanos.

A presença e a importância do estrume na cidade de São Paulo têm uma antiga história e tradição. Com certeza essa presença não foi privilégio da cidade dos modernistas, ela existiu antes e continuará existindo depois. Retornemos ao ano de 1864, período no qual os poucos leitores de São Paulo tiveram acesso ao periódico humorístico *Diabo Coxo*. O "Jornal Domingueiro", nesse ano, publicou uma outra cena urbana riscada também pelo cartunista Ângelo Agostini. Essa cena talvez também não tenha sido vista, ou quem sabe relatada, pelos viajantes do século XIX em suas descrições idílicas sobre a cidade. A legenda possui um título: "Materiais de Edificar", seguido de um pequeno diálogo iniciado pelo Diabo Coxo que pergunta: "– O que estás fazendo aí, moleque?" O "moleque", um homem negro escravizado, responde: "– Apanhando bosta para meu sinhô". A cena toda está em primeiro plano. Nela, o Diabo Coxo encontra-se em pé, olhando para o outro personagem que está com um dos joelhos no chão, ao lado de um monte de estrume. Ao mesmo tempo que olha e responde para o Diabo Coxo, com uma das mãos recolhe o estrume e coloca-o em um pequeno caixote[34].

Como vemos, o recolhimento de estrume das ruas da cidade remonta ao século XIX e teve carreira longa em São Paulo. Em 10 de março de 1893, por exemplo, o jornal *O Estado de S.Paulo* publicou a seguinte nota.

Com a Junta de Higiene – A Junta de Higiene levamos o conhecimento de um fato gravíssimo pois que nele está interessado a saúde pública.

---

33. *Leis e Atos do Município de S.Paulo do Ano de 1920* (Nova edição adaptada à ortografia oficial), São Paulo, Imprensa Oficial do Estado, 1934, p. 331.
34. A imagem pode ser vista em *Diabo Coxo*, ano I, n. 11, p. 5.

É o caso que todas as tardes diversos bondes da Viação Paulista descarregam em frente a muitas chácaras da rua da Mooca grande quantidade de estrume que exala um mau cheiro insuportável, empestando a atmosfera.

Ainda ontem diferentes bondes com passageiros tiveram que parar, à espera que uns carros de carga despejassem mesmo junto aos trilhos a terrível esterqueira.

Diversos passageiros, dentre eles algumas senhoras que iam no bonde, enojaram-se a ponto de vomitar, e a vizinhança, não podendo suportar a fedentina que se exalava até grande distância, fechou as portas e janelas de suas casas.

Compreendemos que as chácaras daquele bairro tenham necessidade de estrume para fertilizar o solo, mas o que decididamente não é nada justo e em grande parte prejudica a saúde dos moradores dali, é que os bondes da Viação façam o serviço em uma hora imprópria e em que a população ainda se acha entregue às suas labutações cotidianas.

O serviço bem pode ser feito pela madrugada.

Para o fato chamamos a atenção da Junta de Higiene, afim de que sejam dadas as providências que as circunstâncias exigem[35].

Se por um lado o estrume provocava incômodos, por outro, como vimos, ele representava um fértil capital. Na história do Brasil esse produto orgânico provocou eventos inusitados. Na década de 1950, por exemplo, a historiadora Elena Pajaro Peres descobriu um delito em específico, entre inúmeros outros, que impossibilitava a emissão imediata de visto de entrada para imigrantes espanhóis.

Outra exigência do governo brasileiro para a concessão do visto de entrada era a documentação que demonstrava a inexistência de antecedentes penais e político-sociais. Há casos curiosos de espanhóis que tinham o visto sujeito à consulta porque haviam cometido atos considerados criminosos em seu país como furtar estrume, comprar mantimentos no mercado negro ou pertencer à maçonaria[36].

---

35. *O Estado de S.Paulo* (Locais), domingo 19 de março de 1893, p. 1. Apud Fraya Frehse, *Vir a Ser Transeunte – Civilidade e Modernidade nas Ruas da Cidade de São Paulo (Entre O Início do Século XIX e o Início do XX)*, São Paulo, 2004, p. 493, Tese Doutorado em Antropologia, FFLCH-USP. O acúmulo e odores de estrume em uma cidade povoada por animais sempre foi um incômodo problema para os moradores e para o poder público. Alfredo Moreira Pinto, em suas crônicas sobre a cidade, comentou sobre a inadequação do prédio escolhido para abrigar a seção masculina de um Grupo Escolar no Brás: "Funciona em um chalé alugado, na avenida da Intendência, o qual serviu de Hospital da força pública. [...] O prédio não se presta aos fins a que é destinado; além de pequeno, fica próximo a uma cocheira de bondes" (Alfredo Moreira Pinto, *A Cidade de São Paulo em 1900*, São Paulo, Governo do Estado, 1979. Edição fac-similar, pp. 130-131 (Coleção Paulística, 14).
36. Elena Pajaro Peres, *A Inexistência da Terra Firme: A Imigração Galega em São Paulo (1946-1964)*, São Paulo, Edusp/Fapesp/Imprensa Oficial do Estado, 2003, p. 108.

Um dos grandes responsáveis pela quantidade e frequência de estrume pelas ruas da capital de São Paulo durante todo o século XIX e primeiras décadas do XX foram os carros de boi, veículo que deu o título principal para este capítulo.

Era impossível, quando um desses carros circulava pelas ruas, passar desapercebido pela população. Visualmente, destacava-se pelas dimensões avantajadas, pela rusticidade de suas linhas, pela certeza de sua capacidade de força, pela baixa velocidade que geralmente desenvolvia e pelas cargas descomunais que transportava. Auditivamente, quando esses veículos estavam em movimento, era impossível não os escutar. Faziam tanto barulho, o famoso chiado, que foram criadas leis específicas para proibir o ruído nas ruas centrais da cidade[37].

Olfativamente, é nesse quesito que entra o disputado fertilizante, basta lembrar que em 1833, após a passagem de vários desses veículos pela Rua da Quitanda e pelo Beco da Lapa, as autoridades locais foram obrigadas e recolher trinta e seis carradas de estrume[38].

Ao lado das tropas de mulas, os carros de boi foram, durante o século XIX e primeira década do XX, o principal meio de transporte em São Paulo e por todo o Brasil. Eles transportavam, principalmente, as cargas pesadas, aquelas que as tropas de mulas não podiam carregar. Em uma estimativa de 1883, por exemplo, existe a informação de que havia trezentos carros de boi "habitualmente empregados no transporte de madeira entre Santo Amaro e São Paulo, 100 no de lenha, e 37 no de pedra"[39].

Desde o século XVIII as autoridades municipais tentaram disciplinar a presença desses carros na cidade. Em 1783, conforme pesquisas de Ernani Silva Bruno, a Câmara estabelecia que tais veículos não poderiam entrar e circular por São Paulo "sem trazerem guias na frente, e conduzidos com cuidado para que não atropelassem pessoas nem desmanchassem as calçadas das ruas"[40]. Alguns anos mais tarde, em 1791, como o movimento dos carros vi-

---

37. Sobre as sonoridades do carro de boi e suas relações socioculturais na cidade de São Paulo (Nelson Aprobato Filho, *Kaleidosfone. As Novas Camadas Sonoras da Cidade de São Paulo – Fins do Século XIX, Início do Século XX*, São Paulo, Edusp/Fapesp, 2008, pp. 75-96.
38. Ernani Silva Bruno, *História e Tradições da Cidade de São Paulo*, 3. ed., São Paulo, Hucitec, 1984, vol. II, p. 506.
39. Jurgen Richard Langenbuch, *A Estruturação da Grande São Paulo – Estudo de Geografia Urbana*, Rio de Janeiro, Fundação IBGE, 1971, pp. 114-115.
40. Ernani Silva Bruno, *História e Tradições da Cidade de São Paulo*, São Paulo, Hucitec, 1984, vol. I, p. 238.

nha aumentando acentuadamente, e "para evitar que eles continuassem atravessando à vontade pelo meio da cidade", foram criados pontos específicos para estacionamento. Tanto eles, como as tropas, teriam que permanecer, conforme as normas estabelecidas, nos seguintes locais: os procedentes de Atibaia e de Parnaíba ficariam na chácara do Bexiga, entre o Anhangabaú e o riacho Saracura; os que vinham de Mogi das Cruzes, parariam na chácara do capitão Nazaré, na Várzea do Carmo[41].

Em 1832 a Câmara Municipal tomava novas medidas no que dizia respeito aos locais destinados para estacionamento: eles "só podiam se demorar nos logradouros mais espaçosos", como os largos do Carmo, de São Gonçalo, de São Francisco e de São Bento. Os carros que haviam partido de Santo Amaro, "vindos pela rua da Santa Casa (do Riachuelo) ou pelo Piques, estacionavam nos largos de São Gonçalo ou de São Francisco". Aqueles que entravam na cidade pelas pontes do Carmo e da Tabatinguera, deveriam permanecer no largo do Carmo. "Os que cruzavam as pontes do Açu e da Constituição, no largo de São Bento. E havia ainda os que vinham do lado de Pinheiros ou do Ó e Santana e se destinavam à freguesia de Santa Ifigênia. Esses, depois de descarregados, podiam estacionar nos largos de Santa Ifigênia, do Tanque do Zunega (Paissandu) ou no da Constituição." Em 1854 o problema ainda não havia chegado a bom termo e, portanto, "pedia-se que os fiscais estivessem atentos aos carreiros que continuavam fazendo do largo do Capim (do Ouvidor) paradeiro de carros"[42].

Com o final do século, as preocupações administrativas com o tráfego urbano adensavam-se ainda mais. O Código de Posturas do Município de São Paulo de 6 de outubro de 1886, em seu Título v – "Sobre a Limpeza e Desobstrução das Ruas e Praças, Conservação das Calçadas e Outras Disposições em Benefício dos Habitantes, ou para o Aformoseamento da Cidade e Povoações do Município" – determinava, em seu artigo 63, que "os carros e mais veículos de condução não poderão transitar nos passeios das ruas, e nem tão pouco se conservarem atravessados no centro delas, exceto si for preciso evitar encontro ou escapar de algum perigo". No item seguinte tor-

41. *Idem*, p. 241.
42. *Idem*, vol. II, pp. 601-602.

nava proibido "o trânsito de carros e qualquer outro veículo, de modo que embarace a passagem de bondes; bem como colocar nos trilhos objetos que impeçam o trânsito dos mesmos bondes". No artigo 65 estipulava-se que "os carros e carroças quando passarem pelas ruas da cidade e povoações, fa-lo-ão sempre junto aos passeios, de modo a não impedirem o trânsito de outros veículos". Se acaso alguém infringisse essas normas pagaria multas que variavam entre cinco e dez mil-réis[43].

Em 1894, na sessão da Câmara de 31 de outubro, discutiu-se os capítulos e seus artigos da detalhada Lei nº 120 que "Regula a inspeção de veículos e carretagens". No artigo 12 alguns aspectos, sobre este tema, se sobressaem aos demais.

> Os antigos carros de eixo móvel puxados a bois não poderão entrar ou transitar no perímetro da rua Florêncio de Abreu, do canto da rua 25 de Março até o largo de S. Bento, rua Libero Badaró, José Bonifácio, largo de S. Francisco, rua Colombo, largo Municipal, rua Tabatinguera até a igreja da Boa Morte, rua do Carmo, largo do Palácio, rua 15 de Novembro e Boa Vista até o largo de S. Bento, nem tampouco usar chiadeira no eixo, logo que entrem na cidade atravessando a linha que divide esta dos arrabaldes[44].

Um dos aspectos que mais chama a atenção nessa escrita oficial é o qualificativo usado para designar tais veículos. O fato de terem começado a redação do artigo usando o conceito "antigo" é bastante significativo para se entender perspicazes fragmentos da percepção do ser humano sobre os elementos que formavam a realidade urbana e cotidiana do período, seja aqueles materialmente existentes, seja aqueles nebulosamente idealizados. Ao mencionarem "os antigos carros de eixo móvel puxados por bois" não significa que existissem, em São Paulo, os modernos carros de eixo móvel puxados por bois. Antigo, para os redatores da lei, estava irremediavelmente ligado às concepções de atraso, passadismo, ineficácia, incômodo, atravancamento e imobilidade. Provavelmente o antigo seria, para os governantes da cidade, elementos que teriam que sair, que abrir espaços, que ceder lugares, lugares que se tornavam rapidamente mais valorizados, lugares, enfim, que seriam destinados, pelo me-

---

43. *Código de Posturas do Município de São Paulo de 1886*, São Paulo, 6 out. 1886, p. 13.
44. *Leis, Resoluções e Actos da Camara Municipal da Capital do Estado de S.Paulo de 1894 a 1895*, São Paulo, Casa Vanorden, 1915, p. 38.

nos enquanto ideal, para manifestações mais modernas, para outras espécies de movimento que estavam em gestação naquela que seria a cidade internacionalmente representante do modernismo brasileiro.

Contudo, as contingências históricas de um cotidiano urbano fortemente marcado, para lembrar novamente Sérgio Buarque de Holanda, pela maleabilidade do couro, frequentemente despontam na Coleção de Leis da Cidade de São Paulo. Seis meses após a lei anteriormente comentada, encontramos um decreto, datado de 30 de abril de 1895, atualizando o anterior: "O perímetro urbano para os carros de eixo móvel puxados a bois, a que se refere o art. 12, da lei n.º 120, de 31 de outubro de 1894, fica limitado às ruas Direita, S. Bento e Quinze de Novembro"[45]. Embora os carros de boi fossem indesejáveis em seus aspectos simbólicos, visuais e auditivos, eles ainda teriam que ser, por alguns anos, tolerados.

Percebe-se, através das leis decretadas principalmente após 1900, a insistência do poder público por afastar esses elementos das áreas "nobres" da cidade. A questão dos locais para estacionamento não era mais levada em consideração. A primeira dessas leis, decretada em 19 de outubro de 1904 pelo prefeito Antônio da Silva Prado, estipulava que:

> Art. 1.º – Os carros de eixo móvel, puxados por bois, não poderão entrar nem transitar no perímetro seguinte: 'A partir da Ponte Grande, à margem esquerda do Tietê, seguindo pela avenida Tiradentes, ruas dos Bandeirantes, Tocantins, Sólon até à linha Sorocabana, alamedas dos Bambus e Antonio Prado, Ruas Victorino Carmillo, Lopes de Oliveira, Palmeiras, Conselheiro Brotero, Maranhão, Itambé, Mato Grosso, Maceió, Itatiaia, Hospital de Isolamento, alameda Santos, ruas Vergueiro, Apeninos, Tamandaré, Glicério, Mooca, Bresser e João Theodoro e avenida Tiradentes[46].

Dezesseis anos após a lei assinada pelo prefeito Antônio Prado, ou mais precisamente em 13 de fevereiro de 1920, exatos dois anos antes da Semana de Arte Moderna, é promulgada uma nova lei, a de n.º 2.264, que dispunha sobre a inspeção e fiscalização do trânsito de veículos pelo município. Em seu artigo 26.º a ordem era clara e objetiva: "São proibidos de circular nos perí-

---

45. *Idem*, p. 156.
46. *Leis e Actos do Municipio de São Paulo do Anno de 1904,* São Paulo, Typographia e Papelaria de Vanorden & Cia., 1905, p. 59.

metros central e urbano os carros de eixo móvel, e, nas ruas 15 de Novembro, S. Bento e Direita, os préstitos fúnebres, os de batizados e os de casamentos, e os veículos tirados por mais de dois animais"[47].

Qualquer elemento que apresentasse ou simbolizasse lentidão, atraso e passadismo, estava em discordância tanto com os padrões comportamentais, sociais e culturais da elite e de seus representantes legais como com os novos ritmos urbanos em processo de aceleração. Portanto, animais, carros de bois, préstitos fúnebres, de casamentos e de batizados além de serem esteticamente incompatíveis com o novo ideal "moderno" que se projetava, eram presenças que simplesmente atravancavam o trânsito.

Dois meses e treze dias após a promulgação dessa lei, através do ato n.º 1426 de 26 de abril de 1920, o prefeito Firmiano M. Pinto a regulamentava. Ao iniciarmos a leitura desse regulamento, de quase trinta páginas, ficamos com a impressão de que, finalmente, os carros de bois e seus demais companheiros de lentidão, tinham enfim desaparecido da pauta governamental e, portanto, do cotidiano das ruas de São Paulo. Mas, quando chegamos ao Capítulo III – "Dos veículos em geral" – no último artigo de uma série de vinte e nove, apesar de quase esquecido eis que se aproxima, muito moroso e bem pesado, o artigo 62: "Os carros de eixo móvel são proibidos de circular nos perímetros central e urbano"[48]. Ou seja, em 1920, ao insistirem na proibição que os carros de boi circulassem pelas áreas centrais da cidade, significava provavelmente que eles continuavam circulando livremente.

A presença e o impacto dos carros de boi no Brasil e principalmente na capital paulista foi tão marcante que ele continuou vivo, por muito tempo, nos referenciais socioculturais das pessoas que de perto o sentiram. Grande parte desses referenciais serviram como símbolos e metáforas para indicar ou descrever a difusa modernidade brasileira.

Em 1920, por exemplo, exatamente no mesmo ano em que o prefeito Firmiano M. Pinto determinava que os "carros de eixo móvel eram proibidos de circular nos perímetros central e urbano" da cidade, especificamente nesse ano Mário de Andrade escreveu: "Nada de confusão: há

---

47. *Leis e Actos do Municipio de S. Paulo do Ano de 1920*, p. 25.
48. *Idem*, p. 294.

grande diferença entre ser do passado e ser passadista. Goethe pertence a uma época passada mas não é passadista porque foi modernista no seu tempo. Passadista é o ser que faz papel do carro de boi numa estrada de rodagem"[49]. Qual país e qual cidade Mário de Andrade tinha em mente ao formular tal afirmação?

Talvez um dos maiores representantes dos carros de boi na literatura brasileira tenha sido Monteiro Lobato. Em seu polêmico artigo intitulado "Estética Oficial", publicado em 1919, no qual faz uma ácida crítica sobre os pintores brasileiros que simplesmente imitavam os franceses, para defender as singularidades do Brasil, escreveu:

> Já Euclides da Cunha entreabriu nos *Sertões* as portas interiores do país. [...]
> Revelou-nos a nós mesmos. Vimos que o Brasil não é São Paulo, enxerto de garfo italiano, nem Rio, alporque português. [...]
> É preciso frisar que o Brasil está no interior, nas serras onde moureja o homem abaçanado pelo sol; nos sertões onde o sertanejo vestido de couro vaqueja; nas cochilas onde se domam potros; por esses campos rechinantes de carros de bois; nos ermos que sulcam tropas aligeiradas pelo tilintar do cincerro[50].

Eram justamente esses carros de boi que constantemente saíam dos campos e iam rechinar em cidades como São Paulo. Os carros, na visão de Lobato, deveriam ser retratados pelos pintores brasileiros, mas isso não significava que o país devesse adotá-los para sempre como principal meio de transporte. Em 1917, portanto dois anos antes de sua crítica à "Estética Oficial", escreveu um outro artigo chamado "Estradas de Rodagem". Em determinada passagem desabafou:

> Comparados os países com veículos, veremos que os Estados Unidos são uma locomotiva elétrica; a Argentina um automóvel; o México uma carroça; e o Brasil um carro de boi.
> O primeiro destes países voa; o segundo corre a 50 km. por hora; o terceiro apesar das revoluções tira 10 léguas por dia; nós...
> Nós vivemos atolados seis meses do ano, enquanto dura a estação das águas, e nos outros 6 meses caminhamos à razão de 2 léguas por dia. A colossal produção agrícola e

---

49. Mário de Andrade, *Obra Imatura*, 3. ed., São Paulo/Belo Horizonte, Martins/Itatiaia, 1980, p. 238.
50. Monteiro Lobato, *Ideias de Jeca Tatu*, 11. ed., São Paulo, Brasiliense, 1964 (*Obras Completas de Monteiro Lobato, 1ª. Série, Literatura Geral*, vol. 4, p. 49).

industrial dos americanos voa para os mercados com a velocidade média de 100 km por hora. Os trigos e carnes argentinas afluem para os portos em autos e locomotivas que uns 50 km por hora, na certa, desenvolvem.

As fibras do México saem por carroças e se um general revolucionário não as pilha em caminho, chegam a salvo com relativa presteza. O nosso café, porém, o nosso milho, o nosso feijão, a nossa farinha entram no carro de boi, o carreiro despede-se da família, o fazendeiro coça a cabeça e, até um dia! Ninguém sabe se chegará, ou como chegará. Às vezes pensa o patrão que o veículo já está de volta, quando vê chegar o carreiro.

– Então? Foi bem de viagem?

O carreiro dá uma risadinha.

– Não vê que o carro atolou ali no Iriguaçu e...

– E o quê?

– ... e está atolado! Vim buscar mais dez juntas de bois pra tirar ele.

E lá seguem bois, homens, o diabo para desatolar o carro. Enquanto isso, chove, a farinha embolora, a rapadura derrete, o feijão caruncha, o milho grela, só o café resiste e ainda aumenta de peso.

Tudo por quê? Porque lá fora já resolveram eles o problema das estradas; fazem-nas de macadame, definitivamente. E aqui nós chamamos estrada à terra nua, simplesmente capinada. Quer isto dizer que nunca sairemos do atoleiro da má situação econômica e financeira, enquanto não compreendermos que a forma mais alta de patriotismo não é dar corda ao Bilac, nem declarar guerra à Alemanha, e sim macadamizar estradas[51].

As viagens em carro de boi eram realmente demoradas. Em suas andanças pela província de São Paulo o naturalista Auguste de Saint-Hilaire deparou-se, em diversas ocasiões, com carros de bois trafegando pelos mesmos caminhos que eram usados pelas tropas de mulas, meio de transporte utilizado por ele. Nas circunstâncias em que o volume e o peso da carga excediam a força de um muar a única forma de transportá-la era empregando o uso daqueles possantes veículos. Se por um lado eram mais resistentes, por outro os pesados carros eram consideravelmente muito mais lentos do que as tropas. O rancho de Pouso Alto, citado pelo botânico, localizava-se dentro de um sítio que ficava a nove léguas da cidade de Franca. O agricultor, na conversa que travou com Saint-Hilaire, relatou que as 158 léguas da via-

---

51. Monteiro Lobato, *Conferências, Artigos e Crônicas*, 3. ed., São Paulo, Brasiliense, 1964 (*Obras Completas de Monteiro Lobato, 1ª. Série, Literatura Geral*, vol. 15, pp. 181-182).

gem de ida e volta de seu sítio até a Capital não podiam ser feitas em menos de três meses, ou seja, percorria-se, em média, uma légua e meia por dia[52].

As estradas de rodagem mencionadas por Lobato também chamaram a atenção de Claude Lévi-Strauss. Viajando pelo interior do estado de São Paulo quase vinte anos depois do texto de Lobato, em 1935 o antropólogo não pode deixar de registrar suas impressões sobre a difusa modernidade brasileira.

> [...] o caminhão já começava a substituir os velhos meios de transporte – tropas de mulas ou carros de bois –, pegando os mesmos caminhos, limitado por seu estado precário a andar em primeira ou em segunda por centenas de quilômetros, reduzido ao mesmo ritmo de marcha das bestas de carga e forçado a fazer as mesmas paradas onde se encontravam os motoristas com macacões sujos de óleo e os "tropeiros" ataviados de couro. [...] Assim, as estradas eram o resultado amplamente acidental do nivelamento produzido pela ação repetida dos animais, dos carros de bois e dos caminhões que andavam mais ou menos no mesmo rumo, mas cada um ao acaso das chuvas, dos desabamentos ou do crescimento da vegetação, procurando abrir o caminho que mais se adaptasse às circunstâncias. [...][53]

Se em 1917 Lobato se utiliza do carro de boi como exemplo real e irônico para pensar as estradas de rodagem existentes no Brasil daquele período, um ano depois da Semana de Arte Moderna, em 1923, ele retorna com o seu bom e velho carro de boi para transmitir outra cortante e ácida mensagem.

A conversa na botica versava ontem sobre os Estados Unidos, suas grandezas, seus milhões, seus arranha-céus, seu Teodoro Roosevelt, sua Alice Roosevelt que se casou espalhafatosamente com um figurão. E degenerava num hino de sofreguidão ao progresso yankee quando a chiada rechinante de um carro de bois que passava o interrompeu. E todos, apontando o carro, tiveram a mesma frase: Nós!

– Nós... afóra a graxa, completou um.

É isso mesmo. O Brasil é um carro de boi.

Mas um carro que vexado de o ser traz ensebados os eixos para não rechinar. Falta-lhe a bela coragem de ser carro de cabeça erguida, e chiar à moda velha, indiferente ao motejo

---

52. August de Saint-Hilaire, *Viagem à Província de São Paulo*, p. 86. As tropas de mulas faziam em média quatro léguas diárias. No Brasil, uma légua equivale aproximadamente a 6 600 m.
53. Claude Levi-Strauss, *Tristes Trópicos*, São Paulo, Companhia das Letras, 1996, pp. 109-110.

de Paris – a grande obsessão brasileira. O mal não está em ser carro de boi. Está em o esconder. Seríamos alguém na assembleia dos povos se o país falasse assim:

– É verdade, sou carro de boi e não o escondo; sou carro como tu, França, és uma velha *maquerelle*; e tu, Albion, uma hiena com farda do *Salvation Army*; e tu, Germânia, um apetite criminoso; e tu, Itália, uma gaita de fole; e tu, Portugal, uma zorra...[54]

Um ano depois desse manifesto de Lobato e dois anos após o início oficial do modernismo no Brasil, representantes da oligarquia paulista talvez tenham lido esse texto do escritor e resolvido não mais esconder o carro de boi. Pelo menos é o que se pode presumir ao se observar uma emblemática imagem produzida em 1924.

Trata-se de uma fotografia que mostra uma das formas utilizadas para a propaganda da "Exposição de Automobilismo" que foi realizada no Palácio das Indústrias, em São Paulo, entre os dias 4 e 12 de outubro de 1924. Nela, vê-se um trator puxando uma carreta que transporta um carro de boi. Provavelmente essa composição circulou pelas ruas da cidade conclamando a população para o evento. Na carreta foi colocada uma grande faixa com os dizeres: "Visitai a Exposição de Automobilismo – 4 a 12 de outubro-1924 no Palácio das Indústrias". Além de fazer a propaganda, a inusitada composição também apresentava para a cidade o novo trator Fordson, a máquina que iria resolver todos os problemas agrícolas e de transporte, conforme podia se ler na mensagem da placa colocada em cima do trator e à frente do motorista. Em contraposição à modernidade da máquina agrícola, sendo transportado por ela em cima da carreta, vemos não somente o carro de boi, mas também o carreiro e uma junta de bois: símbolos do "atraso" e do "passadismo". Bem em cima do carro e do carreiro, uma placa em letras garrafais: "A Ironia do Progresso"[55].

Ironia que talvez Mário de Andrade também tenha percebido e trabalhado em suas composições literárias. Começamos este estudo com a cidade-bicho-máquina de Macunaíma, gostaríamos de terminá-lo novamente com a presença dele, com os animais reais do "herói sem nenhum caráter".

54. Monteiro Lobato, *Mundo da Lua e Miscelânea*, 11. ed., São Paulo, Brasiliense, 1964 (*Obras Completas de Monteiro Lobato, 1ª. Série, Literatura Geral*, vol. 10, pp. 97-98).
55. Essa fotografia foi reproduzida em Vergniaud Calanzas Gonçalves. *Automóvel no Brasil 1893-1966*, São Paulo, Editora do Automóvel, s.d.

Porém, senhoras minhas, inda tanto nos sobra, por este grandioso país, de doenças e insetos por cuidar!... Tudo vai num descalabro sem comedimento, estamos corroídos pelo morbo e pelos miriápodes! Em breve seremos novamente uma colônia da Inglaterra ou da América do Norte!... Por isso e para eterna lembrança destes paulistas, que são a única gente útil do país, e por isso chamados de Locomotivas, nos demos ao trabalho de metrificarmos um dístico, em que se encerram os segredos de tanta desgraça:

"Pouca saúde e muita saúva, os males do Brasil são".

Este dístico é que houvemos por bem escrevermos no livro de Visitantes Ilustres do Instituto Butantã, quando foi da nossa visita a esse estabelecimento famoso na Europa[56].

REFERÊNCIAS BIBLIOGRÁFICAS

ANDRADE, Mário de. *Macunaíma – O Herói Sem Nenhum Caráter*. 14. ed. São Paulo, Martins, 1977.

_____. *Obra Imatura*. 3. ed. São Paulo/Belo Horizonte, Martins/Itatiaia, 1980.

AMERICANO, Jorge. *São Paulo Nesse Tempo (1915-1935)*. São Paulo, Melhoramentos, s.d.

APROBATO FILHO, Nelson. *O Couro e o Aço. Sob a Mira do Moderno: A "Aventura" dos Animais pelos "Jardins" da Pauliceia, Final do Século XIX /Início do XX*. São Paulo, 2007 (Tese de Doutorado em História Social, FFLCH-USP).

_____. *Kaleidosfone. As Novas Camadas Sonoras da Cidade de São Paulo – Fins do Século XIX, Início do Século XX*. São Paulo, Edusp/Fapesp, 2008.

ARANHA, Luís. *Cocktails – Poemas*. Organização, apresentação, pesquisa e notas Nelson Ascher. São Paulo, Brasiliense, 1984.

BARRACLOUGH, Geoffrey. *Introdução à História Contemporânea*. São Paulo, Círculo do Livro, s.d.

BRUNO, Ernani Silva. *História e Tradições da Cidade de São Paulo*. 3. ed. São Paulo, Hucitec, 1984, 3 vols.

_____. *Memória da Cidade de São Paulo. Depoimentos de Moradores e Visitantes, 1553-1958*. São Paulo, Prefeitura do Município de São Paulo/DPH, 1981 (Série Registros, 4).

CABRIÃO: *Semanário Humorístico Editado por Ângelo Agostini, Américo de Campos e Antônio Manoel dos Reis, 1866-1867*. 2. ed. rev. e ampl. São Paulo, Editora Unesp/ Imprensa Oficial, 2000. lxv, 407p., il., 26cm. Disponível em: http://objdigital.bn.br/objdigital2/acervo_digital/div_iconografia/icon1356161/icon1356161.pdf.

COELHO, Luci Boa Nova. "Marioandradeando a Zoologia em Macunaíma". *In*: COELHO, Luci Boa Nova & SILVA, Elidiomar Ribeiro da. *I Colóquio de Zoologia Cultural – Li-*

---

56. Mário de Andrade, *Macunaíma*, pp. 105-106.

vro do Evento. Rio de Janeiro, Perse, 2016, pp. 194-195. Disponível em: https://www.researchgate.net/publication/311970022_Marioandradeando_a_Zoologia_em_Macunaima.

DENIS, Ferdinand. *O Brasil*. Salvador, Livraria Progresso Editora, 1955.

DIABO COXO, 1864-1865. Ed. fac-similar. São Paulo, Edusp, 2005, vol. 1, principalmente il., 25 cm. Disponível em: http://objdigital.bn.br/objdigital2/acervo_digital/div_iconografia/icon1111172/icon1111172.pdf.

FLOREAL, Sylvio. *Ronda da Meia Noite. Vícios, Misérias e Esplendores da Cidade de São Paulo*. São Paulo, Boitempo Editorial, 2002 (Pauliceia).

FREHSE, Fraya. *Vir a Ser Transeunte – Civilidade e Modernidade nas Ruas da Cidade de São Paulo (Entre o Início do Século XIX e o Início do XX)*. São Paulo, 2004 (Tese de Doutorado em Antropologia, FFLCH-USP).

GATTAI, Zélia. *Anarquistas, Graças a Deus*. 11. ed. Rio de Janeiro, Record, 1984 [1. ed. 1979].

GONÇALVES, Verginiaud Calanzas. *Automóvel no Brasil 1893-1966*. São Paulo, Editora do Automóvel, s.d.

JORGE, Janes. *O Rio que a Cidade Perdeu: O Tietê e os Moradores de São Paulo, 1890-1940*. São Paulo, Alameda Editorial, 2006.

HOBSBAWM, Eric. *A Era dos Impérios (1875-1914)*. 3. ed. Rio de Janeiro, Paz e Terra, 1988.

HOLANDA, Sérgio Buarque de. *O Extremo Oeste*. São Paulo, Brasiliense, 1986.

_____. "O Lado Oposto e Outros Lados". *O Espírito e a Letra: Estudos e Crítica Literária 1, 1902-1947*. Organização, introdução e notas Antonio Arnoni Prado. São Paulo, Companhia das Letras, 1996, vol. I, pp. 224-228.

KOSELLECK, Reinhart. *Futuro Passado: Contribuição À Semântica Dos Tempos Históricos*. Trad. Wilma Patrícia Mass e Carlos Almeida Pereira. Rio de Janeiro, Contraponto Editora, 2006.

LANGENBUCH, Jurgen Richard. *A Estruturação da Grande São Paulo – Estudo de Geografia Urbana*. Rio de Janeiro, Fundação IBGE, 1971.

LANGSDORFF, Georg Heinrich. *Os Diários de Langsdorff*. Organizado por Danúzio Gil Bernardino da Silva. Campinas/Rio de Janeiro, Associação Internacional de Estudos Langsdorff/Fiocruz, 1997.

LÉVI-STRAUSS, Claude. *Saudades de São Paulo*. Trad. Paulo Neves. Organizado por Ricardo Mendes. São Paulo, Companhia das Letras, 1996.

_____. *Tristes Trópicos*. São Paulo, Companhia das Letras, 1996.

LOBATO, Monteiro. *Conferências, Artigos e Crônicas*. 3. ed. São Paulo, Brasiliense, 1964, (*Obras Completas de Monteiro Lobato, 1ª. Série, Literatura Geral,* vol. 15).

_____. *Ideias de Jeca Tatu.* 11. ed. São Paulo, Brasiliense, 1964 (*Obras Completas de Monteiro Lobato, 1ª. Série, Literatura Geral,* vol. 4).

_____. *Mundo da Lua e Miscelânea.* 11. ed. São Paulo, Brasiliense, 1964 (*Obras Completas de Monteiro Lobato, 1ª. Série, Literatura Geral,* vol. 10).

MEMÓRIA URBANA: *A Grande São Paulo Até 1940.* São Paulo, Arquivo do Estado, Imprensa Oficial do Estado de São Paulo, 2001, vol. 2.

PERES, Elena Pajaro. *A Inexistência da Terra Firme. A Imigração Galega em São Paulo (1946-1964).* São Paulo, Edusp/Fapesp/Imprensa Oficial do Estado, 2003.

PINTO, Alfredo Moreira. *A Cidade de São Paulo em 1900.* São Paulo, Governo do Estado, 1979 (Coleção Paulística, 14, Edição fac-similar).

SAINT-HILARIE, August de. *Viagem à Província de São Paulo.* Belo Horizonte/São Paulo, Itatiaia/Edusp, 1976.

SALIBA, Elias Thomé. "Modernistas Viviam em um País Sem Modernidade". *O Estado de S.Paulo.* 3 fev. 2002. Caderno 2/Cultura, p. D9.

_____. "Por Que Ninguém Quer Ser Humorista? Sérgio Buarque dos Países Baixos e o Corredor de Humor no Modernismo Brasileiro". *Crocodilos, Satíricos e Humoristas Involuntários. Ensaios de História Cultural do Humor.* São Paulo, Intermeios, Programa de Pós-graduação em História Social da USP, 2018, pp. 37-65 (Coleção Entr(H)istória).

_____. Texto original para catálogo "Olhares Modernistas" da Exposição *Brasil-brasis: Cousas Notáveis e Espantosas.* Museu do Chiado, abr.-jun. 2000 (Cópia gentilmente cedida pelo autor).

SÃO PAULO. *Código de Posturas do Município de São Paulo de 1886.* 6 de out. 1886.

_____. *Leis, Resoluções e Actos da Camara Municipal da Capital do Estado de S.Paulo de 1894 a 1895.* Casa Vanorden, 1915.

_____. *Leis e Actos do Municipio de São Paulo do Anno de 1904.* Typographia e Papelaria de Vanorden & Cia., 1905.

_____. *Leis e Atos do Município de S. Paulo do Ano de 1920.* Nova edição adaptada à ortografia oficial. Imprensa Oficial do Estado, 1934.

SESSO JUNIOR, Geraldo. *Retalhos da Velha São Paulo.* São Paulo, Gráfica Municipal de São Paulo, 1983.

SPIX & MARTIUS. *Viagem Pelo Brasil.* Belo Horizonte/São Paulo, Itatiaia/Edusp, 1981, vol. I.

Sevcenko, Nicolau. *Orfeu Extático na Metrópole – São Paulo, Sociedade e Cultura nos Frementes Anos 20.* São Paulo, Companhia das Letras, 1992.

ZALUAR, Augusto-Emílio. *Peregrinação pela Província de São Paulo (1860-1861).* São Paulo, Livraria Martins Editora, 1954 (Biblioteca Histórica Paulista).

Parte IV

O Lado Oposto e as Outras Culturas

7

Poesia em Comprimidos, Pensamentos em Gotas. Expressão Afro-Romântica em Tempos de Modernismo

ELENA PAJARO PERES

EM UM PEQUENO TEXTO de 1924, Paulo Prado colocava nos modelos clássicos e românticos importados da Europa a culpa pelo atraso cultural da poesia brasileira e considerava a poesia pau-brasil um medicamento que viera para curar esse mal. Segundo ele, esse medicamento seria administrado em comprimidos, que rapidamente, no ritmo da modernidade, provocariam um efeito benéfico às letras do país, tão afetadas pelas "belas frases sonoras e ocas". O texto em questão é o prefácio que celebra o *Manifesto Pau-Brasil* de Oswald de Andrade e onde Prado escreveu sobre a poesia:

> Veio-lhe sobretudo o retardo no crescimento do mal romântico que, ao nascer da nossa nacionalidade, infeccionou a tudo e a todos.
> [...]
> *A poesia "pau-brasil" é, entre nós, o primeiro esforço organizado para a libertação do verso brasileiro.*
> [...]
> Grande dia esse para as letras brasileiras. Obter, em comprimidos, minutos de poesia[1].

---

1. Paulo Prado, "Poesia Pau-Brasil", prefácio ao livro *Pau-Brasil* de Oswaldo de Andrade, publicado em 1925 em Paris. Edição consultada: Oswald Andrade, *Cadernos de Poesia do Aluno Oswald (Poesias Reunidas)*, São Paulo, Círculo do Livro, s.d., pp. 59-62.

Paulo Prado, em defesa da poesia modernista, atacava os grupos considerados opositores, nos quais incluía os retrógrados ou "os santos das capelinhas literárias", apegados ao seu fazer literário sempre o mesmo, e "a massa gregária dos que não compreendem, na inocência de sua curteza, ou no afastamento forçado das coisas do espírito, o manifesto de Oswald". Porém com esses últimos era indulgente e recomendava que fossem deixados em paz, "no seu contentamento obtuso de pedra bruta, ou de muro de taipa, inabalável e empoeirado". Quem era essa massa "inocente" a quem o crítico atribuía uma imagem de permanência, a pedra, mesclada com a maleabilidade e robustez do barro constituinte do muro de taipa? Por que esse grupo letrado, mesmo não fazendo parte do *stablishment* literário da época, ao não seguir ou celebrar as premissas modernistas, era considerado por Prado supostamente incapaz de compreender o manifesto de Oswald?

Um caminho para começar a tentar responder a essas questões é lançar um contraste à crítica medicalizada e radical de Prado, para assim poder ver mais nitidamente as suas nuances e alguns dos motivos possíveis pelos quais o comprimido não foi engolido com sofreguidão por todos. À poesia comprimido, defendida pelo crítico, que teria efeito quase instantâneo e que seria condizente com a rapidez da modernidade e de suas ansiedades libertadoras de um suposto atraso, pode-se contrastar uma advertência proferida pela escritora Carolina Maria de Jesus aos seus leitores, décadas depois, em seu livro de provérbios, publicado em meados dos anos de 1960:

O sabio, é prudente
Vae apresentando a sua inteligência em gotas[2].

Carolina, que nesse pequeno extrato apregoa a dosagem paulatina da sabedoria, ficou conhecida pela publicação em 1960 do seu primeiro livro *Quarto de Despejo. Diário de uma Favelada*, editado pelo jornalista Audálio Dantas, que também editou o seu segundo livro *Casa de Alvenaria. Diário de uma*

---

2. Carolina Maria de Jesus, *Provérbios*, São Paulo, Gráfica Luzes, s.d., p. 31. A grafia das citações utilizadas neste capítulo foi mantida da forma como aparece nas publicações e nos manuscritos da autora.

Ex-Favelada[3]. Entretanto, além dos diários, foi autora de romances, poemas, peças teatrais, contos, excertos de humor, provérbios, textos autobiográficos e músicas, deixando uma coleção de manuscritos com mais de cinco mil páginas, em grande parte ainda inéditas[4]. Em São Paulo, viveu alguns anos na favela do Canindé, entre 1948 e 1960, mas havia começado a escrever muito antes, quando chegou à capital paulista no final da década de 1930 para tentar uma nova vida na cidade "favo de mel"[5].

Segundo relatou em suas memórias publicadas postumamente, suas primeiras composições foram poemas inspirados nos poetas românticos, em especial Casimiro de Abreu e Gonçalves Dias, com os quais se identificava e pelos quais sentia compaixão. Ao mesmo tempo, considerava tê-los superado no amor pela poesia. Em seus versos, escreveu:

> Ninguem amou a poesia
> Certamente mais do que eu
> Nem mesmo Gonçalves Dias
> Nem Casimiro de Abreu[6].

De onde veio esse profundo apego de Carolina em relação à poesia e sua admiração pelos poetas românticos? O que a fez escrever romances como *A Felizarda*, *Dr. Silvio*, *Dr. Fausto*, *Diário de Marta ou Mulher Diabólica*, *Rita*, *O Escravo*, *Maria Luiza*, repletos de personagens que remontam aos folhetins franceses do século XIX, mas também às heroínas e heróis das radionovelas e da dramaturgia circense?[7] De onde surgiu seu apreço pela escrita elegante e,

---

3. Carolina Maria de Jesus, *Quarto de Despejo, Diário de uma Favelada*, São Paulo, Francisco Alves, 1960; e Carolina Maria de Jesus, *Casa de Alvenaria, Diário de uma Ex-Favelada*, São Paulo, Francisco Alves, 1961.
4. Os manuscritos de Carolina estão em sua maioria microfilmados. A microfilmagem foi feita pela Biblioteca Nacional do Rio de Janeiro em convênio com a Biblioteca do Congresso em Washington nos anos de 1990. Durante o pós-doutorado realizado no Instituto de Estudos Brasileiros da USP, com Bolsa de Pesquisa Fapesp e Bolsa de Estágio de Pesquisa no Exterior Fapesp, tive a oportunidade de consultar as cópias microfilmadas disponíveis em Washington, os originais no Arquivo Público Municipal de Sacramento e os dois cadernos que estão no Arquivo da Coordenadoria de Literatura do Instituto Moreira Salles no Rio de Janeiro.
5. Foi assim que Carolina referiu-se à São Paulo imaginada de sua juventude. Cf. Carolina Maria de Jesus, *Diário de Bitita*, Rio de Janeiro, Nova Fronteira, 1986, p. 177.
6. Carolina Maria de Jesus, *Antologia Pessoal*, Rio de Janeiro, Editora da UFRJ, 1996, p. 211.
7. Dos romances de Carolina, apenas *A Felizarda* foi publicado em vida, mas teve o título modificado, por escolha dos editores e a contragosto da autora, para *Pedaços da Fome*. A publicação foi feita em 1963,

por vezes, considerada exageradamente rebuscada? Escrita que parecia querer desafiar as novas ondas anunciadas por Paulo Prado, que lançavam, segundo ele, o "canto novo" e a "expressão rude e nua da sensação e do sentimento, numa sinceridade total e sintética"[8].

Tendo nascido provavelmente em 1914 ou 1915 e tendo sido contemporânea em sua juventude aos desdobramentos da poesia modernista, Carolina não aderiu a eles quando começou a escrever. Quais foram seus referenciais de formação? Estariam esses referenciais relacionados àquela "massa gregária incapaz de compreender", mencionada por Paulo Prado?

A contraposição entre o comprimido sintético e moderno, capaz de curar o nosso romantismo, e as gotas românticas de Carolina, que deveriam ser diluídas e lentamente aplicadas numa dosagem adequada a cada um para nos trazer a sabedoria, leva-nos a pensar em como, apesar da intencionalidade modernista, a expressão romântica atravessou a história e avançou no tempo. Essa expressão demonstrou estar fincada em bases de ampla significação e importância não apenas para a escritora afro-mineira, mas para uma grande parcela da população brasileira que apreciava a palavra lentamente cultivada e absorvida e que tinha gosto pelos desvios da imaginação[9]. Esse caminho de reflexão é o que percorrermos neste capítulo.

A expressão criativa romântica, reconstituída e revitalizada, parecia ter algo a dizer, mesmo após a Segunda Guerra Mundial, quando as desesperanças do mundo europeu combinavam-se, de forma tensa, com a euforia da visão propagandeada do continente americano, que anunciava um novo tempo do consumo e do espetáculo[10]. No Brasil, os grupos moventes vindos de países distantes, do sertão brasileiro, das pequenas cidades do interior, egressos do campo, circularam pela cidade de São Paulo durante o século XX em busca de

com recursos financeiros da própria Carolina que não ficou contente com o resultado. A insatisfação da autora foi manifestada em cópia de carta ao cineasta Gerson Tavares, datada de dezembro de 1970.
8. Paulo Prado, "Poesia Pau-Brasil", p. 61.
9. O pensamento e a expressão romântica são aqui entendidos em sua recusa pelo mundo tal qual se apresenta e na sua intenção de transformação a partir da criação imaginativa. Sobre o tema ver Elias Thomé Saliba, *As Utopias Românticas*, São Paulo, Estação Liberdade, 2002.
10. Sobre as incertezas e as promessas no período do pós-Segunda Guerra ver o subcapítulo de minha autoria "Uma mescla perturbadora. Escassez e ânsia por consumir, fixidez e desejo de mobilidade", em Elena Pajaro Peres, *A Inexistência da Terra Firme. A Imigração Galega em São Paulo, 1946-1964*, São Paulo, Edusp/Imesp/Fapesp, 2003, pp. 131-157.

trabalho, locais de moradia e também de espaços de criação. Foi entre esses grupos que a expressão criativa se transmutava de suas bases tradicionais, que remetiam muitas vezes aos romances de cavalaria europeus, às histórias de cordel nordestinas e aos cantos dos encantados afro-brasileiros, para o universo das histórias urbanas, da cultura de consumo e de suas novas dramaticidades.

Essas pessoas que estavam em itinerância, como a própria Carolina e antes dela os seus familiares e toda a comunidade afro-cristã em que estava inserida, traziam consigo poucos objetos, mas traziam em si, na mente e no corpo, elementos culturais os mais diversos os quais recriaram a partir do que encontraram e selecionaram pelo caminho, produzindo novas e intrincadas interações. Entre esses elementos estavam as frações de pensamento romântico que haviam captado de forma fragmentada em discursos, leituras orais, contação de causos, aconselhamentos os mais diversos. As camadas culturais recompostas por essas populações no decorrer de suas andanças cruzaram-se com os desejos, as expectativas e as frustrações, de todo aquele que chegava na capital paulista, criando formas de experiência e criação que em muito ultrapassavam as formas de sobrevivência algumas vezes descritas pela História Social[11].

Quem estava em movimento constante de bairro a bairro, de rua a rua e de moradia em moradia deixou poucos registros escritos. Mas, pela obra de alguns mediadores, como Carolina Maria de Jesus, é possível vasculhar os seus rastros. Esses mediadores atravessaram as diferentes esferas sociais e culturais, num entrecruzar incessante de caminhos, sumindo e ressurgindo o tempo todo, criando canais de comunicação possíveis e transitórios, procurando espaços em que pudessem, além de viver, criar, divulgar a sua arte e expressar o seu pensamento crítico[12].

11. Segundo Ecléa Bosi, a etimologia de *experiência*, ensinada pelo professor Flavio Di Giorgi, refere-se ao que salta fora (ex) do *perímetro* de um círculo já percorrido (cf. Ecléa Bosi, *O Tempo Vivo da Memória. Ensaios de Psicologia* Social, São Paulo, Ateliê Editorial, 2003, p. 42). Pensando assim, formas de experiência supõem tudo o que se afasta do amplamente conhecido e repetido. Para Walter Benjamin, experiência relaciona-se ao sobressalto, ao choque e distancia-se do conceito de vivência que implica reflexão (cf. Walter Benjamin, "Sobre Alguns Temas em Baudelaire", em *Charles Baudelaire. Um Lírico no Auge do Capitalismo*, em *Obras Escolhidas*, 2. ed., São Paulo, Brasiliense, 1991, vol. III, p. 111).
12. Em minha pesquisa de doutorado *Exuberância e Invisibilidade: Populações Moventes e Cultura em São Paulo, 1942 ao Início dos Anos 70*, orientada pelo Professor Nicolau Sevcenko e defendida em 2007 no Departamento de História da USP, discuti essas questões a partir da obra dos escritores João Antônio e Carolina Maria de Jesus, do dramaturgo Plínio Marcos e do cineasta Ozualdo Candeias. Essa pesquisa, que contou com bolsa Fapesp, teve por referenciais teóricos as noções de desvio (*détour-*

Nesse sentido a obra de Carolina traz uma tensa combinação entre conhecimentos e crenças populares de tradição oral e o universo letrado, que na experiência do deslocamento espacial e cultural, manifestou-se numa forma singular de expressividade artística.

Para se alcançar uma dimensão explicativa para esse gosto de Carolina pela palavra embebida em imaginação romântica, é preciso desviar o conjunto de sua produção do foco intenso de atenção recebido pelo seu primeiro livro, *Quarto de Despejo*, e buscar o contexto histórico-cultural mais amplo no qual a autora, neta de um ex-escravizado, filho de africanos vindos da África Central, estava inserida, desde o seu nascimento em Minas Gerais, em meados da década de 1910, até sua morte em seu sítio no bairro de Parelheiros, São Paulo, em 1977[13]. Contexto, portanto, que não poderia ser resumido apenas aos anos em que morou com os filhos na favela do Canindé, apesar da inegável importância desse período.

Quando se retrocede no tempo é possível compreender e contextualizar a obra dessa artista, inserindo-a na história das diásporas africanas numa perspectiva atlântica, ou seja, aquela que vê o mundo atlântico como uma unidade possível de análise transnacional e transcultural[14]. Nessa busca pelo universo de interações que povoaram a escrita de Carolina, chega-se ao período que aqui nos interessa, os anos 1920, quando a autora dava início ao seu percurso crítico e criativo em sua cidade natal, a pequena, mas dinâmica, Sacramento, no Triângulo Mineiro.

Sacramento podia ser considerada no início do século XX uma cidade moderna do Triângulo. Um dos prefeitos da cidade, José Afonso de Almeida, o "Zé Afonso", que havia sido tropeiro na mocidade e, portanto, provavelmen-

---

nement) situacionista de Guy Debord, de *caça não-autorizada* (*braconnage*) de Michel de Certeau e de *viração* de João Antonio e Plínio Marcos, ou seja, a apropriação não permitida, nas fímbrias da invisibilidade, daquilo que é lançado pela sociedade e o seu uso em sentidos diferentes daqueles que foram determinados, não apenas com a intenção de sobrevivência, mas também com a possibilidade do "desperdício" da criação.

13. Para uma síntese do percurso criativo de Carolina, ver Elena Pajaro Peres, "Carolina Maria de Jesus: Insubordinação e Ética numa Literatura Feminina de Diáspora", em Maria Elisabete Arruda de Assis e Taís Valente dos Santos (org.), *Memória Feminina: Mulheres na História, História de Mulheres*, Recife, Fundação Joaquim Nabuco/Editora Massangana, 2016, pp. 89-97.
14. Sobre a perspectiva Atlântica, cf. Paul Gilroy, *O Atlântico Negro. Modernidade e Dupla Consciência*, trad. Cid Knipel Moreira, 2. ed., São Paulo, Editora 34, 2012.

te tinha um especial apreço pela locomoção, foi para São Paulo conhecer os bondes elétricos e levou essa tecnologia para a cidade mineira, ainda nos anos 1910. Carolina narra com humor essa história no seu conto "O Chapéu", em que nos conta como o prefeito fazendeiro ficou deslumbrado com os bondes de São Paulo e resolveu comprar alguns para levar o povo de Sacramento até o Cipó, onde ficava a estação ferroviária. Nessa aventura acabou tendo o seu chapéu de quarenta mil-réis furtado em São Paulo, enquanto dormia em um bonde, e substituído por um chapéu de pedreiro, todo sujo de cal e cimento[15].

O cinema era outro orgulho de Sacramento e para sua população que, em 1920, contabilizava 34 mil habitantes, divididos em quatro distritos. A escritora, que era chamada de Bitita por sua família, registrou sua alegria quando, na infância, percebeu que conseguia ler. Foram os cartazes do cinema, que divulgavam um faroeste norte-americano, o que a pequena Bitita primeiro decodificou:

> Era uma quarta-fêira – ao sair da escola eu vi uma tabolêta escrita. Era o reclame de cinema. Hoje puro sangue. Tom Mix Exclamei contentíssima!
> – Eu...já...sei lêr![16]

Como é possível acompanhar pela leitura de suas memórias publicadas e também pela leitura de seus manuscritos, o início do percurso criativo de Carolina em Sacramento deu-se pela interação de três pontos principais: a convivência com seus familiares e vizinhos na comunidade afro-católica em que nasceu, em especial as conversas que tinha com seu avô; as leituras feitas por um oficial de justiça, que ela descreve como mulato, que lia todas as tardes trechos do jornal *O Estado de S.Paulo* para os negros não-alfabetizados, entre eles a escritora ainda criança; os dois anos em que estudou no colégio espírita Allan Kardec, o primeiro colégio espírita do Brasil, onde foi alfabetizada por uma professora negra e onde também foi iniciada na leitura de livros[17].

---

15. Carolina Maria de Jesus, "O Chapéu", Conto, Manuscrito, Caderno 2, Arquivo da Coordenadoria de Literatura do Instituto Moreira Salles, Rio de Janeiro, pp. 37-41 (Localização: BR IMS CLIT Pi002).
16. Carolina Maria de Jesus, "Texto Manuscrito", *Projeto Carolina Maria de Jesus*, Rolo intitulado *Romances*. Coleção de microfilmes, Library of Congress, Washington D.C, USA.
17. Uma versão dos textos memorialísticos de Carolina foi publicada no Brasil em 1986: Carolina Maria de Jesus, *Diário de Bitita*.

O avô de Carolina, senhor Benedito José da Silva, tinha sido escravizado e prezava sua liberdade acima de tudo. Segundo relato da escritora, ele era um homem muito religioso que rezava o terço e se ajoelhava todas as tardes diante de um crucifixo. Nunca frequentara a escola e não aprendera a ler, lamentando que isso tivesse também ocorrido com todos os seus oito filhos. Nas palavras de Carolina, dizia o avô Benedito:

– Não foi por relaxo de minha parte. É que na época que os filhos deveriam estudar não eram franqueadas as escolas para os negros. Quando vocês entrarem nas escolas, estudem com devoção e esforcem-se para aprender[18].

Carolina também afirmava que ele "Não sabia ler, mas era agradável no falar"[19]. E também sabia ouvir, talento dos mais preciosos em ambientes de cultura predominantemente oral como era a comunidade em que Carolina nasceu. O interesse de seu avô pela palavra escrita demonstra a importância que a escrita adquiria nessa comunidade.

A característica da fala agradável e elegante também foi encontrada por Carolina no Senhor Manuel Nogueira, o oficial de justiça, filho de um homem branco e de uma mulher negra, que dava conselhos e lia o jornal para a comunidade negra de Sacramento. Na lembrança de Carolina, ele era o único que conhecia a história do país:

O senhor Nogueira dizia que os portugueses não construíram nem uma escola no Brasil, por isso é que o Brasil era atrasado. Que eram necessários mais quinhentos anos para dar nova face ao país, cultura e solidariedade coletivas. Incentivar no povo o amor patriótico[20].

Esse pensamento crítico de Nogueira era acompanhado pelas leituras em voz alta dos poemas de Castro Alves, de discursos e pensamentos, especialmente dos oradores abolicionistas, entre eles, José do Patrocínio, e os ensina-

---

18. *Idem*, p. 57.
19. *Idem*, p. 7 e 65.
20. Carolina Maria de Jesus, *Diário de Bitita*, p. 99 e Carolina Maria de Jesus, "Texto Manuscrito", Caderno 1, Arquivo da Coordenadoria de Literatura do Instituto Moreira Salles, Rio de Janeiro (Localização: BR IMS CLIT Pi 001), p. 160.

mentos de Rui Barbosa. Carolina deixou o relato de como o senhor Nogueira aconselhava seu avô:

> Senhor Benedito, manda os seus filhos à escola. É bom saber ler. Vocês devem obedecer ao Rui Barbosa. Ele foi amigo de vocês. Como José do Patrocínio como Castro Alves. Escreveu um livro pedindo clemência para voces que foram arrebatados do seu berço que é a África[21].

Entre as leituras selecionadas do jornal, estavam também as notícias de acontecimentos "mundiais" como a Primeira Guerra Mundial.

> O vôvo chegava do trabalho, jantava e ia ouvir o senhor Manoel Nogueira ler os fatos que ocorriam no mundo. A Europa estava esfacelada com a guerra de 1914[22].

Carolina muitas vezes acompanhava seu avô, o que fez com que sua mãe, Carolina Maria, que percebia a influência do senhor Manuel Nogueira sobre toda a comunidade, aconselhasse a menina a deixar de fazê-lo:

> Minha mãe disse que não ia deixar eu ir ouvir as leituras do senhor Manoel Nogueira, que eu estava ficando louca. Aconselhou-me a ir brincar com as bonecas. Fui brincar. Não senti atração, Não me emocionei. Não poderia viver tranquila neste mundo, que é semelhante a uma casa em desordem. Oh! Se me fosse possível lutar para deixá-lo em ordem![23]

Em uma dessas tardes, poderia-se imaginar que o senhor Manuel tenha lido, ou rememorado, a notícia de um concorrido evento que ocorrera no Teatro Municipal de São Paulo. Ele poderia ter começado narrando como a plateia estava lotada, lá estavam membros da elite paulistana, funcionários públicos, jornalistas, padres de sotaina, operários, garotos de quinze anos, e, do lado de fora do teatro, aguardando o início da cerimônia, o conselheiro Antonio Prado com seus filhos e filhas.

No artigo publicado em O Estado podemos ler: "São Paulo inteira estava ali de mistura, plutocrata e plebeu, protestando, anciando, a demonstrar a sua repulsa, trovejando uma ideia: a Liberdade..."

---

21. Carolina Maria de Jesus, *Diário de Bitita*, p. 43.
22. Idem, ibidem.
23. Idem, p. 51.

Poderia-se pensar que se tratava da abertura da Semana de Arte Moderna, não fosse a diversidade do público presente, mas esse evento, que talvez tenha sido noticiado em Sacramento pela leitura coletiva de Manuel Nogueira, ocorrera três anos antes da celebrada semana, foi em 1919.[24] No artigo publicado em 9 de abril daquele ano, Ivan Subiroff, que se identificava como sendo o Delegado da República dos Soviets Russos em São Paulo, mas que na verdade tratava-se de um pseudônimo de Nereu Rangel Pestana, colaborador frequente de *O Estado*, um dos fundadores do jornal *O Combate* e membro do Instituto Histórico e Geográfico de São Paulo, recontava como havia sido a conferência do então candidato pela segunda vez à presidência do Brasil, o senador Rui Barbosa, no Teatro Muncipal lotado[25]. O título do artigo era: "O Comunismo em São Paulo. Conferência de Rui Barbosa. Porque podemos estar com o defensor da liberdade". Nele Pestana nos conta que lá, no teatro, naquela noite, sentou-se ao lado de Amancio, um *chauffeur* de praça "negro retinto, mas livre" por ser eleitor.

E ele se perguntava o porquê do candidato à Presidência, Rui Barbosa, que representava as classes conservadoras, ser considerado o representante maior da liberdade. Ao final da conferência, conta-nos que obteve algumas respostas de um outro defensor da liberdade, o jurista republicano negro Evaristo de Morais: "Saí, e, em caminho, tive a fortuna de abraçar esse mulato de coragem, homem de coração, companheiro de ideal, camarada de talento – Evaristo de Moraes – o defensor dos operários paulistas [...]"[26].

Evaristo de Morais explicou-lhe os motivos que o levaram a apoiar Rui Barbosa, o "defensor das causas do povo". Entre esses motivos estavam o fato de Rui ter se posicionado contra a lei que ainda no século XIX condenava os que dessem abrigo a escravos fugidos; por sua postura em defesa do abolicionismo; por seus discursos pela liberdade e pelo governo do povo pelo povo; por sua defesa da educação e acesso à cultura para todos.

24. *O Estado de S.Paulo*, p. 9, 9 abr. 1919.
25. Nereu Rangel Pestana reuniu posteriormente seus textos publicados no *Estado de São Paulo* no livro satírico *Oligarquia Paulista* (cf. Antonio Celso Ferreira, *A Epopeia Bandeirante. Letrados, Instituições, Invenção Histórica (1870-1940)*, São Paulo, Editora Unesp, 2002, p. 289).
26. *O Estado de S.Paulo*, p. 9, 9 abr. 1919.

Nas cidades do Triângulo Mineiro, a campanha pró Rui contra o candidato das oligarquias mineiras Epitácio Pessoa se intensificava naquele mês de abril. No dia 7, *O Estado de S.Paulo* publicou as impressões do povo do Triângulo após o discurso que Rui Barbosa proferiu no Teatro Municipal da capital paulista no dia anterior:"O povo vibra de entusiasmo pela candidatura do egrégio brasileiro"[27].

Em 12 de abril de 1919, na véspera das eleições presidenciais, o mesmo jornal manifestou abertamente apoio ao candidato à Presidência Rui Barbosa, apoiado também pelas elites paulistas. Entre notícias de como a campanha eleitoral estava se desenvolvendo, *O Estado* informava que em Sacramento, Minas Gerais, alguns patriotas, estavam desinteressadamente trabalhando pela candidatura de Rui, entre eles Leôncio Castanheira – provavelmente da mesma família do escrivão Antenor Castanheira que redigia as atas das sessões da Comarca de Sacramento, onde também atuava o oficial Manuel Nogueira[28]. Esses apoiadores fizeram circular uma mensagem aos "eleitores livres":

No dia 13 do corrente mês deverá realizar-se a eleição para o alto cargo de Presidente da República.

Admiradores sinceros do eminente conselheiro sr. Rui Barbosa, a maior glória de nossa cara Pátria, resolvemos sufragar o nome deste grande compatrício para o supremo posto de chefe de nossas instituições.

Certos de que o nome sagrado de Rui Barbosa está no coração do povo agradecido, vimos solicitar de v.s. o seu voto em favor da candidatura deste excelso e genial brasileiro, o defensor intrépido e abnegado dos destinos de nosso amado Brasil.

Contando, pois, com o apoio de v.s. subscrevemo-nos agradecidos de v.s. (aa.) Odorico Tormin, Leôncio Castanheira[29].

Mas o sonho da oposição mineira foi desfeito pela vitória do candidato oficial Epitácio Pessoa. Em Sacramento compareceram às urnas 239 eleitores, sendo que 116 votaram em Rui Barbosa e 123 em Epitácio Pessoa. Os apoiadores

---

27. *O Estado de S.Paulo*, 7 abr. 1919.
28. O livro de protocolo das audiências do Juiz de Direito do Cartório do Segundo Ofício da cidade foi consultado por mim no Arquivo Público Municipal de Sacramento. Nesse livro, várias atas foram assinadas por Manuel Nogueira entre os anos de 1918 a 1921.
29. *O Estado de S.Paulo*, p. 4, 12 abr. 1919.

de Rui Barbosa protestaram porque várias pessoas puderam votar mesmo sem título. Em Uberaba, importante cidade do Triângulo, as mesas de votação sequer foram instaladas devido ao atraso dos mesários e escrivães que seguiram as ordens do partido situacionista local. Dessa forma, 2500 eleitores não tiveram onde votar e a população manifestou-se na praça da matriz, saindo em passeata pelas ruas centrais da cidade para demonstrar o descalabro do poder local[30].

Segundo a imprensa paulista, a derrota de Rui teria sido recebida com muita tristeza por grande parte da população, pois afirmava-se que ele era visto por muitos como a salvação contra a corrupção disseminada. Rui Barbosa parecia ter a preferência da população não-alfabetizada e das mulheres, dois segmentos que, entretanto, não podiam votar. Apenas os homens maiores de 21 anos e alfabetizados podiam fazê-lo.

Segundo o biógrafo de Rui Barbosa, Luis Viana Filho, essa segunda derrota nas eleições presidenciais não teria abalado o antigo conselheiro do Império, pois:

> Que mais desejaria o pregador romântico além daquele exemplo de coragem dado ao país já no inverno da vida? Nobremente, ele reconheceu a vitória do antagonista: continuaria a carregar a cruz do seu destino[31].

Acreditar nessa versão do biógrafo, que nos mostra Rui como um ancião resignado, seria difícil, dada à reação esboçada pelo senador por ocasião de sua primeira derrota em um pleito presidencial, em 1910, para o general Hermes da Fonseca. Naquela ocasião Barbosa, irritado com um poema de Bernardino da Costa Lopes exaltando a figura do vencedor, qualificou os versos do poeta negro de "o bodum das senzalas", em alto e bom som, na tribuna do Senado[32].

Mas a menção à expressão romântica de Rui Barbosa feita pelo biógrafo chama a atenção. Esse "pregador romântico" era aquele que, nas lembranças

---

30. *O Estado de S.Paulo*, p. 4, 14 abr. 1919.
31. Luís Viana Filho, *A Vida de Rui Barbosa*, 8. ed., Rio de Janeiro, Livraria José Olympio Editora/Ministério da Educação e Cultura, 1977, p. 369.
32. Agradeço ao professor Elias Thomé Saliba pela lembrança desse episódio, descrito em seu livro *Raízes do Riso* (Elias Thomé Saliba, *Raízes do Riso. A Representação Humorística na História Brasileira: da Belle Époque aos Primeiros Tempos do Rádio*, São Paulo, Companhia das Letras, 2002, pp. 115-117).

de Carolina, anunciava que era preciso construir um Brasil para os brasileiros. Ela escreveu: "Eu deveria falar com o DR. Rui Barbosa para ele me explicar como é que deveria ser um Brasil para os Brasileiros"[33].

"Um Brasil para os Brasileiros" é o título que aparece nas versões dos manuscritos das memórias autobiográficas de Carolina. Numa dessas versões, a escritora começa com um prólogo: "Nesta primeira obra poética que apresento desejo relatar aos ilustres leitores como foi que percebi minhas apitidões para a poesia"[34].

A busca de Carolina por esse "Brasil para os brasileiros", entretanto, não estava atrelada aos ideais modernistas de intelectuais que ansiavam pela descoberta de uma brasilidade em consonância com a modernidade[35]. O desejo, acalentado por muitos anos, de publicar seus textos memorialísticos sob um título que remetia às ideias de Rui Barbosa conecta Carolina ao pensamento de raiz abolicionista e republicano que circulava entre grupos intelectualizados do Triângulo Mineiro e de Sacramento e emanava das palavras do Senhor Manuel Nogueira[36]. O velho "pregador romântico", Rui Barbosa, parecia enunciar, nas primeiras décadas da República, um discurso que defendia a criação de uma identidade nacional, onde uma ética da igualdade e da fraternidade seria extendida aos mais desfavorecidos. Pelo menos foi com esse teor não-conformista e igualitário que o discurso chegou até as pequenas cidades do interior do país, aos ouvidos daqueles que seriam os maiores beneficiados por essa nova sociedade fraterna.

---

33. Carolina Maria de Jesus, Texto manuscrito, Caderno 2, Arquivo da Coordenadoria de Literatura do Instituto Moreira Salles, Rio de Janeiro (Localização: BR IMS CLIT Pi 002).
34. Carolina Maria de Jesus, Texto manuscrito, Caderno 1, Arquivo da Coordenadoria de Literatura do Instituto Moreira Salles, Rio de Janeiro (Localização: BR IMS CLIT Pi 001). A versão das memórias de Carolina presentes nesse caderno foram publicadas sob o título "Minha Vida", em José Carlos Sebe Bom Meihy e Robert M. Levine, *Cinderela Negra. A Saga de Carolina Maria de Jesus*, Rio de Janeiro, Editora da UFRJ, 1994.
35. Sobre a busca modernista da especificidade da cultura brasileira (cf. Elias Thomé Saliba, "Por Que Ninguém Quer Ser Humorista? Sérgio Buarque dos Países Baixos e o *Corredor de Humor* no Modernismo Brasileiro", *Crocodilos, Satíricos e Humoristas Involuntários. Ensaios de História Cultural do Humor*, São Paulo, Intermeios, 2018, pp. 36-65).
36. Segundo o jornalista Matos Pacheco, Carolina teria qualificado como "romance autobiográfico" o livro que estava escrevendo sobre sua infância em Sacramento (cf. Carolina Maria de Jesus, "Carolina, Poetisa Negra do Canindé", entrevista concedida para o jornal *Última Hora*, 9 jul. 1952).

A presença de Rui Barbosa no pensamento de Carolina de Jesus foi tão forte que a autora numa das últimas entrevistas que concedeu, no ano de sua morte, morando em seu sítio em Parelheiros, citou novamente ideias do jurista:

> Em Sacramento, onde eu nasci, em Minas, naquele tempo eles achavam que os negros só precisavam estudar dois anos de grupo e depois chega. Isso era 1921. Foi o Rui Barbosa que achou que tinha de dar educação a todo o mundo, porque senão ficava uma classe que sabia e a outra que não, e a classe que sabia ficava difícil misturar com a gente. Se eles davam uma ordem, a gente não entendia porque não tinha leitura e não tava acostumado com o jeito deles falar. Então, precisava mesmo alfabetizar todos os brasileiros. Uma vez fui pedir uma bolsa de estudo para um governador mineiro que apareceu em Sacramento, acho que era o Antonio Carlos. Disse que queria muito estudar, conhecer leis, e ele disse: "Ah, vai lavar roupa prá dona Laiá!" Todo mundo me criticou de pedir a bolsa de estudo, me chamaram de pedante[37].

Carolina, nesse fragmento, analisa as ideias de Rui Barbosa que chegaram até seu conhecimento e justifica a necessidade de uma educação estendida a todos, para que os negros pudessem entender, mas não necessariamente atender, as ordens dos brancos. O aparente conformismo enunciado no texto rapidamente se desfaz quando ela prossegue a narrativa contando como pediu ao governador uma bolsa de estudos para estudar as leis, e conhecê-las como Rui Barbosa, e dessa forma saber os seus direitos e os direitos de sua comunidade, para, portanto, poder se contrapor àquelas ordens.

O círculo ativo em Sacramento pela candidatura de Rui Barbosa em 1919, provavelmente contava com a simpatia do oficial de justiça Manuel Nogueira, defensor das ideias de Rui e divulgador das mesmas junto à comunidade negra que não tinha acesso à leitura.

> Ele disse que para o Rui quando os negros aprenderem a ler eles hão de saber defender-se. Não vão aceitar as imposições. O Rui dizia que no Brasil ainda vai haver negros doutores, médicos, advogados, engenheiros e até professores. O Brasil não vai ficar assim. Os homens do futuro vão ser mais cultos. Esta canalha de prepotentes vai morrer. Os ne-

---

37. Carolina Maria de Jesus, entrevista concedida para Maria Rita Kehl, *Revista Movimento*, Edição 00085 (1) de 14.02.1977, p. 17. Um comunicado ao povo de Sacramento foi publicado em 4 de outubro de 1927 anunciando para o dia seguinte a visita do então Presidente do Estado de Minas Gerais, Antonio Carlos Ribeiro de Andrada. Cf. "Ao Povo", comunicado impresso assinado por Humberto Brandi, Meneval Lima e Cesar Castanheira, 1927. Acervo do Arquivo Público Municipal de Sacramento.

gros devem estudar e não guardar ressentimentos. A herança de ódio não deve transferir-se de pai para filho[38].

Pessoas como o Senhor Manuel Nogueira serviam como intérpretes e mediadores dessas mensagens, selecionando o que lhes parecia interessante, decodificando o código escrito e criando em sua leitura em voz alta e em sua fala uma síntese dos temas que queriam destacar e acrescentando à essa síntese o seu próprio pensamento crítico. Muitos desses mediadores eram também negros e ocupavam cargos considerados de destaque nas cidades onde atuavam. Eles seguiam a trilha dos grandes oradores do século XIX e início do XX.

Segundo Antonio Candido, a Campanha Abolicionista do decênio de 1870 fez surgir oradores "que empolgaram o público":

> [...] talvez o prestígio de Castro Alves tenha vindo menos da leitura de seus textos em livros que da declamação nos teatros e nas praças. Entre os oradores, é preciso destacar Joaquim Nabuco (1849-1910). [...] [Também se destacou Rui Barbosa] que ficou para o brasileiro médio como símbolo da inteligência e da capacidade verbal ilimitada[39].

Os oradores consagrados, lembrados por Candido, dividiram e também disputaram território com importantes intelectuais negros, que assumiram um papel decisivo na constituição do campo intelectual brasileiro no século XIX e início do XX, como têm demonstrado pesquisas recentes[40]. Pode-se pensar assim numa rede de solidariedade negra. Rede que se disseminou pelos espaços em que esses intelectuais circulavam, baseada na experiência da escravidão e da exclusão pelo racismo[41].

---

38. Carolina Maria de Jesus, *Diário de Bitita*, p. 53.
39. Antonio Candido de Mello e Souza, *O Romantismo no Brasil*, 2ª. ed., São Paulo, Humanitas, 2004, p. 70.
40. Sobre essas pesquisas ver interessante matéria publicada pela *Revista Pesquisa Fapesp* de novembro de 2016 (Mauricio Puls, "A Intelectualidade Negra do Império. Antes da Abolição, Editores e Homens de Letras Descendentes de Escravos Desempenharam Papel Social Importante", *Pesquisa Fapesp*, São Paulo, Plural Editora e Gráfica, n. 249, p. 80-4, nov. 2016). Ver também o importante trabalho de Ligia Fonseca Ferreira, *Com a Palavra, Luiz Gama: Poemas, Artigos, Cartas, Máximas*, São Paulo, Imprensa Oficial, 2011.
41. Sobre a importância da solidariedade negra ver Tommie Shelby, *We Who are Dark. The Philosophical Foundation of Black Solidarity*, Cambridge, Massachusetts, Harvard University Press, 2005.

Os remotos ideais românticos de libertar-se do jugo português e alcançar uma identidade literária nacional, proclamados no início do século XIX, momento em que Gonçalves de Magalhães lançava em Paris a *Revista Nitheroy* – considerada um dos marcos do Romantismo brasileiro – com a epígrafe "Tudo pelo Brasil e para o Brasil", renasceram transfigurados nos discursos da campanha presidencial de 1919 e se estenderam por toda década de 1920, decodificados nas falas de letrados como o oficial de justiça negro Manuel Nogueira[42]. Suas tardes de leitura permitiram que esses ideais de nação se desdobrassem em interpretações as mais variadas feitas pelos seus ouvintes. Entre essas interpretações, ao menos de uma temos registro, pelos escritos de Carolina.

A pequena Bitita sabia que, para falar com o jornal como o Sr. Nogueira, era preciso aprender a ler. E ela foi a primeira em sua família a ter essa oportunidade. Foi matriculada por sua mãe no Colégio Allan Kardec, onde permaneceu por dois anos[43]. No colégio, fundado pelo médium espírita Eurípedes Barsanulfo e que tinha para a época uma proposta inovadora de ensino, Carolina foi alfabetizada pela professora Lanita Salvina, uma mulher negra, a quem dedicou sinceras homenagens ao receber o título de Cidadã Paulistana em 1960:

> Seria uma deslealdade de minha parte não revelar que o meu amor pela literatura foi-me incutido por minha professora dona Lanita Salvina, que aconselhava-me para ler e escrever tudo que surgisse na minha mente. E consultasse o dicionário quando ignorasse a origem de uma palavra[44].

O primeiro livro que teria lido inteiro, emprestado por uma vizinha, foi o romance romântico de Bernardo de Guimarães, *A Escrava Isaura*, publicado

---

42. Luiz Roberto Velloso Cairo e Wesley Roberto Candido, "As Contribuições da *Nitheroy, Revista Brasiliense* na Constituição do Campo Intelectual Brasileiro", *TriceVersa. Revista do Centro Ítalo-Luso-Brasileiro de Estudos Linguísticos e Culturais*, Assis, Unesp, vol. 1, pp. 112-133, nov. 2007-abr.2008.
43. Sobre o Colégio Allan Kardec e seus métodos inovadores de ensino, ver Alessandro Cesar Bigheto, *Eurípedes Barsanulfo: Um Educador Espírita na Primeira República*, Unicamp, Campinas, 2006, Dissertação de Mestrado em Educação.
44. Carolina Maria de Jesus, "Minuta Datilografada do Discurso de Carolina Maria de Jesus na Cerimônia em que Recebeu o Diploma de Cidadã Paulistana, 1960" em *Coleção Audálio Dantas* – Rolo Único, Coleção de Microfilmes, Library of Congress, Washington DC. Sobre a importante presença de professores negros nas escolas durante a Primeira República ver Maria Lucia Rodrigues Muller, *A Cor da Escola. Imagens da Primeira República*, Cuiabá, Editora da UFMT/ Entrelinhas, 2008.

em 1875[45]. Identificou-se tanto com o livro de Guimarães e com a absoluta correção moral da protagonista Isaura que a leitura tornou-se para ela uma prática constante.

> Eu fui correndo pra casa.
> Entrei rápido como os raios solares.
> Mamãe, como é bom saber lêr.
> Mamãe assustóu-se.
> Interrógóu-me!
> – O que é isto? Esta ficando lóuca?
> Oh! Mamãe! Eu, já sei lêr!
> Vasculhei as gavêtas procurando qualquer coisa para eu ler. Uma visinha emprestou-me um romance. Escrava Isaura.
> Compreendi tão bem o romance que chorei com dó da escrava que fói amarrada na córrente[46].

A escrava citada por Carolina, entretanto, era mesmo Isaura, vestida e adornada com todos os paramentos românticos, não era a escrava do Ararat apresentada por Mário de Andrade em *A Escrava que Não É Isaura*: a personificação da Poesia escandalosamente desnudada por Rimbaud e adorada pelos modernistas[47].

Além de intensificar o seu interesse pela história da escravidão e dos injustiçados, o hábito da leitura desenvolveu em Carolina um amor irrestrito pelos livros, fazendo com que reservasse a eles sempre um caixote ou uma mala que procurava carregar em suas constantes mudanças. Suas leituras eram variadas. Os poetas românticos brasileiros do século dezenove, como mencionado antes, Casimiro de Abreu, Castro Alves e Gonçalves Dias, eram seus preferidos, como também a literatura de folhetim de origem francesa. A *História Universal* e a *Bíblia* foram também algumas de suas leituras nos anos em que frequentou a escola.

---

45. Bernardo Guimarães, *A Escrava Isaura*, Rio de Janeiro, Garnier, 1875; Carolina Maria de Jesus, *Diário de Bitita*, p. 126.
46. Carolina Maria de Jesus, "Texto Manuscrito", *Projeto Carolina Maria de Jesus, Romances*, Coleção de Microfilmes, Library of Congress, Washington D.C.
47. Mário de Andrade, *A Escrava que Não É Isaura (Discurso Sobre Algumas Tendências da Poesia Modernista)*, *Obra Imatura*, 3. ed., Belo Horizonte, Itatiaia, s.d.

No decorrer de sua vida, Carolina foi tomando contato com outras formas de expressão criativa: o cinema, as peças encenadas nos circos, as emissões de rádio, as revistas de variedades, entre elas a edição brasileira da revista norte-americana *Seleções do Reader's Digest*. Assim, por meio de uma intertextualidade complexa, que nada tinha a ver com inocência ou incompreensão, foi compondo seus textos criativos e suas fórmulas curativas, que seriam aplicadas a conta-gotas aos seus leitores.

Devido aos afazeres diários e às inquietações de uma vida de quem teve que aprender a lidar com a precariedade, a segregação, o racismo e o preconceito por ser mulher, a arte de Carolina foi sendo construída também a conta-gotas, lentamente, com interrupções constantes. Mas sua relação profunda e "romântica" com a literatura e com os livros, não a permitia parar. No seu diário de 10 de junho de 1960, ela escreveu:

> Eu estou com a letargia poética. Que coisa horrível. Eu fico sem ação até as 11 horas. Pareçe que estou dormindo. E tem pessoas que queriam ser poetas. E porque êles não sabem como é hórrivel não ter vontade propia.
>
> A inspiração poetica domina[48].

Em 1924, em seu prefácio ao *Manifesto Pau-Brasil,* Paulo Prado considerava:

> Descrever com palavras laboriosamente extraídas dos clássicos portugueses e desentrenhadas dos velhos dicionários o pluralismo cinemático de nossa época é um anacronismo chocante, como se encontrássemos num Ford um tricórnio sobre uma cabeça empoada, ou num torpedo a alta gravata de um dândi do tempo de Brummel[49].

Mas, para grande parcela da população brasileira essa prática não era um "anacronismo chocante". O culto romântico pela palavra, pela palavra retirada de "velhos dicionários", fazia muito sentido para Carolina. Seguindo os conselhos de sua professora utilizava o dicionário quando não entendia o significado de uma palavra. Narrou em suas memórias que ficava sentada ao sol lendo *Os Lusíadas* de Camões com o auxílio do velho *Diccionário Prosódico*

---

48. Carolina Maria de Jesus, "Manuscrito", *Projeto Carolina Maria de Jesus,* Diários, Rolo 1, Coleção de Microfilmes, Library of Congress, Washington D.C.
49. Paulo Prado, "Poesia Pau-Brasil", p. 60.

de Portugal e Brazil, escrito por Antônio José de Carvalho e João de Deus, publicado simultaneamente na cidade do Porto, Portugal, por Lopez e Cia. e no Rio de Janeiro por Frederico Augusto Schmidt[50].

A prática de leitura de Carolina não era uma recepção passiva, ela gostava de procurar o sentido das palavras e analisar o que lia, levando em conta os ensinamentos que teve e suas experiências de vida. A leitura era, para a escritora, muito mais do que simples fruição. Para ela, ler significava uma oportunidade única e privilegiada de estudo, uma busca de autonomia e de compreensão do mundo.

A fascinação pela palavra escrita e pelo significado das palavras levou Carolina a ser vista, por alguns, como feiticeira.

> Eu sentava no sol para ler. As pessoas que passavam, olhavam o dicionário e diziam:
> – Que livro grosso! Deve ser o livro de são Cipriano.
> Era o único livro que os incientes sabiam que existia e existe. Começaram a propalar que eu tinha um livro de são Cipriano e comentavam:
> – Então ela está estudando para ser feiticeira, para atrapalhar a nossa vida[51].

O livro do qual não se separava, o *Diccionário Prosódico de Portugal e Brazil,* assemelhava-se, por sua grossura e sisudez, ao livro de São Cipriano, tradicionalmente utilizado em rituais de feitiçaria. Não era, mas Carolina sabia que tinha poder.

Na década de 1930, começou a cultivar uma maior autonomia intelectual. Segundo narrou em suas memórias, o senhor Manuel Nogueira, o mesmo homem que a encantara como orador e leitor quando ela era criança, tempos depois, em seus anos de juventude, não a impressionava mais. Suas palavras deixaram de ser profecias. Ela podia ler por si mesma e já sabia como eram feitos os jornais.

> Aquelas explicações do senhor Manoel Nogueira não mais me entusiasmavam. Quando eu era menina pensava que tudo o que ele dizia ia realizar-se. Agora já estava compreendendo

---

50. *O Dicionário Prosódico de Portugal e Brazil.* Esse dicionário teve várias edições, pude consultar a 14ª, de 1916.
51. Carolina Maria de Jesus, *Diário de Bitita,* pp. 177-178.

que, entra governo, sai governo, o pobre continua sempre pobre. Os sonhos de melhores dias não eram para nós. Nós vivíamos como são Lourenço na grelha incandescente[52].

A leitura em voz alta para quem não podia ler e o discurso em prol dos direitos dos negros e dos mais pobres parece ter sido um papel que Carolina assumiu também para si, desde muito cedo, quando queria ensinar os doze filhos de sua tia Geronyma a ler e a escrever, mas se deteve quando percebeu que eles não tinham condições para isso: "O saber ler é um fato primordial na vida do homem", entretanto eles tinham apenas uma panela, eram muito mais pobres: "Compreendi que eles não tinham tranquilidades para aprenderem a ler"[53].

Duas décadas mais tarde, em São Paulo, tomaria o papel de Nogueira para si, narrando para as mulheres da favela do Canindé as notícias dos jornais. Em 13 de junho de 1958, escreveu em seu diário:

> Hoje eu estou lendo. E li o crime do Deputado de Recife. Nei Maranhão. [...] li o jornal para as mulheres da favela ouvir. Elas ficaram revoltadas e começaram chingar o assassino. E lhe rogar praga. Eu já observei que as pragas dos favelados pegam[54].

Nesse mesmo ano de 1958, diante da extrema dificuldade que enfrentava para viver e o cenário de pobreza crescente que contrastava com a riqueza propagandeada pelo discurso do gigantismo paulista, que exaltava os arranha-céus e seu ritmo vertiginoso, Carolina, no dia 19 de maio de 1958, escreveria em seu diário:

> E eu pensei no Casemiro de Abreu, que disse: "Ri criança. A vida é bela". Só se a vida era boa naquele tempo. Porque agora a epoca está apropriada para dizer: "Chora criança. A vida é amarga"[55].

---

52. *Idem*, p, 159.
53. Carolina Maria de Jesus, "A Panela", Texto Manuscrito, Caderno 2, Arquivo da Coordenadoria de Literatura do Instituto Moreira Salles, Rio de Janeiro (Localização: BR IMS CLIT Pi 002).
54. Carolina Maria de Jesus, *Quarto de Despejo. Diário de uma Favelada*, p. 61.
55. *Idem*, p. 36. Sobre o discurso do gigantismo de São Paulo e a tentativa por parte das elites de eliminação da presença das camadas pobres da cidade, que só aumentava dia após dia, diante das políticas econômicas adotadas e dos caminhos políticos seguidos, ver a introdução de minha tese de doutoramento, especialmente a primeira parte "Tessitura Visual" (Elena Pajaro Peres, *Exuberância e Invibilidade: Populações Moventes e Cultura em São Paulo, 1942 ao Início dos Anos 70*).

Mesmo desacreditando das palavras dos poetas românticos e das profecias de Rui Barbosa recebidas pela voz e segundo a interpretação do senhor Manuel Nogueira, a escritora continuou exercitando seu pensamento romântico em suas composições ficcionais e nos relatos de sua própria vida. Como amparo utilizava aquela que era a sua base primeira: os ensinamentos afro-cristãos de seu avô Benedito José da Silva e a sua sabedoria em gotas. Em *Diário de Bitita*, pode-se ler: "E nós, os netos, recebíamos as palavras do vovô como se fossem um selo e um carinho"[56]. Sobre a importante presença do avô, Carolina também escreveu:

> No mês de agosto, quando as noites eram mais quentes, nos agrupávamos ao redor do vovô para ouvi-lo contar os horrores da escravidão. Falava dos Palmares, o famoso quilombo onde os negros procuravam refúgio. O chefe era um negro corajoso de nome Zumbi. Que pretendia libertar os pretos. Houve um decreto: quem matasse Zumbi ganharia duzentos mil-réis e um título nobre de barão. Mas onde é que já se viu um homem que mata assalariado receber um título de nobreza! Um nobre para ter valor tem que ter cultura, linhagem[57].

Foi retomando a sua própria linhagem, recriando e recontextualizando tudo o que ouviu e leu, que Carolina pôde escrever no prólogo de seu último livro publicado em vida:

> Espero que alguns dos meus provérbios possa auxiliar alguns dos meus leitores à reflexão. Porque o provérbio é antes de tudo uma advertência em forma de conta-gotas já que nos é dado a compreender mutuamente, para ver se conseguimos chegar ao fim da jornada com elegância e decência[58].

Para Carolina, escrever era uma atividade exercitada diariamente desde que chegara a São Paulo no final dos anos 1930, mas seus poemas, romances, peças teatrais, contos e provérbios destoavam do que se percebia no período como moderno. Sua expressividade, desde o primeiro momento, manifestara-se como romântica, carregando um forte sentido ético e de insubordinação diante das injustiças que observava no mundo. Essa expressividade estava situada em um dos outros lados do modernismo, onde também esta-

---

56. Carolina Maria de Jesus, *Diário de Bitita*, p. 57.
57. *Idem*, p. 58.
58. Carolina Maria de Jesus, Prólogo ao livro *Provérbios*.

vam os espaços de afeto de muitos dos imigrantes e migrantes que acompanharam a escritora em suas andanças por São Paulo[59]. Era uma expressão poética a conta-gotas.

REFERÊNCIAS BIBLIOGRÁFICAS

ANDRADE, Mário de. *A Escrava que Não É Isaura (Discurso Sobre Algumas Tendências da Poesia Modernista)*". *Obra Imatura*. 3. ed., Belo Horizonte, Itatiaia, s.d.

BENJAMIN, Walter. "Sobre Alguns Temas em Baudelaire". *Charles Baudelaire. Um Lírico no Auge do Capitalismo. Obras Escolhidas*. 2. ed. São Paulo, Brasiliense, 1991, vol. III.

BIGHETO, Alessandro Cesar. *Eurípedes Barsanulfo: Um Educador Espírita na Primeira República*. Faculdade de Educação, Unicamp, 2006 (Dissertação de Mestrado em Educação).

BOSI, Ecléa. *O Tempo Vivo da Memória. Ensaios de Psicologia Social*. São Paulo, Ateliê Editorial, 2003.

CAIRO, Luiz Roberto Velloso e CANDIDO, Wesley Roberto. "As Contribuições da *Nitheroy, Revista Brasiliense* na Constituição do Campo Intelectual Brasileiro". *TriceVersa. Revista do Centro Ítalo-Luso-Brasileiro de Estudos Linguísticos e Culturais*, vol. 1, nov. 2007-abr. 2008. Assis, Unesp.

CANDIDO, Antonio. *O Romantismo no Brasil*. 2. ed. São Paulo, Humanitas, 2004.

CARVALHO, João José de e DEUS, João de. *Dicionário Prosódico de Portugal e Brasil*. 14. ed., Porto/Rio de Janeiro, Lopez e Cia./Frederico Augusto Schmidit, 1916.

O ESTADO de S.Paulo, 7, 9, 12 e 14 abr. 1919.

FERREIRA, Antonio Celso. *A Epopeia Bandeirante. Letrados, Instituições, Invenção Histórica (1870-1940)*. São Paulo, Editora Unesp, 2002.

FERREIRA, Lígia Fonseca. *Com a Palavra, Luiz Gama: Poemas, Artigos, Cartas, Máximas*. São Paulo, Imprensa Oficial, 2011.

GILROY, Paul. *O Atlântico Negro. Modernidade e Dupla Consciência*. Trad. Cid Knipel Moreira, 2. ed. São Paulo, Editora 34, 2012.

GUIMARÃES, Bernardo. *A Escrava Isaura*. Rio de Janeiro, Garnier, 1875.

JESUS, Carolina Maria de. *Antologia Pessoal*. Rio de Janeiro, Editora da UFRJ, 1996.

_____. "Carolina, Poetisa Negra do Canindé". Entrevista concedida para o jornal *Última Hora*, 9 jul. 1952, São Paulo.

_____. *Casa de Alvenaria. Diário de uma Ex-Favelada*, São Paulo, Francisco Alves, 1961.

---

59. Sobre o lado oposto e os outros lados do modernismo ver Elias Thomé Saliba, "Por Que Ninguém Quer Ser Humorista? Sérgio Buarque dos Países Baixos e *O Corredor de Humor* no Modernismo Brasileiro".

_____. "O Chapéu". Conto. Manuscrito. *Caderno 2*. Arquivo da Coordenadoria de Literatura do Instituto Moreira Salles, Rio de Janeiro (Localização: BR IMS CLIT Pi002).

_____. *Diário de Bitita*. Rio de Janeiro, Nova Fronteira, 1986.

_____. "Entrevista Concedida para Maria Rita Kehl". *Revista Movimento*. Edição 00085 (1), 14 fev.1977.

_____. "Minha Vida". MEIHY, José Carlos Sebe Bom & LEVINE, Robert M. *Cinderela Negra. A Saga de Carolina Maria de Jesus*. Rio de Janeiro, Editora da UFRJ, 1994.

_____. (1960 b) *Minuta Datilografada do Discurso de Carolina Maria de Jesus na Cerimônia em que Recebeu o Diploma de Cidadã Paulistana*, Library of Congress, Washington DC (Coleção Audálio Dantas – Rolo Único, Coleção de Microfilmes).

_____. *Quarto de Despejo. Diário de uma Favelada*. São Paulo, Francisco Alves, 1960.

_____. "A Panela". Texto manuscrito. *Caderno 2*. Arquivo da Coordenadoria de Literatura do Instituto Moreira Salles, Rio de Janeiro (Localização: BR IMS CLIT Pi 002).

_____. *Pedaços da Fome*. São Paulo, Editora Áquila, 1963.

_____. *Provérbios*. São Paulo, Gráfica Luzes, s.d.

_____. Texto manuscrito. *Caderno 1*. Arquivo da Coordenadoria de Literatura do Instituto Moreira Salles, Rio de Janeiro (Localização: BR IMS CLIT Pi 001).

_____. Texto manuscrito. *Caderno 2*. Arquivo da Coordenadoria de Literatura do Instituto Moreira Salles, Rio de Janeiro (Localização: BR IMS CLIT Pi 002).

_____. Texto manuscrito. *Projeto Carolina Maria de Jesus. Diários*. Rolo 1. Library of Congress, Washington D.C, USA (Coleção de Microfilmes).

_____. Texto manuscrito. *Projeto Carolina Maria de Jesus*. Rolo intitulado *Romances*. Library of Congress, Washington D.C, USA (Coleção de Microfilmes).

MULLER, Maria Lucia Rodrigues. *A Cor da Escola. Imagens da Primeira República*. Cuiabá, Editora da UFMT/ Entrelinhas, 2008.

PERES, Elena Pajaro. "Carolina Maria de Jesus: Insubordinação e Ética numa Literatura Feminina de Diáspora". *In*: ASSIS, Maria Elisabete Arruda de & SANTOS, Taís Valente dos (org.). *Memória Feminina: Mulheres na História, História de Mulheres*. Recife, Fundação Joaquim Nabuco/Editora Massangana, 2016.

_____. *Exuberância e Invisibilidade: Populações Moventes e Cultura em São Paulo, 1942 ao Início dos Anos 70*. São Paulo, Faculdade de Filosofia, Letras e Ciências Humanas, Universidade de São Paulo, 2007 (Tese de Doutorado em História Social)

_____. "Uma Mescla Perturbadora. Escassez e Ânsia por Consumir, Fixidez e Desejo de Mobilidade". *In*: PERES, Elena Pajaro. *A Inexistência da Terra Firme. A Imigração Galega em São Paulo, 1946-1964*. São Paulo, Edusp/Imesp/Fapesp, 2003.

PRADO, Paulo. "Poesia Pau-Brasil". Prefácio ao livro *Pau-Brasil* de Oswaldo de Andrade, publicado em 1925 em Paris. Edição consultada: ANDRADE, Oswald. *Cadernos de Poesia do Aluno Oswald (Poesias Reunidas)*. São Paulo, Círculo do Livro, s.d.

Puls, Mauricio. *A Intelectualidade Negra do Império. Antes da Abolição, Editores e Homens de Letras Descendentes de Escravos Desempenharam Papel Social Importante*. São Paulo, Plural Editora e Gráfica, n. 249, 2016 (Pesquisa Fapesp).

Saliba, Elias Thomé. "Por Que Ninguém Quer Ser Humorista? Sérgio Buarque dos Países Baixos e o *Corredor de Humor* no Modernismo Brasileiro". *Crocodilos, Satíricos e Humoristas Involuntários. Ensaios de História Cultural do Humor*. São Paulo, Intermeios, 2018.

_____. *Raízes do Riso. A Representação Humorística na História Brasileira: Da Belle Époque aos Primeiros Tempos do Rádio*. São Paulo, Companhia das Letras, 2002.

_____. *As Utopias Românticas*. 2.ed. São Paulo, Estação Liberdade, 2002.

Shelby, Tommie. *We Who Are Dark. The Philosophical Foundation of Black Solidarity*. Cambridge, Massachusetts, Harvard University Press, 2005.

Viana Filho, Luís. *A Vida de Rui Barbosa*. 8. ed. Rio de Janeiro, Livraria José Olympio Editora/Ministério da Educação e Cultura, 1977.

8

O Outro Lado Urgente e Atual do Modernismo: *Clara dos Anjos*, de Lima Barreto

CAMILA RODRIGUES

MODERNISMO: INSUBORDINAÇÃO PATROCINADA?

*O netinho jogou os óculos
Na latrina.*

OSWALD DE ANDRADE

PETER GAY EXPLICA, de modo bastante vago que, desde a metade do século XIX chamou-se "modernismo" todo e qualquer gesto inovador ou original que contribuísse para estabelecer a descontinuidade, edificando uma paisagem cultural iconoclasta que se propunha construir uma nova forma de ver o mundo, na qual só seria louvado tudo o que se apresentasse como "um gesto de insubordinação bem-sucedida contra a autoridade vigente"[1]. Nascida no próprio ideário em vigor na metade dos oitocentos[2] e amparada por "patronos e clientes importantes, com dinheiro, liberdade e disposição suficiente para lhe dar apoio"[3], esta tendência ao rompimento, que cresceu e se solidificou como grande referência cultural no século XX, propunha superar comple-

---

1. Peter Gay, *Modernismo – O Fascínio da Heresia de Baudelaire a Becktt e Mais um Pouco*, trad. Denise Bottmann, São Paulo, Companhia das Letras, 2009, p. 20.
2. William R. Everdell, *Os Primeiros Modernos: As Origens do Pensamento do Século XX*, trad. Cynthia Cortes e Paulo Soares, Rio de Janeiro, Record, 2001.
3. Peter Gay, *Modernismo*, p. 34.

tamente códigos estéticos do passado, mas como era impossível efetivamente começar do zero, foi preciso forjar renascimentos que apontassem para uma espécie de *era das rupturas*, cujos filtros exigiam rompimentos, mas também levavam em conta outros fatores.

No Brasil o marco do Modernismo atribuído à Semana de Arte Moderna, um evento cultural que aconteceu no Theatro Municipal de São Paulo em 1922, data em comemoração ao centenário da Independência do Brasil; intencionou-se, a partir deste evento fundador, apontar São Paulo como local mais influente da cultura na época, em oposição ao Rio de Janeiro, que até então ocupava esta posição. Em resumo a arte propagada no evento paulista se colocava contra a estética vigente a partir da influência das vanguardas europeias, que deveriam aparecer em fusão com elementos brasileiros como a linguagem oral, coloquial, cotidiana e vulgar. Tal manifestação artística ecoou os ideais da ruptura com memórias do passado colonial e da escravatura, em uma movimentação que celebrou alguns temas e silenciou outros, na intenção de forjar uma cultura orgânica que pudesse refundar o país.

Patrocinada pela elite paulista, a *Semana* tinha a intenção de propagar ideias daquela burguesia cafeicultora que, mescladas ao pensamento artístico em voga na Europa nas primeiras décadas do século XX, forjariam propostas de uma nova identidade nacional. Disfarçadas de descontinuidade, as propostas de 1922 consideravam de forma tímida inúmeros temas pulsantes na realidade nacional na década de 1920, entre os quais as condições, identidades e posicionamentos sociais dos afrodescendentes[4].

Ao repensar o Modernismo a partir tanto seu lado oposto como também dos outros lados, objetivamos iluminar algumas consciências críticas e obras artísticas que ficaram de fora do elenco modernista, ou porque não se enquadraram às propostas unívocas, ou por renegarem o "fascínio da heresia" – ou por quaisquer outros motivos, perceptíveis apenas na posteridade pelo efeito do esquecimento Destacar esses outros lados, o que pensaram e produziram pode ser uma grande oportunidade para se discutir criticamen-

---

4. Thais Gomes Machado, *Dimensões do Modernismo: A Estética como Visão de Mundo e Projeto de Sociedade*, Cachoeira, 2016, p. 59. Monografia de Trabalho de Conclusão de Curso em Artes Visuais, Universidade Federal do Recôncavo da Bahia.

te este momento tão decisivo para a cultura do século XX, especialmente porque, muitas das vezes, mesmo saindo do centro das discussões e produção cultural da década de 1920, é interessante observar que seus temas continuaram perpassando nas fímbrias da realidade nacional e ainda pontuam assuntos importantes para o século XXI.

Para problematizar consciências dissonantes no período, lembramos-nos de artistas que já quebravam as normas vigentes às vésperas do movimento artístico de 1922, só que acabaram não sendo incorporados ao rol modernista. Falamos de Lima Barreto: embora seja considerado como um grande autor nacional e seu nome hoje componha até mesmo o currículo escolar da juventude, muitas vezes ainda é tomado como um autor de um livro só, o romance, não raro visto como quixotesco, *Triste Fim de Policarpo Quaresma* (1911). O que acabou obscurecendo tantas outras obras do escritor que incorporam questões fundamentais, como por exemplo, a herança afro-brasileira, a miscigenação e sua representação no período pós-abolição, as quais, mesmo com todas as conquistas da sociedade civil, continuam, como todos sabemos, ainda na ordem do dia.

Para tratar de Lima Barreto e sua relação com o modernismo[5] abordaremos um dos seus registros menos conhecidos, o romance *Clara dos Anjos*. Publicado anteriormente sob a forma de conto e depois consolidado como narrativa mais extensa na forma de romance, narra a história da jovem Clara, uma mulata suburbana, que acaba seduzida pelo modinheiro branco Cassi Jones. Trata-se numa primeira impressão de um livro de agradável leitura para o público juvenil, pois, embora aborde uma questão delicada e dolorosa de quase cem anos atrás, esta ainda reverbera de forma sensível em nossa sociedade. Trata-se ainda de uma narrativa na qual encontramos ainda um raríssimo retrato do cotidiano do subúrbio carioca, como um cenário privilegiado para narrar a situação dos afrodescendentes – cenário no qual o autor conheceu tão bem pois nele passou praticamente toda a sua vida.

---

5. Lilia Moritz Schwarcz, "Moderna República Velha: Um Outro Ano de 1922", *Revista do IEB*, vol. 55, pp. 59-88, 2012.

LIMA BARRETO: INSTIGANTE E INADIÁVEL

A insatisfação é nossa lei.
LIMA BARRETO

Afonso Henriques de Lima Barreto, escritor brasileiro que nasceu no Rio de Janeiro, coincidentemente num 13 de maio de 1881 e faleceu também mesma cidade, em 1922, aos 41 anos de idade – era mestiço, mas não era filho de escravos, como muitas vezes se propalou: sua mãe era filha de uma escrava alforriada e, assim como seu pai, teve acesso aos estudos. Sua mãe foi professora e seu pai um qualificado tipógrafo, que foi mestre de oficina na Imprensa Nacional. Lima Barreto cursou a Escola Politécnica mas teve que abandoná-la no terceiro ano por doença e incapacidade do pai; tornou-se escriturário do Ministério da Guerra. A partir daí, Lima também ficou mais conhecido pela vida desafortunada[6] e, depois de sua morte, pelo esquecimento a que sua obra foi relegada. Esquecimento que só foi quebrado quando foi publicada a bela e robusta biografia *A Vida de Lima Barreto* (1952), escrita pelo acadêmico Francisco de Assis Barbosa, também responsável pela primeira publicação das obras completas do autor. Depois disso e, sobretudo nas últimas décadas a trajetória de Lima vem ganhando destaque com importantes pesquisas, entre as quais, a de Nicolau Sevcenko e Lilia Schwarcz[7]. Neles vemos destacada a existência atuante deste artista negro, talentoso, sofrido e crítico, uma das consciências vívidas mais interessantes de seu tempo[8], pois apesar de ter feito bons contatos entre muitos espíritos críticos da época, não escapou da anulação paulatina de seu mérito literário e intelectual, que ele mesmo apelidou de "ditadura do silêncio", muito devido ao fato de que sua própria trajetória ainda "causava piedade e repugnância"[9].

---

6. Sérgio Buarque de Holanda, "Prefácio", em *Obras Completas de Lima Barreto*, São Paulo, Brasiliense, 1956.
7. Lilia Moritz Schwarcz, *Lima Barreto: Triste Visionário*, São Paulo, Companhia das Letras, 2017.
8. Cuti (Luiz Silva), *A Consciência do Impacto nas Obras de Cruz e Sousa e de Lima Barreto*, Belo Horizonte, Autêntica, 2009.
9. Nicolau Sevcenko, "A Fênix Republicana: Lima Barreto Atual e Urgente", *Folha de S.Paulo*, Ilustríssima, p. 4, 5 set. 2010.

Para os pesquisadores futuros, não presos aos anseios daquela república recém-fundada, é possível visualizar na obra barretiana o quanto nosso autor dirigia sempre seu olhar crítico ao novo sistema político, percebendo que, mais do que uma revolução, a república significou apenas a alternância de grupos na liderança, mantendo atuantes as velhas estruturas de poder[10]. Embora pouco reconhecida pela posteridade, foi eminente a atuação deste intelectual como crítico social de seu tempo, construindo posicionamentos duros e tornando-se um dos primeiros escritores a trazer para a ficção os pobres, os ressentidos e os humilhados, acabando também por ficar conhecido por sua:

> Integridade intelectual e independência de espírito, sua determinação em não ceder às modas, aos grupos literários dominantes, às hierarquias e lideranças postiças, aos maquinismos promocionais que fazem e desfazem reputações[11].

Sofrendo na pele as angústias da vida de um afrodescendente nos anos seguintes à abolição da escravatura, logo lhe pareceu claro que o tema mais importante a ser tratado em sua produção literária era o racial, dada a sua importância na constituição da sociedade brasileira, pois humildes e pretos eram figuras quase desconhecidas nas produções artísticas da época. No entanto, por destacar sempre tal população em seus escritos, segundo nos conta Sevcenko[12], Lima sofreria reiterada e persistente rejeição e durante toda a sua trajetória, acabou tendo seu nome tomado como um tabu e seu talento constantemente desmerecido através de sucessivos boicotes e silenciamentos. Na sua trajetória também é preciso marcar sua personalidade dura, incrementada pela constante rejeição mas também pela doença do alcoolismo, que o conduziu no final da vida a inúmeras passagens pelo hospício, que ele próprio designava como "cemitério dos vivos". Também se mostrava impiedoso nas suas críticas, nunca fugindo de polêmicas pessoais, atacando a Academia Brasileira de Letras, designando o Barão do Rio Branco como "mediocridade supimpa" ou perguntando se Coelho Neto era um histrião

---

10. Escrever textos para a imprensa com assiduidade era uma forma de Lima atuar na vida social sem sofrer maiores perseguições. Clara Ávila Ornellas, "Lima Barreto – Cronista do Protesto Eterno", *Revista* USP, n.69, pp. 198-205, mar.-maio 2006.
11. Nicolau Sevcenko, "A Fênix Republicana", p.4.
12. *Idem, ibidem.*

ou um literato. Tudo isto aumentou as inúmeras antipatias e angariou vários inimigos no meio cultural carioca.

Também por seu estilo Lima foi criticado, tomado como autor vulgar, de qualidade inconsistente, com personagens e histórias rasas[13]. Sua criatividade, engenhosidade, ousadia e teor crítico, escoradas na "coerência com que destrói e abandona as teorias clássicas da separação dos estilos"[14], foram anteriores ao advento do modernismo mas, as inovações de sua escrita não foram de pronto sequer reconhecidas como positivas. Com o tempo isso foi mudando e, cem anos depois, tantos estudos já reconhecem seu mérito em não querer se enquadrar em gêneros, pois se atrelar a eles significava comprometer-se com um estado de coisas que unicamente lhe causava revolta. Engajando-se em prol de uma literatura de múltiplas formas, tentou incansavelmente responder ao seu grande propósito, como ele mesmo num explica num trecho da crônica *Padres e Frades*: "Eu não me canso nunca de protestar, pois minha vida há de ser um protesto eterno contra todas as injustiças"[15].

Conforme fica explícito em suas notáveis biografias, as reivindicações de Lima estavam sempre baseadas em sua vivência efetiva de um homem negro que viveu na capital em momentos nos quais aquela sociedade republicana se estruturava em mal disfarçada ânsia de apagar a memória da escravidão, a herança africana e, quem sabe, os próprios negros, doravante tratados como figurantes mudos da História Por ser quem foi, Lima Barreto garantia a legitimidade de seu protesto e, fora de todo distanciamento apregoado pelos realismos literários, ele

> [...] pôde encarar a ciência não como cientista, mas como paciente. Ver o centro da cidade embelezar-se durante suas idas e vindas do subúrbio. Encarou o crescimento da concorrência da perspectiva do derrotado. Percebeu a vitória do arrivismo como quem perde uma situação duramente alcançada. Assistiu ao crescimento do preconceito social e racial como um discriminado. Sentiu a repressão e o isolamento dos insociáveis como vítima[16].

---

13. *Idem, ibidem.*
14. Nicolau Sevcenko, *Literatura Como Missão: Tensões Sociais e Criação Cultural na Primeira República*, 2. ed., São Paulo, Companhia das Letras, 2003, p. 195.
15. Lima Barreto, "Padres e Frades", *Vida Urbana*, São Paulo, Brasiliense, 1956, p. 140.
16. Nicolau Sevcenko, *Literatura Como Missão*, p. 234.

O tema racial não recobre a totalidade da literatura barretiana e em seus romances ele foi também um exímio cronista da vida urbana carioca, desvelando cenários suburbanos e marginalizados. Contudo, seus registros sobre o tema racial são os mais contundentes e amargos, já que sentia na pele este universo da exclusão e do preconceito. Era uma condição que nascera com ele, ou, como ele mesmo o chamava, um "determinismo do pecado original" que acabou por levá-lo, afinal, ao alcoolismo e à morte prematura.

LIMA E A SEMANA MODERNISTA DE 1922

Se Lima Barreto primava por manter sua acuidade crítica acima de tudo, não se alinhando a grupos literários ou igrejinhas que pudessem vir a cercear sua liberdade de pensamento[17], já é possível intuir que, o contato com o grupo do modernismo de 1922 não seria diferente, pois embora suas propostas estéticas libertárias se alinhassem em muitos momentos, em outros se antagonizavam e essa relação conflituosa apresentou diversos matizes, entre os quais podemos apenas indicar alguns exemplos[18].

Segundo nos conta seu primeiro biógrafo[19], Lima costumava ser muito receptivo com os jovens escritores que o procuravam e eram recebidos com simpatia. Citando um depoimento de Sérgio Milliet ao jornal *O Estado de S.Paulo* em 1948, Barbosa explica que a grande admiração do grupo paulista de 22 por Lima devia-se a:

[...] seu estilo direto, a precisão descritiva da frase, a atitude antiliterária do escritor, a limpeza de sua prosa, objetivos que os modernistas também visavam. Mas admirávamos por outro lado a sua irreverência fria, a quase crueldade científica como que analisava uma personagem, a ironia mordaz, a agudeza que revelava na marcação dos caracteres[20].

Seja como for, o primeiro contato entre Lima e os modernistas se deu quando Sérgio Buarque de Holanda, então representante paulista da revista *Klaxon* no Rio de Janeiro, ofereceu ao escritor um exemplar da revista,

---

17. Nicolau Sevcenko, "A Fênix Republicana", p. 4.
18. Francisco de Assis Barbosa, *A Vida de Lima Barreto (1881-1922)*, 6. ed. Rio de Janeiro, José Olympio; Brasília, INL, 1981, Documentos Brasileiros, vol. 70, n. 70, pp. 322-333; Lilia Moritz Schwarcz, *Lima Barreto*, pp. 430-461.
19. Francisco de Assis Barbosa, *A Vida de Lima Barreto*, p. 322.
20. Sérgio Milliet, "Noticiário", *O Estado de S.Paulo*, p. 322, 11 nov. 1948.

na qual se expunha o programa de um rompimento com todas as formas de academicismo literário. Lembra Barbosa[21] que, embora Lima tivesse julgado que a publicação paulista parecesse ser trabalho de "burgueses querendo imitar as ideias do futurismo de Marinetti", a estética literária de Lima tinha muitos pontos em comum com a "nova agenda modernista"[22] e até mesmo a revista paulista comungava em muitos pontos com o estilo e a temática da *Revista Floreal*, fundada por Lima em 1907, mas que não sobrevivera ao quarto número[23].

Mas se, literariamente, as propostas se alinhavam, consideramos que foi outro o motivo que impediu Lima de se aproximar de fato dos primeiros modernistas de São Paulo: é que aquele movimento era apadrinhado por Paulo Prado, notável representante da "plutocracia paulista", aquela mesma que nosso autor tanto "atacava na imprensa literária"[24] e que, como já dissemos, desejava propor uma cultura forjada na burguesia cafeicultora que, mesclada às vanguardas europeias, desejava expandir sua hegemonia em âmbito nacional. Acrescente-se que Lima Barreto, em crônicas publicadas no passado, considerava Antonio Prado (pai de Paulo Prado) o principal chefe da plutocracia paulista, designando Graça Aranha como o seu "caixeiro-viajante". Enfim, Lima Barreto considerava a elite paulista como catalisadora por tudo aquilo que ele condenava na própria república brasileira e utilizou-se reiteradamente da sátira para confrontar os efeitos exuberantes da cultura política da época, submetidos às injunções do esnobismo mundano e da subserviência política[25].

Nesse contexto, estamos tomando Lima Barreto e sua obra como um "outro lado" do modernismo em 1922, não totalmente em oposição a ele, mas sempre apresentando um olhar crítico em relação a todos os seus posicionamentos. Fosse efetivada a inimaginável inclusão de Lima ao grupo paulista, caberia uma pergunta hipotética: como seria enquadrar um dos temas fundamentais veiculados pela sua literatura – que foi a cuidadosa representação de

---

21. Francisco de Assis Barbosa, *A Vida de Lima Barreto*, p. 323.
22. Lilia Moritz Schwarcz, *Lima Barreto*, pp. 446-448.
23. Francisco de Assis Barbosa, *A Vida de Lima Barreto*, p. 54.
24. *Idem*, p. 323.
25. Elias Thomé Saliba, "Envolvidos na Vida, Nós a Vemos Mal?", *Crocodilos, Satíricos e Humoristas Involuntários: Ensaios de História Cultural do Humor,* São Paulo, Intermeios/PPGHS-USP, 2018, p. 71.

negros e negras do Brasil, denunciando a continuidade de sua sujeição e exclusão sociais em plena década de 1920 – a um grupo que, ao menos programaticamente, gostaria de amenizar ou quiçá, apagar tais pontos?

Como Lima acabou não indo ao encontro dos modernistas[26], até mesmo porque seu falecimento ocorreu no mesmo ano do evento paulista, a questão ficou sem resposta bem definida. Resta, portanto, muito a analisar de sua obra. Por isto, propomos uma breve análise de um de seus registros ficcionais apontando alguns tópicos que o aproximaram de um outro lado do modernismo.

CLARA DOS ANJOS E A REPRESENTAÇÃO AFRODESCENDENTE.

Nós não somos nada nesta vida.
LIMA BARRETO

No romance *Clara dos Anjos* (1922) existe uma única referência ao tempo histórico no qual a narrativa acontece, e isso aparece quando o sedutor Cassi e Lafões, um amigo da família dos Anjos, pararam para conversar e "falaram sobre as festas próximas do centenário da Independência"[27], sugerindo que aqueles acontecimentos teriam se dado entre 1921 e 1922. Se lembrarmos de que também a própria Semana de Arte Moderna de 1922 aconteceu em meio aos preparativos para a comemoração de tal centenário e foi uma espécie de versão paulista da independência em 1822, o cenário delineado pelo romance pode ir além de mera coincidência cronológica.

Por outro lado, pode aparentar ser redundante voltar a discutir uma obra que hoje compõe até mesmo o rol das leituras escolares e vem sendo abordada por vários pesquisadores. No entanto, desde a descoberta do espólio do escritor[28] pelo editor Zélio Valverde na década de 1940[29], uma dezena de estudos e monografias nos permitem outros olhares sobre os processos barretianos de composição literária, tornando possível descobrir outras camadas entre o tex-

---

26. Lilia Moritz Schwarcz, *Lima Barreto*, p. 461.
27. Lima Barreto, *Clara dos Anjos*, Rio de Janeiro, Ediouro, 1990, p. 54.
28. Claudia Amigo Pino e Roberto Zular, *Escrever Sobre Escrever – Uma Introdução à Crítica Genética*, São Paulo, Martins Fontes, 2007.
29. Nicolau Sevcenko, "A Fênix Republicana", p. 5.

to, sua exegese e sua criação em cuidadoso cruzamento exegético com a própria trajetória de vida do autor.

Hoje já podemos afirmar que a história da personagem Clara dos Anjos foi o mais longo processo de composição literária de nosso autor. Desde menções no *Diário Íntimo* em 1903, depois em quatro capítulos inacabados em 1904, até tornar-se conto publicado pela *Revista América Latina* em 1919 e aparecer no livro *Histórias e Sonhos* em 1920. Com a morte de Lima em novembro de 1922, o romance passou a ser publicado como folhetim entre fevereiro de 1923 e maio de 1924, na *Revista Souza Cruz*, até que em 1948, o romance ganhou sua primeira edição em livro pela Editora Mérito[30].

Com tantas edições truncadas em diferentes suportes, a personagem Clara dos Anjos veio se compondo com o tempo, até aparecer no romance como a representante que Lima talvez tenha gostado de criar: uma jovem mulata e ingênua, morando no subúrbio carioca e muito protegida pelos pais, que depois acaba sendo seduzida pelo violão do tocador de modinhas Cassi Jones, ou seja, uma história que retrata o cotidiano e os problemas enfrentados por uma família negra e humilde no Rio de Janeiro pós-abolição. É a história de uma sedução grosseira, praticada por um Don Juan suburbano contra a pessoa de uma de uma mocinha mulata, denunciando veladamente o processo de abandono e marginalização sofrido pelos negros que, já não sendo mais escravos, continuavam a ser estigmatizados e colocados à margem da sociedade. Mas a narrativa é muito mais cheia de nuances do que o enredo. O escritor detalha minuciosamente as mínimas variações da "cor escura", sobretudo ao descrever em detalhes o pai e a mãe de Clara, Seu Joaquim e Dona Engrácia. Tratava-se de algo bastante inédito na cultura da época, já que até pintores acadêmicos alegavam dificuldades para representar corpos negros nas telas – o que, na verdade, era um desdobramento da forte exclusão social, econômica e política dos negros[31]. Lembre-se que a Kodak, durante muito tempo, não fabricou filmes apropriados para captar a cor negra: "independente da calibragem configurada para imprimir as

---

30. Elizabeth Gonzaga Lima, "Do Conto ao Romance: O Processo Criativo de Lima Barreto Entre a Forma Literária e o Suporte", *O Eixo e a Roda*, vol. 25, n. 2, pp. 115, 2016. Belo Horizonte.
31. Lilia Moritz Schwarcz, *Lima Barreto: Triste Visionário*, p. 408.

fotos, a reprodução das peles mais escuras apresentava uma coloração indistinta, pálida, ou tão próxima do preto que só o branco dos olhos e dos dentes exibia algum detalhe"[32]. A invisibilidade social traduzia-se numa estranha invisibilidade visual.

Pensando a obra a partir das personagens, embora o historiador Sevcenko[33] tivesse defendido que em geral "a estética barretiana revela uma assinalada preferência pelas cores firmes em comparação com os matizes", em 2017 a biógrafa Lilia Schwarcz nos apresenta outro olhar no artigo "*Clara dos Anjos* e as Cores de Lima"[34], que é um levantamento detalhado sobre as cores, biológicas ou sociais em Lima. Schwarcz aposta ainda que ali já se percebia o fato pouco perceptível de que "no Brasil as cores, muitas vezes, não guardam sentido absoluto só ganhando significados em uma circunstância delimitada"[35].

Um exemplo de como a visão de um personagem se transforma conforme o cenário no qual ele circunstancialmente se encontra, ocorre quando Cassi Jones, que é inicialmente descrito como "branco, sardento, insignificante"[36], é visto também como um "verdadeiro branco", no sentido racial e social, pois, afinal, ele vivia na parte menos humilde do subúrbio. Só que quando ele passeia pelo centro da cidade, em contato com pessoas de cores sociais diferentes da sua, altera a percepção sobre si mesmo e passa a se ver igual ou pior àquela imagem atribuída a um negro:

> Na "cidade", como se diz, ele percebia toda a sua inferioridade de inteligência, de educação; a sua rusticidade, diante daqueles rapazes a conversar sobre coisas de que ele não entendia [...] todo aquele conjunto de coisas finas, de atitudes apuradas, de hábitos de polidez e urbanidade, de franqueza no gastar, reduziam-lhe a personalidade de medíocre suburbano, de vagabundo doméstico, a *quase coisa alguma*[37].

---

32. Lorna Roth, "Questão de Pele: Os Cartões Shirley e os Padrões Raciais que Regem a Indústria Visual", IN ZUM, São Paulo, IMS, 2016, p. 2. Disponível em: https://revistazum.com.br/revista-zum-10/questao-de-pele/.
33. Nicolau Sevcenko, *Literatura Como Missão: Tensões Sociais e Criação Cultural na Primeira República*, 2. ed. São Paulo, Companhia das Letras, 2003, p. 217.
34. Lilia Moritz Schwarcz, "*Clara dos Anjos* e as Cores de Lima", *Sociologia & Antropologia*, vol. 7, n.1, jan.-abr. 2017, Rio de Janeiro.
35. *Idem*, p. 131.
36. Lima Barreto, *Clara dos Anjos*, p. 22.
37. *Idem*, pp. 89-90. Grifo nosso.

Assim, o sujeito que discrimina num cenário acaba passando, noutros cenários, por várias outras experiências de rejeição, introjetando fortes sentimentos reativos. A denúncia deste tipo de sutileza na marcação racial e de classe é uma das peculiaridades da escrita de Lima, como exposto por Schwarcz (2017) e esse romance nos parece extremamente fértil ao apresentar as muitas nuances e sutilezas destes marcadores sociais. Para além disso, aqui propomos esmiuçar brevemente também como é construída a representação da personagem Clara dos Anjos. Em primeiro lugar, pelo fato ser uma *mulher,* também uma inovação, quase uma bizarria literária, pois os críticos da época "não podiam fugir completamente às ideias de seu tempo em relação não apenas ao tema da raça, mas também ao comportamento de mulheres"[38].

No início da narrativa Clara é descrita como uma jovem de dezesseis anos:

> A única filha do carteiro, Clara, fora criada com o recato e os mimos que, na sua condição, talvez lhe fossem prejudiciais. Puxava a ambos os pais. O carteiro era *pardo-claro, mas com cabelo ruim*, como se diz; a mulher, porém, apesar de *mais escura, tinha o cabelo liso.*
>
> Na tez, a filha tirava ao pai; e no cabelo, à mãe[39].

Ao nomear a personagem como Clara, a filha do casal de mestiços Sebastião e Engrácia, e descrevê-la como tendo tez pardo-claro com o cabelo liso, adiciona o sobrenome "dos Anjos", atribuindo a ela imagens de luz e brancura, de cintilância e de alvor; no entanto esta é mais uma ironia do narrador, visto que a personagem é mulata, como ela mesma se descreve em alguns momentos do romance. Destacando a ironia crítica utilizada por Lima para caracterizar sua protagonista, Schwarcz lembra que:

> Mulato é termo que vem de mula – da mistura do burro com o cavalo – e lembrava tanto inferioridade biológica como mestiçagem indevida. Era classificação popular e recorrente, e por isso o escritor a utiliza com pretensa naturalidade; ou até mesmo para denunciar a violência contida no termo[40].

---

38. Beatriz Resende, "O Lima Barreto que Nos Olha", *Serrote*, vol. 21, p. 41, 2016, Rio de Janeiro.
39. Lima Barreto, *Clara dos Anjos*, p. 36. Grifo nosso.
40. Lilia Moritz Schwarcz, "*Clara dos Anjos* e as Cores de Lima", p. 135.

Por conta de sua condição de "moça donzela" e pela "sua cor", a mãe sabia que a garota estava vulnerável, por isso a punha em constante estado de vigilância, seguia seus passos, mas isso apenas "fustigava sua curiosidade [...] Clara via todas as moças saírem com seus pais, com suas mães, com suas amigas, passearem e divertirem-se, por que seria então que ela não o podia fazer?"[41]. Pergunta que, na narrativa do romance, parece, até o final, quase que sem sem resposta. Mas, aqui visualizamos um dos temas mais caros ao projeto literário de Lima Barreto: "a crítica ao enclausuramento feminino [...] com o dedo em riste para as mais variadas formas de violência, desde as regras domésticas do casamento até o feminicídio ou suas tentativas"[42].

Lima Barreto nunca descura das razões íntimas e psicológicas das personagens que ele urdia. Na vida reclusa de Clara reside a sua vulnerabilidade. "No conhecimento do mundo está a possibilidade de salvação pessoal diante de suas armadilhas"[43]. Mas em sua existência sofrida a jovem Clara ainda tinha um único divertimento: ouvir música, pois "em sua casa havia o gosto de modinhas. Sua mãe gostava, seu pai e seu padrinho também. Quase sempre havia sessões de modinhas e violão na sua residência"[44]. Para manter e estimular tal ambiente em casa, o pai convidava os amigos: Lafões, aquele que teve a ideia de trazer Cassi para apresentá-lo à família no aniversário da moça – e o padrinho de Clara, Marramaque, que desde o início foi contra a ideia de trazer o rapaz, pois já conhecia a má reputação do modinheiro.

No trecho da narrativa no qual Lafões convidou Cassi para festejar os anos de Clara – seus companheiros do rapaz, sabendo que a moça, embora humilde, não era de todo miserável, logo a imaginaram como mais um dos alvos de Cassi, e assim desenharam, em diálogo rápido, a representação da moça:

– Conheço bem esse carteiro. Ele não trabalha aqui; mas na cidade, na zona dos bancos. Deve ter dinheiro. Tem um *pancadão de filha*, meu Deus! *Que torrão de açúcar!*
– Então estás feito, hein, Cassi? – fez alvarmente Zezé Mateus, àquela tendenciosa observação de Ataliba do Timbó[45].

41. Lima Barreto, *Clara dos Anjos*, p. 44.
42. Cuti (Luiz Silva), *A Consciência do Impacto nas Obras de Cruz e Sousa e de Lima Barreto*, p. 174.
43. *Idem*, p. 176.
44. Lima Barreto, *Clara dos Anjos*, p. 45.
45. *Idem*, p. 37. Grifo nosso.

Clara aparece aqui como um doce a ser consumido, juntamente com a possibilidade de oferecer favores financeiros advindos do seu pai. A referência elaborada pelo escritor no rápido diálogo é ao comportamento desrespeitoso, ou tantas vezes violento, dado às mulheres pelos homens: Lima era "a favor das mulheres, (embora fosse) contra a campanha feminista", porque enxergava nela "certa ambivalência, separando mulheres mais pobres, e suas reivindicações, daquelas provenientes de classe mais abastada"[46]. A partir desta cena do romance já ficamos sabendo que a armadilha está sendo armada e que dificilmente Clara escapará do destino de ser deflorada por Cassi.

Temos formada então uma representação mais definida da jovem, como um ser despreparado para enfrentar os problemas da vida: era "mulata", mas mantida sempre enclausurada no seio familiar, vivendo, de certa forma, protegida de todo problema que isso lhe poderia trazer, mas também da experiência real da vida que lhe era interdita. Na ficção de Lima Barreto vemos, assim, uma personagem inadaptada para enfrentar a agitação da puberdade e os sonhos românticos de toda moça nessa idade, o que fica visível na própria definição do narrador:

> Clara era uma natureza amorfa, pastosa, que precisava mãos fortes que a modelassem e fixassem. Seus pais não seriam capazes disso. A mãe não tinha caráter, no bom sentido, para o fazer; limitava-se a vigiá-la caninamente; e o pai, devido aos seus afazeres, passava a maioria do tempo longe dela. E ela vivia toda entregue a um sonho lânguido de modinhas e descantes, entoadas por sestrosos cantores, como o tal Cassi e outros exploradores da morbidez do violão. O mundo se lhe representava como povoado de suas dúvidas, de queixumes de viola, a suspirar amor[47].

Parece que a educação de Clara se reduziu apenas ao que era difusamente oferecido pelas modinhas. No fundo, foram as modinhas – e o intenso e único encantamento da moça – que deixaram o terreno livre para que ela viesse a ser seduzida. Afinal, com o correr dos anos e a experiência com os encontros musicais, ela já tinha organizado sua própria doutrina do amor:

---

46. Lilia Moritz Schwarcz, *Lima Barreto*, p. 356.
47. Lima Barreto, *Clara dos Anjos*, p. 72.

O amor tudo pode, *para ele não há obstáculos de raça, de fortuna, de condição*; ele vence, com ou sem pretor, zomba da Igreja e da Fortuna, e o estado amoroso é a maior delícia da nossa existência, que se deve procurar gozá-lo e sofrê-lo, seja como for. O martírio até dá-lhe mais requinte [...][48].

Para Clara, cuja vida se deu sempre à margem dos conflitos da vida, fazia sentido pensar em uma teoria do amor tão irreal, na qual o sentimento, sozinho, seria capaz de vencer tudo, inclusive os conflitos sociais ou raciais. Em outro momento de repentina lucidez, ela já envolvida com Cassi, até chega a refletir: "Uma dúvida lhe veio: ele era branco; e ela, mulata. Mas que tinha isso?", e conclui que, havendo sincera paixão, nem isso seria problema.

Se Clara mantinha suas expectativas românticas, formada pelas letras das modinhas, também o sedutor Cassi confabula sobre o amor: "A tal respeito, com o seu cinismo de sedutor de quinta ordem, tinha uma oportuna teoria, condensada numa sentença: Não se pode contrariar dois corações que se amam com sincera paixão"[49]. Interessante observar que, em tese, as propostas dos dois parecem até se tocar, afinal ambas foram concebidas a partir das melosas letras de modinhas de amor, com a diferença de que Clara acredita piamente no que ouve, mas Cassi adicionava à sua proposição uma boa dose de cinismo, e assim Lima mostra novamente como a vítima não poderia escapar de seu bote.

Como a respeito de quase tudo, Lima também era bastante crítico em relação às modinhas e isso tinha um motivo muito importante, como explica a sua biógrafa:

É a ancestralidade, a história familiar de Lima, que ajuda a explicar a ojeriza que o escritor sentia pelas modinhas, bem como sua insistência em desfazer de certos modinheiros. Na festa em que fora convidado a tocar, Cassi usou a letra de uma modinha para declarar que "a razão de sua desgraça" era Clara[50].

Na apresentação durante o aniversário, Cassi inclui uma modinha que ele denomina *Na Roça:*

48. *Idem*, p. 45. Grifo nosso.
49. *Idem*, p. 51.
50. Lilia Moritz Schwarcz, *Lima Barreto*, p. 258.

Mostraram-me um dia
Na Roça dançando
Mestiça formosa
De olhar azougado
[...]
Sorria *mulata*
Por que o feitor
Diziam que andava
Perdido de amor[51].

De letra muito representativa por escorar-se na definição das cores da mulher, ganha fundamental importância para a compreensão do significado de todo livro, pois ela está pautada num poema de Gonçalves Crespo de 1870, plena época da escravatura, e que no romance, "simboliza o momento em que Clara se submete ao moço branco"[52], assim como tantas vezes aconteceu, por tantos diversos meios, durante a história da escravatura. Schwarcz diz que, ao trazer essa modinha e a delicada questão que ela recupera do passado, o romance também está fazendo uma "homenagem à mãe do escritor, e muito especialmente à avó, que foi escravizada, viveu como concubina e cujos filhos nunca tiveram a paternidade reconhecida"[53].

Quando Clara sugere que Cassi "a peça" em relacionamento, mas ele se nega e dá uma desculpa tola, ela começa a perceber que talvez tivesse caído em um golpe e se propõe a rememorar o passado articulando, ela própria, em solilóquio, uma imagem de si:

> Rememorando conversas, fatos, ela punha todo esforço em analisar o sentimento, sem compreender o ato seu que permitiu Cassi penetrar no seu quarto, alta noite sob pretexto de que precisava se abrigar da chuva torrencial prestes a cair. Ela não sabia decompô-lo, não sabia compreendê-lo. Lembrando-se, parecia-lhe que, no momento, lhe dera não sei que torpor de vontade, de ânimo, como que ela *deixou de ser ela mesma, para ser uma coisa, uma boneca nas mãos dele*[54].

---

51. Lima Barreto, *Clara dos Anjos*, p. 41. Grifo nosso.
52. *Idem, ibidem*.
53. *Idem, ibidem*.
54. *Idem*, p. 94. Grifo nosso.

Mais adiante ela se mostra em tons ainda mais reais, quando não há mais dúvidas de que caiu na sedução de Cassi e "estava irremediavelmente perdida", pois "ele a abandonara de vez"; neste destino voltam a entrecruzarem-se os universos sociais e raciais – que na sua "teoria" de antes, não teriam força de impedir um enlace amoroso, doravante visto como grande motivo de seu próprio infortúnio: "Por que a escolhera? Porque era pobre e, *além de pobre, mulata*"[55].

Aqui, ainda cabe considerar a presença de outra personagem feminina: Salustiana, a mãe de Cassi, a qual, ao se sentir pressionada com a visita de Clara e de sua mãe, que pediam para que o vilão se casasse com a moça, responde, de forma pouco sutil:

> Que é que você diz, sua negra? [...] Engraçadas, essas sujeitas! Queixam-se de que abusaram delas...é sempre a mesma cantiga... Por acaso, meu filho as amarra, as amordaça, as ameaça com faca e revólver? Não. A culpa é delas, só delas...[56].

Assim, na fala de Salustiana, o eventual prazer sexual das mulheres seduzidas por Cassi, seria uma razão suficiente para o abandono como uma espécie de castigo por terem sido seduzidas. Até mesmo o argumento de não ter havido violência quase que coincide com o solilóquio de Clara citado acima. Tudo conduz na direção de transmutar a vítima, Clara, numa ré, sem a aquiescência da qual o fato não teria ocorrido. A "culpa" sai do homem e passa para a mulher[57]. Lima Barreto, o narrador em terceira pessoa que, na maioria dos seus registros, alternava o sarcasmo com a ternura, dessa vez não parece, em nenhum momento desistir de inocentar Clara e acusar Cassi. Acusação que, a rigor, se estende à toda a sociedade brasileira da época.

No cruel e triste final do romance, Clara, grávida, abandonada e humilhada pela mãe de Cassi, representa a si mesma novamente, em um dos trechos mais contundentes da narrativa:

> Agora é que tinha noção exata da sua situação na sociedade. Fora preciso ser ofendida irremediavelmente nos seus melindres de solteira, ouvir os desaforos da mãe do seu algoz,

---

55. Lima Barreto, *Clara dos Anjos*, p. 99. Grifo nosso.
56. *Idem*, p. 194.
57. Cuti, *A Consciência do Impacto nas Obras de Cruz e Sousa e de Lima Barreto*, p. 178.

para *se convencer de que ela não era uma moça como as outras; era muito menos no conceito de todos*. [...] *Ora, uma mulatinha, filha de um carteiro!* Num dado momento, Clara ergueu-se da cadeira em que se sentara e abraçou muito fortemente sua mãe, dizendo, com grande aceno de desespero:

— Mamãe! Mamãe!

— O que é minha filha?

— Nós não somos nada nesta vida[58].

Na súplica final de Clara, feita para sua mãe, a personagem enfim reconhece sua posição social e racialmente inferior aos olhos da sociedade, pois foi esta a posição inferior a que a república jogou os afrodescendentes. A obra escancara, portanto, a contradição no interior dos oprimidos femininos, misturando de forma tácita a opressão de gênero com a de raça e classe. Importante destacar que, cem anos depois, noutras roupagens e a despeito de tantas legislações protetoras, tudo isto continua a se manifestar de forma latente e, não raro, explícita.

NA LATERAL DO MODERNISMO

A minha atividade excede em cada minuto o instante presente, estende-se ao futuro.

LIMA BARRETO

Mesmo permanecendo na lateral do modernismo, é inegável que os assuntos por Lima levantados continuam pertinentes no século XXI, pois as questões raciais, sociais e de gênero ainda estão para se resolver na absurda realidade deste país. Tal atualidade se observa no momento em que a obra *Clara dos Anjos* se aproxima do seu centenário e tem confirmada sua relevância, até mesmo junto ao público leitor juvenil, tendo até mesmo recebido uma adaptação para os quadrinhos[59].

Se na década de 1920, o afrodescendente, independente da faixa etária ou do gênero, ainda era comumente representado como "personagem quase ausen-

---

58. Lima Barreto, *Clara dos Anjos*, p. 105. Grifo nosso.
59. Lima Barreto, *Clara dos Anjos*, Ilustrações Marcelo Lellis, São Paulo, Companhia das Letras, 2011.

te, ou referido ocasionalmente como parte da cena doméstica. [...] personagem praticamente mudo, silencioso, desprovido de uma caracterização que fosse além da referência racial"[60], nem mesmo o impulso tido como revolucionário dos modernistas de 1922 logrou expressar ou trazer à cena literária tais personagens e cenários. Lima Barreto, trazendo como protagonista do seu romance de 1922 uma mulata suburbana e seu triste destino não se mostrou, afinal, mais moderno dos que os próprios modernistas?

Na definição certeira de Nicolau Sevcenko[61], Lima Barreto continua "atual e urgente" pois, afinal considerando o caráter pungente de sua escrita, ela não cansa de nos remeter a um revolver constante e doloroso de conflitos que, há cem anos, o escritor já as considerava como as grandes feridas de nossa sociedade. Lembrando que Lima termina de escrever este romance pouco antes de morrer, destacamos que a pressa em configurar seu alerta é quase uma briga contra a morte e a expressão estética chega a ser francamente ultrapassada pela atitude de aflição e denúncia. A sensibilidade do escritor transcende a contenção da linguagem. No contrafluxo da história cultural brasileira, e passando ao largo até mesmo do otimista fluxo teleológico dos modernistas, Lima Barreto acabou por incorporar na sua obra uma alternativa de futuro ao qual a história real do país continua virando as costas. Quase poderíamos dizer que ele parecia mesmo pressentir tudo isto, ao confessar, numa das páginas do seu Diário: "Não quero morrer não, quero uma outra vida"[62].

REFERÊNCIAS BIBLIOGRÁFICAS

ALMEIDA, Maria Barbosa de. *As Mulatas de Di Cavalcanti: Representação Racial e de Gênero na Construção da Identidade Brasileira (1920 e 1930)*. Curitiba, Setor de Ciências Letras e Artes, Universidade do Paraná, 2007. 126 f. (Dissertação de Mestrado em História).

BARBOSA, Francisco de Assis. *A Vida de Lima Barreto (1881-1922)*. 6. ed. Rio de Janeiro/Brasília, José Olympio/INL, 1981 (Documentos Brasileiros, vol. 70).

BARRETO, Lima. *Clara dos Anjos*. Rio de Janeiro, Ediouro, 1990.

---

60. Maria Cristina Soares Gouvêa, "Imagens do Negro na Literatura Infantil Brasileira", *Educação e Pesquisa*, vol. 31, n. 1, p. 84, 2005, São Paulo.
61. Nicolau Sevcenko, "A Fênix Republicana".
62. Lima Barreto, *O Cemitério dos Vivos,* São Paulo, Editora Planeta. 2004, p.32.

_____. "Padres e Frades". *Vida Urbana*. São Paulo, Brasiliense, 1956, p. 140.

_____. *Clara dos Anjos*. Ilustrações Lelis. São Paulo, Companhia das Letras, 2011. (Quadrinhos).

_____. "Padres e Frades". *Vida Urbana*. São Paulo, Brasiliense, 1956, p. 140.

_____. *O Cemitério dos Vivos*. São Paulo, Planeta, 2004.

CUTI (Luiz Silva). *A Consciência do Impacto nas Obras de Cruz e Sousa e de Lima Barreto*. Unicamp, 2005. 229 f. (Tese de Doutorado Teoria Literária do Instituto de Estudos da Linguagem).

_____. *A Consciência do Impacto nas Obras de Cruz e Sousa e de Lima Barreto*. Belo Horizonte, Autêntica, 2009.

CHARTIER, Roger. *A História Cultural. Entre Práticas e Representações*. Lisboa/Rio de Janeiro, Diefel/Bertrand, 1996.

EVERDELL, William R. *Os Primeiros Modernos: As Origens do Pensamento do Século XX*. Trad. Cynthia Cortes e Paulo Soares. Rio de Janeiro, Record, 2001.

GAY, Peter. *Modernismo – O Fascínio da Heresia de Baudelaire a Beckett e Mais Um Pouco*. Trad. Denise Bottmann. São Paulo, Companhia das Letras, 2009.

GOUVÊA, Maria Cristina Soares. "Imagens do Negro na Literatura Infantil Brasileira". *Educação e Pesquisa*, vol. 31, n. 1, pp. 79-91, 2005. São Paulo.

HOLANDA, Sérgio Buarque de. "Prefácio". In: *Obras Completas de Lima Barreto*. São Paulo, Brasiliense, 1956.

LIMA, Elizabeth Gonzaga. "Do Conto ao Romance: O Processo Criativo de Lima Barreto Entre a Forma Literária e o Suporte". *O Eixo e a Roda*, vol. 25, n. 2, pp. 105-126, 2016. Belo Horizonte.

MACHADO, Thais Gomes. *Dimensões do Modernismo: A Estética Como Visão de Mundo e Projeto de Sociedade*. Cachoeira, Universidade Federal do Recôncavo da Bahia, 2016. 92 f. Monografia para Trabalho de Conclusão de Curso em Artes Visuais.

MILLIET, Sérgio. "Noticiário". *O Estado de S.Paulo*, 11 nov. 1948, n.p.

OLIVEIRA, Íris Filomena Mendes de. "Uma Trajetória Histórica: A Editora Ática". *I Seminário Brasileiro Sobre Livro e História Editorial*, n. 1, 2004. Rio de Janeiro.

ORNELLAS, Clara Ávila. "Lima Barreto – Cronista do Protesto Eterno". *Revista USP*, n. 69, pp. 198-205, mar.-maio 2006.

PINO, Claudia Amigo & ZULAR, Roberto. "Escrever Sobre Escrever – Uma Introdução à Crítica Genética. São Paulo, Martins Fontes, 2007.

RESENDE, Beatriz. "O Lima Barreto Que Nos Olha". *Serrote*, vol. 21, pp. 20- 41, 2016. Rio de Janeiro.

ROTH, Lorna. "Questão de Pele: Os Cartões Shirley e os Padrões Raciais que Regem a Indústria Visual". IN ZUM, São Paulo, IMS, 2016.

Disponível em: https://revistazum.com.br/revista-zum-10/questao-de-pele/.

SALIBA, Elias Thomé. "Envolvidos na Vida, Nós a Vemos Mal?". *Crocodilos, Satíricos e Humoristas Involuntários; Ensaios de História Cultural do Humor*. São Paulo, Intermeios/PPGHS-USP, 2018.

SCHWARCZ, Lilia Moritz. "*Clara dos Anjos* e as Cores de Lima". *Sociologia Antropologia*, vol. 7 n. 1, jan./abr. 2017. Rio de Janeiro.

_____. *Lima Barreto: Triste Visionário*. São Paulo, Companhia das Letras, 2017.

_____. "Moderna República Velha: Um Outro Ano de 1922". *Revista do Instituto de Estudos Brasileiros*, vol. 55, pp. 59-88, 2012.

SEVCENKO, Nicolau. "A Fênix Republicana: Lima Barreto Atual e Urgente". *Folha de S.Paulo*, Ilustríssima, 5 set. 2010, pp. 4-5.

_____. *Literatura Como Missão: Tensões Sociais e Criação Cultural na Primeira República*. 2. ed. São Paulo, Companhia das Letras, 2003.

Parte v

O Lado Oposto e os Outros Traços

9

O Modernismo e os Outros Traços: O Risco e o Riso, a Conjunção Ausente

ANA LUIZA MARTINS

> *Está visto que para mim os que exprimem o momento atual nesse ano de 1926 contam muito mais do que os de 1916. A gente de hoje aboliu escandalosamente, graças a Deus, aquele ceticismo bocó, o idealismo impreciso e desajeitado, a poesia "bibelô", a retórica vazia, todos os ídolos de nossa intelligentsia, e ainda não é muito o que fez.*
>
> SÉRGIO BUARQUE DE HOLANDA, 1926[1]

NA EPÍGRAFE ACIMA, um jovem Sérgio Buarque admitia, com ressalvas, a superação das formas passadistas das artes conforme se apresentavam nos anos de 1910. Deve ter levado em conta a baliza da Semana de 22[2], se ficarmos apenas nas ações culturais que ocuparam o palco do Teatro Municipal, desde os textos em prosa e verso à pintura, música e arquitetura, que figuraram como manifestações de extrema repercussão no evento. Contudo, pouca referência se dá em relação a um "outro lado" das expressões artísticas em voga, que dominavam a comunicação da época, traduzidas na força do

---

1. Sérgio Buarque de Holanda, "O Lado Oposto e os Outros Lados", em Antonio Arnoni Prado, *O Espírito e a Letra, Estudos de Crítica Literária, 1920-1947*, São Paulo, Companhia das Letras, 1996, vol. 1, p. 224.
2. Sergio Buarque de Holanda tinha vinte anos em 1922 e seu envolvimento com a Semana, embora simpático a ela, se deu, sobretudo, como crítico (Antonio Arnoni Prado, *Cenários com Retratos, Esboços e Perfis*, São Paulo, Companhia das Letras, 2009, pp.190-203).

desenho gráfico com roupagens de humor, vale dizer, a arte gráfica em toda sua abrangência. Na verdade, houve sim, uma presença diminuta e tímida na Semana da arte gráfica, conforme a exposição de poucos desenhos a lápis de Di Cavalcanti, que apareceram ao lado de suas telas a óleo, oscilantes entre as tendências da vanguarda da época, mas decididamente em confronto com o academicismo ainda vigente.

Curiosamente, o desenho gráfico imantado das mensagens de riso e troça, visto de certo ângulo como arte menor, figurava então como a linguagem de maior comunicação e das mais conspícuas naquela busca voraz pela modernidade, em tempos de Primeira República. A simplicidade do traço e a mensagem explícita de humor do desenho garantiam à sociedade alcance imenso, fosse como sátira, crítica de costumes, charges e mesmo na forma de propaganda. Atingiam inclusive os analfabetos, dos quais se constituía mais da metade da população brasileira.

Daí as perguntas: a produção dos ilustradores gráficos seria vista então como arte menor? As instâncias de consagração só eram atingidas pelos que se alçavam a artistas dos pincéis? Ou pelo trânsito com a dita elite cultural da época?

Nesse sentido, o objetivo dessas indagações iniciais, assim como do texto que segue, é tatear as questões colocadas pelo então crítico Sérgio Buarque de Holanda (1902-1982) em seu debatido texto "O Lado Oposto e os Outros Lados", publicado no terceiro número da conceituada *Revista do Brasil* (RJ, 1926-1927, 2ª fase), em 15 de outubro de 1926, e que dá nome e significado a este livro[3].

ANTECEDENTES: DE PORTO ALEGRE ÀS AGREMIAÇÕES GRÁFICAS

Não será demais lembrar que o desenho gráfico se fez presente como uma das primeiras manifestações artísticas do Brasil, país de imprensa tardia, baixo letramento e severa censura. O feito coube a Manuel de Araújo Porto Alegre (1806, Rio Pardo, RS-1879, Lisboa), que após vivenciar a Paris de Honoré-Victorien Daumier (Marselha, França 1808-Valmondois, França, 1879), foi

---

3. Sérgio Buarque Holanda, "O Lado Oposto e os Outros Lados", *Revista do Brasil*, 1926-1927, 2ª fase, 15 out. 1926.

pioneiro no Brasil em divulgar o traço gráfico humorístico, publicando entre 1837 e 1839 uma série de litografias satíricas, vendidas em unidades separadas nas ruas do Rio de Janeiro. A primeira, intitulada *A Campainha e o Cujo*, circulou em 14 de dezembro de 1837, vendida por 160 réis, mas não fora assinada (sua autoria só seria reconhecida posteriormente) e apresentava Justiniano José da Rocha, diretor do jornal *Correio Oficial*, ligado ao governo, recebendo um saco de dinheiro[4].

Na sequência de Porto Alegre, dando vida e sentido às publicações impressas do Brasil imperial, na sua maioria comportando o desenho gráfico de viés humorístico, dominaram nomes estrangeiros. Certo que se valeram de cenas da terra, descreverem nossa sociedade e costumes, além de figuraram como arautos políticos das questões em curso. Mas, carregavam a marca do traço europeu, atualizado em função da evolução das técnicas de impressão, desde aquelas artesanais até, na virada do século, valerem-se dos métodos fotoquímicos de reprodução. Nessa galeria de estrangeiros cabe lembrar Henrique Fleiuss, Angelo Agostini, John Mill, Burgo Mainerio, Bordalo Pinheiro, Julião Machado, entre outros, confirmando que o mercado no Brasil, então privilegiado pelas safras cafeeiras, era conveniente e promissor.

Sabe-se que, em 1873, criava-se em São Paulo a Sociedade Propagadora da Instrução Popular, iniciativa de um grupo da elite cafeeira visando suporte para a industrialização do Estado, de acordo com os ideais positivistas, que pregavam a "dignificação do homem através do trabalho". Em sua primeira ordenação figuravam atividades arroladas na Seção II de Artes Gráficas, onde constava a categoria tipógrafo[5]. Não se tem notícia, porém, da atividade desse inicial segmento de tipógrafos. Certo é que, em

---

4. Consta que em 1822 nasceu a primeira caricatura nacional publicada na gazeta pernambucana *O Maribondo*, denunciando de forma crítica a situação colonial no país e a relação entre portugueses e brasileiros. Descoberta pelo historiador Luciano Magno, esta primeira caricatura foi publicada às vésperas da proclamação da independência, e ilustra um homem corcunda atormentado por um enxame de marimbondos, representando as divergências entre brasileiros (os insetos) e portugueses. Inicia assim, o tom irônico da caricatura no Brasil. Ver Arlete Fonseca de Andrade, "A Contribuição das Revistas *O Sacy* e *O Pirralho* para a Cultura Nacional: Riso, Hibridação e Cultura Popular" Disponível em: <http://obviousmag.org/narrativas_visuais/2016/06/a-contribuicao-das-revistas-o-sacy-e-o-pirralho-para-a-cultura-nacional-riso-hibridacao-e-cultura-po.html#ixzz5jmr2sspm>
5. Fernanda Maria das Chagas Carvalho, *Liceu de Artes e Ofícios de São Paulo, Artium Severum Gaudion, A Alegria Séria das Artes*, FAU/USP, 2019, p. 189 (Dissertação de Mestrado).

1880, a Sociedade transformava-se em Escola com o nome de Lyceu de Artes e Ofícios, novo modelo de ensino, no qual passaram a ser ministrados cursos de marcenaria, serralheria, gesso e desenho, entre outros. Não obstante, pouca ou nenhuma notícia se tem da atuação dos tipógrafos da instituição nesse momento.

Por outro lado, contudo, como expressão do auto – reconhecimento da importância da atividade, desde 1856 fora fundado no Rio de Janeiro, sob os auspícios da Sociedade Propagadora das Belas-Artes, o Liceu de Artes e Ofícios do Rio de Janeiro, visando difundir o ensino das belas-artes aplicadas aos ofícios e à indústria, e voltado, especialmente, para homens livres da classe operária, com o intuito de desenvolver uma sociedade industrial. No Rio de Janeiro, em 14 de novembro de 1916, organizou-se o "Primeiro Salão dos Humoristas no Rio de Janeiro", com cerca de 518 trabalhos. Sabe-se que a exposição, além da apresentação de registros históricos, de fotos e matérias de jornais da época, trazia desenhos dos artistas Luiz Peixoto, Raul Pederneiras, K.Lixto, J.Carlos, Amaro do Amaral, Fritz, Seth, Max Yantok, Belmiro de Almeida, Hélios Seelinger, Basílio Viana, Nemésio Dutra, Ariosto, Di Cavalcanti, Romano, Arthur Lucas – Bambino, Loureiro, Mora, Madeira de Freitas, Nery, Anita Malfatti, entre outros. Registre-se que a categoria dos gráficos foi das pioneiras no reconhecimento da classe.

Segundo a revista *O Brasil Artístico, Revista da Sociedade Propagadora das Artes,* órgão da Academia de Belas-Artes do Rio de Janeiro, relançada em 1911, resultavam como as melhores publicações ilustradas do país, A *Ilustração Brasileira, O Malho, Fon-Fon, Careta, Revista da Semana,* embora todas elas inserissem apenas a fotogravura. Nenhuma menção à produção paulista, revelando a popularidade do periodismo carioca, com títulos referenciais para todo o Brasil, não obstante São Paulo já contribuir com publicações de qualidade como *São Paulo Magazine,* de 1906 e o *Pirralho,* de 1911.

De fato, a arte gráfica, não obstante tão valorizada até mesmo na confecção de *Klaxon,* revista símbolo do modernismo paulista, assim como no cartaz da Semana – produzido por Di Cavalcanti, participante da primeira hora do movimento –, só recentemente vem merecendo estudos, ampliados no campo historiográfico e enriquecidos no âmbito dos trabalhos na área do *design*[6]. Quanto à ênfase no humor, segmento recorrente e decisivo no trânsito daqueles anos de busca de renovação e festejo do progresso, a despeito de estudos criteriosos desde a década de 1950/60[7], não o fizeram na qualidade de portadores de uma modernidade já presente naqueles tempos de transição. Nesse sentido, podemos assinalar os estudos de Belluzzo[8] e Saliba[9] como tratos inaugurais da questão.

Logo, tem-se aqui "outros lados" do modernismo, que embora fundamentais e festejados à época, não foram objeto de cuidados dos arautos e formuladores do movimento de 22, e mesmo dos subsequentes homens de letras e artes plásticas do país.

A plêiade de artistas gráficos que atuavam e viviam do humor nessa São Paulo da *Belle Époque*[10] foi considerável, *métier* que requeria trunfos especiais para o acesso à imprensa e, especialmente, às revistas. Para além do necessário talento exigido para a função, era necessária a "cavação", a busca por relações sociais estreitas com a rede de agentes que conformava o universo dos impressos. Como elos imantadores do convívio dos pares de imprensa, lá estavam os tantos cafés, as redações dos jornais, os escritórios das revistas, que permitiram a sociabilidade boêmia da época.

Ainda em 1890, em São Paulo, verifica-se um dos primeiros sintomas da maturidade do setor gráfico, com o surgimento da revista *A Arte*. Iniciativa de tipógrafos do *Jornal da Tarde* trazia artigos dos também tipógrafos Arlindo Leal, Júlio Garcia, Vicente Reis, Arnaldo e René Barreto e do proprietário Alfredo Prates. O artigo-programa insistia na necessidade de agremiação da "classe", vivendo até então apartada e sem estímulos:

---

6. Ver Rafael Cardoso (org.), *Design para um Mundo Complexo*, São Paulo, Cosac Naif, 2012; *Impresso no Brasil, Destaques da História Gráfica no Acervo da Biblioteca Nacional, 1808-1930*, Rio de Janeiro, Verso Brasil, 2012.
7. Herman Lima, *História da Caricatura no Brasil*, Rio de Janeiro, José Olympio, 1963, 3 vols.
8. Ana Maria de Moraes Belluzzo, *Voltolino e as Raízes do Modernismo*, São Paulo, Marco Zero/Secretaria da Cultura, CNPq, 1991.
9. Elias Thomé Saliba, *Raízes do Riso, A Representação Humorística na História Brasileira: Da Belle Époque aos Primeiros Tempos do Rádio*, São Paulo, Companhia das Letras, 2002.
10. O termo *Belle Époque*, de uso desconhecido à época, foi assumido anos mais tarde pela historiografia francesa, referente à produção cultural dos anos pós Primeira Guerra na capital francesa. Ver Dominique Kalifa, *L'Encre et le Sang. Récits et Société à la Belle Époque*, Paris, Fayard, 1995.

Congregar em torno de uma ideia nobre e elevada todos os que professam a arte tipográfica [...] eis o que pretende esta folha vindo pedir ao patriótico jornalismo paulista esse lugar nas suas fileiras. [...] No isolamento em que vivem os nossos tipógrafos, sem estímulos, sem acordos de vistas, sem um desejo veemente de melhor futuro, sem solidariedade nos deveres [...] deve-se buscar a causa principal de sua nenhuma representação em nossa sociedade. Mas é urgente que essa lacuna profunda e deplorável desapareça: é para riscá-la de vez e completamente do meio em que labutam os nossos companheiros de trabalho, que *A Arte* entra na liça pedindo aos seus colegas da grande imprensa um lugar ao lado seu, o lugar dos pequenos e humildes que sabem fazer da sua humildade e pequenez um orgulho e uma força poderosa, quando a dignidade os inspira e a justiça os impulsiona[11].

Não obstante o texto tímido e incipiente, a iniciativa resultava em fato auspicioso. Sinalizava a configuração da categoria gráfica, encetando sua identidade política. A revista *A Arte* surgia como espaço de representação e reivindicação, por iniciativa de brasileiros, antecipando-se às agremiações de forte liderança política estrangeira imigrante, que predominaram nos primórdios das lutas sociais no País. Nesse mesmo ano, a União dos Trabalhadores Gráficos constituiu-se numa das primeiras associações de classe da cidade, alinhando em suas fileiras figuras expressivas do sindicalismo. Considerado então o mais poderoso e bem organizado sindicato, implantado por homens atilados da classe operária, promoveram publicações sobre as condições da profissão e auxiliaram a formação de outros sindicatos gráficos e Ligas Operárias em diversas cidades do interior. Em 1904, entre outros, circulava *O Trabalhador Gráfico, Órgão Representativo da União dos Trabalhadores Gráficos*[12].

Nesse sentido, a bibliografia das lutas sociais do Brasil é acorde em mencionar o gráfico como pioneiro nos movimentos reivindicatórios da classe operária[13].

11. "A Arte", *Jornal da Tarde*, n. 1, 1890, São Paulo; Afonso A. de Freitas, "A Imprensa Periodística em São Paulo", *Revista do Instituto Histórico e Geográfico de São Paulo*, vol. XIX, p. 681, 1914.
12. *O Trabalhador Gráfico. Órgão da União dos Trabalhadores Gráficos*, São Paulo, Tip. Andrade & Mello, 1904, *apud* Afonso A. de Freitas, "A Imprensa Periodística em São Paulo", p. 952.
13. Maria Nazareth Ferreira, *A Imprensa Operária no Brasil, 1880-1920*, Petrópolis, Vozes, 1978; Sheldon Leslie Maran, *Anarquistas, Imigrantes e o Movimento Operário Brasileiro, 1890-1920*, Rio de Janeiro, Paz e Terra, 1979; Leila Maria da Silva Blass, *Imprimindo a Própria História. O Movimento dos Trabalhadores Gráficos de São Paulo no Final dos Anos 20*, São Paulo, Edições Loyola, 1986.

No endereço gráfico, lidando com a graxa da máquina e os tipos de chumbo, estavam os operários da imprensa, agentes que "imprimiram a própria história", através dos quais se chega mais perto da arte gráfica paulistana. A caracterização desse "operário da imprensa" apontou suas tendências revolucionárias, cujo embrião emergia do próprio cotidiano de trabalho, às voltas com escrita, informação, esclarecimentos de toda ordem. Inevitável, pois, seu permanente cotejo com as precárias condições de sobrevivência, das quais não só era vítima, como reconhecia, com mais propriedade, as injustiças sociais de seu tempo.

Essa menção ao "fazer-se de consciência de classe" do tipógrafo foi efetiva, sobretudo, para um segmento dessa categoria profissional, isto é, o operário imigrante, em particular o italiano e espanhol, cuja participação constituiu a base do processo de politização do operariado brasileiro[14]. Carregavam um tempo político próprio, que transportaram para o cotidiano operário da Capital paulista, disseminando ideais e utopias.

Todavia, outro segmento da categoria, com formação e conduta diversa, resultou em profissional de perfil diferenciado, quase um tipógrafo da Ordem. A serviço do sistema, brasileiros ou estrangeiros, sua formação se dava numa das instituições mais favorecidas pelo novo regime, o tradicional Liceu de Artes e Ofícios de São Paulo[15], criado no bojo das propostas para educação popular. Os alunos, de origem modesta, ingressavam na instituição através de seleção, bastando como requisitos *saber ler, escrever e contar,* convivendo num aparelho administrativo da maior atenção do governo. Vale lembrar a direção longeva do arquiteto Ramos de Azevedo, secundado por docentes cujos predicados adequavam-se às expectativas da elite paulistana.

O curso para tipógrafos, Artes Gráficas, administrado na Classe G, penúltima classe das Oficinas em Artes Complementares, compreendia aulas de Tipografia, Gravura, Encadernação e Fotografia[16], produzindo mão de obra que

14. Maria Nazareth Ferreira, *A Imprensa Operária no Brasil,* p. 9.
15. Liceu de Artes e Ofícios de São Paulo, criado em 1873, denominou-se inicialmente Sociedade Propagadora da Instrução Popular, vindo ao encontro da demanda do mercado de trabalho criado pelo crescimento repentino da capital do café, formando técnicos especializados. Ata de 14 dez. 1873 em Ricardo Severo, O *Liceu de Artes e Ofícios de São Paulo*, São Paulo, s.d.
16. O curso de tipógrafo inseria-se em *Artes Complementares*, que compreendia as oficinas: I Ornamentista – Decoração – Estofos – Tapeçarias; II Artes Gráficas – Tipografia – Gravura – Encadernação –

encontrava em São Paulo a maior demanda de mercado do país. Desta disciplina saíram alguns dos profissionais da área, que diversificaram suas atividades no campo do impresso. Não só gráficos, mas ilustradores, gravuristas, encadernadores, fotógrafos requisitados, sobretudo, no mercado periodístico, em franco crescimento face às exigências do aumento da população e da modernização técnica.

O escritor e editor Monteiro Lobato, familiarizado e exigente com as técnicas de impressão confirmava, em 1917, o trabalho superior dos alunos do Liceu, admitindo: "Em artes gráficas as águas fortes e nanquins de Ranzetti, Paulo Giusti e Garuti denunciam a boa direção que lhe dá o prof. A. Divani"[17].

Foram esses técnicos especializados, corpo docente e discente, formados no *Liceu*, que também atenderam à demanda das revistas, no momento em que elas se profissionalizam. Proprietários e editores de revistas saem em busca de profissionais como Alfredo Norfini, por muitos anos professor naquele Instituição, que se tornou ilustrador da *Vida Moderna* e mais tarde diretor artístico da revista *São Paulo Illustrado*, em 1920, onde também anunciava suas aulas de pintura[18].

Assim, no universo gráfico, o ilustrador garantiu a produção periódica, por vezes em atuação mais importante que o próprio redator. Profissional do momento, a serviço da imagem, sua presença era imprescindível, fosse por reproduzir as novas técnicas ou por qualificar a publicação com seu traço, garantindo colocação bem-sucedida do produto no mercado.

Belluzzo, ao analisar a obra de Voltolino, viu a ilustração como instância definidora do programa do periódico, especialmente em se tratando de publicações menores, representativas de grupos de opinião. Circunscrita ao ponto de vista editorial, compreendia "[...] a *capa-abertura*, destacando o evento mais significativo do corpo da revista; o *desenho-comentário*, da ocorrência polemizada no texto editorial; o *desenho* propiciando a entrada de mais de uma notícia; o *desenho-cabeçalho* fixando as colunas da publicação"[19].

Fotografia; III – Eletrotécnica – Aplicações ao Mobiliário e Instalações Domésticas (Ricardo Severo, *O Liceu de Artes e Ofícios de São Paulo*, s.p.).
17. Monteiro Lobato, *O Estado de S.Paulo*, 1 ago. 1917.
18. *São Paulo Illustrado*, ano I, n. 1, 1920, São Paulo, Tip. d' OESP.
19. Ana Maria de Moraes Belluzzo, *Voltolino e as Raízes do Modernismo*.

REVISTA: SUPORTE PREFERENCIAL

No país de editoração incipiente, o suporte ideal que abrigou os artistas do lápis e do riso foi a revista, onde o apelo gráfico do desenho caricaturado se fez presente nas principais capitais do país, mas, por óbvio, destacando-se na Capital da República e na capital paulista, essa última então o estado economicamente mais poderoso do território.

Ficaremos em São Paulo, nesse momento síntese original e promissora da idealização do país, que se queria avançado e moderno. Em seus limites, uma especial conjugação propiciava ensaios de toda ordem, considerando a proliferação do dinheiro do café e seus ativos decorrentes – no comércio, na indústria e nas finanças; o aumento da população pela grande imigração; a ampliação do público pelo incentivo na escolarização e mais: sua tradição bacharelesca local, uma vez que a cidade abrigava, desde 1828, a primeira Faculdade de Direito do Brasil[20], que vertera para o país não só nomes do quadro político nacional, mas homens de letras, ávidos por "adiantar" o acanhado do meio.

Inegável a emergência de uma nova cidade em lugar da São Paulo outrora vista como Burgo dos Estudantes[21]. Desde o final da década de 1910, com 375 000 habitantes, o centro já estava iluminado e bairros novos circundavam o antigo perímetro; em 1915, o total de habitantes subira para 472 728; em 1917, atingia 501 237 e em 1920 perfazia 579 033 habitantes[22]. Definindo o desenho daquele crescimento, os postes da Light, o "polvo canadense", fincados nos pontos extremos no sentido norte-sul, leste – oeste, criaram áreas bolsões, supervalorizando os terrenos que os intermediava, favorecendo ainda mais a especulação imobiliária[23]; no interior dos bondes, uma multidão anônima se acotovelando, submetida à fatalidade daquele progresso, criticado via caricatura nas revistas da oposição.

---

20. Foram criadas duas Academias de Direito por lei de D. Pedro I, em 13 de agosto de 1827, em São Paulo e Olinda, mas coube a São Paulo a instalação da primeira delas, a que se seguiu a de Olinda.
21. Definição de Ernani da Silva Bruno, *História e Tradições da Cidade de São Paulo*, Rio de Janeiro, José Olympio, 1954, vol. II.
22. Mário Lopes Leão, "O Crescimento de São Paulo", *Revista Engenharia*, maio 1945, ano III, vol. III, n. 33, pp. 355-361, São Paulo.
23. Nicolau Sevcenko, *Orfeu Extático na Metrópole, Sociedade e Cultura nos Frementes Anos 20*, São Paulo, Companhia das Letras, 1992, p. 123

Logo, como lembra Sevcenko, do dia para a noite, a cidade "brotara como cogumelo em dia de chuva" e para divulgar seus feitos, beneficiada pelo avanço técnico das máquinas de impressão, emergia também uma imprensa febril e uma vida urbana surpreendente e desconcertante, mesmo para seus analistas mais sensíveis.

No quadro das artes gráficas, as revistas paulistanas primaram por contribuição qualificada, inaugurando um novo mercado para o profissional da ilustração em suas várias técnicas. Pintores, caricaturistas e fotógrafos dimensionam o significado dos ilustradores gráficos na virada do século, responsáveis pelo acurado registro crítico de quem viveu e documentou a época com talento e sensibilidade. Nesse sentido, vale reproduzir a produção revisteira dessas décadas, para inferir a abrangência e expressão do gênero, ressalvando aqui que o primeiro item da tabela diz respeito aos jornais:

Observa-se que o gênero humorístico figura, em 1912, com 57 títulos, ocupando o 5º lugar no *ranking* das publicações; e, em 1930, atingindo 99 títulos. Se excluirmos os "noticiosos", provavelmente afeto aos jornais, sua posição seria a 4ª.

Mas, tanto no Rio cosmopolita como na fremente São Paulo, prevalecia a postura bovarista, com olhos postos no além-mar, de onde importavam a profusão de ismos, do impressionismo, futurismo, dadaísmo, enquanto preenchiam as páginas revisteiras de guirlandas *art nouveau* ou de rubricas art déco. Olavo Bilac se contrariava com a profusão da decoração de páginas com ilustrações *art nouveau* competindo com seu texto, sentindo-o apequenado pela força do desenho.

DOIS ARTISTAS, DOIS DESTINOS

Levando em conta essa proeminência revisteira na cidade febril, e considerando que muito antes de 22 coube aos artistas do lápis, quase de forma pioneira, anunciar a vanguarda pretendida, cabem as especulações: onde estava o paulistano Voltolino, na Semana de 22? E o carioca Di Cavalcanti, que desde 1917 morava em São Paulo, para ficarmos em dois artistas gráficos do humor ao tempo do evento do Municipal, atuantes fora e dentro dele, propalando o modernismo e o riso por traços diversos?

Produção Periodística do Brasil: 1912-1930.

NATUREZA	1912	1930	DIFERENÇA	PORCENTAGEM
Noticiosos	882	1 519	+ 637	+ 72,2
Literários	118	297	+ 79	+ 151,2
Religiosos	84	272	+ 188	+ 223,8
Científicos	58	212	+ 154	+ 265,5
Humorísticos	57	99	+ 42	+ 73,6
Comerciais	23	82	+ 59	+ 256,5
Anunciadores	19	72	+ 53	+ 278,9
Almanaks	14	66	+ 52	+ 371,4
Esportivos	5	58	+ 53	+ 1 060,0
Corporativos		48	+ 48	
Oficiais	21	44	+ 23	+ 109,5
Agronômicos	23	34	+ 11	+ 47,8
Didáticos	8	33	+ 25	+ 312,5
Estatísticos	11	29	+ 18	+ 163,6
Espíritas	22	21	− 1	− 4,5
Históricos	7	14	+ 7	+ 100,0
Militares	6	11	+ 5	+ 83,0
Industriais	2	11	+ 9	+ 450,0
Infantis	1	11	+ 10	+ 1 000,0
Cinematográfico		10	+ 10	
Maçônicos	10	7	− 3	− 30,0
Marítimos	3	6	+ 3	+ 100,0
Filosóficos	3	3		
TOTAL	377	959	+ 1 582	+ 114,9

FONTE: *Estatística da Imprensa Periódica no Brasil*,
Rio de Janeiro, Typ. do Departamento Nacional de Estatística, 1931, p. IV.

Em se tratando de arte gráfica na chave do humor da década de 1920, ambos os nomes – Voltolino e Di Cavalcanti – parecem sinalizar pistas sobre as questões colocadas por Buarque de Holanda e que, passados setenta anos, retomam agora na proposta desse debate, permitindo algumas considerações.

A escolha desses personagens não foi aleatória. Seja por suas atuações inequívocas nos bastidores ou na ribalta dos acontecimentos, seja pela excelência das respectivas produções, que só recentemente vêm merecendo estudos pontuais.

Poderiam ser evocados muitos outros nomes da área, considerando-se os tantos ilustradores que atuavam na ebulição de revistas cariocas e paulistanas ilustradas, quando inclusive a ênfase na política do letramento ampliou a população consumidora do impresso. Mas fixamos o recorte em São Paulo, pelas razões já mencionadas.

A escolha desses artistas também é reforçada por características que os aproximam, mas também os distanciam. Singulariza-os o fato de que ambos eram brasileiros natos, situação diversa da maioria dos artistas gráficos do período, italianos, alemães, portugueses e espanhóis em sua maioria, em cujas bagagens traziam repertório plástico alienígena e vivências europeias. Outra aproximação: ambos foram artistas do lápis e do humor nas duas primeiras décadas do século XX. O diferencial que se faz presente está justamente no extrato social díspar que os demarca, detalhe que em parte explica os rumos diversos e as trajetórias distintas que percorreram. Característica essa que já permite inferir as discrepâncias de agentes sociais "do lado oposto".

Ambos foram praticamente da mesma geração cultural[24], pois nascidos no fim do século XX, apenas 13 anos os separavam quanto à faixa etária, com práticas quase similares no aprendizado dos respectivos ofícios, no tocante à arte gráfica. Interessa ressaltar os percursos sociais divergentes, talvez mais explicativos das trajetórias distintas, do posterior quase anonimato, de Voltolino e aquela de relevância, de Di Cavalcanti.

---

24. Situamos como geração cultural o postulado de Sirinelli, assumido também por Angela de Castro Gomes, para os quais não são as gerações etárias que definem uma geração intelectual, mas sim uma ocorrência cultural marcante que aglutine agentes de procedência vária e simbolize rupturas políticas e socioculturais. Citando Castro Gomes, que trabalha com o conceito de geração "não como um grupo de idade, mas como grupo que constrói uma memória comum, referida a um "tempo" e a "acontecimentos" que conformaram uma certa maneira de experimentar, no caso, a vida intelectual (Angela Castro Gomes, "Essa Gente do Rio...Os Intelectuais Cariocas e o Modernismo", *Estudos Históricos*, vol. 6, n. 11, Rio de Janeiro, FGV, 1983, p. 79; Jean-François Sirinelli, "Génération et Histoire Politique", *Vingtième Siècle, Revue d'Histoire*, n. 22, jun. 1989, pp. 67-80, Paris, Presses de Sciences Po).

"VOLTOLINO E AS RAÍZES DO MODERNISMO"[25]

A começar por João Paulo Lemmo Lemmi (1884-1926), de pseudônimo Voltolino (mas que também se assinava Lulu, Xuão, Lemmo Lemmi Voltolino, L. Lemmi, TOM, CAM).

Filho de italianos, atuou na imprensa paulistana de 1904 a 1926, assim como na imprensa carioca. Nascido em família modesta, com 12 anos de idade, em 1896, vai para Piza, onde já ilustra periódicos locais. De volta a São Paulo, em 1904, emprega-se em oficinas gráficas, constando ser uma delas a de seu irmão Miguel Lemmi, ao que tudo indica em associação com Emílio Riedel[26]. Logo, em 1905 publica suas primeiras caricaturas no jornal *Cara Dura: Il Giornali Piu Stupido del Mundo*, editado pela tipografia de Emilio Riedel, com quem também assimila os primeiros ensinamentos do desenho caricatural.

É na imprensa paulistana de língua italiana que encontra espaço para iniciar sua carreira, a exemplo dos jornais *Cara Dura: Il Giornale Piu Stupido del Mondo*, *Il Grilo di Flora* e *Il Pasquino Coloniale*, nos quais Voltolino consolida os principais traços de seu trabalho, de teor combativo, colocando-se a serviço dos problemas sociais e políticos de seu tempo. Como ítalo-paulistano, a figura do imigrante e seu processo de aculturação na nova cidade tornam-se os temas mais frequentes do artista, ao lado dos efeitos da industrialização nascente no âmbito do espaço urbano e as agruras do cotidiano dos seus novos agentes sociais, como o operariado e a pequena burguesia comercial, sem esquecer da velha oligarquia e da igreja.

Produção icônica de sua obra encontra-se no tabloide literário *O Pirralho*, que ilustrou por sete anos, de 1911 a 1917. Fundada por Oswald de Andrade (1890-1954) e Dolor de Brito (mineiro, data de nascimento e morte ignoradas), a publicação se voltava ao mesmo tempo à crônica mundana, ao comentário político e à crítica da vida cultural de São Paulo. Nela chegou a publicar vinte desenhos por edição, inclusive diversas capas, conjunto que resultou em "balão de ensaio da Semana", onde já estavam postas as premissas do ideário de 22. Destacou-se, contudo, ao dar vida gráfica a Juó Bananére, personagem e pseudôni-

---

25. Título da obra de: Ana Maria de Moraes Belluzzo, *Voltolino e as Raízes do Modernismo*.
26. Sabe-se que se tratava da empresa na qual o irmão era sócio de Emílio Riedel, assim constando: Riedel & Lemmi (Typografia) (Luís P. Barreto, *A Vinha e a Civilização*, São Paulo, Riedel e Lemmi, 1876).

mo literário de Alexandre Marcondes Machado (1892-1933), tipo ítalo-paulista criado em 1911 para expressar a conjunção das duas culturas, por meio da linguagem falada e escrita. Cabe a Alexandre Ribeiro Marcondes Machado (1892-1933), o engenheiro formado pela Politécnica, humanizar e dar voz ao desenho, introduzindo o falar macarrônico do ítalo paulista, expresso na coluna "Abaixo Piques", resultando nas páginas de *O Pirralho* a criação do personagem símbolo da sociedade em transição que singularizava São Paulo.

Na análise do verbete do Itaú Cultual sobre o artista, tem-se a síntese de sua técnica e linguagem:

> Seus desenhos são conhecidos pela audácia, pelo traçado ágil, nervoso e despreocupado, em que o efeito cômico é atingido mediante um grande poder de síntese, no qual a economia gráfica se destaca. A determinação do risco e rapidez da execução dão organicidade a seus personagens. Voltolino desenha-os primeiro a lápis para depois, já totalmente decidido, finalizá-los com contorno a nanquim. Com relação às cores, gosta de usar as puras e intensas, usualmente trabalhadas em contraste. Salvo quando precisa desenhar em papel couché, em que utiliza a aguada em nanquim e a aquarela, suas cores são saturadas.
>
> A linguagem teatral e sua coleção de gestos humanos, a animalização das personagens, os trocadilhos visuais e verbais, a ironia, o disfarce e o simbolismo são típicos de Voltolino. Contudo, deve-se notar que seu humor não é agressivo, ao contrário, por vezes é complacente, principalmente com o imigrante italiano, pelo qual nutre uma relação de afeto. Na verdade, soube distinguir em suas charges aqueles que "fizeram a América", e lutavam por reconhecimento social no Brasil às vezes de forma ridícula, dos que não conseguiram chegar lá.

Em 1914 passa a contribuir para uma nova revista, *A Cigarra*, conhecida por seu cuidado com a qualidade gráfica. Ressalte-se ainda sua participação nos importantes periódicos da época, D. *Quixote, Revista do Brasil, Panoplia, O Parafuso, O Queixoso, O Sacy*.

Outro destaque de sua atuação nos quadros inovadores da época se encontra em sua produção, decisiva para o sucesso da obra de um iniciante Lobato editor, esse que é visto como conservador na pintura, mas avançado na arte gráfica. Coube-lhe a não só a criação da Emília, como aquela da capa da primeira edição de *Narizinho Arrebitado*, de 1921, sucesso à época, assim como aquela outra do Marquês de Rabicó, de 1922. De importância, igualmente, seu trabalho como ilustrador de anúncios e cartazes.

Infere-se, pois, que ao trabalhar em *O Pirralho*, uma década antes da Semana, figurou como caricaturista e ilustrador nos periódicos mais requisitados pelos modernos, assim como naqueles consumidos pela expressiva população ítalo-brasileira, essa última respondendo por mais da metade da população paulistana. Inovando no desenho despojado e atento perspicaz do cotidiano, mereceu registros elogiosos e apurados do olhar educado do crítico Sérgio Milliet (1898-1966):

> [...] mais do que os grandes pintores dessa mesma época, quase todos presos aos assuntos europeus, quase todos vivendo num palco mal iluminado do teatro provinciano, com indumentárias surradas e peças fora do tempo, Voltolino há de revelar às futuras gerações todo o caráter da vida paulista anterior à Primeira Guerra[27].

E Milliet completa: seria impossível "entender o início do século XX paulista sem os desenhos de Voltolino de *O Pirralho*".

ENTRE RISOS E ESTRANHAMENTOS

Todavia, no universo do humor gráfico – onde coexistiam o riso bom e o riso mau – nem tudo era festa. Sinais reveladores anunciam constrangimentos e posturas ressabiadas pela irreverência das publicações, destacando-se a virulência do periódico *O Parafuso*, de Baby de Andrade, imolador de reputações e aguerrido crítico do *status quo*[28].

Mas também em *O Pirralho*, o modesto mensário de papel jornal, as críticas jocosas, especialmente de Marcondes Machado, na fala de Juó Bananére, provocaram reações violentas à época. Sobretudo quando ironizavam instituições e representantes de espaços circunspectos e provectos da cidade. Em duas ocasiões Juó Bananére se afasta de *O Pirralho*. Numa primeira, em 1914, por discórdia de Marcondes Machado com o então diretor da revista, o singular e agressivo Baby (Benedito) de Andrade; mas retoma no mesmo ano quando Oswald de Andrade já reassumira a direção[29].

27. Sérgio Milliet, *O Sal da Heresia*, *Novos Ensaios de Literatura e Arte*, São Paulo, Departamento de Cultura, 1941, pp. 47,48.
28. Ver a propósito Brás Ciro Gallotta, *O Parafuso: Humor e Crítica na Imprensa Paulistana, 1915-1922*, PUC-SP, 1997, Dissertação de Mestrado em História Social.
29. Sobre os entreveros no interior de *O Pirralho*, ver Elias Thomé Saliba, "Os Ratés do Modernismo", *Raízes do Riso...*, especialmente das pp. 191-206.

O segundo fato se deu em 1915, quando da passagem de Olavo Bilac por São Paulo, para sua pregação nacionalista, patrocinada pela Sociedade de Cultura Artística, sediada na Faculdade de Direito, voltada para os acadêmicos da Casa. Naquela altura o então Príncipe dos Poetas é festejado pelos nomes mais díspares de São Paulo, que iam de um tradicional e festejado Amadeu Amaral aos jovens iniciantes Oswald e Mário de Andrade.

Na contramão da maré de elogios que a imprensa local deferiu a Bilac, relata Saliba que:

> Juó Bananére escreve uma impertinente paródia da presença de Olavo Bilac em São Paulo, e sobretudo da famosa oração que o poeta pronunciou aos estudantes da Faculdade de Direito. Essa paródia foi publicada, um dia depois da festiva aparição de Bilac na Faculdade de Direito, na coluna de Bananére, em *O Pirralho*[30].

Foi o que bastou para os estudantes dirigirem-se à redação de *O Pirralho*, na rua XV de Novembro, exigindo a "demissão do jornalista e ameaçando empastelar o jornal".

Independente da criação figurada de Juó Bananére, Voltolino ressalta como artista gráfico de excelência a seu tempo, rompendo com os *sfumatos* e assumindo o traço leve e limpo afeito à estética do modernismo. Isso, sem que tivesse frequentado ateliers de renome ou se preparado para uma "revolução" plástica do desenho, às voltas com o humor gráfico. A pioneira e rica pesquisa de Ana Maria de Moraes Belluzzo inseriu o artista no universo dos modernos e remetemos à sua obra a análise abrangente do artista[31].

Nos limites desse texto, cabe lembrar que Lemo Lemmi faleceu muito moço, aos 42 anos, curiosamente em 1926, ano em que Buarque de Holanda publica na celebrada *Revista do Brasil* o texto "O Lado Oposto e os outros Lados", já sinalizando sua subsequente ruptura com o ideário dos próceres da Semana.

Esses questionamentos sobre a atualidade de um "modernismo" paulista naquela altura também foram registrados dois anos antes, por um inconformado Paulo Pardo, que em 1924, então dirigindo a *Revista do Brasil*, conde-

---

30. Elias Thomé Saliba, *Raízes do Riso...*, p. 197
31. Ana Maria de Moraes Belluzzo, *Voltolino e as Raízes do Modernismo*.

nava nosso "regresso às formas de um passado decrépito [...] anacronismo que recende a naftalina", assim como a adoração livresca da França Acadêmica, o culto a Anatole France e o ridículo do academicismo brasileiro.

> E para templo dessa religião instalam-se num Trianon versalhesco e cinzento, muito enfiado na sua correção, junto ao que Mário de Andrade chamou de o pinote do Corcovado[32].

Na mesma *Revista do Brasil*, em 1934, retomava a frase de Sarah Bernhardt, que imantara à capital paulista o epíteto de Capital Artística do Brasil, retomava com discriminação a frase. Insistia no propósito adulador que a presidiu e, numa radiografia cruel, desmontava a ilusão de que éramos a Capital Artística do Brasil:

> Nosso bovarismo é inerente ao nosso contexto, à nossa realidade política [...] imitação do infantil sistema político inglês e [...] arremedo do constitucionalismo americano. [...] Mas de todas as nossas pretensões megalomaníacas, nenhuma sobrepuja a tradicional convicção de que somos a capital artística do país[33].

Para o crítico, a arte em São Paulo, com algumas exceções era "uma grosseira caricatura das musas divinas". A música estaria defasada em cinquenta anos, a pintura era "repugnante exibição de mau gosto dos novos ricos", e a escultura não passava de "monstros semeados pelas praças e ruas da cidade". Atribuía essa "lamentável falha de nosso progresso", constituído sobretudo de fábricas e cafezais, à nossa profunda anemia intelectual e artística elencando mais uma patologia da qual éramos vítimas, endossando a ótica de Lobato e Manoel Bonfim, explicadores do Brasil[34].

O nível de exigência de Paulo Prado, um dos homens que percebera o Brasil a partir de Paris, exigia indiretamente que se reproduzisse aqui o que havia de avançado lá fora, negando um processo histórico que naquele momento, não nos permitia outro estágio. Seu registro inscreve-se naquele "olhar modernista" sobre a cena artística de São Paulo que, de acordo com Chiarelli, vinha "imbuído de uma perspectiva às vezes preconceituosa da situação pré-

---

32. *Revista do Brasil*, 28 nov. 1924
33. *Revista do Brasil*, 16 nov. 1924.
34. Idem, ibidem.

-modernista [...] obstando à formação de uma ideia mais aproximada do real [...] nos anos que precederam a eclosão do Modernismo"[35].

Mas, retomamos à pergunta inicial: onde estava Voltolino em 1922? Não se sabe ao certo, mas remetemos a seu coevo Alcântara Machado o registro do cotidiano do artista, retrato sensível daquele que, não participou da Semana, mas foi um dos melhores tradutores dos propósitos daquela ensaiada vanguarda:

> Eu o via passar todas as tardes diante de minha casa a caminho da dele rebocando um sobrinho ítalo-paulista. Hora vesperal das costureirinhas da Barra Funda. Hora aliviada dos operários que recolhem das oficinas. Hora dos automóveis ricos disparando para o corso da Avenida. Hora em que o relógio de Sta Cecília bate dezoito horas e meia e os bondes voltam da cidade apinhados.
>
> Eu o via passar todas as noites, quase madrugada, sozinho, o olhar meio injetado, o passo meio incerto. Hora suja as varredeiras da Limpeza Pública. Hora úmida da garoa. Hora dos automóveis farristas. Hora do guarda noturno de capotão e porrete (hora que Voltolino amava e eu amava nos desenhos dele)[36] [sic].

DI CAVALCANTI, DO LÁPIS AO PINCEL

Nas mesmas ruas em que transitava Voltolino nos deparamos, desde 1917, com a figura de Emiliano Augusto Cavalcanti de Albuquerque Melo (Rio de Janeiro, 1897-Rio de Janeiro, 1976). Ao contrário daquele, o carioca Di Cavalcanti provinha pelo lado paterno de tradicional família pernambucana e pelo lado materno era sobrinho da esposa de José do Patrocínio. Com educação formal qualificada, estudou no Colégio Pio Americano do Rio, teve aulas de piano com Judith Levy e se iniciou na imprensa em excelente porta de entrada, na revista *Fon-Fon*.

Em 1916, transferindo-se para São Paulo – então mercado efervescente do impresso –, ingressou na Faculdade de Direito do Largo de São Francisco, reduto de distinção acadêmica e que também lhe permitiu acesso aos círculos da elite. Vale lembrar que na turma de 1904 formara-se Monteiro Lobato e na de 1919, Oswald de Andrade, mas ao que consta, Di Cavalcanti não concluiu o curso.

---

35. Tadeu Chiarelli, *Um Jeca no Vernissage, Monteiro Lobato e o Desejo de uma Arte Universal no Brasil*, São Paulo, Edusp, 1994, p. 64
36. Antônio de Alcântara Machado, *Novelas Paulistanas*, Rio de Janeiro, José Olympio, 1973.

Com referências sociais qualificadas, dono de inegável talento para o desenho, rapidamente inseriu-se nas rodas culturais do Triângulo e colocou-se no mercado gráfico realizando ilustrações na imprensa local. Concomitantemente tomou aulas no ateliê do alemão de influência impressionista George Fischer Elpons[37]. Como amigo de Mário e Oswald de Andrade, envolveu-se com a organização da Semana, em 1922, responsável pela confecção do programa impresso do evento.

Do amigo Sérgio Milliet, que conheceu em 1920 e relativo a essa época, tem-se o seguinte depoimento:

> Di Cavalcanti pintava impressionismo, com certa tendência natural, instintiva, para o fauvismo. Mais as sinfonias de cores que as harmonias o preocupavam. Mais o acorde, brusco e desde já então reproduções de Picasso lhe haviam caído entre as mãos, inspirando-lhe certas ousadias de desenho irritante aos burgueses e à crítica oficial. Com essa inteligência viva e essa facilidade que o caracterizaram sempre, Di Cavalcanti *tirava, da caricatura, principalmente, a que se dedicava para ganhar a vida, efeitos surpreendentes*[38].

Inevitável foi sua ida para a Europa, em 1923, destino inexorável da vanguarda artística, onde permaneceu de 1923 a 1925, usufruindo a mítica Paris dos anos de 1920, na órbita de Pablo Picasso, Fernand Léger, Matisse, Erik Satie, Jean Cocteau e tantos outros intelectuais franceses. Ali também frequentou a Academia Ranson[39], onde, para além da pintura, se cultivava a arte aplicada, trabalhando sobre suportes variados e criando ilustrações de livros, pôsteres, papéis de parede, tapetes, vitrais, além de cenários e figurinos para peças teatrais.

---

37. George Fischer Elpons (Berlim, 1865-São Paulo, 1939) foi um pintor, e professor, alemão, de tendência expressionista, que se radicou na capital paulista a partir de 1912, onde criou uma das primeiras escolas de pintura da cidade em sociedade com José Wasth Rodrigues. Foram seus alunos Di Cavalcanti, Tarsila do Amaral, Anita Malfatti, Nicola Petti, Hugo Adami e Cesar Lacanna.
38. Sérgio Milliet, *apud* Herman Lima, *História da Caricatura no Brasil*, vol. 4, p. 1499. Grifo nosso.
39. A Academia Ranson foi fundada em 1908 pelo ex-aluno da Academia Julien, o pintor francês Paul Ranson, cuja morte prematura, em 1909, levou-a a várias direções, encerrando suas atividades em 1955. Estudaram na Ranson, em diferentes épocas: Di Cavalcanti (1897-1976) na década de 1920; a pintora Noêmia (1912-1992 nos anos 1930; o escultor Bruno Giorgi (1905-1993) tem aulas com Maillol; Flexor (1907-1971) participa do curso de Bissière, estudando afresco e pintura mural. O pintor Pedro Luiz Correia de Araújo (1874-1955) frequenta a Academia, chegando a assumir sua direção em 1917, quando Maurice Denis ausenta-se da escola ao ser convocado para o serviço militar.

Retornou ao Brasil em 1926, ano da publicação do artigo de Sérgio Buarque em pauta, quando já se nota um Di Cavalcanti envolvido com questões sociais, preocupado com o nacionalismo, ingressando no Partido Comunista em 1928, fundado exatamente em 1922.

Todavia, prosseguiu com as ilustrações e, a convite do prefeito do Rio de Janeiro, Antonio Prado Junior, criou os painéis de decoração do Teatro João Caetano, que passava por grande reforma. Quanto às pinturas, que então se intensificariam - embora marcadas pelo desenho, nos quais a linha figurava como elemento decisivo para definição dos contornos -, já nos anos de 1930, seus quadros estruturam-se basicamente na cor. Mas, como ressalta Helouise Costa:

> Tendo iniciado suas atividades como desenhista, ele manteve sua dedicação ao desenho ao longo de toda sua trajetória artística, seja como exercício descompromissado do traço, seja como ocupação profissional paralela à pintura[40].

Não obstante o talento natural para o desenho levá-lo ao então mercado promissor das artes gráficas, coube à pintura consagrá-lo como artista festejado do pincel no quadro das artes plásticas brasileiras. Inevitável a busca da pintura a óleo, em momento de excelência dessa linguagem pictórica, quando assim se expressaram com sucesso nomes icônicos daquela produção, a exemplo de Anita Malfatti e Tarsila do Amaral. Em fase de experimentos e busca de renovação, a pintura oferecia possibilidades de exercícios de todo o teor.

Todavia, o "caricaturista" não se desprendeu do artista dos pinceis. Sua vivência boêmia, o humor que lhe era inerente, levou-o à prática constante do desenho a lápis, traduzido em caricaturas de personagens de seu convívio à época, em geral, figuras de expressão da elite cultural e econômica – ao contrário de Voltolino. Vez por outra se depara com a reprodução de um tipo popular, a exemplo de um homem negro com camisa listada, que mais remete ao malandro carioca do que ao tipo popular paulista, o que não seria estranhável. Contudo, foi nas charges que exercitou a crítica expressa, quando a exemplo

---

40. Helouise Costa, "Di Cavalcanti: Uma Trajetória", *Di Cavalcanti*, São Paulo, USP/MAC, Museu de Arte Contemporânea da USP, 1997, p. 56.

de outros caricaturistas seus contemporâneos – Belmonte, por exemplo – investiu contra o nazismo, a II Guerra e os males do capitalismo, segmento no qual se utilizava do pseudônimo URBANO.

E se Voltolino fixou o ítalo-paulista da São Paulo dos anos de 1910 e 20, Di Cavalcanti fixou com traço personalíssimo, a vida de rua carioca e "dos bastidores de teatro, dos cafés e daquela mesma Lapa, de suas famosas rondas da madrugada, em companhia de Jaime Ovale, Raul de Leoni e Caio de Melo Franco, por ele evocadas em seu livro"[41].

Após uma existência de celebrações – de amigos, exposições, eventos – Di Cavalcanti falece aos 79 anos, deixando legado plural, onde a arte gráfica conheceu seus momentos mais qualificados e expressivos.

CONSIDERAÇÕES FINAIS

A atual bibliografia pertinente a ambos os artistas já permite situá-los em seus respectivos tempos culturais e introduzir suas produções na chave da modernidade. O artista gráfico saltou das páginas esquecidas das revistas de papel jornal, para revelar-se percursor da modernidade estética ou plástica, tão divulgada em torno de 22. Arrebatado pela propaganda, o desenho gráfico propiciou a qualificação do *design,* figurando mesmo em tempos de comunicação digital, como elemento decisivo da comunicação, da qualificação da imagem, da vanguarda das artes plásticas.

Buscar os "outros lados" foi um dos objetivos desse texto, recuperando brevemente o significado das artes gráficas, por muitos anos esquecida entre os estudiosos.

Sem dúvida, Voltolino foi bastante lembrado por seus contemporâneos, em registros esparsos e sempre elogiosos de Mário de Andrade, Monteiro Lobato, Sérgio Milliet, Alcântara Machado, Afonso Schmidt ou de Sérgio Milliet. Contudo, na clássica obra de Herman Lima, editada em 1963 em quatro volumes, sua menção no volume 3, capítulo 12, denominado "Os Contemporâneos"[42], embora merecedor de longo texto, não é vinculado aos modernistas.

---

41. Herman Lima, *História da Caricatura no Brasil,* vol. 4, p. 1502.
42. *Idem,* vol. 3, pp. 1237-1249.

Em boa hora Belluzzo o insere em pesquisa dos anos de 1970-1980 como artista do lápis, presente nas raízes do modernismo; já Saliba, a partir dos anos de 1990, o introduz como figura *raté* do modernismo na chave do humor.

Quanto a Di Cavalcanti, sempre festejado como artista do pincel, só há pouco foi recuperado como ilustrador gráfico por Ana Paula Simione[43], revelando a base expressiva de sua obra, definida pelo desenho.

Nessas breves considerações importa sublinhar que foi nas revistas onde os artistas gráficos puderam se colocar e contribuir com as inovações dos respectivos talentos. No impresso periódico cumpriram papel decisivo no ajuste do tempo cultural, acertando o passo da letra e da imagem do país, onde os prelos tardaram a chegar. Polarizaram grupos intelectuais até então dispersos, aproximaram jovens de talento que se arvoraram em publicações ousadas, definiram nova segmentação de público, agora com posturas ideológicas marcadas. E mais: abrigaram toda uma evolução estética, inovando não só nas artes gráficas, quando no tradicional uso da arte acadêmica e do *art nouveau*, estilizou-se no traço geometrizante *art* déco, atingindo o expressionismo. Razão pela qual, a inteligibilidade completa dos textos das revistas modernistas só pode se dar, levando-se em conta os componentes das artes visuais presentes, entre as quais as artes gráficas ocupam lugar pioneiro e decisivo.

Nesse sentido, e procurando recuperar uma das manifestações esquecidas da Semana – aquela da produção dos artistas gráficos – finalizamos com o registro de Arnoni Prado sobre o Sérgio de 1926, confirmando que a presença de Sérgio Buarque de Holanda, já em 1926,

> [...] começa a funcionar como uma espécie de radar da consciência estética que mudava, constituindo-se numa síntese hoje indispensável para compreender as relações entre a modernização da linguagem e as transformações radicais que marcaram a fisionomia da época[44].

---

43. Ana Paula Cavalcanti Simione, *Di Cavalcanti, Ilustrador*, São Paulo, Edusp, 2002
44. Antonio Arnoni Prado, *Cenários com Retratos*, p. 193.

REFERÊNCIAS BIBLIOGRÁFICAS

AMARAL, Aracy. *Artes Plásticas na Semana de 22*. São Paulo, Perspectiva, 1976.

_____. *Tarsila Cronista* (Int. e org.). São Paulo, Edusp, 2001.

ANDRADE, Arlete Fonseca de. "A Contribuição das Revistas *O Sacy* e *O Pirralho* para a Cultura Nacional: Riso, Hibridação e Cultura Popular". Disponível em: <http://obviousmag.org/narrativas_visuais/2016/06/a-contribuicao-das-revistas-o-sacy-e-o-pirralho-para-a-cultura-nacional-riso-hibridacao-e-cultura-po.html#ixzz5jmr2sspm>.

BATISTA, Marta Rossetti; LOPEZ, Telê Ancona & LIMA, Yone Soares de (org.). *Brasil: 1º Tempo Modernista – 1917-29*. São Paulo, IEB, 1972.

BELLUZZO, Ana Maria de Moraes. *Voltolino e as Raízes do Modernismo*. São Paulo, Marco Zero. Secretaria da Cultura, CNPq, 1991.

BOAVENTURA, Maria Eugenia (org.). *22 por 22: A Semana de Arte Moderna Vista pelos seus Contemporâneos*. São Paulo, Edusp, 2000.

BRUNO, Ernani da Silva. *História e Tradições da Cidade de São Paulo*. Rio de Janeiro, José Olympio, 1954, vol. II.

CARDOSO, Rafael. *Design para um Mundo Complexo*. São Paulo, Cosac Naif, 2012.

_____. (org.). *Impresso no Brasil. Destaques da História Gráfica no Acervo da Biblioteca Nacional: 1808-1930*. Rio de Janeiro, Verso Brasil, 2012.

CARVALHO, Fernanda Maria das Chagas. *Liceu de Artes e Ofícios de São Paulo. Artium Severum Gaudion. A Alegria Séria das Artes*. FAU/USP, 2019 (Tese de Mestrado).

CHIARELLI, Tadeu. *Um Jeca no Vernissage. Monteiro Lobato e o Desejo de uma Arte Universal no Brasil*. São Paulo, Edusp, 1994.

COSTA, Helouise. "Di Cavalcanti: Uma Trajetória". *Di Cavalcanti*. São Paulo, USP/MAC. Museu de Arte Contemporânea da USP, 1997.

COTRIM, Álvaro. *Pedro Américo e a Caricatura*. São Paulo, Edições Pinakotheke, 1983.

ELUF, Lygia. *Di Cavalcanti*. São Paulo, Folha de São Paulo, 2013.

ESTATÍSTICA da *Imprensa Periódica no Brasil*. Rio de Janeiro, Typ. do Departamento Nacional de Estatística, 1931.

FERREIRA, Orlando da Costa. *Imagem e Letra. Introdução à Bibliologia Brasileira*. São Paulo, Melhoramentos/Edusp/Secretaria de Ciência e Tecnologia, 1977.

FREITAS, Afonso de. "A Imprensa Periodística em São Paulo". *Revista do Instituto Histórico e Geográfico de São Paulo*. São Paulo, 1914, vol. XIX.

GOMES, Angela de Castro. "Essa Gente do Rio...Os Intelectuais Cariocas e o Modernismo". *Estudos Históricos*, vol. 6, n. 11, FGV, 1983. Rio de Janeiro.

LAGO, Pedro Correa do. *Caricaturistas Brasileiros. 1836-1999*. Rio de Janeiro, GMT Editores Ltda./Sextante Artes, 1999.

LIMA, Herman. *História da Caricatura no Brasil*. Rio de Janeiro, José Olympio, 1963, 3 vols.

LUSTOSA, Isabel. *Nássara: O Perfeito Fazedor de Artes*. Rio de Janeiro, Relume Dumará/Rio Arte, 1999.

KALIFA, Dominique. *L'Encre et le Sang. Récits et Société à la Belle Époque*. Paris, Fayard, 1995.

LOBATO, Monteiro. *Apud* CASSAL, Sueli Tomazini Barros. *Amigos Escritos. Correspondência Literária entre Monteiro Lobato e Godofredo Rangel*. São Paulo, Imesp/Oficina do Livro Rubens Borba de Moraes, 2002.

MACHADO, António de Alcântara. *Novelas Paulistanas*. Rio de Janeiro, José Olympio, 1973.

MAGNO, Luciano. *História da Caricatura no Brasil*. Rio de Janeiro, Gala Edições, 2012.

MARTINS, Ana Luiza. *Revistas em Revista. Imprensa e Práticas Culturais em Tempos de República*. 2. ed. São Paulo, Edusp/Fapesp/Imesp, 2001.

_____. "Desenho, Letra e Humor: Tópicos de um Percurso". *In*: MATTAR, Denise. *Traço, Humor e Companhia*. São Paulo, Fundação Armando Álvares Penteado, 2003.

MATTAR, Denise. *Traço, Humor e Companhia*. São Paulo, Fundação Armando Álvares Penteado, 2003.

NOGUEIRA, Andréa de Araujo. "O Humor Paulista: A Cidade de Belmonte". *In*: MATTAR, Denise. *Traço, Humor e Companhia*. São Paulo, Fundação Armando Álvares Penteado, 2003, pp. 151-159.

PRADO, Antonio Arnoni. *O Espírito e a Letra. Estudos de Crítica Literária: 1920-1947*. São Paulo, Companhia das Letras, 1996.

_____. *Cenários com Retratos. Esboços e Perfis*. São Paulo, Companhia das Letras, 2009.

SALIBA, Elias Thomé. *Raízes do Riso. A Representação Humorística na História Brasileira: Da Belle Époque aos Primeiros Tempos do Rádio*. São Paulo, Companhia das Letras, 2002.

SEVCENKO, Nicolau. *Literatura como Missão: Tensões Sociais e Criação Cultural na Primeira República*. 2. ed. rev. e ampl. São Paulo, Companhia das Letras, 2003.

_____. *Orfeu Extático na Metrópole. São Paulo, Sociedade e Cultura nos Frementes Anos 20*. São Paulo, Companhia das Letras, 1992.

SIMIONE, Ana Paula Cavalcanti. *Di Cavalcanti, Ilustrador*. São Paulo, Edusp, 2002.

SQUEFF, Letícia. *O Brasil nas Letras de um Pintor. Manuel de Araújo Porto Alegre (1860-1979)*. Campinas (SP), Editora da Unicamp, 2004.

SODRÉ, Nelson Werneck. *História da Imprensa no Brasil*. Rio de Janeiro, Civilização Brasileira, 1966.

TORAL, André. *Imagens em Desordem. A Iconografia da Guerra do Paraguai: 1864-1870*. São Paulo, Humanitas/FFLCH/USP, 2001.

VELLOSO, Monica P. et al. *O Moderno em Revistas: Representações do Rio de Janeiro de 1890 a 1930*. Rio de Janeiro, Faperj/Garamond, 2010.

REVISTAS UTILIZADAS

REVISTA do Brasil, 15 out. 1926

REVISTA do Brasil 16 nov. 1934

O *PIRRALHO*. Disponível em: <http://hemerotecadigital.bn.br/>. Acessado em março de 2019.

10

O Penumbrismo Solar, a Mulher-Peixe e um Papagaio para Disney: A Arte de J. Carlos na Contramão do *Le Monde* Modernista

ROSANE PAVAM

A MOEDA PRESTIGIOSA DOS MODERNOS
A PRIMEIRA GUERRA MUNDIAL acelerou as mudanças que já se vinham desenhando na arte do Ocidente e que seriam classificadas como vanguardistas ou modernizantes em anos posteriores. Numa primeira fase dessa modernização, que em 1969 o escritor e jornalista Tom Wolfe intitulou A Dança Boêmia, os artistas europeus gestaram sua ação transformadora longe da elite.

Ancorados nas descobertas do inconsciente e de uma estrutura econômica a oprimir o trabalhador, eles reivindicaram expulsar urgentemente de suas telas, livros ou música, assim como da própria existência cotidiana, um passado paralisador. Quem ficava por último apagava a luz, e o Brasil se via no escuro: "Estamos atrasados de cinquenta anos em cultura, chafurdados em pleno parnasianismo", como Oswald de Andrade concluiu[1].

As duas primeiras décadas do século estavam destinadas a promover a radical mudança. Um dos principais movimentos europeus a propor a revolução da arte e do pensamento, o dadaísmo, nasceu em 1916 num café intelectual de Zurique, o Cabaret Voltaire, frequentado por jovens artistas, alguns deles apátridas e desertores da guerra em curso, como o cineasta, jornalista, com-

---

1. Raul Bopp, *Vida e Morte da Antropofagia*, Rio de Janeiro, José Olympio Editora, 2008, p. 38.

positor, dramaturgo e crítico Tristan Tzara. Nas boates, as ideias ferviam. O músico Darius Milhaud, que se apaixonara pelo Brasil durante missão francesa em 1917, também motivara a abertura de um estabelecimento noturno na Paris de 1921. A boate Boeuf sur le Toit, batizada com a versão em francês do título da marchinha *Boi no Telhado*, abrigaria vanguardistas como Guillaume Apollinaire, Jean Cocteau e Fernand Léger, companheiros de Milhaud no grupo Les Six, todos encantados com a visão algo idílica que ele trouxera do Rio de Janeiro, matriz intocada de uma caótica civilização.

O dadaísmo celebrado no Cabaret Voltaire proclamou a antiarte com sucesso em tom anarquista de sarcasmo ou burla, mas o movimento não durou. Oito anos depois, derivaria em surrealismo, com um manifesto redigido por André Breton, que sentenciava: "O homem não é mais prisioneiro de sua razão"[2]. Contudo, na mesma rápida velocidade com que ganhavam corpo, as reivindicações forjadas nesse campo apagavam-se nos anos seguintes, desvitalizadas, como se os ideais modernizantes fossem expropriados por quem pudesse lucrar com eles, a contradizer a pregação dos manifestos noturnos. A lógica mercadológico-prestigiosa deste processo ditava que após a Dança Boêmia a arte entrasse em uma segunda fase, a Consumação, durante a qual as iluminações dos cafés se veriam absorvidas e difundidas nos salões burgueses.

Durante a Consumação, diz Wolfe, uma elite de *culturati* transforma a inspiração moderna em moeda prestigiosa. O *le monde*, "esfera social tão bem descrita por Balzac, o ambiente daqueles que consideram importante estar *na moda*, a órbita daqueles aristocratas, burgueses ricos, editores, escritores, jornalistas, empresários, atores, que querem estar 'onde acontecem as coisas', o mundo glamouroso, embora exíguo, daquela invenção da metrópole do século XIX, *tout le monde* [...] 'elegante', com as suas nuances de cultura e cinismo"[3], sai à caça das novas ideias de modo a fazer com que se colem a sua pele como suas, mas delas se desinteressa quando "envelhecem".

Raul Bopp descreveu um certo *le monde* paulistano dos anos 1920:

> Havia em São Paulo uma pequena elite culta, que ia e vinha todos os anos da Europa. Uma seminobreza rural, com longas tradições de família, florescia à base do café. [...] O re-

2. Raul Bopp, *Vida e Morte da Antropofagia*, p. 33.
3. Tom Wolfe, *A Palavra Pintada*, trad. Lia Wyler, Rio de Janeiro, Rocco, 2009, p. 18.

duzido grupo de pessoas de bom gosto e cultas, que fazia regularmente as suas viagens transatlânticas, não ficava indiferente aos fatos mais notórios da vida artística europeia. [...] De volta a São Paulo, [elas] traziam consigo peças adquiridas, de pintura figurativa ou de correntes abstracionistas. E explicavam aos amigos os princípios básicos desses movimentos[4].

O que os artistas raciocinavam virava distinção social para o burguês, que anteriormente somente pudera obter tal status se a Igreja o aceitasse em seu círculo. Nessa fase, diz Osbert Lancaster, a arte "vinha mais uma vez se aninhar entre as duquesas"[5], os mecenas, aqueles capazes de transformar em produto a revolução do pensamento e do estilo; enquanto os *culturati* usam os artistas para seus propósitos distintivos, os artistas servem-se deles para viver de sua arte. Ou mais que viver, como Pablo Picasso fez.

Os *culturati* da primeira década do século XX abraçaram o cubismo do artista espanhol, entre outras correntes de transformações. Picasso só se tornou Picasso, como diz Wolfe, quando desenhou roupas e cenários para os balés russos em 1917 e virou sensação. Na direção contrária do amigo Braque, o artista trocou as pobres calças de sarja pelas roupas de seda e as insalubres águas-furtadas pelo Hotel Savoy e ainda se viu digno de crédito artístico tanto pelo *le monde* quanto pelos boêmios à espera de uma chance.

A CONSUMAÇÃO ANTROPOFÁGICA

No Brasil, em 1922, a Semana de Arte Moderna foi uma grande Consumação dos princípios engendrados pelas vanguardas artísticas europeias, pelo "cubismo francês, o expressionismo alemão e russo, o imagismo inglês e norte-americano e o ultraísmo espanhol"[6], e que por aqui tardavam a ser aceitos. Nossos artistas sentavam no colo das duquesas para propagar mudanças urgentes e necessárias, e quiçá, como decorrência disso, saborear a glória das sedas e dos savoys que lhe seriam retribuídos. Desde a escolha do Theatro Municipal como palco inicial, a Consumação se mantinha fina, aliando promotores da arte a seus propagandistas. Um jantar de rãs com Chablis patrocinado por Oswald e Tarsila do Amaral, por exemplo, produziria em 1928 a fagulha para um novo

---

4. Raul Bopp, *Vida e Morte da Antropofagia*, pp. 37 e 38.
5. Tom Wolfe, *A Palavra Pintada*, p. 33.
6. Sérgio Buarque de Holanda, "A Moderna Literatura Brasileira", em Marcos Costa (org.), *Escritos Coligidos – Livro I: 1920-1929*, São Paulo, Editoras Fundação Perseu Abramo e Unesp, 2011, p. 45.

momento do modernismo local, a Antropofagia, que buscava descer "às fontes genuínas, ainda puras, para captar os germens de renovação"[7].

O *le monde* brasileiro abusava de seus créditos. Raul Bopp diz no ensaio "Vida e Morte da Antropofagia", publicado originalmente em 1965, que Mário de Andrade protestou contra um artigo que incluía os patrocinadores Paulo Prado e Graça Aranha entre os "doze apóstolos" da Semana[8]. Os apóstolos não seriam esses "patrocinadores de uma plêiade de artistas", como sustentava Mário ("talvez o intelectual mais representativo dessa geração", para Elias Thomé Saliba[9]), mas os pregadores à altura do movimento, ele mesmo e Prudente de Moraes Neto, Oswald de Andrade, Alcântara Machado ou Guilherme de Almeida. Contudo, naquele início dos anos 1920, partícipes e patrocinadores constituíam uma força só. Ou como advogaria dona Nazareth Prado, a irmã de Paulo, casada à época em que manteve relação amorosa com o escritor de idêntico estado civil: "[...] pode parecer presunçoso, mas eu fui a causadora da Semana de 1922 – naquela época, eu estava em São Paulo, em casa de minha família – e Graça Aranha necessitava de qualquer pretexto para me ver. A Semana de Arte foi um belo pretexto. Belo e marcante"[10].

Le monde, como *mundanismo*. Mas a moderna literatura brasileira nasceu mesmo no início do ano de 1921, como escreveu Sérgio Buarque de Holanda:

> Naquela época reuniu-se em São Paulo um grupo de jovens que rompera com as fórmulas acadêmicas, elaborara um combativo programa de modernização e saíra a campo contra as velhas tradições em arte e literatura. O evento logo tomou formas de uma inesperada virulência. De início se poderia pensar que a juventude queria fazer tábula rasa de todo o nosso passado. Na verdade, o apaixonado movimento queria tão-somente, como se diria na linguagem das finanças, elevar o valor nominal de nossa literatura[11].

---

7. Raul Bopp, *Vida e Morte da Antropofagia*, p. 59
8. *Idem*, p. 46
9. Elias Thomé Saliba, "Por Que Ninguém Quer Ser Humorista? Sérgio Buarque dos Países Baixos e o *Corredor de Humor* no Modernismo Brasileiro", em *Crocodilos, Satíricos e Humoristas Involuntários – Ensaios de História Cultural do Humor*, São Paulo, Intermeios Casa de Artes e Livros, 2018, p. 42.
10. Cf. Joel Silveira, *Tempo de Contar*, Rio de Janeiro, José Olympio, 1993, pp. 324-343, em Elias Thomé Saliba, "Por Que Ninguém Quer Ser Humorista?...", p. 52.
11. Sérgio Buarque de Holanda, "A Moderna Literatura Brasileira", p. 43.

Ou, como anota Franklin de Oliveira, os modernistas paulistanos queriam passar o Brasil a limpo.

Mas, como poderiam fazê-lo, se eles nada conheciam sequer da capital bandeirante, fora a mansão dos Prado e a redação do Correio Paulistano? Fora desse círculo fechado, o mundo não existia para eles. Passar o Brasil a limpo era combater o parnasianismo e negar tudo o que até então tinha sido feito por parnasianos e não parnasianos[12].

O SURREALISMO LOCAL, DO DESINTERESSE À AMEAÇA

No Rio de Janeiro, contudo, para onde o movimento pouco a pouco se deslocava sob a orientação de Graça Aranha, ansiou-se igualmente pela novidade "paulistana". Tarsila do Amaral fora acolhida para uma exposição na capital federal em 1929 e entre os que lá a receberam esteve Elsie Houston, cantora de renome da obra de Villa-Lobos cujo livro *Canções Populares do Brasil* seria editado por uma livraria orientalista francesa. Elsie pesquisava influências indígena e africana na música brasileira. Sua mãe, que fora casada com um dentista dos Estados Unidos, tinha uma casa em Paris onde se dava a Consumação surrealista.

Em saraus na sua residência, Elsie conheceu o máximo poeta surrealista Benjamin Péret (1899-1959), por quem se apaixonou. Casados em 1926, os dois vieram ao Brasil três anos depois para investigar a pura "matriz primitiva" perseguida pelos primeiros representantes, como ele, do surrealismo, movimento que parecia desandar na França. Péret pleiteou e obteve de Arnaldo Guinle o financiamento para uma viagem ao Brasil setentrional. Oswald de Andrade comemorou sua vinda no momento em que o modernismo brasileiro desaguava em nova fase. "Depois do surrealismo, só a Antropofagia", dizia o escritor[13]. Embora celebrado, com o tempo Péret passou a reclamar dos modernistas, de sua alegada falta de seriedade política, dos estranhos apaziguamentos com a burguesia promovidos nas páginas da *Revista de Antropo-*

---

12. Franklin de Oliveira, *A Semana de Arte Moderna na Contramão da História e Outros Ensaios*, Rio de Janeiro, Topbooks, 1993, pp. 23-24.
13. Jorge Schwartz, *Fervor das Vanguardas – Arte e Literatura na América Latina*, São Paulo, Companhia das Letras, 2013, p. 48.

fagia. Os modernistas pareciam ignorar até mesmo a existência de uma greve geral no país em 1917...

Herdeiro das descobertas do inconsciente, por Freud, e de uma estrutura econômica que asfixiava os trabalhadores, por Marx, o surrealismo advogado por Péret propunha um pensamento livre de condicionamentos, tanto político quanto artístico. Era preciso praticar a escrita automática, que findaria o pensamento condicionado, e jamais abandonar a ação política revolucionária, que libertaria os oprimidos da sociedade. Péret aderiu à formação da trotskista Liga Comunista do Brasil e declarou fascínio pela Revolta da Chibata, sobre a qual posteriormente escreveria um livro, centrado na figura do revoltoso João Candido e intitulado "Almirante Negro". A obra não ultrapassou o estágio de texto datilografado e dela, hoje, apenas quatro páginas são conhecidas. Em 1931, além de apreender o texto, o governo Vargas expulsou Péret do País, não se sabe se pelo livro, pela militância trotskista ou pelas ideias desestruturantes.

O fato é que o Brasil não parecia abraçar o surrealismo mesmo antes disto. Ou, pelo menos, não na mesma medida em que acolhera o expressionismo, que no dizer de Bopp "toca profundidades" ao desenvolver "formas trágicas"[14]. O artista brasileiro mais identificado com o surrealismo, Ismael Nery (1900-1934), também frequentou a casa da mãe de Elsie Houston em Paris. E tudo o que se pode dizer sobre sua adesão ao movimento é que ela foi intermitente, acometida de "impulsos surrealizantes", como os designou Jorge Schwartz[15]. Nery era católico e seu surrealismo se viu entendido como místico. A mulher era crucial em suas representações, o que levou críticos no decorrer do tempo a considerar essas repetidas representações como expressão de uma possível homossexualidade. Entendida na sua função de alteridade, a figura feminina sinalizava a existência íntima de uma espécie de criatura oculta, determinante psicologicamente das ações humanas, o ser inconsciente coberto pela máscara social.

BALNEÁRIO NA PENUMBRA

Um outro artista a frequentar o modernismo, mas não a Semana, por não se alinhar entre os que recusavam toda a arte passada e a velha métrica, foi

---

14. Raul Bopp, *Vida e Morte da Antropofagia*, p. 32.
15. Jorge Schwartz, *Fervor das Vanguardas*, p. 50.

Ribeiro Couto (1898-1963). Morador da rua do Curvelo, em Santa Tereza, Rio de Janeiro, assim como o amigo Manuel Bandeira e a psicanalista Nise da Silveira, o escritor também elegia a mulher personagem central na maioria de seus poemas e crônicas. As suas eram seres da multidão pelos quais o narrador se apaixonava instantaneamente, sem retribuição, mesmo se vestidas como o Diabo no carnaval. Elas encarnavam o desejo que ele não poderia satisfazer. Eram inalcançáveis não porque mais ricas que ele, justamente pelo oposto. Prostitutas, foliãs, babás ou balconistas – eis as estrelas libertas no fluxo da cidade. À moda do *flâneur* de Charles Baudelaire, o poeta e contista nascido em Santos encarnava o andarilho solitário e pensativo, embriagado singularmente por esta comunhão efêmera com a rua e seus personagens, como no poema "Carícia"[16]:

> Acabrunhamento dos dias difíceis,
> Quando o sol intenso nos dá um maior desânimo
> E o azul do céu em vão se amacia diante dos nossos olhos!
> Vamos então pelas ruas cheias de multidão rumorosa
> Com o desejo veemente de não encontrar amigos,
> Com o desejo de desaparecermos, de esquecermo-nos de nós mesmos...
> E que delicado consolo o dessa mulher deliciosa
> Que ao passar pareceu adivinhar a nossa infelicidade profunda
> E abriu um sorriso como uma infinita carícia...

Mais conhecido em Portugal (exerceu a carreira diplomática na Europa) que no Brasil, Ribeiro Couto retratou os seres apequenados da vida urbana carioca, nunca os heróis do mar ou os anti-heróis amazônicos, os primitivos perseguidos por Péret. Seu protagonista era invariavelmente um deserdado, por exemplo um estudante que, impossibilitado de pagar a pensão, mata o dono da loja de penhores em "O Crime do Estudante Batista"[17].

Por conta desse sentimento fugidio de personagens à sombra, o poeta Ronald de Carvalho intitulou Ribeiro Couto de penumbrista. O penumbrismo seria um simbolismo tardio, mas despido de rebuscamentos, a ponto de se ver

---

16. Ribeiro Couto, *Poesias Reunidas*, Rio de Janeiro, José Olympio, 1960, p. 115.
17. Ribeiro Couto, *Maricota, Baianinha e Outras Mulheres - Antologia de Contos*, Vasco Mariz (org.), Rio de Janeiro, Topbooks, 2001.

tido por poesia prosaica pelos majoritários modernos adeptos de um "objetivismo dinâmico", na expressão utilizada por Sérgio Buarque. O intimismo de Ribeiro Couto alcançava aquele lugar íntimo e desprezado pela poesia modernista hegemônica. Como diz Franklin Oliveira, em vez da arte em surdina (e *Surdina* é o título de um dos poemas de Ribeiro Couto), os modernistas adotaram "os ruídos da arte panfletária"[18].

Para Carlos Drummond de Andrade, em texto de apresentação do poeta na orelha de suas *Poesias Reunidas*, os poemas de Ribeiro Couto são

> [...] eternidades do minuto, comunicam-nos a sensação do instante, simultaneamente fugitivo e imperecível, que é nossa existência individual; só temos o direito de olhar um segundo para cada forma, que no instante seguinte já se modificou, mas temos o poder de lembrar essa coisa pelo resto da vida, em sua plenitude vislumbrada, em sua essência. E o poeta nos ajuda a fazê-lo, fazendo-o ele mesmo[19].

Todo esse contexto penumbrista que aspirava à eternidade do instante poético, como o de Ribeiro Couto, ou o surrealista, investigando a profundidade inconsciente, como o de Nery, serviu para iluminar a obra de um outro artista jamais lembrado como moderno, por vezes nem mesmo como artista. De impulsos surrealizantes, mas movido pelo humor, e interessado em descrever a rua, qual um penumbrista solar, o desenhista J. Carlos representaria uma outra assimilação para a arte moderna.

Não haveria mesmo qualquer razão para que os modernistas inserissem na corrente, caminhos alternativos e populares como o seu.

O evento de 1922 foi um marco decisivo na elaboração furtiva de estratégias de esquecimento dos tempos renegados, celebrando um e silenciando outros, incluindo – vale lembrar – os projetos diferenciados dos próprios líderes do movimento cultural paulista – esquecidos ou relegados na concepção orgânica da cultura que se instalou ulteriormente no país", como escreve Elias Thomé Saliba[20].

J. Carlos, de todo modo, não pensava como os outros.

---

18. Franklin de Oliveira, *A Semana de Arte Moderna na Contramão da História e Outros Ensaios*, p. 21.
19. Ribeiro Couto, *Poesias Reunidas*, p. 115.
20. Elias Thomé Saliba, "Por Que Ninguém Quer Ser Humorista?...", p. 41.

Ele encontrou a figura isolada, sem acessórios que revelassem meio social ou ambiente doméstico, e levou-a para a verdade dos interiores luxuosos ou miseráveis, encerrou-a na decoração correspondente à sua condição de existência, meteu-a com exatidão nas roupas contemporâneas [...] – disse o parnasiano Leal de Souza, o Voltaire, em "O Almanaque das Glórias"[21].

O desenhista J. Carlos à mesa de trabalho,
sempre vestido com o guarda-pó.

AO PÚBLICO, OS PAPÉIS

O público não esteve convidado para a grande festa moderna, como escreve Wolfe, mas, encerrada a Consumação no *le monde*, sempre recebeu uma participação impressa daquilo que havia se desenvolvido por lá. Por meio de J. Carlos, e distante dos museus e dos teatros, o público brasileiro conheceu uma faceta da modernidade artística que um dia fervera em outras esferas.

21. Álvaro Cotrim, dito Alvarus, *J. Carlos – Época, Vida, Obra*, Rio de Janeiro, Nova Fronteira, 1985, p. 45.

José Carlos de Brito e Cunha (1884-1950) nunca foi fã de escola, o único dos quatro irmãos que, autodidata, "não aprendera a desenhar"[22]. Tampouco quisera adentrar a galeria como quem pratica um metiê. O único artista que J. Carlos considerava exemplar e insuperado era Angelo Agostini, que ilustrara jornais no século XIX de forma criticamente política, ainda por cima sob a narrativa sequenciada que o século seguinte entenderia como "história em quadrinhos". Pode-se dizer que as grandes pretensões iniciais de J. Carlos estiveram em que os grandes da caricatura do período, Raul Pederneiras ou Kalixto Cordeiro, acolhessem seu trabalho, dando-lhe relevância e principalmente emprego, ele que no futuro teria cinco filhos para criar.

Seu primeiro desenho apareceu no periódico O *Tagarela*, para o qual colaboravam Pederneiras e Kalixto, em 1902, quando ele contava 18 anos, embora a obra viesse acompanhada com a advertência, possivelmente feita pelo diretor artístico Falstaff, de que fora produzida por um iniciante. Na charge, duas figuras de perfil tentavam refazer um tom *agostiniano*: o presidente do Brasil, Campos Sales, explicava a Tio Sam que Niterói era a capital do Estado, mas o norte-americano estranhava, porque, segundo ouvira dizer, a capital se encontrava em "estado lastimável".

Nos anos seguintes, o trabalho de J. Carlos redundaria em outra verve. Em 1903, para a revista *Avenida*, suas figuras humanas ainda se podiam dizer rústicas, mas a revista *Careta* já sentia nele a segurança do traço e lhe encomendava capas, a ponto de provocar esta observação do jornalista Paulo Barreto, de pseudônimo literário João do Rio: "Há também novos que dentro em pouco ocuparão um lugar notável na nossa arte e está nesse caso o sr. J. Carlos. Há um traço novo, uma maneira especial e ácida, o imprevisto da legenda"[23].

Sua representação gráfica era mais e mais reveladora das ideias captadas nas revistas francesas. O estilo *art-déco* de Erté se sobressaía então: integrante da elite russa que deveria ter atuado pela Marinha do seu país, Romain de Tirtoff se naturalizou francês e usou o pseudônimo para desenhar figurinos e não desonrar a família enquanto exercia sua arte. J. Carlos pareceu compreen-

---

22. Álvaro Cotrim, *J. Carlos – Época, Vida, Obra*, p. 42.
23. *Idem*, pp 43 e 44.

der de imediato a importância requintada que o artista dava à forma feminina, símbolo inspiracional e inconsciente da sociedade que se transformava.

A *Careta* contratou J. Carlos de 1908 a 1921 para que produzisse desenhos, especialmente os críticos ao abandono da cidade por seus administradores e à farra corrupta dos políticos. Paralelamente, J. Carlos atuava para outras publicações, como *Fon Fon, A Cigarra* e *O Malho*. Entre 1922 e 1930, o artista deu um salto profissional ao assumir a direção de todas as revistas do grupo *O Malho*, entre elas *Para Todos, Ilustração Brasileira* e a infantil *Tico-Tico*. Era o responsável pela maioria dos desenhos e capas, mas também pautava e editava os textos enquanto revolucionava o design das páginas, acelerando o processo de impressão ao adotar tecnologias como a zincogravura.

A linha gloriosa no café da urbe.

Em 1931, J. Carlos montou ateliê próprio e passou a atuar como freelancer. Cinco anos depois, regressou à *Careta* como colaborador crucial. Fumante que jamais autorizou ser fotografado com o constante cigarro nas mãos, morreu de acidente vascular cerebral em plena redação da revista, aos 66 anos, durante uma reunião com o compositor Braguinha destinada a decidir as capas de seus disquinhos infantis. Em choque, a *Careta* levou duas semanas para noticiar sua morte, e no período recorde de um mês o salão Assírio do Theatro Municipal do Rio de Janeiro acolheu uma grande retrospectiva de sua obra, incluindo na exposição originais, exemplares das inúmeras publicações em que colaborara e alguns objetos pessoais.

A LINHA GLORIOSA ZOMBA DOS MODERNOS

"Foi dos primeiros a caricaturar o indivíduo sem esquecer o seu meio", como observava Vol-Taire sobre J. Carlos.

> Com paciente dedicação estudou e observou a contínua oscilação dos nossos costumes, cujas transformações acompanha. Fez de suas caricaturas verdadeiros quadros nos quais reflete, como em límpidos espelhos, ora grotesca, ora banal, por vezes bela, em seus vários aspectos - nossa vida social[24].

A movimentação noturna onde as ideias fermentavam era bem diferente quando ilustrada por J. Carlos. Nem uma gota de dadaísmo pingava daquele seu café desenhado quase numa linha contínua, em que o relógio na parede marcava uma hora e 25 minutos...

Aquele era o ambiente observado em estabelecimentos como o Rio Branco, o Universo, o Chave de Ouro ou o Suíço, abertos até alta madrugada e especialmente procurados por suas "canjas a apascentarem a *fringale* dos jornalistas saídos extenuados dos plantões nas redações dos matutinos"[25], em um frenesi masculino de garçons e clientes esfumaçados pelos cigarros e bules quentes. Presume-se que as falas dos frequentadores não tocassem ideais revolucionários, antes girassem em torno dos resultados das partidas de futebol, da beleza das mulheres, do carnaval e das atrocidades relatadas por esses profissionais, durante o dia, nas folhas cotidianas.

J. Carlos se tornou o artista da linha que caminhava inconsciente, livre, sozinha, desprendida, ao mesmo tempo exata, a funcionar como trilhos de bon-

---

24. Álvaro Cotrim, *J. Carlos – Época, Vida, Obra*, p. 44.
25. *Idem*, p. 26.

de para personagens extravasados da urbe. "Não há nada que sobre no que ele faz", entende Julieta Sobral, que vê o artista carioca assimilar a influência brasileira "na faixa de Gaza entre a *art nouveau* e a *art déco*"[26]. Loredano acredita que "a linha é a glória de J. Carlos porque ele a obedece, porque esteve quase cinquenta anos a seu serviço, funcionário e sacerdote"[27].Vol-Taire explica de outro modo tais representações incomuns:

> Na firmeza elegante de seu traço há fria precisão germânica e a esmeralda graça latina. A sua arte não é feita de desequilíbrios: não cultiva as antiquadas desproporções entre os membros do corpo; mantém, caricaturando, a harmonia das linhas fisionômicas. Em suas mãos a nossa máscara não sofre inábeis deformações - transfigura-se como realidade viva, à influência dos sentimentos e das paixões,

embora o autor reconheça que, nas charges, J. Carlos se revele praticante da "disformidade exagerada"[28].

O seu era um exemplo da revolução mastigada em espaço público. E ele podia zombar dos vanguardistas e de sua incomunicabilidade com o traço sofisticado pleno de delicadeza, como fez na charge de 15 de setembro de 1928. Um homem caído de sua poltrona, enroscado em uma vassoura, uma bengala, um guarda-chuva, um vaso e um chapéu aprecia o quadro pendurado na parede, a figurar como um espelho torto dos objetos que o cercam. Sob o título *Optimista*, o personagem caído no chão, de ponta-cabeça, finalmente parece ter entendido a arte moderna: "Ah, agora sim! Eu estava mal colocado"[29].

A demonstração de que procurava um outro ponto de vista para observar o contemporâneo não poderia ser mais eloquente. J. Carlos morava na mente de quem o lia, mesmo que esta se voltasse para baixo. Ao deparar com tal charge-espelho, que literalmente invertia o critério de apreciação artística, um leitor se sentiria vingado em relação ao insondável significado das obras penduradas nas galerias, um mistério agora gostosamente explicado por seu

---

26. Rosane Pavam, "A Linha Gloriosa", *Carta Capital*, edição 920, p. 46, 28 set. 2016.
27. Cássio Loredano, *O Bonde e a Linha – Um Perfil de J. Carlos*, São Paulo, Capivara, 2002, pp. 40 e 41.
28. Álvaro Cotrim, *J. Carlos – Época, Vida, Obra*, pp. 45 e 46.
29. Julieta Sobral, Cássio Loredano (curadores), *J. Carlos em Revista*, Rio de Janeiro, Instituto de Memória Gráfica Brasileira, 2014, p. 127.

Uma pequena inversão para zombar dos modernos.

cúmplice. Mas, nesta charge-reflexo, o artista também parecia proclamar aos pares: "É só isto a tal arte moderna? Também sei fazer, e vou espalhar o segredo de quem faz".

NASCIDOS DO TINTEIRO

Dependente do trabalho jornalístico, o artista não procurava temas no *le monde* modernista. O homem público fazia a vitrine dos iguais. "J. Carlos levaria para o futuro, com movimento e precisão psicológica, a paisagem social carioca. Esse público de ruas e de teatros, de praças e de cinemas, colonos estrangeiros, nacionais típicos, a rua inteira entraria história adentro, com suas cores, seus gestos e suas vozes reais", todas essas populações "que

Avante, Cardoso: o engajamento por Mussolini, depois desfeito.

não nasceram de mulher", mas do tinteiro, como Luís da Câmara Cascudo as descreveu[30].

J. Carlos não se poderia dizer um revolucionário surrealista, embora suas ilustrações insistissem em mesclar as mulheres ao inconsciente das águas, onde seu corpo se via prolongado, como se o reflexo de sonho mais dissesse sobre elas do que sua representação em terra. Os seus, como os de Nery, eram instantes em que a interpretação mágica, surreal, em alta nas publicações impressas e no cinema, ganhava relevo de aceitação popular. E ele não era um adepto do surrealismo porque, entre tantos motivos, muitos centrados na necessidade de comunicação imediata com o público, deplorava a visão marxista.

30. Cássio Loredano, *O Bonde e a Linha...*, p. 14.

Aliás, combatia o comunismo e era católico como aquele pintor. As notícias sobre o desenrolar da revolução motivaram desenhos de J. Carlos marcados pelo antibolchevismo. Após a revolução de 1917, criticara o confisco dos bens do clero, as execuções de antirevolucionários, a luta contra a propriedade privada e a censura à imprensa. No início da década de 1940, Joel Silveira anotou o que ele lhe disse: "Só acredito em duas coisas, em Deus e na liberdade"[31]. J. Carlos representava o bolchevique como macaco. Na capa de *O Malho* de 6 de agosto de 1927, um pequeno Jeca Tatu diz ao enorme bicho, com asas de vampiro e garras vermelhas: "Medo? Eu? Ocê tá besta. Comê eu não digo, mas tarveiz eu te embrulhe..."[32].

O judeu tipificado para a publicidade.

31. Álvaro Cotrim, *J. Carlos – Época, Vida, Obra*, p. 100.
32. Luiz Antonio Simas (texto), Cássio Loredano (organização), *O Vidente Míope – J. Carlos n'O Malho, 1922-1930*, Rio de Janeiro, Folha Seca, 2007, p. 174.

Antibelicista, entusiasta da universalização do ensino contra um Brasil inculto e analfabeto, adepto da moralização da política e da redução dos altos impostos, J. Carlos, o "vidente míope" segundo Luiz Antonio Simas, acreditou inicialmente que Benito Mussolini seria um bom exemplo a ser seguido no país. Em uma charge de 1924, dois anos após a Marcha sobre Roma, ação fascista que resultou na ascensão de Mussolini ao poder, seu personagem Cardoso, uma espécie de Jeca urbano que tipificava a sabedoria do homem médio, pregou a favor do italiano, que funcionaria como um bom exemplo para os brasileiros. Na década seguinte, contudo, J. Carlos constataria o conflito bélico onde aquele terrível populismo iria desaguar, e o combateria.

Viver é perigoso, com uma primitiva representação do negro, em 1927.

Sua visão popular, essa capacidade de sempre habitar a cabeça do leitor, empurrava-o a muitos enganos, como o de personalizar a expropriação do capital em uma etnia. No anúncio que desenhou para a Caixa Econômica, alega que a instituição cobra um por cento de juros, contra os dez praticados pelo avalista de penhores, cujo desenho tipifica o judeu.

J. Carlos também obedecia ao senso comum de jovem da zona sul ao representar o negro do carnaval como ingênuo africano, personagem coadjuvante na base das estripolias das coristas. Em uma charge de 1927, ele desenvolve os perigos que a cidade enfrenta: o amarelo, ou chinês; o rosa, ou o feminino; o branco, ou a cocaína; e o preto, o músico extasiado da cantora e dançarina Josephine Baker em espetáculo de variedade no cassino. Em uma ilustração de *Para Todos*, de 1928, um artista sob seu comando, Arnaldo, ilustra um poema de Mário de Andrade caracterizando o autor como um negro tribal, africano e primitivo.

O homem negro transformado em identidade nacional pelo samba.

Depois de dez anos em que o samba descera o morro até a praça Onze e virara diversão para os da zona sul como ele, o negro adquiriu um outro protagonismo nas suas ilustrações. O tipo do sambista encerrava o brasileiro em si, como pretendia Getúlio Vargas (de quem o artista não gostava e contra quem nunca cansara de armar a pena), e também o do jogador de futebol. O esporte ganhara intenso interesse do público depois de uma primeira vitória da seleção brasileira, contra o Uruguai, no Campeonato Sul-Americano de 1919. Quatro anos depois, o Vasco da Gama faria história ao levar o troféu carioca com três jogadores negros, um fato inédito que quase tirou o título do time. Nas representações futebolísticas e musicais, o homem negro passou a evocar um novo heroísmo.

REFLEXOS E MELINDRES

J. Carlos nasceu na Gávea em 1884, cinco anos antes da Proclamação da República. E se mudou ainda criança para Botafogo, onde se casou em 1914, aos trinta anos. Por lá, com a mulher e os filhos, frequentou a praia. A partir dessa sua vivência, ele fez uma interessante mistura: pegou a melindrosa, que era um tipo americano da vida urbana, e a jogou no mar. Loredano assegura que ele criou a vestimenta icônica das praias. "Não existiam aquelas moças de trajes de banho duas-peças que ele coloca nos seus desenhos. O J. Carlos inventou o biquíni"[33].

A palavra melindrosa sugere o melindre, o mimo, a menina mimada rica. Mas, em inglês, o vocábulo correspondente a esse tipo é *flapper*, cuja origem muito se discute. Pode designar o bater das asas do pássaro e remeter à inovadora velocidade dos aviões nos anos 1920. Ou ainda à palavra num contexto inglês, que equivaleria a prostituta. De todo modo, a *flapper* era uma adolescente ousada, que naquele início do século XX, personagem da era do jazz, adotava o cabelo e a saia curtas e andava sozinha à noite, contra o rigor familiar ou qualquer rigor. Zelda Fitzgerald, a mulher do escritor Scott Fitzgerald, era uma *flapper*, adolescente rica do sul dos Estados Unidos. Conta-se que os admiradores faziam manobras de avião pra chamar sua atenção, e que um deles morreu espatifado durante a tentativa. Em um de seus tantos esbo-

---

33. Rosane Pavam, "A Linha Gloriosa", *Carta Capital*, edição 920, p. 46, 28 set. 2016.

ços, a melindrosa de J. Carlos é uma vendedora ambulante (possivelmente de flores) admirada com os aeroplanos misturados no céu, mais parecidos com pipas de papel. Talvez os visse pela primeira vez, à moda de outros habitantes da cidade estupefatos com o intenso tráfego aéreo, pouco rotineiro até então.

Ao criar a melindrosa, como diz o cartunista Alvarus, J. Carlos realçou "a sinuosidade harmoniosa e pagã das impecáveis curvas que ela exibia, num misto de ingenuidade e petulância, na endiabrada e perversa malícia de seus olhinhos vivos e pretos como dois pontinhos feitos a nanquim ou no contraste amendoado dos olhos de gatinha siamesa, sob o toldo protetor de amplas pestanas, as sobrancelhas de um fino risco como se traçado pelas mãos hábeis dos japoneses Utamaro ou Hokusai"[34]. Em uma carta de 1918 enviada ao semanário humorístico *Dom Quixote*, na qual responde ironicamente a Bastos Tigre as perguntas sobre sua alegada glória artística (que ele jurava ainda esperar), J. Carlos aborda sua especialização caricatural da carioca contemporânea:

> Se tenho um modelo predileto, esse é a rapariga nova, dentro do seu tailleur mais moderno, com o seu canotier mais simples. Tenho por essa gente uma particular simpatia que bate às raias de um culto. Tudo, porém, em vão... Elas não me entendem... O meu lápis vibra quando eu contorno as minhas favoritas e eu, como qualquer hóspede vulgar do 70 sul (era o número famoso do telefone do Hospício), digo em surdina, como o velho Miguel Ângelo: "Fala, diabo... Me chama assassino"[35].

Em 1925, o artista lhe deu um companheiro, o almofadinha, também designado como "encantador" de mulheres, mas castigou-lhe. Colocou curvas nos seus quadris, fez suas mãos manicuradas permanentemente inquietas e não lhe deixou convincente de sua macheza, como Alvarus diz. Os paletós largos, o chapéu enterrado na cabeça, os óculos de tartaruga sem vidro que lhe providenciavam um ar intelectual, as calças muito justas e a bainha dobrada, tipo "pesca siri", obedeciam a tradição inglesa "legada por aquele divertido e galante Príncipe de Gales que foi Eduardo VII"[36].

Só o almofadinha, com dinheiro de sobra, poderia levar a melhor com essas meninas nas ilustrações, mas não era o único homem a perseguir a jovem

---

34. Álvaro Cotrim, *J. Carlos – Época, Vida, Obra*, p. 28.
35. *Idem*, p. 40.
36. *Idem*, p. 28.

livre. Se sacudisse a saia, então, provocava assombro... Ela, contudo, demonstrava ser mais sábia do que o batalhão de insensatos: contornava sua presença sem confrontá-los, enquanto eles mergulhavam num oceano inconsciente para capturá-la.

"Um dia, decerto, no começo do próximo século, o Rio de Janeiro não possuirá mais a carioca; e as raparigas das margens da Guanabara não se distinguirão das raparigas do resto do planeta; idênticas preocupações, atitudes iguais, o mesmo modo de vestir, gravidade, pessimismo...", escreveu Álvaro Moreyra, jornalista e parceiro de J. Carlos na revista *Paratodos*, que nesta sua apreciação parece refazer a percepção de Drummond sobre a eternidade dos retratos poéticos de Ribeiro Couto.

> Nesse dia, um curioso das coisas do passado encontrará, nas páginas de uma revista, as saudades do velho tempo que não conheceu... Velho tempo! Bom tempo! E compreenderá o sentido das praias, povoando-as das imagens guardadas no traço sutil do artista e verá, tal qual não vira antes, a luz das manhãs, a sombra dos crepúsculos, o luar das noites altas. Lenta, a maravilha despercebida se revelará. A cidade romântica, erma de suas transeuntes, voltará à fascinação abandonada... O ente que olhar, daqui a cem anos, as obras-primas de J. Carlos, poderá viver a vida que andamos vivendo...[37].

É interessante notar que J. Carlos segue pelo menos um aspecto da escola renascentista ao compor as figuras femininas rebeldes, inalcançáveis e sensuais: elas são desenhadas inicialmente nuas ou seminuas, "os seiozinhos em flor, aqueles mesmos a que Salomão, no Cântico dos Cânticos, comparava às 'crias gêmeas da gazela'"[38], para que sua anatomia seja mais bem proporcionada quando ganharem roupas. O artista faz os desenhos primeiro a lápis, depois cobre-os com bico de pena ou nanquim, às vezes usa o guache para engrossar os contornos e se necessário colore com aquarela ao fim.

A aquarela parece ter a densidade ideal para transmitir leveza, um contraste diante da situação agressiva e potencialmente violenta, contrária à integridade física da mulher, que tantas vezes se insinua em suas charges. O mar não é um acaso. Ele quer dizer algo infindável que remete ao entendimento solitá-

---

37. Julieta Sobral e Cássio Loredano (curadores), *J. Carlos em Revista*, p. 9.
38. Álvaro Cotrim, *J. Carlos – Época, Vida, Obra*, p. 28.

rio. É um espelho que propicia a reflexão, pois uma segunda imagem salta da cena cotidiana, aparentemente banal. J. Carlos indica a alteridade ao compor a mulher, como Ismael Nery, embora seu humor seja de outra natureza, e exista com o objetivo de produzir o efeito do riso e da sublimação.

O peixe penetrante e a melindrosa, na praia de J. Carlos.

EMERGE A MULHER-PEIXE

O artista foi fundo. Desenhou a mulher quase sempre acompanhada do peixe. Ele poderia ter usado a figura do animal para indicar a fecundidade e a renovação implícitas na representação cristã. Mas o animal aqui parece constituir um ser psíquico, um movimento penetrante, dotado de poder ascensional no inferior, no inconsciente, com sentido ora fálico, ora espiritual. Em uma de suas melhores representações desse sentido limítrofe, a mulher derrota a psique. Faz o peixe murchar, morrer, ao subir à superfície. E posa sorridente a seu lado, deitada na areia, sob um guarda-sol. Em outras vinhetas, ela pesca os peixes como pesca homens...

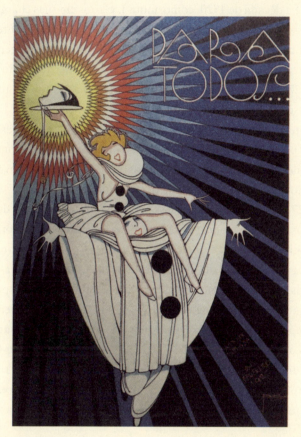

O homem vitimado pela sorridente Salomé tropical, na capa carnavalesca de 1927.

A caçada é mais bem exemplificada durante o Carnaval do Rio de Janeiro, em que tudo pode acontecer. J. Carlos lutou para que a festa não se extinguisse. Desde Floriano Peixoto os governantes se inclinavam a promover a dissolução dos festejos. O marechal decretou em 1892 que a celebração mudaria de data, de fevereiro para junho, de modo a impedir a disseminação de doenças de verão. Na ocasião o carioca não se fez de rogado e, em lugar de obedecê-lo, comemorou duas vezes: em fevereiro, extra-oficialmente, e em junho, conforme estabelecia o decreto. No ano seguinte, o presidente desistiria da empreitada, certo de que, se insistisse nela, ampliaria a adesão à festa, em lugar de circunscrevê-la a três dias no ano.

Durante a década de 1920, como anota J. Carlos em suas charges de capa, as tentativas de eliminar o carnaval foram mais e mais constantes. O Conselho Municipal tentou extingui-lo com a justificativa de que gerava distúrbios, mas o projeto não vingou. O carnaval foi oficializado como feriado no Rio em 1927. Cinco anos depois, Mário Filho teve a ideia de promover um desfile de escolas de samba para aquecer a venda de seu jornal *Mundo Sportivo* durante aquele único período do ano em que ninguém queria saber de futebol. O prefeito Pedro Ernesto gostou da iniciativa e resolveu incorporá-la ao calendário festivo do município, salvando assim o carnaval daqueles que, mesmo após a oficialização da data, ainda o combatiam.

Em 1927, J. Carlos explicitou essa festa como um período de perseguição amorosa na *Para Todos*. A revista de cultura semanal captava o interesse feminino, e nela J. Carlos não poupava a sofisticação ao retratar a mulher. Ela vinha espelhada em Erté e em mestres penumbristas como Aubrey Beardsley, o inglês que ilustrava aflições da alma e era especialmente afeiçoado ao mito de Salomé. (Beardsley serviu a cabeça sangrenta de João Batista no prato em várias gravuras, uma delas a propagandear a encenação da peça homônima de Oscar Wilde.) No Brasil, Roberto Rodrigues, irmão do dramaturgo Nelson, era um penumbrista estrito e trágico, que não raro apresentava a mulher vítima dos ditos crimes de paixão noticiados pelos jornais de sua família, como *A Noite*, numa linha assemelhada à de Beardsley.

SALOMÉS DE BOM HUMOR

Em *Para Todos*, as ilustrações de J. Carlos desdobravam-se como perturbadores sonhos narrados. A reprodução gráfica, complicada para a época, acontecia por "cor indicada". J. Carlos fazia o desenho em preto e o mandava para que a oficina confeccionasse o clichê. O original subia de volta e ele então indicava as cores, quatro para as capas. Para otimizar o papel, o artista fazia as quatro semanais de *Para Todos* de uma só vez. A partir dos anos 1930, os desenhos da *Ilustração Brasileira* e as capas de *Fon Fon* e *O Cruzeiro* foram publicados em quadricromia, ou seja, o que chegou às ruas resultava da reprodução fotomecânica, idêntica ao original colorido pelo próprio artista a guache ou aquarela. "Mais ou menos oitenta por cento de sua produção apareceram em cores"[39].

O papagaio que Disney surrupiou usa a caneta-tinteiro para barrar a malandragem política.

Em fevereiro de 1927, as quatro capas coloridas versam sobre o carnaval. Na primeira, entre Arlequim e Pierrô, Colombina dá mole para Arlequim, para

39. Cássio Loredano, *O Bonde e a Linha*..., p. 63.

a tristeza de Pierrô. Na segunda capa, Arlequim aparece morto, observado por Pierrô, que na terceira ilustração principal leva feliz sua Colombina nos ombros pelo salão. Ela, por sua vez, exibe a cabeça degolada do rival sobre a bandeja, à moda de uma Salomé de Beardsley. Na capa final, o Diabo varre os dois personagens, mas Colombina se vê a salvo, indiferente à tragédia daqueles que a desejaram, seu sorriso a evocar a mulher ao lado do peixe-homem morto.

Em muitas das ilustrações de J. Carlos, nos anos 1920 e além, mais homens morrem pela boca, às vezes metamorfizados como peixes, próximos a se tornar fascinadas presas. Principalmente nas vinhetas (desenhos impressos em tamanho reduzido ao redor das páginas, que vinham assinados com um JC em lugar de receber a complicada assinatura em *art déco* das capas), a relação da mulher com o ser imerso evolui para que ela própria, destituída do nariz, se torne um pouco peixe também, penetrante ao estabelecer um destino comum ao dos homens.

O PAPAGAIO DE J. CARLOS SOBE O TELHADO DA DISNEY

A ousadia acompanhou J. Carlos até o ateliê caseiro. "Em 1931, resolvi fazer uma experiência para ver se de fato era desenhista ou se tratava de fama ou defeito visual dos que disputavam meus bonecos. Quis investigar a fundo minha mediocridade"[40]. No estúdio da rua do Carmo, que manteve por cinco anos, paralelamente à atividade jornalística e à vasta produção de ilustração de livros, aumentou a renda familiar com os anúncios de publicidade. "Instalei-me a fim de experimentar a sorte e os fregueses não me deixaram descansar"[41].

O animal aquático afamado surgiria novamente, desta vez para propagandear a Goiabada Peixe, que patrocinava a revista infantil *Tico-Tico*. Ninguém precisava se preocupar à época com direito de imagem. J. Carlos já havia colocado o republicano Pinheiro Machado e dois presidentes da República, Venceslau Brás e Rodrigues Alves, para vender água mineral... A *Tico-Tico*, por exemplo, rebatizara como Chiquinho o personagem Buster Brown, de Richard Outcault, sem nem pensar em pagar royalties. No anúncio que o artista produziu nos anos 1930, Chiquinho lidera uma

---

40. Rosane Pavam, "A Linha Gloriosa", p. 49.
41. Cássio Loredano, *O Bonde e a Linha...*, p 66.

turma de tipos estelares, ao lado do Goiabada de J. Carlos (personagem criado, especula-se, para incrementar a venda do produto nos anúncios de contracapa da *Tico-Tico*) e do Azeitona de Luiz Sá. Entre os amigos da turma, fulgura nessa publicidade, sem a autorização de Walt Disney, seu personagem Mickey.

Nos anos 1940, os Estados Unidos exerceram a política de boa vizinhança com o Brasil. Em 1941, Walt Disney visitou o País acompanhado de seus desenhistas de estúdio para divulgar o filme *Fantasia*, um trunfo musical que evocava as representações iconográficas surrealistas. O Departamento de Imprensa e Propaganda determinou então que fosse realizada uma exposição de originais dos desenhistas brasileiros para que Disney os apreciasse, e o cartunista Nássara ficou encarregado de organizar a seção de J. Carlos.

Em visita ao ateliê do artista, Nássara viu duas cartolinas com esboços de um papagaio desenhado numa sequência que evocava movimento, quase cinematográfica. Nássara julgou o personagem interessantíssimo, ademais figura típica de um afamado humor local. J. Carlos usara o animal antes, em ilustrações infantis, mas principalmente criara em 1928 um personagem a partir dele para a revista *Papagaio*, que se engajara na campanha de Júlio Prestes à presidência - o mesmo Prestes que ganhou a eleição mas não levou dois anos depois, golpeado pela Aliança Liberal de Getúlio Vargas. J. Carlos desenhava caricaturalmente o perfil do político como se seu nariz fosse um bico. Em uma das charges políticas do papagaio, o artista avisava ao presidente Washington Luís: "Quando vê gente que avança, o louro fica possesso. Papagaio come milho, mas não come os do Congresso"[42].

Nássara precisou insistir para tirar os esboços do ateliê, pois J. Carlos os considerava apenas croquis. Ao fim, foram eles mesmos levados à exibição, organizada em paineis isolados com a designação de cada autor. No dia em que Disney esteve na sede da Associação Brasileira de Imprensa, percorreu toda a seleção de desenhos, mas quando chegou aos dois paineis de J. Carlos, extasiou-se com o papagaio em várias poses, estilizado e colorido. "Toda a equipe e Disney, quais jogadores de rugby, embolados, trocavam impressões em

---

42. Julieta Sobral e Cássio Loredano (curadores), *J. Carlos em Revista*, p. 169.

voz baixa, na língua de gringo, e muito o fotografaram"[43]. Depois, num jantar oferecido pelo governo brasileiro no Palácio do Itamarati, Disney se sentou ao lado de J. Carlos, e os dois conversaram, traduzidos por sua filha Elza. Presente ao jantar, Alvarus conta que nessa ocasião Disney convidou o artista a ir trabalhar com ele nos Estados Unidos. J. Carlos teria recusado o convite.

O fato é que em seu longa-metragem *Alô Amigos*, já no ano seguinte à visita ao Rio, Disney apresentava o Zé Carioca como símbolo da Cidade Maravilhosa. Nássara não afirmava categoricamente ter havido plágio, mas estava certo de que o desenho influenciara a composição do personagem. E no fim das contas, segundo ele, o personagem da Disney era inferior artisticamente ao de J. Carlos. Caricaturizado em demasia, aquele Zé Carioca com guarda-chuva e chapéu de palha mais parecia um homem do interior...

J. Carlos não reclamou compensações e tempos depois esboçaria o Zé Carioca com uniforme da FEB abraçado a um Donald marine. Mas o artista que caminhou na contramão do *le monde* modernista, refletiu sobre nossa intimidade, fez o elogio da mulher em tratativas de liberdade e devolveu a rua a quem o lia não poderia deixar de ironizar a universalidade involuntária a lhe acometer após a apropriação de Disney. Na capa da revista *Careta* de 4 de outubro de 1941, seu papagaio está de malas prontas para Hollywood, enquanto um macaco diz aos outros bichos: "Este papagaio vai ser um sucesso de bilheteria: fotogênico, orador e, sobretudo, impróprio para menores..."[44].

REFERÊNCIAS BIBLIOGRÁFICAS

ARESTIZÁBAL, Irma. *J. Carlos 100 Anos*. Rio de Janeiro, Funarte, 1984.
BEZERRA, Elvia. *A Trinca do Curvelo*. Rio de Janeiro, Topbooks, 1995.
BOAVENTURA, Maria Eugenia. *O Salão e a Selva – Uma Biografia Ilustrada de Oswald de Andrade*. Campinas, Editora da Unicamp/Ex Libris, 1995.
BOPP, Raul. *Vida e Morte da Antropofagia*. Rio de Janeiro, José Olympio Editora, 2008.
CORRÊA DO LAGO, Manoel Aranha (org.). *O Boi no Telhado – Darius Milhaud e a Música Brasileira no Modernismo Francês*. São Paulo, IMS, 2012.
COTRIM, Álvaro, dito ALVARUS. *J. Carlos – Época, Vida, Obra*. Rio de Janeiro, Nova Fronteira, 1985.

---

43. Álvaro Cotrim, *J. Carlos – Época, Vida, Obra*, p. 93.
44. Cássio Loredano, *O Bonde e a Linha...*, p. 82.

Couto, Ribeiro. *Maricota, Baianinha e Outras Mulheres – Antologia de Contos*. Vasco Mariz (org.). Rio de Janeiro, Topbooks, 2001.

_____. *Poesias Reunidas*. Rio de Janeiro, José Olympio, 1960.

Dapieve, Arthur & Loredano, Cássio. *J. Carlos Contra a Guerra – As Grandes Tragédias Do Século XX na Visão de um Caricaturista Brasileiro*. São Paulo, Casa da Palavra, 2000.

Holanda, Sérgio Buarque de. *Escritos Coligidos – Livro I, 1920-1929*. Marcos Costa (org.). São Paulo, Editoras Fundação Perseu Abramo/Unesp, 2011.

Loredano, Cássio. *O Bonde e a Linha – Um Perfil de J. Carlos*. São Paulo, Capivara, 2002.

_____. *O Rio de J. Carlos*. Rio de Janeiro, Lacerda Editores, 1998.

_____. & Trigo, Luciano. *Lábaro Estrelado – Nação e Pátria em J. Carlos*. São Paulo, Casa da Palavra, 2000.

_____. *Carnaval J. Carlos*. Rio de Janeiro, Lacerda Editores, 1999.

Nery, Ismael. *100 Anos – A Poética de um Mito*. Denise Mattar (curadoria). São Paulo, Centro Cultural Banco do Brasil e Fundação Armando Álvares Penteado, 2000.

Oliveira, Franklin de. *A Semana de Arte Moderna na Contramão da História e Outros Ensaios*. Rio de Janeiro, Topbooks, 1993.

Saliba, Elias Thomé. *Crocodilos, Satíricos e Humoristas Involuntários – Ensaios de História Cultural do Humor*. São Paulo, Intermeios Casa de Artes e Livros, 2018.

_____. *Raízes do Riso*. São Paulo, Companhia das Letras, 2002.

Schwartz, Jorge. *Fervor das Vanguardas – Arte e Literatura na América Latina*. São Paulo, Companhia das Letras, 2013.

Simas, Luiz Antonio (texto) & Loredano, Cássio (org.). *O Vidente Míope – J. Carlos n'O Malho: 1922-1930*. Rio de Janeiro, Folha Seca, 2007.

Sobral, Julieta & Loredano, Cássio (curadores). *J. Carlos em Revista*. Rio de Janeiro, Instituto de Memória Gráfica Brasileira, 2014.

Wolfe, Tom. *A Palavra Pintada*. Trad. Lia Wyler. Rio de Janeiro, Rocco, 2009.

Zeitz, Joshua. *Flapper – A Madcap Story of Sex, Style, Celebrity, and the Women who made America Modern*. New York, Random House, 2006.

ARTIGO E DOCUMENTÁRIO CINEMATOGRÁFICO

Pavam, Rosane. "A Linha Gloriosa". *Carta Capital*, edição 920, 28 set. 2016.

Tendler, Silvio & Bengell, Norma. *J. Carlos – O Cronista do Rio*, 2014. Disponível em: https://www.youtube.com/watch?v=U27Iz_1Nnes.

11

Da Arte do Riso e da Modernidade: O Humor Gráfico

ANDRÉA DE ARAUJO NOGUEIRA

*Para Mariza Dias Costa
em suas profundezas humanas.*

INTRODUÇÃO

ENTRE AS MUITAS POSSIBILIDADES que a história da cultura nos oferece, podemos encontrar desejos e expressões que, por vezes, ficaram adormecidos em meio às instâncias dos discursos do tempo. Imersos na aventura diária das folhas de jornais ou revistas, antenados com a brevidade cotidiana das ruas. Como é o caso da produção dos artistas do traço, os quais, embora adormecidos na efemeridade, integram, segundo Argan[1], a essência da arte moderna.

Manifestações como a charge, a caricatura, as vinhetas, as histórias em quadrinhos, as tiras e cartuns, corporificam aquilo a que denominamos humor gráfico e expressam a realidade de modo muito próprio, na percepção da contingência. Para além do seu caráter mais saliente, de mera diversão, o humor gráfico constitui um acervo privilegiado destes sinais urbanos da história cultural, incentivando "laços de sociabilidade, sublimando agressões ou ressentimentos, administrando o cinismo ou estilizando a violên-

---

1. Giulio Carlo Argan, *Arte Moderna*, São Paulo, Companhia das Letras, 1992, p. 38.

cia. Mas também não deixando de servir como arma social e política dos impotentes"[2].

Contudo, apesar do reconhecimento de sua popularidade, o humor gráfico obteve um impacto completamente desproporcional na história da arte brasileira. Com raras exceções, a dimensão do humor acabou ignorada ou relegada a um segundo plano pelos modernistas da geração de 1922, concentrados, nas suas operações ideológicas-discursivas, em homogeneizar diferenças culturais, aplainar temporalidades estanques e sublimar todos os conflitos antagônicos[3].

Raras exceções foram, por exemplo, os jovens Sérgio Buarque e Prudente de Morais, neto – os quais, no seu artigo "Modernismo Não É uma Escola, É um Estado de Espírito" no *Correio da Manhã*[4], registraram:

> A obra de arte não exprime nunca uma solução, mas simplesmente uma atitude. Diante de cada questão que se propõe um determinado momento é sempre possível a nós tomar um ponto de vista novo. [...]

O texto expunha o anseio por espaços e representatividade, pelas expressões sociais, em diferentes perspectivas, nem sempre obedientes ao engessamento de programas e manifestos. Tal anseio parece também ter caracterizado a produção das mulheres artistas, de modo particular, em suas dinâmicas na história cultural do humor no país.

Igualmente, problematizamos as muitas ausências, compreendendo o modernismo enquanto processo dinâmico[5] e refletindo como as mulheres, enquanto interlocutoras culturais, ajudaram a enriquecer a linguagem humorística brasileira na primeira metade do século XX, no contexto das cidades do Rio de Janeiro e São Paulo. Recebidas com desconfiança e resistência pela crítica, desenhistas como Rian, Pagu e Hilde Weber experimentaram proce-

2. Elias Thomé Saliba, "Lampejo de Minutos que Valem por Anos de História: Piada Gráfica Traduz Experiência Dramática que é Suavizada pelo Riso", *O Estado de S.Paulo*, "Caderno Cultura", 1 out. 2006, p. D2.
3. Francisco F. Hardman, "Algumas Fantasias de Brasil: O Modernismo Paulista e a Nova Naturalidade da Nação" em Edgar Salvadori Decca e Ria Lemaire (org.), *Pelas Margens: Outros Caminhos da História e da Literatura*, Porto Alegre, UFRGS/Unicamp, 2000, pp. 317-332.
4. Sérgio Buarque de Holanda e Prudente de Moraes Neto, "Modernismo Não é Escola: É um Estado de Espírito", *Correio da Manhã*, p. 5, 19 jun. 1925.
5. Monica P. Velloso, *Modernismo no Rio de Janeiro: Turunas e Quixotes*, Rio de Janeiro, Fundação Getúlio Vargas, 1996, p. 33.

dimentos e estratégias – e, certamente em um número infinitamente menor –, contribuíram para estabelecer novas práticas culturais atentas aos desafios do seu tempo.

As poucas referências a elas se iniciam por quem primeiro contribuiu para estruturar um recorte da história cultural do humor gráfico, como o jornalista baiano Aydano do Couto Ferraz que, em artigo intitulado "História da Caricatura no Brasil", para a revista *Diretrizes*[6], então dirigida por Samuel Wainer, teceu comentários sobre algumas destas artistas do traço.

No artigo, Couto Ferraz analisa os procedimentos formais da caricatura em sua força e potencial expressivos. Considera a caricatura – assim como Gombrich – acima de todas as artes, por representar a antítese do conformismo, traduzindo angústias e crises, pondo à mostra "o ridículo do conservadorismo social"[7]. Diante da percepção do significado da produção cultural popular, Couto Ferraz reconhece que, de modo tardio, este é o primeiro estudo sobre as artistas caricaturistas mulheres[8], tecendo referências à: Nair de Teffé, a Rian (1886-1981), Irene Rodrigues (1920-2014) e Arteobela Nássara (1918-1970). Ressaltamos que as duas últimas citadas integravam o corpo de chargistas da própria revista *Diretrizes*. Mulheres, segundo a perspectiva do autor, possuidoras de talentos excepcionais e "perigosas", entre homens desenhistas, produtores de obras notáveis a medíocres[9]. Ao sinalizar a desigual representatividade da produção feminina no humor gráfico do país, o jornalista associa tal produção aos aspectos formais da caricatura, sintetizados na alusão, na condensação, no foco momentâneo e, sobretudo, à personalidade de quem as cria. Sem compreender que o humor gráfico é, sobretudo, um modo específico e especial de olhar para as coisas e de pensar sobre elas[10].

O trabalho dessas artistas, ainda segundo o mesmo Couto Ferraz, desenvolveu-se no contexto de aproximação entre as práticas culturais populares e

---

6. Aydano do Couto Ferraz, "História da Caricatura no Brasil", *Diretrizes*, ano IV, n. 46, pp. 4-5, 17 e 20, 8 maio 1941.
7. *Idem*, p. 4.
8. Em 1940 Claudinier Martins menciona Nair de Teffé no artigo "A Caricatura no Brasil", *Revista da Semana*, n. 30, pp. 6-7, 27 jul. 1940.
9. Aydano do Couto Ferraz, "História da Caricatura no Brasil", p. 5.
10. Ricardo A. Pereira, *A Doença, o Sofrimento e a Morte Entram num Bar: Uma Espécie de Manual de Escrita Humorística*, Rio de Janeiro, Tinta da China, 2017.

os conteúdos dos discursos estético-literários, homogeneizados pela indústria cultural que então se afirmava.

Desse modo, talvez seja possível considerar que, para além de uma visão androcêntrica da história da arte e do distanciamento das representações artísticas mais acessíveis, a produção diária de charges, quadrinhos e caricaturas voltada para a imprensa, constituiu uma parte que, embora pouco reconhecível do experimento modernista obteve, à revelia dos próprios modelos artísticos propugnados a partir de 1922, um alcance e um reconhecimento de um público mais amplo e variado.

Por outro lado, importa assinalar que no mesmo momento que a história da arte passou a ser revisitada com maior intensidade, a partir da década de 1970, por pesquisadoras feministas, ampliou-se ainda mais necessidade de compreender esse esvaziamento histórico que abrange a maneira pela qual as artistas foram – ou não – documentadas. Assim, com a institucionalização do discurso masculino – que se sustenta no conservadorismo, na diferença sexual, bem como racial e social – a produção das mulheres permaneceu silenciada ao descrever apenas a experiência dos homens, como nos lembram as pesquisadoras Griselda Pollock e Rozsika Parker[11]:

> Descobrir a história da relação entre as mulheres e a arte é, em parte, explicar a maneira como a história da arte é escrita. Expor seus valores subjacentes, seus pressupostos, seus silêncios e preconceitos também é entender que a maneira como as artistas mulheres são documentadas e descritas é crucial para a definição da arte e do artista em nossa sociedade[12].

Ao refletirmos sobre o caráter da arte produzida pelas mulheres que comparecem nos espaços urbanos de maneira assimétrica e que, segundo Pollock, deve ser reavaliada, pois "a sexualidade, o modernismo ou a modernidade não podem funcionar como categorias dadas às quais acrescentamos as mulheres"[13], buscamos, ao menos, repensá-la na lógica da especificidade de seu papel diante do típico desencantamento do mundo na modernidade, que se

---

11. Rozsika Parker e Griselda Pollock, *Old Mistresses: Women, Art and Ideology*, London, Pandora, 1981.
12. *Idem*, p. 3. Tradução nossa.
13. Griselda Pollock, *Visión y Diferencia: Feminismo, Feminidad e Historias Del Arte*, trad. Azucena Galettini, Buenos Aires, Fiordo, 2015, p. 120.

vale do riso como resistência, constituindo relações diversas, de modo privilegiado com o comportamento dos personagens do universo urbano.

A escrita sobre as artistas, em grande parte, possui críticas à realidade na qual viviam, pela natureza do humor gráfico, a perspectiva dos estudos das estratégias de significação e circulação das imagens, ou seja, da intensa produção cultural, como sugere Margareth Rago:

> Numa referência a Nietzsche, Foucault afirmará que as coisas estão na superfície, e que atrás de uma máscara há outra máscara e não essências. Nesse sentido, o filósofo propõe um deslocamento fundamental para o procedimento histórico, propondo que parta das práticas para os objetos e não o inverso, como fazíamos[14].

Desse modo, a reflexão sobre os caminhos do humor gráfico pode contribuir para instigar outros olhares em relação aos estudos sobre os desdobramentos de 1922 e todo o repertório historiográfico dele reverberado, que consagrou as imagens de Anita Malfatti e Tarsila do Amaral como suas representantes maiores na constituição dos discursos da elite paulista da época. Em 2017, o curador Paulo Herkenhoff, na exposição *Invenções da Mulher Moderna: Para Além de Anita e Tarsila*[15], expande as análises sobre tal representatividade, ao discutir o silenciamento imposto à produção feminina. No texto de apresentação da mostra, Herkenhoff aponta ainda as limitações dos muitos intérpretes em relação ao Modernismo do grupo paulista, os quais passaram ao largo da trajetória de inúmeras artistas plásticas que anteciparam o conceito de moderno no país, como Georgina de Albuquerque, Zina Aita, Anna e Maria Vasco, Nicota Bayeux e a francesa Berthe Worm, bem como a única caricaturista da mesma exposição, Nair de Teffé:

> Aqui, a tese sobre os últimos 120 anos é que a mulher não "contribuiu" para a arte brasileira, porque fez muito mais. Por todo o Brasil, a mulher constituiu a arte como agente de inovação, estando à frente, ao lado, ou mesmo pouco atrás do homem, mas sempre lá.

Inserido na lógica da modernidade nas artes visuais observamos outrossim que o humor gráfico produzido pelas artistas brasileiras, apesar de seus te-

---

14. Margareth Rago, *Foucault, História e Anarquismo*, Rio de Janeiro, Achiamé, 2004, p. 77.
15. Realizada no Instituto Tomie Ohtake, São Paulo, de 13 junho a 20 de agosto de 2017.

mas extremamente diversificados, estabeleceu um diálogo velado com os longos processos de emancipação feminina. O humor é quase sempre desafiador, fragmentado e corrosivo, como no caso de Patricia Galvão, a Pagu (1910-1962), em sua composição que já pressupõe a polêmica, o ataque despudorado, com um "colorido ideológico de esquerda", segundo Antonio Risério[16]; ou um desenho atento às questões urbanas, sensível ao desenvolvimento das relações de poder, problematizando questões etárias e raciais, como na extensa produção de charges de Hilde Weber (1913-1994).

O DESAFIO DO HUMOR GRÁFICO NA MODERNIDADE

As representações femininas popularizadas nas narrativas humorísticas das folhas dos jornais e revistas tiveram um impacto muito mais amplo no modo como as mulheres veem o próprio ato artístico, retomando a clássica análise de Griselda Pollock[17] sobre as obras das artistas impressionistas Berthe Morisot (1841-1895) e Mary Cassatt (1844-1926).

Acreditamos que as representações impactaram a condição de produção feminina na primeira metade do século XX, que não se circunscreve apenas aos estudos sobre a história do humor, mas a um contexto do comportamento social amplo que invariavelmente impôs a condição das mulheres à coadjuvação ou, em outra medida, a ser referenciada a partir de uma relação familiar de trabalho com/ou por uma figura masculina.

Virginia Woolf, no texto "O Valor do Riso", publicado em 1905, no *Guardian*, percebe o riso enquanto expressão do espírito cômico que existe dentro de nós, a partir da posição solitária.

O riso que, segundo a autora "vê a vida como ela é, ao ser destrinchada pela lâmina afiada do espírito cômico", deixando "os ossos expostos", prevalecendo nas crianças e nas mulheres, pois, são elas, segundo a autora, que "possuem a capacidade do espírito cômico não cerceado pelas convenções da modernidade, nem cerceados pelo conhecimento erudito"[18].

Woolf postula a força da autoderrisão, que reconhece na sinceridade e no olhar para as próprias falhas, facultando o privilégio de rir de si próprio.

16. *Apud* Augusto de Campos (org.), *Pagu: Vida-Obra*, São Paulo, Companhia das Letras, 2014, p. 35.
17. Griselda Pollock, *Visión y Diferencia*.
18. Virginia Woolf, *O Valor do Riso*, org. e trad. Leonardo Fróes, São Paulo, Cosac Naify, 2014, p. 38.

De modo específico e situada entre as variadas expressões artísticas e nas novas categorias de análise contemporâneas, a profissionalização feminina na história cultural do humor, aliada às transformações da cultura de massa, emerge com o desenvolvimento da imprensa periódica, que no Brasil irá se mirar nos modelos norte-americano e francês, especialmente nas revistas de moda e na indústria cultural, em sua estruturação técnica e função social.

As mulheres que conseguem operar enquanto produtoras culturais dentro do contexto de um discurso dominante, explorando os espaços públicos, diante de um padrão de relações sociais que constitui a premissa de uma visão masculina do mundo, distinguem sua produção em modelos alternativos. A diferença sexual "será determinada pela especificidade da prática e dos processos de representação"[19]. Consequentemente, embora alguns recursos do humor tendam a ser apropriados entre as mulheres, segundo Mary Crawford[20], com características distintivas em seu campo interdisciplinar, a relação entre gênero e humor altera a linguagem e a comunicação. Nesse sentido, os estudos de gênero contribuíram para a expansão do conceito de humor, pois ambos são permanentemente negociados e constituem um fecundo campo de pesquisa contemporânea.

Para Crawford, as estratégias subvertem os papéis dos personagens, sejam políticos, líderes religiosos ou ricos e famosos, exalando sentimentos e questionando a hierarquia. Apropriam-se temporariamente do cômico para desestabilizar os poderes, constituindo o humor de gênero que interroga o silenciamento das vozes femininas, desenvolvendo um senso de identidade, de cumplicidade e de solidariedade como mecanismo psicológico[21], muitas vezes, em razão da própria sobrevivência.

Como mencionamos, a perspectiva do humor gráfico produzido por mulheres no Brasil até os anos 1940, portanto, era praticamente inexistente na historiografia. Nos quatro volumes de *História da Caricatura no Brasil*, o escritor cearense Herman Lima, vinte anos após o artigo de Couto Ferraz, con-

---

19. Griselda Pollock, *Visión y Diferencia*, p. 155.
20. Mary Crawford, "Gender and Humor in Social Context", *Journal of Pragmatics*, vol. 35, n. 9, set. 2003, pp. 1413-1430. Disponível em: <http://researchgate.net/publication/222349688_Gender_and_humor_in_social_context>. Acesso em: 15 jan. 2019.
21. *Idem*.

templa apenas cinco desenhistas: a já citada Nair de Teffé, em seu pseudônimo anagramático Rian; Yolanda Pongetti; Arteobela Nássara; Irene Rodrigues e Hilde Weber[22]. Entre as raras menções a essas artistas na época, para além do livro de Lima, consta a do desenhista Alvarus, o Alvaro Cotrim, como organizador da mostra *O Rio na Caricatura,* em 1965.

Neste cenário, encontramos igualmente Yolanda Storni, filha de Alfredo Storni e irmã de Oswaldo Storni, desenhista que lança o modelo americano das histórias em quadrinhos para as crianças na revista *Tico-Tico*. Yolanda cria histórias de 1937 a 1941, nos moldes de Wilhelm Busch, inspiradas nas duplas de meninos travessos, no caso *As Aventuras de Paulinho* (e Lalá) ou, *Papá e Pupú*.

De todas, Nair de Teffé von Hoonholtz Hermes da Fonseca (1886-1981) – segunda esposa do Marechal Hermes da Fonseca, então Presidente da República – possui uma intrigante trajetória tratada em alguns estudos esparsos. Nair sempre foi considerada a precursora feminina do humor gráfico no país, por sua primeira publicação para a *Fon-Fon!,* em 31 de julho de 1909[23]. Apesar do rótulo de "precursora" já constituir-se num problema – pois pressupõe uma linha evolutiva que omite e oculta manifestações pouco conhecidas –, Teffé deixou sua marca como uma figura notável na história brasileira.

A irreverência de Nair de Teffé foi, por exemplo, destacada por Herman Lima, que ressaltou seu domínio dos conhecidos *espelhos de inversão ótica*. A "Gavarni no invólucro de uma preciosa... que sabe ver os ridículos alheios. [...] Descrevê-la numa frase? A expressão feminil do modernismo... a mulher do seu tempo", alardeava a *Revista da Semana* em reportagem de quatro páginas que inaugura a seção "Selecta"[24]. A constituição de seus desenhos revelava domínio técnico sobre as figuras da sociedade, em que elegantes senhoras, invariavelmente identificadas apenas pelas iniciais dos nomes, eram retratadas de modo longilíneo com enormes acessórios no contrabalanço das imagens, antecedendo a liberdade do traço moderno. Essas figuras deram origem à Ga-

---

22. Herman Lima, *História da Caricatura no Brasil*, Rio de Janeiro, José Olympio, 1963, vols. 1 a 3, pp. 1266-1605; 1609-1613; 1638-1643; 1599-1605, respectivamente.
23. Paulo César dos Santos, *Nair de Teffé: Símbolo de uma Época*, 2. ed., Petrópolis, Sermograf, 1999.
24. *Revista da Semana*, 1914.

leria das Elegâncias na Revista *Fon-Fon!* e à Galeria das Damas Aristocráticas na Revista *Careta*[25].

O cosmopolitismo francês, centrado no conceito da moda em seu percurso de significação – tão amplamente enfatizado posteriormente pelos estudos de Barthes (2005) – constituía um imenso potencial econômico que se desenvolveu relacionado às novas práticas de consumo, ligadas à alta-costura e a outras práticas mais prosaicas, ligadas ao lazer. Nair de Teffé protagonizou, à sua maneira, o modelo dessa renovação no Brasil, com seu estilo de vida e suas atitudes. Provocadora, reforça o quanto a caricatura navega na atualidade, pois vive do instante e do efêmero. Na relação entre arte, estilo e moda, arrojou-se, por exemplo, a costurar na barra de sua saia, para um baile de gala no Palácio presidencial, as caricaturas dos próprios ministros do governo.

A cultura visual se integra à altivez de seu traço, observada na famosa série sobre a companhia da artista francesa Réjane, que motivou o convite de Pierre Lafitte à caricaturista para trabalhar no jornal *Excelsior*. Já em 1942, Rian rememora para a revista *Diretrizes*, em entrevista a Francisco de Assis Barbosa, o processo da criação da série: "da frisa número 2 do Municipal com binóculos especiais que o pai me dera, pude traçar a fisionomia dos artistas e, assim também, a Companhia da Réjane, figura por figura"[26].

Na imagem em seu conjunto, podemos perceber o fluxo das formas e do movimento dos artistas, que vão sendo elaborados de modo espontâneo e decisivos traços – à feição impetuosa do *sumiê* –, aliados a sutis detalhes nas linhas dos arranjos que ornam os cabelos, os volumes dos vestidos ou dos ternos no processo de fusão visual. A força de sua obra vem do contraste, não raro daquele "lampejo de entendimento prazeroso"[27].

A artista adotou o pseudônimo de Rian porque, além de ser o anagrama de seu nome, dizia que lembrava foneticamente a palavra francesa "riant" – risonho. Depreendia-se, portanto, a necessidade da similitude nas representações, distinguindo-se a experiência do traço. Admiradora de Sem e De Losques, caricaturistas franceses, dizia que seus bonecos não eram da-dos às gargalhadas, mas que despertavam sorrisos. Sinal de aprovação para quem concebeu não

---

25. Revista *Careta*, ano II, n. 123, p. 15, 8 out. 1910, e ano II, n. 125, p. 15, 22 out. 1910.
26. *Diretrizes*, 1942, pp. 17-18.
27. E. H. Gombrich, *Meditações Sobre um Cavalinho de Pau,* São Paulo, Edusp, 1999, p. 132.

apenas a inovação na estética da caricatura, mas também no seu irreverente estilo de vida, trazendo inclusive, como se sabe, a música popular de Chiquinha Gonzaga aos salões do Palácio[28]. Coelho Neto escreveu o texto *Miss Love* especialmente para sua interpretação, e alcançou repercussão de seus desenhos nas revistas de Paris, como *Femina* e *Le Rire*, tornando-se referência para a produção feminina e para o próprio modernismo[29]. Seja como for, Nair de Teffé qualificou e propiciou uma abertura singular para a produção feminina de um humor visual, rompendo com os silenciamentos e visões canônicas das mulheres da elite carioca no início do século XX.

Já o momento tido como "fundador" do modernismo, a Semana de 1922, também no campo das artes, transformou-se numa "baliza de interpretação poderosa, um vetor por meio do qual se atribui valor a certos artistas, correntes e grupos, e não a outros"[30]. Os desenhos, especialmente os de humor, apesar da serem constituintes da linguagem moderna, estariam ausentes nas representações das artes visuais do consagrado evento. De ilustradores, havia o programa e a emblemática capa do *Catálogo da Semana de Arte Moderna*, no Theatro Municipal em 1922, de autoria do então jovem artista Di Cavalcanti (1897-1976), que acabara de lançar o álbum *Os Fantoches da Meia-Noite* (1921). As artes plásticas acabaram consagradas na exposição por pinturas de Anita Malfatti, Vicente do Rego Monteiro, Zina Aita, Inácio Ferreira, John Graz, Alberto Martins Ribeiro, Oswaldo Goeldi e esculturas de Victor Brecheret, Hildegardo Leão Velloso, Wilhelm Haarberg.

Manifestações que ousaram trilhar outros caminhos, só apareceram nos anos 1930, quando já transpareciam a diversidade de projetos estéticos no interior do modernismo: os seus "outros lados". É o que percebemos na obra de Oswald de Andrade e da então jovem artista Patrícia Rehder Galvão (1910-1962), a Pagu. Entre seus trabalhos, além da *Revista de Antropofagia*, criam, em 1931, o jornal panfletário *O Homem do Povo,* na redação localizada na

---

28. O Museu Histórico Nacional, em conjunto ao Instituto Moreira Salles do Rio de Janeiro, criou uma das mais completas linha do tempo com imagens históricas de Nair de Teffé. Disponível em: <https://artsandculture.google.com/exhibit/rian/6gIiBMz8BC3LIQ>.
29. Herman Lima, *História da Caricatura no Brasil*, p. 1288.
30. Ana Paula C. Simioni, "Modernismo no Brasil: Campo de Disputas", em Fabiana Werneck Barcinski (org.), *Sobre a Arte Brasileira: Da Pré-História aos Anos 1960*, São Paulo, Edições Sesc/Martins Fontes, 2015, p. 251).

Praça da Sé. Nele, Pagu adota outros pseudônimos, como Irmã Paula, G. Léa, K. B. Luda e Peste, escrevendo e desenhando charges e tiras de humor. As tirinhas denominadas "Malakabeça, Fanika e Kabelluda" compunham as aventuras de um casal e uma sobrinha, a Kabelluda. Nelas, a crítica ferina contra a sociedade burguesa se sobressai na tensão das relações, numa "absorção antropofágica dos valores e filosofias socialistas"[31].

Em contraposição ao impacto do texto, Pagu desenhava as tiras com traços sutis, delicados e orgânicos. Nos detalhes dos personagens, como o vestido *petit pois* recortado de Malakabeça, a boina à francesa de Kabelluda, os ambientes elaborados pela vegetação de formas fálicas ou nuvens, sugerindo o espaço externo e cenográfico, mostram a relação entre as três personagens, que se espelham sensivelmente na de Tarsila do Amaral e Oswald de Andrade (Figura 1). Os rostos trazem linhas indefinidas, compondo caracóis a foices, explicitando a sedução simbólica do comunismo e as rupturas violentas ou consensuais.

Figura 1. Patrícia Galvão, *O Homem do Povo*, 28 mar. 1931[32].

Malakabeça e Fanika eram um casal sem filhos
A cegonha lhes trouxe uma sobrinha pobre – Kabelluda
Foi o pomo de discórdia
E o consolo de Malakabeça.

---

31. Jéssica A. Ferrara, "Modernidade e Emancipação Feminina nas Tirinhas de Pagu". *Darandina Revistaeletrônica*, Juiz de Fora, vol. 10, n. 2, p. 3, dez. 2017. Disponível em: <https://www.researchgate.net/publication/336025866_Modernidade_e_emancipacao_feminina_nas_Tirinhas_de_Pagu>. Acesso em: 10 jul. 2020.
32. Augusto de Campos, *Pagu*, p. 38.

Na coluna "A Mulher do Povo", Pagu, entre as muitas ironias, desenha uma espingarda na arte do título, encimando textos de intensa crítica ao comportamento feminino burguês: "senhoras que cospem na prostituição, mas vivem sofrendo num véu de sujeira e festinhas hipócritas e maçantes", no artigo "Liga das Trompas Catholicas"[33].

O jornal chegou a seu oitavo número, mas foi duramente censurado por ser criticado e, consequentemente, empastelado pelos estudantes da Faculdade de Direito do Largo São Francisco, tratados satiricamente por Pagu como "garnizezinhos esganiçados e petulantes ovelhas", após idas e vindas à Central de Polícia e ofensas e lutas corporais[34]. Contudo, o desejo de transgressão, o exagero e a acidez da linguagem eram a essência do humor incompreendido. Aos 21 anos, Pagu, em seu anseio de aprofundar a interlocução direta, antecipa a produção de história em quadrinhos no país, enquanto meio de campanha do Partido Comunista. Na chave do engajamento político militante, com a força de suas ideias nas imagens sequenciais, os textos de Pagu traduziam as imponderáveis violências da sociedade.

Em reação aos valores conservadores, Pagu transita pela potência conceitual por meio de delicadas linhas gráficas. Surpreendentemente, as séries – lembrando que o recurso da ironia, considerado por Beth Brait como "estratégia de linguagem que mobiliza diferentes vozes, possibilitando o desnudamento de determinados aspectos culturais, sociais ou mesmo estéticos"[35], relacionam-se a obra de artistas que, nos anos posteriores, conseguirão tratar de questões que envolvem os tabus sociais, abordando com ousadia temas como o aborto, a traição e a própria fisiologia feminina, como a cartunista britânica Jacky Fleming[36] ou a sueca Liv Strömquist[37].

Ainda nos anos 1930, outras artistas, como as mencionadas Yolanda Pongetti, irmã do dramaturgo Henrique Pongetti e grande tradutora; Irene Rodrigues e Arteobela Gabriel Nássara, a mais nova dos sete filhos do casal Gabriel Jorge Nássara e Mahyba Nássara. Arteobela e Irene eram irmãs dos desenhis-

---

33. Pagu, *apud* Augusto de Campos, *Pagu*, p. 39.
34. Augusto de Campos, *Pagu*, pp. 145 a 151.
35. Beth Brait, *Ironia em Perspectiva Polifônica*, Campinas, Editora da Unicamp, 2008, pp. 16-17.
36. Jacky Fleming, *Qual o Problema das Mulheres?* Porto Alegre, L&PM, 2018.
37. Liv Strömquist, *A Origem do Mundo: Uma História Cultural da Vagina ou a Vulva* vs. *o Patriarcado*, Trad. Kristin Lie Garrubo, São Paulo, Quadrinhos na Cia., 2018.

tas Nássara e Roberto Rodrigues, respectivamente, e tiveram uma existência pública meteórica nas caricaturas para a *Folha Carioca* e *Diretrizes*, seguida de "silêncio total em torno de seus nomes, unicamente por força da retração a que ambas se forçaram"[38].

Arteobela e Irene Rodrigues também participaram pontualmente, junto a Augusto Rodrigues, da Coluna de Álvaro Moreyra "Pequenos Segredos do Mundo no Meio da Rua", sobre os artistas do cinema estadunidense, então o grande espaço dos musicais e do glamour cinematográfico, com os *portrait-charges*, que preservam "um elemento misterioso, durável e eterno"[39]. A indústria cultural era distintamente retratada na revista de Samuel Wainer, no exemplo do romântico retrato de Dorothy Lamour (Figura 2).

Figura 2. Arteobela Nássara, "Dorothy Lamour",
Revista *Diretrizes*, 23 out. 1941, p. 23.

---

38. Herman Lima, *História da Caricatura no Brasil,* pp. 1599-1643.
39. Charles Baudelaire, *Escritos sobre Arte*, trad. Plinio Augusto Coelho, São Paulo, Imaginário, 1998, p. 10.

No neste contexto no qual começaram a pulular "os outros lados" do modernismo, a produção de humor gráfico e o trabalho nas redações desenvolvido por mulheres se flexionou a partir dos anos 1930 e, de modo intensivo, no pós-guerra. Repercutiram ainda as ações políticas de escritoras e jornalistas como Eugênia Moreyra (1898-1948), Laurinda Santos Lobo (1878-1946) e Eneida da Costa Moraes (1904-1971) – autênticas intelectuais mediadoras que subverteram os repertórios conservadores moldados às tendências do consumo ou atrelados aos fortes resquícios do patriarcalismo e da cultura masculina. No humor gráfico produzido por mulheres, tanto aquele debruçar arguto de Rian sobre as figuras emergentes da sociedade, quanto as engajadas críticas de Pagu, às injustiças e às exclusões sociais precederam, de alguma forma, a chegada de outra inigualável artista do traço: Hilde Weber[40].

AS FACES DE HILDE WEBER E AS PERSPECTIVAS DO MODERNISMO

Após os anos 1930, as artes plásticas e a literatura criaram um período de revisão do Modernismo, redescobrindo seus "outros lados, que esboçaram, segundo Antonio Candido:

> [...] uma mentalidade mais democrática a respeito da cultura, que começou a ser vista, pelo menos em tese, como direito de todos, contrastando com a visão de tipo aristocrático que sempre havia predominado no Brasil, com uma tranquilidade de consciência que não perturbava a paz de espírito de quase ninguém. [...] O novo modo de ver, mesmo discretamente manifestado, pressupunha uma "desaristocratização" (com perdão da má palavra) tinha aspectos radicais que não cessariam de se reforçar até nossos dias [...]. Por extensão, houve maior consciência a respeito das contradições da própria sociedade, podendo-se dizer que sob este aspecto os anos 1930 abrem a fase moderna nas concepções de cultura no Brasil[41].

Entre as inúmeras associações artísticas criadas neste contexto, aparecem o Salão do Sindicato dos Artistas Plásticos, a Família Artística Paulista e o

---

40. Agradeço imensamente a Maria Augusta Fonseca, nora de Hilde Weber e escritora da biografia definitiva sobra a artista, a ser publicada. Esta pesquisa foi-me enviada generosamente. Agradeço também à família de Hilde, na pessoa de seu filho, *in memoriam*, Claudio Weber Abramo (1946-2018). Ressaltamos neste texto a intenção de introduzir alguns aspectos de sua imensa obra.
41. Antonio Candido, "A Revolução de 30 e a Cultura", em Paula Montero e Álvaro Comin (org.), *Mão e Contramão e Outros Ensaios Contemporâneos*, São Paulo, Globo, 2009, pp. 35-36.

Grupo Santa Helena, que, segundo Walter Zanini – em artigo comemorativo dos cinquenta anos do Grupo –, "organizavam a visão na prospecção direta do seu ambiente natural, humano e social"[42]. Em seu retorno à ordem, tais iniciativas abandonavam a subjetividade formalista da etapa inaugural do Modernismo, abeirando-se de conteúdos da existência popular, mais variada e pluralista. No contexto da Segunda Guerra Mundial e sob as ameaças dos regimes totalitários, houve um êxodo de artistas estrangeiras para o Brasil. Entre elas, Alice Brill (1920-2013), Gerda Brentani (1908-1999), Maria Helena Vieira da Silva (1908-1992) e Hildegard Rosenthal (1913-1990) – profissionais das artes que contribuíram para consolidar a participação feminina na cultura brasileira. Entre estas artistas, que se aventuraram ao Brasil, num primeiro momento para visitar seu pai que aqui residia, permanecendo por conta dos desdobramentos da guerra, encontramos talvez a maior referência da produção de charges no país, a alemã Hilde Weber (1913-1994), naturalizada brasileira em 9 de abril de 1952.

Como se trata de artista pouco conhecida, talvez seja importante indicar alguns tópicos de sua biografia, mesmo porque muitos deles permitem elucidar alguns traços da linguagem gráfica de sua produção.

Os flagrantes sobre os tipos humanos e o "febricitante" movimento das ruas do Rio de Janeiro e São Paulo, que lembrava sua terra natal, instigava a jovem artista, Wilhermine Hildegard Weber, que nasceu na pequena cidade de Waldau em 9 de setembro de 1913, onde não passou nem quinze dias. Originária de uma tradicional família de juristas e historiadores que se muda logo para Hamburgo, como filha única de pais divorciados, teve como tutora a tia paterna, Claire Henrika Weber, artista plástica, jornalista e escritora. Cursou a Hochschule für Bildende Künste Hamburg, a Escola de Artes Gráficas de Hamburgo, e depois em Altona. Já aos dezessete anos ilustrava um livro de histórias infantil, *Liselott dikitiert den Frieden*, escrito por Grete Berges[43] e inicia sua produção na imprensa local para os periódicos *Hamburger Anzeiger, Hamburger Fremdenblatt* e *Hamburg-Süd Zeitung*.

---

42. Walter Zanini, "Meio Século do Grupo Santa Helena", *O Estado de S.Paulo*, 10 set. 1988, p. 4.
43. Grete Berges, *Liselott dikitiert den Frieden*, Ilustração Hilde Weber. Sttugart, UDV, 1932.

Sua chegada ao porto de Santos com o navio Monte Oliva, da Hamburg Süd Group, repercutiu em matérias publicadas na Revista O *Cruzeiro* e no jornal *Folha da Noite*. Em O *Cruzeiro* inicia seus flagrantes da sociedade, compondo hilárias cenas sobre as vivências nas crônicas-reportagens traçadas em conjunto com os textos de Rubem Braga (1913-1990) e sua "carranca"[44] e, posteriormente, no *Diário da Noite*, com Oswaldo Moles (1913-1967), nas crônicas "Coisinhas da Cidade Grande".

Hilde foi casada com Henrique (Heinz) Müller Carioba (1899-1995), de fevereiro de 1936 até meados de 1940. Em 1946 nasce seu único filho, Claudio Weber Abramo (1946-2018), de seu segundo casamento, com o Claudio Abramo (1923-1987) – jornalista que dirigiu a sucursal da *Tribuna da Imprensa* em São Paulo, para Carlos Lacerda, e posteriormente foi redator-chefe de O *Estado de S.Paulo* e secretário de redação da *Folha de S.Paulo*[45]. Hilde, separada pela segunda vez, casou-se com o fotógrafo italiano Luigi Mamprim (1921-1995), com quem viveu por cerca de dez anos. Foram muitos os prêmios e homenagens ao longo de sua trajetória e outros tantos apagamentos[46].

Entre suas competências artísticas, destaca-se ainda a sua relação com o teatro. Quer em suas crônicas visuais para a *Tribuna da Imprensa*, que traziam o calor da encenação das peças em cartaz na cidade nas décadas de 1940 e 1950, compondo primorosos registros críticos das estreias cênicas; quer como cenógrafa, atividade em que também foi premiada, pela peça *Baile dos ladrões*, de Jean Anouilh, em 1948, sob a direção de Décio de Almeida Prado para o Teatro Brasileiro de Comédia-TBC. Junto com Bassano Vaccarini, Aldo Calvo e Clóvis Graciano, Hilde compôs cenários e momentos da produção do TBC, como o flagrante do ensaio da peça *Nick Bar: Álcool, Brinquedos e Ambições* (*The Time of Your Life*), de Willian Saroyan.

44. Hilde Weber "As Vovós Engraçadas", entrevista a Arcelina Helena, *Jornal do Brasil*, "Revista de Domingo", 14 mar. 1971, p. 12, Rio de Janeiro.
45. Claudio Abramo, *A Regra do Jogo: O Jornalismo e a Ética do Marceneiro*, São Paulo, Companhia das Letras, 1988.
46. Como desenhista e pintora, foi selecionada para integrar cinco edições da Bienal Internacional de Artes de São Paulo (da 1ª à 4ª e a 6ª) e recebeu o Prêmio Arno S. A., no valor de duzentos mil cruzeiros, na 2ª Bienal de São Paulo. Entre os reconhecimentos, ressaltamos a exposição póstuma organizada por Maria Augusta Fonseca, Lápis de Malícia Lírica, realizada no Museu Lasar Segall em 2007. Exposição que se estendeu para o Museu Chácara do Céu no Rio de Janeiro, no mesmo ano, o primeiro contato que tivemos com sua produção.

A bagagem cultural que estabeleceu no país, especificamente nas artes visuais, foi intensa, estudando e divulgando técnicas variadas. Participou do Grupo Santa Helena, na região central da cidade de São Paulo, ao estudar com Bruno Giorgi, Alfredo Volpi e Mario Zanini, apostando em composições, temas gráficos e formais, que estabelecessem uma linguagem identificada como o grande público; ou, ainda com Paulo Rossi Osir, na Osirarte, retratando nos azulejos temas nacionais da flora e da fauna. A desenhista ainda venceu a categoria latino-americana do Concurso Internacional de Caricaturas Editoriais, promovido pela World Newspaper Publisher Association, em Los Angeles, em 1960. No I Salão de Jornalistas, promovido pelo Sindicato de Jornalistas Liberais do Rio de Janeiro, Hilde recebeu a Medalha de Ouro (Prêmio Irineu Marinho), em novembro de 1960, entre outras premiações por sua trajetória diária nas charges.

Ao adentrar em seus mecanismos cômicos e reflexivos, podemos compreender os modos como esta desenhista, chargista, pintora, ceramista, cenógrafa e ilustradora contribuiu para inserção da mulher e de suas práticas sociais e culturais, enredadas no cotidiano, no campo discursivo próprio do humor visual. Lembre-se que a própria Hilde definia "o humorismo como a faculdade de achar graça no mundo, das pessoas e da gente mesma"[47], entregando-se de forma experimental e libertária a este ambiente de coletivos e institucionalização dos espaços culturais.

Flagrantes subjetivos de sua obra oferecem a perspectiva nada briosa de personagens desidealizados, em contraposição às posadas fotografias. Exercia ainda a função de cronista de acontecimentos sociais, palestras ou cenas cotidianas, fazendo com que seus traços pitorescos, desvelassem um inconsciente cultural, irônico, altivo capaz de "despertar no espectador uma reação moral [...] (pois, afinal) a imagem não é a representação ou a narração de um fato, e sim o juízo que tece sobre ele"[48]. Na observação de uma simples partida de tênis no Tijuca Tênis Club, seu lápis delicado capta a cena social e *blasé*, deslocando seu olhar para a linguagem corporal das figuras (Figura 3).

---

47. Hilde Weber, "Entrevista a Eloisa Lacê", *O Metropolitano*, 22 nov. 1959, p. 2.
48. Giulio Carlo Argan, *Arte Moderna,* Trad. Denise Bottmann e Federico Carotti, São Paulo, Companhia das Letras, 1992. p. 64.

Figura 3 . Hilde Weber, *O Cruzeiro*, n. 46, ano v, 7 out. 1933.

Figura 4. Hilde Weber, "Há Murmúrios de 'Deus lhe Pague' na Garganta do Crepúsculo", crônica de Oswaldo Moles, *Diário da Noite*, 18 set. 1948, p. 7.

Segundo Cecília Alves Pinto, a artista Ciça, Hilde Weber era "a pessoa mais alemã que conheci, com horror a Hitler"[49], ressaltando que este era o maior elogio que poderia fazer à amiga, a quem admirava profundamente. A chargista, em sua rigidez germânica, lembrada pela bem-humorada amiga Ciça, encontrou, no Brasil, condições favoráveis à sua profícua obra, iniciada desde muito cedo e garantida, como podemos deduzir, em razão de sua origem europeia – acentuada nas entrevistas e artigos[50] – e pelas particularidades do seu trabalho, parte dele nascido na triste Alemanha entre guerras.

49. Cecília Alves Pinto, "Entrevista com Cecília Whitaker Vicente de Azevedo Alves Pinto", *Centro de Pesquisa e Formação do Sesc São Paulo*, 23 jun. 2017.
50. Ao longo da vida Hilde Weber refletiu sobre seu trabalho nas deliciosas entrevistas à algumas publicações. Entre as localizadas: entrevista ao *Correio da Manhã*, p. 11, 6 set. 1953; *Tribuna da Imprensa*, 17-18 jul. 1954, 2º. cad, p. 4; *Tribuna da Imprensa*, 10 fev. 1956, 2º. cad, p. 5; Entrevista à Eneida de Morais no *Diário da Notícia*, 30 set. 1956, p.4; A belíssima entrevista a Ferreira Gullar e Oliveira Bas-

Hilde fez denúncias críticas e representou a sociedade brasileira em suas mazelas e desigualdades sociais, mostrando, por exemplo, crianças e famílias desamparadas evidenciadas em diversas imagens sobre a cidade e, de modo específico sobre as perspectivas da infância de Hilde Weber. O tema da maternidade que esmola, é recorrente em impressos dos movimentos operários como forma de denúncia da população carente das cidades, denunciada nas obras de artistas engajados, como o próprio Lívio Abramo e por Hilde que traz este olhar para compor as crônicas do *Diário da Noite*, que integrava o conglomerado de Assis Chateaubriand (Figura 4). Bem como composições de personagens políticos, para além das idiossincrasias que seriam objeto da produção das charges no espaço destinado ao "Desenho de Hilde", ou criando em 1950 o Seu Tribulino, o simpático, mas sofrido personagem de tirinhas para a *Tribuna da Imprensa* (1949 a 1962). Tiras que posteriormente apareceriam em *O Estado de S.Paulo*, para o qual contribuía de modo esparso em reportagens visuais desde 1956; acabou contratada como desenhista fixa, para o mesmo jornal, a partir da mudança para São Paulo em 1962, onde atuaria até 1989.

No processo de modernização da linguagem cotidiana dos jornais, Hilde cerziu as linhas da experiência humorística e transgressora das charges, enquanto gesto político de resistência e autonomia social. Também contribuiu, nessa perspectiva, para promover mudanças socioculturais e comportamentais na sociedade brasileira. Enquanto intérprete das relações políticas e sociais do país.

A artista expressou, por meio da linguagem gráfica, em meio à tensão da documentação histórica e à elaboração psicológica dos personagens retratados, o caráter paradoxal do humor. Aflorou com a contundente leveza de seu moderno traço, – capaz de manejar "aquela espécie de código não escrito das sociedades, [que] vai muito além da notícia ou manchete diária

---

tos no *Jornal do Brasil*, 18 nov. 1956 cad. 2, p.5; Entrevista à Eloisa Lacê em *O Metropolitano*, 22 nov. 1959, p. 2; Entrevista para a série "As Vovós Engraçadas", concedida à Arcelina Helena, no *Jornal do Brasil* em 14 mar. 1971, "Revista de Domingo", p. 7; Entrevista a Arlene Colucci para o jornal *Mulherio*, jul. 1987, pp. 12-13, um dos raros veículos da imprensa alternativa feminista (Maria Augusta Fonseca, *Lápis de Malícia Lírica* (inédita); Homenagem da Academia Paulista de Jornalismo à chargista Hilde Weber em *O Estado de S.Paulo*, 12 ago. 1986, p. 40; Agraciada cidadã carioca pelo Prefeito Sá Freire Alvim, cf. *O Estado de S.Paulo*, 10 jan. 1960, p. 4.

ou semanal por meio do pacto humorístico"[51], constituído entre o autor e o leitor, que pela própria sequencialidade das imagens, quer pelo contexto de sua produção.

Figura 5. Hilde Weber, 1956, p. 5.

Será no cotidiano da redação, na frequência das notícias e das charges, que a artista encontrará sua maior realização, criando intimidade e cumplicidade com o público, aguçando sua sensibilidade e percepção. Convidada para abrir a série "Uma Artista Fala de Sua Arte", para o *Jornal do Brasil*, em entrevista a Oliveira Bastos e Ferreira Gullar, Hilde Weber declarou:

> O desenho a traço, que é mais puro, é sinônimo de "eliminar": desenhar a traço é dizer tudo com pouco. O desenho em si é uma abstração. É pegar uma figura, um objeto, uma paisagem e fazer o traço, criá-lo de novo. [...] Desenhar é, para mim, um grande meio de comunicação. Por sua força de abstração, por sua força simbólica, o desenho vai direto ao essencial. É o caminho mais curto entre o público e o artista.

51. Elias Thomé Saliba, "Lampejo de Minutos que Valem por Anos...", p. D2.

Para a entrevista "Hilde: A Mãe de Claudio (o Dono do Boby)"[52], na figura de uma moradora do Rio de Janeiro ela se autorrepresenta (um de seus irreverentes autorretratos) entre diferentes e preciosos tipos, esperando na fila da lotação Santa Alexandrina-Leme (Figura 5). Moradora do bairro, na rua General Ribeiro da Costa, avistava pela janela o Morro da Babilônia. Dizia que era muito melhor do que a vista do mar, pois apreciava a casa de Ary Barroso, as noites de macumba e o samba de terreiro.

Já no final da década de 1980, influenciada pela gravurista Angela Leite, volta a estudar as técnicas artísticas de impressão. Criou ainda a figura de Pluft, o Fantasminha, como ilustradora, personagem da peça teatral infantil de Maria Clara Machado, em 1956, além de ilustrar inúmeros livros, como a *Antologia dos Grandes Contos Humorísticos*, para a Editora Brasiliense, em 1944, com introdução de Monteiro Lobato, seleção e notas de Araújo Nabuco e Edgar Cavalheiro, e *O Álbum do Toninho*, publicação da Civilização Brasileira.

Certa vez, acompanhando o trem noturno para Belo Horizonte, a convite do prefeito Juscelino Kubistchek, Hilde integrou a famosa caravana com Sérgio Milliet, Alfredo Volpi, Rebolo Gonzales, Anita Malfatti, Tarsila do Amaral, entre os 36 nomes, incluindo Mario Schenberg que participou da I Exposição de Arte Moderna em Belo Horizonte, aberta em 4 de maio de 1944. A ideia surgiu quando Juscelino convidou Alberto da Veiga Guignard para desenvolver a Escola de Arte Moderna. Com Guimarães Menegale, o artista foi o curador da referida Exposição, incluindo a série de debates sobre a Arte Moderna na Biblioteca Municipal. Mobilizar tantos artistas do Rio de Janeiro e São Paulo seria a oportunidade para Juscelino Kubistchek apresentar o conjunto da Pampulha, criado por Niemeyer. Entre estes artistas, a única mineira era a moradora de Sabará Martha Loutsch, alemã que chegou ao Brasil também na década de 1930.

Contudo, durante o "magnifício raide", um grande alvoroço se criou em razão de um atentado no qual oito telas foram rasgadas com gilete, incluindo uma delas, oferecida pelo pintor Santa Rosa a Kubistchek. Comentan-

---

52. Hilde Weber, "Hilde: A Mãe do Claudio (o Bono do Boby)", *Tribuna da Imprensa*, 10 fev. 1956(a), p. 5, 2º Caderno, Entrevista, Rio de Janeiro.

do o incidente, Oswald de Andrade escreveu o artigo "A Gilete e o Pincel", em que alfinetava: "o caso foi e está sendo considerado o fruto da selvageria fascista que procurou dominar o mundo e que hoje agoniza"[53]. Quiçá Oswald estivesse certo em suas palavras. A indignação causada pelo atentado contra a arte moderna levou a reportagem do *Diário da Noite* (RJ) a ouvir alguns artistas. Uma delas foi Hilde que declarou "sentir pena de não ter sido também atingida, pois uma agressão dessa natureza seria uma honra para o artista moderno"[54].

A interação de Hilde com o espaço da política, por outro lado, criou referências, presentes nos padrões dos personagens políticos que seriam alvo da crítica na composição de seu repertório visual. Acutilando nas charges os adversários de Lacerda, entre eles Getúlio Vargas, Juscelino Kubistchek e João Goulart, ou posteriormente, seguindo o processo de amadurecimento tanto do traço quanto da liberdade de criação, Hilde irá desafiar os silenciamentos impostos, especialmente no período da ditadura militar, com o AI-4 e, depois, quando do fechamento do Congresso com o AI-5, então atuando no jornal *O Estado de S.Paulo*. Quando perguntada pela enquete do jornal sobre o que os artistas fariam em 1967, ela afirma que optaria pelo descanso, pois a nova Lei da Imprensa viera como um tampão para suas atividades jornalísticas. Com uma mistura de provocativas e aparentemente desconexas situações, no ágil e rítmico traço, Hilde, ao ilustrar a matéria, traduz, como exemplo de produção deste período, a potência tragicômica do humor na concepção do ano: da marcha da fanfarra militar, ao Pégaso que socorre os exilados. Distante das turbulências, os artistas, amparados pela musa se mostram enredados na arte. No afeto do beijo, resistem ao constrangimento das disputas entre políticos. Afinal, quão pouco nos parece distante este 1967[55] (Figura 6). Neste caso, o humor, embora de traços leves e sutis, pode ser visto "como uma vantagem competitiva, ou seja, uma forma de dizer ao

---

53. Oswald de Andrade, "A Gilete e o Pincel", *Diário de São Paulo*, p. 8, 16 jun. 1944.
54. "É um Processo de Crítica pela Destruição Utilizado pelos Nazistas", *Diário da Noite* (RJ), 15 jun 1944, p. 8.
55. Em plena ditadura, no ano de 1978, Hilde Weber e a Ciça participaram do juri do V Salão de Humor de Piracicaba, São Paulo, em conjunto a Zélio, Luiz Fernando Verissimo, Millôr e outros. *Fonte*: Instituto do Memorial de Artes Gráficas e Gualberto Costa e ao Jal, José Alberto Lovetro, aos quais agradeço as informações.

inimigo que também é tão forte quanto ele, sobretudo quando a superioridade não se dá pelo aspecto físico da força, mas também pela inteligência e esperteza[56].

Figura 6. Hilde Weber, *O Estado de S.Paulo*, p. 16, 1 jan. 1967.

Consideramos que o lugar do profissional ocupado pelo chargista nos jornais brasileiros foi, de certa forma, redefinido por Hilde Weber, ressaltando seu papel decisivo na flexibilização do mercado de trabalho na imprensa em relação às mulheres, sobretudo no trato com a narrativa visual do humor.

Efêmeras, suas expressões levam, contudo, a refletir sobre o cerne da nacionalidade e da indissolubilidade das questões políticas e morais que nos exasperam diante das constantes tragédias vividas pelo país. Quiçá o papel de cronista da política e dos costumes tenha lhe conferido um particular poder observador do comportamento humano, reinventando-se a cada momento com maior resistência ao passar dos anos e rompendo com padrões sociais estabelecidos. A percepção sobre o meio emanava conscientemente nos desenhos que priorizavam a imagem sobre a escrita, reexaminando a modificação gradual das convenções tradicionais, sob a pressão de novas exigências e novas experimentações oriundas da cultura de massa.

---

56. Elias Thomé Saliba, "História Cultural do Humor: Balanço Provisório e Perspectivas de Pesquisas", *Revista de História*, n. 176, p. 14, 2017. Disponível em: <scielo.br/pdf/rh/n176/2316-9141-rh-a01017.pdf>. Acesso em: 15 jan. 2019.

Figura 7. Hilde Weber, *O Estado de S.Paulo*, p. 146, 28 jul. 1985.

Para tanto, basta mencionar um evento que define não apenas a identidade da humorista mas, sobretudo, o caráter de uma autêntica novidade na figura de uma mulher caricaturista. Quando Hilde Weber atuava no jornal *O Estado de S.Paulo*, diante de sua imensa produção, uma leitora solicita alguma referência que identificasse o assíduo profissional das charges diárias, ao que a redação prontamente responde: "O chargista é uma chargista, e ela fez até um autorretrato para você conhecê-la melhor. E seu nome correto é Hilde" (Figura 7).

É importante ressaltar por fim, que a profissionalização feminina no humor gráfico, que só ocorreu com mais intensidade somente a partir da década de 1970 foi, com certeza, em grande parte inspirada no caminho trilhado por Hilde. Na esteira da trajetória de Hilde, vieram muitas imprescindíveis presenças: de Ciça; de Mariza Dias Costa (1952-2019); de Maria da Conceição, a Cahú (1944-2006), que irá atuar como desenhista das revistas *Placar, Playboy* e do jornal *Gazeta Mercantil*; de Maria Claudia França Nogueira, a Crau da Ilha, na *Folha de S.Paulo, Placar, O Bicho* e *O Pasquim*, e toda a nova geração de artistas.

A ambição do olhar humorístico é olhar como mais ninguém olha e ver o que mais ninguém vê, como nos lembra o humorista português Ricardo Araújo Pereira. É neste súbito fascínio que o humor, em sua capacidade do olhar crítico sobre os costumes, a vida política, as desigualdades sociais, nos arrebata, rompendo o *status quo* que por tanto tempo restringiu as mulheres a objeto de sátira, vetando-lhes o protagonismo dessa percepção e o seu próprio exercício mental proporcionado pela ironia ou pela sátira.

Considerando que a construção do humor produzido por mulheres constitui um conjunto de narrativas que compreendem a intencionalidade e a coragem das artistas em produzi-lo, as aqui mencionadas, nesta breve análise, revigoram as palavras do que o então jovem historiador Sérgio Buarque de Holanda designou como "o lado oposto e outros lados". Lados que, as humoristas, por meio da crítica que penetra nas camadas do imaginário popular, revelam o indizível. Revelam, sobretudo, o domínio utópico da liberdade em tempos de tantas incertezas.

No contexto de inúmeras modificações no modo de vida social e urbano da sociedade, que se torna mais complexa, seria por meio desta espécie de "corredor do humor"[57] que surgiria a possibilidade de ruptura com as instâncias mais tradicionais e canônicas do modernismo brasileiro.

E é nessa função, que se propõe a constituir uma comunidade de entendimentos compartilhados sobre os absurdos da vida repletos de preconceitos, que o humor gráfico feminino se sobressai em seus procedimentos narrativos e formais, em sua plena gama de possibilidades e de subversão, tão afeitos aos anseios dos muitos "outros lados".

---

57. Elias Thomé Saliba, *Crocodilos, Satíricos e Humoristas Involuntários: Ensaios de História Cultural do Humor*, São Paulo, Intermeios, 2018, pp. 63-64 (Coleção Entr(H)istória).

REFERÊNCIAS BIBLIOGRÁFICAS

ABRAMO, Claudio. *A Regra do Jogo: O Jornalismo e a Ética do Marceneiro*. São Paulo, Companhia das Letras, 1988.

ALMEIDA, Paulo Mendes de. *De Anita ao Museu*. São Paulo, Perspectiva, 1976.

AMARAL, Solange Melo do. *Discurso Autobiográfico: O Caso de Nair de Teffé*. Rio de Janeiro, Museu da República, 2007.

ANDRADE, Oswald de. "A Gilete e o Pincel". *Diário de São Paulo*, 15 jun. 1944, p. 5.

ARGAN, Giulio Carlo. *Arte Moderna*. Trad. Denise Bottmann e Federico Carotti. São Paulo, Companhia das Letras, 1992.

BARBOSA, Ana Mae & AMARAL, Vitória (org.). *Mulheres Não Devem Ficar em Silêncio: Arte, Design, Educação*. São Paulo, Cortez, 1999.

BARTHES, Roland. *O Sistema da Moda*. São Paulo, Martins Fontes, 2005.

BAUDELAIRE, Charles. "Prefácio". *In*: DAUMIER, H. *Caricaturas*. Trad. Eloisa S. Vieira e Sueli B. Silva. Porto Alegre, Paraula, 1995.

_____. *Escritos Sobre Arte*. Trad. Plinio Augusto Coelho. São Paulo, Imaginário, 1998.

_____. *O Pintor da Vida Moderna*. Jérôme Dufilho e Tomaz Tadeu(org.). Trad. Tomaz Tadeu. Belo Horizonte, Autêntica, 2010.

BERG, Creuza. *O Quinto Postulado*: *Mulher, Mentalidade e Censura nas Páginas de O Pasquim*. Rio de Janeiro, Autografia, 2019.

BRAIT, Beth. *Ironia em Perspectiva Polifônica*. Campinas, Editora da Unicamp, 2008.

CANDIDO, Antonio. "A Revolução de 30 e a Cultura". *In*: MONTERO, P. & COMIN, A. (org.). *Mão e Contramão e Outros Ensaios Contemporâneos*. São Paulo, Globo, 2009, pp. 17-42.

CAMPOS, Augusto de (org.) *Pagu: Vida-Obra*. São Paulo, Companhia das Letras, 2014.

CASTRO, Ruy. *Metrópole à Beira-mar*: *O Rio Moderno dos Anos 20*. São Paulo, Companhia das Letras, 2019.

COSTA, Carlos. *A Revista no Brasil do Século XIX*. São Paulo, Alameda, 2012.

COTRIM, Alvaro. *O Rio na Caricatura: Exposição Organizada pela Seção de Exposições da Biblioteca Nacional e Patrocinada pelo Jornal do Brasil, como Contribuição aos Festejos do 4º Centenário da Cidade* (catálogo). Rio de Janeiro, Biblioteca Nacional, 1965. Disponível em: <http://objdigital.bn.br/acervo_digital/div_iconografia/icon693341.pdf>. Acesso em: 15 jan. 2019

CRAWFORD, Mary. "Gender and Humor in Social Context". *Journal of Pragmatics*, vol. 35, n. 9, pp. 1413-1430, set. 2003. Disponível em: <http://researchgate.net/publication/222349688_Gender_and_humor_in_social_context>. Acesso em: 15 jan. 2019.

CRESCÊNCIO, Cintia Lima. *Quem Ri por Último, Ri Melhor: Humor Gráfico Feminista (Cone Sul, 1975-1988)*. Universidade Federal de Santa Catarina, 2016. Tese de Doutorado em História. Disponível em: <https://repositorio.ufsc.br/xmlui/bitstream/handle/123456789/168070/341434.pdf?sequence=1&isAllowed=y>. Acesso em: 10 jul. 2020.

FERRARA, Jéssica A. "Modernidade e Emancipação Feminina nas Tirinhas de Pagu". *Darandina Revistaeletrônica*, vol. 10, n. 2, dez. 2017. Juiz de Fora. Disponível em: <https://www.researchgate.net/publication/336025866_Modernidade_e_emancipacao_feminina_nas_Tirinhas_de_Pagu>. Acesso em: 10 jul. 2020.

FERRAZ, Aydano do Couto. "História da Caricatura no Brasil". *Diretrizes*, ano IV, n. 46, p. 4, 8 maio 1941. Rio de Janeiro.

FONSECA, Maria Augusta. *Lápis de Malícia Lírica*. Inédito.

HARDMAN, Francisco F. "Algumas Fantasias de Brasil: O Modernismo Paulista e a Nova Naturalidade da Nação". *In*: DECCA, E. S.; LEMAIRE, R. (org.). *Pelas Margens: Outros Caminhos da História e da Literatura*. Campinas, Porto Alegre, Unicamp/UFRGS, 2000, pp. 317-332.

HARVEY, David. *Paris: Capital da Modernidade*. Trad. Magda Lopes Renzo. São Paulo, Boitempo, 2015.

HOLANDA, Sérgio Buarque de & MORAES NETO, Prudente de. "Modernismo Não É Escola: É Um Estado de Espírito". *Correio da Manhã*, p. 5, 19 jun. 1925. Rio de Janeiro.

LIMA, Herman. *História da Caricatura no Brasil*. Rio de Janeiro, José Olympio, 1963. Vols. 1 a 3.

MARINO, Dani & MACHADO, Laluña (org.). *Mulheres e Quadrinhos* São José (SC), Skript, 2019.

MARTINS, Claudinier. "A Caricatura no Brasil". *Revista da Semana*, n. 30, pp. 6-7, 27 jul. 1940. Rio de Janeiro.

MONTEIRO, Karla. *Samuel Wainer: O Homem que Estava Lá*. São Paulo, Companhia das Letras, 2020.

NOGUEIRA, Natania. "Rian: Caricatura e Pioneirismo no Brasil". *Anais do XXVI Simpósio Nacional de História*. São Paulo, ANPUH, jul. 2011. Disponível em: <snh2011.anpuh.org/resources/anais/14/1312664266_ARQUIVO_RIANEOPIONEIRISMOFEMININONACARICATURA.pdf>. Acesso em: 10/06/2018.

NOVAES, Adauto (org.). *Tempo e História*. São Paulo, Companhia das Letras, 1992.

OEHLER, Dolf. *O Velho Mundo Desce aos Infernos: Auto-análise da Modernidade Após o Trauma de Junho de 1848 em Paris*. São Paulo, Companhia das Letras, 1999.

PARKER, Rozsika & POLLOCK, Griselda. *Old Mistresses: Women, Art and Ideology*. London, Pandora, 1981.

PEREIRA, Ricardo A. *A Doença, o Sofrimento e a Morte Entram num Bar: Uma Espécie de Manual de Escrita Humorística*. Rio de Janeiro, Tinta da China, 2017.

Pessoa, Alberto R. "Significações Imaginárias do Humor nos Quadrinhos de Conceição Cahú". *9ª Arte*, vol. 8, n. 1, pp. 51-62, jul. 2019. São Paulo. Disponível em: <https://www.revistas.usp.br/nonaarte/article/view/153149>. Acesso em: 11 out. 2020.

Pinto, Cecília Alves. "Entrevista com Cecília Whitaker Vicente de Azevedo Alves Pinto". Centro de Pesquisa e Formação do Sesc São Paulo, 23 jun. 2017.

Pollock, Griselda. *Visión y Diferencia: Feminismo, Feminidad e Historias del Arte*. Trad. Azucena Galettini. Buenos Aires, Fiordo, 2015.

Rago, Margareth. *Foucault, História e Anarquismo*. Rio de Janeiro, Achiamé, 2004.

Rodrigues, Antônio Edmilson Martins. *Nair de Teffé: Vidas Cruzadas*. Rio de Janeiro, Editora fgv, 2002.

Saliba, Elias Thomé. *Raízes do Riso. A Representação Humorística na História Brasileira: Da Belle Époque aos Primeiros Tempos do Rádio*. São Paulo, Companhia das Letras, 2002.

_____. "Lampejo de Minutos que Valem por Anos de História: Piada Gráfica Traduz Experiência Dramática que É Suavizada pelo Riso". *O Estado de S.Paulo*, "Caderno Cultura", p. d2, 1 out. 2006.

_____. "Verissimo Diz o Que o Leitor Quer Falar, Mas Não Consegue". *O Estado de S.Paulo*, "Caderno 2", p. c8, 24 set. 2016.

_____. "Treze Obras para Conhecer a História Cultural do Humor". *In*: Faria, J. R. (org.). *Guia Bibliográfico da fflch-usp*. São Paulo, fflch-usp, 2016, vol. 1, pp. 19-24. Disponível em: <https://fflch.usp.br/sites/fflch.usp.br/files/2017-11/História cultural do humor.pdf> Acesso em: 15 jan. 2019.

_____. "História Cultural do Humor: Balanço Provisório e Perspectivas de Pesquisas". *Revista de História*, n. 176, pp. 1-39, 2017. São Paulo. Disponível em: <scielo.br/pdf/rh/n176/2316-9141-rh-a01017.pdf>. Acesso em: 15 jan. 2019.

_____. *Crocodilos, Satíricos e Humoristas Involuntários: Ensaios de História Cultural do Humor*. São Paulo, Intermeios, 2018 (Coleção Entr(H)istória).

_____. *As Narrativas Históricas e a Polifonia da Linguagem Humorística Brasileira (1930-1960)*. Inédito.

Santos, Paulo César dos. *Nair de Teffé: Símbolo de uma Época*. 2. ed. Petrópolis, Sermograf, 1999.

Scott, Joan. "Gênero: Uma Categoria Útil de Análise Histórica". *Educação & Realidade*, vol. 20, n. 2, pp. 71-99, jul.-dez. 1995. Porto Alegre. Disponível em: <https://seer.ufrgs.br/index.php/educacaoerealidade/article/view/71721>. Acesso em: 1 fev. 2016.

Simioni, Ana Paula C. "Modernismo no Brasil: Campo de Disputas". *In*: Barcinski, F. W. (org.). *Sobre a Arte Brasileira: Da Pré-História aos Anos 1960*. São Paulo, Edições Sesc/Martins Fontes, 2015, pp. 232-263.

STRÖMQUIST, Liv. *A Origem do Mundo: Uma História Cultural da Vagina ou a Vulva vs. O Patriarcado*. Trad. Kristin Lie Garrubo. São Paulo, Quadrinhos na Cia., 2018.

TEIXEIRA, Luis Guilherme Sodré. *Sentidos do Humor, Trapaças da Razão: a Charge*. Rio de Janeiro, Fundação Casa de Rui Barbosa, 2005.

VELLOSO, Monica P. *A Cultura das Ruas no Rio de Janeiro (1900-1930): Mediações, Linguagens e Espaços*. Rio de Janeiro, Edições Casa de Rui Barbosa, 2004.

_____. *Modernismo no Rio de Janeiro: Turunas e Quixotes*. Rio de Janeiro, Fundação Getúlio Vargas, 1996.

WEBER, Hilde. "Hilde: A Mãe do Claudio (o Dono do Boby)". Entrevista. *Tribuna da Imprensa*, 10 fev. 1956(a), p. 5, 2º. Caderno. Rio de Janeiro.

_____. "Entrevista a Eneida Costa de Moraes". *Diário de Notícias*, "Suplemento Literário", 7 out. 1956(b), pp. 2 e 4. Rio de Janeiro.

_____. "Um Artista Fala de Sua Arte". Entrevista a Ferreira Gullar e Oliveira Bastos. *Jornal do Brasil*, 18 nov. 1956, "Suplemento Dominical", p. 5. Rio de Janeiro.

_____. "Entrevista a Eloisa Lacê". *O Metropolitano*, p. 2, 22 nov. 1959.

_____. "As Vovós Engraçadas". Entrevista a Arcelina Helena. *Jornal do Brasil*, p. 7, 14 mar. 1971, "Revista de Domingo". Rio de Janeiro.

_____. "Nos Traços de Hilde, a Vida Política do Brasil". Entrevista a Arlene Colucci. *Mulherio*, pp. 12-13, jul. 1987.

WERNECK, Giovanna C. "Mulheres e Charges Políticas: A Subversão pelo Humor nos Espaços Públicos". *Espacialidades*, vol. 13, n. 1, 2018. Natal. Disponível em: <https://cchla.ufrn.br/espacialidades/v13/2018-dossie03.pdf>. Acesso em: 15 jan. 2019.

WOOLF, Virginia. *O Valor do Riso. In*: FRÓES, Leonardo (org. e trad.). São Paulo, Cosac Naify, 2014.

ZANINI, Walter. "Meio Século do Grupo Santa Helena". *O Estado de S.Paulo*, pp. 4-6, 10 set. 1988.

FONTES

ACERVO Estadão (*O Estado de S.Paulo*) – 1956 a 1994
INSTITUTO Memorial de Artes Gráficas
HEMEROTECA da Biblioteca Nacional
Correio da Manhã – 1925
Diário da Noite – 1944
Diário de S.Paulo - 1944
Diário de Notícias – 1956
Jornal do Brasil – 1956
Mulherio – 1987
O Cruzeiro –1933

O Homem do Povo – 1931
Revista da Semana – 1949
Diretrizes – 1941 a 1942
Tribuna da Imprensa (TI) – 1949 a 1962

Parte VI

O Lado Oposto e os Outros Monumentos

12

As Estátuas da Praça da República: Memória e Esquecimento[1]

RONEY CYTRYNOWICZ

PARA DIFUNDIR OS IDEAIS republicanos deu-se uma verdadeira batalha política e ideológica de símbolos e alegorias, com monumentos, hino, bandeira, para atingir o imaginário popular, moldando a identidade do novo regime – em um processo no qual a participação do povo era restrita, quando não ausente, e assim permaneceu nos anos seguintes, escreveu José Murilo de Carvalho[2]. Mais do que por meio do discurso, que seria inacessível a parcelas amplas da sociedade sem escolaridade formal, foram os monumentos e símbolos que contribuíram para moldar os ideais da República e as diferentes vertentes políticas em disputa. Tratava-se de uma batalha em torno da imagem do novo regime, cuja finali-

---

1. Agradeço muito ao professor Elias Thomé Saliba pelo convite que inspirou este passeio/texto e agradeço a Paula Janovitch, pela companhia na apresentação no seminário e por compartilhar as conversas com as estátuas. Uma primeira versão deste artigo foi apresentada, em fevereiro de 2019, no seminário "O Lado Oposto e os Outros Lados: Intérpretes Modernistas e Modernos na História Cultural", antes, portanto, da eclosão das grandes manifestações antirracistas e do forte movimento de contestação e mesmo derrubada de estátuas nos Estados Unidos, na Europa e no Brasil em 2020. A primeira versão do artigo, de 2019, fazia breves referências às discussões, anteriores, sobre as estátuas alusivas ao Bandeirantismo no Brasil e dos Confederados nos EUA. Esta segunda versão, agora publicada e concluída em fevereiro de 2021, incorporou alguns novos comentários sobre a discussão em torno dos monumentos.
2. José Murilo de Carvalho, *A Formação das Almas. O Imaginário da República no Brasil*, São Paulo, Companhia das Letras, 1990, pp. 9-15.

dade era atingir o imaginário popular para recriá-lo dentro dos valores republicanos[3].

Este texto realiza um percurso, um passeio, pela Praça da República, no centro da cidade de São Paulo, buscando, principalmente por meio dos quinze monumentos e estátuas na praça (bustos, hermas, placas, esculturas), entender como se deu a instauração do imaginário da República nesse espaço da cidade, desde que a praça se tornou *da* República e ali se inaugurou o grande edifício da Escola Normal em 1894[4]. Dos quinze monumentos e estátuas, cinco desapareceram. Como foi a transformação desse espaço com a instauração da República? Quem está representado e quem não está, os presentes e os ausentes, e quais as disputas em torno da memória da República até chegar aos dias atuais?

Monumentos poderiam ou deveriam evocar, organizar, registros coletivos e compartilhados de memória – marcada pela ação do Estado e dos governos, mas também pela diversidade e pelos diferentes agentes sociais –, criar referências e identidades, evocar ideias, acontecimentos e personagens, imprimindo ao cotidiano marcos de uma espessura de tempo mais longa da ação coletiva dos homens e das mulheres, incluindo conflitos e diversidades, construindo a experiência de uma esfera pública – não apenas para celebrar a memória da ação do Estado e seus governos ou para apaziguar conflitos, mas para embasar e iluminar novos projetos, transformações e sonhos coletivos. Tanto quanto a época que pretendem evocar, monumentos dizem respeito ao tempo em que foram construídos, como nos mostram as estátuas que evocam a Guerra Civil e a escravidão nos Estados Unidos e às referentes ao Bandeirantismo em São Paulo, em amplo e necessário processo de debate e ressignificação.

Conforme Jacques Le Goff:

> [...] a memória coletiva e a sua forma científica, a história, aplicam-se a dois tipos de materiais: os *documentos* e os *monumentos*. De fato, o que sobrevive não é o conjunto daquilo que existiu no passado, mas uma escolha efetuada quer pelas forças que operam

---

3. *Idem*, p. 10.
4. O *site* do DPH faz referência também a um busto em homenagem a Carlos A. Gomes Cardim, mas ele não se encontra na praça e não há qualquer informação a respeito.

no desenvolvimento temporal do mundo e da humanidade, quer pelos que se dedicam à ciência do passado e do tempo que passa, os historiadores. Estes materiais da memória podem apresentar-se sob duas formas principais, os monumentos, herança do passado, e os documentos, escolha do historiador[5].

Na cidade de São Paulo os monumentos mais conhecidos e reconhecidos estão relacionados ao Bandeirantismo e à chamada Revolução de 1932: o Monumento às Bandeiras e o Obelisco de 1932, margeando o Parque do Ibirapuera e a Assembleia Legislativa do Estado, e o gigante Borba Gato, marcando a divisa com o atual bairro e a antiga cidade de Santo Amaro. O Bandeirantismo e a Revolução de 1932 formam um eixo central da memória na cidade, também de alguns de seus topônimos centrais[6].

Apesar das centenas de monumentos, a cidade de São Paulo – além do Bandeirantismo e de 1932 e de outros raros exemplos – é marcadamente desprovida de monumentos que efetivamente digam respeito à memória coletiva de diversos setores da sociedade, a começar por negros e índios, mas também no que se refere a mulheres, a imigrantes, a migrantes nordestinos, a trabalhadores, à cultura caipira, a acontecimentos relativos às lutas sociais, a personagens da cultura popular, às artes, ao futebol e tantos outros temas[7]. No bairro da Liberdade, por exemplo, a memória da população negra não tem um lugar reconhecido publicamente, seja a da escravidão, seja o cemitério dos negros, seja a experiência da liberdade. Mesmo acontecimentos como a Segunda Guerra Mundial e a participação brasileira por meio da Força Expedicionária Brasileira (FEB) tem apenas um monumento quase desconhecido, no Ibirapuera, além de um monumento em memória ao aviador da Força Aérea Brasileira (FAB) dentro do Parque do Ibirapuera[8].

A discussão em torno dos monumentos que glorificam o Bandeirantismo, os protestos e as intervenções em diversos monumentos são ações recentes, no bojo das gigantescas manifestações anti-racistas nos Estados Unidos e na Euro-

5. Jacques Le Goff, *História e Memória*, Campinas, Editora da Unicamp, 1990, p. 535.
6. Maria Vicentina de Paula do Amaral Dick, *A Dinâmica dos Nomes na Cidade de São Paulo 1554-1897*, São Paulo, Anablume, 1987.
7. Roney Cytrynowicz, "A História Nossa de Cada Dia e Seus 'Lugares da Memória'", *Revista URBS*, ano 5, n. 24, dez. 2001/jan. 2002.
8. Roney Cytrynowicz, *Guerra Sem Guerra. A Mobilização e o Cotidiano em São Paulo Durante a Segunda Guerra Mundial*, São Paulo, Edusp, 2000.

pa, embora monumentos como o das Bandeiras e o do Borba Gato já tenham passado por diversas intervenções. A grandiosidade e a centralidade que estes monumentos ocupam no espaço urbano intensificam a percepção da ausência de monumentos e estátuas que representem a cultura negra e os povos indígenas e a memória da escravidão e do genocídio.

Mas a discussão poderia ir além de se posicionar a favor ou contra a remoção ou destruição dos monumentos. A sua permanência, como cicatrizes da memória da violência, da escravidão e do genocídio – devidamente ressignificados, com placas e intervenções de historiadores e artistas plásticos –, pode destituir os monumentos de seu significado original, de celebração e de glorificação da violência, e instituir novos significados, de memória democrática e celebração da resistência dos negros, dos índios, da defesa da diversidade, dos direitos humanos e da democracia. Essa ressignificação dos monumentos é interessante porque, sem derrubá-los, entende que a ressignificação da memória é um processo permanente e que no futuro, quando novas camadas de ressignificação surgirem, poderão contestar as opções feitas e outras estátuas e monumentos ficarão igualmente em cheque. Além disso, uma nova política de monumentos poderia povoar com muitas mais estátuas e esculturas públicas e nomear lugares da memória relativos aos povos indígenas e aos afro-brasileiros, também monumentos que acolham o luto do genocídio, da escravidão, da dor e sofrimento estruturalmente constitutivos da história paulista e brasileira, violência perpetrada pela sociedade e Estado brasileiros.

Mas antes de instaurada essa mais do que bem-vinda controvérsia que deu visibilidade ao tema, a maior parte dos monumentos havia se tornado, há muito, invisível e indiferente à população da cidade. E não raro têm sido danificados ou mesmo retirados para roubo de seus materiais. Esse processo de esquecimento e abandono não costuma evocar qualquer reação, como se pode notar no Largo do Arouche, por exemplo, onde uma fileira de três pedestais faz anos deixou de abrigar bustos e hermas de "vultos paulistas", entre políticos e homens de letras. Assim, para discutir os monumentos e esculturas públicas na cidade de São Paulo seria preciso, antes de mais nada, superar o obstáculo da invisibilidade e da indiferença. Com raras exceções, a experiência do pedestre, do transeunte, tem sido a de simplesmente não enxergar os monumentos, que não lhe dizem respeito, não contam uma história reconhecida, não celebram uma memória compartilhada. Antes de qualquer abandono do poder público em relação à conservação, existe um abandono social e cultural generalizado em relação aos monumentos.

LARGO DO CURRO

A Praça da República e seus monumentos ficaram longe da controvérsia das estátuas. Para falar dos monumentos da Praça, e que tipo de lugar da memória ela constitui, é preciso primeiro se referir ao que havia antes de esse espaço se tornar praça *da* República. Esse era um dos mais antigos e tradicionais espaços de lazer popular da cidade, conhecido como Largo ou Campo do Curro (ou dos Curros), e depois como Largo 7 de abril (em referência ao dia da abdicação de D. Pedro I em 1831, e ainda como Largo da Palha). O espaço da praça era, em tempos coloniais, um terreno descampado, sem contornos definidos, distante dos limites da pequena vila, onde pastavam animais de carga e o gado confinado antes de ser abatido no matadouro no Beco do Mata Fome, atual Rua Araújo, transferido para a Vila Mariana em 1887[9]. O nome de "curro" estava possivelmente relacionado a este uso como pastagem de gado.

Em 1817, quando dos festejos da elevação do Brasil a Reino Unido de Portugal e Algarves (em 1815), o Largo do Curro recebeu alguns melhoramentos, como alinhamento, novos currais e uma arena para as corridas de touros e cavalhadas. Depois o largo passaria por outras transformações e passaria a ser utilizado para treinamento militar, exercícios de adestramento de cavalos para utilização em charretes e tílburis e exames de habilitação de cocheiros[10].

Era principalmente um espaço de lazer popular e de devoção religiosa. No Largo do Curro ficavam os circos de espetáculos, circos de cavalinhos giratórios, rodas gigantes, quermesses, cavalhadas, corridas de touros e touradas

---

9. Laura Antunes Maciel, "Uma Praça para a República", em Maria Candida Delgado Reis (org.), *"Caetano de Campos": Fragmentos da História da Instrução Pública em São Paulo*, São Paulo, Associação dos Ex-Alunos do Instituto de Educação Caetano de Campos, 1994, pp. 21-30; Miguel Milano, *Os Fantasmas da São Paulo Antiga (Estudo Histórico-Literário da Cidade de São Paulo)*, São Paulo, Saraiva, 1949, pp. 42-43.
10. *Idem*, pp. 23-24.

muito populares[11]. Por ocasião das festas do Espírito Santo e de celebrações de nascimentos, casamentos e aclamações da monarquia, podia haver grupos de mascarados e "o som de ganzás e das zabumbas dos negros"[12].

De um circo, conta o memorialista Jorge Americano, "eu guardo recordação forte. Depois do palhaço, dos macacos, do cachorro ensinado, da amazona, dos ginastas, passou-se à segunda parte, a pantomima"[13]. O espaço onde se constituiu a praça "era um descampado, ora poeirento, ora enlameado, conforma a época do ano", escreveu Americano[14] e

> Na praça havia bandeirolas e lanternas japonesas, tabuleiros com pés-de-moleque, cocadas e pastéis, barravas onde se vendia garapa, caninha e cerveja, outras onde se fazia tiro ao alvo sobre bonecos, ou jogavam-se argolinhas sobre tabuleiros de pregos, e finalmente outras fechadas por panos de chita, onde se jogava[15].

Apesar da frequência popular, a distância do centro da cidade pode ser indicada pela localização do Hospital dos Alienados, em 1848, na esquina das ruas Aurora e São João, vizinha ao local da praça.

No século XIX, na Rua Vieira de Carvalho (antiga Rua do Pocinho, atual Avenida Vieira de Carvalho), que desemboca na praça, havia uma capelinha. "Dia e noite ardiam círios de devoções a Nossa Senhora do Pocinho", escreveu Americano, e havia uma Festa do Pocinho, que "começava à tarde com devoções e extravasava à noite para a Praça da República". Uma capelinha "quase invisível punha o largo a transbordar de gente todos os anos, no mês de maio, com as suas festas estupendas, cheias de luzes, de leilões de prendas, de música e de fogos de artifício"[16]. A festa evocava um poceiro que, contratado para fazer a limpeza do poço (estreito e profundo), apoiado por um ajudante que ficava em cima, caiu no fundo após a corda se romper e acabou morrendo[17]. Sobre o poço ergueu-se, então, a ermida ou capelinha.

11. Miguel Milano, *Os Fantasmas da São Paulo Antiga*, p. 40.
12. Laura Antunes Maciel, "Uma Praça para a República", p. 23.
13. Jorge Americano, *São Paulo Naquele Tempo (1895-1915)*, São Paulo, Narrativa Um/Carbono 14/Carrenho, 2004, p. 116.
14. *Idem*, p. 116.
15. *Idem*, p. 243.
16. Jorge Americano, *São Paulo Naquele Tempo*, p. 243.
17. Miguel Milano, *Os Fantasmas da São Paulo Antiga*, pp. 40-42.

Afonso Schmidt, por sua vez, lembra dos plátanos, plantados na época do Largo do Curro, que permitiam sentir a aproximação do Outono, com suas folhas pelo chão[18]. Espaço de vivências, de lazer e de devoção populares, de festas e de celebrações familiares, que mudaria inteiramente com os primeiros anos da República. Ou seja, a participação popular no espaço público, que não formava uma "comunidade política" conforme a idealização republicana, mas era social e religiosa, seria depois, de alguma forma, normatizada e cerceada justamente pelo regime que proclamava a inclusão do povo no ideal da cidadania[19].

E, assim, foi possivelmente devido à sua centralidade como espaço popular de lazer, religioso e outras celebrações, somada à sua dimensão e disponibilidade como área a ser incorporada à expansão urbana na outra margem do Viaduto do Chá, que se tornou "Praça da República", sediando o novo edifício da Escola Normal, mas segundo novas concepções e moldes de progresso e "civilização". Em um mapa de 1877, o Largo 7 de Abril tem contornos retangulares definidos e desenhos de árvores em seus contornos[20], o que se repete em um mapa de 1890, já com o nome de Praça da República. Fora o Jardim Público (Jardim da Luz) e alguns largos, era a única praça da cidade nessa planta elaborada um ano após a proclamação da República[21].

"O largo em si poucas casas tinha, o mesmo acontecendo com as ruas abertas em direção à Vila Buarque e Santa Cecília. O seu panorama continuou o mesmo até a chegada da República, só se modificando radicalmente quando o governo do Estado resolveu construir o monumental edifício da Escola Normal", escreveu o memorialista Miguel Milano[22]. Em 1902, a praça foi cercada e ajardinada, construíram o lago, plantaram árvores, gramaram canteiros e pouco depois inauguraram o jardim, com o prefeito e o

18. Afonso Schmidt, *São Paulo de Meus Amores*, Clube do Livro São Paulo, 1954, pp. 149-150.
19. José Murilo Carvalho, *Os Bestializados. O Rio de Janeiro e a República que Não Foi*, São Paulo, Companhia das Letras, 1987, p.38.
20. "Mappa da Capital da Pcia. De S. Paulo, seos Edifícios Públicos, Hoteis, Linhas Ferreas, Igrejas, Bonds, Passeios, etc.", publicado por Francisco de Albuquerque e Jules Martin em julho 1877, *São Paulo Antigo: Plantas da Cidade*, Comissão do IV Centenário da cidade de São Paulo, 1954.
21. "Planta da Capital do Estado de S. Paulo e seus arrabaldes, desenhada e publicada por Jules Martin em 1890", em *São Paulo Antigo: Plantas da Cidade*, Comissão do IV Centenário da cidade de São Paulo, 1954.
22. Miguel Milano, *Os Fantasmas da São Paulo Antiga*, p. 40.

governador. Natureza domesticada e contida, a água dos lagos e das fontes já não é mais fonte de vida e de abastecimento, marco do poder público, mas adorno que refresca os cidadãos contemplativos. Nada de girar e rodar, com animais e na lama, na antiga cidade ainda com traços rurais, mas, agora, apenas apreciar o lento e equilibrado escoar da água ornamental na natureza recriada pela república.

"Ajardinada, a Praça da República, ao cair da noite, depois do jantar, tornou-se ponto de reunião das famílias dos Campos Elíseos, Vila Buarque e Higienópolis", escreveu Jorge Americano, revelando a nova dinâmica social e dos bairros da cidade em torno do centro e o novo uso da praça, cercada e guardada por porteiros[23]. Os usos e as regras sociais pretendidos evidentemente transbordavam para outros usos e públicos, incluindo a prostituição na vizinhança.

A ESCOLA NORMAL: UM PALÁCIO REPUBLICANO

O edifício da Escola Normal, uma construção monumental, se tornou ele próprio um grande monumento, o maior monumento à República na cidade de São Paulo. Tornou-se símbolo de parte dos ideais da república: ensino público e laico e a formação de professores para alfabetizar, ensinar e formar cidadãos, superando as limitações e precariedades da formação de professores no Império, embora já afirmada antes da República a ideia de que era preciso preparar regularmente professores[24].

A primeira Escola Normal paulista havia sido inaugurada em 1846, funcionou até 1867 e diplomou, em 21 anos, apenas quarenta normalistas[25]. Embora a Constituição de 1824 afirmasse a educação como direito básico, até a década de 1870, como regra, faltavam professores, prédios escolares, material escolar. Uma segunda Escola Normal foi fundada em 1875, mas teve curta duração e seria reaberta em 1880, com sede depois na Rua da Boa Morte, mas, com a República, o prédio, as instalações e os métodos passaram a ser considerados antiquados.

---

23. Jorge Americano, *São Paulo Naquele Tempo*, p. 117.
24. Leonor Maria Tanuri, "A Escola Normal no Estado de São Paulo: De Seus Primórdios até 1930", em Maria Candida Delgado Reis (org.), *"Caetano de Campos..."*, pp. 39-52.
25. Maria Luiza Marcílio, *História da Escola Em São Paulo e no Brasil*, São Paulo, Imprensa Oficial/Instituto Fernand Braudel, 2005, pp. 85-86.

Conforme Nicolau Sevcenko:

O que se notava na atuação dos primeiros presidentes civis e paulistas, bem como de todo o seu círculo político-administrativo, era o evidente esforço para forjar um Estado-nação moderno no Brasil, eficaz em todas as suas múltiplas atribuições diante das novas vicissitudes históricas, como seus modelos europeus[26].

Ainda conforme Sevcenko:

A concorrência entre a elite política paulista e a vanguarda republicana positivista e militar representava bem o confronto entre uma tendência acentuadamente liberal, apontada para a esfera internacional do cosmopolitismo progressista, e outra, marcada pelos estigmas da intolerância, da frugalidade e do isolamento, quer sob a forma da "ditadura positivista" ou do "caudilhismo latino"[27].

Dispondo de um indiscutível domínio sobre o aparato governamental desde 1894, escreveu Sevcenko:

[...] esses estadistas desenvolveriam um singular processo de transformação do Estado num instrumento efetivo para a constituição de uma ordem liberal no país. Forma ousada de inspirar um arejamento do ambiente nacional de cima para baixo, já que o inverso não se revelara possível. Forma ousada e conspurcada pela própria natureza da sua origem[28].

"A escola foi, no imaginário republicano, signo da instauração da nova ordem, arma para efetuar o Progresso", registrou Jorge Nagle. Proclamada a República, a escola foi, no Estado de São Paulo, o emblema da instauração da nova ordem, o sinal da diferença que se pretendia instituir entre um passado de trevas, obscuro, e um futuro luminoso com saber e cidadania. A grandiosidade majestosa do prédio era parte desse imaginário. Conhecer e praticar eram lemas, junto com a máxima visibilidade das atividades reformadoras[29]. Mas era um projeto que incluía apenas parcela da população na própria concepção de cidadania. A escola foi para poucos.

26. Nicolau Sevcenko, *Literatura como Missão. Tensões Sociais e Criação Cultural na Primeira República*, São Paulo, Companhia das Letras, 2003, p. 66.
27. *Idem*, pp. 67-68.
28. *Idem*, p. 68.
29. Marta Maria Chagas de Carvalho, *A Escola e a República e Outros Ensaios*, Bragança Paulista, Edusf, 2003, pp. 11-33.

Ao escrever sobre a Primeira República, Nagle afirma que havia mais continuidades que rupturas na passagem do Império para a República no campo da educação, a "república possível", em meio às profundas desigualdades sociais e regionais intocadas pelo novo regime[30]. Mas a partir dos anos 1910 e principalmente 1920 surgiria um "inusitado entusiasmo pela escolarização" e "marcante otimismo pedagógico", a ideia de que pela multiplicação de escolas seria possível incorporar largas camadas da população na "senda do progresso nacional" e "colocar o Brasil no caminho das grandes nações do mundo", ao mesmo tempo em que se estava formando o novo homem brasileiro. "Escolarização, o motor da História", democratizando a sociedade e formando cidadãos[31].

Dessa forma, tratou-se de erguer um edifício monumental, palaciano, com fachada neoclássica/eclética, 86 metros de frente e 37 metros de profundidade[32]. A arquitetura escolar pública nasceu imbuída do papel de propagar a ação do Estado pela educação, que se tornava um templo do saber, da modernidade e da civilização, a monumentalidade a serviço de máxima visibilidade pela população[33]. O edifício sintetizava ao mesmo tempo valores positivistas com seus ideais de engajar a população no novo regime, intervindo na paisagem e remodelando o espaço segundo uma concepção que previa um espaço de contemplação e embelezamento, ajardinado, no lugar dos festivos usos populares. De certa forma, os divertimentos populares, as festas e cultos religiosos foram substituídos pela religião cívica da República, ao mesmo tempo afirmando o princípio de que o povo deveria se transformar em cidadãos, mas evidenciando os limites desta inclusão. Conforme Americano, "dentro do gradeado que rodeava a Escola Normal estava a gente de categoria, a quem o porteiro da Escola abria o vão do portão"[34].

O projeto anterior de construir uma catedral na praça foi transformado no projeto da escola, um "templo da luz", "fonte da grandiosa elevação mo-

---

30. Jorge Nagle, *Educação e Sociedade na Primeira República*, Rio de Janeiro, EPU/MEC, 1976, pp. 99-100.
31. *Idem, ibidem*.
32. Sobre a arquitetura do edifício, ver Leila Regina Diégoli e Cassia Regina Carvalho de Magaldi, "O Edifício", em Maria Candida Delgado Reis (org.), *"Caetano de Campos..."*, pp. 31-37.
33. Silvia Ferreira Santos Wolff, *Escolas Para a República: Os Primeiros Passos da Arquitetura das Escolas Públicas Paulistas*, São Paulo, Edusp, 2010.
34. Jorge Americano, *São Paulo Naquele Tempo*, pp. 243-244.

ral e intelectual de São Paulo de amanhã", nas palavras de Caetano de Campos e Prudente de Moraes. O novo edifício era um "templo para instrução", conforme o jornal *O Estado de S.Paulo*, em 18 de outubro de 1890[35]. A pedra fundamental foi lançada em 17 de outubro de 1890, menos de um ano após a instauração da República.

A década de 1890, em que a Escola Normal foi inaugurada, foi um período de importantes obras de infraestrutura e edifícios públicos: Viaduto do Chá (1892), Quartel da Força Pública (1892), Museu Paulista (1893), Instituto Butantan (1899), Escola de Farmácia (1898), Escola Politécnica (1894), abertura da Avenida Paulista (1891), loteamento de Higienópolis (1893), diversos palacete residenciais e a remodelação do Largo do Palácio, com os edifícios da Tesouraria da Fazenda (1891) e Secretaria da Agricultura (1896), espaço que se tornou um "centro cívico"[36]. Cerca de vinte novas escolas públicas foram erguidas na capital e no interior do Estado e criadas duas Escolas Normais para formação de professores. Exemplos, entre outros, do desenvolvimento da cidade e da criação de instituições de formação de técnicos e profissionais para dar conta das novas demandas. Entre 1890 e 1900 a população da cidade cresceu de 69 934 habitantes para 239 820 mil[37]. Os primeiros anos da República foram, assim, período de intenso crescimento demográfico, urbano, reformas e edificações.

Com o espaço transformado em Praça da República, a partir de 1909 se ergueram na Praça quinze bustos, hermas, placas, monumentos e esculturas. Cem anos depois, em 2019, cinco deles estão desaparecidos, mas os que ficaram se tornaram não menos invisíveis do que os que se foram. Seria impróprio sugerir que houve um projeto organizado de memória da República naquele espaço, para além do monumental edifício, formando de forma planejada um panteão cívico de personagens. A cronologia de inauguração dos monumentos e esculturas evidencia a falta de planejamento, além de a maioria das iniciativas de erguer os monumentos ter sido de entidades da sociedade e não do poder público. Mas, a partir da Escola Normal, de alguma forma a praça

---

35. Patrícia Golombek, *Caetano de Campos: A Escola que Mudou o Brasil*, São Paulo, Edusp, 2016, pp. 98-100.
36. Paulo César Garcez Marins, "Nos Tempos da Fundação", em Maria Candida Delgado Reis (org.), *"Caetano de Campos": Fragmentos da História da Instrução Pública de São Paulo*, pp. 13-20.
37. *Memória Urbana: A Grande São Paulo até 1940*, São Paulo, Arquivo do Estado/Imprensa Oficial/Emplasa, 2001, vol. 2, p. 26.

se constituiu em um lugar da memória da República em São Paulo, central na cidade, e os monumentos foram se agregando e formando a posteriori um pequeno panteão cívico da República paulista. A praça atraiu iniciativas de organizações que viram ali o local desejado para erguer seu monumento e ser incluído no espaço de memória da República.

CESÁRIO, CAETANO, BERNARDINO

Mas, afinal, quem são os personagens dos monumentos? O que eles evocam? Na área em frente ao edifício da antiga Escola Normal, três hermas e bustos formam um conjunto de memória paulista ligada aos ideais republicanos, à educação e à Escola Normal: Cesário Motta, obra de Amadeo Zani, inaugurado em 1909; Caetano de Campos, também de Amadeo Zani, em 1930, e Bernardino de Campos, de Luiz Morrone, em 1941. Esta última está sem o busto. Na verdade, se além das estátuas olharmos os nomes homenageados nos cantos das colunas, temos um pequeno panteão cívico de personagens paulistas que evocam a República. Prudente de Moraes, por exemplo, é apenas uma referência lateral na estátua de Caetano de Campos, o primeiro diretor da Escola Normal mais reverenciado do que o terceiro presidente (primeiro civil) da República.

A herma em bronze de Cesário Motta (1847-1897), em frente à antiga Escola Normal, é provavelmente a estátua mais antiga da Praça, implantada em 15 de novembro de 1909 por iniciativa do Centro Acadêmico Onze de Agosto da Faculdade de Direito do Largo de São Francisco (depois incorporada à Universidade de São Paulo)[38]. Motta segura um livro com o título "O Futuro de um Povo". Pela data de inauguração infere-se que foi erguida para celebrar os vinte anos da proclamação da República.

Formado pela Faculdade de Medicina do Rio de Janeiro, Cesário Motta trabalhou como médico em Capivari, foi fundador do Partido Republicano Paulista (PRP) e se destacou na campanha de difusão do ensino primário e secundário. Fundou gabinetes de leitura em Porto Feliz e Capivari. Em 1887 se elegeu deputado na Assembleia Provincial e com Prudente de Morais e Martinho Prado

---

38. Pasta 04A.031.4/STLP / Inventário de Obras de Arte em Logradouros de São Paulo / Departamento do Patrimônio Histórico / Divisão de Preservação / Secretaria Municipal de Cultural / Prefeitura do Município de São Paulo. De agora em diante, citado como STLP.

constituiu o "triunvirato republicano". Após 1889 se elegeu deputado à primeira Constituinte. No governo Bernardino de Campos foi ministro do Interior e iniciou uma reforma educacional e sanitária. Foi um dos fundadores da Escola Politécnica, da Escola de Farmácia, do Ginásio do Estado e do Instituto Histórico e Geográfico de São Paulo. Faleceu em 1897. Tornou-se um ícone do professorado público, reformador-símbolo da instrução pública, convicto propagandista da educação do povo[39].

Próximo fica o busto de Caetano de Campos (1844-1891), médico, tendo servido na Guerra do Paraguai, professor da Faculdade de Medicina do Rio de Janeiro, médico da Santa Casa de São Paulo, primeiro diretor da Escola Normal no período republicano e responsável pela organização do ensino público paulista (sob a direção de Rangel Pestana) em 1890 na gestão de Prudente de Moraes como presidente do Estado. Uma primeira iniciativa de erguer esta estátua se deu em 1910, mas não se concretizou. Foi em 1929, com as comemorações do aniversário da Escola Normal da capital (e os trinta anos da República), que uma comissão decidiu erguer a herma, afinal inaugurada em 1930[40]. Atrás do pedestal está escrito: "Aos pioneiros do ensino na República. Gratidão do Professorado e da Infância das escolas do estado de São Paulo". Em seu pedestal há duas placas, em homenagem a (Francisco) Rangel Pestana (1839-1903), advogado, fundador do PRP, professor e diretor de escolas, deputado e senador (após 1889) por São Paulo, um dos idealizadores da construção do novo prédio da Escola Normal, e Prudente de Moraes (1841-1902), presidente da província de São Paulo, terceiro presidente do Brasil, primeiro civil a assumir a presidência. Originalmente, a herma ficava em frente à Escola, voltada para a praça.

Em 1937 já estavam concluídas as obras de um terceiro andar que abrigaria o Instituto de Educação e, em seguida, a Faculdade de Filosofia, Ciências e Letras da Universidade de São Paulo. O busto em bronze de Bernardino de Campos (1841-1915) foi implantado em 6 de setembro de 1941, centenário de seu nascimento, iniciativa de Silvio de Campos Filho[41]. O pedestal possuía três medalhões de bronze em alto relevo, de Rubião Junior, Alfredo Pujol e Vicen-

---

39. Luís Correia Melo, *Dicionário de Autores Paulistas*, São Paulo, Comissão do IV Centenário, 1954, p. 335-336.
40. Patrícia Golombek, *Caetano de Campos*, pp. 445-449.
41. Pasta 04A.030.4 / STLP.

te de Carvalho. O busto não se encontra mais. Em 1984 o DPH já constatava o roubo dos medalhões de Vicente de Carvalho e Alfredo Pujol.

Bernardino de Campos nasceu em Pouso Alegre (MG), mudou para São Paulo em 1859 e se formou em Direito em 1863. Foi deputado da Assembleia Provincial em 1888 e, depois de 1989, chefe da polícia e deputado constituinte. Em 1892 se tornou presidente do Estado, cargo que ocupou até 1896, quando se deu a inauguração da Escola Normal na praça, depois foi ministro da Fazenda, senador federal e em 1902 de novo presidente do Estado.

Os bustos destes três personagens e os medalhões evocam uma memória paulista dos ideais republicanos e da República, centrada no campo da educação e da Escola Normal da capital fundada em 1894, e formam um panteão cívico desta memória que atravessou o século, de 1909 a Carolina Ribeiro, como veremos adiante. Em São Paulo, como já mencionado, a construção da Escola Normal sintetizou os ideais da República. Os republicanos paulistas estavam imbuídos da ideia, da ideologia, da missão de ação do Estado em promover a escolaridade associada à cidadania, ao liberalismo e ao progresso econômico. Havia uma crença de que com a difusão das escolas o país incorporaria grandes camadas da população ao progresso e se tornaria uma grande nação, além de que se formaria o novo homem brasileiro[42].

Os republicanos estavam "imbuídos da 'ilusão liberal', ou seja, da crença no poder ilimitado da instrução como alicerce das instituições democráticas e instrumento de transformação social e reforma política" e da "responsabilidade do Estado no desenvolvimento da instrução popular". É possível ler estes ideais como um discurso que oculta as contradições entre o discurso liberal e a manutenção da ordem desigual, excludente, evidenciando os limites da cidadania e da democracia na República[43]. Mas também é possível ler estes ideais, mesmo reconhecendo sua evidente limitação e as formas de exclusão social, como a afirmação de ideias que, inerentes à sua própria contradição, indicavam a ampliação, mesmo lenta, controlada, desigual, de horizontes de cidadania ao povo[44].

42. Maria Luiza Marcílio, *História da Escola em São Paulo e no Brasil*, pp. 131-132.
43. Leonor Maria Tanuri, "A Escola Normal no Estado de São Paulo: De Seus Primórdios Até 1930", p. 42.
44. A página "Monumentos de São Paulo" do *site* do DPH cita também um busto de José Carlos de Macedo Soares na praça, inaugurado em 1969. Pasta 04A.035/STLP. Segundo a placa, foi uma homenagem

OSCAR, CAROLINA

Completando a celebração da memória da educação e política paulistas, mais duas estátuas[45]. Oscar Thompson, de Luiz Morrone, inaugurada em 1965, iniciativa dos alunos da Liga do Professorado Católico, Amigos e Admiradores, Normalistas de 1915. Segundo a placa, foi inaugurada no Jubileu de Ouro, em 15 de outubro de 1965[46]. Oscar Thompson (1872-1935) foi educador, diretor da Escola Normal da Capital[47] na Praça da República de 1901 a 1920. Advogado pela Faculdade de Direito do largo de São Francisco, foi também pioneiro na introdução de educação física nos cursos regulares, em 1921 se tornou diretor do Instituto Paulista de Jogos Estaduais e em 1930 se elegeu deputado estadual[48]. Em 2001 se constatou que a obra desapareceu, ficou apenas o pedestal.

A estátua, uma herma de bronze, mais próxima da antiga Escola Normal é a de Carolina Ribeiro (1892), a única estátua de mulher que restou na Praça da República. Inaugurada em 1982, centenário de seu nascimento, foi uma iniciativa da Comissão de Professores do Colégio Caetano de Campos[49]. Carolina é obra de Luiz Morrone, que tem outras 27 estátuas públicas na cidade, incluindo a de Pérola Byington, de 1978, que, antes de sumir, ficava em frente ao hospital de mesmo nome. Carolina Ribeiro é uma das oito estátuas de mulheres personagens históricas da cidade.

Professora primária no interior e na capital, diretora de escolas, primeira mulher diretora da Escola Normal (1939). Foi professora da Liga das Senho-

---

da Prefeitura de São Paulo (Administração Faria Lima) ao "grande estadista e escritor brasileiro".
45. Segundo o livro de Miriam Escobar, *Esculturas no Espaço Público em São Paulo* (Vega, s.d., p. 158), ficava na Praça também um busto do professor José Eduardo de Macedo Soares, de Luiz Morrone, inaugurada em 1953. Segundo o mesmo livro, ficava na Praça também o busto do poeta Álvares de Azevedo, inaugurada em 1907.
46. Pasta 04A.031.5 / STLP.
47. Conforme Renata Golombek, são as seguintes as denominações: Escola Normal da Capital (1895, a escola-modelo anexa recebeu o nome de Caetano de Campos), Escola Normal Secundária de São Paulo (1911), Escola Normal da Praça da República (1913, nome informal para diferenciar da Escola Normal do Brás), Escola Normal de São Paulo (1920), Instituto Pedagógico de São Paulo (1931), Instituto Caetano de Campos (1933), Instituto de Educação da Universidade de São Paulo (1934), Escola Normal Modelo (1938), Escola Caetano de Campos (1939), Instituto de Educação Caetano de Campos (1946), Instituto de Educação Estadual Caetano de Campos (1973), Escola de Primeiro e Segundo Graus Caetano de Campos (1976), pp. 757-758.
48. Luís Correia Melo, *Dicionário de Autores Paulistas*, p. 634.
49. Pasta 04A.031.3 / STLP.

ras Católicas na década de 1930 e diretora dos serviços de assistência às famílias dos combatentes da Revolução de 1932, professora da Liga das Senhoras Católicas e presidente da Liga do Professorado Católico[50]. Ela encarnava uma vertente do ativismo entusiasmado do professor, do papel do Estado, mas também em uma linha católica, contra outras tendências laicas, por exemplo. Carolina Ribeiro, portanto, representa ideais que combinam a defesa do papel primordial do Estado na educação, em defesa do professor, mas também do ensino católico e da presença da Igreja. Ela nos lembra como a vertente religiosa esteve dentro e foi central no projeto republicano de educação e em torno dos ideais de 1932. O amor à Pátria e a Deus se combinariam nessa corrente que se considerava os "novos bandeirantes" da educação[51].

PAUL HARRIS, MMDC, BADEN-POWELL, LUDWIG ZAMENHOFF

"Amizade entre os Povos" é uma placa em bronze inaugurada em 1936 durante a visita de Paul Harris (1868-1947), fundador e presidente do Rotary Internacional, ao Brasil. Harris viajou também para Buenos Aires, Santiago do Chile. A placa é também uma "Homenagem à Árvore"; Harris plantou uma árvore na Praça da República e depois plantaria outra no Jardim Botânico no Rio de Janeiro. Na placa está escrito: "Esta Árvore Aqui Plantada por Paul Harris em 08-04-1936, simboliza a amizade entre os povos"[52].

Num canto da praça fica uma pequena placa de bronze que lembra MMDC, os mortos de 1932 em uma manifestação em 23 de maio em frente à sede do Partido Popular Paulista (PPP), que apoiava Getúlio Vargas. Martins-Miragaia-Dráusio-Camargo foi uma iniciativa do Clube Piratininga, inaugurada em 23 de maio de 1956, dois anos após as celebrações dos quatrocentos anos de fundação da cidade. A inauguração teve a presença do governador Adhemar de Barros[53]. Na placa está escrito: "Foram Bravos / Foram Paulistas / Aqui Tombaram / Pelas Treze Listas". Esta placa é o único monumento na Praça da República que celebra um acontecimento, não um personagem associado a um fato (o monu-

---

50. Luís Correia Melo, *Dicionário de Autores Paulistas*, pp. 522-523.
51. Ana Regina Pinheiro, "Memória Herdada. A Educadora Carolina Ribeiro e o Vanguardeiro Ensino Paulista", *Revista Colombiana de Educación*, n. 61, pp. 141-159, segundo semestre de 2001.
52. Pasta 04A.031 / STLP.
53. Pasta 04A.030.1 / STLP.

mento Mausoléu ao Soldado Constitucionalista de 1932 foi parcialmente inaugurado em 1955 e de forma integral em 1970). A grandiosidade do Mausoléu e do Obelisco talvez expliquem a reduzida e discreta lembrança a 32 na praça.

Temos, assim, lembrados na Praça, a República, a educação pública como missão do Estado, a Escola Normal, a valorização do professorado, a presença da Igreja e do ensino católico, e, lateralmente, o movimento de 1932, como ideal da nação paulista, celebrada em seus ideais e evidente em suas limitações de inclusão social e cidadania de fato ao povo.

A entrada leste da Praça da República, de quem vem pela Avenida Vieira de Carvalho, com um busto virado para fora da Praça, é guardada pelo busto em bronze de Baden-Powell (1857-1914), obra de Vicente Larocca, o fundador do escotismo, general inglês que se tornou herói ao resistir ao exército Boer na África do Sul. Iniciativa da Comissão de Escoteiros de São Paulo, que a doou, foi inaugurada em 29 março de 1959[54]. A placa registra: "A Robert Stevenson Smith – Baden Powell, Escoteiro Chefe Mundial no local onde se fundou o movimento escoteiro no Brasil. UEB Região de São Paulo".

Intruso na memória da República? Único militar na Praça da República, cujos dois primeiros presidentes foram militares, Baden Powell nos faz lembrar como o escotismo, a partir da década de 1910, se tornou um método pedagógico, uma escola primária de civismo, utilizado no sistema público de ensino, aliando disciplina, formação de "caráter" e o aspecto lúdico. Powell criou um programa que unia jogos de treinamento com disciplina, patriotismo, estratificação etária, religião e treinamento militar, mas também jogos e divertimentos[55]. E com as excursões tão populares nos anos 1920, os escoteiros se tornariam os "novos bandeirantes". Também havia os Batalhões Escoteiros, incentivados pela Liga de Defesa Nacional, criada por Olavo Bilac. De alguma forma, a utilização do escotismo denunciava o que se considerava certa insuficiência da escola na formação do "caráter" de crianças e jovens, que precisaria ser robustecido, e o projeto de constituir uma nacionalidade forte para dar um destino grandioso à nação. Estas ideias depois se incorporariam

54. Pasta 04A.031.2 / STLP.
55. Judith Zuquim e Roney Cytrynowicz, "Notas para uma História do Escotismo no Brasil: A 'Psicologia Escoteira' e a Teoria do Caráter como Pedagogia do Civismo", *Educação em Revista – Faculdade de Educação da UFMG*, n. 35, pp.,43-58, jul. 2002.

sem grandes tensões aos ideais de organização de crianças e jovens de Vargas e do Estado-Novo. Temos, assim, acrescidos aos valores da república, a organização nos moldes do escotismo das crianças e dos jovens.

A Praça da República reserva também um achado surpreendente a quem se dispuser a encontrar uma pequena estátua em um gramado próximo ao prédio da Escola Normal. É um busto de argamassa pintada com cor de bronze (realizado por M. E. Sampaio) de Ludwig Zamenhoff (1859-1917), fundador do Esperanto, a língua universal, polonês, judeu ecomunista. Nascido em Bialistok, na época Império Russo, depois Polônia, tinha o polonês, o russo e ídiche como línguas. Foi oftalmologista. Talvez não exista proposta mais profundamente universalista do que criar uma língua que una todos os homens.

Este busto foi inaugurado em 20 de julho de 1969, durante a ditadura civil-militar, por iniciativa do Centro Esperantista Mackenzie / Associação Paulista de Esperanto / Cooperativa Cultural dos Esperantistas / Secretaria de Turismo e Fomento da PMSP[56]. Também é curioso que, na estátua, seu nome tenha sido abrasileirado para Luiz Lázaro. De todos os personagens da Praça da República, Zamenhoff talvez represente os ideais mais completos de igualdade, liberdade e fraternidade.

HOMENS OU HERÓIS?

Nenhuma das estátuas da Praça da República, entre bustos, hermas e esculturas cativa a atenção, mesmo a um olhar leigo, pela sua elaboração ou dimensão estética. Nenhuma delas (levando em conta as suas datas) parece sugerir qualquer relação com o Modernismo. "A República não produziu uma estética própria, nem buscou redefinir politicamente o uso da estética já existente", escreveu José Murilo de Carvalho[57]. A geração de pintores que retratou a República, por exemplo, foi formada no Império e muitos estavam ligados ao mecenato do Imperador. A história da definição da letra e da música do Hino Nacional é emblemática a respeito das continuidades entre Império e República. Além disso, José Murilo de Carvalho, indagando sobre a ausência da figura da mulher como símbolo da República no Brasil

---

56. Pasta 04A.031.1 / STLP.
57. José Murilo de Carvalho, *A Formação das Almas*, p. 86.

(levando em conta o modelo francês), se refere à falta de dramaticidade do evento da proclamação, a falta de densidade popular, capaz de despertar a inspiração artística[58].

E as estátuas da Praça da República são modestas em suas dimensões, inclusive pouco exaltatórias, ou seja, produzem poucos "discursos" em sua ausência de símbolos (exceção ao livro de Cesário Motta), ainda mais se comparáveis às grandes estátuas em celebração à República existentes, por exemplo, no Rio de Janeiro.

As estátuas da Praça da República não são comparáveis, nem de longe, em sua dimensão, às grandes estátuas que marcam eventos da história de São Paulo, onde o eixo central de monumentos é, sem dúvida, o corredor que vai do monumento dos bandeirantes, de Brecheret, ao Obelisco de 1932, no Ibirapuera. Estes monumentos representavam o eixo de uma "nacionalidade paulistana" bandeirante e devota da memória de 32. Incluindo outra datas paulistanas, nenhum busto ou herma da praça se compara, nem de longe, em sua dimensão, a monumentos como *Glória Imortal aos Fundadores de São Paulo* (Amadeo Zani), no Pátio do Colégio, de 1925; *Monumento à Independência do Brasil* (Ettore Ximenez), localizado no Parque da Independência no Ipiranga, concluído em 1922; *Monumento a Ramos de Azevedo* (Galileo Emendabili), inaugurado em 1933, inicialmente na avenida Tiradentes e depois transferido para a Cidade Universitária[59]; *Monumento às Bandeiras*, no Ibirapuera, inaugurado em 1953; *Monumento a Duque de Caxias* (Victor Brecheret), iniciado nos anos 1940 e inaugurado em 1960, na Praça Princesa Isabel; a estátua de Borba Gato (Julio Guerra), de 1962, ou ainda ao conjunto escultórico no Vale do Anhangabaú.

Estes exemplos apenas sugerem que outros eventos históricos e personagens receberam, entre os anos 1920 e 1960, estátuas monumentais na cidade. Mas não, curiosamente, a República como acontecimento e movimento histórico. Ou a Abolição da escravidão. De alguma forma, os personagens evocados pela memória republicana não ganharam uma dimensão épica de heróis como Borba Gato, Duque de Caxias e Ramos de Azevedo, apenas para citar três exemplos,

---

58. Idem, p. 96.
59. Cristina Freire, *Além dos Mapas: Os Monumentos no Imaginário Urbano Contemporâneo*, São Paulo, Annablume/Sesc/Fapesp, 1997.

"símbolos poderosos, encarnações de ideias e aspirações, pontos de referência, fulcros de identificação coletiva"[60]. O Duque de Caxias, herói do Império, passou a representar não apenas a união do exército, mas da nação, uma faceta conservadora da República[61].

Seria este um valor que, em São Paulo, poderia significar que a memória dos personagens republicanos, educadores, eternizados nas estátuas de bronze indicasse um caminho de trabalho, de ideais e valores de dimensão e escala humanos, acessíveis aos homens (e mulheres), aos professores, aos diretores, aos políticos republicanos, médicos, advogados, aos homens da elite, aos movimentos cívicos da elite? Homens em ação, construtores e reformadores de instituições – e não heróis? E, principalmente, monumento às instituições representadas pela monumental Escola Normal? "Todo regime político busca criar seu panteão e salientar figuras que sirvam de imagem e modelo para os membros da comunidade. Embora heróis possam ser figuras totalmente mitológicas, nos tempos modernos são pessoas reais", escreveu Murilo de Carvalho[62].

Foi nos anos 1910, no Liceu de Artes e Ofícios, que a fundição artística se consolidou em São Paulo, impulso associado também à execução do *Monumento a Independência*, no qual trabalharam imigrantes italianos que, depois, abririam fundições comerciais, como De Mingo, Rebelatto e Amadeo Zani[63]. A arte e a técnica da escultura em bronze, escreveu o artista plástico Israel Kislansky:

> [...] serviu como nenhuma outra para compor signos de identidade de povos e culturas, representando-os pelos mais diversos tipos de marcos, dos históricos ou religiosos aos puramente estéticos da contemporaneidade. O Brasil adquiriu com grande rapidez uma técnica exemplar e altamente sofisticada de fundição em metal para obras de arte, porém, tão rápida como foi sua "época de ouro" foi também o declínio e quase desaparecimento desta tradição[64].

60. José Murilo de Carvalho, *A Formação das Almas*, p. 55.
61. *Idem* p. 53.
62. *Idem*, p. 14.
63. Gilberto Habib Oliveira, "Um Olhar sobre a Fundição Artística no Brasil", *Fundição Artística no Brasil*, São Paulo, Sesi-sp, 2012, pp. 24-25.
64. Israel Kislansky, "A Visão de um Escultor", *Fundição Artística no Brasil*, São Paulo, Sesi-sp, 2012, p. 62.

Para Kislansky, a fundição e a escultura em bronze atingem seu ápice em São Paulo entre 1948 e 1952 e tem como marco o Duque de Caxias, de Brecheret (e depois Bruno Giorgi em Brasília; no Rio de Janeiro, desde o século 19 na Escola Nacional de Belas Artes também se desenvolveu uma tradição)[65].

Apesar da perda de visibilidade dos monumentos em uma cidade como São Paulo, existe uma sensibilidade construída e que permanece. Monumentos figurativos em bronze têm sido, ao longo do tempo, uma opção eficaz para disseminar "postulados cívicos e, por que não, da ideologia, da moral, das leis e dos costumes de sociedades que, por meio do imaginário nacionalista, difundiram uma infinidade de valores correlatos, mundo afora, a partir da Revolução Francesa", escreveu Gilberto Habib Oliveira[66].

OS AUSENTES

Tanto quanto registrar a presença desses republicanos paulistas é interessante se perguntar sobre as ausências, as estátuas que poderiam ter sido colocadas em uma Praça "da República". A lista hipotética de ausências é extensa e significativa. Começa pelo Marechal Deodoro da Fonseca, primeiro presidente da República e se estende aos outros presidentes, inclusive os paulistas. Prudente de Moraes, como já referido, primeiro presidente civil da República, paulista, é lembrado na lateral de um dos bustos. Entre os heróis celebrados pela República, a lista de ausentes poderia também começar com Tiradentes, tornado pela república símbolo máximo e mártir da luta pela liberdade. O dia 21 de abril se tornou feriado em 1890 juntamente com o 15 de novembro[67].

O lugar de índios e negros na celebração da memória (ou ausência de) da República será comentado mais adiante. Mas o fato é que não há na Praça da República nenhum monumento alusivo à Abolição da escravidão ou à presença dos negros no Brasil. Ou um monumento à (promessa de) cidadania para todos. Mas talvez a ausência maior seja uma estátua/monumento à própria República (além do edifício da Escola Normal).

---

65. *Idem*, p. 67.
66. Gilberto Habib Oliveira, "Um Olhar sobre a Fundição Artística no Brasil", pp. 14-15.
67. José Murilo de Carvalho, "Tiradentes: Um Herói para a República", em *A Formação das Almas*, pp. 55-73.

Depois, correndo as décadas da República, Getulio Vargas nem nome de avenida é em São Paulo. Nada também de um monumento, por exemplo, a Juscelino Kubitschek, também, nome de avenida conhecida em São Paulo e também de um shopping-center, o JK (aliás, Frei Caneca também é nome de rua e de shopping-center – os dois únicos personagens que dão nome aos shoppings na cidade de São Paulo). Mas antes de avançar em que ou quem mais ficou de fora da memória do panteão cívico, convém explorar ainda as outras estátuas-esculturas presentes.

ESCULTURAS ORNAMENTAIS

Três esculturas ornamentais, *Mercúrio em Repouso*, *Ninando a Boneca* e *Mulher Nua* foram inauguradas entre 1938 e 1944, durante a gestão de Prestes Maia como prefeito.

Ninando a Boneca, de Lelio Coluccini, provavelmente realizada em 1944 e implantada logo em seguida, é de granito polido cinza e claro com pedestal de granito[68]. Adquirida pela prefeitura durante a gestão de Francisco Prestes Maia (1938-45) que quis colocar na praça uma obra sobre a infância. A obra ficava no Parque Infantil na Praça da República (que mantinha, junto à Escola Normal, um Jardim de Infância, demolido nos anos 1940/1950). Hoje fica dentro da EMEI Armando de Arruda Pereira[69]. *Ninando a Boneca* remete à infância e ao brincar, mas também ao brincar de mãe e cumprir, assim, um papel bem estabelecido reservado às mulheres (não é, por exemplo, uma menina com livro).

Mercúrio em Repouso é um bronze de autoria coletiva do Liceu de Artes e Ofícios e foi iniciativa do Prefeito Prestes Maia, implantado entre 1938 e 1945[70]. *Mulher Nua*, escultura de Charis Brandt (conhecida como Charitas Brandt Lienert ou Charitas Brandt Gaspari), foi possivelmente encomendada pelo prefeito Prestes Maia entre 1938 e 1945, a exemplo da obra *Ascensão*, da mesma escultora, para ornamentar praças e jardins da cidade[71]. A estátua está desaparecida. Em 1991, durante uma vistoria da Divisão Técnica de Pre-

---

68. Pasta 04A.029.4 / STLP.
69. A escultura não é visível na Praça, apenas olhando a partir da grade da escola.
70. Pasta 04A.029.2 / STLP.
71. Pasta 04A.029.3 / STLP.

servação, constatou-se que a escultura havia sido retirada e a informação da Regional da Sé era a de que a escultura havia sido retirada porque estava solta e poderia tombar e, assim, teria sido removida para a Casa da Administração da Praça da República, onde teria ficado guardada. A Divisão sugeriu contato com a Regional para providenciar a reimplantação da obra. Em 1994, uma informação diferente circulou, a de que a escultura fora "retirada do pedestal por supostos ladrões, que não conseguiram carregar os seus 100 kg de bronze e a abandonaram no meio da praça"[72].

É emblemático que *Mulher Nua* tenha desaparecido da Praça da República, onde havia apenas duas estátuas de mulheres, incluindo a de Carolina Ribeiro. Um dos elementos marcantes do imaginário republicano francês foi o uso da alegoria feminina para representar a república[73], mas no Brasil não havia uma base para que tal representação se tornasse relevante como símbolo da República, as mulheres eram excluídas da política e só passaram a votar em 1934.

Sabiá Laranjeira é a quarta escultura ornamental da praça, obra de Claudie Hasson Dunin Borkowsky (francesa naturalizada brasileira). Ave brasileira, ave símbolo de São Paulo, a escultura foi inaugurada em homenagem ao Dia da Ave, instituído pelo Decreto Estadual 46.797, de 22 de setembro de 1966 e implantada em 5 de outubro de 1967[74]. É de alvenaria revestida de cimento. A escultura aparentemente ficava no meio do lago. A peça foi furtada, só restou o suporte.

OS EXCLUÍDOS

Mas quem mais ficou fora da nossa Praça da República? O povo? Os imigrantes? De alguma forma os imigrantes estão presentes, já que quem esculpia as estátuas eram em geral os mestres e artistas imigrantes, parte deles alunos e professores do Liceu de Artes e Ofícios, artistas e artesãos que moldaram nossas imagens da República, mas este seria um tema mais longo, os modelos e ideais, a forma que eles deram à representação da República paulista.

---

72. Pasta 04A.029.3 / STLP. Em 1998 a base ainda estava no local, na esquina com a 24 de maio.
73. José Murilo de Carvalho, "República-Mulher: Entre Maria e Marianne", *A Formação das Almas*, pp. 75-96.
74. Ficha de 16-12-1985 da Seção Técnica de Levantamentos e Pesquisa / Seção de Laboratório de Restauro

Os índios? A escultura *Índio Caçador*, realizada em 1939, implantada em 1940, foi encomendada por Prestes Maia[75]. Localiza-se na Avenida Vieira de Carvalho, muito próxima da Praça, mas fora dela, olhando para a (Praça da) República. Na ficha do DPH está escrito: "Esta escultura foi implantada durante a gestão do Prefeito Prestes Maia. Neste período ficou evidente o interesse pelos temas de valorização da etnia brasileira". Em 1939 comemoravam-se os cinquenta anos da proclamação da República e, assim, a encomenda dessa estátua pode estar relacionada a uma ideia de celebrar a contribuição do índio. Em 1939 havia apenas três esculturas/estátuas na Praça da República: Cesário Motta (1909), Caetano de Campos (1930) e Placa/Marco Paul Harris (1936).

No entanto, a escultura mostra um índio idealizado, na calçada que divide a rua, que olha a república de fora da praça, de fora do seu território e fronteiras e aparentemente pronto para caçar. Romantizado como um bom selvagem, em uma pose de caça que parece (anatomicamente) irreal, parece mais um personagem que caberia em uma representação dos bandeirantes e sua visão dos índios. Pelo inventário do DPH, são três as estátuas de índios na cidade de São Paulo, diante de uma memória, a da presença indígena, ampla e sistematicamente apagada.

Excluída a memória dos negros? No Largo do Arouche, a cerca de 500m da Praça da República, a herma de Luiz Gonzaga Pinto da Gama (1830-1882), inaugurada em 1931, talvez seja agora a mais conhecida das estátuas em São Paulo em referência aos negros e à escravidão (junto à Mãe Preta, de Julio Guerra). Poeta, jornalista, advogado, militante republicano e abolicionista, Luiz Gama representa não apenas a memória da escravidão (Gama nasceu livre, mas foi vendido como escravo aos dez anos de idade), mas a presença dos negros como sujeitos e protagonistas das lutas por sua liberdade e a sua participação literária, intelectual e política na luta pela Abolição da escravidão e pelo advento da República[76].

Autor de *Primeiras Trovas Burlescas de Getulino*, em 1859 e, segundo Ligia Fonseca Ferreira, no momento em que o negro-escravo começava a despontar como tema na poesia ou no romance, Gama fincaria uma voz diferenciada,

---

75. Pasta 04A.032 / STLP.
76. Ligia Fonseca Ferreira(org.), *Primeiras Trovas Burlescas & Outros Poemas / Luiz Gama*, São Paulo, Martins Fontes, 2000.

a do "negro-autor", até então ausente na literatura brasileira, antecipando-se a Cruz e Souza e Lima Barreto"[77]. Luiz Gama foi cofundador, com Angelo Agostini, do semanário *Diabo Coxo*, em 1864, primeiro jornal ilustrado da cidade, e também satírico, e depois colaborador do *Cabrião*[78]. Ainda conforme Ligia Fonseca Ferreira, a atuação de Luiz Gama, em particular na década de 1860, foi intensa e marcante. Como um dos fundadores do Clube Radical Paulistano, proferia conferências públicas nas quais, para audiências de centenas de pessoas, atacava os "desmandos do poder imperial, a corrupção do judiciário, a hipocrisia escravista e a falsa grandeza dos homens". Nos anos 1880, tornou-se "símbolo do verdadeiro ideal republicano e abolicionista reverenciado em todo o país"[79].

Ao lado da escultura *Mãe Preta*, de Julio Guerra, de 1955, e de lugares da memória como a igreja Nossa Senhora do Rosário dos Homens Pretos, no Largo Paissandu, o antigo Largo do Rosário e o território do antigo cemitério dos negros na Liberdade, a herma de Luiz Gama é um dos poucos, e fundamentais, monumentos e lugares da cidade que lembram os habitantes negros. Em 2016 foi inaugurada uma estátua de Zumbi dos Palmares na Praça Antônio Prado, antigo Largo do Rosário.

A herma em bronze (com pedestal de granito lavrado) foi uma iniciativa do jornal *Progresso*, editado por negros, fundado para tratar das celebrações do centenário do aniversário de Luiz Gama e que se tornou o órgão noticioso da comissão da herma do Luiz Gama. A herma foi realizada em 1929-1931 e inaugurada em 22 de novembro de 1931[80]. A peça tem 1,10 m e o pedestal tem 1,55 m[81]. Na placa que havia no pedestal estava escrito:

Comissão Executiva: Argentino Celso Vanderley; Horácio da Cunha; Adalberto Pires de Freitas; Benedito Henrique Dias; Euclides Silvério dos Santos; João Eugenio da Costa;

---

77. *Idem*, p. XV.
78. Ligia Fonseca Ferreira, *Com a Palavra, Luiz Gama. Poemas, Artigos, Cartas, Máximas*, São Paulo, Imprensa Oficial, 2018, 1ª reimpressão.
79. Ligia Fonseca Ferreira, *Com a Palavra, Luiz Gama*, pp. 91-101.
80. Lúcia Klück Stumpf e Júlio César de Oliveira Vellozo, "'Um Retumbante Orfeu de Carapinha' no Centro de São Paulo: A Luta pela Construção do Monumento a Luiz Gama", *Estudos Avançados 32 (92)*, pp. 167-191, 2018.
81. Pasta 04A.036 / STLP.

Raul de Moraes; Lino Guedes. São Paulo, 22-11-1931. Granito oferecido pelo G.C. Campos Elíseos. Inscrição: Luiz Gama por Iniciativa do Progresso Homenagem dos Pretos do Brasil.

A inauguração da herma foi "uma festa muito bonita. O Largo do Arouche ficou coalhado de negros. E houve também a presença de políticos e intelectuais brancos, como por exemplo, o Dr. Macedo Soares, um político de família tradicional. Foi impressionante aquela manifestação"[82]. O Clube Negro de Cultura Social criou uma prova de pedestrianismo com o título de "13 de maio" e todo 13 de maio saía do Largo do Arouche, do pé da herma de Luiz Gama, e voltava ao ponto de partida.

Segundo Lúcia Klück Stumpf e Júlio César de Oliveira Vellozo, quando se constituiu em 1929 a Comissão Pró-Herma de Luiz Gama, composta de um círculo em torno do jornal *Progresso*, a comissão oficiou ao prefeito de São Paulo pedindo a indicação de uma praça adequada para receber o monumento[83]. Em 1930, após receber a promessa de um apoio financeiro da Câmara Municipal e definido o escultor Yolando Mazzoli, a comissão solicitou um espaço na "parte ajardinada do Largo do Arouche".

Em 1931 havia apenas duas esculturas/estátuas na Praça da República: Cesario Motta (1909) e Caetano de Campos (1930), recém-inaugurada. Pode-se apenas conjecturar porque a herma, iniciativa de um jornal e associação de negros, não foi colocada na Praça da República e sim no vizinho Largo do Arouche. Após uma campanha intensa e dificuldades na arrecadação de recursos, o busto foi inaugurado em 1931. A escultura *A Menina e o Bezerro*, de L. Christophe, no Largo do Arouche, é do final dos anos 1910 e o Arouche era local prestigiado e vitrine da cidade, conforme aas informações disponíveis no site do DPH:

A escultura *A Menina e o Bezerro* enfeita os jardins do Largo do Arouche desde o início da década de 10. Era um dos últimos vestígios bucólicos na cidade que já se tornava uma metrópole. Obra do escultor carioca Luiz Christophe foi encomendada pelo prefeito

---

82. Cuti (org.), *E Disse o Velho Militante José Correia Leite. Depoimentos e Artigos*, São Paulo, SMC, 1992, p. 88, a partir de anotação na Pasta 04A.036 /STLP.
83. Lúcia Klück Stumpf e Júlio César de Oliveira Vellozo, "'Um Retumbante Orfeu de Carapinha' no Centro de São Paulo...", p. 173.

Raymundo Duprat para embelezar o prestigiado local, que na época era uma das vitrines da cidade[84].

A escultura *Amor Materno*, de C. Virion, no Arouche, também é do final dos anos 1910. *Depois do Banho*, de Brecheret, foi inaugurada logo após a herma de Luiz Gama, em 1932. Fica a referência de um "lugar prestigiado" e "vitrine da cidade", que era embelezado por obras encomendadas pelo prefeito. Apenas como conjectura, ainda, cabe indagar se a escolha do local para a herma de Luiz Gama foi uma estratégia pensada de ficar, em local socialmente prestigiado, próximo à Praça da República, sem disputar um espaço que talvez fosse o território oficial da memória da (elite branca) da República ou se o Largo do Arouche era um lugar de prestígio suficiente e próximo à República – onde depois seria instalada a sede da Academia Paulista de Letras e um pequeno jardim de esculturas de escritores, entre eles Guilherme de Almeida (Luiz Morrone, 1983), Afonso D'Escragnolle Taunay (Claude Dunin, 1965), Aureliano Leite (Luiz Morrone, 1979)[85].

DIVERSIDADE LGBT

Por fim, a mais recente estátua e escultura na Praça da República, *Meu Coração Bate Como o Seu*, de Guto Requena, é uma escultura pública em homenagem ao ativismo LGBTs em um lugar de memória da luta pelos direitos LGBT. A escultura é composta de caixas de som que tocam trechos de depoimentos e à noite luzes pulsam em ritmo de batimento cardíaco. A escultura fica em um lugar da memória da comunidade LGBT, lembrando que na estação República do metrô fica o Museu da Diversidade Sexual e a praça, a avenida Vieira de Carvalho e o Largo do Arouche são lugares importantes, históricos, de encontros da comunidade LGBT.

A Praça da República é um lugar da memória ou o lugar da memória da República na cidade de São Paulo. Mas não por suas estátuas e sim pela presença do prédio da Escola Normal, atual sede secretaria de Estado da Educação, e ainda chamado de Caetano de Campos. A presença da autoridade máxima

---

84. http://www.monumentos.art.br/monumento/a_menina_e_o_bezerro
85. Miriam Escobar, *Esculturas no Espaço Público em São Paulo*, Vega, s.d., pp. 169-171.

de Educação no Estado mantém uma identidade com um valor símbolo da República paulista e dos seus ilustres personagens e, também por isso, torna o espaço da praça palco central de manifestações e protestos de professores. Mas não deixa de ser emblemático como as manifestações não estabelecem qualquer relação com as estátuas ou, ainda, para plantar novas, nem que fosse intervenções efêmeras, como, por exemplo, um busto de Paulo Freire ou um monumento ao "herói professor anônimo". Assim, as estátuas são invisíveis, nada dizem, à memória dos transeuntes diários, dos manifestantes; não remetem nem a qualquer ideia idealizada ou real de República.

A Praça da República continua sendo um lugar central da cidade nos anos 2020, tomada pela população, pelo povo, com todas as contradições da cidade, entre um cotidiano de passagem, de descanso e de contemplação, de encontros amorosos, uma feira de artesãos aos domingos, de comidas populares, cultos evangélicos, local de encontro de grupos de música e celebrações de imigrantes de países africanos, de roda de capoeira aos domingos, de descanso de moradores de rua, de algum eventual pescador fortuito que se aventura com sua vara de pescar nos lagos da praça, de prostituição, de muita polícia, comércio de drogas ilícitas e assim por diante. República sem idealizações. A seu modo, este espaço público se tornou um lugar da memória cheio de silêncios e de apagamentos, mas também cheio de vida e de presença da população, ou seja, de alguma forma ocupado pelo povo cuja presença foi limitada na proclamação em 1889, na concretização dos ideais republicanos e na memorialização da praça.

A Praça da República é, assim, um lugar da memória, da República, com seu projeto de educação, cidadania e progresso liberal – com todos seus limites e suas exclusões – como missão do Estado, da República e projetos das elites paulistas. Lugar da memória da escola e da educação pública, tendo como símbolo o "Caetano de Campos", seja celebrando a missão do Estado, seja mitificando essa missão que não excedia os limites das classes médias entre a maioria dos seus alunos. Lugar da memória LGBT, de suas lutas, da violência, mas também de seus encontros, amores e convívios. Lugar do povo, dos novos imigrantes africanos e latino-americanos, dos pobres, que ocupam a praça, se enraízam nela, mas sem ainda estarem integralmente incluídos nos ideais de cidadania da República. Talvez seja a Praça da República o espaço na cidade para receber novos monumentos em memória da liberdade e da resistência dos negros e dos índios à escravidão e ao genocídio, enraizando novos significados a este lugar da memória da República.

REFERÊNCIAS BIBLIOGRÁFICAS

AMARAL DICK, Maria Vicentina de Paula do. *A Dinâmica dos Nomes na Cidade de São Paulo 1554-1897*. São Paulo, Anablume, 1987.

AMERICANO, Jorge. *São Paulo Naquele Tempo (1895-1915)*. São Paulo, Narrativa Um/Carbono 14/Carrenho, 2004.

CARVALHO, José Murilo de. *A Formação das Almas. O Imaginário da República no Brasil*. São Paulo, Companhia das Letras, 1990.

_____. *Os Bestializados. O Rio de Janeiro e a República que Não Foi*. São Paulo, Companhia das Letras, 1987.

_____. "Tiradentes: Um Herói para a República". *A Formação das Almas*, pp. 55-73.

CARVALHO, Marta Maria Chagas de. *A Escola e a República e Outros Ensaios*. Bragança Paulista, Edusf, 2003.

CUTI (org.)[Luiz Silva]. *E Disse o Velho Militante José Correia Leite. Depoimentos e Artigos*. São Paulo, SMC, 1992. (A partir de anotação na Pasta 04A.036 /STLP).

CYTRYNOWICZ, Roney. "A História Nossa de Cada Dia e Seus 'Lugares da Memória'". *Revista URBS*, ano 5, n. 24, dez. 2001/jan. 2002.

_____. *Guerra Sem Guerra. A Mobilização e o Cotidiano em São Paulo Durante a Segunda Guerra Mundial*. São Paulo, Edusp, 2000.

_____. & ZUQUIM, Judith. "Notas para uma História do Escotismo no Brasil: A 'Psicologia Escoteira' e a Teoria do Caráter como Pedagogia do Civismo". *Educação em Revista – Faculdade de Educação da UFMG*, n. 35, pp. 43-58, jul. 2002.

ESCOBAR, Miriam. *Esculturas no Espaço Público em São Paulo*, Vega, s.d., pp. 169-171.

FERREIRA, Ligia Fonseca (org.). *Primeiras Trovas Burlescas & Outros Poemas / Luiz Gama*. São Paulo, Martins Fontes, 2000.

_____. *Com a Palavra, Luiz Gama. Poemas, Artigos, Cartas, Máximas*. São Paulo, Imprensa Oficial, 2018, 1ª reimpressão.

FREIRE, Cristina. *Além dos Mapas: Os Monumentos no Imaginário Urbano Contemporâneo*. São Paulo, Annablume/Sesc/Fapesp, 1997.

GOLOMBEK, Patrícia. *Caetano de Campos: A Escola que Mudou o Brasil*. São Paulo, Edusp, 2016.

KISLANSKY, Israel. "A Visão de um Escultor". *Fundição Artística no Brasil*. São Paulo, Sesi-SP, 2012.

LE GOFF, Jacques. *História e Memória*. Campinas, Editora da Unicamp, 1990.

MACIEL, Laura Antunes. "Uma Praça para a República". *In*: REIS, Maria Candida Delgado (org.). *"Caetano de Campos": Fragmentos da História da Instrução Pública em São Paulo*. São Paulo, Associação dos Ex-Alunos do Instituto de Educação Caetano de Campos, 1994.

"MAPPA da Capital da Pcia. de S. Paulo, Seos Edifícios Públicos, Hoteis, Linhas Ferreas, Igrejas, Bonds, Passeios, etc.", publicado por Francisco de Albuquerque e Jules Martin em julho 1877, *São Paulo Antigo: Plantas da Cidade*, Comissão do IV Centenário da cidade de São Paulo, 1954.

MARCÍLIO, Maria Luiza. *História da Escola em São Paulo e no Brasil*. São Paulo, Imprensa Oficial/Instituto Fernand Braudel, 2005.

MARINS, Paulo César Garcez. "Nos Tempos da Fundação". *In*: REIS, Maria Candida Delgado (org.). *"Caetano de Campos": Fragmentos da História da Instrução Pública em São Paulo*. São Paulo, Associação dos Ex-Alunos do Instituto de Educação Caetano de Campos, 1994.

MILANO, Miguel. *Os Fantasmas da São Paulo Antiga (Estudo Histórico-Literário da Cidade de São Paulo)*, São Paulo, Saraiva, 1949.

MELO, Luís Correia. *Dicionário de Autores Paulistas*. São Paulo, Comissão do IV Centenário, 1954.

MEMÓRIA URBANA. *A Grande São Paulo Até 1940*. São Paulo, Arquivo do Estado/Imprensa Oficial/Emplasa, 2001, vol. 2, p. 26.

NAGLE, Jorge. *Educação e Sociedade na Primeira República*. Rio de Janeiro, EPU/MEC, 1976.

OLIVEIRA, Gilberto Habib. "Um Olhar Sobre a Fundição Artística no Brasil". *Fundição Artística no Brasil*, São Paulo, Sesi-SP, 2012, pp. 24-25.

"PLANTA da Capital do Estado de S. Paulo e Seus Arrabaldes, Desenhada e Publicada por Jules Martin em 1890". *São Paulo Antigo. Plantas da Cidade*. Comissão do IV Centenário da Cidade de São Paulo, 1954.

PINHEIRO, Ana Regina. "Memória Herdada. A Educadora Carolina Ribeiro e o Vanguardeiro Ensino Paulista". *Revista Colombiana de Educación*, n. 61, pp. 141-159, segundo semestre de 2001.

REIS, Maria Candida Delgado (org.). *"Caetano de Campos": Fragmentos da História da Instrução Pública em São Paulo*. São Paulo, Associação dos Ex-Alunos do Instituto de Educação Caetano de Campos, 1994.

SCHMIDT, Afonso. *São Paulo de Meus Amores*. Clube do Livro São Paulo, 1954.

SEVCENKO, Nicolau. *Literatura como Missão. Tensões Sociais e Criação Cultural na Primeira República*. São Paulo, Companhia das Letras, 2003.

STUMPF, Lúcia Klück & VELLOZO, Júlio César de Oliveira. "'Um Retumbante Orfeu de Carapinha' no Centro de São Paulo: A Luta pela Construção do Monumento a Luiz Gama". *Estudos Avançados 32 (92)*, pp. 167-191, 2018.

TANURI, Leonor Maria. "A Escola Normal no Estado de São Paulo: De Seus Primórdios até 1930" *In*: REIS, Maria Candida Delgado (org.). *"Caetano de Campos": Fragmentos da História da Instrução Pública em São Paulo*. São Paulo, Associação dos Ex-Alunos do Instituto de Educação Caetano de Campos, 1994.

WOLFF, Silvia Ferreira Santos. *Escolas Para a República: Os Primeiros Passos da Arquitetura das Escolas Públicas Paulistas*. São Paulo, Edusp, 2010.

13

E se Ouvíssemos as Estátuas da Cidade? Uma Retomada das Experiências com o Espaço Público da Cidade de São Paulo

PAULA ESTER JANOVITCH

A PROPOSTA DE OUVIRMOS as estátuas da cidade não nasceu nova. De fato, isso aconteceu numa coluna temporária de um pequeno jornal humorístico de São Paulo do início do século XX, *O Queixoso (1915-1916)*, em que um dos colaboradores era nada mais nada menos que o escritor Monteiro Lobato. São apenas seis colunas temporárias nas quais o "jornalista X.P.T.O", provavelmente o próprio Monteiro Lobato, conversa com alguns bustos e esculturas de corpo inteiro de personagens ilustres da história nacional para saber como os monumentos estão se sentindo no espaço público.

Temos lá uma entrevista com o Padre Feijó e como consegue se equilibrar nos dias de ventania; com o busto do Garibaldi que revela, entre muitas coisas, que sente inveja do Padre Feijó e do José Bonifácio, o Moço porque foram representados de corpo inteiro; o busto de um Álvares de Azevedo arrependido de ser Álvares de Azevedo[1]; um José Bonifácio decepcionado com

---

1. Antes do busto de Álvares de Azevedo ser implantado onde esta hoje, no Largo de São Francisco, seu lugar original foi na Praça da República. Retirado de lá pelos estudantes da Faculdade de Direito que "retomaram" para si seu colega ilustre. Outra polêmica sempre grassou sobre a imagem representada de Álvares de Azevedo, a semelhança com outro escritor e colega, Fagundes Varella apropriada de forma humorística na entrevista de *O Queixoso* com seu busto.

a estudantada da Faculdade de Direito do Largo de São Francisco[2]; e ainda o nosso representante da educação, Cesário Motta , ilustre "paladino da instrução publica", assunto tão em voga nos recentes movimentos de ocupação das escolas públicas ocorridos em São Paulo em 2016.

Conjecturamos que o tal repórter x.p.t.o lançou uma ideia que não se presta apenas às animadas enquetes jornalísticas, literárias e humorísticas dos moderníssimos anos, curiosamente chamados de *pré-modernistas*. Anos nos quais a linguagem libertava-se dos formalismos e permitiam-se experiências com a escrita e com o espaço urbano. Eram abordagens coloquiais, diretas, que integravam a presença dos imigrantes, dos caipiras e os novos artefatos técnicos que alteravam de forma radical e repentina as escalas de tempo e espaço na cidade de São Paulo.

Destas experiências de ruptura do início do século xx para a cidade atual, parece que a nossa vivência no espaço público foi minguando, tornando-se cada vez mais funcional e menos lúdica; se por um longo tempo o fluxo dos carros deu o ritmo deste empobrecimento das vias públicas, hoje somos guiados por aplicativos e GPS, que nos conduzem para um destino certo através do espaço virtual. Porém, perdemos a riqueza dos percursos, a maravilhosa arte de perder-se pela cidade, simplesmente porque a experiência como nosso patrimônio cultural mais caro deu lugar à funcionalidade. Chegamos mais rápido, mas não sabemos quase nada do caminho que percorremos. Como nos lembra Walter Benjamin, empobrecemos nossas vivências à medida que a experiência foi sendo subtraída da nossa convivência[3].

Neste sentido, é mais do que necessário uma volta às experiências com o lugar, sejam das aventuras solitárias, silenciosas e sem rumo, às derivas ou percursos mais dirigidos; estes que nos colocam em contato com a história da cidade e transformam o desconhecido espaço do percurso em um lugar de narrativas próprias ou esquecidas. Todas as formas de

---

2. A estátua de José Bonifácio, o Moço (1890) ficava bem na frente da Faculdade de Direito do largo de São Francisco. Em 1935 foi retirada devido a obras viárias para desafogamento do trânsito na área central. A estátua descaracterizada, sem seu pedestal, foi instalada no hall de entrada da Faculdade de Direito da USP.
3. Walter Benjamin, "Experiência e Pobreza", *Obras Escolhidas: Magia e Técnica, Arte e Política*, São Paulo, Brasiliense, 1985, p. 115

experimentar a cidade como lugar a ser conhecido e reconhecido potencializam "a identificação do indivíduo com seu habitat"[4].

A importância do espaço público, como lugar em que produzimos vínculos e referências é fundamental para os registros de nossas memórias. Caso exemplar pode ser visto nas técnicas mnemônicas. Jonathan D. Spence (1986) ao introduzir a arte da memorização de Matteo Ricci através da construção mental de um "Palácio da Memória", destaca a importância de estruturas mentais extraídas da realidade, de objetos vistos com os próprios olhos para disposição de imagens que seriam guardadas numa enorme casa imaginário. Afirmava Ricci que podemos dar uma imagem a tudo que queremos lembrar e, cada uma destas imagens, atribuir um lugar neste "Palácio da Memória". Feita a estrutura do palácio se poderia abrir portas falsas, paredes móveis e até escadas com acessos subterrâneos produzidas pela nossa imaginação[5].

O método de memorização de Ricci não deixa de confirmar o que o filósofo Gaston Bachelard em seu livro *A Poética do Espaço* (1989) assegurava quando afirmava que somos (ou nossa identidade é) a soma de todas as casas que moramos.

Potencializando mais estas vivências com o espaço urbano, o escritor Ítalo Calvino em *As Cidades Invisíveis* (1995), multiplicou as fabulações com os lugares ao criar em suas cidades visitadas, lidas, lembradas ou imaginadas, uma construção de percursos e redes que tornam cada um de seus capítulos um mapa pessoal que não deixa de recompor de forma singular o jogo das memórias do *Palácio da Memória de Ricci* ou as vivências de todas as casas que moramos mencionadas por Bachelard.

Num outro caminho que nos leva a importância da experiência humana em percorrer e explorar o espaço urbano, não poderia deixar de citar as derivas pelos territórios de Guy Debord. Filósofo que se intitulava "doutor em nada", herdeiro do dadaísmo e do surrealismo, tornou-se uma importante referência às nossas experiências no espaço urbano quando aponta em seu livro

---

4. Maria Lúcia Perrone Passos, "Monumentos Urbanos de São Paulo", *Caderno de História de São Paulo*, p. 73, 1993.
5. Spence D. Jonathan, *O Palácio da Memória de Matteo Ricci*, São Paulo, Companhia das Letras, 1986, p. 20.

manifesto *A Sociedade do Espetáculo* (2003) a exploração direta do território através de suas derivas antiurbanistas como forma de resistência à lógica capitalista nos anos de 1960.

Pensando neste caminho de retomada da experiência com o lugar e conexão com o espaço público à ideia de uma enquete com os monumentos lançada pelo *Queixoso* em 1916, me animei a ir para as ruas e construir um passeio etnográfico num diálogo direto com o território através das estátuas, seres que permanecem no espaço público prontos e dispostos a fazer interações com os passantes da cidade de São Paulo.

A escolha deste passeio etnográfico pelos monumentos da cidade de São Paulo em que entrevistei moradores de rua, pedestres, vendedores ambulantes e técnicos do Departamento de Patrimônio Histórico, foi privilegiar uma abordagem sobre a imobilidade destes seres de pedra, acatando sua condição literal de permanência num determinado lugar, sabendo que várias das esculturas de São Paulo se deslocaram do seu local original, seja por conta das transformações urbanos da cidade ou ainda por "pilhagens" pontuais.

Sobre o deslocamento dos monumentos, Maria Lúcia Perrone Passos revelou este movimento das estátuas em seu artigo "A Cidade em que as Estátuas Andam"[6], assim como, Giselle Beiguelman aproveitou o mote na exposição "Memória da Amnésia", no Arquivo Municipal de São Paulo no ano de 2015, momento em que iniciou um caminho potente pelas estéticas da memória e políticas do esquecimento [7].

ENTÃO VAMOS AO AMIGO TEMPO:
UM NICHO DO MURO DO CEMITÉRIO DO ARAÇÁ

Entre inúmeras maneiras de nos percebermos integrantes do espaço público da cidade, talvez uma delas seja reconhecermos no nosso percurso expressões que tornem-se parte do lugar. Lembro na minha infância de marcar no caminho que fazíamos de casa para a escola um castelo da bruxa, uma mulher de bigode e um homem de rabo de cavalo que preenchiam sem eu saber meu mapa afetivo da cidade.

6. Maria Lucia Perrone Passos, "Monumentos Urbanos de São Paulo", *Caderno de História de São Paulo*, p. 73, 1993
7. Giselle Beiguelman, *Memória da Amnésia: Políticas do Esquecimento*, São Paulo, Edições Sesc-SP, 2019.

O castelo da bruxa, que existe até hoje, ficava numa rua do bairro Jardins, uma destas casas de aparência inglesa, de tijolos vermelhos e telhados pontudos que saia diretamente dos livros de fábulas e colocava-se no meu percurso. A mulher de bigode e o homem do rabo de cavalo eram então os dois outros personagens que mostravam que a cidade não era feita apenas de uma direção e nem de um único padrão.

Tudo isto poderia muito bem ser parte de uma história infantil, mas foi de fato a forma como eu me integrei à cidade.

Com o tempo o percurso mudou. A mulher de bigode desapareceu. Vim a saber mais tarde que isto de bigode em mulher era coisa de gente que vinha de Portugal. E também soube por outros amigos que o homem de rabo de cavalo era um sujeito que se achava de fato um cavalo. Não só para mim ele traçara um marco de referência na cidade, outros haviam visto o mesmo homem-cavalo que batia os pés e abanava o rabo num boteco bem próximo do Jóquei Clube.

Nesta altura da vida, meu "Palácio da Memória"[8], já tinha portas falsas e subterrâneos labirínticos.

Hoje outros marcos, humanos ou não, chamam-me atenção no percurso que faço pela cidade. O trânsito que flui cada vez menos, ajuda a olhar cada vez mais. Talvez sem querer refaço o diálogo que aprendi na infância.

Foi assim que passei a ser amiga deste sujeito da foto. Soube pelo texto da socióloga Fátima Antunes do Departamento de Patrimônio Histórico (DPH) que ele se chama oficialmente TEMPO. Foi implantado ali na Rua Major Natanael num nicho do Cemitério do Araçá em 1945 na gestão de Prestes Maia. O autor da escultura é João Batista Ferri (1896-1978). E que em outros dois nichos ali existentes a ideia era implantar mais duas esculturas que fariam em composição com o cemitério uma reflexão sobre a "meditação dos homens sobre a transitoriedade dos seus dias" (*Correio da Manhã*, 8.10.1945).

Por vezes passo por ele e está limpinho, como novo. Penso que devem ser os banhos que a Prefeitura dá. Outras, e estas são muitas mesmas, divirto-me com a forma como as pessoas interagem com ele. Já vi o Tempo, que eu

---

8. "Palácio da Memória", alusão ao título do livro Jonathan D. Spence, *O Palácio da Memória de Matteo Ricci*, São Paulo, Companhia das Letras, 1986.

chamo de Cronos, Amigão, Corujão e Moisés vestido de mulher, com guarda-chuva, unhas pintadas de preto e até com as tradicionais flores e velas de trabalhos de macumba.

Talvez tenha gente que ache que estas intervenções humanas nos monumentos, sejam simplesmente degradar mais ainda a paisagem visual da cidade, isso é uma discussão e tanto. Porém, olhando os dias, o percurso das pessoas, penso que é muito relativo enquadrar tais interações apenas na chave do puro vandalismo.

Uma intervenção cumpre múltiplas funções na vida dos sujeitos urbanos, nem todas podem ser compartilhadas ou compreendidas de uma maneira única, há aquelas que ferem os monumentos e se manifestam "contra eles" ou contra algo que eles representam, há outras que são cifradas, desafiadoras, feitas por grupos fechados que sabem ler nas entrelinhas. Porém, todas estas intervenções, violentas, pacíficas, esteticamente agradáveis ou não, cumprem de formas diversas uma instigante maneira de integrar a cidade na nossa vida e vice-versa. Há em seus registros uma conversa importante e precisamos escutá-la antes de criminalizar os atos sem nos interrogarmos do que estão a falar[9].

Que a Prefeitura continue a cuidar de dar banho no *Tempo* e preservar sua pele natural. Mas é muito bom saber que meu amigo não está só ali no único nicho ocupado, outras tantas pessoas se sensibilizam das formas mais diversas com sua presença e continuam à acolhe-lo como parte da história de cada um pela cidade e da nossa transitoriedade aqui na Terra.

Após publicar este pequeno texto sobre esta estátua no blog Versão Paulo em 2016[10], algumas pessoas comentaram lembranças que também tinham do mesmo monumento. Uma chegou a comentar que como eu, também era amiga do *Tempo* e não entendia porque ele estava ali tão solitário.

Os outros dois nichos vazios, de fato sugerem que haviam arrancado dali as companheiras do *Tempo*. O que também denuncia um destino nômade para

---

9. O urbanista Renato Cymbalista fez um interessante depoimento sobre as formas com que a cidade nos instiga e como nos apropriamos dela na série da TV SESC, *A Cidade no Brasil*. Diz ele que a relação dos habitantes com a cidade não é homogênea, a diversidade faz parte desta concentrada coabitação humana, a qual pode se manifestar das formas mais diversas, inclusive com troca de ideias amistosas ou violentas.
10. Paulo Janovitch, "E se Ouvíssemos as Estátuas de São Paulo", *Versão Paulo*, 2016. Disponível em: https://versaopaulo.wordpress.com/2016/07/22/e-se-ouvissemos-as-estatuas-de-sao-paulo/.

as estátuas da cidade de São Paulo. Estas, como a própria cidade, obedecem a lógica de transformações e mudanças. Porém, de maneira irônica, sendo estátuas, reivindicam para si o eterno desejo de imobilidade.

De forma diversa, a imaginação dos homens está sempre em movimento, ligando-se e construindo pontes. E não deixa de ser interessante que os vazios dos nichos ao lado do *Tempo* ativem-se a fim de preencher o que nós habitantes desejamos das formas mais diversas diante da permanência dos seres de pedra no espaço público: uma proteção para os dias de chuva, um amigo imaginário, uma companheira fiel ou ainda um além compartilhado.

Parece unânime dentre tantas interações dedicadas ao *Tempo*, que este não merece seguir só na dura empreitada que é saber-se em eterna finitude.

O CASO DA ASCENSÃO OU SULAMITA DA PRAÇA DAS GUIANAS

Importante referencial urbano, o monumento, implantado no centro de uma praça, na calçada de um edifício imponente ou no recanto arborizado de um parque, pontua e personaliza o espaço, testemunha encontros marcados, orienta o transeunte em sua caminhada, levando-o a erguer o olhar para detê-lo na obra de arte, em breve instante de libertação do cotidiano rotineiro e opressor [11].

Se os nichos vazios ao lado do tempo revelam mais solidão na cidade dos vivos do que na cidade dos mortos, ao nos depararmos com o histórico da estátua Ascensão, que foi conhecida apenas por seu nome popular Sulamita até 1995[12], ficamos sabendo que por duas vezes abandonou a tranquila Praça das Guianas no bairro do Jardim América. A primeira, em 1984, apenas para ser restaurada. Porém, ao longo do ano de ausência longe do seu pedestal surgiram vozes na imprensa reclamando sua volta para a Praça das Guianas.

Como se lê nos registros da *Folha de S.Paulo* de 6.3.85: "Onde estará a escultura da índia[13] com um jarro na cabeça da Praça das Guianas?"

11. Maria Lucia Perrone Passos, "Monumentos Urbanos de São Paulo", *Caderno de História de São Paulo*, p. 73. 1993
12. Em 1995 Sulamita, deixa de ser apenas conhecida pelo seu nome popular. Ascensão e Charitas Brandt, autora da escultura, são reconhecidas ao mesmo tempo. Além de *Ascensão*, a escultora Charitas Brandt teve uma outra obra implantada na Praça da República, *Mulher Nua*, porém em 1984 foi roubada.
13. A representação da escultura *Ascensão* não é de uma índia, mas uma mulher negra. O que torna mais

Depois de alguns anos restaurada e reimplantada na Praça das Guianas, não demorou muito tempo para Sulamita sair do seu pedestal novamente.

Em 15.1.2001, *Ascensão* surge na imprensa como vítima de atos obscenos conforme notícia do *Estado de S.Paulo*: "A obra da escultora brasileira Charitas Brandt, foi atacada por um homem sábado à tarde e derrubada ao chão. Segundo testemunhas, a peça foi 'vítima' de atos obscenos".

Mais pra frente na notícia segue depoimentos de dois camelôs que presenciaram o ataque e chamaram a polícia: "[...] Às 14h20, percebemos que o homem beijava e abraçava a estátua. Ele ficou balançando até derrubar a imagem e chegou até a se deitar sobre ela".

Irritados com a pouca vergonha dos atos do homem, as testemunhas ligaram rapidamente para a polícia e os policiais chegaram a tempo de conseguir deter o "maníaco em flagrante": "Mesmo com a calça abaixada, o homem aparentando ter quarenta anos, tentou correr, mas foi apanhado, detido por ato obsceno e levado ao distrito policial".

Na ficha da estátua *Ascensão* no DPH, existe uma nota do técnico que fez a vistoria em 15.8.2001 na qual consta que a perna direita da peça separou-se do corpo, e o abdômen apresentava rachaduras.

A falta da estátua na praça novamente foi logo notada pela dona de casa Deunila Gomes, de sessenta anos, acostumada a vê-la diariamente:

> Notei a falta da estátua no domingo, mas pensei que tivesse sido roubada. É difícil acreditar nisso, se atacou uma estátua, imagine o que faria com uma mulher de verdade. Acho que ele é pior do que o maníaco do parque.

Ascensão há alguns anos já foi recuperada e voltou para a Praça das Guianas. Parece-me que desde então mantem-se firme em seu pedestal.

A MÃE PRETA DO LARGO DO PAYSSANDU

Fomos então conversar com a mãe preta que fica ali no Largo do Payssandú. Nada por acaso foi a escolha deste lugar para sua instalação, já que

> interessante esta confusão são as várias maneiras como as pessoas identificam os monumentos de São Paulo. Há na cidade muitas esculturas de indígenas, o que poderia levar a depoente a pensar que o corpo ali representado fazia parte desta temática, mas podemos pensar que no imaginário nacional quem anda nu é índio.

no mesmo largo está a Irmandade do Rosário dos Homens Pretos. Esta pequena igreja, no início do século XX, foi removida da atual Praça Antônio Prado para o outro lado da rua de São João. A Praça Antônio Prado, antigo Largo do Rosário, foi um local histórico de concentração e convivência de negros até as remodelações da área central na primeira década do século XX.

Por sua conexão com um território de fé, a nossa *Mãe Preta* é realmente uma estátua que não vive seus dias sem ser ocupada por velas, flores e oferendas. Difícil não vê-la cheia de objetos sagrados. A *Mãe Preta* esta ali desde 1953 e foi criada por Júlio Guerra, o mesmo artista que executou a emblemática estátua do Borba Gato, amada por uns, odiada por outros. Por décadas, as críticas mais ferrenhas ao Borba Gato eram estéticas, porém nos últimos tempos, é sua temática bandeirante que gera os maiores debates[14].

A *Mãe Preta* não deixa de ter complexidades e causar acaloradas discussões também[15]. A forma como pretende ser uma "homenagem a memória dos povos que foram escravizados", sugere debates fervorosos por parte do movimento negro que vê nela mais uma representação branca da submissão dos negros. Ou seja, muito menos uma homenagem, muito mais uma afirmação de submissão da condição da mulher negra, ama de leite amamentando o bebê branco.

De forma emblemática e curiosa, esta representação da *Mãe Preta* de Júlio Guerra dos anos 1950, é uma herança do século XIX que se manteve nas representações plásticas do modernismo como parte da identidade brasileira.

Para além das flores e reverências que a presença da *Mãe Preta* promove num lugar que passou a receber rituais católicos e afro-brasileiros, no final de 2017, um homem resolveu pinta-la de preto. Ao ser levado à delegacia, simplesmente disse que não queria machucá-la, apenas protegê-la.

Como uma estátua que reúne questões de identidade e fé, as interações sobre ela são sempre intensas. O pessoal da limpeza pública, que tem como rotina limpar as estátuas da cidade e retirar todas as interações que as pessoas integram a estes seres imóveis do espaço público, no caso da *Mãe Preta*, é feita

---

14. Na minha opinião Santo Amaro não existe sem a estátua do Borba Gato, um monumento referência na cidade.
15. Numa pesquisa que fiz na web sobre a *Mãe Preta*, acabei encontrando um site que me pareceu muito interessante. Disponível em: www.maepreta.net.

com muito receio e temor. Talvez a permanência de velas e flores nas pernas da estátua e em sua base expliquem que no território do sagrado até as regras da limpeza pública cedam lugar às exceções.

Perguntei a dois imigrantes africanos sentados num banco do Largo do Payssandú se sabiam alguma coisa sobre a estátua da *Mãe Preta*. Um deles me disse que era a imagem da *Mother of Jesus*[16] porque isto estava escrito na base do monumento. Expliquei o significado da *Mãe Preta* para os afrodescendentes e pessoas que seguiam religiões de origem africana. Falei da importância da igreja do Rosário dos Homens Pretos na história da população negra de São Paulo e do seu deslocamento do outro lado do Vale do Anhangabaú para esta área conhecida como "centro novo". Eles pareceram não estranhar muito o que eu dizia, como se a "proteção" integrada à estátua pelo homem que pintou a *Mãe Preta* em 2017, fosse de fato uma capa protetora usada na travessia da África para o Brasil.

O ZUMBI DA PRAÇA ANTÔNIO PRADO

Mas se a mãe preta causa discussões, temores e partidarismos quanto a ser ou não ser uma legítima representação da história dos afro-descendentes, nos dias de hoje, ao caminharmos pela Av. São João, podemos ver na Praça Antonio Prado, o novíssimo Zumbi instalado ali no local primário da irmandade do Rosário dos Homens Pretos. A estátua do *Zumbi* ainda não sofreu muitas interações com a população. Ele é uma novidade ali na praça. Se dos velhos tempos a ama de leite foi a imagem associada à história dos afrodescendentes. Nos novos tempos, o desejo de afirmação e a escolha de seus próprios heróis e lugares de referência, também não deixaram de gerar discussões na seleção de como seria reproduzir a imagem do *Zumbi* no lugar original da igreja do Rosário dos Homens Pretos.

Formou-se uma comissão julgadora e depois de algumas tentativas frustradas, escolheu-se o projeto produzido pelo artista plástico João Maria Ferreira dos Santos, o qual se encontra ali instalado. Parte do movimento negro que participou dos critérios de como teria que ser a estátua do *Zumbi*, eram

---

16. Ao longo das entrevistas com as estátuas foram revelando-se interações com as estátuas que parecem ter forte associação com as imagens de fé, especialmente os monumentos mais clássicos, como a Mãe Preta apontada pelos imigrantes como a *Mother of Jesus*.

favoráveis que sua representação deveria ser o mais próximo possível do real, concebida por um artista negro e com dimensões de um Borba Gato. Isso de fato não aconteceu, até porque a Praça Antônio Prado não comportaria o porte do bandeirante de sete léguas de Santo Amaro[17].

Por outro lado, o *Zumbi* instalado na Praça Antônio Prado, fica exprimido entre o restaurante temático que migrou da Vila Madalena para o centro e o coreto da parte central da praça.

Seu José, catador de latinhas que percorre a cidade todo santo dia, estava bem próximo do *Zumbi* quando fui conversar com ele. Perguntei se sabia quem era o homem representado ali. E ele rapidamente me falou: sei claro, é o Zumbi de Palmares que lutava a favor do povo mais sofrido. Mostrou seu documento de identidade e disse: nasci em Palmares, conheço muito bem o Zumbi e a história do Quilombo.

Perguntei para ele se achava importante uma estátua que representasse um herói dos pobres, que contava uma história que era de muita gente. E foi aí que por uns trinta minutos seu José falou da sua vida, do percurso pela cidade que fazia todos os dias, da adoração pela matemático e os constantes cálculos de quantidades de tijolos que fazia nas obras em que trabalhou como ajudante de pedreiro. Falou que no último ano havia ficado desempregado e desde então andava pela cidade o dia inteiro catando latinhas. Ao seu lado tinha sua fiel companheira, uma cachorra de pelo preto, linda e bem cuidada. Perguntei o nome dela, e ele disse: *Diarra*, e explicou que em tupi-guarani significava caminhar.

Nos despedimos ali na Praça Antônio Prado e fomos ambos descendo a ladeira da Avenida São João. Eu fui em direção à *Diana, a Caçadora*, a estátua mais vestida e revestida da cidade de São Paulo. Ele, muito provavelmente, foi atrás das latinhas. Porém, ao chegar na frente do Correio, vi um grupo de percussão com camisetas em que estava escrito Zumbi. Treinavam gestos e gingas junto com a passagem de som. A treinadora dizia: olhem para os lados de forma manhosa e se façam surpreender.

---

17. Existem outras representações do Zumbi em cidades brasileiras. No Rio de Janeiro, é um busto de um guerreiro (1986). Também se localiza num território de referência negro, na região da Praça Onze, Av. Presidente Vargas.

É disso que estamos falando, duma retomada de território e afirmação de identidades sendo tramadas ali mesmo na área central.

DIANA, A CAÇADORA DA PRAÇA PEDRO LESSA

Vamos continuar o caminho para visitar a Diana, a Caçadora[18]. Na extensão final do Correio, temos um jardim do Vale do Anhangabaú. Por ali desemboca a rua do Seminário. As lojas de violões e demais acessórios musicais se abrem para uma pequena praça, a Pedro Lessa. No meio do gramado, está lá se equilibrando a *Diana, a Caçadora*. Há algum tempo um dos seus braços, o que tinha o arco e a flecha, foi retirado. Um homem da rua achou e entregou para o Departamento de Patrimônio Histórico da Cidade[19]. O membro decepado de *Diana* está guardado numa sala do DPH esperando quem adote a escultura e recoloque o braço perdido da caçadora. Em volta da *Diana* há bancos e um número grande de pessoas meio perdidas, "os noias", que permanecem no lugar conversando e interagindo com ela.

Perguntei à moça da banca de jornal da praça se sabia quem vestia e colocava batom na *Diana, a Caçadora*, já que é com muita frequência que isso ocorre. Ela disse que havia um homem, muito mau, destacou, um desses que moram na rua, que fazem maldade com as mulheres e com a estátua também. Então indaguei, como um o homem tão mau poderia vestir a Diana, protegê-la de sua própria nudez e ao mesmo tempo ser autor de maldades com a estátua? E ela respondeu: eles todos são uns sem-vergonhas, não respeitam nada, eles fazem de tudo com o corpo da *Diana*.

Fui então ao posto policial que fica quase na frente de onde mora a *Diana, a Caçadora*, repeti a pergunta sobre as roupas e a policial sorrindo disse: não tem um dia que este povo da praça não vista a *Diana, a Caçadora*. É chegarem as roupas de doação para o pessoal em situação de rua e pronto, ela também recebe a sua. E me convidou para voltar lá no domingo de manhã: aí você vai ver ela vestidinha e com batom[20].

18. A escultura *Diana, a Caçadora* é uma cópia de Jean-Antoine Houdon, executada pelo Liceu de Artes e Ofícios de São Paulo e instalada na Praça Pedro Lessa em 1944.
19. Nas conversas que tive com os técnicos do DPH, fiquei sabendo que muitas vezes quem guarda e entrega partes das estátuas danificadas, são os homens que vivem nas ruas.
20. No momento em que preparava este texto para edição final, surgiu a notícia na imprensa que *Diana, Caçadora* despareceu da Praça Pedro Lessa.

ÚLTIMA ESTAÇÃO – PRAÇA DA REPÚBLICA

Então caminhei para a Praça da República, onde se concentram vários bustos da cidade. Num pedestal de granito existe a indicação *Sabiá*, porém ele não está por lá. Encontrei o Sabiá de bronze [21] junto ao braço da *Diana, a Caçadora* na seção de esculturas do Departamento de Patrimônio Histórico.

Ele foi retirado da Praça da República e ficou perdido por muitos anos. Quem o encontrou foi a própria escultora do *Sabiá*, em 1996, numa loja de antiguidades na zona sul de São Paulo. Ao ver o seu *Sabiá*, levou-o para uma delegacia e avisou o Departamento de Patrimônio Histórico. O *Sabiá* ficou detido na polícia por algum tempo, enrolado na burocracia, até que foi autorizada sua liberdade. Um técnico do Patrimônio Histórico então retirou o *Sabiá* da delegacia e levou-o para uma sala do DPH[22].

A escultora que resgatou o seu Sabiá prontificou-se em recuperá-lo e reimplantá-lo no local original[23]. Porém, rapidamente o passarinho bateu asas novamente. Com uma diminuição da água do lago da Praça da República, ficou fácil o seu acesso e o pássaro de bronze foi arrancado dali. Hoje o *Sabiá*, que se parece um pouco o corvo de Edgar Alan Poe, ainda está pousado sobre um armário de aço do Departamento de Patrimônio Histórico, aguardando quem o adote para ser reimplantado no espaço público.

Caminhando ainda pela Praça da República, mais próximo da antiga Escola Caetano de Campos, encontro o busto que o repórter XPTO do *Queixoso* entrevistou em 1916. Esta lá firme e forte Cesário Motta olhando cara a cara para a antiga Escola Normal Caetano de Campos.

Quando caminho em direção a estação do metrô República, pronta para finalizar minhas conversas com as estátuas, surpreendo-me com um monumento de tubos de plástico colorido que formam em sua base longos bancos de onde sai um áudio com múltiplas falas.

21. O *Sabiá* de bronze foi implantado na Praça da República em 5.10.1967 por conta da criação do "Dia da Ave". A escultora francesa, naturalizada brasileira, Claudie Hasson Dunin Borkowsky, escolheu o Sabiá por sem uma ave símbolo de São Paulo.
22. É lá que ficam as partes menores das esculturas para que não se percam no depósito da Prefeitura do Canindé.
23. Ao pesquisar as fichas das esculturas no arquivo do Departamento de Patrimônio Histórico, percebi que em muitos casos o artista se mostra bastante solícito em recuperar sua própria obra e reimplantá-la no local original.

A obra *Meu Coração Bate Como o Seu* é do arquiteto Guto Requena. Uma homenagem ao universo LGBT e seus 40 anos de ativismo. A obra já foi vandalizada em 2018, como apareceu na imprensa: ataques homofóbicos. Seus tubos representam um tipo de flechas enterradas ali na praça, local de luta e referência do movimento LGBT. O colorido refere-se a bandeira do movimento e a forma como se alonga na praça, formando bancos, é para que as pessoas possam sentar-se nos tubos[24].

De fato, este monumento pertence aos novos tempos. De seus canos, caixas de som emitem fragmentos de depoimentos de ativistas, assim como à noite, luzes acendem como se fosse a pulsão dos batimentos cardíacos.

Lembrei então que há um Museu da Diversidade Sexual (2014) dentro da Estação do metrô República e, se do lado do centro antigo, o novo *Zumbi* se apropria do lugar original em que a pequena igreja da Irmandade dos Rosário dos Homens Pretos teve que se deslocar no 1900, na Praça da República, bem próximo dos mártires da educação e dos bustos com ou "sem cabeça"[25], outras formas de interação revelam os novos tempos das estátuas de gabaritos mais acessíveis, com capacidade de narrar não uma única história, mas diversas.

Incrível chegar ao fim deste percurso e dar com um monumento que emite luz, pulsa, convida para sentar e produz depoimentos que chegam via Whatsapp. Chego à conclusão que as novas estátuas não poderiam estar ali se antes delas não existissem outras memórias num mesmo território que se mantem compartilhado e público.

Apesar das narrativas celebrativas que recobrem muitos bustos e estátuas da cidade, a presença humana, popular mantém com o território e seus monumentos um diálogo sutil e potente que trilha novos caminhos para a compreensão do imaginário urbano e novos critérios do patrimônio cultural.

Difíceis, de gosto duvidoso, "pesadonas", celebrativas demais, é dessa trama de representações e interações conflitantes que o território se torna

---

24. Os bancos que existiam na praça da República foram retiradas há algumas décadas como maneira de evitar a sociabilidade LGBT no local. A ideia a partir de então foi que as pessoas apenas circulassem pela praça. Na gestão de Gilberto Kassab (2006-2008) houve uma tentativa de recolocar os bancos na praça. O novo monumento LGBT além de resgatar a diversidade, recupera no local a possibilidade do encontro, da não-circulação e de outras formas de estar no espaço público.
25. Na praça da República existem alguns pedestais com seus bustos ausentes, destaco aqueles que se voltam para a antiga Escola Normal Caetano de Campos.

um lugar rico de vivências. Por mais que os novos tempos apontem para um empobrecimento das experiências no espaço real e surjam novas conquistas num território virtual, estes seres de pedra, bronze e plástico, falantes e ouvintes, reivindicam ainda a imobilidade dos tempos mortos como forma dos habitantes se relacionarem e construírem suas histórias com o espaço urbano tal qual um "Palácio da Memória" real capaz de unir os subterrâneos do metrô da Estação República, onde se assenta o Museu da Diversidade do Sexo, com os antigos bustos e novas instalações da praça mais pública da cidade.

REFERÊNCIAS BIBLIOGRÁFICAS

ARQUIVO do Departamento de Patrimônio Histórico de São Paulo: Todas as referencias e fichas dos monumentos foram pesquisados no acervo do DPH/SP.

BACHELARD, Gaston. *A Poética do Espaço*. São Paulo, Martins Fontes, 2005

BEIGUELMAN, Giselle. *Memória da Amnésia: Políticas do Esquecimento*. São Paulo, Edições Sesc-SP, 1919.

BENJAMIN, Walter. "Experiência e Pobreza". *Magia e Técnica, Arte e Política*. São Paulo, Brasiliense, 1985.

CALVINO, Italo. *Cidades Invisíveis*. São Paulo, Companhia das Letras, 1995.

DEBORD, Guy. *A Sociedade do Espetáculo*. Rio de Janeiro, Contraponto, 2003.

PASSOS, Maria Lúcia Perrone. "Monumentos Urbanos de São Paulo". *Cadernos de História de São Paulo: A Cidade e a Rua*. Museu Paulista da USP, jan.-dez. 1993, pp. 72-79.

PASSOS, Maria Lúcia Perrone. "A Cidade em que as Estátuas Andam". *Revista do Arquivo Municipal*, vol. 197, 1986

SPENCE, D. Jonathan. *O Palácio da Memória de Matteo Ricci*. São Paulo, Companhia das Letras, 1986

ENTREVISTAS

1. Entrevistas com técnicos do DPH/SP. Sem esta longa conversa com os técnicos, grande parte destes diálogos com as estátuas não seriam possíveis. Infelizmente não consegui entrar em contato com o pessoal da limpeza dos monumentos. A empresa contratada pela Prefeitura nunca retornou meus e-mails, apesar das inúmeras tentativas que fiz.
2. Entrevistas com pessoas próximas aos monumentos: o Sr. José, os dois africanos no Largo. do Payssandu (não identificados) e a vendedora da banca de jornais na Praça Pedro Lessa.

Parte VII

O Lado Oposto e
os Lados Lúdicos:
A Literatura Infantil

14

Animais Falantes, Brinquedos Animados e Livros que Divertem: Os Álbuns Ilustrados Publicados no Brasil nas Primeiras Décadas do Século xx

PATRICIA TAVARES RAFFAINI

– De que serve um livro sem diálogos nem figuras?
ALICE, *Alice no País das Maravilhas.*

– Eu bem digo que é muito perigoso ler certos livros.
Os únicos que não fazem mal a gente são os que tem diálogos e
figuras engraçadas.
NARIZINHO, *Reinações de Narizinho.*

APESAR DAS PROFUNDAS transformações pelas quais o Brasil passou durante as últimas décadas do século XIX: a abolição da escravidão, a proclamação da República, as reformas urbanísticas nas principais capitais, a chegada de um imenso contingente de imigrantes europeus, entre muitas outras, o país ainda era na virada do século eminentemente rural, pobre, se comparado a outros países latino-americanos; e com uma grande maioria da população analfabeta. Segundo o censo realizado em 1920 cerca de 70% da população brasileira ativa ainda trabalhava no campo, 76% da população continuava analfabeta e somente 29% das crianças em idade escolar estavam matriculadas em escolas. A despeito da generalizada obsessão pela educação e alfabetização, por parte dos intelectuais do período, esse panorama se distanciava do esperado já que a República completava, em 1920, seus trinta anos[1].

Apesar da realidade pouco animadora com relação ao mercado de livros de forma geral e a reduzida parcela da população que, de fato, tinha acesso a esses bens de consumo, as editoras existiam e existiam em número considerável[2]. Diferentemente do que a bibliografia sobre história da literatura infantil sempre afirmou, durante as últimas décadas do século XIX e as iniciais do século XX, importantes casas editoras, sediadas principalmente no Rio de Janeiro, publicavam muitas obras voltadas ao público infantil. Casas como a Livraria Garnier, Laemmert, Livraria do Povo, de Pedro Quaresma e a Livraria Francisco Alves, entre outras tiveram um papel relevante na circulação do livro produzido para crianças e jovens. Muitas obras eram escritas por autores nacionais, mas havia também uma parcela considerável de livros escritos por autores estrangeiros que, tendo tido sucesso no seu país de origem, recebiam traduções feitas especialmente para circularem em nosso país; traduções essas feitas na maior parte das vezes por intelectuais e literatos brasileiros de renome. Dentre esses livros encontramos desde livros didáticos, feitos para o uso escolar, até álbuns ilustrados em encadernações luxuosas produzidos para o deleite dos pequenos leitores. É importante ressaltar que, devido aos custos e as reduzidas possibilidades técnicas das tipografias brasileiras, grande parte dos livros produzidos para crianças e jovens nesse período eram impressos na Europa, sobretudo em Paris e em algumas cidades germânicas, como Stuttgart.

As grandes transformações no comércio, que a navegação por barcos a vapor introduzira na metade do século XIX, possibilitaram que os livros impressos na Europa chegassem ao Rio de Janeiro em pouco mais de vinte dias. Além disso, o desenvolvimento do sistema de telégrafos, a distribuição de jornais e revistas europeus e a organização do serviço de correio permitiam que as informações sobre os livros editados circulassem em uma velocidade até então desconhecida. Sabemos que o preço, a quantidade e a qualidade do papel produzido no Brasil fazia com que este não pudesse competir com o papel

---

1. Nicolau Sevcenko, *Literatura como Missão, Tensões Sociais e Criação Cultural na Primeira República*, 3. ed., São Paulo, Brasiliense, 1989.
2. Márcia Abreu e Aníbal Bragança (org.), *Impresso no Brasil: Dois Séculos de Livros Brasileiros*, São Paulo/Rio de Janeiro, Editora Unesp/Fundação Biblioteca Nacional, 2010.

estrangeiro, que nesse período recebia um imposto de importação maior que o de livros impressos. Todos esses fatores, somados ao fato de que os livros para crianças e jovens já começavam nesse período a se definir como obras com uma materialidade bem cuidada, com ilustrações e capas coloridas, produzidas por vários processos, dentre eles o da cromolitogravura, faziam com que esses livros tivessem que ser impressos fora do país. Assim, os livros impressos na Europa eram mais baratos, mesmo levando-se em consideração o frete e os impostos, sendo também mais bem impressos e encadernados, tinham ainda a possibilidade de serem ilustrados em cores[3].

Algumas dessas casas editoras se destacavam por editar uma quantidade bastante considerável de obras que deveriam circular fora do ambiente escolar, isto é, haviam sido pensadas e editadas de forma a suprir um mercado de leitura extraescolar. Eram livros com muitas ilustrações, capas e formatos mais refinados, que seguiam a tradição de livros para prêmios - muito frequente nos países europeus. Nesse capítulo, pretendo especificamente analisar um conjunto de obras ilustradas produzidas para crianças, que circulavam desde o final da primeira década do século XX, e que podem nos ajudar a compreender melhor o ambiente cultural existente em 1920, quando Monteiro Lobato publicou juntamente com Voltolino, o álbum ilustrado *A Menina do Narizinho Arrebitado*, sua primeira obra infantil.

Mas, antes de começar a analisar os livros que chamamos álbuns ilustrados, seria importante definir o que seria o álbum ilustrado nesse período. Essa denominação aparece nos catálogos das editoras desde as décadas finais do século XIX. Nesse contexto, o termo parece ter sido usado de forma muito abrangente, designando tanto obras com algumas ilustrações, como publicações onde as imagens são parte essencial – são elas que contam a narrativa, recorrendo de forma limitada a palavra escrita. Talvez o termo que mais se aproxime da definição nos dias de hoje, seria livro ilustrado, ou livro com ilustrações[4]. O próprio Lobato, na folha de rosto de *A Menina do Narizinho Arrebitado*, publicado em 1920 denomina a obra como "livro de figuras".

---

3. Laurence Hallewell, *O Livro no Brasil, Sua História*, São Paulo, T. A. Queiroz/Edusp, 1985.
4. Maria Nikolajeva e Carole Scott, *Livro Ilustrado: Palavras e Imagens,* trad. Cid Knipel, São Paulo, Cosac Naify, 2011; Sophie Van der Linden, *Para Ler o Livro Ilustrado,* São Paulo, Cosac Naify, 2011.

A publicação de obras infantis recheadas com inúmeras ilustrações em cores em nosso país não data das primeiras décadas do século XX, foi muito mais precoce do que os intérpretes do tema, apontavam anteriormente. Em 1860, o *Der Struwwelpeter* aparece no Brasil em uma tradução feita do alemão por Henrique Velloso de Oliveira, para a editora dos irmãos Laemmert. É importante destacar que nessa tradução o original *Pedro Descabelado* se transforma em *João Felpudo*, talvez porque não fosse muito conveniente usar o mesmo nome do então imperador. Também o adjetivo descabelado se transforma em felpudo, amenizando a estranheza e rispidez existente no original germânico. A obra parece ter feito muito sucesso, como nos mostram os anúncios de jornais do período, pois nos anos seguintes a editora fez várias reimpressões desse livro, assim como ampliou sua coleção ilustrada, já que nos catálogos posteriores da Laemmert encontramos pelo menos outros três álbuns ilustrados que parecem seguir o mesmo formato: *O Menino Verde* e o *João Felpudo Segundo*. Décadas depois, outra obra ilustrada importante é publicada pela mesma editora: *Max und Moritz*, de Wilhelm Busch, que se transforma em *Juca e Chico* na tradução de Olavo Bilac, escondido sob o pseudônimo Fantasio.

Outra editora que publicou nesse mesmo período uma quantidade considerável de álbuns ilustrados foi a Garnier Fréres. No catálogo de 1872 temos o registro de dois álbuns ilustrados: *João Patusco* e *Joana Patusca*, que parecem seguir o modelo de *João Felpudo*. Uma história ilustrada que fez muito sucesso, na Europa e também no Brasil e que é considerada uma das obras precursoras das histórias em quadrinhos em todo o mundo: *Os Amores do Sr. Jacarandá*, de Rodolfe Töpfler apesar de ter surgido em Genebra em 1837, somente recebe uma tradução no Brasil no final do século.

A partir de 1907 vemos o aparecimento nos catálogos da editora dos livros ilustrados de Benjamin Rabier: *Escutem!* e *O Fundo do Sacco*, ambos em formato *in folio*. Autor importante de histórias ilustradas na Europa, outras obras suas seriam traduzidas e publicadas no Brasil nos cinco anos seguintes, como *A Jaula*, *As Misérias que Passam os Animais* e *Scenas da Vida Privada dos Animais*.

No entanto, o catálogo da Garnier não se restringiria a esses autores, ao contrário, nas primeiras décadas do século XX ele se amplia razoavelmente, publicando autores de histórias ilustradas de bastante sucesso na França, como Jordic, pseudônimo de Georges Jordic-Pignon, Eugene Le Mouel e O'Galop. Todas as obras desses autores haviam sido publicadas primeiramente na França pela própria Garnier Frères e traduzidas para o mercado brasileiro pouco tempo depois. De Jordic teremos: *A Semana de Catarina, Perereca, a Leiterinha* e *Os Últimos Empregos de Maria dos Tamancos*; de Eugene Le Mouel: *A Viagem do Alto Mandarim Ka-Li-Kó e Seu Fiel Secretário Pa-tchou-li*, e *O Dirigível Caça Moscas*, de O'Galop.

Todos esses autores franceses faziam enorme sucesso em seu país de origem e em outros da Europa, eram humoristas gráficos que produziam tanto para revistas e jornais destinadas ao público adulto, quanto para os periódicos voltados para crianças e jovens. Alguns destes desenhistas faziam desenhos para propaganda e criavam personagens muito reconhecidos pelo público, como o Bibendum, o homem feito de pneus de borracha brancos, que O'Galop criou para a Michelin, ou a vaca da marca de laticínios La Vache que Rit, criado por Benjamin Rabier. Como veremos essa também era uma prática comum no Brasil, onde humoristas gráficos também ganhavam a vida fazendo desenhos publicitários para jornais e revistas. Tanto aqui como na França os humoristas gráficos que produziam histórias ilustradas para crianças eram conhecidos por seus trabalhos em outras áreas, seus traços eram facilmente reconhecidos e muito divulgados pela imprensa.

Animais antropomorfizados, com vestimentas e atitudes humanas, parecem ser o disparador do riso; como no quadro da página seguinte, onde um cavalo se desculpa ao telefone por estar vestido de forma inapropriada. Nessa cena, feita por Rabier em 1906 e publicada no álbum *A Jaula*, o que potencializa o efeito cômico é o descompasso da etiqueta e das formas de convívio social com novos meios de comunicação como o telefone.

Benjamin Rabier ficou muito conhecido por criar histórias onde animais se comportam como seres humanos. Em muitas dessas pequenas narrativas temos uma aproximação entre as caraterísticas humanas e as dos animais em termos gráficos, sendo que a graça da história está muito ligada a essa característica. Conhecido como o homem que fez os animais rirem, Rabier retrata os animais em situações que explicitam as incongruências humanas, provocando assim o riso.

Benjamin Rabier, *A Jaula*. Acervo Biblioteca Brasiliana Mindlin.

Durante as últimas décadas do século XIX, devido sobretudo as novas técnicas de impressão, tivemos um enorme desenvolvimento da imprensa humorística em solo europeu e também brasileiro; isso propiciou que novos artistas e novas formas de expressão gráfica se desenvolvessem[5]. Como a Garnier brasileira nesse período era uma sucursal da matriz francesa, deveria ser relativamente fácil mandar traduzir e imprimir os volumes em Paris e depois vende-los no Brasil. É interessante notar que o editor começa, em 1907, com apenas dois volumes de Benjamin Rabier, para nos anos seguintes lançar a coleção de cinco volumes desse autor. Parece que o editor publicou os primeiros títulos testando se o mercado seria receptivo, e provavelmente como as obras devem ter sido um sucesso, investiu na tradução e publicação de vários outros álbuns ilustrados. No caso das obras de Rabier, O'Galop e Jordic devemos salientar que a tradução e distribuição no nosso país acontece pouquíssimo tempo depois das obras terem sido lançadas na França. A rapidez com que as que

---

5. Elias Thomé Saliba, *Raizes do Riso: A Representação Humorística na História Brasileira: Da* Belle Époque *aos Primeiros Tempos do Rádio*, São Paulo, Companhia das Letras, 2002.

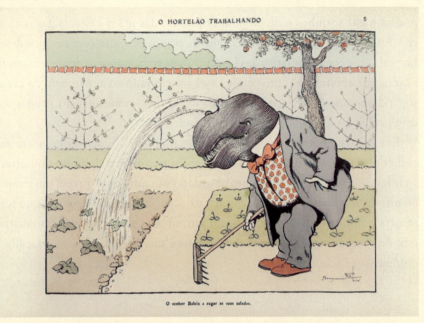

Benjamin Rabier, *A Jaula*. Acervo Biblioteca Brasiliana Mindlin.

as obras eram transpostas para nossa língua não afetava a qualidade do trabalho, em muitas ilustrações vemos o cuidado em traduzir placas e dizeres dentro da imagem, o que revela o cuidado e a preocupação do editor com a recepção que a obra teria por parte das crianças leitoras.

O universo de animais transformados em seres urbanos e civilizados é tão fantástico e surreal que temos imagens que demoram alguns segundos para serem compreendidas, tal é o descolamento e desfamiliaridade que provocam. Como na imagem acima onde vemos um Sr. Baleia no papel de horticultor, utilizando seu espiráculo de forma muito inusitada.

No entanto, a obra de Benjamin Rabier é bastante fértil e os animais não são representados somente de forma antropomorfizada, aparecendo de inúmeras formas; por vezes como animais que brincam como crianças, em outros momentos como animais que têm atitudes de adultos. De fato, a obra de Rabier publicada para crianças pela editora Garnier é muito diversificada, apresentando cenas que frequentemente extrapolam o universo infantil. Uma das temáticas mais caras ao autor é colocar os animais em contato com brinquedos, que muitas vezes não são utilizados como o programado. Macacos podem jogar sozinhos o diabolô, se utilizando das mãos e pés; já gatos e cachorros são enganados por um ratinho de brinquedo, como vemos nos desenhos abaixo. Na maior parte das histórias, que os brinquedos aparecem sendo usados por animais, o efeito cômico está relacionado ao movimento da cena, sugerido pela sequência que mais tarde receberia o nome de história em quadrinhos. Nelas a escrita é quase dispensável.

Em outros momentos a crítica social ganha relevo e, apesar do autor escolher utilizar um traço e uma forma que aproximam o desenho do universo infantil, a temática e o assunto abordado são adultas e trazem um exame atento da realidade da época. Como na cena intitulada "Enfim!" que nos mostra o ministro das finanças como um robusto e rico hipopótamo distribuindo as aposentadorias , que nada mais é que pão velho, a maltrapilhos e submissos cachorros.

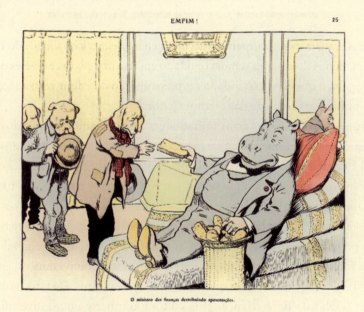

Benjamin Rabier, *A Jaula*. Acervo Biblioteca Brasiliana Mindlin.

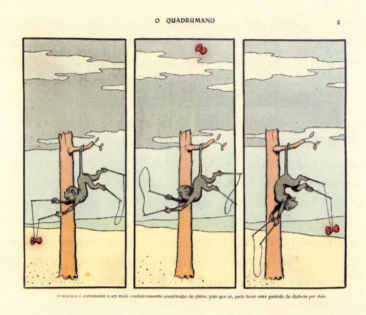

Benjamin Rabier, *Scenas da Vida Privada dos Animais*. Acervo Biblioteca Brasiliana Mindlin.

Podemos imaginar como essas imagens circulavam e eram apreendidas pelo público da época, em especial as crianças. Os álbuns ilustrados que circulavam no final do século XIX, como *João Felpudo, Juca e Chico e Os Amores do Sr. Jacarandá*, utilizavam desenhos caricatos, mas ainda assim muito atrelados à representação figurativa. Além disso, devemos ter em mente que a circulação de imagens nas últimas décadas do século XIX, era relativamente restrita; sobretudo no Brasil, onde as crianças e jovens tinham acesso a algumas imagens em jornais e revistas, sendo estas quase sempre em preto e branco de livros como os de Júlio Verne. Provavelmente para o jovem público leitor, as imagens de Rabier, veiculadas nas obras que começaram a ser publicadas pela Garnier na primeira década do século XX, assim como em alguns de seus desenhos impressos na revista *O Tico-Tico*, inauguravam uma nova forma de representação e como veremos devem ter propiciado novas possibilidade de criação aos ilustradores brasileiros.

Sobre essa recepção temos o registro de Câmara Cascudo, que tinha nove anos quando os álbuns ilustrados de Rabier começaram a ser editados no Brasil: "Em casa lia, lia, lia, revistas, álbuns de gravuras, viagens, curiosidades, os desenhos de Benjamin Rabier, apresentando os animais cômicos em sua naturalidade..."[6]

No entanto, o autor pode também estar se referindo aos desenhos de Rabier veiculados desde outubro de 1905 na revista *O Tico-Tico*. Essa revista, que terá uma longa vida editorial, foi uma das primeiras a publicar desenhos humorísticos voltados às crianças. No início, muitos deles eram inspirados, ou mesmo decalcados, em personagens estrangeiros como Gato Félix, Popeye, Mickey, o Ratinho Curioso, entre outros que, com o passar do tempo, começaram a dividir o espaço com os produzidos por importantes desenhistas brasileiros como Lamparina de J. Carlos, Kaximbown de Max Yantok, Chiquinho, Benjamin e Jagunço, de Alfredo Storni, e Reco-Reco, Bolão e Azeitona de Luis Sá, em histórias que se tornavam mais próximas do cotidiano das crianças brasileiras.

Assim, quando Lobato decide lançar seu primeiro livro para o público infantil, em 1920, já havia em circulação uma considerável produção de

---

6. Luis da Câmara Cascudo, *O Tempo e Eu: Confidências e Proposições,* Natal, Imprensa Universitária, 1968, p. 46

imagens que tinham como destinatário o público infantil, veiculadas por revistas infantis e também pelas editoras existentes desde o século XIX. Podemos imaginar que Lobato, deveria ter contato com essa produção, e que talvez essas imagens o tenham ajudado a criar sua primeira narrativa infantil.

Para que possamos compreender de forma mais completa a criação da obra que posteriormente se definiu como uma revolução editorial[7], seria importante fazermos um exercício de distanciamento: tentar imaginar quem era Monteiro Lobato por ocasião da publicação de sua primeira obra dedicada às crianças, esse não é um exercício fácil pois Lobato se tornou um escritor tão associado ao universo da literatura infantil, que talvez tenhamos dificuldade de imaginá-lo antes disso. Mas, tentemos. Em 1920, Monteiro Lobato tinha 38 anos, era um intelectual já muito conhecido do público, principalmente por suas colaborações ao jornal O *Estado de S.Paulo*, no qual publicava desde 1914. Era também o proprietário e editor da *Revista do Brasil* e da editora *Monteiro Lobato e Cia.*, que havia surgido nesse mesmo ano, 1920. Esse dado biográfico parece ser bastante importante, pois, no ano anterior, em carta a Godofredo Rangel, Lobato comenta: "nossa casinha editora vai de vento em popa – mais que vento: furacão" e sobre o seu próprio sucesso como autor diz: "vendo-me como pinhão cozido ou pipoca em noite de 'escavalinho'"[8]. Em entrevista dada a Oswald de Andrade, para a revista *Papel e Tinta*, em maio de 1920 ele se apresenta ao amigo e entrevistador fazendo uma blague como: "negociante matriculado". Mas há ainda outro dado biográfico que não pode ser esquecido; em 1920, Lobato era também o pai de quatro filhos: Martha, onze anos; Edgard, dez; Guilherme, oito e Ruth, quatro. A ideia de publicar algo para crianças parece rondá-lo já há alguns anos, desde 1916, quando ainda morando na fazenda, Buquira escreve para Rangel comentando sobre o desejo de escrever um livro de Fábulas para crianças: "um fabulário nosso, com bichos daqui em vez dos exóticos, se for feito com arte e talento

---

7. Nelly Novaes Coelho, *Panorama Histórico da Literatura Infantil/Juvenil: Das Origens Indo-Europeias ao Brasil Contemporâneo*, São Paulo, Manole, 2010; Laura Sandroni, *De Lobato a Bojunga: As Reinações Renovadas*, Rio de Janeiro, Agir, 1987.
8. Monteiro Lobato, *A Barca de Gleyre*, vol. II, p. 207.

dará coisa preciosa"[9]. Pois ele, como pai, não encontrava algo adequado para a leitura de seus filhos.

Quatro anos separam a carta escrita ao amigo da publicação de *A menina do Narizinho Arrebitado*, que na página de rosto traz a seguinte descrição: "livro de figuras por Monteiro Lobato com desenhos de Voltolino". Essa definição já explicita do que se trata: um livro em capa dura, com uma narrativa que recebe no mínimo uma ilustração em cores para cada página, feita pelo conhecidíssimo ilustrador paulistano. Na obra os desenhos mobilizam a imaginação e constroem a história juntamente com a narrativa escrita.

Voltolino era o pseudônimo de João Paulo Lemmo Lemmi, nascido em 1884, em São Paulo, filho de italianos. Caricaturista muito conhecido do público por ocasião da publicação de *Narizinho*, havia começado sua carreira em 1905, publicando nos jornais humorísticos ligados a imprensa de língua italiana da capital. Mas, não se ateve somente a ela, contribuiu de forma constante com vários periódicos, como: *O Pirralho, O Parafuso* e *A Cigarra*, além de ter colaborado na versão vespertina de *O Estado de S.Paulo*, o chamado *Estadinho* de 1919 a 1921. Além de seu trabalho como caricaturista atento e certeiro, Voltolino também fazia inúmeras peças publicitárias. Seus clientes mais frequentes eram: O Guaraná espumantes Zanotta-Lacta, os Chocolates Lacta e os cigarros Sudan Extra[10].

Antes da publicação do álbum ilustrado para crianças, Voltolino já havia colaborado com Lobato na edição de *Sacy-Perere: Resultado de um Inquérito*, tendo desenhado os anúncios que aparecem no início e no final do livro, cerca de sete criações onde o Saci aparece como garoto propaganda. Essas peças publicitárias teriam ajudado a cobrir os gastos com a impressão do livro que foi realizada nas gráficas do jornal *O Estado de S.Paulo*[11].

Com a publicação de *A Menina do Narizinho Arrebitado*, Monteiro Lobato inaugura uma parceria com um ilustrador já muito conhecido do público e que possivelmente poderia trazer para o álbum ilustrado uma visibilidade importante. Nessa obra, Voltolino constrói um universo de animais que ora

9. *Idem*, p. 104.
10. Ana Maria de Moraes Belluzo, *Voltolino e as Raízes do Modernismo*, São Paulo, Marco Zero, 1992.
11. Carmen L. Azevedo, Márcia Camargos e Vladimir Sacchetta, "Um Duende Lobatiano", *O Sacy-Perere: Resultado de um Inquérito*, ed. fac-similar, Rio de Janeiro, Gráfica J. B., 1998.

possuem corpo humano, com vestimentas humanas, ora se apresentam como animais em sua morfologia própria. De forma muito atraente, com graça e movimento dá vida a escrita de Lobato, criando desenhos que dialogam com a narrativa escrita.

No primeiro livro infantil publicado por Lobato alguns personagens como o príncipe Escamado, soberano dos Reino das Águas Claras, e o Doutor Caramujo, ganham no traço de Voltolino uma representação antropomórfica que lembra de forma distante a de Benjamin Rabier.

Em outro momento da narrativa o príncipe convida a menina para um passeio em um aeroplano muito peculiar. Aqui também as características dos animais possibilitam que dois artistas se expressem de forma aproximada. Rabier desenha um escaravelho como piloto de uma libélula, enquanto que Voltolino cria seu desenho seguindo a narrativa de Lobato, onde um grilo leva Narizinho e o Príncipe Escamado para voar, tendo um vagalume como farol e um besouro para zumbir.

Benjamin Rabier, *A Jaula*. Acervo Biblioteca Brasiliana Mindlin.

Se na representação pictórica de Voltolino vemos alguns traços que dialogam com as formas desenhadas por Rabier, é importante lembrar que o ilustrador de Lobato somente retrata aquilo que já está presente na narrativa escrita. Assim no trecho em que o Doutor Caramujo realiza uma cirurgia para a retirada de pedras da barriga do sapo Agarra-mais-não-larga, guarda do palácio, podemos notar alguma relação com uma charge de Rabier publicada no álbum *A Jaula,* publicado pela Garnier em 1908.

Monteiro Lobato, *Narizinho Arrebitado*. Ilustrações de Voltolino.
Acervo Biblioteca Brasiliana Mindlin.

NARIZINHO ARREBITADO

De volta desse lindo passeio o principe convidou-a para voar.

— Até aeroplanos ha por aqui? perguntou a menina, espantada.

— E mais seguros que os aeroplanos dos homens, vaes ver, respondeu o principe.

Apesar do medinho a menina encheu-se de coragem e acceitou o convite.

Veiu logo um aerogrillo. Era um grillão verde, que trazia nas costas a barquinha de vime e na cabeça dois insectos, um besouro e um vagalume. Este vagalume, com os seus grandes olhos phosphorescentes, servia de pharol ao aeroplano e o besouro estava alli para zumbir, fingindo o barulho da helice. Narizinho achou muita graça na engenhosa invenção e trepou á barquinha sem medo. O besouro zumbiu e o aerogrillo disparou como um raio pelos ares afóra. Subiram, subiram, subiram tão alto que a terra de lá parecia uma laranja. Atravessaram nuvens, chegaram muito pertinho da lua, que a menina teve o gosto de tocar com a pontinha do dedo. E só desceram quando o sol vinha raiando.

A TRAMA

Na noite desse dia estava Narizinho no melhor do somno quando acordou com uma batida na janella.

— Toc!... toc!...

Monteiro Lobato, *Narizinho Arrebitado*. Ilustrações de Voltolino.
Acervo Biblioteca Brasiliana Mindlin.

Monteiro Lobato, *Narizinho Arrebitado*. Ilustrações de Voltolino. Acervo Biblioteca Brasiliana Mindlin.

Benjamin Rabier, *A Jaula*. Acervo Biblioteca Brasiliana Mindlin.

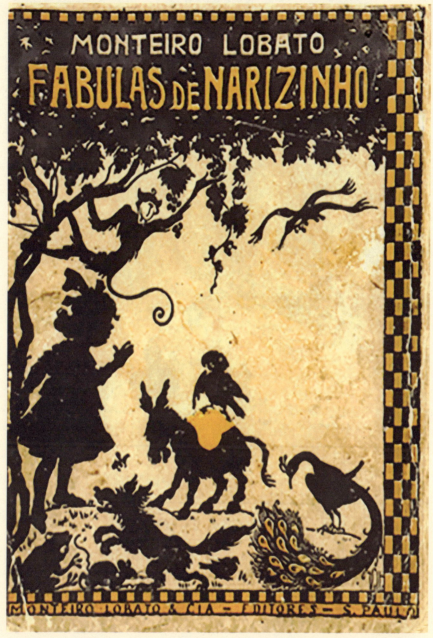

Monteiro Lobato. *Fábulas de Narizinho*. Ilustrações de Voltolino.

Monteiro Lobato, *O Sacy*. Ilustrações de Voltolino.

O álbum ilustrado *A Menina do Narizinho Arrebitado* deve ter feito um enorme sucesso, não só pela narrativa ambientada em um reino imaginário onde peixes são príncipes, caramujos são médicos e uma aranha tece o mais lindo vestido já visto, mas também porque esse universo ganhou um ar alegre e inusitado no traço de Voltolino. Talvez, por isso, Lobato manterá a parceria com o ilustrador para fazer nos anos seguintes mais três álbuns ilustrados: *Fábulas de Narizinho* e *O Sacy* em 1921 e *O Marquês de Rabicó*, em 1922. *Fábulas,* como já vimos era um livro que Lobato desejava fazer já desde 1916, quando ainda vivia na fazenda Buquira e seus filhos eram pequenos; e *O Sacy*, provavelmente nasce do desejo de transpor para a literatura voltada as crianças o personagem do *Inquérito* feito no jornal. Nessas três primeiras obras o escritor, que nesse caso também era o editor, já que os livros foram editados pela Monteiro Lobato e Cia., escolhe um formato com muitas ilustrações e escolhe um artista com grande reconhecimento como Voltolino. Mesmo nas edições que Lobato faz em um formato intitulado por ele de "escolar", de *Narizinho Arrebitado* e *Fábulas* onde as ilustrações aparecem em preto e branco e o papel e capa são mais simples, o ilustrador continua o mesmo. Em *Fábulas*, Voltolino utiliza o desenho com silhuetas, e para as obras *Sacy* e *Marquês de Rabicó* cria desenhos com muito movimento e ambientado em uma atmosfera que retrata o interior do país.

Ao analisar as primeiras edições dos livros de Lobato destinados à infância, percebemos que as ilustrações não só retratam o que estava sendo narrado, mas complementam o texto, possibilitando uma recepção mediada pela imagem. As imagens, como Flaubert alertava, modificam a recepção da obra, fazem com que o leitor imagine através da mente do ilustrador. Flaubert nos diria: "Assim que um personagem é definido pelo lápis, perde seu carácter geral", por esse motivo o autor rejeitava todo o tipo de ilustração em suas obras[12]. Mas Lobato, que era também desenhista e pintor, mesmo que ele próprio se definisse como um pintor amador, parecia criar suas narrativas por meio da imaginação de cenas, como podemos perceber em diversos trechos de sua obra para crianças. Além disso, sabia que uma obra infantil sem ilustrações seria

---

12. Alberto Manguel, *Lendo Imagens: Uma História de Amor e Ódio*, São Paulo, Companhia das Letras, 2001, p. 20.

uma obra que interessaria menos as crianças. Como a Alice, de Lewis Carroll, nos alerta no início de sua aventura: "– De que serve um livro sem diálogos nem figuras?"

Monteiro Lobato, *Narizinho Arrebitado*. Ilustrações de Voltolino.
Acervo Biblioteca Brasiliana Mindlin.

Chama então Voltolino, para ilustrar suas quatro primeiras obras de literatura infantil, criando álbuns ilustrados, ou como ele próprio nomeia nas páginas de rosto de cada livro: "livros de figuras". Neles, Narizinho, Pedrinho, Emília, Visconde, Dona Benta e Tia Anastácia ganham corpo, passam a ter uma materialidade que, apesar de estarem definidas, possibilitam às crianças, sobretudo as menores que ainda não leem com destreza, sonhar com as aventuras narradas. Nas obras subsequentes o autor/editor abandona esse formato, onde as imagens estão em quase todas as páginas construindo a narrativa juntamente com o texto. Nos livros produzidos a partir de 1924, já pela Companhia Editora Nacional, a proporção entre texto e ilustração se transforma pouco a pouco, até chegar, em meados da década de 1930, a volumes com mais de trezentas páginas e pouco mais do que vinte ilustrações. Outros seriam os ilustradores chamados a modelar as imagens dos personagens do Sítio do Picapau Amarelo. A Voltolino coube a missão de pela primeira vez idealizar imageticamente os personagens de Lobato. Muito do que foi concebido por ele dialogava com o que era criado na Europa, sobretudo na França e que circulava no Brasil por meio dos álbuns ilustrados de editoras como a Garnier. No entanto, não podemos esquecer que as ilustrações, no caso dos álbuns ilustrados por Voltolino para Lobato, são sugeridas pela narrativa escrita. Teria sido o próprio Monteiro Lobato leitor dos álbuns ilustrados de Rabier, juntamente com seus filhos? Teria Narizinho sonhado na beira do ribeirão de águas claras, à sombra do velho ingazeiro, com personagens saídos de álbuns ilustrados que vinham do outro lado do oceano?

REFERÊNCIAS BIBLIOGRÁFICAS

ABREU, Márcia & BRAGANÇA, Aníbal (org.). *Impresso no Brasil: Dois Séculos de Livros Brasileiros*. São Paulo, Rio de Janeiro, Editora Unesp/Fundação Biblioteca Nacional, 2010.

AZEVEDO, Carmen L.; CAMARGOS, Márcia & SACCHETTA, Vladimir. *Monteiro Lobato: Furacão na Botocundia*. São Paulo, Senac, 1997.

_____. *Um Duende Lobatiano. O Sacy-Perere: Resultado de um Inquérito*. Ed. fac-similar. Rio de Janeiro, Gráfica J. B., 1998.

BELLUZZO, Ana Maria de Moraes. *Voltolino e as Raízes do Modernismo*. São Paulo, Marco Zero, 1992.

CÂMARA CASCUDO, Luis da. *O Tempo e eu. Confidências e Proposições*. Natal, Imprensa Universitária, 1968.

HALLEWELL, Laurence. *O Livro no Brasil. Sua História*. São Paulo, T. A. Queiroz, Edusp, 1985.

LINDEN, Sophie van der. *Para Ler o Livro Ilustrado*. São Paulo, Cosac Naify, 2011.

MANGUEL, Alberto. *Lendo Imagens: Uma História de Amor e Ódio*. São Paulo, Companhia das Letras, 2001.

NIKOLAJEVA, Maria & SCOTT, Carole. *Livro Ilustrado: Palavras e Imagens*. Trad. Cid Knipel. São Paulo, Cosac Naify, 2011.

SALIBA, Elias Thomé. *Raízes do Riso: A Representação Humorística na História Brasileira: Da Belle Époque aos Primeiros Tempos do Rádio*. São Paulo, Companhia das Letras, 2002.

SEVCENKO, Nicolau. *Literatura como Missão: Tensões Sociais e Criação Cultural na Primeira República*. 3. ed. São Paulo, Brasiliense, 1989.

SILVEIRA, Magno. *Ilustradores de Lobato: A Construção do Livro Infantil Brasileiro. 1920-1948*. São José dos Campo, Sesc, 2015.

15

Literatura Infantojuvenil em Tempos de Modernismos: Monteiro Lobato, Graciliano Ramos e o Tema da Linguagem

GABRIELA PELLEGRINO SOARES

A PRODUÇÃO DE LITERATURA para crianças no Brasil dos anos que cercam 1922 percorreu caminhos que se entrelaçam, embora não coincidam completamente, com os contornos do modernismo no Brasil. Marcou respeitosa distância, há que se dizer, dos movimentos de vanguarda, experimentais, que perseguiam a ruptura estética com sofisticadas soluções. Os textos voltados às crianças não perderam, em meio ao ambiente efervescente de certos salões, o apego à perspectiva de que o jovem leitor demandava considerações especiais, quanto à forma, à linguagem e ao teor das narrativas.

Se, mundo afora, as vanguardas dos anos 1920, com sua vocação experimental e anseios de ruptura estética, voltaram-se preferencialmente a públicos adultos, sofisticados, abertos à fruição de novas propostas estéticas, o universo infantil inspirou, não raro, a criação de novas linguagens literárias e artísticas[1]. A presença transbordante, na criança, da imaginação e do mundo onírico, da simplicidade e espontaneidade nas formas de expressar-se, do olhar curioso e indagador, foi capturada como uma das chaves para a renovação dos velhos padrões acadêmicos na pintura, na literatura e nas artes plásticas na Europa,

---

1. Sobre os diálogos entre o movimento modernista e as vanguardas europeias e hispano-americanas, ver os trabalhos de Jorge Schwartz, *O Fervor das Vanguardas,* São Paulo, Companhia das Letras, 2013 e *Vanguardas Latino-Americanas: Polêmicas, Manifestos e Textos Críticos*, São Paulo, Edusp/Iluminuras/Fapesp, 1995.

no Brasil e nas Américas de modo geral[2]. Somente por caminhos sinuosos e indiretos, porém. Embora a criança entrevista pelos modernistas ajudasse a produzir renovação, não era ela o público por excelência dos escritores e artistas dos movimentos. O que se oferecia especialmente à criança devia mover-se em terreno mais cauteloso, delicado e formador.

Ainda assim, no Brasil e no exterior, a literatura infantil – domínio no qual este texto se detém – não esteve impermeável aos estímulos dos novos tempos. Explorou novos temas, abordagens e linguagens, criando pontes com públicos diversos e mais amplos. A obra infantil de Monteiro Lobato, em formação nesse período, vinha ajudando a recolocar os termos das relações entre os mundos da oralidade e das letras, entre o local e o universal.

Embalados pelo desenvolvimento das casas editoras no Brasil das primeiras décadas do século XX, escritores de variados peso e envergadura trouxeram, para as páginas dos livros confeccionados para esse público, esforços para abrasileirar a expressão em face do português de Portugal que dominava a maioria das obras, para explorar temas brasileiros, do mundo rural e popular, para corresponder às demandas da incipiente escola primária republicana e para abraçar os estímulos mais gerais da modernidade cultural, valorizando, entre outros, a imaginação e a subjetividade.

Alguns escritores que vinham se consagrando nesse período no domínio da literatura "adulta" fizeram incursões eventuais pela literatura destinada ao público infanto-juvenil.

Érico Veríssimo, cuja biografia como funcionário, editor, escritor e tradutor esteve profundamente associada à editora Globo, sediada em Porto Alegre, entremeou sua produção literária para adultos, iniciada em princípios dos anos 1930, com títulos voltados às crianças[3]. Em 1935, publicou *A Vida de Joana D'Arc*. No ano seguinte, *As Aventuras do Avião Vermelho* e *Os Três Porquinhos Pobres*. Em 1937, *As Aventuras de Tibicuera* e, em 1938, *O Urso com Música na Barriga*. Outros ainda viriam, como *A Vida do Elefante Basílio* e *Outra Vez os Três Porquinhos*.

2. Ver, por exemplo, Wassily Kandinsky e Franz Marc, *Almanaque do Cavaleiro Azul*, São Paulo, Edusp/Museu Lasar Segall, 2013.
3. Sobre essa trajetória junto à editora, ver Erico Verissimo, *Um Certo Henrique Bertaso*, Porto Alegre, Globo, 1972.

O escritor paraibano José Lins do Rego, a essa altura uma estrela em ascensão nos catálogos e nas engrenagens da Livraria José Olympio, fundada em São Paulo e transferida para o Rio de Janeiro depois da Revolução Constitucionalista, publicou, em 1936, *Histórias da Velha Totonha*[4]. Dedicado "aos meninos de todo o Brasil", o livro reúne contos que o escritor ouvira contar em sua infância no engenho, contos populares e de fadas, vindos da tradição oral.

Cecília Meireles, por sua vez, poetisa, escritora e tradutora fluminense que manteve, em todo percurso, fortes laços com o universo da educação, publicou para crianças, em 1939, *Ruth e Alberto*. Anos mais tarde, em 1964, lançaria seu livro infantil de maior sucesso, a obra poética *Ou Isto ou Aquilo*[5].

Figurou ainda nesse elenco o escritor Graciliano Ramos, alagoano da cidade de Quebrangulo, autor de romances que despontaram como estrelas dos movimentos modernista e regionalista a partir dos anos 1930, especialmente quando, por intermédio do amigo Lins do Rego, estreou no catálogo da Casa José Olympio, no Rio de Janeiro[6]. Prisioneiro político recém-libertado em 1937, escreveu nesse mesmo ano seu primeiro livro para crianças – *A Terra dos Meninos Pelados*, obra reeditada em 1939 pela Editora Globo. Em 1944, publicou pela Editora Leitura, do Rio de Janeiro, *Histórias de Alexandre*.

Já Monteiro Lobato, natural de Taubaté, cuja carreira como escritor remonta ao trabalho na redação no jornal *Estado de S.Paulo*, nos anos 1910, representa um caso particular, pois desde cedo conquistou tamanho reconhecimento entre os leitores crianças que fincou longevas raízes nesse segmento editorial. Lobato, todavia, foi também autor de obras de literatura para adultos, além de crônicas e textos jornalísticos[7].

Os autores mencionados se distinguem de outros que, nesse período, construíram sua trajetória como autores fundamentalmente de literatura infantil.

---

4. Ver também Gustavo Sorá, *Brasilianas: José Olympio e a Gênese do Mercado Editorial Brasileiro*, São Paulo, Edusp/Com-Arte, 2010.
5. Analisei as relações de Cecília Meireles com o universo da educação nos anos 1920 e 1930 em *Semear Horizontes: Uma História da Formação de Leitores na Argentina e no Brasil, 1915-1954*, Belo Horizonte, Editora da UFMG, 2007.
6. Ver Gustavo Sorá, *Brasilianas: José Olympio e a Gênese do Mercado Editorial Brasileiro*, São Paulo, Edusp/Com-Arte, 2010.
7. Carmen Lucia de Azevedo, Marcia Camargos e Vladimir Sacchetta, *Monteiro Lobato: Furacão na Botocúndia*, São Paulo, Senac, 1997.

Em um cenário de limitadas possibilidades para a profissionalização do escritor, em face das condições vulneráveis do mercado livreiro e do pagamento de direitos autorais, escrever para crianças implicava, também, dialogar com o universo das escolas, com suas demandas específicas.

Thales Castanho de Andrade, nascido em Piracicaba, imprimiu em seus textos tons cívicos, patrióticos e moralmente edificantes em correspondência aos anseios educacionais da Velha República. Em 1919, publicou sua principal obra, *Saudade*, editada inicialmente pela Secretaria de Agricultura do Estado de São Paulo e muito bem recebida no ambiente pedagógico que emanava da Escola Normal "da Praça", a Escola Caetano de Campos. Muitos dos temas que o livro percorria foram retomados nos títulos da coleção "Encanto e Verdade", que o autor passou a publicar, em 1921, junto à editora Melhoramentos. Sua obra dialogava com a de autores prestigiados no universo escolar brasileiro, como Olavo Bilac, Manoel Bonfim e Júlia Lopes de Almeida[8].

Na variada gama de trajetórias acima apontadas, reconhecemos também um movimento que, mais do que renovação, foi de formação de uma literatura infantil produzida no país.

Pois no século XIX, prevaleceram no Brasil as obras estrangeiras, fossem portuguesas ou livros traduzidos ou adaptados de outros idiomas. Figueiredo Pimentel, editor brasileiro pioneiro nesse terreno, dono da Livraria do Povo, publicou as *Histórias da Carochinha* reunindo contos populares e universais. A Livraria Garnier por sua vez, traduziu ao português, nos Oitocentos, boa parte de seu catálogo original para a infância e a juventude, já que a casa editorial estabelecida no Rio de Janeiro em 1845 guardava sua matriz parisiense. Já a editora criada pelos irmãos Laemmert, imigrantes alemães na capital fluminense, escolheu clássicos romances de aventura como *Robinson Crusoe* e *Viagens de Gulliver,* em adaptações produzidas em língua alemã por Heinrich Hoffman para, assim, incumbir Carlos Jansen, Professor do Colégio D. Pedro II, de vertê-los ao português.

É nesse sentido que o despontar de escritores brasileiros a criar literatura infantil "nova" e local foi uma novidade desses anos que enfocamos. A se co-

---

8. Ver Marisa Lajolo e Regina Zilberman, *Um Brasil Para Crianças. Para Conhecer a Literatura Infantil Brasileira: Histórias, Autores e Textos,* São Paulo, Global, 1993.

meçar pela linguagem. Como registrou Monteiro Lobato em "O Irmão de Pinóquio", fazendo alusão à escassez de livros para crianças disponíveis no país:

– Coitada de vovó! – disse um dia Narizinho. De tanto contar histórias ficou que nem um bagaço de caju [...].
Era pura verdade aquilo. Tão verdade que a boa senhora teve de escrever a um livreiro de São Paulo pedindo que lhe mandasse quanto livro fosse aparecendo. O livreiro assim fez. Mandou um e depois outro e depois outro e por fim mandou o *Pinóquio*.
– Viva! – exclamou Pedrinho quando o correio entregou o pacote. Vou lê-lo para mim só. Debaixo da jabuticabeira.
– Alto lá! – interveio dona Benta. Quem vai ler o *Pinóquio* para que todos ouçam, sou eu, e só lerei três capítulos por dia, de modo que o livro dure e nosso prazer se prolongue.
[...]
A moda de dona Benta de ler era boa. Lia "diferente" dos livros. Como quase todos os livros para crianças que há no Brasil são muito sem graça, cheio de termos do tempo da onça ou só usados em Portugal, a boa velha ia traduzindo aquele português de defunto em língua do Brasil de hoje[9].

Lobato estreara na literatura infantil em 1920, com *A Menina do Narizinho Arrebitado*, publicada pela primeira das editoras que o editor fundou com sócios diversos ao longo da vida, a Monteiro Lobato e Cia. O catálogo da casa já trazia, em 1925, duas edições distintas dessa obra: *A Menina do Narizinho Arrebitado*, "lindo álbum colorido onde começam as aventuras dos netos de D. Benta", com cuidadosa apresentação gráfica, volume cartonado tipo álbum de figuras, no formato 29 x 22 cm, com 43 páginas e pitorescos desenhos de Votolino; e *Narizinho Arrebitado (Segundo Livro de Leitura para Uso das Escolas Primárias)*, "edição escolar contendo além da matéria que constitui o álbum acima, mais duas longas partes com toda a história de Narizinho", apresentada em simples brochura, no formato de 18 x 23 cm, com 181 páginas e os mesmos desenhos de Voltolino, em tamanho reduzido. Na história de Narizinho, que tempos mais tarde passou a integrar *O Sítio do Picapau Amarelo*, como volume intitulado *Reinações de Narizinho*, já se encontravam as personagens que povoariam o universo do Sítio[10].

9. Monteiro Lobato, *Reinações de Narizinho*, 9. ed., São Paulo, Brasiliense, p. 106.
10. A Companhia Editora Nacional (CEN), fundada por Monteiro Lobato e Octalles Marcondes em 1925, após a falência da Monteiro Lobato et Cia., foi responsável por publicar a coleção do *Sítio do Picapau*

No *Sítio do Picapau Amarelo*, como se sabe, Lobato exploraria à exaustão o português vivo e brasileiro, despojado de formalismos, de que sentia faltar nos livros ao alcance de leitores como suas próprias personagens[11]. Uma linguagem abrasileirada, como definiu seu propósito em carta ao amigo Godofredo Rangel, no mesmo ano de 1925, mas que não simplificava o problema das formas literárias variadas, das diferentes tradições, relacionadas a contextos e propósitos específicos.

No livro de Lobato que integra o Sítio, D. *Quixote das Crianças*, Dona Benta lê em voz alta a apresentação de Miguel de Cervantes à sua obra prima, na tradução portuguesa que a boneca Emília derrubara da estante:

– "Num lugar da Mancha, de cujo nome não quero lembrar-me, vivia, não há muito, um fidalgo dos da lança em cabido, adarga antiga e galgo corredor."
– Ché! – exclamou Emília. – Se o livro inteiro é nessa perfeição de língua, até logo! [...]
– Pois eu entendo – disse Pedrinho. – Lança em cabido quer dizer lança pendurada em cabido; galgo corredor é cachorro magro que corre e adaga antiga é... é...
– Engasgou! – disse Emília. – Eu confesso que não entendo nada. Lança em cabido! Pois se lança é um pedaço de pau com um chuço na ponta, pode ser "lança atrás da porta", "lança no canto" – mas "no cabido", uma ova! [...]
– Meus filhos – disse Dona Benta, – esta obra está escrita em alto estilo, rico de todas as perfeições e sutilezas de forma, razão pela qual se tornou clássica. Mas como vocês ainda não tem a necessária cultura para compreender as belezas da forma literária, em vez de ler vou contar a história com palavras minhas[12].

Amarelo como parte da série de "Literatura Infantil" da Biblioteca Pedagógica Brasileira (BPB), organizada por Fernando de Azevedo nos anos 1930. Com a saída do escritor da CEN e seu envolvimento, em 1943, com a formação da Brasiliense – juntamente com Artur Neves, Nelson Palma Travassos e Caio Prado Júnior –, seus textos infantis foram sendo relançados por esta última, como parte das *Obras Completas de Monteiro Lobato*..

11. Em 1925, Monteiro Lobato pediu a colaboração de Rangel esclarecendo: "Os contos extraídos das peças do Shakespeare vão para que escolhas alguns dos mais interessantes e traduzas em linguagem bem singela; pretendo fazer de cada conto um livrinho para meninos. Traduzirás uns três, à escolha, e mos mandarás com o original; quero aproveitar as gravuras. Estilo água do pote, hein? E ficas com liberdade de melhorar o original onde entenderes. O D. *Quixote* é para veres se vale a pena traduzir. [...] E também farás para a coleção infantil coisa tua, original. Lembra-te que os leitores vão ser todos os Nelos deste país e escreve como se estivesse escrevendo para o teu. Estou a examinar os contos de Grimm dados pelo Garnier. Pobres crianças brasileiras! Que traduções galegais! Temos de refazer tudo isso – abrasileirar a linguagem" (Monteiro Lobato, *A Barca de Gleyre*: *Quarenta Anos de Correspondência Literária Entre Monteiro Lobato e Godofredo Rangel*, São Paulo, Companhia Editora Nacional, 1944, p. 453).

12. Monteiro Lobato, D. *Quixote das Crianças*, 9. ed., São Paulo, Brasiliense, p. 10.

Quando, nos anos 1940, Monteiro Lobato aventurava-se pela terceira vez na criação de uma editora, a Brasiliense, seu sócio Artur Neves insistiu para que redigisse para o livro a ser lançado visando o público infanto-juvenil, Éramos seis, da Sra. Leandro Dupré. Lobato registrou no texto suas reticências iniciais à missão:

– A nossa grande gente nacional escreve dum modo tão requintado, tão sublimado, tão empoleirado, que ler a maioria das coisas existentes se torna um perfeito traduzir – e isso cansa.
[...] Conseqüência: quando um leitor incauto pega num desses livros, antes de chegar à terceira parte já está batendo na testa e dizendo: "Oh, diabo! Não é que me esqueci do..." [...] Guarda o romance para mais tarde [...].
– Veja, seu Manuel, quanta coisa há neste período que exige tradução. Estradas com covas, não sei o que sejam. Covas só temos no cemitério. [...] Nossas estradas têm apenas buracos. [...] Também não temos à beira das estradas "pomares" – temos quintais com umas tantas laranjeiras cobertas, [...] umas bananeiras, umas goiabeiras e um pé de mamão. Isso não dá 'pomar' – dá apenas um simples quintal com árvores, coisa muito diferentes. [...]
– [...] Isso faz que a língua falada resida permanentemente no apogeu da expressão e do pitoresco, ao passo que a escrita se atrasou a ponto de ficar uma coisa mais exigidora de tradução [...]
– Então a grande coisa do escritor é escrever como fala? [...]
A correção da língua é um artificialismo [...]. O natural é a incorreção. [...] Esse Machado de Assis foi dos pouquíssimos entre nós que escrevia como falava. [...]
– Pois a Sra. Dupré é assim, disse Artur, radiante. Talvez esteja nisso o segredo de sua atração [...][13].

O escritor terminou por concordar com o sócio:

[...] Mas já estava com sono, de modo que foi a bocejar que tomei o *Éramos Seis* da Sra. Leandro Dupré. Comecei a ler, certo de que não chegaria nem à p. 7, que é sempre a página crítica [...]; e quando dei acordo de mim, era madrugada. [...]
Apaguei a luz e pus-me a pensar. Por que tal romance me prendera daquele modo? [...] Não chega a ser um romance. É um borrão, um croquis, um esboço de romance, feito ao galope da inspiração, para depois ser aperfeiçoado, descascado, despeliculado, [...] – mas a autora, em vez disso, mandou-o ao prelo tal qual lhe saiu. [...] Quem fala no livro inteiro é a protagonista, a viúva, e essa boa mulher pensa e fala exatamente como todas as mulheres do seu tipo e de sua classe no país. [...] às vezes aparece uma palavra grifada,

---

13. Maria José Dupré, *Éramos Seis*, São Paulo, Companhia Editora Nacional, 1943, pp. 5-12.

como libré. Por que? Atoa [sic]. Capricho. A crase é um jogo. [...] E consegue o milagre: Tudo fica vida, só vida, em seu extraordinário romance. [...]

E a gente fica a pensar numa coisa tremenda: se a "literatura" não é a grande desgraça da literatura!...[14]

Também o escritor Graciliano Ramos vinha caminhando nessa direção. O escritor havia manifestado em depoimento registrado pelo jornalista Joel Silveira, em 1938, no escritório da editora José Olympio, onde costumavam dar expediente.

Outra lição dele, noutra manhã. (Devo dizer que logo que eu saía daqueles encontros corria a passar para o papel tudo o que ele havia me dito: a entrevista tinha que sair de qualquer maneira.) Falava-se do ofício de escrever, ele disse:
– Quem escreve deve ter todo o cuidado para a coisa não sair molhada. Também não entendi. Ele explicou: – Quero dizer que da página que foi escrita não deve pingar nenhuma palavra, a não ser as desnecessárias. É como pano lavado que se estira no varal. E prosseguiu – naquela manhã estava de língua solta:
– Deve-se escrever da mesma maneira como as lavadeiras lá de Alagoas fazem seu ofício. Sabe como elas fazem?
– Não.
– Elas começam com uma primeira lavada. Molham a roupa suja na beira da lagoa ou do riacho, torcem o pano, molham-no novamente, voltam a torcer. Depois colocam o anil, ensaboam, e torcem uma, duas vezes. Depois enxáguam, dão mais uma molhada, agora jogando a água com a mão. Somente depois de feito tudo isso é que elas dependuram a roupa lavada na corda ou no varal, para secar. Pois quem se mete a escrever devia fazer a mesma coisa. A palavra não foi feita para enfeitar, brilhar como ouro falso, a palavra foi feita para dizer[15].

Em 1937, como escritor em carreira prodigiosa, como já indicado, autor dos romances *Caetés* e *São Bernardo*, editados por Schmidt e Ariel, no Rio de Janeiro, recém-incorporado ao prestigiado catálogo do Casa José Olympio Editora, com o lançamento de *Angústia*, ex-prefeito de Palmeira dos Índios, no seu estado natal de Alagoas, e ex-preso político do regime varguista, havia

14. *Idem*, pp. 5-12.
15. Publicada em na obra autobiográfica de Joel Silveira, *Na Fogueira: Memórias*, em 1998, e reproduzida nas obras *Conversas: Gracialiano Ramos*, Thiago Mio Sallas e Ieda Lebensztayn (org.), Rio de Janeiro, Record, 2014; e Joel Silveira, *Conversas com Graciliano Ramos*, 1938, p. 77.

pouco egresso do cárcere, Graciliano Ramos escreveu, como dissemos, seu primeiro livro para crianças – *A Terra dos Meninos Pelados*. A obra recebeu no mesmo ano o prêmio de literatura infantil do Ministério de Educação e Saúde e, em 1939, recebeu edição da editora Globo, de Porto Alegre.

Contava a história de Raimundo, menino careca com olhos de cor diferente – um azul e outro preto. A singularidade era motivo de zombaria em sua cidade, a ponto de Raimundo adotar para si mesmo a alcunha de Dr. Raimundo Pelado.

Era de bom gênio e não se zangava; mas os garotos dos arredores fugiam ao vê-lo, escondiam-se por detrás das árvores da rua, mudavam a voz e perguntavam que fim tinham levado os cabelos dele. Raimundo entristecia e fechava o olho direito. Quando o aperreavam demais, aborrecia-se, fechava o olho esquerdo. E a cara ficava toda escura.

Não tendo com quem entender-se, Raimundo Pelado falava só, e os outros pensavam que ele estava malucando.

Estava nada! Conversava sozinho e desenhava na calçada coisas maravilhosas do país de Tatipirun, onde não há cabelos e as pessoas têm um olho preto e outro azul.

Um dia em que ele preparava com areia molhada a serra de Taquaritu e o rio das Sete Cabeças, ouviu os gritos dos meninos escondidos por detrás das árvores e sentiu um baque no coração.

– Quem raspou a cabeça dele? perguntou o moleque do tabuleiro.

– Como botaram os olhos de duas criaturas numa cara? berrou o italianinho da esquina.

– Era melhor que me deixassem quieto, disse Raimundo baixinho.

Encolheu-se e fechou o olho direito. Em seguida foi fechando o olho esquerdo, não enxergou mais a rua. As vozes dos moleques desapareceram, só se ouvia a cantiga das cigarras. Afinal as cigarras se calaram.

Raimundo levantou-se, entrou em casa, atravessou o quintal e ganhou o morro. Aí começaram a surgir as coisas estranhas que há na terra de Tatipirun, coisas que ele tinha adivinhado, mas nunca tinha visto. Sentiu uma grande surpresa ao notar que Tatipirun ficava ali perto de casa. Foi andando na ladeira, mas não precisava subir: enquanto caminhava, o monte ia baixando, baixando, aplanava-se como uma folha de papel. E o caminho, cheio de curvas, estirava-se como uma linha. Depois que ele passava, a ladeira tornava a empinar-se e a estrada se enchia de voltas novamente[16].

---

16. Graciliano Ramos, *A Terra dos Meninos Pelados*, *Alexandre e Outros Heróis*, 57. ed., Rio de Janeiro, Record, 2013. Edição do Kindle, posição 1005-1020.

Assim foi que Raimundo fez sua travessia para o território imaginado, onde todos eram carecas e tinham um olho azul e outro preto. Tudo em Tatipurun era amigável – os carros não atropelavam quem passava, as laranjeiras não tinham espinhos, não havia noite nem fazia frio. E os outros meninos sem cabelo tinham olhos como os seus. Raimundo fez amigos e viveu aventuras. Mas não se esqueceu da lição de Geografia que estava por fazer... Escolheu voltar, mas talvez, a essa altura, já olhasse tudo de modo diferente.

Naqueles mesmos anos que se seguiram à sua libertação, em 1937, até a morte do escritor em 1953, Graciliano consagrou-se com as obras "adultas" *Vidas Secas*, *Infância*, *Insônia* e, postumamente, em quatro volumes, *Memórias do Cárcere*, editadas por José Olympio. Voltaria, porém, a escrever para crianças, um ano antes de filiar-se ao Partido Comunista Brasileiro. *Histórias de Alexandre* saiu em 1944 pela Editora Leitura, do Rio de Janeiro.

Em 1962, após a morte do autor, a Livraria Martins, de São Paulo, reuniria na obra *Alexandre e Outros Heróis* os dois livros infantis de Graciliano, acrescidos de um terceiro, inédito, História da República, uma leitura satírica da História do país.

A história de Alexandre começava assim:

No sertão do Nordeste vivia antigamente um homem cheio de conversas, meio caçador e meio vaqueiro, alto, magro, já velho, chamado Alexandre. Tinha um olho torto e falava cuspindo a gente, espumando como um sapo-cururu, mas isto não impedia que os moradores da redondeza, até pessoas de consideração, fossem ouvir as histórias fanhosas que ele contava. Tinha uma casa pequena, meia dúzia de vacas no curral, um chiqueiro de cabras e roça de milho na vazante do rio. Além disso possuía uma espingarda e a mulher. A espingarda lazarina, a melhor espingarda do mundo, não mentia fogo e alcançava longe, alcançava tanto quanto a vista do dono; a mulher, Cesária, fazia renda e adivinhava os pensamentos do marido. Em domingos e dias santos a casa se enchia de visitas – e Alexandre, sentado no banco do alpendre, fumando um cigarro de palha muito grande, discorria sobre acontecimentos da mocidade, às vezes se enganchava e apelava para a memória de Cesária. Cesária tinha sempre uma resposta na ponta da língua. Sabia de cor todas as aventuras do marido, a do bode que se transformava em cavalo, a da guariba mãe de família, da cachorra morta por um caititu acuado, pobrezinha, a melhor cachorra de caça que já houve. E aquele negócio de onça-pintada que numa noite ficara mansa como bicho de casa? Era medonho. Alexandre tinha realizado ações notáveis e falava bonito, mas guardava muitas coisas no espírito e sucedia misturá-las. Cesária escutava e aprovava balançando a cabeça, curvada sobre a almofada trocando os bilros, pregando alfinetes no papelão da renda. E quando o homem se calava ou algum ouvinte fazia perguntas inconvenientes, levantava os olhos miúdos por cima dos óculos e completava a narração. Esse casal admirável não brigava, não discutia. Alexandre estava sempre de acordo com Cesária, Cesária estava sempre de acordo com Alexandre. O que um dizia o outro achava certo. E assim, tudo se combinando, descobriam casos interessantes que se enfeitavam e pareciam tão verdadeiros como a espingarda lazarina, o curral, o chiqueiro das cabras e a casa onde eles moravam. Alexandre, como já vimos, tinha um olho torto. Enquanto ele falava, cuspindo a gente, o olho certo espiava as pessoas, mas o olho torto ficava longe, parado, procurando outras pessoas para escutar as histórias que ele contava. A princípio esse olho torto lhe causava muito desgosto e não gostava que falassem nele. Mas com o tempo se acostumou e descobriu que enxergava melhor por ele que pelo outro, que era direito. Consultou a mulher:

– Não é, Cesária?

Cesária achou que era assim mesmo. Alexandre via até demais por aquele olho: Não se lembrava do veado que estava no monte? Pois é. Um homem de olhos comuns não teria percebido o veado com aquela distância. Alexandre ficou satisfeito e começou a referir-se ao olho enviesado com orgulho. O defeito desapareceu, e a história do espinho foi nascendo, como tinham nascido todas as histórias dele, com a colaboração de Cesária. São essas histórias que vamos contar aqui, aproveitando a linguagem de Alexandre e os apartes de Cesária.

10 de julho de 1938[17].

Nos capítulos que se seguem, Alexandre narra suas histórias à sua plateia cativa. Nos diálogos que se entabulam entre o narrador e o público, o próprio ato de narrar é colocado em questão, evidenciando as escolhas que uma narrativa supõe, tal como manifestara D. Benta a respeito do "seu" Quixote. No capítulo "O Olho Torto de Alexandre", o cego preto Firmino indaga Alexandre:

– Então, como o dono da casa manda, lá vai tempo. Essa história da onça era diferente a semana passada. Seu Alexandre já montou na onça três vezes, e no princípio não falou no espinheiro.

17. Graciliano Ramos, *Alexandre e Outros Heróis*, 57. ed., Rio de Janeiro, Record, 2013. Edição do Kindle, posição 67-88. Esta nova edição de *Alexandre e Outros Heróis* teve como base a 1ª edição de *Histórias de Alexandre* (exemplar gentilmente cedido por José Aderaldo Castello ao Instituto de Estudos Brasileiros) e os manuscritos de *A Terra dos Meninos Pelados* e *Pequena História da República* que se encontram no Fundo Graciliano Ramos, Arquivo do Instituto de Estudos Brasileiros da Universidade de São Paulo. Este projeto de reedição da obra de Graciliano Ramos é supervisionado por Wander Melo Miranda, professor titular de Teoria da Literatura da Universidade Federal de Minas Gerais (Graciliano Ramos, *Alexandre e Outros Heróis*, 57. ed., Rio de Janeiro, Record, 2013. Edição do Kindle, posição 33-37)..

Alexandre indignou-se, engasgou-se, e quando tomou fôlego, desejou torcer o pescoço do negro:

— Seu Firmino, eu moro nesta ribeira há um bando de anos, todo o mundo me conhece, e nunca ninguém pôs em dúvida a minha palavra.

— Não se aperreie não, seu Alexandre. É que há umas novidades na conversa. A moita de espinho apareceu agora.

— Mas, seu Firmino, replicou Alexandre, é exatamente o espinheiro que tem importância. Como é que eu me iria esquecer do espinheiro? A onça não vale nada, seu Firmino, a onça é coisa à toa. Onças de bom gênio há muitas. O senhor nunca viu? Ah! Desculpe, nem me lembrava de que o senhor não enxerga. Pois nos circos há onças bem ensinadas, foi o que me garantiu meu mano mais novo, homem sabido, tão sabido que chegou a tenente de polícia. Acho até que as onças todas seriam mansas como carneiros, se a gente tomasse o trabalho de botar os arreios nelas. Vossemecê pensa de outra forma? Então sabe mais que meu irmão tenente, pessoa que viajou nas cidades grandes.

Cesária manifestou-se:

— A opinião de seu Firmino mostra que ele não é traquejado. Quando a gente conta um caso, conta o principal, não vai esmiuçar tudo.

— Certamente, concordou Alexandre. Mas o espinheiro eu não esqueci. Como é que havia de esquecer o espinheiro, uma coisa que influiu tanto na minha vida?

Aí Alexandre, magoado com a objeção do negro, declarou aos amigos que ia calar-se. Detestava exageros, só dizia o que se tinha passado, mas como na sala havia quem duvidasse dele, metia a viola no saco. Mestre Gaudêncio curandeiro e seu Libório cantador procuraram com bons modos resolver a questão, juraram que a palavra de seu Alexandre era uma escritura, e o cego preto Firmino desculpou-se rosnando.

— Conte, meu padrinho, rogou Das Dores. Alexandre resistiu meia hora, cheio de melindres, e voltou às boas.

— Está bem, está bem. Como os amigos insistem...

Cesária levantou-se, foi buscar uma garrafa de cachimbo e uma xícara. Beberam todos, Alexandre Alexandre se desanuviou e falou assim:

— Acabou-se. Vou dizer aos amigos como arranjei este defeito no olho. E aí seu Firmino há de ver que eu não podia esquecer o espinheiro, está ouvindo? Prestem atenção, para não me virem com perguntas e razões como as de seu Firmino. Ora muito bem. Naquele dia, quando o pessoal lá de casa cobrou a fala, depois do susto que a onça tinha causado à gente, meu pai reparou em mim e botou as mãos na cabeça [...][18].

---

18. Graciliano Ramos, "O Olho Torto de Alexandre", *Alexandre e Outros Heróis*, 57. ed., Rio de Janeiro, Record, 2013. Edição do Kindle, 2013, posição 168-189.

Graciliano Ramos, tal como Lobato, incorporara em seus livros cenas em que a história escrita ensejava a história oralmente narrada. Por esse caminho, ambos encontraram recursos para trabalhar a linguagem despida de artifícios, a linguagem abrasileirada, falada e enxuta. Recursos, também, para enunciar suas escolhas, sobre o como e o que contar, singularizando-se em face de outras tradições e expectativas. Por se tratar de uma escolha, de uma tomada de posição, ao ouvinte/leitor estava prevista a possibilidade de contestação. Mas o narrador acabava por retomar o controle e reafirmar seu "traquejo" na arte pela qual era reconhecido.

O texto em aberto, submetido às apreciações do público encenado, passível de reconstrução e ainda, assim, criador de suas próprias balizas, experimentava caminhos ao mesmo tempo em que os legitimava. Encontrou nas crianças um público sensível à narrativa viva, espontânea e descomplicada. E ecoou, ao fazê-lo, até mesmo algumas daquelas sofisticadas aspirações estéticas do modernismo.

REFERÊNCIAS BIBLIOGRÁFICAS

ABDALA JUNIOR, Benjamin. *Graciliano Ramos: Muros Sociais e Aberturas Artísticas*. Rio de Janeiro, Record, 2017.

AZEVEDO, Carmen Lucia de; CAMARGOS, Marcia & SACCHETTA, Vladimir. *Monteiro Lobato: Furacão na Botocúndia*. São Paulo, Senac, 1997.

DUPRÉ, Maria José. *Éramos Seis*. São Paulo, Companhia Editora Nacional, 1943.

LAFETÁ, João Luiz. *1930: A Crítica e o Modernismo*. São Paulo, Editora 34, 2000.

LAJOLO, Marisa & ZILBERMAN, Regina. *Um Brasil Para Crianças: Para Conhecer a Literatura Infantil Brasileira: Histórias, Autores e Textos*. São Paulo, Global, 1993.

LOBATO, Monteiro. *A Barca de Gleyre: Quarenta Anos de Correspondência Literária Entre Monteiro Lobato e Godofredo Rangel*. São Paulo, Companhia Editora Nacional, 1944.

_____. *D. Quixote das Crianças*. São Paulo, Brasiliense, 1936.

LUCA, Tania Regina de. *A Revista do Brasil: Um Diagnóstico Para a (N)ação*. São Paulo, Editora Unesp, 1999.

MICELI, Sergio. *Intelectuais à Brasileira*. São Paulo, Companhia das Letras, 2001.

MORAES, Marcos Antonio. *Câmara Cascudo e Mário de Andrade. Cartas, 1924-844*. São Paulo, Global, 2010.

RAFFAINI, Patricia Tavares. *Pequenos Poemas em Prosa: Vestígios da Leitura Ficcional na Infância Brasileira, nas Décadas de 30 e 40*. São Paulo, Universidade de São Paulo, 2008.

RAMOS, Graciliano. *Alexandre e Outros Heróis*. Rio de Janeiro, Record, 2013. Edição do Kindle.

_____. *Relatórios* (org.) LIMA, Mário Hélio Gomes de. Rio de Janeiro, Record, 1994.

SALLA, Thiago Mio & LEBENZTAYN, Ieda (orgs.). *Conversas: Gracialiano Ramos*. Rio de Janeiro, Record, 2014.

SCHWARTZ, Jorge. *O Fervor das Vanguardas*. São Paulo, Companhia das Letras, 2013.

_____. *Vanguardas Latino-Americanas: Polêmicas, Manifestos e Textos Críticos*. São Paulo, Edusp/Iluminuras/Fapesp, 1995.

SOARES, Gabriela Pellegrino. "Monteiro Lobato, Juan P. Ramos e o Papel dos Inquéritos Folclóricos na Formação Cultural e Política da Nação". *VariaHistoria*, vol. 31, n. 56, pp. 423-448, maio-ago. 2015, Universidade Federal de Minas Gerais.

_____. *Semear Horizontes: Uma História da Formação de Leitores na Argentina e no Brasil, 1915-1954*. Belo Horizonte, Editora da UFMG, 2007.

SORÁ, Gustavo. *Brasilianas: José Olympio e a Gênese do Mercado Editorial Brasileiro*. São Paulo, Edusp/Com-Arte, 2010.

TRAVASSOS, Elisabeth. *Os Mandarins Milagrosos. Arte e Etnografia em Mário de Andrade e Béla Bartók*. Rio de Janeiro, Funarte/Jorge Zahar Editores, 1997.

VERISSIMO, Erico. *Um Certo Henrique Bertaso*. Porto Alegre, Globo, 1972.

Parte VIII

O Lado Oposto e as Outras Derivas

16

Do Modernismo à Modernidade, Três Vezes: Artistas *Dérives* nos Palcos Brasileiros

WAGNER MARTINS MADEIRA

Datas são pontas de icebergs. [...]
As datas, como os símbolos, dão o que pensar.
ALFREDO BOSI

DUZENTOS ANOS DE HISTÓRIA brasileira estão enfeixadas em três datas balizadoras: 1822, 1922, 2022. A independência de 1822 nem em tese prometia e de fato não cumpriu. Somos um país desde sempre dependente, a reboque econômico-político em tempos de Portugal, da Inglaterra, dos Estados Unidos. 1822 não empolga o brasileiro, que não se sente independente para comemorar sequer o feriado de 7 de setembro, ignorando o significado da data cívica. O grito do Ipiranga não encontrou eco, se tornando menos narrativa mítica de fundação do que motivo de riso de nossa "bisonhice histórica", segundo Matheus de Albuquerque. Ou paródia escatológica em chave de rebaixamento de uma celebração renegada, no poema de Murilo Mendes "A Pescaria", constante de *História do Brasil*, livro de 1932, de poemas humorísticos[1]. O malogro

---

1. As alusões aos poetas Matheus de Albuquerque e Murilo Mendes constam de texto de Elias Thomé Saliba para catálogo de exposição em Lisboa, que celebrava os quinhentos anos do descobrimento. Elias Thomé Saliba, *Olhares Modernistas da Exposição "Brasil-Brasis: Cousas Notáveis e Espantosas"*, Lisboa, Museu do Chiado, abr.-jun. 2000. Nesse contexto, o historiador estabelece o contraponto crítico para uma data redonda que deu o que pensar, no Brasil e no mundo lusófono.

do culto à independência tem se prestado a inúmeras paródias literárias, como é o caso da poesia Pau-Brasil de Oswald de Andrade, mais particularmente na série "Poemas da Colonização", em que as rebarbas da escravidão escancaram o engodo do projeto civilizatório da realeza portuguesa à moda brasileira.

1822 parece muito mais longínquo do que duzentos anos, rescende a bolor o nacionalismo tacanho de gabinete monarquista que nos foi imposto, indiferente aos reais problemas de um país das desigualdades sociais e da crueldade da escravidão. Certamente, se a independência fosse resultante de um movimento de massas republicano, algo que efetivamente não tivemos nem mesmo em 1889, a identidade teria sido outra. Quem sabe, valores iluministas vicejariam e como consequência a estratificação social brasileira teria sido bem menos injusta.

1922 desperta uma compreensão muito mais vívida, crítica ou não em relação à data, que celebra a Semana de Arte Moderna levada a cabo no teatro municipal de São Paulo. A impressão é de familiaridade com o evento e seus desdobramentos posteriores, décadas a fio. Um projeto ambicioso da oligarquia paulista, restrito à cultura, que procurava conceber uma nova identidade para a nação brasileira, igualmente de cunho nacionalista, mas inspirado nas vanguardas artísticas europeias. Não parece que passou tanto tempo e estamos em via de completar o centenário. A todo momento, nesse percurso, foram surgindo produtos culturais que procuraram legitimar os personagens protagonistas, Mário de Andrade e Oswald de Andrade na dianteira, infundindo-lhes tamanho frescor moderno que acabaram nos soando íntimos. Nas escolas secundárias e superiores, nas instâncias acadêmicas e em circuitos mundanos, os ares modernistas têm circulado em dissertações e teses, artigos de jornais e revistas, cursos, palestras e seminários, peças de teatro, filmes de ficção, documentários e séries televisivas, bem como em intervenções e *happenings* em exposições de arte e, principalmente, publicações em livro. No cômputo geral, tais produtos culturais são caudatários do movimento paulista, naturalizando sua aceitação e legitimação. Os braços grandes da ideologia modernista têm procurado abarcar a todos nesses quase cem anos, a leigos e a especialistas.

Não será de surpreender, portanto, que em 2022, por ocasião do marco centenário, uma enxurrada de artefatos modernistas venha a inundar o chamado mercado cultural. Num exercício prospectivo apostaria, para ficar apenas no ramo editorial, no lançamento de refinadas caixas modernistas, contendo poucas novidades dignas de nota, mas que bem adornadas sem dúvida aplacarão o deleite consumista de colecionadores endinheirados. *Gadgets* culturais que conferem status a quem os possui, como a recente edição esgotada de *Grande Sertão: Veredas*, de Guimarães Rosa, vendida pela bagatela de mil cento e noventa reais, para o regozijo de poucos, sessenta e três afortunados colecionadores.

2022 está próximo. Não obstante, o percurso até lá promete ser disparatadamente longo, de tão pesado e sombrio é o cenário atual, de barbárie contra civilização, indo muito além do âmbito cultural de celebração modernista. "Elites do atraso", uma constante nos cinco séculos de história política brasileira, nos impuseram, recentemente, um quadro regressivo nunca antes visto. Seria fastidioso enumerá-lo, fiquemos apenas com o golpe legislativo que alijou do poder arbitrariamente a presidenta legitimamente reeleita, Dilma Rousseff, e que abriu caminho para a condenação judiciária a jato e sem provas do ex-presidente Lula, resultando em sua prisão e impossibilidade de concorrer ao pleito majoritário em 2018, ao qual era franco favorito para vencer até mesmo em primeiro turno, como então apontavam institutos de pesquisas de opinião. Venceu um neofascismo tupiniquim de fazer inveja à ideologia verde-amarela do ultraconservador modernista Plínio Salgado, mentor do integralismo brasileiro. Mídias hegemônicas nativas, no leme da vanguarda ideológica do atraso desde "as jornadas de junho de 2013", apoiaram e festejaram a vitória do projeto golpista, embora coradas de vergonha pela estultice do vencedor e sua proverbial falta de decoro. Logo, assistimos perplexos a um acelerado processo de privatização de riquezas estatais e de desmonte de políticas de bem-estar social, mandamentos do deus *Mammon* do mercado financeiro. Chega a ser paradoxal, quando não escárnio, que nesse sentido 2022 pareça estar mais próximo do espírito de época de 1822 do que de 1922, de tão regressiva e distópica a pauta do desgoverno atual, nos campos político, econômico, cultural e de costume.

Todavia, ainda num exercício prospectivo (escrevo em março de 2019), fugindo do fatalismo recalcitrante, 2022 pode significar uma virada espetacular, em que o fastígio reacionário seja sucedido por um governo progressista que desfaça as maldades perpetradas no período em todas as esferas da vida brasileira, inclusive da cultura. Desse modo, num anseio contingencial, "as potências latentes nos acontecimentos, ao se desencadearem, se anulariam umas às outras assim como os vencedores, que dominam os adversários menos fortes, podem, com o tempo, ser superados por outros, mais fortes"[2]. Longe de uma utopia ingênua de "um dia que virá", a luta ideológica de resistência à barbárie deve ser travada em todos os campos de enfrentamento dia a dia, das esferas institucionais às instâncias do cotidiano, da academia ao *twitter*. Nesse sentido, 2022 é logo ali.

1822, 1922, 2022. Realmente, datas dão o que pensar. Entretanto, "pela concepção pontual e contingencial do tempo, que ninguém se deslumbre com a importância conferida a datas"[3]. Dentre as três, o vórtice é 1922, ponta de iceberg que nos interessa como início de discussão do chamado teatro brasileiro moderno. A historiografia assente sem óbice que a literatura e as artes plásticas foram "os motores estéticos" do movimento modernista de 1922[4]. Como se sabe, na semana de fevereiro o teatro não integrou a programação levada a cabo no teatro municipal de São Paulo. Não deixa de ser irônico. Para citar apenas dois exemplos coevos inquietantes de iniciativas cariocas ignoradas pelos organizadores paulistas, Itália Fausta, com o seu Teatro da Natureza, teve uma ideia ambiciosa: no Campo de Santana, erigiu, em 1916, um anfiteatro ao ar livre para treze mil pessoas, em que foram encenados clássicos do teatro grego. Renato Vianna, por sua vez, fazia à época da Semana de Arte Moderna uma dramaturgia de influências futuristas. Felizmente é possível se inteirar desses espaços e tempos renegados, em trabalhos publicados de diligentes pesquisadores, respectivamente: Marta Metzler, em 2006, lançou *O Teatro da Natureza: História e Ideias*. Sebastião Milaré, em 2009, publicou *Batalha da Quimera*, recuperação da memória da modernidade de Renato Vianna.

Sem contar iniciativas de teatro amador que vicejavam em bairros operários de São Paulo. É o caso do teatro anarquista, que igualmente ficou de

---

2. Alfredo Bosi, "O Tempo e os Tempos", em Adauto Novaes (org.), *Tempo e História,* São Paulo, S.M.C./ Companhia das Letras, 1996, p. 20.
3. *Idem*, p. 26
4. Mário de Silva Brito, *História do Modernismo Brasileiro,* São Paulo, Saraiva, 1958, p. 122.

fora da famigerada Semana. Há pelo menos duas décadas imigrantes italianos encenavam peças anarquistas no Bairro do Brás. A mais notável delas, que sempre voltava ao cartaz em datas comemorativas, era *O Primeiro de Maio*, do italiano Pietro Gori, já traduzida para o português e levada à cena no início de 1906. O sucesso da peça teria inspirado o escritor paulista Afonso Schmidt a escrever, em 1921, o drama lírico *Ao Relento – Fantasia Social em 1 Ato, em Versos*, publicado no mesmo ano no jornal *A Vanguarda*, de São Paulo. A peça, a partir daí, foi encenada em encontros de operários pelo Grupo Teatro Social, de São Paulo. Além da busca de conscientização da classe operária, outros temas avultavam no teatro anarquista de então, como o do pronunciado anticlericalismo do movimento político, expresso em peças como *O Pecado de Simonia*, escrita sob o pseudônimo de Neno Vasco pelo filólogo e bacharel português Gregório Nazianzano de Vasconcellos, à época radicado no Brasil[5].

Tempos e espaços renegados, que fazem pensar no estabelecimento de vínculos até agora insuspeitados. Sabia-se da amizade infanto-juvenil, no bairro do Brás, entre Oduvaldo Vianna e o colega de escola Afonso Schmidt, que rendeu a criação de um jornaleco, *Zig-Zag*, e de uma revista literária e humorística, *Aurora Paulistana*, duas iniciativas fortuitas vindas a público nos albores do século XX. Vínculo que perdurou, a ponto de em 1933 os já consagrados autores dividirem a autoria da opereta *Kelani – A Dama da Lua*. O que não se atinava, e agora se afigura óbvio, era o caldo de cultura que compartilharam no Brás da imigração italiana, qual seja a forte presença anarquista, influência a se supor decisiva para a militância de esquerda dos dois por toda a vida. Credito o estalo tardio ao deliberado esquecimento do teatro anarquista paulistano por ocasião da Semana de Arte Moderna, denunciado pelo professor Francisco Foot Hardman, ponta de iceberg que deu o que pensar.

Entre os organizadores da Semana estavam à frente Guilherme de Almeida e Oswald de Andrade, coautores de duas peças de teatro, escritas em francês, *Mon Couer Balance,* uma comédia em quatro atos, e *Leur Ame – Histoire de la Fille du Roi*, drama em três atos e quatro quadros. Não nos

5. Para se ter uma ideia do alcance do teatro anarquista nas primeiras décadas do século XX (Eduardo Gramani Hipólide, *O Teatro Anarquista Como Prática Social do Movimento Libertário: São Paulo e Rio de Janeiro – de 1901 a 1922*, São Paulo, PUC, 2012. Dissertação de Mestrado).

passa despercebido que as peças vieram a público em 1916, pela Tipografia Asbahr, de São Paulo, não tendo sido levadas primeiramente à cena, como desde sempre acontece no teatro brasileiro. Há dramaturgos famosos desse período, casos de Oduvaldo Vianna e Gastão Tojeiro, que não faziam a menor questão em publicar sua produção, no entendimento de que o bastante seria levar o texto ao palco. A ideia de permanência, porém, não vingou, a ponto de seis anos depois de cometerem os textos franceses os dois expoentes os ignorarem solenemente por ocasião da Semana de Arte Moderna. Afinal de contas, não ficaria bem para um programa modernista reconhecidamente nacionalista a leitura dramática que fosse em língua francesa, quanto mais de textos formalmente conservadores.

Apagamento de rastros voluntários, a bem que se diga, não somente dos autores, mas de historiadores e biógrafos de gerações subsequentes, que resguardam a memória literária, evitando a menção a obras menores renegadas. Uma exceção é o historiador Elias Saliba, que a partir de inventivas de Juó Bananére, pseudônimo de Alexandre Ribeiro Marcondes Machado, notório desafeto de Oswald, recompõe em detalhes bem humorados as iniciativas que beiram ao patético de divulgação das referidas peças em língua francesa, de panegíricos ao então presidente de São Paulo, Washington Luís, ao assédio para leitura dramática a uma companhia francesa em visita ao teatro municipal de São Paulo[6]. Detalhe revelador: as duas peças jamais foram encenadas, o que por si só já é um juízo de valor. Exalam ranço anacrônico de atmosfera simbolista decadentista. De enredos e formas convencionais, se ocupam de triângulos amorosos de personagens da elite paulista, a primeira com a ação concentrada no Guarujá e a segunda no bairro de Higienópolis.

Não somente iniciativas precursoras como as do teatro anarquista do Brás, tanto quanto cariocas de Itália Fausta e Renato Vianna, deixaram de compor o cânone do teatro modernista, escrutinado a partir de 1926 por Alcântara Machado. O crítico paulista desprezou montagens renovadoras do grupo Teatro de Brinquedo, concebidas por Álvaro Moreyra, no Rio de Janeiro, a partir de 1927. Era um teatro amador, de entretenimento, que encenava peças de van-

---

6. Elias Thomé Saliba, *Raízes do Riso: A Representação Humorística na História Brasileira – Da* Belle Époque *aos Primeiros Tempos do Rádio*, São Paulo, Companhia das Letras, 2002, pp. 199-202.

guarda em um cassino. Segundo o próprio dramaturgo, "uma proposta da elite para a elite". Para se ter uma ideia da dramaturgia de Moreyra, circula em sebos algumas edições de *Adão, Eva e Outros Membros da Família*, peça em quatro atos, originalmente publicada em 1929. Oduvaldo Vianna igualmente renovaria a cena teatral, em 1927, ao conceber *O Castagnaro da Festa* no gênero sainete, mais curto que as comedias de costumes que o notabilizava, para concorrer com o afluxo cada vez maior das plateias ao cinema. Duas propostas distintas, a primeira mais universal, de ambição vanguardista, a segunda mais afeita à realidade brasileira ao retratar o imigrante italiano de São Paulo como protagonista. Ambas as iniciativas se coadunavam ao programa estético modernista de Alcântara Machado, mas nem por isso obtiveram a chancela do crítico, eivada de uma concepção teatral clássica e eurocêntrica.

Esclareça-se que Antônio Castilho de Alcântara Machado D'Oliveira (1901-1935) foi um intelectual modernista hegemônico. "Primo rico" e "homem sem profissão", pertencente à família de Barão do Império, com ramificações posteriores nos campos jurídico e literário, galgou cedo os mais altos cargos públicos, eximindo-se de iniciativas mais arriscadas. O fato de não ser o primogênito, o levou a se inclinar para o trabalho intelectual e político, distanciando-se da gestão dos negócios familiares. Para Sergio Miceli, intelectuais como Alcântara Machado fizeram tábula rasa ao "constituir os critérios de classificação de autores e obras" e a consequente análise dessas obras. Contribuíram para simplificações grosseiras no campo literário e assumiram o "leme da inovação", relegando aos adversários os "mantos da ideologia", "do passado e do obscurantismo". No caso de Alcântara Machado, a sua posição de editor de revistas modernistas por vários anos lhe deu condições privilegiadas para o exercício da crítica, sem a correspondente contrapartida para o debate com os homens de teatro do tempo. Crítica orgânica de mão única, avessa ao livre trânsito das ideias divergentes, desautorizou o teatro do período, o que se tornou modelo repetido *ad nauseam* por décadas pela crítica teatral brasileira[7].

---

7. Sergio Miceli, *Intelectuais e Classe Dirigente no Brasil (1920-1945), passim, apud* Wagner Martins Madeira, *Formas do Teatro de Comédia: A Obra de Oduvaldo Vianna*, São Paulo, FAP-Unifesp, 2016, pp. 16-17.

No artigo de Sérgio Buarque de Holanda, "O Lado Oposto e Outros Lados" é mencionado Alcântara Machado como um exemplo de atuação não--intelectualista, um "lado" a ser celebrado, jovem companheiro de lutas modernistas que era de Sérgio Buarque, igualmente recém-formado bacharel em direito. O ano de fatura do texto é o mesmo do início de atuação do crítico de teatro, 1926. Coincidências intrigantes à parte, a celebração desejada foi tão eficaz que passadas outras temporalidades tornaram-se ambos representantes de críticos hegemônicos. "Outros lados", ironia das ironias. Elias Saliba, assinalou o fato de Sérgio Buarque jamais ter publicado novamente o texto, o que acabou ocorrendo somente em 1996, setenta anos depois de sua fatura, por iniciativa de Antonio Arnoni Prado, que organizou a edição de *O Espírito e a Letra: Estudos de Crítica Literária I, 1920-1947*. Apagamento de rastro que dá o que pensar, na hipótese provável de que o ilustre historiador calou a voz do crítico literário novato por ter sentido que os seus pares não--intelectualistas, com o passar do tempo, teriam perdido o leme da inovação e se tornado cultores de uma estética oficial e orgânica, se distanciando dos ideais modernistas que propugnavam então.

Quanto ao teatro nos anos seguintes, dramaturgias inventivas igualmente não ganharam o aval da crítica modernista. Como a do paulista Flávio de Carvalho, de toques surrealistas, nos anos de 1930, com seu Teatro de Experiência, fechado pela polícia após três apresentações, em razão da frase enunciada pelo ator Hugo Adami, "a psicanálise matou deus", constante da peça *Um Bailado do Rei Morto*, que só veio a ser publicada no ano da morte do autor, 1973. Como também a dramaturgia de Oduvaldo Vianna, novamente negligenciada, com sua obra magna *Amor*, de 1933, em que fragmentava no palco a narrativa dramática, exemplo inequívoco de renovação da cena brasileira, iniciativa formal arrojada, nunca antes tentada em palcos brasileiros[8].

8. A peça está disponível para consulta, juntamente com outras duas do comediógrafo, *O Clube dos Pierrôs* e *Feitiço*, em edição de nossa organização, que veio a público em 2008, intitulada *Oduvaldo Vianna, Comedias*. Num afortunado acaso, a atriz brasileira Ana Trindade, radicada há muito tempo na Argentina, se deparou com o volume e se encantou pelo texto de *Amor*, o que a motivou, no calor da hora, a adaptá-lo para o castelhano, dirigi-lo e protagonizá-lo no papel de *Lainha*, em montagem encenada em Buenos Aires no segundo semestre de 2009. A melhor peça de Oduvaldo ressurgiria, dessa forma, em terras portenhas, a exemplo do que ocorrera há mais de sessenta anos por iniciativa da famosa atriz argentina Paulina Singuerman. Outros tempos, outros palcos (Oduvaldo Vianna, *Comedias*, São Paulo, WMF Martins Fontes, 2008).

Ao fim e ao cabo, a crítica modernista desprezou a linha evolutiva de nosso teatro, que remonta aos experimentalismos mencionados de Itália Fausta, de 1916, em nome da ruptura que só viria a acontecer com a montagem de Ziembinski de *Vestido de Noiva*, de Nelson Rodrigues, em 1943, encenação celebrada como marco fundador do teatro moderno brasileiro. Esse ficou sendo o lado orgânico da historiografia teatral, repetido à exaustão por compêndios afora, clichê que condenou ao limbo do esquecimento "outros lados" que não tiveram vez de vir ao palco no devido tempo[9]. Quanto ao choque de temporalidades, inerentes ao transcurso histórico, a ironia teima em voltar, nada mais nada menos que na obra de teatro do ícone modernista Oswald de Andrade. Em ruína financeira pós-crise de 1929 se encontra o princípio criativo do autor para uma dramaturgia não encenada em vida, a peça *O Rei da Vela*, escrita em 1933 e publicada em 1937. Coube a José Celso Martinez Corrêa levá-la ao palco em 1967, na célebre montagem aclamada por público e crítica, em que o texto do modernista se faz modernidade errante, o outrora desfrute burguês se forja programa marxista em invólucro contracultura, geleia geral tropicalista em meio à ditadura militar de 1964. "Lado orgânico" que se torna "lado oposto", "outra" temporalidade que confirma a condição imanente do teatro de se suster pleno como forma estética somente quando levado ao palco.

Essa é uma questão decisiva para o entendimento da recepção crítica ao teatro modernista. O alerta vem de outro crítico canônico, Décio de Almeida Prado, que faz o reparo ao legado de Alcântara Machado: "legislou para o texto como se ele pudesse existir por si mesmo, desligado da realidade material que o transforma em teatro. Pensou em dramaturgos e comediógrafos, quando deveria pensar, de início, em diretores e cenógrafos". Décio deplora ainda a atitude injusta, não concedendo nada aos adversários, que de alguma forma lutavam pela melhoria da cena nacional. Bingo!

Faz-se necessário, pois, tratar a crítica modernista sob o viés ideológico, desmistificando-a, quer seja o radicalismo artístico que encobre conserva-

---

9. Elias Saliba questiona a validade do critério de linha evolutiva, não só para o teatro como para toda a literatura, no entendimento de que são "flechas furtivas" que servem à periodização, sempre redutora, pois acabam celebrando algumas obras em detrimento de outras, irremediavelmente olvidadas. Seu posicionamento foi externado em seminário de 27.2.2019, "O Lado Oposto e os Outros Palcos: Os Modernistas e o Universo Teatral", que contou com a participação das pesquisadoras Thaís Leão Vieira e Ana Karícia Machado.

dorismo, quer seja o ideário estético cristalizado em periodizações redutoras, hegemônicas. Nesse sentido, Francisco Foot Hardman é categórico:

> Muito antes de a geração da Semana de 22 expressar, em novas linguagens, o mundo que mudava, tentando arvorar-se em vanguarda de pretensa identidade nacional concebida, entre outros mitos, na ideia de comunidade espácio-temporal, outros modernistas, saídos de lugares distantes e de tempos remotos, lançavam suas línguas estranhas como chamas utópicas sobre as ruínas do país.

O ensaísta defende o registro da historicidade dos territórios marginalizados, "sua antiga modernidade, assim como a não-memória da violência que se aloja nos códigos modernistas tornados em convenção, o bruto esquecimento que se inscreve na história consagrada do modernismo[10].

MODERNISMO E MODERNIDADE

Os termos modernismo e modernidade merecem a devida distinção quanto a aspectos semânticos e historiográficos. Modernismo é

> [...] um vocábulo de precária extensão semântica, na medida em que é utilizado sempre que, à falta de um termo próprio, se procura denominar as tendências contemporâneas ou em moda. Desse prisma, todos os "ismos" representariam etiquetas, geralmente posteriores, de movimentos a seu tempo "modernos"[11].

No Brasil, modernismo implica em datação estética específica que encontra o marco consagrador na Semana de 22. Assim, na área da literatura, convencionou-se usar a classificação primeira geração para os autores dos anos 1920, a autoproclamada geração heroica; segunda geração para o romance social de 1930, sobretudo nordestino; e terceira geração de 1945 para poetas de veio classicizante, que abriram mão inclusive do verso livre, retornando ao soneto. Até aqui o "lado orgânico". Não nos esqueçamos, não obstante, de um axioma historiográfico, formulado por Alfredo Bosi: "A cronologia, que reparte e

---

10. Adauto Novaes, *Tempo e História*, São Paulo, Companhia das Letras, 1996, p. 303, *apud* Wagner Martins Madeira, *Formas do Teatro de Comédia*, pp.18-19.
11. Massaud Moisés, *Dicionário de Termos Literários*, São Paulo, Cultrix, 1995, p. 347.

mede a aventura da vida e da História em unidades seriadas, é insatisfatória para penetrar e compreender as esferas simultâneas da existência social"[12].

O engessamento de períodos de escolas literárias, por natural redutor, não se presta a representar devidamente determinados autores, como o caso de Oswald de Andrade, que sempre foi um espírito inquieto. Transitou de um lado a outro, na dramaturgia, como vimos. Jovem e rico, flertou com o reconhecimento conservador, político e estético, ao escrever em francês. Na maturidade, arruinado financeiramente, concebeu uma dramaturgia anticapitalista, revolucionária, a qual não encontrou palco para ser encenada. A montagem de *O Rei da Vela*, por Zé Celso, é o seu testamento pós-morte, em que ficam manifestas características da modernidade: "a secularização, a crítica, o progresso, a revolução, a emancipação e o desenvolvimento"[13]. Somada a iniciativas coevas de semelhante teor quando da encenação, de outros dramaturgos como Guarnieri e Vianinha, representaram atos de resistência cultural em plena ditadura militar. A História absolveu o artista Oswald de Andrade, o modernista orgânico se fez modernidade errante. Outro lado, outro palco.

Modernidade implica ir além não somente de balizas de celebração como também superar limites culturais de âmbito estético, ao se engendrar nas obras literárias outras relações, materiais e conflituosas, decorrentes de embates ideológicos entre classes sociais. A modernidade impõe o ético ao estético, coloca em tensão e problematiza o tempo hodierno, mas não se restringe a ele, atingi outras fronteiras espaciais e temporais, particularmente marginalizadas, acumulando influências, modelos e renovando mentalidades. Nesse sentido, escritores como Machado de Assis, Euclides da Cunha e Lima Barreto extrapolam limites culturais de classificações redutoras de escolas literárias, do realismo ao pré-modernismo. A modernidade os define porque suas obras reverberam para outras gerações questões humanas universais. São autores para quem "a experiência moderna procede de um imperativo de refundação, de busca incessante de uma origem legitimadora tanto da dimensão simbólica

---

12. Alfredo Bosi, "O Tempo e os Tempos", em Adauto Novaes (org.), *Tempo e História*, São Paulo, s.m.c./ Companhia das Letras, 1996, p. 32.
13. Miguel Baptista Pereira, *Modernidade e Tempo: Para uma Leitura do Discurso Moderno*, Coimbra, Minerva, 1989, pp. 39-113.

como da dimensão pragmática, tanto de um sentido para o discurso como de um sentido para a ação, as duas dimensões da experiência cultural"[14].

A distinção semântica entre os termos modernismo e modernidade não aparam arestas e rebarbas de temas tão difusos e complexos[15]. Fiquemos, portanto, com uma certeza: na modernidade o imperativo ético se impõe ao estético, o que para o pesquisador de literatura se traduz num avanço de entendimento do fenômeno cultural.

MODERNIDADE TRÊS VEZES

Três artistas excepcionais ocuparam os palcos brasileiros desde o modernismo de 1922 até o início do século XXI, enfrentando oposição de toda a ordem: étnica, de classe e de opção estética por uma dramaturgia mais popular. Buscaram obstinadamente o público para sua arte, seja no teatro, no cinema, na televisão. Alcançaram o que almejaram, o sucesso esteve sempre colado às suas carreiras, no drama ou na comedia. Desafiaram rótulos, foram além de postulações estéticas conservadoras. Poder-se-ia então objetar, qual o porquê da opção por três protagonistas e não por outros mais? Modernidade é o que define as trajetórias de Grande Otelo, Vianinha e Gianfrancesco Guarnieri, artistas errantes que poeticamente entrecruzaram culturas e não perderam o horizonte de embate contra preconceitos e a anomia social brasileira. Modernidade, Três Vezes: Artistas *Dérives* que transitaram por diferentes *mídias*, mas que são sobretudo homens de teatro, nas atuações no palco e no ofício dramatúrgico.

A escolha por Grande Otelo é emblemática, de tão arraigado que o seu início de carreira está ao modernismo, involuntariamente a bem que se diga: começou no circo aos sete anos de idade, em 1922! É sabido como Mário de Andrade e Oswald de Andrade valorizavam a cultura circense, pois expressão legítima do popular e do nacional, a ponto de terem como ídolo o palhaço Piolin. Grande Otelo, por sua vez, teve como escola cômica o ambiente circense e dele tirou lições que o acompanharam por toda a vida artística. A escolha

---

14. Adriano Duarte Rodrigues, Verb. "Modernidade", *E. Dicionário de Termos Literários*, Carlos Ceia (coord.), 2010, p. 2. Disponível em: http://www.edtl.com.pt. Acesso em: 16.2.2019.
15. Elias Saliba relativiza a distinção entre modernismo e modernidade ao evocar a bem humorada frase de Octavio Paz: "A Modernidade é o inferno com ar-condicionado".

por Vianinha conflui várias gerações do teatro brasileiro, sua dramaturgia representa uma evolução em relação à praticada por seu pai, a das comedias de costumes dos anos de 1920 e 1930. Vianinha se insurge contra o teatro burguês de palco italiano e, imbuído de engajamento, ganha as ruas buscando a conscientização das massas desvalidas. Faz a síntese do teatro brasileiro moderno ao se reconciliar com a geração de seu pai, na obra crepuscular *Rasga Coração*, de 1974. Guarnieri, companheiro de lutas de Vianinha em início de carreira no Teatro do Estudante, também expôs o conflito de gerações em relação à militância política, na sua obra prima *Eles Não Usam Black-tie*, de 1955. Guarnieri, na condição de imigrante italiano, enfrentou o choque de culturas daí resultantes, entre o velho e o novo mundo.

Em suma, três artistas *dérives*, de diferentes trajetórias, egressos de rincão de Minas Gerais, da Pauliceia e de Milão. Desenraizados, palmilharam suas carreiras em circos e teatros mambembes, em encenações de rua nas periferias das grandes cidades ou em prestigiados teatros de palco italiano por todo o Brasil, nas telas de cinema e de televisão. Três artistas que pautaram suas atuações pelos atributos da modernidade, postos em situação no exercício pleno da liberdade. Impelidos não por uma "visão orgânica", do "alto", um "olhar panóptico", segundo Michel Certeau, mas "por baixo", "no limiar em que a visibilidade termina", onde os três artistas encontraram um "manancial de possibilidades postas para a interação social e a inventividade cultural coletiva"[16]. Os três figuraram suas atuações à deriva, em chave tupiniquim, não somente em grandes cidades como também nos confins da nossa geografia continental, colocando em prática ações culturais de resistência contra os preconceitos, étnicos ou de classe, construindo suas lutas por um país não excludente, e, portanto, mais justo socialmente.

GRANDE OTELO

Sebastião Bernardes de Souza Prata (1915-1993), Grande Otelo, poderia ter sido apenas um cômico caricato, êmulo de criados oriundos da tradição da *commedia dell'arte* que historicamente fizeram a alegria das plateias

---

16. Nicolau Sevcenko, "*Dérive* Poética e Objeção Cultural: Da Boemia Parisiense a Mário de Andrade", *Literatura e Sociedade*, vol. 9, n. 7, pp. 18-19, 2004.

brancas mundo afora por muito tempo e ainda fazem... Foi esse o seu papel em começo de carreira, ao fugir de casa criança para integrar uma trupe de teatro mambembe. Em 1922, era aos sete anos o cômico "Bastiãozinho", metido num figurino travestido, com um travesseiro no glúteo, fazendo papel de mulher de palhaço, para a delícia das plateias de circo nos grotões de Minas Gerais. *Derivé* radical (pudera!) – errância que "comporta um gesto existencial na sua plenitude", na "opacidade do imprevisível"[17] – de quem arriscava tudo ao flertar em abismo com o perigo difuso, mas que intuitivamente sabia o que queria. A fuga de casa não foi a única, repetiu o gesto outras duas vezes ao ser adotado por famílias abastadas, o que confirma sua condição *dérive*.

Negro e raquítico, o dramático desenraizamento poderia ter lhe infringido uma vida profissional adversa, como o foi para milhares de seus pares afrodescendentes, abandonados à própria sorte após a abolição da escravidão. No âmbito pessoal, tragédias marcaram seu itinerário: a mãe era alcoólatra e o pai morreu esfaqueado; a mulher, Lúcia Maria Prata, cometeu suicídio, após matar o filho, enteado do ator. No final da vida, Otelo fez o *mea-culpa*, se arrependendo da boemia pregressa e da pouca atenção dedicada à família. As vicissitudes familiares não o abandonam nem após sua morte: em 2018, Grande Otelo Filho é identificado como morador de rua no degradado centro do Rio de Janeiro.

Ruínas existenciais que teimam em se perpetuar no país da casa grande e da senzala, superadas o mais das vezes por talentos fortuitos, de jogadores de futebol a artistas populares, que escapam da pobreza ingênita ao alcançarem o estrelato. Foi o caso de Otelo. Garoto ainda, participou de modo marcante da Companhia Negra de Revistas, entre 1926 e 1927, excursionando país afora. Notáveis como Donga e Pixinguinha integravam o grupo, que só não prosperou mais por preconceito racial de setores conservadores do governo brasileiro e de círculos oficiais do teatro, Sociedade Brasileira de Autores Teatrais à frente, que impediram a excursão da companhia ao Uruguai e à Argentina, porque poderia macular a imagem do país, o que se afigurava corriqueiro, num ambiente que acolhia como ciência a mais abjeta eugenia.

---

17. *Idem*, p. 2.

No entanto, Otelo não se deixava abalar, foi se fazendo ator de destaque, na vida errante nas estradas, em inúmeras companhias de São Paulo e Rio de Janeiro. No começo da década de 1930, era chamado carinhosamente por seus colegas artistas de o "Pequeno Otelo", o que se mostrou pouco para o ator azougue, que sem peias aceita a alcunha de "Grande Otelo", dada por Jardel Jércolis, diretor da companhia de teatro para quem o comediante trabalhou em meados dos anos 1930. A carreira de Otelo decola, integra o elenco de estrelas do Cassino da Urca, entre 1938 e 1946, e compõe com Oscarito durante anos um dos mais famosos duos cômicos dos palcos brasileiros, no cinema de chanchada e no teatro de revista.

Talento e obstinação em atingir objetivos ambiciosos nunca faltaram a Otelo e o reconhecimento de público e crítica aconteceu naturalmente em sua carreira artística. Ninguém menos que Orson Welles o considerou genial, o melhor ator brasileiro, quando o dirigiu no filme inacabado *É Tudo Verdade*, em 1942. Para quem duvida, recomenda-se assistir sua premiadíssima atuação em *Macunaíma*, película de 1969 de Joaquim Pedro de Andrade. Filme pouco visto de uma obra modernista muito comentada, mas pouco lida. Quem mais poderia interpretar a crise identitária do "herói de nossa gente" senão Otelo, ator em que a marca da clivagem étnica brasileira está lavrada em seu corpo negro franzino, de nome artístico ironicamente Grande? Como não lembrar, rindo, da cena fiel ao desígnio da obra que o rebento nasça adulto e o que irrompe na tela é nada mais nada menos que o corpo do cinquentão Otelo? Cena antológica em que o modernismo se faz modernidade, condensação humorística poucas vezes igualada no cinema brasileiro. O próprio Otelo considerou *Macunaíma* o filme mais importante em que participou.

Houve outras atuações de Otelo no cinema dignas de nota. *Matar ou correr*, de 1954, foi uma divertida paródia ao *western* clássico americano *Matar ou Morrer*. Dirigido por Carlos Manga, mestre no gênero chanchada, Otelo fazia o papel de Cisco Kada, denominação que denuncia um gênero de humor ingênuo, mas que deliciava as plateias brasileiras. Em 1957, protagonizou o seu melhor papel dramático no cinema, o personagem Espírito da Luz, em *Rio, Zona Norte*, de Nelson Pereira dos Santos, filme precursor do cinema novo brasileiro. Em *Fitzcarraldo*, película de 1982, de Werner Herzog, a cartografia da locação não poderia ter sido mais inverossímil, nas entranhas da Amazônia peruana. Nesse contexto insólito sua condição errante anda de par com o paroxismo linguístico: instado a contracenar em inglês com o irascível Klaus Kinski, o faz por pirraça em espanhol, o que leva o ator alemão a abandonar o *set* de filmagem. A cena galvanizadora foi a única aplaudida pelo público quando o filme estreou na Alemanha, como veio a confessar o diretor.

No teatro, sua atuação mais marcante foi no musical *O Homem de La Mancha*, adaptado e dirigido por Flávio Rangel, a partir de original do americano Dale Wasseman levado na Broadway, em 1965. As músicas em português do espetáculo ficaram a cargo de Chico Buarque e Ruy Guerra. Otelo atuou na montagem carioca de 1973, que inaugurava o Teatro Adolpho Bloch. No papel de *Sancho Pança*, contracenou com um elenco estelar, Paulo Autran (Dom Quixote) e Bibi Ferreira (Dulcineia), à frente. Mormente o papel de Sancho é destinado a atores balofos, que remetem os espectadores inevitavelmente ao cômico grotesco da glutonaria, em contraponto com a esqualidez do Quixote idealista, seu par antitético. Contrariando tal lógica, não poderia ter sido mais acertada a escolha, por Rangel, de Otelo para representar o escudeiro. Era o reconhecimento dos dotes cômicos do ator picaresco, inscritos visceralmente no corpo do negrinho mirrado, índice de carnavalização crítica do nosso subdesenvolvimento no contexto da ditadura militar ufanista, dialética da malandragem brasileira.

Na televisão, Otelo fez carreira na Rede Globo, a partir de meados dos anos de 1960, participando de novelas, séries e programas humorísticos. Chico Anysio o chamava sempre para compor tipos cômicos, como o *Seu Eustáquio*, em 1982, no *Chico Anysio Show*, e nos três últimos anos de vida de Otelo, na *Escolinha do Professor Raimundo*. Seja como o poético tintureiro *Pimpinoni*, de *Uma Rosa com Amor*, novela de 1972, seja como Cassius Ali, paródia do boxeador americano em *Linguinha x Mr. Yes*, de 1971, novelinha cômica infantil protagonizada por Chico Anysio, Otelo arrebatava os telespectadores, que ao vê-lo na telinha se desarmavam, deixando fluir uma empatia natural, que frequentemente redundava num riso solto, quando não numa sonora gargalhada.

A trajetória de Grande Otelo está entranhada na cultura popular cômica, "outro lado" invariavelmente renegado pela seriedade intelectualista desde sempre de plantão, justiça se faça não apenas pelos críticos orgânicos modernistas. Inicialmente no circo, depois no teatro de revista e cinema de chanchadas, finalmente nos programas humorísticos de televisão, seu legado cultural compõe com distinção o patrimônio imaterial do riso das plateias brasileiras.

VIANINHA

Oduvaldo Vianna Filho, o Vianinha (1936-1974), poderia ter sido eclipsado pelo sucesso de Oduvaldo Vianna, mas foi além. No início de sua carreira como ator e dramaturgo condenou os limites burgueses das comédias de costumes encenadas por seu pai nos anos de 1920 e 1930, não permitindo que a dimensão afetiva familiar lhe turvasse a busca por uma "outra" aprendizagem contextual. Opta pelo "lado oposto", não comercial, inicialmente ao se vincular ao Teatro Paulista de Estudante, em 1954, e depois ao Teatro de Arena, em 1956. É seu momento de formação como ator e dramaturgo. Em 1959, em decorrência de um seminário organizado por Augusto Boal, concebe *Chapetuba Futebol Clube*, peça que viria a conquistar inúmeros prêmios.

Não obstante, Vianinha queria experimentar no teatro algo mais radical, menos palco italiano e mais teatro de rua, o que o leva a se desligar do Arena e a se dirigir ao Rio de Janeiro para trabalhar com o teatro engajado do Centro Popular de Cultura da União Nacional dos Estudantes, a partir de 1960. É o tempo em que o jovem dramaturgo de esquerda se despe de preconceitos e do imaginário burguês para conceber uma linguagem aderente ao real, fiel, de início, a valores iluministas de liberdade, igualdade e fraternidade, sem descurar depois do aprendizado marxista que a militância política lhe impõe. Então, escreve *A Mais-valia Vai Acabar, Seu Edgar*, levada à cena na Faculdade de Arquitetura, na Urca. Urge, nesse contexto, iniciativas mais ousadas de Vianinha, num programa político *dérive* que o impele para lugares promíscuos do subúrbio, territórios marginais açambarcados na voragem de montagens improvisadas em favelas e em sindicatos para conscientizar as massas alienadas, cenário drasticamente diferente daquele vivenciado por seu pai, o palco italiano de teatros bem ajambrados. Nessa linha mais engajada, escreve *Quatro Quadras de Terra*, em 1963, peça que o leva a ganhar o prêmio Casa de Las Américas, de Cuba.

O golpe militar de 1964 o obriga a seguir outros rumos. Passa a integrar o Grupo dos Oito, concebendo em parceria com Armando Costa e Paulo Pontes o espetáculo musical *Opinião*, sucesso de público e crítica, inicialmente protagonizado por Nara Leão e depois pela estreante Maria Bethânia. O show representou um momento catártico de resistência ao regime de exceção recém--instalado no país. Em 1965, atua como ator na célebre montagem *Liberdade, Liberdade*, de Millôr Fernandes e Flávio Rangel. Nos anos seguintes, Vianinha se dedica cada vez mais à dramaturgia, mas enfrenta sérios problemas com a censura. Em 1968, seu texto *Papa Highirte*, premiado em concurso do Serviço Nacional de Teatro, foi proibido de vir à cena e também de ser publicado. A proibição se estendeu por inimagináveis onze anos. *Longa Noite de Cristal*, peça escrita pós-AI-5, em 1969, lhe confere os principais prêmios do teatro brasileiro.

Com o recrudescimento da censura da ditadura militar, o cerco vai se fechando para a atuação de Vianinha no teatro. Paulatinamente, vai migrando para a televisão, primeiro na Tupi e depois na Globo. Nesta última, adapta clássicos de teatro, como *Medeia* e *A Dama das Camélias*, mas sofre com as "patrulhas ideológicas", que não perdoam o que seria uma concessão sua ao sistema instituído no país. Em 1973, concebe o humorístico *A Grande Família*, sucesso de público à época e também mais recentemente, adaptado em outra roupagem. Não abandona, entretanto, a dramaturgia. No mesmo ano, escreve *Allegro Desbum*, notável combinação de crítica política e de costumes, documento de época como poucos no teatro brasileiro.

Na obra crepuscular, *Rasga Coração*, de 1974, Vianinha fez o acerto de contas de duas gerações, testamento dramático do militante de esquerda que se despede de sua atuação errante. A peça recebeu o primeiro prêmio no concurso do Serviço Nacional de Teatro, mas só foi liberada pela censura cinco anos depois. Tarde demais, Vianinha falece precocemente vitimado por um câncer no pulmão, em 16 de julho de 1974. A peça recebeu a consagração de público e crítica, ao vir à cena em 1979. Nelson Rodrigues, insuspeito ideólogo de direita durante o regime militar, se rende: "*Rasga Coração* é uma das mais belas e fascinantes obras-primas do teatro brasileiro. Não posso ser mais conclusivo e definitivo". É comovente o gesto derradeiro de Vianinha, estampado no prefácio da peça como dedicatória: ao "lutador anônimo político, aos campeões de lutas populares; preito de gratidão à 'velha guarda': à geração que me antecedeu, que foi a que politizou em profundidade a consciência do país". Fazia finalmente as pazes com o legado de seu pai Oduvaldo Vianna, ao mesmo tempo que de forma singela resumia um percurso artístico acentuado de modernidade, linha evolutiva do teatro brasileiro em luta contra desigualdades e injustiças sociais.

GIANFRANCESCO GUARNIERI

Gianfrancesco Sigfrido Benedetto Martinenghi de Guarnieri (1934-2006) poderia ter sido, numa hipótese otimista, um artista neorrealista como outros italianos pós-segunda guerra mundial, não fosse a decisão sábia de seus pais antifascistas de imigrarem para o Brasil em 1936 com o filho de apenas dois anos, antevendo a tragédia iminente que se abateria pouco depois na Europa. Gianfrancesco Guarnieri tem, portanto, na sua história de vida, a marca da condição errante. Começou a fazer teatro amador com Vianinha em um grupo de estudantes de São Paulo. Em 1955, criaram juntos o Teatro Paulista do Estudante, sob a direção de Ruggero Jacobbi. No ano seguinte, o TPE uniu-se ao Teatro de Arena de São Paulo, fundado e dirigido por José Renato.

Guarnieri, em *Eles Não Usam Black-tie*, de 1955, foi quem originalmente concebeu na cena nacional o roteiro do conflito político de gerações, mas o fez ainda imberbe, saindo da adolescência, ao contrário de Vianinha. Encenada no Arena em 1958, templo do moderno teatro brasileiro de então, a peça salvou a companhia da falência, ficando em cartaz por mais de um ano. O enredo idealista põe em questão a militância política ao refletir sobre dois lados antagônicos, de crítica e aceitação do capitalismo, respectivamente representados por pai e filho. Em 1991, o retorno de Guarnieri à terra natal foi consagrador, ao ver sua obra transformada em filme por Leon Hirszman ganhar o Leão de Ouro em Veneza. A versão cinematográfica, de outra temporalidade, atualizava o conflito dos protagonistas, do original cenário de favela carioca dos anos 1950 para o contexto das greves operárias do ABC paulista, que vicejaram a partir dos anos 1970, o que foi uma forma de se prestar homenagem a inúmeros combatentes, tais como o principal deles, o líder sindical Luiz Inácio da Silva, o Lula. Outros tempos, outros desafios: na montagem original da peça, em 1958, Guarnieri havia feito o papel do filho, Tião, sendo o seu eventual substituto Vianinha; no filme, encarna o outro lado, o personagem do pai, Otávio. Em novembro de 2015, o longa-metragem entrou na lista da Associação Brasileira de Críticos de Cinema dos cem melhores filmes brasileiros de todos os tempos. Não é para menos, envelheceu muito bem. Entre outras qualidades, avulta nele o desempenho de Fernanda Montenegro no papel de Romana, ao qual confere a devida grandeza do realismo sem ilusões da personagem mais bem resolvida de toda a obra de Guarnieri.

No período da ditadura militar, Guarnieri adapta sua dramaturgia a uma linguagem alegórica e metafórica, menos direta, uma maneira de driblar a censura do período, estratégia de resistência não somente sua, mas de toda a classe artística do período. Inicialmente com *Arena conta Zumbi*, de 1965, em seguida com *Arena Conta Tiradentes*, de 1967, e mais à frente em *Castro Alves Pede Passagem*, de 1971, peças em que mostra o outro lado revolucionário de personagens simbólicos que a historiografia oficial desde sempre se apropriou de forma conservadora. Em *Um Grito Parado no Ar*, de 1973, lança-mão da temática de dificuldade de expressão num momento de forte repressão à classe artística. Em depoimento franco, constante de seu acervo recentemente doado à Escola de Comunicação e Artes da Universidade de São Paulo, Guarnieri resume com humildade sua dramaturgia: "Eu não queria provar nada com as minhas peças. Eu era apenas um resistente. Eu só tentava resistir, do meu jeito".

É também de 1973 o seu maior êxito como ator de televisão, na novela *Mulheres de Areia*. A partir daí, seu vínculo com a telinha se torna mais forte, em inúmeras novelas e minisséries. Em *Mundo da Lua*, série de 1991 e 1992, da TV Cultura de São Paulo, é marcante sua atuação como um vovô bonachão que transmite ao neto toda sua experiência acumulada de vida, de forma natural e educativa, sem pedantismo, destoando de outras produções para o público infanto-juvenil da televisão brasileira à época, o que explica em parte a longevidade da série. O intenso carisma de Guarnieri encontrou aí seu ponto mais alto de identificação emocional com o espectador brasileiro.

TRÊS ARTISTAS *DÉRIVES*

Vianinha atuou como ator, mas se notabilizou como dramaturgo. Guarnieri concebeu uma dramaturgia de fôlego, sem, contudo, descurar da atuação como ator. Grande Otelo, por sua parte, se consagrou como ator: no circo, no teatro, no cinema e na televisão. Em comum, os três obtiveram sucesso de público, povoando o imaginário dos brasileiros em diferentes palcos e extratos sociais, coerentes cada qual com suas posições políticas e existenciais. Do teatro, é lugar-comum dizer-se a arte mais efêmera. Em parte, é uma verdade irrefutável quando se restringe o conhecimento a um desempenho não devidamente documentado. Afortunadamente, a tríade em tela não padece desse infortúnio, permanecem em imagens e obras publicadas. Em palcos multifários, suas carreiras recusaram o silêncio das forças normativas do atraso, conflagraram preconceitos, censuras e aparatos de repressão. Recusaram o estatuto monocórdio da arte elitista, de tacão totalitário e orgânico, afirmando a pluralidade das linguagens populares, no drama e na comédia, em palcos *dérives* nos circos, nas periferias e nos grotões, nos sindicatos e nas ruas. Afiançaram posicionamentos progressistas, reiterando críticas a temporalidades renegadas em questões cruciais de apagamento de memória cultural de afrodescendentes, de imigrantes e de trabalhadores do campo e da cidade.

Partidários dos "outros lados", suas obras conformam atuação social crítica, problematizadores postos em situação, conscientes de sua condição de engajamento quanto ao processo histórico-político. Arte de resistência, que repele a ideologia dominante lenta e difusa, optando pela urgência da causa dos oprimidos, modernidade em que o imperativo ético se impõe ao estético, em que o princípio de realidade se impõe ao princípio de prazer. Homens de teatro em ação, intervenientes na trama social, para alterá-la por valores mais justos, no compromisso da verdade da figuração e da representação.

Revisitar a obra artística de Grande Otelo, Vianinha e Gianfrancesco Guarnieri é resistir a uma cultura pós-moderna farisaica, atomizada e massificada, de temporalidades vazias e inertes. Os três artistas, em suas trajetórias *dérives*, construíram o que Frederic Jameson chamou de uma "estética do mapeamento cognitivo", no sentido de "desalienação na cidade tradicional"[18]. Homens de teatro empenhados, não conformistas, à deriva em exercício de liberdade artística plena de modernidade, seus legados materiais e imateriais são patrimônio da cultura brasileira de resistência.

REFERÊNCIAS BIBLIOGRÁFICAS

ALBUQUERQUE, Matheus de. "Melancolias". *Sensações e Reflexões*. Lisboa, Portugal-Brasil Ltda, 1915.

---

18. Nicolau Sevcenko, "*Dérive* Poética e Objeção Cultural...", p. 19.

ANDRADE, Oswald de. *Poesias Reunidas*. Rio de Janeiro, Civilização Brasileira, 1974.

BETTI, Maria Silvia. *Oduvaldo Vianna Filho*. São Paulo, Edusp, 1997.

BOSI, Alfredo. "O Tempo e os Tempos". *In*: NOVAES, Adauto (org.). *Tempo e História*. São Paulo, S.M.C./Companhia das Letras, 1996.

BRITO, Mário da Silva. *História do Modernismo Brasileiro - I: Antecedentes da Semana de Arte Moderna*. São Paulo, Saraiva, 1958.

CARVALHO, Flávio de. *A Origem Animal de Deus e O Bailado do Deus Morto*. São Paulo, Difel, 1973.

DOURADO, Ana Karicia Machado. *Fazer Rir, Fazer Chorar: A Arte de Grande Otelo*. São Paulo, FFLCH-USP, 2006. Tese de Mestrado.

GUARNIERI, Gianfrancesco. *Eles Não Usam Black-tie*. Rio de Janeiro, Civilização Brasileira, 2010.

GUINSBURG, Jacó; FARIA, João Roberto & LIMA, Mariangela Alves de (orgs.). *Dicionário do Teatro Brasileiro: Temas, Formas e Conceitos*. São Paulo, Perspectiva/Sesc, 2006.

HARDMAN, Francisco Foot. "Antigos Modernistas". *In*: NOVAES, Adauto (org.).*Tempo e História*. São Paulo, S.M.C./Companhia das Letras, 1996.

HIPÓLIDE, Eduardo Gramani. *O Teatro Anarquista Como Prática Social do Movimento Libertário (São Paulo e Rio de Janeiro – de 1901 a 1922)*. São Paulo, PUC, 2012. Dissertação de Mestrado.

HOLANDA, Sérgio Buarque de. *O Espírito e a Letra. Estudos de Crítica Literária I, 1920-1947*. São Paulo, Companhia das Letras.

MACHADO, Antônio de Alcântara. *Cavaquinho & Saxofone*. Rio de Janeiro, José Olympio, 1940.

MADEIRA, Wagner Martins. *Formas do Teatro de Comédia. A Obra de Oduvaldo Vianna*. São Paulo, Fap-Unifesp, 2016.

MENDES, Murilo. *História do Brasil*. Prefácio de Aníbal Machado. Rio de Janeiro, Ariel, 1932.

METZLER, Marta. *O Teatro da Natureza: História e Ideias – Coleção Estudos*. São Paulo, Perspectiva, 2006.

MICELI, Sergio. *Intelectuais e Classe Dirigente no Brasil (1920-1945)*. São Paulo, Difel, 1979.

MILARÉ, Sebastião. *Batalha da Quimera*. Rio de Janeiro, Funarte, 2009.

MOISÉS, Massaud. *Dicionário de Termos Literários*. São Paulo, Cultrix, 1995.

MOREYRA, Álvaro. *Adão, Eva e Outros Membros da Família*. Rio de Janeiro, SNT /MEC, 1959.

NOVAES, Adauto (org.). *Tempo e História*. São Paulo, SMC/Companhia das Letrask 1996.

PATRIOTA, Rosangela. *Vianinha: Um Dramaturgo no Coração de Seu Tempo*. São Paulo, Hucitec, 1999.

PEREIRA, Miguel Baptista. *Modernidade e Tempo. Para uma Leitura do Discurso Moderno*. Coimbra, Minerva, 1989.

PRADO, Décio de Almeida. *O Teatro Brasileiro Moderno*. São Paulo, Perspectiva, 1996.

RODRIGUES, Adriano Duarte. "Verb. 'Modernidade'", p. 2. *In* CEIA, Carlos (coord.). *Dicionário de Termos Literários*. Disponível em: http://www.edtl.com.pt. Acesso em: 16.2.2019.

SALIBA, Elias Thomé. *Texto do Catálogo "Olhares Modernistas" da Exposição "Brasil-brasis: Cousas Notáveis e Espantosas"*. Lisboa, Museu do Chiado, abr.-jun. 2000.

SALIBA, Elias Thomé. *Raízes do Riso: A Representação Humorística na História Brasileira – Da Belle Époque aos Primeiros Tempos do Rádio*. São Paulo, Companhia das Letras, 2002.

SEVCENKO, Nicolau. "*Dérive* Poética e Objeção Cultural: Da Boemia Parisiense a Mário de Andrade". *Literatura e Sociedade*, vol. 9, n. 7. São Paulo, FFLCH, 2004.

VIANNA, Oduvaldo. *Comédias*. São Paulo, WMF Martins Fontes, 2008. Coleção Dramaturgos do Brasil.

VIEIRA, Thaís Leão. *Vianinha no Centro Popular de Cultura (CPC da UNE): Nacionalismo e Militância Política em Brasil – Versão Brasileira (1962)*. São Paulo, Verona, 2014.

VIEIRA, Thaís Leão. *Allegro Ma Non Troppo: Ambiguidades do Riso na Dramaturgia de Oduvaldo Vianna Filho*. São Paulo, Verona, 2014.

17

Outros Lados, Outras Derivas: Revistas, Movimentos e Debates Modernistas em Mato Grosso

THAÍS LEÃO VIEIRA

> *Hamlet diante do abismo / deveria ter dito como o outro de Shakespeare: / "To be or not to be that is the question". / Mas êste Hamlet do meu poema / Jogou o chapéu prá traz engoliu em seco / e articulou: / "Mas que buracão, meu deus do céu"/ E' que êste Hamlet do meu poema / é analfabeto, / trabalha na estiva, / é filho da minha lavadeira/ nada tem com Shakespeare / e só é Hamlet por acaso.*
>
> GERVÁSIO LEITE, *Hamlet*[1]

> *De um lado a rotina, a desmoralização, a pasmaceira, a agonia. Na outra margem, os espíritos sedentos de novidade, a vida, o movimento, a energia: sempre duas gerações que se combatem, que se mutilam, que se destroem. Nunca num mesmo plano, o velho e o moço compareceram para discutir seus problemas. Sempre a intolerância.*
>
> *Revista Pindorama*[2]

A CONSTRUÇÃO DO ACONTECIMENTO PELOS INTÉRPRETES

UMA ANÁLISE CORRENTE na historiografia sobre o Centro-Oeste é a de decadência pós-período de mineração que se estendeu à Primeira República.

---

1. Gervásio Leite, "Hamlet", *Revista da Academia Mato-Grossense de Letras*, anos XVI–XVII, n. 31-34, pp. 1-197, 1948-1949. Disponível em: https://academiamtdeletras.com.br/images/pdf/revistaAML-31a38.pdf. Acesso em: 20 out. 2020.
2. *Pindorama*, ano 1, n. 2, 15 jun. 1939.

Nos desdobramentos dessa interpretação, Mato Grosso aparece como estado atrasado, periférico, ermo, desabitado; logo, deveria ser povoado para preencher um "vazio demográfico". Essa concepção esteve estreitamente vinculada à ideia de modernidade aclimatada à realidade brasileira, reafirmada pelos modernistas de 1922 e, de certa forma, retomada e consolidada a partir da década de 1930, seja em âmbito regional ou nas políticas públicas do governo Vargas. O discurso em torno do nacionalismo e da nação se tornou evidente, então, com as políticas de "unificação" do Estado brasileiro, a partir do "povoamento" e da modernização do interior literalmente batizados de "Marcha para o Oeste" – título diretamente inspirado na obra do modernista Cassiano Ricardo, publicada em 1940.

O estabelecimento e reconhecimento da arte moderna no Brasil em uma visão teleológica, construída especialmente pela primeira geração de modernistas, já foram discutidos na historiografia como marco estabelecido pela geração de artistas que fizeram parte da Semana de Arte Moderna de 1922, em São Paulo. Como se sabe, retomaram, em novas roupagens da vanguarda, um debate em torno do nacionalismo que estava posto desde o fim do século XIX[3].

No entanto, a força da construção da memória dos agentes ao longo dos anos 1920, desdobrada, em parte, no projeto nacionalista de Vargas, permitiu que os modernistas se alinhassem, após 1937, com o Estado Novo. A imagem de uma cultura orgânica, difusamente controlada pelo Estado, acabou por aplainar, unificar ou descartar projetos e visões alternativos e mesmo divergentes que coexistiram no interior do modernismo paulista; e, pela força de tal cânone, consolidou uma memória coletiva com alto poder de amplitude e permanência[4].

No caso de Mato Grosso, parte da historiografia e dos intérpretes do período ainda reforça e sustenta a visão de que houve uma expressão artística regional considerada pré-modernista ou atrasada. Há quem diga que "a produção literária em Mato Grosso, encontrava-se atrasada, e ainda vivia sob muitos aspectos recoberta pelo 'manto do Romantismo brasileiro', enquanto

3. Arnaldo Daraya Contier, *Brasil Novo: Música, Nação e Modernidade – Os Anos 20 e 30*, São Paulo, Universidade de São Paulo, 1988. Tese de Livre-Docência.
4. Carlos Alberto Vesentini, *A Teia do Fato*, São Paulo, Hucitec, 1997.

no "eixo Rio-São Paulo, já se discutia o modernismo"[5]. Na prática, essa suposição se explica pela

> [...] produção poética dos quatro primeiros decênios do século xx, em Mato Grosso, [...] fortemente influenciada por Dom Aquino Correa que recupera nas fontes do Romantismo a matéria de sua poesia – a terra e o homem – sob a estrutura poemática parnasiana, ou seja, herdada do Romantismo, bebe a forma e temática do próprio Parnasianismo[6].

Na história da cultura em Mato Grosso, esse marco foi construído a partir de 1939, em Cuiabá, quando foi criada a revista *Pindorama*, considerada por muitos como a entrada do estado no modernismo. Porém, essa renovação artística foi entendida como *tardia* ante os eventos da semana de arte de 1922; mas não sem alguns certames na própria historiografia de Mato Grosso: não há consenso quanto ao atributo modernista em sua totalidade; há autores que reconhecem características *passadistas* na *Pindorama*; mas, outra vez, do ponto de vista do cânone.

O que era, afinal, este cânone? Importante contribuição a esse debate é dada por Hardman[7], para quem os sentidos de "modernismo" foram "homegeneizados a partir de valores, temas e linguagens do grupo de intelectuais e artistas que fizeram a Semana de Arte Moderna, em São Paulo". Segundo ele, "boa parte da crítica e das histórias culturais e literárias produzidas, desde então, construíram modelos de interpretação, periodizaram, releram o passado cultural do País, enfim, com as lentes do movimento de 1922". Tais modelos, "atados em demasia à noção de 'vanguarda' [...] em flagrante anacronismo, ocultaram processos culturais relevantes que se gestavam na sociedade brasileira, a rigor, desde a primeira metade do século xix". Um dos efeitos "paralelos e nocivos" dessa homogeneização foi "exclusão de amplo e multifacetado universo sociocultural, político e regional que não se enquadrava nos cânones de 1922"[8].

---

5. Epaminondas de Matos Magalhães, *Por Entre Brenhas, Picadas a Foice, Matas Bravas: A Produção Poética em Mato Grosso no Século XX e XXI*, Porto Alegre, Universidade Católica do Rio Grande do Sul, p. 24, 2014. Tese de Doutorado.
6. *Idem*, p. 94.
7. Francisco Foot Hardman, *A Vingança de Hileia: Euclides da Cunha, a Amazônia e a Literatura Moderna*, São Paulo, Editora Unesp, 2009, p. 186.
8. *Idem*, p. 168.

Contudo, importa acrescentar que nem o movimento paulista que se consagrou na Semana de Arte Moderna foi homogêneo. Um dos aspectos mais salientes desta heterogeneidade, foi o diálogo dos modernistas de São Paulo com aquilo que foi designado por Sérgio Buarque de Holanda como "o lado oposto", ou seja, como a tradição – o chamado *passadismo*. Com efeito, Silviano Santiago[9] salienta que o discurso de tradição esteve presente desde os primeiros modernistas, sobretudo após a viagem de alguns deles – como Oswald de Andrade e Tarsila do Amaral – a Minas Gerais, em 1924, para conhecer a obra de Aleijadinho, que entendiam ser uma arte genuinamente brasileira. O fato é que o distanciamento que grande parte dos escritores brasileiros tinha da realidade do país "fazia com que a paisagem de Minas barroca surgisse aos olhos dos modernistas como qualquer coisa de novo e original, dentro, portanto, do quadro de novidade e originalidade que eles procuravam"[10]. Imbuídos de uma positividade relativa à imagem de modernidade projetada pelas vanguardas artísticas, poetas como Oswald de Andrade e Mário de Andrade viajaram em busca do Brasil colonial. Após a viagem, teriam retornado com um discurso de *restauração* do passado. Portanto, como diz Santiago[11], "não precisamos ir à geração de 1945 para ver a presença nítida de um discurso de restauração do passado dentro do próprio modernismo".

Nesse contexto de desdobramentos do movimento modernista de São Paulo, qual seria a deriva modernista veiculada na revista mato-grossense *Pindorama*? Como veicular as mesmas ilusões identitárias do país a partir dos pontos extremos do território, onde perdurava a noção de um vazio demográfico a ser povoado? Hilda Magalhães[12] diz que os idealizadores de *Pindorama* tinham características românticas e parnasianas, ou seja, distanciavam-se do modernismo; logo, a revista não teria importância para os periódicos posteriores, dados o atraso cultural do estado e o apelo ao passado que trazia. Já Marinei Almeida[13] vê *Pindorama* como grito tardio e solitário pró-modernis-

9. Silviano Santiago, "A Permanência do Discurso da Tradição no Modernismo", *Nas Malhas da Letra: Ensaios*, Rio de Janeiro, Rocco, 2002.
10. Broca, *apud* Silviano Santiago, "A Permanência do Discurso da Tradição no Modernismo", *Nas Malhas da Letra: Ensaios*, p. 121.
11. *Idem*, pp. 123-124.
12. Hilda Magalhães, "O Antigo e o Moderno na Cuiabá...", 2012.
13. Marinei Almeida, *Revistas e Jornais...*, 2012.

mo em Mato Grosso, sobretudo pela intencionalidade com que marca uma proposta inicial. Embora valorizasse o culto a vultos históricos do passado, *Pindorama* acabou por constituir uma espécie de modelo incompleto para as revistas posteriores, tais como *Arauto da Juvelínia* (1949), *Sarã* (1951) e *Ganga* (1951-1952)[14], então vistas como a "consolidação" do modernismo no estado. Impõe-se, de novo, a perduração de uma linha evolutiva que insiste em periodizar a cultura a partir do movimento de 1922.

Eis como Almeida relativiza o status modernista da publicação:

> Embora não tenha conseguido modificar radicalmente a situação de defasagem cultural em relação a outros centros e firmar uma produção tipicamente moderna no meio cultural e acadêmico que imperava em Mato Grosso, como anunciado em suas propostas, *Pindorama* representa o importante papel de ser o primeiro a desafiar esse "anêmico" e ultrapassado contexto das letras, sendo também o primeiro a clamar concretamente por modernização no Estado[15].

À maneira de muitas publicações da época, *Pindorama* teve vida curta e foi logo substituída pelo *Movimento Graça Aranha*, articulado pelos mesmos escritores e artistas que pretendiam lançar um apelo à participação regional no cânone da literatura modernista. Embora tais apelos tivessem tido alguma repercussão na época, acabaram por ser considerados, pelos intérpretes, como tributários indiretos das poucas iniciativas modernizantes oriundas do Estado Novo – iniciativas que, afinal, desdobraram-se no tripé comunicação--transportes-transformações urbanístico-arquitetônicas que marcou a formação da capital Cuiabá.

Todavia, eram alguns feitos de modernização ante poucas manifestações modernistas. Mesmo narrativas que acentuavam o vazio demográfico e a necessidade de ocupação e povoamento de territórios desertos e longínquos acabaram, não raro, obscurecidas por debates que se prendiam a uma figuração exagerada do tempo presente. É o que se percebe na curiosa narrativa da estada do futurista Marinetti no Brasil, escrita por um estudante de Cuiabá:

---

14. Benedito Pedro Dorileo, *Zulmira Canavarros: A Egéria Cuiabana*, Cuiabá, Gráfica Genus, 1995.
15. Marinei Almeida, *Revistas e Jornais: Um Estudo do Modernismo em Mato Grosso*, Cuiabá, Carlianio e Carniatto, p. 139, 2012.

Entre as flores do enthusiasmo com que se engrinalda o talento e as cebolas da vaia, com que se tempera o prato do fiasco, o Rio hospeda agora o leader do futurismo. Felippo Marinetti é o gênio da extravagância e uma das *manifestações deste século bizarro, que se chama da luz ou da velocidade e que eu intitulo de rachitismo*; deste século sem idéias, sem fé e que é verdadeiramente o da decadência intelectual e artística. [...] [Suas ideias] não vencerão, simplesmente porque não são verdadeiras. *Como abolir o passado se nós viemos do passado?* [...] Entretanto os Marinetti nos dizem que é preciso queimar nossas bibliotecas e museus, matar as tradicções e rasgar as páginas da nossa história[16].

Indo além, o autor, já quase assumindo a posição dos "outros lados", coloca-se na condição de quem pode selecionar escritores que preservaram o diálogo com o passado e a tradição:

Não somos contra ideias novas, antes vemos a necessidade em que nos encontramos delas, mas não nos queiram fazer comer gatos por lebres. Mesmo combatendo o modernismo não o repudiamos *in tottun*; bem sabemos que essas manifestações são precursoras de uma nova phase de verdadeira beleza. [...] Em São Paulo como no Rio alguns literatos como o fino Tristão de Athayde, o irônico e perspicaz Agripino Griecco e poucos outros, tiveram, mais ou menos a tolerância e o senso precisos para selecionar estas idéias. Lamentamos embora que os senhores Graça Aranha, Guilherme de Almeida Menotti del Picchia, Mario de Andrade, Ronald de Carvalho e uma lista de nomes aureoloados outrora, lancem por terra os loiros do passado e se afoguem na avalanche do modernismo intemperante[17].

Ao falar de tradição, o estudante observa o futurismo como a mais absoluta representação do esvaziamento da difusão estimulada pelo fluxo urbano e pelo tempo acelerado em um ambiente moderno. De qualquer forma, o traço mais marcante ainda é a imagem do passado sendo suplantado pelo presente, um tempo em aceleração, marcado pela proposta futurista – questionada por Monteiro – de apagar as páginas da história em prol da velocidade.

16. Simone R. Nolasco, *O Fazer-se Cidadão: O Jornalismo Estudantil nas Décadas de 1920 e 1930 no Liceu Cuiabano em Mato Grosso*, Cuiabá, Universidade Federal de Mato Grosso, 2015. Tese de Doutorado.
17. Benedito Pedro Dorileo, *Zulmira Canavarros: A Egéria Cuiabana*, Cuiabá, Gráfica Genus, 1995, p. 1.

PINDORAMA: AFIRMAÇÃO DE UM NOVO TEMPO?

Na revista *Pindorama*, considerada por muitos como o marco inaugural do modernismo em Mato Grosso, o tema do nacionalismo foi reforçado, seja pelo próprio nome dado à revista – referência ao nome do Brasil na língua indígena *nheengatu* –, seja pela transcrição de poemas de José de Mesquita nos volumes do periódico. É possível observar ainda, nos artigos da revista, traços que correspondem ao que Jorge Coli[18] aponta como componente unificador do modernismo. Por um lado, tentou-se separar o "bom" nacionalismo do "mau" nacionalismo – entre quem estava à esquerda e os modernistas de direita como Menotti del Picchia, Plínio Salgado, Cassiano Ricardo, a "Anta" e os "Verdamarelos"; por outro lado – como ressalta Coli –, seria mais útil estudar as afinidades, e não os maniqueísmos construídos pelos próprios agentes do processo e reiterados pela força da interpretação com os intérpretes. A utilidade incidiria em dois pontos: na "compreensão complexa de um campo onde o maniqueísmo se dá, de fato, apenas no foco estreito das polêmicas do tempo"; e no "desmonte das mitologias interpretativas, construídas com a herança dessas mesmas polêmicas"[19].

Esse paradoxo aparente esteve presente em debates veiculados na *Pindorama*, no afinco de marcar uma posição contrária entre grupos. Por exemplo, a construção do discurso nacionalista feita por José de Mesquita quis guardar certa independência relativa ao projeto modernista da primeira geração. No começo da década de 1920, Mesquita mostrava ter conhecimento dos modernistas paulistas e apresentava sua posição contrária. Para se orientarem contra a arte contemporânea, os modernistas eram, na forma, inferiores aos que se subordinavam às regras da métrica e da rima; no conteúdo, continham "menos ideias do que aqueles cartões postais que antigamente se publicavam em *O Malho*, cheios de lirismos piegas" – como disse Mesquita sob o pseudônimo de Marciano (1923). Para reforçar seus argumentos, recorria à leitura de um poeta:

> [...] do tempo em que para versejar era preciso conhecer métrica e ter uma ideia para se exprimir porque hoje com o "metro livre" que melhor se diria a falta de metro ou aryth-

---

18. Jorge Colli, "A Manhã e o Amanhã", *Revista USP*, n. 53, pp. 192–195, 2002
19. *Idem, ibidem.*

mia, e com a "inspiração sem peias de escola" nada é mais fácil que alinhar meia dúzia de palavras, que no fundo nada significam, mas geometricamente dispostas em forma poética, e esperar pela interpretação daquela charada que forçosamente consagrará o seu autor em gênio, é o que é mais, gênio de mui poucos compreendido[20].

Para Mesquita, a prosa de Flaubert, Maupassant, Eça, Fialho, Ruy Barbosa ou Coelho Neto era superior à dos modernistas. Por isso, ele recorria a um poeta antigo e, nessa crônica, cita Manuel Baptista Cepellos e sua obra *Os Bandeirantes*. É muito significativo que Mesquita tome os versos de *Os Bandeirantes* como símbolo de boa arte, contra os modernistas, capaz de orientar suas apreciações estéticas. Assinala que o que mais o agrada não é a feição rústica do poema, mas "seus aspectos citadinos, a cantar as belezas urbanas", destacando os poemas "São Paulo Antigo", "O Fundador de São Paulo", "No Alto do Ipiranga" e "O Tietê". Com efeito, nas reivindicações do autor, está contido um repertório de quadras rimadas; mas, além de celebrar a poesia metrificada, Mesquita valoriza, nos poemas, a imagem da cidade moderna simultaneamente aos feitos dos bandeirantes. Nesse caso específico, o elogio difuso ao mito bandeirantista passa longe de referências à colonização e povoamento dos pontos extremos do país.

De qualquer forma, a defesa do regionalismo que se observa como referência às tradições locais em Mato Grosso, seja na literatura de Dom Aquino ou em Gervásio Leite (o mesmo de *O Hamlet do Poema Nada Tem com Shakespeare, Só É Hamlet por Acaso*, citado na epígrafe), não são disparidades absolutamente contrárias ao projeto modernista, uma vez que regionalismos e nacionalismos

> [...] podem ser definidos como procedimentos discursivos relacionados à implantação dos sentidos de identidade coletiva, continuidade e coesão social no contexto da modernidade, através do culto de uma tradição cultural que contrabalança a instabilidade da vida contemporânea ao instituir um patrimônio comum.
> Este traduz uma origem fundamentada na ancestralidade, a partir da qual desenrola-se um tempo contínuo, linear e homogêneo, que tem como sentido o progresso[21].

---

20. Marciano, "Cavacos Quinzenaes", *A Cruz*, p. 2, 20 maio 1923.
21. *Idem, ibidem*.

Representada em Mato Grosso pela valorização das tradições locais, a cultura nacional se tornou o centro de todo debate, realizando, *mutatis mutandis*, aquilo que Arnaldo Contier[22] identificou no âmbito da música: uma tentativa de homogeneizar o nativismo popular para elegê-lo como a representação de todo o povo brasileiro. Assim, folclore e recuperação das tradições locais transformaram-se num dos temas inerentes ao modernismo regionalista proposto em *Pindorama*.

O editorial da revista – que não deixava de ter um cunho de manifesto – apresentava a publicação como expressão de uma nova cultura, uma nova estética. A revista pretendia ser porta-voz da expressão literária e ter visibilidade fora do estado, de modo a alimentar a força dos intelectuais mato-grossenses. O editorial conclamou a mocidade a cooperar com um programa sob o argumento de que só assim se poderia "revelar a força e as possibilidades do nosso Estado". Nessa justificativa, fica clara a crítica ao descompasso de Mato Grosso como aspecto negativo que os literatos acentuavam, assinalando a necessidade de "uma cruzada em prol da cultura e da inteligência do Oeste"[23].

Ao apontar um programa de vanguarda trabalhando em prol da cultura mato-grossense, Gervásio Leite, Martins de Mello e Rubens de Mendonça investiram, através de uma linguagem contundente e enfática, em três aspectos: 1. desconhecimento da literatura mato-grossense fora do estado; 2. preocupação com fazê-la ser conhecida; 3. consciência das implicações variadas de realizar tal fazer. Com efeito, os "renovadores" sabiam que, para realizar tal intento, seria preciso remover empecilhos. Com o tom de convocação da mocidade – afinal, era a "revista de moços" –, o editorial sugeriu uma cruzada do novo contra o antigo, valorizando a novidade e a ruptura. Da mesma forma que a apresentação de *Pindorama*, o artigo "Do Movimento Modernista à Poética de Da Costa e Silva", de Rubens de Mendonça, expôs sua crítica a uma estética "passadista". Mesmo com afirmações contra os valores oficiais, Mendonça apresentou um quadro que revelava a sensibilidade estilística do crítico e literato e de sua preocupação com o suplantar do que via como mediocridade da velha geração:

22. Arnaldo Contier, *Brasil Novo: Música, Nação e Modernidade: Os Anos 20 e 30*, 1988.
23. *Pindorama*, ano 1, n. 2. 15 jun. 1939.

[...] "nunca a literatura esteve tão viva como hoje". A literatura de antes da Grande-Guerra era um imenso cipoal intransponível, um desperdiçar de energias. Data da Grande-Guerra sua evolução. Isto, falando em caráter universal, porque no Brasil o que houve foi apenas o recuo de uma geração, para dar lugar a uma geração melhor. O Norte tão pródigo de poetas e romancistas, foi profundamente abalado pela geração moderna. [...] O poeta de hoje não pode viver como o poeta do século passado: o romancista não se preocupa com histórias fúteis; a ele nada interessa saber se D. Violante tem amores, se é pálida, ou se houve um português idiota que se apaixonou por uma índia. *O que lhe interessa é saber da vida dos nossos problemas*. André Breton, descrevendo o poeta do futuro diz: "será ele o homem que venceu a antinomia da ação e do sonho, que atingiu ao estado individual e universal e fez a concordância de vários contrários". E assim se separaram as duas gerações. Vultos de valor da velha geração vieram cerrar fileira na *nova e outros desapareceram sepultados dentro da caverna da mediocridade*[24].

A essa espécie de aposta na vocação poética segue-se uma espécie de teste de crítica literária, ao defender um poeta contemporâneo:

Andrade Muricy em *A Nova Literatura Brasileira* falando sobre o movimento modernista, faz exclusão de Da Costa e Silva, dizendo da seguinte maneira: 'foram excluídos os meros continuadores de movimentos anteriores. Um poeta notável como Da Costa e Silva, por exemplo, encerrou seu ciclo dentro dum simbolismo ligeiramente contagiado de parnasianismo'. É bem verdade que o autor de Pandora não acompanhou o ritmo da gente nova, mas nem por isso ele deixa de ser um grande poeta. [...] Da Costa e Silva é um poeta genial, porque sabe traduzir em cores vivas o sentimento humano. E por isso *ele é um grande poeta – porque é humano*[25].

Autor de obras de ficção e de ensaios e um dos fundadores do grupo *Festa*, no Rio de Janeiro, Andrade Muricy é citado por Rubens de Mendonça no único texto do segundo número de *Pindorama* que trata do movimento modernista. A tese de Muricy[26] é a de um Da Costa e Silva com forte tendência parnasiana, não se encontrando com o cânone do simbolismo filosófico assumido pelos modernistas do grupo Festa. Rubens de Mendonça julga, contudo, não ser a posição de Muricy capaz

---

24. Rubens de Mendonça, *História da Literatura Mato-grossense*, 2. ed., Cáceres, Editora Unemat, p.10, 2005.
25. *Idem, p.10*.
26. Andrade Muricy, *A Nova Literatura Brasileira*, Porto Alegre, Globo, 1936.

de revelar o melhor juízo, pois o que torna condenável é a má literatura. Para Mendonça, à revelia das bitolas estéticas, boa é a obra que traduz os sentimentos humanos.

Ao mencionar expoentes da nova geração como Mário de Andrade, Oswald de Andrade, Jorge Amado, José Lins do Rego e Andrade Muricy, de certa maneira, Rubens de Mendonça informa que a leitura desses autores não poderia ficar presa a modelos literários tomados como valor absoluto de qualidade artística. A conciliação parte, sobretudo, de um valor estético, pois que boa literatura deve ser considerada segundo uma lógica literária, mesmo que tornada obsoleta. Porém, fica evidente um tom conciliador entre o novo e o antigo.

A crítica à sedução futurista, presente na crítica daquele estudante, se mantêm. Não basta negar o passado, tampouco acertar o relógio com as expressões artísticas manifestadas no movimento de 22. Talvez, de maneira sutil, a revista *Pindorama* apresentasse o que, na prática, transparecia na vida artística em Mato Grosso: muito mais que a experiência do sectarismo, era um mosaico que penetrava a realidade em sua dimensão mais concreta. Compreenda-se: não é que não tenha havido embates entre perspectivas que divergem; nos meios religiosos, dom Aquino Correa e José de Mesquita – considerados como representantes da vertente conservadora da literatura mato-grossense – eram conscientes da contradição em que viviam. Sabiam eles ser a arte moderna um produto do mundo moderno, o qual abominavam; mas também sabiam que a defesa da metrificação e o estilo parnasiano não se traduziam como mera anacronia; eram critério de valor ético e estético[27].

Não por acaso, no número um da primeira revista considerada modernista de Mato Grosso, o caleidoscópio já está presente: é possível verificar nos textos, também, o engrandecimento dos templos coloniais e o elogio à da religiosidade da sociedade cuiabana. A valorização da cultura mato--grossense passava, ainda, pelo enaltecimento dos feitos lusitanos, "rasgando terras, cortando matas, sangrando rios para fixar no seio tropical

---

27. Para Hilda Magalhães, "Cantando, em Pleno Século XX, as Verdades que Nunca Passam" e com "a metrificação rigorosa dos parnasianos, a literatura de Dom Aquino acabou se revelando anacrônica, numa época em que já não mais se sustentavam os valores eternos, numa época em que a arte se estratificava no "Experimentalismo dos Modernistas" (Hilda Gomes D. Magalhães, *História da Literatura de Mato Grosso: Século XX*, Cuiabá, Unicen Publicações, 2001, p. 54).

e grandioso da América"; era "a prova inquestionável do seu gênio civilizador"[28]. Ao mesmo tempo, os redutos da religião serviram para fazer uma crítica a uma visão de mundo materialista e ateísta que, por sua vez, parecia retórica em uma sociedade de forte cunho religioso como a cuiabana. Mesmo assim, muitos se mantiveram contrários às ideias expedidas na revista, a exemplo do que relata Martins de Melo, no jornal *O Estado de Mato Grosso*, referindo-se diretamente à figura de Gervásio Leite: (ele) "era o alvo mais visado, chegando alguns a chamar-lhe inimigo dos velhos, em virtude de falar de uma emancipação da mocidade quanto às ideias já velhas, incompatíveis com a época"[29].

Com o fim da revista *Pindorama*, o mesmo grupo de intelectuais à frente do periódico fundou o Movimento Graça Aranha[30]. Sua manifestação pública inicial ocorreu no jornal *O Estado de Mato Grosso* de 5 de janeiro de 1941. Após o artigo de Gervásio Leite, "Movimento para um Novo Rumo", do dia 15, Archimedes Pereira Lima[31] transcreveu a circular que chegou a ele vinda dos fundadores do movimento. Em sua primeira parte, o discurso tem um tom elogioso aos "confrades" que se propuseram a transmitir o dinamismo criador em toda a sociedade brasileira, difundindo-o para a cultura mato-grossense. Mas, logo em seguida, Archimedes Lima desacredita da proposta argumentando "que muito mais que de movimentos literários, precisamos notadamente nós os matogrossenses de um movimento em prol

---

28. Hilda Gomes D. Magalhães, *História da Literatura de Mato Grosso: Século XX*, Cuiabá, Unicen Publicações, 2001, p. 14.
29. Martins de Melo, *O Estado de Mato Grosso*, p. 2, 27 jun. 1940.
30. Embora, no jornal *O Estado de Mato Grosso*, o debate tenha surgido em 5 de janeiro de 1941, com um artigo de Gervásio Leite intitulado "Movimento Para um Rumo Novo", a discussão se estendeu por todo aquele mês, tratando da inserção desse projeto no estado. O período do debate no jornal nos faz crer ser esta a data de fundação do movimento.
31. O jornalista Archimedes Pereira Lima, que atuou como diretor do jornal *O Estado de Mato Grosso*, fundado em 1939, presidiu a imprensa oficial do estado de 1937 a 1945. Ainda em 1939 e com Benjamim Duarte Monteiro, Jaime de Vasconcelos, Ranulfo Paes de Barros, Amarílio Calhão, Armando da Silva Carmelo e Ernesto Pereira Borges, Lima fundou e presidiu o sindicato estadual dos jornalistas. A partir de 1943, dirigiu o Departamento de Imprensa e Propaganda regional, afiliado ao Departamento de Imprensa e Propaganda (DIP). O jornalista teve papel importante em Mato Grosso em relação ao governo federal. À frente de *O Estado de Mato Grosso*, ajudou a difundir e legitimar o discurso da "Marcha para o Oeste" (Pedro Rocha Jucá, *Imprensa Oficial de Mato Grosso: 170 Anos de História*, Cuiabá, Aroe, 2009; Antonio Carlos Silva, *Vozes do Oeste: A Radiodifusão Cuiabana Entre a Antena e a Lei (1939-1949)*, Universidade Federal de Mato Grosso, 2004. Dissertação de Mestrado).

da alfabetização do nosso povo"[32]. Gervásio Leite, no dia seguinte, respondeu e defendeu o programa do Movimento Graça Aranha, exatamente, por não fazer parte de "uma pura e dispersiva manifestação literária"; assinalou o teor de novidade do movimento, defendendo seu engajamento em um projeto de levar a arte aos limites da vida.

A polêmica entre Archimedes Lima e Gervásio Leite traçou uma imagem da tonalidade possível do debate modernista em Mato Grosso: o gesto de agregar literatura e vida como questão-chave da cultura nacional. Diferentemente do que a bibliografia considera – que Archimedes Lima teria asfixiado, com sua crítica, o Movimento Graça Aranha –, vários foram os intelectuais que se mantiveram na defesa do movimento no jornal O *Estado de Mato Grosso*; e até noutras publicações, como o jornal católico *A Cruz*, onde José de Mesquita[33] argumentou:

> Que o Movimento Graça Aranha seja, de fato, uma obra construtiva de trabalho e de fé, para a maior grandeza de Mato Grosso, no concerto da inteligência brasileira nesta grande hora de renovação e entusiasmo. Quero encerrar esta mensagem de congratulação e simpatia com as palavras do esteta e pensador que vocês, em boa hora, colocaram à testa da sua projetada fundação: "aquele que vive um ideal, contrai um empréstimo com a eternidade". Porque, meus amigos, tudo se resume nisso, na Arte e na vida: ter um ideal, bem alto e nobre, e tudo empenhar para ser digno dele. Merecem, por isso, lástima os mercenários, os acomodatícios, os despersonalizados que julgam servir às letras quando estão servindo ao estômago.

Mais do que a citação elogiosa a Graça Aranha, a argumentação retoma, em parte, as propostas obscuras do autor de *Canaã* ao definir, em escritos posteriores, sua visão do país impregnada de certo misticismo em relação à paisagem natural. Para Aranha, toda a história do país se reduzia ao embate do espírito humano com a paisagem exuberante – e a *constância vital*, traço característico da civilização portuguesa e que seria responsável pela unidade nacional –, um dos poucos privilégios da nacionalidade brasileira. Mas esse traço corria o risco de se perder, com a cumplicidade de uma cultura alienan-

---

32. Archimedes Pereira Lima, "Movimento Graça Aranha", *O Estado de Mato Grosso*, 15 jan. p. 2, 1941.
33. José de Mesquita, "Domingueiras", *A Cruz*, ano XXXI, p. 2, 26 jan. 1941. Arquivo da Casa Barão de Melgaço.

te, calcada no academicismo fútil ou na literatura artificiosa e tradicional. A função da cultura, através da intuição estética, seria superar o dualismo, combater o imobilismo desagregador, impregnar-se deste "espírito moderno" e realizar a síntese social[34].

Assim, a argumentação do articulista da revista católica, além de ser um gesto de reconhecimento e boa vontade relativa a seus contemporâneos, retomava o argumento de que só um nacionalismo agregador iria além de um campo intelectual meramente dividido entre o "velho" e o "novo". Tal argumento poderia caracterizar, enfim, alguns dos "outros lados" regionais do modernismo brasileiro.

TEMPO PRESENTE OU TEMPO PASSADO: UMA VOZ FEMININA DE NOSTALGIA EM ZULMIRA CANAVARROS

Com efeito, foi com ênfase em um repertório explicitamente nacionalista que, a convite do interventor do estado Júlio Müller, a partir de 1930, a professora de música e canto orfeônico do Liceu Cuiabano, também teatróloga, Zulmira Canavarros realizava saraus musicais em sua própria casa[35]. Relatos orais deixam entrever as impressões que marcaram pessoas que com ela conviveram, como se lê na fala de Odite Freitas.

> No Colégio Estadual [...] Dona Zulmira foi nossa professora de música [...]. *E ela ensinava todas aquelas músicas patrióticas. Porque era tempo da Guerra e a gente aprendia todas aquelas músicas.* [...] Dona Zulmira era uma pessoa muito especial, uma pessoa muito preparada. Ela trabalhava com teatro, ela trabalhava com tudo o que era cultura aqui em Mato Grosso, Dona Zulmira estava no meio[36].

O tom patriótico e cívico estava presente na obra de Zulmira Canavarros desde a década de 1920, quando, por exemplo, compôs a música *Bandeiran-*

---

34. Elias Thomé Saliba, "A Discussão do Brasil em Canaã, de Graça Aranha", *O Estado de S.Paulo*, 23 jun. 2002.
35. É importante salientar que Zulmira Canarvarros representa um quantitativo pequeno no universo da dramaturgia nacional. O trabalho de Barbara Heller (2010) revela que, dos 1 040 roteiros disponíveis de teatro de revista no Arquivo Miroel Silveira, da Escola de Comunicações e Artes da Universidade de São Paulo, apenas 23 são de autoria feminina. Zulmira Canavarros fez parte da revista *A Violeta*, periódico organizado e dirigido por mulheres e que circulou em Mato Grosso de 1916 a 1950.
36. Antonio Carlos Silva, *Vozes do Oeste: A Radiodifusão Cuiabana Entre a Antena e a Lei (1939–1949)*. Cuiabá, Dissertação de Mestrado Universidade Federal de Mato Grosso, 2004. Grifo meu.

te dos Ares – Marcha bandeirantismo, civismo e patriotismo". Com letra de Franklin Cassiano da Silva e dedicada ao aviador Hans Gusy, a música homenageava o primeiro pouso de avião em solo cuiabano, em 1929.

> MARCHA BANDEIRANTE DOS ARES
> Qual outrora os ousados paulistas audazes
> Desbravando o rústico sertão
> Bandeirante dos ares
> Vieste na esfera azul
> Desta imensa amplidão
> E ousado valente riscando
> A ceruli [sic] a nudez da esfera
> Constelada
> Outra nova epopéia escreveste para a história da pátria adorada
> Bem-vindo
> Bem-vindo
> À Pátria sorrindo
> Aos nobres aeronautas agradece seu nome murmurando
> Numa prece
> Bem agradece
> Seu nome murmurando
> Numa prece[37].

Numa narrativa que transforma sertanistas em heróis bandeirantes, reafirmando o mito fundador da história de Mato Grosso, a marcha evoca a transferência dessa particularidade regional ao ufanismo da nacionalidade.

Contudo, muito além da reiteração desse mito de fundação, outros temas permeiam a obra de Zulmira Canavarros. Sua participação na inclusão de músicas nos textos teatrais veiculou as figuras do malandro, do caipira e dos mulatos, assim como os impactos da modernidade sobre os comportamentos humanos.

Na década de 1920, a defesa do regionalismo e da cor local passava pelos elementos nativistas e regionais. Um exemplo é o do caipira, que aparece em vários momentos para: assinalar uma identidade vinculada a um fundo moral – que o associava à gente humilde de bom coração[38]; divulgar espetáculos

---

37. Antonio Carlos Silva, *Vozes do Oeste: A Radiodifusão Cuiabana Entre a Antena e a Lei (1939-1949)*, 2004, pp. 152-153.
38. *A Capital*, ano II, n. 60, 22 fev. 1926.

teatrais com números de lundus e conferências caipiras no Cine Parisien[39]; ou expressar o olhar vivo, astuto da figura do matuto em contraposição à representação da ignorância, do sujeito apalermado. Afinal,

[...] o nosso sertanejo, dotado de atributos naturais de penetração e sagacidade [...] o espírito vivo do cuiabano [...] se dissimula em ingenuidade, para melhor se expandir gaiatamente diante dos graúdos, sem quebra do acatamento devido as hierarquias. Vivacidade em todo caso, bastante abonadora"[40].

Há sinais desse processo ainda em crônicas publicadas em 1940 por Ulisses Cuiabano no jornal O *Estado de Mato Grosso*. Nelas, o jornalista e escritor confessa sentir nostalgia de uma época em que o teatro em Cuiabá era mais ativo e havia maior produção local. Segundo o autor, havia uma efervescência de peças de autores cuiabanos como Franklin Cassiano (cujo trabalho de estreia, em 1918, era uma comédia de costumes intitulada *Progresso na Zona*), além da produção de *Cá Entre Nós* (1920), em parceria com o próprio Ulisses Cuiabano e musicada por Zulmira Canavarros. Havia ainda a revista em dois atos, *Quero i lá pro Mato* (1924), também com musical de Zulmira; a burleta *Nhô Chico Foi Barrado* (1926), em parceria com Maneco Cuiabano; a revista *Cuiabá por Dentro* (1931) e a comédia *Baile na Goiabeira*[41].

Com frequência, temas do cotidiano social e político estiveram presentes na dramaturgia de Zulmira Canavarros[42]. Eram referências um tanto prescritivas, como a campanha de higiene e da profilaxia e a construção de fossas na cidade de Cuiabá, como se lê em Dorileo[43]: "Cena: Um caipira é intimado a construir fossa. E segue o que se pode imaginar de comédico". Muitas peças tinham valor crítico marcado não só pelos temas, mas também pela "rítmica da estrofe cantada e liberdade prosódica: expressão pura do popular folclórico e do choroso lundu"[44].

39. *A Luz*, 4 out. 1924.
40. Jota de Eme, *A Cruz*, ano XXI, 16 nov. 1930.
41. Ulisses Cuiabano, "Notas Ligeiras na Academia", *O Estado de Mato Grosso*, 6 dez. 1940.
42. Os arquivos das peças de Zulmira Canavarros encontram-se no Arquivo da Casa Barão de Melgaço (ACBM) na cidade de Cuiabá-MT.
43. Benedito Pedro Dorileo, *Egéria Cuiabana*, Cuiabá, Vaner Bícego, p. 30, 1976.
44. *Idem*, p.31.

Assim, embora o repertório dos saraus literários e musicais ocorridos na casa de Zulmira contasse com música erudita e trechos de ópera, havia também forte proximidade de ritmos populares urbanos como samba, maxixe e choro e de ritmos rurais como coco, cateretê, lundus, emboabas, aboios e fandangos. Essa valorização das "coisas nacionais" estaria no eixo do que Silviano Santiago aponta como um redirecionamento dos modernistas após um primeiro período de ruptura com tudo que era considerado ultrapassado e símbolo de uma continuidade. Como indicamos anteriormente, depois de terem se voltado às referências tradicionais clássico-europeias no pós-Primeira Guerra Mundial, em 1924 viajaram pelo interior de Minas Gerais e – cabe lembrar – reencontraram um passado e passaram a buscar esse "novo Brasil" ligado ao "primitivismo cultural"[45].

As formas de métrica musical livre e os processos prosódicos podem ser vistos em um dos cateretês produzidos por Zulmira Canavarros em 1930[46]:

> Quando tu vai afastano,
> Vai s'imbora e me deixano,
> No caminho a soluça
> Sinto um nó que vem subino,
> P'ra gargata me afligino
> Quaji inté me sufoca [...][47].

O ritmo e a musicalidades característicos da prosódia caipira – tão bem assinalados por Amadeu Amaral, em obra de 1920 –, assim como um frasear mais lento – de pausas mais abundantes, com duração das vogais ligada a uma linguagem mais vagarosa e intrinsecamente feita para cantar –, tudo são elementos reconhecíveis em várias criações de Zulmira Canavarros. Curiosamente, o livro que a inspirou a escrever o texto teatral *Sacrificados* (*Vítimas do Progresso*) em 1930 – como se lê em Dorileo (1976) – foi *Meu Samburá*,

---

45. Silviano Santiago "A Permanência do Discurso da Tradição no Modernismo", *Nas Malhas da Letra: Ensaios*, Rio de Janeiro, Rocco, 2002.
46. Franklin Cassiano e Ulysses Cuiabano colaboravam no arranjo das letras, os beletristas. Cf. Benedito Pedro Dorileo, *Egéria Cuiabana*, Cuiabá, Vaner Bícego, 1976.
47. Benedito Pedro Dorileo, *Egéria Cuiabana,* Cuiabá, Vaner Bícego, 1976, p. 31.

publicado em 1928, por Cornélio Pires[48]. O texto narra a venda de um sítio para empreendedores após o sitiante descobrir petróleo na sua propriedade. Feita a venda, o personagem Senhor Gomes, proprietário, recebe uma quantidade grande de dinheiro, mas vê com receio a ida para a cidade. Embora desconfiado, ele vai; e então é organizada uma festa para sua partida. Durante o festejo, um caipira, cantador, adverte a família de Gomes:

O PORGUESSO DE SÃO PÓLO
Inté nos sítio chegô,
Acharo um kriozená
Nas terra deste sinhô,
E do chão abandonado,
O dinhêro já esguichô[49].

Assim, uma prosódia popular com elementos da oralidade – do coloquialismo – e a valorização do cotidiano de populações locais desvelam o universo linguístico e cultural do "caipira". Na comédia musicada *Sacrificados...*, Zulmira Canavarros versa sobre a questão do petróleo; mas, diferentemente do que acontece na obra de Cornélio Pires, introduz uma diferença crucial: na peça, as terras não são compradas, e sim expropriadas pelo governo.

"Nho Gome" tem as suas terras desapropriadas, o governo descobriu petróleo em suas roças: "ho Gome", na viola despede-se:
– Adeus, minha terra boa
Que me viu nascê
Adeus, 'té que um dia
Eu e minha famía
Havemo d'aqui vim morrê[50].

O tom de crítica se torna particularmente precioso para o estudo dos anos 1930-1940. São décadas marcadas pela ansiedade perante uma série de com-

---

48. Lançado em 1970, o filme *Sertão em Festa*, produzido pela Servicine e baseado na obra *Meu Samburá*, de Cornélio Pires, foi dirigido por Osvaldo de Oliveira. Os principais artistas foram Marlene Costa, Nhá Barbina, Francisco Di Franco, Tião Carreiro e Pardinho e Egidio Eccio.
49. Cornélio Pires, *Meu Samburá: Anedotas e Caipiradas*. Itu (SP), Ottoni Editora, 2004.
50. Canavarros, *Apud*, Benedito Pedro Dorileo, *Egéria Cuiabana*. Cuiaba (MT), Vaner Bícego, 1976, p. 30.

ponentes considerados como modernidade que foram apresentados, em larga medida, na comédia de costumes e no teatro de revista e que se transformaram em objeto de riso. Afinal, a comicidade ocorre por meio do desnudamento dos defeitos manifestos ou escondidos. O tom em *Sacrificados...* é o da desconfiança da "novidade da época": o petróleo. O riso é despertado por meio dos elementos considerados como sobrevivência de um passado; ao mesmo tempo, é atingido por meio dos modismos contemporâneos, aos quais se atribui forte teor cômico, numa espécie de crônica da atualidade que, de modo ambivalente, discute semelhanças e diferenças entre grupos sociais.

> EMBOLADA
> Tem uma coisa
> Que eu num gosto
> É a luz inlétrica
> É bem craro e tar decetra
> Num é preciso acendê
> Mais no mio
> Quano a gente mais percisa
> É que a luz se finaliza
> E fica iscuro como quê
> Os atomove,
> Lá no rio ou nas varge
> Chega logo adonde foi
> Mais quano ingandra
> Lá no pico do arvoredo
> Ah! Então eu tenho medo;
> Antes mió carro de boi[51].

Considerando as numerosas questões evocáveis pela obra de Zulmira Canavarros, a crítica às mudanças trazidas pela modernização não poderia ter outro tom senão o da valorização do passado e das práticas rurais antigas: importantes na primeira metade do século XX "justamente porque parece[m] uma alternativa à cidade surgida das práticas urbanísticas, tecnológicas"[52].

---

51. Canavarros, *apud* Benedito Pedro Dorileo, *Egéria Cuiabana,* Cuiabá (MT), Vaner Bícego, 1976, pp. 169-170.
52. Beatriz Sarlo, *Modernidade Periférica: Buenos Aires 1920 e 1930,* São Paulo, Cosac Naify, 2010, p. 64.

Segundo tal ponto de vista, a obra de Zulmira Canavarros traz no seu bojo uma versão idealizada do passado, uma crítica à nova ordem e às mudanças que ela impôs. Antes de ser uma proposta de radicalidade e orientação para novos rumos, ela apontou um mal-estar diante da mudança a partir da qual as relações tradicionais poderiam ser afetadas pela modernização da dinâmica urbana. Assim, a volta ao campo parece ser a legitimação de costumes, a manutenção de um lugar e uma vigência de um grupo social, antes de ser o questionamento deste.

Apesar de escorado no pitoresco do cômico, este mal-estar remava contra a maré das políticas estadonovistas de intervenção e nacionalização de fronteiras, que objetivavam fixar o homem no meio através da concessão de terras. Com efeito, no mesmo ano de veiculação de uma das peças de Zulmira Canavarros, Ricardo Pinto diagnosticou:

> Com a criação das Colônias Agrícolas Nacionais, ultimamente decretada e já iniciada, do interior do Brasil por sinal, abrir-se-ão as portas da civilização. A conquista do sertão deixará de ser uma aventura de atração esportiva, pela temeridade, para se transformar na incorporação efetiva de imensas extensões territoriais ao patrimônio econômico do país. [...] Desaparecerá o deserto, que tanto impressionou o Sr. Getúlio Vargas, durante as suas excursões aéreas pelo interior. *O desconforto, a doença, o abandono e a miséria é que afugentam o brasileiro das terras longínquas.* Esta é a razão porque se aglomera nos escassos perímetros urbanos, à beira mar, quando tantas riquezas existem, para lá do recorte ornamental das serrarias. [...] Agora, porém, uma nova era começa. Começa, realmente a "Marcha para o Oeste"[53].

Ao lado da política intervencionista, portanto, a expressão do progresso, da civilização e da modernidade se traduzia no desaparecimento do vazio e do deserto. Nesse aspecto, como ressalta o texto de Ricardo Pinto, em nome da construção de um futuro incerto e algo fictício, aprofundam-se os contrastes entre o litoral e o sertão, contribuindo para agregar outros sentidos ao interior do país, como os de exclusão, doença e abandono[54].

---

53. Ricardo Pinto, "A Civilização em Marcha Para o Interior", *O Estado de Mato Grosso*, 13 mar. 1941, p. 3.
54. Nísia Trindade Lima, *Um Sertão Chamado Brasil: Intelectuais e Representação Geográfica da Identidade Nacional,* Rio de Janeiro, Revan/Iuperj, p. 126, 1999.

O coroamento dessa teleologia diretamente derivada dos tempos modernistas, não isenta de discursos visuais, virá com a passagem de Getúlio Vargas por Mato Grosso, em agosto de 1941, em especial sua presença em Cuiabá. Explorada à exaustão pelo jornal *O Estado de Mato Grosso* – que tirou duas edições num mesmo dia – a figura do ditador serviu para referendar o imaginário de uma autêntica cruzada rumo ao oeste, que as elites cuiabanas procuravam, a todo custo, encaixar no cenário da "Marcha para o Oeste". Escamoteava-se algo que os escritores e artistas, ainda que conciliadores ou críticos do modernismo, não deixaram de mostrar em suas obras: em lugar de um Mato Grosso marcado pela positivação do trabalho, antepunham a herança de um passado negativo, de vazio e de imobilidade.

O jornal *O Estado de Mato Grosso* legitimou o discurso da "Marcha para o Oeste", defendendo a ideia de que a colonização se fazia necessária e urgente e que a falta de meios de comunicação era o maior problema para ampliar horizontes. De 1939 a 1942, o jornal deu ênfase ao projeto de colonização: divulgou ideias de Vargas; alegou que, a exemplo de estados como São Paulo, Mato Grosso precisava passar por um processo de colonização para atingir "grau de adiantamento a que tem o direito e a que está destinado pelas magníficas possibilidades de suas imensas riquezas inexploradas"[55]. Um editorial de junho de 1941 afirmou essa visão sobre estado. Diz o texto:

> Mato Grosso precisa promover e intensificar a colonização se quiser acompanhar o progresso do Brasil e tornar-se digno das gloriosas tradições de seu povo, cujo heroísmo constituiu no passado o baluarte da honra, da integridade e da independência nacionais. Não há em Mato Grosso quem desconheça que a colonização é uma necessidade urgente e que a falta de meios de comunicação, isto é, de estradas é o grande problema cuja solução rasgar-no-ia novos e mais amplos horizontes. [...] Façamos o que fizeram os Estados Unidos. Abramos estradas e com elas virá a colonização e com a colonização virá a riqueza, virão as indústrias, virá o progresso[56].

Como se lê, a passagem sugere que a visão do jornal era a de que Mato Grosso estava em um círculo vicioso e que necessitava sair dessa condição; e a

---

55. "O Círculo Vicioso", *O Estado do Mato Grosso*, ano II, n. 494, p. 2, 1941.
56. *Idem*, p. 2.

"Marcha para o Oeste" seria ideal para a entrada na civilidade. A recorrência às palavras *progresso*, *moderno* e *desenvolvimento*, associadas a atributos valorativos como riqueza, é uma marca que permite estabelecer relação entre progresso e riqueza[57].

Em março de 1941, as palavras de Oto Prazeres conjugaram a ideia do novo *versus* o antigo:

> Mato Grosso, *na atualidade* adquiriu ou possui dois fundamentos para que mereça mais atenção, mais carinhos... *Não estamos mais no tempo em que*, numa mesa da Colombo (neste tempo os homens de letras se reuniam, trocavam ideias, conversavam...) a uma pergunta de estrangeiro, indagando se Mato Grosso ficava muito longe, um poeta respondeu: – Você vai andando, vai andando, anda uma semana, mêses, talvez um ano; e chega assim ao fim do mundo. Encontra um grande rio, muito largo... Pois bem; do outro lado começa Mato Grosso... A estrada de ferro, o avião, o rádio, aproximaram Mato Grosso. O grande estado brasileiro, encontra-se assim perto dos olhos: tem, pois, direito de estar perto do coração... "Trabalha, que eu te ajudarei", diz uma afirmativa divina. *Em tempos idos*, é possível que Mato Grosso não trabalhasse como devia... Quem desejava atravessar um rio e ficar trabalhando além do fim do mundo? *Hoje*, Mato Grosso trabalha, procura progredir, apresenta alguns resultados desse trabalho. Tem direito, portanto, ao auxílio, ao amparo do preceito divino...[58]

Apresentado pelo jornalista como espaço geográfico distante do restante do país, nos confins da nação, portanto, carente de progresso, o estigma da barbárie de Mato Grosso compôs uma representação dicotômica do território brasileiro, marcada pelos binômios litoral–sertão, moderno–antigo, civilização–barbárie. O binômio sertão e litoral não só prevaleceu[59], mas também se tornou organizador de um discurso que proclamava o interior como vazio (de gente, de civilização) e de um lugar deserto. Esse interior seria um obstáculo à marcha da civilização já anunciada nas regiões do litoral e deveria vivenciar um novo fluxo de renovação econômica, técnica e social.

---

57. Rosimar Regina R. Oliveira, *O Progresso na "Marcha Para o Oeste": Uma Análise Enunciativa na Imprensa Mato-grossense*. Campinas, Universidade Estadual de Campinas, 2007. Dissertação de Mestrado.
58. Oto Prazeres,"Cuidemos de Mato Grosso", *O Estado de Mato Grosso*, p. 2, 18 mar. 1941.
59. Janaína Amado, "Região, Sertão, Nação", *Estudos Históricos*, vol. 8, n. 15, 1995.

Entre os que viviam em Mato Grosso havia a consideração de que as razões de seu pouco desenvolvimento decorriam da grande distância que o separava do litoral, portanto, longe dos centros de decisão do país, e da pouca atenção que o governo central lhe dispensava. Outra explicação referia-se ao atraso de seus habitantes pouco dotados de espírito empreendedor. De qualquer forma, o ponto de concordância estava na idéia de que a civilização viria de fora, do litoral, da Corte, quiçá da Europa[60].

Nessa perspectiva, o progresso tributário do trabalho produzido no presente era compreendido como limite dado por comportamentos antigos, que se modificariam: veja-se, por exemplo, a locução "em tempos idos". Esse momento reuniu elementos que demarcaram uma contraposição ao passado de grande valor, pois a ideia de modernidade aparece velada em dois fragmentos de todo o texto: 1. "é possível que Mato Grosso não trabalhasse como devia"; 2. "Hoje, Mato Grosso trabalha, procura progredir". A visão antitética entre o atual e o passado aponta a noção de moderno, entendido aí como uma espécie de corolário da concepção ideológica estadonovista. Acrescente-se que, "mais do que uma ruptura com o passado, 'novo' significa um esquecimento, uma ausência de passado"[61].

MODERNISTAS DOS OUTROS LADOS

Neste percurso de revisão de evidências culturais da expressão poética, musical e teatral na Cuiabá dos anos 1930-1940 – de *Pindorama* à obra de Zulmira Canavarros –, é possível compreender algumas linhas da experiência do modernismo em Mato Grosso e, talvez, seus "outros lados" regionais. Tributário de uma cartografia geossimbólica do Brasil, o modernismo só conseguiu responder às enormes e gritantes desigualdades regionais com outra formulação proveniente de um "outro lado" do mesmo movimento: a "Marcha para o Oeste" de Cassiano Ricardo – que não escapou de ser utilizada como corolário útil à ideologia estadonovista.

Ainda assim, duas questões nos parecem fundamentais neste exame do modernismo em Mato Grosso.

Uma questão é a que Raymond Willians[62] chamou de tradição seletiva, que define e cristaliza uma escolha e constrói uma ruptura na forma de compreen-

---

60. Lidia O. Xavier, *Fronteira Oeste Brasileira: Entre o Contraste e a Integração*, Brasília Universidade de Brasília, 2006. Tese de Doutorado.
61. Jacques Le Goff, *História e Memória*, Campinas, Editora Unicamp, p. 179, 2003.
62. Raymond Willians, Marxismo e Literatura, Rio de Janeiro, Zahar, 1979.

der um antes e um depois do movimento; outra questão – como complementação necessária – é a necessidade de retomar as imagens de forma apartada de ditames canônicos, as descontinuidades que adquirem – uma vez realocadas no processo –, para haver uma compreensão não unificada, mesmo que as imagens tenham semelhanças. Nessa lógica, enfocar nuances de um movimento modernista no Brasil Central é salientar como o modernismo foi marcado por uma interpretação canônica reiteradamente construída pelo movimento modernista paulista e, à revelia de seus fundadores, apropriada por uma concepção orgânica de cultura pela ideologia estado-novista. O marco temporal é o dado mais óbvio; na linha temporal evolutiva, seria o marco que as interpretações produzem ao considerarem, como *tardia*, a chegada do modernismo a Mato Grosso considerando-se a revista *Pindorama*. Referentes menos óbvios seriam a obra de Zulmira Canavarros e o debate intelectual do período, no qual podemos observar uma valorização do passado em Mato Grosso, e um certo tom de elegia, revelando uma crítica ao presente modernizador que excluia, desse projeto, parte considerável da população. Estas considerações projetam, então, uma tentativa de avaliar como a leitura de *Pindorama* – tida como *atrasada* ante demais manifestações do movimento modernista – é entendida na dinâmica centro-periferia que ainda permeia a historiografia sobre o Brasil Central como lugar a ser civilizado.

Todavia, ficam abertos certos contrapontos dessa contradição periférica, exatamente porque houve uma produção em Mato Grosso suscetível de ser vista como plural. O novo convive com o velho na região central do país. Se Zulmira Canavarros critica a modernidade pela lente do olhar do caipira, Rubens de Mendonça expõe uma perspectiva passível de ser considerada passadista em sua produção literária. Assim, uma compreensão derivada da análise histórica aqui exposta é a de que muitos modernismos não só coexistiram em Mato Grosso na primeira metade do século xx, mas ainda foram balizados pela noção de tradição. Se conseguirmos pensar fora da bitola, do cânone ou da cronologia da linha evolutiva traçada pelo modernismo de 1922 – o que parece difícil mesmo quase cem anos depois – e olharmos, com atenção redobrada, para uma literatura brasileira dos "pontos extremos", então a nostalgia e o "modo elegíaco" na representação de um passado perdido podem até ser considerados "modernistas". Aquino Corrêa, José de Mesquita, Rubens de

Mendonça, Gervásio Leite, Zulmira Canavarros, Lobivar Matos, Silva Freire e Wladimir Dias Pino – os três últimos considerados legítimos representantes do modernismo no estado –, todos respiraram, cada um à sua maneira, uma atmosfera daquilo que Nicolau Sevcenko (1993) chamou de "advento da cultura modernista no Brasil".

REFERÊNCIAS BIBLIOGRÁFICAS

ALMEIDA, Marinei. *Revistas e Jornais: Um Estudo do Modernismo em Mato Grosso*. Cuiabá, Carlianio e Carniatto, 2012.

AMADO, Janaína. "Região, Sertão, Nação". *Estudos Históricos*, vol. 8, n. 15, 1995. Rio de Janeiro.

CANAVARROS, *Apud* DORILEO, Benedito Pedro. *Egéria Cuiabana*. Cuiabá (MT), Vaner Bícego, 1976.

COLI, Jorge. "A Manhã e o Amanhã". *Revista USP*, n. 53, pp. 192-195, 2002.

CONTIER, Arnaldo Daraya. *Brasil Novo: Música, Nação e Modernidade: Os Anos 20 e 30*. São Paulo, Universidade de São Paulo, 1988. Tese Livre-Docência.

DORILEO, Benedito Pedro. *Egéria Cuiabana*. Cuiabá, Vaner Bícego, 1976.

_____. *Zulmira Canavarros: A Egéria Cuiabana*. Cuiabá, Gráfica Genus, 1995.

HARDMAN, Francisco Foot. *A Vingança de Hileia: Euclides da Cunha, a Amazônia e a Literatura Moderna*. São Paulo, Editora Unesp, 2009.

JUCÁ, Pedro Rocha. *Imprensa Oficial de Mato Grosso: 170 Anos de História*. Cuiabá, Aroe, 2009.

LE GOFF, Jacques. *História e Memória*. Campinas, Editora Unicamp, 2003.

LIMA, Nísia Trindade. *Um Sertão Chamado Brasil. Intelectuais e Representação Geográfica da Identidade Nacional*. Rio de Janeiro, Revan/Iuperj, 1999.

MAGALHÃES, Epaminondas de Matos. *Por Entre Brenhas, Picadas a Foice, Matas Bravas: A Produção Poética em Mato Grosso no Século XX e XXI*. Porto Alegre, Universidade Católica do Rio Grande do Sul, 2014. Tese de Doutorado.

_____. *História da Literatura de Mato Grosso: Século XX*. Cuiabá, Unicen Publicações, 2001.

MAGALHÃES, Hilda Gomes D. "O Antigo e o Moderno na Cuiabá de Antanho em Marphysa, de Dunga Rodrigues". *DLCV*, vol. 9, n. 1, pp. 73-79, 2012, João Pessoa.

MENDONÇA, Rubens de. *História da Literatura Mato-grossense*. 2. ed. Cáceres: editora Unemat, 2005.

MURARI, Luciana. "Um Plano Superior de Pátria: O Nacional e o Regional na Literatura Brasileira da República Velha". *In*: Congresso Internacional da Abralic – "Tessituras, Interações, Convergências", 11., USP, Brasil, 13-17 jul. 2008. Disponível em: file:///C:/

Users/Tha%C3%ADs/Downloads/silo.tips_um-plano-superior-de-patria-o-nacional-
-e-o-regional-na-literatura-brasileira-da-republica-velha.pdf. Acesso em: 23 out. 2020.

Muricy, Andrade. *A Nova Literatura Brasileira*. Porto Alegre, Globo, 1936.

Nadaf, Yasmin Jamil. *Rodapé das Miscelâneas*: O Folhetim nos Jornais de Mato Grosso (Séculos XIX e XX). Rio de Janeiro, 7 Letras, 2002.

Nolasco, Simone R. *O Fazer-se Cidadão: O Jornalismo Estudantil nas Décadas de 1920 e 1930 no Liceu Cuiabano em Mato Grosso*. Cuiabá, Universidade Federal de Mato Grosso, 2015. Tese de Doutorado.

Oliveira, Rosimar Regina R. *O Progresso na "Marcha Para o Oeste": Uma Análise Enunciativa na Imprensa Mato-grossense*. Campinas, Universidade Estadual de Campinas, 2007. Dissertação de Mestrado.

Pires, Cornélio. *Meu Samburá: Anedotas e Caipiradas*. Itu (SP), Ottoni Editora, 2004.

Rodrigues, Dunga. *Marphysa: Ou, O Cotidiano da Cuiabá nos Tempos do Candimba, das Touradas do Campo d'Ourique e das Esmolas do Senhor Divino*. Cuiabá, Fundação Universidade Federal de Mato Grosso, 1981.

Rodrigues, Eni Neves da Silva. *Impressões em Preto e Branco: História da Leitura em Mato Grosso na Segunda Metade do Século XIX*. Campinas, Universidade Estadual de Campinas 2006. Tese de Doutorado.

Saliba, Elias Thomé. "A Discussão do Brasil em Canaã, de Graça Aranha". *O Estado de S.Paulo*, 23 jun. 2002.

Santiago, Silviano. "A Permanência do Discurso da Tradição no Modernismo". *Nas Malhas da Letra*: Ensaios. Rio de Janeiro, Rocco, 2002.

Sarlo, Beatriz. *Modernidade Periférica: Buenos Aires 1920 e 1930*. São Paulo, Cosac & Naify, 2010.

Sevcenko, Nicolau. "Transformações da Linguagem e Advento da Cultura Modernista no Brasil". *Estudos Históricos*, vol. 6, n. 11, 1993, Rio de Janeiro.

Silva, Antonio Carlos. *Vozes do Oeste: A Radiodifusão Cuiabana Entre a Antena e a Lei (1939–1949)*. Cuiabá, Universidade Federal de Mato Grosso, 2004. Dissertação de Mestrado.

Vesentini, Carlos Alberto. *A Teia do Fato*. São Paulo, Hucitec, 1997.

Williams, Raymond. *Marxismo e Literatura*. Rio de Janeiro, Zahar, 1979.

Xavier, Lidia O. *Fronteira Oeste Brasileira: Entre o Contraste e a Integração*. Brasília Universidade de Brasília, 2006. Tese de Doutorado.

JORNAIS E REVISTAS

"O Círculo Vicioso". *O Estado de Mato Grosso*, ano II, n. 494, 1941.

A Capital. Cuiabá, ano II, n. 60, 22 fev. 1926.

A Luz. Cuiabá, Mato Grosso, 4 out. 1924.
CUIABANO, Ulisses. "Notas Ligeiras na Academia". *O Estado de Mato Grosso*, 6 dez. 1940. Cuiabá.
JOTA DE EME. *A Cruz*, ano XXI, 16 nov. 1930. Cuiabá.
LEITE, Gervásio. "Hamlet". *Revista da Academia Mato-Grossense de Letras*, anos XVI-XVII, n. 31-34, pp. 1-197, 1948-1949. Disponível em: https://academiamtdeletras.com.br/images/pdf/revistaAML-31a38.pdf. Acesso em: 20 out. 2020.
LIMA, Archimedes Pereira. "Movimento Graça Aranha". *O Estado de Mato Grosso*, 15 jan. 1941.
MARCIANO. "Cavacos Quinzenaes". *A Cruz*, 20 maio 1923.
MELO, Martins de. *O Estado de Mato Grosso*, 27 jun. 1940.
MENDONÇA, Rubens de. "Do Movimento Modernista à Poética de Da Costa e Silva". *Pindorama*, ano 1, n. 2, 15 jun. 1939.
MESQUITA, José de. "Domingueiras". *A Cruz*, ano XXXI, 26 jan. 1941. Arquivo da Casa Barão de Melgaço.
PINDORAMA, ano 1, n. 2. 15 jun. 1939.
PINTO, Ricardo. "A Civilização em Marcha Para o Interior". *O Estado de Mato Grosso*, 13 mar. 1941.
PRAZERES, Oto. "Cuidemos de Mato Grosso". *O Estado de Mato Grosso*, 18 mar. 1941.

Parte IX

O Lado Oposto e o Modernismo das Ruínas

18

A Vaga Melancolia da Desolação e da Decadência: *Um Bandeirante do Século xx* Observa Ruínas no Brasil Central

LUCIANA MURARI

> *A palavra "história" está gravada no rosto da natureza com os caracteres da transitoriedade.*
> WALTER BENJAMIN, *A Origem do Drama Trágico Alemão*

NA DÉCADA DE 1930, o entusiasmo nacionalista que se propagou entre a população brasileira medianamente culta alimentou um crescente interesse pela região central do país, ainda precariamente conhecida e escassamente explorada. O desconhecimento parece ter aguçado a curiosidade do público letrado, inscrito nas vogas de opinião que movimentavam os jornais e revistas circulantes nos meios urbanos e que, sob o impacto da Revolução de 1930, passaram a endossar a ideia de uma urgente mudança nos rumos de uma nação vista sob o signo do atraso. Destarte, a existência de vastas extensões de terra descritas ainda de forma bastante imprecisa pelas representações cartográficas, esparsamente povoadas e na qual que se moviam tribos indígenas ainda incivilizadas lançava sobre o Brasil central os olhares curiosos de um público predisposto à exaltação da diversidade de aspectos físicos e humanos do país e das riquezas ocultas que profetizavam sua prosperidade futura.

Compreende-se que esse entusiasmo patriótico tenha sido acompanhado de experiências exploratórias e iniciativas de produção e difusão de conhecimento sobre os aspectos mais incógnitos da realidade nacional. Em tal contexto, a figura de Hermano Ribeiro da Silva é das mais expressivas, tanto por sua trajetória como aventureiro-viajante quanto pelo impacto exercido pela divulgação de suas expedições em livro e pela imprensa. Hermano foi definido como um "bandeirante do século XX", um descendente da elite paulista tradicional que, depois de uma carreira pouco notável na imprensa, assumiu o sertanismo como missão pessoal[1]. Sua condição de desbravador de regiões pouco frequentadas por homens de sua origem e formação mostrou-se, afinal, um meio de aquisição de prestígio e reconhecimento na sociedade paulistana, consagrando sua figura como autoimagem lisonjeira de uma sociedade intimorata, patriótica e vanguardista[2].

Antes de alcançar notoriedade como aventureiro e escritor de relatos de viagem, encontramos referências ao autor nos círculos boêmios e nos eventos sociais da elite política e econômica regional promovidos pelo governo de Washington Luís[3]. Ele escrevia para *O Estado de S.Paulo* quando realizou sua primeira viagem ao centro-oeste brasileiro, em abril de 1930. Sua meta podia, naquele momento, ser conectada diretamente ao passado bandeirante do qual se dizia herdeiro: fazer fortuna nos garimpos de diamante às margens do rio das Garças, em Mato Grosso. Frustrado esse objetivo, ele tendeu a minorar sua importância, em favor de um discurso em que valorizava seus intuitos patrióticos de promover a investigação sobre o território nacional, produzindo conhecimento específico sobre ele, além de viver experiências excitantes que colocassem à prova seu vigor físico e sua tenacidade.

Em 1932, pouco antes da eclosão da Revolução constitucionalista, Hermano retornou à região para uma empreitada mais direcionada à exploração geográfica, que deu origem a um livro de notável repercussão, *Nos Sertões do Araguaia – Narrativas da Expedição às Glebas Bárbaras do Brasil Central*, publicado em 1935. O sucesso desse livro – cuja generosa acolhida pode ser constatada através das muitas resenhas publicadas em jornais de várias cidades do país[4] – o estimulou a publicar o relato de sua excursão anterior à

1. "Bandeira Anhanguéra", *O Estado de S.Paulo*, 3 dez. 1937, p. 7.
2. "Homenagem ao Autor do Livro *Nos Sertões do Araguaia*", *O Estado de S.Paulo*, 20 maio 1935, p. 1.
3. Tito Livio Ferreira, "Do Santo Condestável ao Condestável do Cristianismo", *O Estado de S.Paulo*, p. 104, 15 jan. 1961.
4. Hermano Ribeiro da Silva, *Garimpos de Mato Grosso. Viagens ao Sul do Estado e ao Lendário Rio das Garças*, São Paulo, J. Fagundes, 1936, pp. 315-320.

região mineradora, em *Garimpos de Mato Grosso. Viagens ao Sul do Estado e ao Lendário Rio das Garças*, de 1936. Nas duas obras, o escritor narra o dia-a-dia de suas viagens, acompanhado de comentários sobre os aspectos mais variados da vida sertaneja, descrições dos lugares pelos quais passou e considerações diversas a respeito das possibilidades de promoção do progresso técnico, da prosperidade material e do avanço civilizacional na região.

Em que pesem os tormentos da vida no ambiente hostil e infausto do sertão, já célebre como aventureiro dedicado a uma missão de desvendamento do país e incentivado pelo sucesso editorial de suas narrativas de viagem, em 1937 Hermano empreendeu uma expedição de pretensões bem mais ousadas, batizada de "Bandeira Anhanguera". Ele foi o mentor, organizador e principal propagandista da iniciativa, movida pela pretensão de produzir saberes especializados sobre o Brasil central. Seu "bandeirantismo atávico" parece ter se convertido no que era o desígnio mais ambicioso da aventura, qual seja, promover o primeiro contato do homem civilizado com os índios xavantes, que haviam se mostrado, até a época, refratários ao convívio com os brancos. Tidos como bárbaros e sanguinários, e protegidos pelas consideráveis dificuldades de acesso a sua aldeia, haviam se tornado alvo dos mais ambicionados pelos caçadores de proezas que afluíam à região. O destino de Hermano acabou por ser o de muitos bandeirantes: a morte por malária, já na etapa final da expedição. Prontamente lhe seria atribuído o nome de uma rua na capital, e sua morte trágica fez com que o documentário sobre a bandeira, exibido comercialmente nos cinemas das maiores cidades brasileiras em 1938, ganhasse o título *Bandeira Anhanguera: A Epopeia de Hermano Ribeiro da Silva*[5].

Apoiando-se na retórica de uma ascendência pretensamente nobre na sociedade paulista, que o predispunha a essas temerárias iniciativas de penetração territorial, esse personagem não seria chamado modernista se nos prendêssemos às noções restritivas do termo. Afinal, quando ambiciona demonstrar veleidades literárias, Hermano refugia-se em Olavo Bilac, cujos versos sobrepõem-se à visualidade nas cenas paisagísticas de suas narrativas, em que os cenários naturais são descritos não pelos elementos que os compõem, mas pelos sentimentos que a tradição literária parnasiana havia consagrado, o mais

---

5. "O Sacrifico de um Bravo" [sic], *Gazeta de Notícias*, p. 11, 1 set. 1938.

das vezes descolados da observação e da vivência imediata de contato com o meio físico. Mais do que aquilo que vê na paisagem, o viajante descreve aquilo que recorda de suas leituras bilaquianas, que adicionam laivos sentimentais e solenes a suas evocações da paisagem sertaneja[6].

Essa ausência de conexão com o que convencionamos chamar de modernismo literário não impede que Hermano seja definido como um herói moderno por excelência: ele abraça uma missão desbravadora típica daquela "vanguarda do capitalismo" descrita por Mary-Louise Pratt, os batedores europeus que a partir do século XIX vieram ao Novo Mundo abrir caminhos para a atividade econômica, prospectando recursos naturais, descrevendo rotas e inaugurando relações comerciais com os nativos[7]. As narrativas de Hermano, filiadas ao gênero dos "relatos de viagem", são permeadas por um espírito visionário de desvendamento que o impele a objetivos crescentemente grandiosos, como a descrição geográfica de terras ainda incógnitas no território nacional, sobretudo aquelas em torno da Serra do Roncador, e o objetivo de levar a civilização aos xavantes, o que direciona o aventureiro a tentativas amadoras de inquérito etnográfico.

As obras publicadas por ele são de grande interesse à medida que retratam uma conjuntura de considerável ebulição no centro geográfico do país, para onde afluíam viajantes movidos pelos propósitos os mais diversos: missionários religiosos católicos e protestantes que intentavam levar o cristianismo aos indígenas; esportistas à cata de desafios, como os automobilistas e os caçadores de onças; empreendedores dispostos a encontrar novas oportunidades econômicas; jornalistas empenhados em alimentar o interesse por terras selvagens entre o público leitor de livros e jornais – e de alimentar-se dele, evidentemente[8]; garimpeiros em busca de fortuna nos acampamentos minera-

---

6. Hermano Ribeiro da Silva, *Garimpos de Mato Grosso...*, p. 82.
7. Mary-Louise Pratt, *Os Olhos do Império. Relatos de Viagem e Transculturação*, Bauru, Edusc, 1999.
8. O mais notável desses é Peter Fleming, autor do *best-seller Brazilian Adventure*, que nesse livro dedicou saborosas (e mordazes) linhas às figuras de Hermano – pelo qual demonstra ter adquirido verdadeiro fascínio – e de seus companheiros de viagem (Peter Flemming, *Brazilian Adventure*, London, World Books, 1940, p. 292; Hermano Ribeiro da Silva, *Nos Sertões do Araguaia. Narrativa da Expedição Ás Glebas Barbaras do Brasil Central*, São Paulo, Cultura Brasileira, 1935, pp. 302-313). O periodista chegou ao país como membro de uma expedição de voluntários ingleses convocada por ele para decifrar o mistério do paradeiro do explorador inglês Percy Fawcett, que havia desaparecido no sertão em 1925. Também no Brasil, a investigação sobre o paradeiro de Fawcett contribuiu significativamente

dores da região; aventureiros interessados em explorar a diversidade do mundo. No entanto, embora fosse aquele um território de povoamento esparso e em grande parte ainda ocupado por cenários de natureza bruta, a perspectiva temporal dos textos de Hermano não é exclusivamente voltada para o futuro, sendo a ruína um dos temas mais recorrentes em suas narrativas sertanejas[9]. Encontramos nessa dimensão de sua escrita não apenas o registro da experiência, mas também uma forma de leitura da história e de percepção dos rumos da modernidade naquele momento específico.

O PRESENTE COMO FUTURO FRUSTRADO

Em uma perspectiva trans-histórica, Francisco Foot Hardman atentou para a particularidade do Brasil central na história intelectual do país, como um daqueles "pontos extremos" do território inseridos de forma precária na comunidade nacional, nos quais saltam aos olhos "as chagas e os traumas recolhidos de histórias que ficaram de fora da incorporação forçada"[10]. Talvez exatamente por isso tenham sido inspiradores de narrativas com tão forte apelo retórico e imagético em seu componente experiencial.

Nessa cartografia geossimbólica, caberia indagar-se pelos sentidos histórico-culturais desse Centro-oeste que se revela ao mesmo tempo como "ponto extremo", vizinho das fronteiras mais remotas da nacionalidade (lembremos, por exemplo, do Forte do Príncipe da Beira, construído na segunda metade do século XVIII pelo poder pombalino como a maior fortificação militar colonial erguida pela monarquia portuguesa em seus domínios de ultramar), terra desolada na pobreza dos cerrados e de populações indígenas em perene escassez e nomadismo e como promessa de uma futura capital – Brasília, a "Novacap" –

---

para despertar o interesse pelo Centro-oeste entre o público leitor, tema tratado por Hermano Ribeiro em seu primeiro livro (*idem*, pp. 297-302). Sobre Fawcett, ver David Grann, *Z: A Cidade Perdida – A Obsessão Mortal do Coronel Fawcett em Busca do Eldorado Brasileiro*, São Paulo, Companhia das Letras, 2009.

9. No mesmo período, entre 1935 e 1939, o antropólogo belga Claude Lévi-Strauss também viajaria ao Centro-oeste, surpreendendo-se com o bizarro cenário criado pela degradação precoce das marcas da ação humana no ambiente sertanejo, nesse caso específico as linhas telegráficas instaladas pela missão Rondon (Claude Lévi-Strauss, *Tristes Trópicos*, São Paulo, Companhia das Letras, 1996). Para um comentário sobre o tema das ruínas na cultura brasileira do período anterior a 1922, ver Luciana Murari *Natureza e Cultura No Brasil (1870-1922)*, São Paulo, Alameda/Fapesp, 2009, pp. 218-261.
10. Francisco Foot Hardman, "*Homus infimus*: A Literatura Dos Pontos Extremos", *A Vingança da Hileia. Euclides da Cunha, a Amazônia e a Literatura Moderna*, São Paulo, Editora da Unesp, 2009, p. 318.

erguida num campo quase vazio para ser alcunhada depois, no imaginário popular nacional, de "ilha da fantasia"[11].

Na definição do sentido histórico-cultural específico das narrativas de Hermano Ribeiro da Silva, seu sucesso entre o público leitor pode ser atribuído à sua convergência com temas de grande impacto à época: a difusão de ideologias nacionalistas que conduziam à exacerbação do interesse pelos mais variados temas brasileiros, a crença em virtuais ameaças à soberania inspiradas pela instabilidade do cenário externo, o desejo de promoção do desenvolvimento econômico com base na prosperidade potencial representada pelos recursos naturais distribuídos pelo território, a acentuada consciência da variedade da geografia e da população do país e a curiosidade a respeito de suas regiões mais selvagens, em face a um suposto abandono por parte das elites dirigentes. Esses temas, fortemente interligados, foram abordados ao longo dos relatos de viagem de Hermano, louvados por seu valor patriótico, sua capacidade informativa e seu poder de despertar a atenção do leitor por meio da emoção proporcionada pelas narrativas de aventuras, naquele momento referenciada não apenas pelos relatos de viagem, mas também pelas "fitas" cinematográficas, considerando a popularidade do gênero de aventuras em terras selvagens no cinema[12].

Nesse sentido, de fato o viajante paulista tinha a oferecer algo que muito poucos homens medianamente letrados como ele poderiam: a experiência nas condições árduas de vida dos confins do território. O que sua narrativa oferece

11. O artigo 3º das Disposições Preliminares da Constituição da República dos Estados Unidos do Brazil, promulgada em 24 de fevereiro de 1891, previa a construção da nova sede política do país no Centro-oeste, estabelecendo que "[f]ica pertencendo a União, no planalto central da Republica, uma zona de 14.400 kilometros quadrados, que será opportunamente demarcada, para nella estabelecer-se a futura Capital Federal" (Republica dos Estados Unidos do Brazil, *Constituição de 1891*, Legislação Informatizada, 20--), em Francisco Foot Hardman, *A Vingança Da Hileia*, pp. 316-317.
12. O marco inicial do gênero foi o estrondoso sucesso *Trader Horn*, de 1931, dirigido por W.S. van Dyke, primeiro filme não documentário rodado na África (Hans J. Wollstein, [Synopse] Trader Horn (1931), *AllMovie*, Estados Unidos, [20--]). Parte de seu estoque de filmagens foi incorporado à produção de *Tarzan, The Ape Man*, do mesmo diretor, lançado no ano seguinte, que deu origem a uma longa série da Metro Goldwin-Meyer (Hal Erickson, 20--). A influência de *Trader Horn* na escrita de uma literatura infanto-juvenil brasileira, na década de 1930, foi analisada em Luciana Murari, "Os Filhos da Natureza: Figurações do Indígena no Romance Brasileiro dos Anos 1930", *Latin American Research Review*, vol. 53, n. 2, pp. 358-371, 2018.

de maior interesse ao grande público é justamente o componente aventuresco, somado a uma mirada "etnográfica" que "revela" ao país uma realidade exótica e fora de alcance da maior parte da população letrada. Nesse sentido, a diretriz documental do texto, expressa por seu repertório de caminhos, vilarejos, fazendas, trilhas e rios que vão sendo registrados corresponde a um trabalho que se pretende informativo e didático. Em síntese, o cenário sertanejo descrito ao longo das narrativas de Hermano Ribeiro da Silva pode ser definido com uma longa extensão de terras selvagens – divididas entre cerrado e floresta –, salpicadas por povoados sertanejos, algumas fazendas de criação de gado, atividades artesanais e alguns empreendimentos de extrativismo e infraestrutura de transportes. A inscrição desse cenário na narrativa de viagem faz-se acompanhar, em um esforço de sistematização, de dados geográficos e demográficos coligidos pelo autor na forma de tabelas e mapas, e que ilustram os volumes juntamente com reproduções fotográficas de paisagens, cenas e personagens.

O viajante paulista cunhava sua própria imagem, assim, como a de um agente da racionalidade em um meio social rarefeito, marcado por baixo nível de letramento e apego a superstições, às práticas do catolicismo popular e a tradições remotas, além de singularmente convulso em função da onda inaudita de visitantes que nele se moviam naquela quadra histórica. Particularmente no terreno da prospecção de ouro e pedras preciosas, a afluência de aventureiros era propícia a alimentar a circulação de narrativas que se mantinham há muitas décadas na memória e no imaginário do sertão, e nas quais se confundiam lenda e história, como as míticas minas de Araés e Martírios. A primeira, pequena povoação de mineradores localizada às margens do rio das Mortes, afluente do Araguaia, teria sido inteiramente destruída por um ataque indígena e não mais localizada, sendo seu nome atribuído posteriormente a um arraial de curta prosperidade aurífera. Reza a tradição que a mina dos Martírios tinha sido descoberta por Bartolomeu Bueno e Manuel de Campos, que abandonaram o terreno antes de explorá-lo, tendo sido frustradas as tentativas de reencontrá-lo posteriormente[13].

Nas palavras de Sérgio Buarque de Holanda, estávamos cronologicamente muito distantes

---

13. Virgílio Corrêa Filho, "As Raias de Matto Grosso", *O Estado de S.Paulo*, 1925.

[...] [d]essa espécie de ilusão original, que pode canonizar a cobiça e banir o labor continuado e monótono [que] haveriam de partilhar indiferentemente os povoadores de toda a nossa América hispânica, lusitanos não menos que castelhanos, embora a sedução do maravilhoso parecesse atenuar-se entre aqueles por uma aceitação mais sossegada, quase fatalista, da realidade plausível[14].

Nos escritos de Hermano, o impulso em direção aos garimpos surge como atitude elogiável e mesmo nobre quando contrastado com o fatalismo identificado entre as comunidades sertanejas, sendo os garimpeiros tidos como indivíduos física e mentalmente superiores aos moradores passivos e sedentários. Compreende-se que esses lugares histórico-lendários tenham sido perseguidos por ele que, dizendo-se motivado por pressuposições inteiramente lógicas, realiza pesquisas documentais nos acervos em busca de indícios de sua situação[15]:

Compreendo logo que se tracta dos Araés e dos Martyrios, as duas lavras do precioso metal que nos velhos tempos apaixonaram a cubiça dos mineradores paulistas. Araés foi trabalhada e depois saqueada pelos indigenas. Martyrios, conforme depoimentos dos desbravadores das monções, deve enclausurar maravilhosa fortuna, e afora a sua constatação pelas bandeiras de Manoel de Campos e Bartholomeu Bueno, faz mais de 2 seculos, nenhum outro christão lá conseguiu aportar, quer devido aos ataques dos selvagens, quer devido ás contradicções dos itinerarios existentes nos archivos. Há 5 annos investigo a provavel situação do thesouro, procurando localizal-o atraves de todos os documentos de que me posso valer. E concluo agora alguma coisa de util, descobrindo orientações que reputo persuasivas a respeito da celebrada mina[16].

Buscando nos documentos históricos uma via de comunicação com os antepassados, igualmente movidos pela ambição, ao se mover no espaço sertane-

---

14. Sérgio Buarque de Holanda, *Visão do Paraíso: Os Motivos Edênicos no Descobrimento e Colonização do Brasil*, 6. ed., São Paulo, Brasiliense, 1994, p. 8.
15. A longevidade desses mitos vai além de Hermano Ribeiro da Silva, podendo ser observada através do episódio recente da revelação do acervo do engenheiro e historiador paulista Manuel Rodrigues de Oliveira, o Manuel Grande, que participou de várias expedições ao Centro-oeste brasileiro a partir da década de 1940. Entre seus apontamentos, lê-se: "Decidi levar a sério, como se diz, tudo que os antigos Bandeirantes deixaram escrito, os chamados Roteiros dos Martírios, sobre os quais se fizeram tantas ironias, tantos sarcasmos, tantas zombarias. Eu fiz diferente: levei-os a sério. Fui lendo-os sem parar, comparando-os, procurando penetrar no espírito de quem os escrevera, nas suas épocas, para finalmente chegar a uma conclusão: tratava-se de algo sério, verdadeiro, embora tendo sofrido ao longo dos séculos, algumas modificações de escrita, por exemplo [...]" (*apud* Jotabê Medeiros, "Raridades do Alto Xingu", *O Estado de S.Paulo*, Caderno 2, p. 131, 21 abr. 2013.
16. Hermano Ribeiro da Silva, *Nos Sertões do Araguaia...*, p. 95.

jo o viajante descreve um deslocamento temporal para o qual ele e seu grupo já se mostravam predispostos, por seu "inconsciente atavico vindo das afastadas gerações dos bandeirantes, talvez saturados pelo enfaramento da cidade civilizada"[17]. Como ele, chegara até ali um dia o lendário Anhanguera, patrono de sua última expedição, figura ancestral cuja ambição alimentara a fundação da cidade de Goiás, relíquia do ciclo do ouro que, em sua antiguidade nostálgica, despertava a admiração do visitante: "Da sua propria feição antiquada surgem repetidos quadros de melancolica belleza, transpirando suavidades de idades mortas". Essa versão "suave" do passado de conquista ignora o genocídio dos habitantes originais daquele território, que "[d]esappareceram, sucumbiram pela lei fatal a que se vêm submettendo as raças atrazadas. Delles ficou somente a suggestão do nome: Goyáz"[18]. Nesse drama colonial, os nativos passam rapidamente de personagens secundários a figurantes, até desaparecerem por completo deixando apenas o nome como reminiscência.

Em meio aos testemunhos materiais das primitivas ondas de ocupação do centro-oeste brasileiro em busca de minas de ouro e pedras preciosas, o viajante paulista não se apoia nesse momento no repertório imagético da decadência, ou seja, não afirma qualquer ideia de superioridade dos tempos idos em relação ao presente. Em sua narrativa, Goiás velho surge como reminiscência do fastígio da mineração no centro geográfico do país, estabelecendo com o passado uma relação de continuidade, não de queda. A cidade mantinha, segundo ele, uma rotina de burgo interiorano, conservando sua integridade e sua dignidade ao abrigar formas antigas, mas ainda vivas. Essa ideia se expressa por meio da evocação da beleza de um panorama pitoresco em que os tempos pretéritos ressurgem em sua forma original, não conspurcados pela ação do tempo nesse *flashback* em que os tempos coloniais se misturam ao mundo contemporâneo:

> Goyás, talvez por ter-se fundado a immensa distancia dos nucleos civilizados, realça um aspecto particularissimo de rotina. Ruas estreitas, em labyrinto, calçadas com largas lajas de pedra e sem passeios. Construcções centenarias, com os mosaicos, as janelas de rotulas, as sacadas, as alcovas, tudo nas linhas do rigido estylo colonial. Muitas igrejas de

---

17. Hermano Ribeiro da Silva, *Garimpos de Mato Grosso*, p. 21.
18. Hermano Ribeiro da Silva, *Nos Sertões do Araguaia*, pp. 37-38.

taipa, mostrando a miude excellentes lavores de arte antiga. As bicas nascentes e o chafariz indefectivel ao centro do largo do Palacio, com a romaria das mucamas que lá vão buscar agua potável. O coreto e as tocatas da banda policial, motivando reuniões semanaes na praça e os namoros que a sociedade admitte como sensatos. O uso de cargueiros em pleno centro, como meio obrigatorio de transporte. Os apregoadores de quintandas. Emfim o rosario inteiro dos habitos patriarchaes, inclusive aquelle velho recatamento na moral[19].

Ao representar Goiás velho como um cenário agradável e benfazejo, capaz de abrigar uma comunicação com o passado que não veicula perda ou degradação, Hermano Ribeiro da Silva apresenta ao leitor uma leitura peculiar da história daquele ponto do Brasil central. Invertendo a lógica da busca de traços do passado no presente, ele encontra o presente no passado, ao observar que a cidade não possuía serviço de água e esgotos pela dificuldade de instalar encanamentos em solo rochoso, mas contava com luz e energia elétricas, automóveis e um cinema, "o que sempre reconduz o mortal á realidade do progresso contemporaneo"[20]. Assim, o viajante reafirma o pertencimento da velha capital de Goiás à atualidade, interessado em ressaltar a virtude conservadora que enxerga nela. Nesse esforço, ele mantém fora da narrativa sinais esperados de degradação do espaço urbano e do patrimônio arquitetônico, da mesma forma como explicita a manutenção da moralidade patriarcal, "[p]orque os 20 mil habitantes da capital realizam hoje uma vida do passado. A alma da cidade fixou-se no remoto das nossas tradições puras. E parou"[21].

No entanto, essa versão bucólica do passado remanescente, imagem carregada de suavidade, solenidade e equilíbrio, não o deixa esquecer que a velha capital estava condenada, levando-se em conta o início da construção de Goiânia, contra a qual se insurgiam naquele momento os que acusavam um inevitável prejuízo da tradição e a derrocada dos proprietários locais, vaticinando o abandono da cidade e dos projetos de expansão do comércio regional por meio do rio Araguaia. Embora se negue a tomar partido na polêmica entre os defensores da velha cidade e os entusiastas da nova, chama a atenção o registro final de Hermano em sua descrição de Goiás velho: "E ao pé do rio Vermelho, plantada ao alto da columnata de pedra, a cruz de Anhanguera é

---

19. *Idem, ibidem.*
20. *Idem*, p. 38.
21. Hermano Ribeiro da Silva, *Garimpos de Mato Grosso*, p. 38.

bem a recordação como symbolo do futuro promissor da terra rica."[22]. A plácida descrição da cidade elaborada pelo sertanista não nos deixa ler essa evocação como uma nota irônica, e sim como palavras generosas de alento, já que a decadência inevitável da velha capital era a face reversa da prosperidade anunciada pela construção da nova capital.

Assim, apesar de idealizar nesse momento a permanência do passado, sobretudo por meio do resguardo das tradições, o entusiasmo do autor dirige-se para as iniciativas de produção de conhecimento e de exploração econômica que conduzissem a uma superação do característico atraso da região. Posteriormente, em 1937, ao retornar a Goiás Hermano Ribeiro da Silva pronunciou uma saudação à nova capital, homenagem retribuída por ocasião da inauguração de Goiânia. Isso demonstra que ele foi visto como um agente desse processo de tomada do Brasil central por uma onda modernizadora que se comunicava, certamente, com a visibilidade que narrativas como a dele forneciam para a região. Na ocasião, o Departamento Estadual de Imprensa e Propaganda (DEIP) do estado de Goiás fez publicar nos jornais locais um tributo a Hermano Ribeiro da Silva como "grande amigo de Goiânia" e "um dos pioneiros da Marcha para o Oeste", o que demonstra a instrumentalização de sua imagem pelo discurso estado-novista, em que pese a oposição ao regime manifestada por ele em *Nos Sertões do Araguaia*, experiência vivida por ocasião de Revolução Constitucionalista[23].

E, afinal, a representação bucólica das relíquias do passado fundador não representa nada além de uma das dimensões do processo de transformação social, para a qual atentou Anne-Marie Thiesse ao afirmar que "uma das principais consequências da modernização da sociedade e do território é a proliferação de monumentos históricos e de testemunhos do passado"[24]. Esse processo, vivido na Europa a partir das últimas décadas do século XVIII, estabeleceu um modelo cultural de extração romântica que se manifesta nessa evocação algo solene do passado colonial da cidade de Goiás, mas que não implica

22. Idem, ibidem.
23. "Um Moderno Bandeirante", *A Manhã*, p. 15, 19 abr. 1942.
24. Minha tradução. No original: "une des principales conséquences de la modernisation de la société et du territoire est la prolifération des monuments historiques et des témoignages du passé" (Anne-Marie Thiesse, *La Modernisation du Passé au XIXª Siècle*, Austin, 29 out. 2005, p. 7).

em formas de recusa do progresso econômico e social. Podemos acompanhar essa dinâmica através dos próprios relatos de Hermano, cujo bandeirantismo pode ser definido em grande parte como um projeto de "resgate" do Brasil central para a nacionalidade, em detrimento de seus aspectos primitivos, obscurantistas e inerciais, no sentido da promoção do avanço produtivo e civilizacional almejado. Assim, antes relíquia que ruína, a imagem da velha capital permite ao viajante paulista abrir uma forma de comunicação com o passado correspondente ao próprio anacronismo de sua condição de "bandeirante do século XX", que opera uma rememoração das origens em que se combinam harmonicamente passadismo cultural e atualização produtiva.

Sua trajetória pelo sertão será composta, entretanto, mais comumente de ruínas que de relíquias. Devemos lembrar, com David Lowenthal, que a condição de relíquia ou de ruína não é intrínseca a nenhum artefato material. Por si sós, os objetos não são guias para nos reconduzir aos tempos idos, pois tal condição é atribuída pela memória social ou pelo discurso histórico a um número limitado de evidências físicas do passado[25]. Uma passagem dos relatos de viagem de Hermano Ribeiro da Silva ilustra o quanto tais objetos podem *ou não* ser tidos como testemunhos da história a serem evocados para significar o presente. Em sua viagem a Mato Grosso, o narrador descreve o cenário do Sítio da Contenda, atentando para a origem do topônimo, relacionada às lutas sangrentas entre os índios bororos e os colonos que chegaram à região no início do século XX:

> Veste-se de ruinarias o local, a vegetação cresce-lhe em derredor, assaltando os vestigios do passado antigo. Porisso apenas a montagem de um grande e desmantelado engenho de rapadura salva-se do completo arrazamento, defendido no interior de um pavilhão que se edificou com o indestructivel madeirame, mais apropriado para o levantamento de um reducto de guerra[26].

Em que pese a aparente relevância histórica do lugar, o narrador prefere dar prosseguimento ao texto com comentários sobre a acidez dos abacaxis lá encontrados por seu grupo, precavendo o viajante contra a aparência pos-

---

25. David Lowenthal, *The Past is a Foreign Country Revisited*, Cambridge, Cambridge University Press, 2016, p. 383.
26. Hermano Ribeiro da Silva, *Garimpos de Mato Grosso*, p. 221.

sivelmente enganadora das frutas tropicais. Na economia da narrativa, esse cenário não comunica nada além de sua existência física e nada parece ter a dizer ao presente.

O significado atribuído aos vestígios significativos tampouco é unívoco. Em uma dentre as muitas vilas visitadas pelo sertanista em suas viagens pelo interior de Goiás e Mato Grosso encontramos mesmo uma versão das ruínas sertanejas que poderíamos considerar "benigna", e que de certa forma permite ao viajante reafirmar a positividade dos resquícios do tempo pretérito: aí, o presente se constrói sobre os fragmentos do vivido, que faz as vezes de alicerce para uma atualidade virtuosa em face dos padrões de penúria e retardo do Centro-Oeste brasileiro. O sentido da história é, nesse momento, a superação de um passado ainda visível, mas cuja destruição não obsta a implantação de uma nova camada de historicidade e, pelo contrário, parece constituir base sólida para o devir.

> Santa Maria é o bonito povoado que se distende pela collina de uma ressaca das terras goyanas. Depois de perto de 170 leguas deshabitadas da margem direita do Araguaia, a villa interrompe o deserto, desdobrado novamente, a seguir, com afastadas intercepções. [...] A centena de casas toscas e ranchos de palha, o mercado em construção, o prefeito, o promotor e alguns soldados emprestam á villa as primícias de organização social, que se vem levantando dos escombros do presidio existente ao tempo da monarchia, para onde o governo exilava condemnados á prisão perpetua[27].

Exemplo a contrapelo das possibilidades interpretativas do imaginário das ruínas, mesmo em toda sua precariedade Santa Maria é saudada como um "bonito povoado" pois dá a medida de uma sucessão temporal em que o passado acomoda e abriga o presente, fornecendo as fundações para a construção de uma civilização em meio a um universo sertanejo definido como apático e violento, em que raras são as iniciativas que apontam para a estabilização do povoamento. Se, no período imperial, o presídio representava uma espécie de expatriação do condenado[28], subtraído do convívio da comunidade nacional ao ser enviado

---

27. Hermano Ribeiro da Silva, *Nos Sertões do Araguaia*, p. 187.
28. O estabelecimento do presídio de Santa Maria do Araguaia foi bastante problemático, esbarrando na oposição dos nativos e na instabilidade da ação governamental. Fundado em 1812, foi destruído por um ataque indígena no ano seguinte. Reconstruído em 1850, foi desativado pelo governo em 1852 para

para suas margens, naqueles novos tempos suas ruínas contribuíam para acolher e agregar uma população sedentária, o que denota a incorporação efetiva desse território não apenas à institucionalidade do Estado, mas ao país real.

Sentido histórico muito diverso é atribuído a Conceição do Araguaia. Diametralmente oposta a Goiás velho, admirada por sua moderação, recato e resguardo da tradição patriarcal, nesse caso a prosperidade econômica tributária da exploração do látex durante o ápice da economia extrativista amazônica é sujeita ao olhar crítico do cronista. Isso, não obstante, não enfraquece seu lamento frente ao retorno da região ao livre domínio dos indígenas:

> Hoje cessaram as penetrações nas florestas, que se repetiam ao tempo do alto preço da borracha, no principio do seculo. Os sertanejos que então affluiam do Ceará, do Maranhão e de outros Estados do norte, retrocederam aos lares, desanimados pelo collapso da formidavel orgia do ouro, desarvorados pelas febres intermitentes. E os nucleos dos arranchamentos, ou os barracões dos seringueiros despovoaram-se, abandonados nas ínvias distancias. Os gentios desbordaram novamente das furnas impenetraveis das serras, para onde se refugiavam tangidos pela crueldade dos invasores. Porisso a gleba enorme tende a voltar ao primitivo despovoamento christão, repetindo-se a cada anno as tropelias dos selvagens, que pilham e matam as derradeiras familias, na explicavel vingança daquella éra atrabiliaria[29].

Restavam no povoado modorrento, registra o sertanista, como espólios da prosperidade passada, dois alquebrados pianos, "abencerragens daquele fastigio immoderado da riqueza da borracha"[30]. Tais resquícios, sugere ele, talvez tivessem sido herdados dos cabarés efêmeros onde os ricos seringueiros queimavam dinheiro como demonstração de poder às prostitutas estrangeiras. O movimento tumultuário característico do ciclo extrativista da borracha não havia induzido a uma verdadeira transformação da realidade do sertão, que se mantinha fechado na rotina determinada pelo "desleixo dos sertanejos pelas ricas promessas da terra"[31]. A decadência, no relato de Hermano, se fazia

---

ser reconstruído em outra área em 1859, e então novamente arrasado pelos autóctones. Sua efetivação deu-se apenas em 1861, no contexto dos esforços para o desenvolvimento do transporte fluvial na bacia do Araguaia (Karylleila dos Santos Andrade e Carla Bastiani, "A Hodonímia do Rio Araguaia nos Séculos XVIII e XIX", *Tabuleiro de Letras*, n. 4, jul. 2012. Salvador).

29. Hermano Ribeiro da Silva, *Nos Sertões do Araguaia*, p. 195.
30. *Idem*, 198.
31. Hermano Ribeiro da Silva, *Nos Sertões do Araguaia*, p. 198.

simbolizar pela imagem dessas sobrevivências excêntricas de um tempo de esplendor em meio à miséria característica do Brasil central, condenada a uma dinâmica compreensível de retorno do elemento indígena a seus territórios de origem. A prosperidade capitalista, no caso, nada acrescentara de notável, como um breve intervalo em uma trajetória dividida entre a barbárie indígena e a apatia sertaneja.

Pelo contrário, quando tem em mira empreendimentos associados à imagem de um herói civilizador, a materialização da decadência desperta considerações aprofundadas que alcançam dimensão política, dotadas de natureza bem mais melancólica que irônica quando comparadas com as referências do autor ao ciclo da borracha. Experiências malsucedidas, mas virtuosas e potencialmente redentoras, de transformação da realidade sertaneja conduzem a uma compreensão do presente como a projeção de um futuro frustrado. Nesses casos, os empreendimentos apresentados ao leitor haviam perseguido objetivos de patente atualidade, cujo êxito teria permitido a dinamização da vida produtiva e a fixação de populações em uma região ainda rarefeita e que se avizinhava perigosamente da barbárie. O viajante encontra, nesse ponto, a expressão material dos temores de insucesso de seus ideais progressistas, ou de seu adiamento indefinido, o que revela a dimensão da ruína como evidência de um potencial dilapidado.

Assim, ao lado de espectros como Alfredo d'Escragnolle Taunay, Euclides da Cunha e o General Rondon, a figura ancestral de Couto de Magalhães projeta-se sobre o presente e adquire um valor referencial similar àquele dos bandeirantes que primeiro haviam trilhado os caminhos de entrada nos sertões do Centro-oeste. O general do Império um dia projetara a conversão do Araguaia em uma próspera via comercial, criando um eixo de navegação capaz de movimentar a vida produtiva do centro do país. Embora desde o final do século XVIII fossem experimentados longos percursos de barco pelas vias fluviais da região amazônica, e ensaiados empreendimentos voltados para sua promoção, o general foi pioneiro no uso de embarcações a vapor na região do Araguaia, tendo estabelecido, como empreendedor, vias regulares de transporte fluvial no centro geográfico do Brasil[32]. Na visão de Hermano, o esvaziamento de seu

---

32. Durval Rosa Borges, *Rio Araguaia, Corpo e Alma*, São Paulo, Ibrasa/Edusp, 1987.

projeto, ao qual se atribuía o poder de reabilitar uma parcela estagnada do território sertanejo, lança, sobre os ombros do presente, o peso de uma acusação de perda do espírito patriótico que movera a antiga iniciativa: "E penso que nunca haveria de suppor que tão breve uma tristissima cegueira vendasse os olhos dos homens publicos do país. Hoje paira, entre as ruinas das povoações prosperas, a pezada nostalgia do passado"[33].

Mesmo em face de novas ações para o desenvolvimento do transporte fluvial no Araguaia, a imagem das ruínas impõe-se na narrativa como a tradução de um atraso renitente que contrasta com as riquezas imaginadas pelo militar no Império, virtualidades mantidas em suspenso até um futuro incerto que pudesse apagar os rastros deixados pelos antigos projetos. Entre eles, o narrador observa a construção de uma estrada de ferro cujos primeiros trilhos chegaram a ser assentados, "mas as verbas sempre se consumiram por encanto, e agora o material jaz largado ás intemperies, fazendo-se a viagem em auto-caminhões"[34]. Os restos do passado materializam a ausência de espírito público, denunciando a atitude antipatriótica que o autor identifica nos homens de seu tempo.

Assim, os destroços de empreendimentos gorados acusam o insucesso de iniciativas que teriam o poder de reverter a condição de generalizada penúria do sertão. Dos antigos viajantes, Hermano celebra a "audacia que era necessária afim de investir contra a barbaria, onde os selvagens tinham campo aberto para as suas tropelias", mas igualmente lamenta o fato de que não haviam deixado registros escritos, o que nos permite perceber o quanto a viagem e sua narrativa constituíam dois aspectos inseparáveis de sua atuação no contexto brasileiro da época[35]. A ausência de reconhecimento pela comunidade nacional dos méritos da ação de Couto de Magalhães diz muito, na interpretação do sertanista, sobre sua contemporaneidade:

> A nação deu o nome do grande vulto a um dos piores arraiaes á beira do curso, e nisso consistiu todo o agradecimento dispensado á sua memoria. Em contraposição chocante aí estão as paginas enthusiasticas nas quaes Castelnau, Coudreau e Tapio, os cultos

---

33. Hermano Ribeiro da Silva, *Nos Sertões do Araguaia*, p. 44.
34. *Idem*, p. 47.
35. *Idem*, p. 48.

estrangeiros que visitaram o rio, assignalam o valor dos emprehendimentos em que elle empenhou longos annos da vida[36].

Ao identificar equívocos na esperada hierarquia toponímica, o narrador espera fazer justiça aos vultos do passado que mais falavam aos projetos do presente, fazendo do panegírico crítica política.

Assim, em meio aos muitos planos e estudos repassados ao longo do texto do sertanista em sua recapitulação da história da região do Araguaia, ao invés de ser incorporada à história do país ela se havia convertido em um "extraordinario archivo de lendas que a superstição dos indios e dos sertanejos criou"[37]. Decerto, o espírito positivista de Hermano não aprova a conversão daquele que seria um inegável repositório de riquezas naturais em um acervo de fantasias distribuídas em território imprecisamente mapeado, ao que ele opõe uma tabela de distâncias, com listagem de povoações e de acidentes geográficos. A derrota dos esforços civilizadores mantém-se como tema central da narrativa à medida que os vestígios de experiências antigas distribuem-se pelo caminho trilhado. De passagem por Leopoldina, novamente os escombros do passado de prosperidade invadem o relato, ainda sob o signo do empreendedor malogrado do Araguaia:

> O casario reune meia duzia de predios caiados e telhados e 3 dezenas de palhoças de barro, cobertas de palmas de coqueiros, que abrigam precariamente uma população de piraquáras e de alguns vaqueiros, apresentando a particularidade de ser quasi toda composta de gente negra.
>
> Sente-se em tudo a vaga melancolia da desolação e da decadencia. Em meio do matto, que se intromette pelas vias esburacadas, aparecem as ruinas da epoca florescente, quando se fazia o abastecimento da capital goyana pela navegação com o Pará, sendo aqui o entreposto comercial. Isto acontecia nos tempos do general Couto de Magalhães, de cujos ideaes de realização agora apenas se guarda a lembrança dos cascos carcomidos dos seus vapores, que jazem abandonados e enterrados no porto[38].

---

36. *Idem*, p. 43.
37. *Idem*, p. 48.
38. Em 1871 o empreendimento de Couto de Magalhães contava com três barcos a vapor – batizadas Mineiro, Araguaia e Cristóvão Colombo –, além de oito lanchas e rebocadores e de uma oficina com maquinário de manutenção (Durval Rosa Borges, *Rio Araguaia, Corpo e Alma*, p. 310). O edital para a venda do equipamento da Empresa de navegação a vapor do rio Araguaia foi reproduzido no volume

A invasão da natureza bruta equivale, como vemos, à derrota dos ideais, na figuração de uma sociedade que havia escapado provisoriamente à habitual estagnação sertaneja, mas que depois disso havia ingressado em uma dinâmica descendente, ao revés do avanço civilizacional planeado pelo agente transformador. A derrocada dos ideais progressistas encontra uma imagem expressiva na utilização dos espólios do empreendimento de Couto de Magalhães para suprir a escassez característica do sertão, pois das ruínas dos barcos do general vem a folha de ferro batido "roubada" pelo viajante para a construção da cama onde ele descansa durante sua passagem por Leopoldina. O expediente resulta, entretanto, em uma dentre as muitas expressões dos extremos de desconforto suportados pelos viajantes em sua passagem pela região, uma vez que, erguida por sobre quatro caixões de madeira, a cama improvisada "seria digna da mortificação dos mais penitentes ascetas"[39].

Ao lado do constante incômodo físico, a sociedade sertaneja também inspira no narrador formas de mortificação ética, como em sua passagem por Leopoldina, onde a indústria de peixe salgado mantinha-se na base do incentivo ao endividamento dos seus trabalhadores. "Essa tyrannia da exploração repete-se, de maneira geral, em todo interior do país, e se arregimenta na caudal de oppressões que pezam sobre a massa dos humildes", anota o cronista. O cativeiro do trabalhador, somado a doses variáveis de violência e crueldade, foi observado pelo viajante em outros trechos de seus relatos. Nesse caso em particular, a constatação dessas práticas descreve um "curioso processo de escravatura economica", que mais uma vez remete o narrador a vislumbrar o passado no presente, particularmente porque tal se dava em uma vila de população majoritariamente negra. Esse passado, ao contrário daquele identificado com a velha capital de Goiás, nada tem de virtuoso. Em pauta está a "barbárie" sertaneja, qual seja, o componente de brutalidade latente no interior brasileiro, imagem em que se confundem fenômenos e aspectos diversos da vida na região, como a circulação e os ocasionais ataques de grupos de nativos não cristianizados, a coação dos mandantes

---

Viagem ao Araguaia como apenso de sua biografia (José Vieira Couto de Magalhães, *Viagem ao Araguaya*, São Paulo, Companhia Editora Nacional, 1935, pp. XLI-XLII, *apud* Hermano Ribeiro da Silva, *Nos Sertões do Araguaia*, p. 53).

39. Hermano Ribeiro da Silva, *Nos Sertões do Araguaia*, p. 53.

sobre a população pobre e a pujança dos elementos físicos e dos seres que compunham seu ambiente natural[40].

Assim, as ruínas do sertão são descritas pelo sertanista como uma das manifestações mais evidentes do que ele identifica como a renitência da barbárie. Ao malogro dos ideais do general do Império e à derrocada da tumultuária e cosmopolita economia extrativista do fim-de-século soma-se o apagamento dos projetos dos positivistas republicanos, em um exemplo da inconstância política que alimentava o repertório das ruínas do Brasil central. Hermano anota que, em apenas dois anos, a promissora vila de Santa Isabel, instalada na Ilha do Bananal pelo Serviço de Proteção aos Índios (SPI) como um posto avançado para a congregação de esforços leigos de civilização dos nativos, caminhava para a inevitável destruição com a retração dos serviços de assistência aos nativos que se seguiu à Revolução de 1930, quando as dotações orçamentárias do SPI foram reduzidas a menos da metade, situação só revertida com o lançamento da campanha da Marcha para o Oeste, no Estado Novo[41].

No caso de Santa Isabel, o arruinamento do Posto de Redenção Indígena não se traduz pela descrição da decadência física de suas instalações ou pela habitual narrativa da paulatina invasão da natureza sobre as obras humanas, como é o caso da descrição de Leopoldina. O falhanço do esforço civilizador do antigo governo é simbolizado pela descrição tragicômica do antigo funcionário do SPI que, apesar da extinção oficial do Posto, permanecera em exercício. Os revezes da lógica histórica não residem aqui na sobreposição de temporalidades característica da retórica da ruína, mas na exacerbação do componente de absurdo representado pela figura do mulato Benedito. Sob sua questionável autoridade, Santa Isabel se convertera, na definição do cronista, no "Império de um misanthropo excentrico", que se arrogava à condição de autoridade pública, como autoproclamado representante do ordenamento jurídico-institucional do estado naquele lugar. Entretanto, a embriaguez constante, a flagrante impolidez, a inteligência limítrofe de "microcéfalo" e a agressividade desmesurada dão a medida da evidente derrota do que um dia

---
40. Idem, ibidem.
41. Seth Garfield, *A Luta Indígena no Coração do Brasil. Política Indigenista: A Marcha para o Oeste e os Índios Xavantes (1937-1988)*, São Paulo, Unesp, 2011.

haviam sido os esforços de melhoramento empreendidos pelo poder público. O narrador conclui:

> Hoje, passados perto de 2 annos, Santa Isabel não é mais que uma ruinaria relegada á vontade destruidora dos aborigenes, que sem as peias de um mando energico vão a pouco e pouco arrazando tudo, como as crianças fazem com os seus brinquedos. E se não fôra a guarda e a honestidade absurda do mulato Benedicto Martins, o unico christão que permanece ainda no Posto sem perceber qualquer pagamento, estes carajás galhofeiros fatalmente teriam desbaratado os 30 contos de material que restam dos bons tempos. Benedicto, de vez em quando, troca ou vende algum objecto afim de adquirir o necessario ao sustento, inclusive a sua apaixonada pinga, dos barqueiros que passam a espaços[42].

Desconcertante é o efeito dessa mescla entre a figura patética do pretenso representante dos esforços civilizadores e os indígenas parcialmente desaculturados, prontos a destruir o que restava da presença do estado brasileiro naquele espaço social híbrido, percebido sob a égide da dissolução e do retorno à "selvageria" indígena. No final da viagem, Benedito e esposa cruzam novamente o caminho do sertanista, tendo afinal desistido de esperar o pagamento dos salários atrasados e então em mudança para a cidade de Goiás. Esse pode ser definido como um resultado alvissareiro no contexto de uma ordem narrativa em que as precoces ruínas de Santa Isabel pareciam se expressar antes pela desordem mental que pela degradação física.

HOMENS-RUÍNA DOS DOIS HEMISFÉRIOS

A referência feita pelo viajante paulista aos indígenas que se avizinhavam do antigo posto indígena do SPI demonstra a presença desses como outro travo de ruína na descrição do sertão brasileiro. Para além da elevada carga derrisória do registro, o posicionamento do viajante a respeito dos nativos evidencia o caráter também problemático dos resultados do trabalho de conversão dos nativos à sociedade dos brancos. E, de fato, uma das poucas iniciativas que despertam a admiração inconteste do viajante são as obras dos missionários que administravam aos indígenas rudimentos de cristianização, sobretudo os frades dominicanos e salesianos que o recebem e o hospedam, mas também

---

42. Hermano Ribeiro da Silva, *Nos Sertões do Araguaia*, p. 124.

religiosos protestantes que concorriam com o poder público pela prioridade na "pacificação"[43]. Como atenta Paula Montero, embora o ideal cristão de civilização fosse mais comumente associado a objetivos estéticos e morais de controle do corpo e do espírito que com qualquer propósito de conquista, ele acabava por convergir com programas de fortalecimento estatal, contribuindo para a promoção de conhecimento e a sensibilização das elites em relação à "nação clandestina" que se estendia pela hinterlândia[44].

Apesar de defender os benefícios da catequese, Hermano observa os resultados limitados da atuação de padres e pastores, em parte porque, em seus melhores momentos, esses acabam por ser definidos como a infantilização dos nativos, como lemos acima. A identificação de nativos a crianças não era incomum, como observou Seth Garfield, e se repetiria na literatura popular e nos livros didáticos nas décadas seguintes, embora no caso do viajante paulista não fosse definida como uma condição intrínseca relacionada a uma inferioridade natural dos índios, mas como um resultado da transformação cultural imposta pela cristianização[45]. O temor dos brancos pelos carajás, por exemplo, "pelos esgares cruéis, pelas bravas armas, pelos aspectos apavorantes e intimidadores", era segundo Hermano alimentado por uma exterioridade enganadora, pois

[...] tudo isso não vae acima da simples apparencia, em que hoje se resume o antigo ardor aggressivo e criminoso da tribu, subsistente até duas dezenas de annos atraz. Perdendo a bellicosidade innata, transformaram-se actualmente os carajás em grandes crianças quasi inoffensivas, para as quaes, todavia, é opportuna a intimidação dos revolveres dos christãos afim de evitar tolices lamentaveis. De manhã os homens, mulheres e meninos, trazendo objectos variados, vêm propor a troca por fumo, rapadura, farinha e o mais que lhes desperta a attenção infantil. E fazem-se alguns negocios, em meio das constantes e pueris risadas dos aborigenes[46].

Vê-se que o autor cria, em sua análise da questão indígena, um evidente paradoxo: apesar de ser o resultado de um trabalho missionário laudável por seu

---

43. Seth Garfield, *A Luta Indígena no Coração do Brasil*.
44. Paula Montero, *Selvagens, Civilizados, Autênticos. A Produção das Diferenças nas Etnografias Salesianas (1920-1970)*, São Paulo, Edusp, 2012, p. 110.
45. Seth Garfield, *A Luta Indígena no Coração do Brasil*.
46. Hermano Ribeiro da Silva, *Nos Sertões do Araguaia*, pp. 105-106.

altruísmo e sua nobreza de propósitos, a criação desse indígena inautêntico é lamentada como uma perda em relação a sua posição original, que tampouco é, aos olhos do autor, aceitável. Além das atitudes tidas como infantis, o sintoma mais evidente do arruinamento do indígena seria o alcoolismo, "conforme a usança de quasi todos os aborígenes [que] mantêm decidida adoração pela pinga e nunca poupam dinheiro afim de embriagar-se francamente, infinitamente". Em face disso, não deveria ser tão difícil compreender o instinto que, anota o viajante, tão frequentemente conduzia o nativo a retornar à vida selvagem, como reiteram as histórias recorrentes no sertão acerca de indígenas aparentemente civilizados que, na menor oportunidade, abandonavam o aprendizado adquirido e sua posição na sociedade sertaneja, por mais sólida que parecesse ser, "pela incoercivel força de atavismo da sua raça, conforme casos que se repetem a miude"[47].

Podemos definir o indígena catequisado descrito por Hermano como uma forma humanizada de ruína, apesar dos elogios entusiásticos dirigidos por ele aos missionários religiosos responsáveis por esse trabalho de duvidosa conversão. Lembremos que o narrador define o sertão como um território em disputa, em que a guerra de conquista não havia ainda chegado ao fim, chamando a atenção para os conflitos entre os nativos e os demais moradores, que não raramente terminavam em massacres, pois "[o]s sertanejos não gostam dos selvicolas, aos quaes estão ligados pelo sangue proximo, assim como os novos-ricos quanto aos proletarios, de cuja classe são egressos"[48]. Assim, na conjuntura de violência latente característica do sertão, o trabalho dos catequistas tinha a importância de proteger os autóctones dos ataques daqueles que disputavam com eles o domínio do território.

Dessa forma, a conflituosa convivência com os brancos, a precariedade da implantação dos fundamentos de uma sociedade tida como civilizada, a sucessão de iniciativas mal sucedidas de ocupação produtiva, a penúria material, a desorganização de seu modo de vida e a difícil interação com os sertanejos desde o início do processo de colonização do Brasil central são elementos que, ao longo da narrativa de Hermano, se somam para explicar a precária

---

47. Hermano Ribeiro da Silva, *Garimpos de Mato Grosso*, pp. 86-87.
48. Hermano Ribeiro da Silva, *Nos Sertões do Araguaia*, p. 41.

condição das tribos indígenas no contexto regional. O resultado não se define tanto por uma ideia de mescla entre resquícios de sua cultura original e rudimentos de ocidentalização, quanto por uma degradação de sua humanidade:

> Dá-se o bivaque da noite ao pé de interessantes ranchos mal acabados, de duas aguas apenas e que na maior altura não medem mais do que um metro. São elles a moradia momentanea dos miserandos indios que peregrinam a espaços pelo sul deste Estado, exhibindo os derradeiros restos, os ultimos molambos de valorosas tribus aguerridas que nas epocas remotas imperavam na região. Vencidos, assimilados pelos brancos e pelos mestiços desbravadores, destes aproveitaram exclusivamente os ensinamentos maus, os vicios e as corrupções, sem contar a acquisição de numerosas molestias que não conheciam anteriormente. E agora os reduzidos grupos esparsos vegetam como párias, trabalhando unicamente para conseguir o seu parco sustento, ou para ganhar fumo e pinga, pela qual mantêm verdadeira loucura[49].

Percebemos que, na avaliação do autor, pouco havia sido granjeado pelos indígenas em seu contato com o branco, do qual saíam como "restos", "molambos", "vencidos", homens em ruína.

No espaço em que se move o sertanista, tão extraviados quanto esses nativos – repelidos pelos sertanejos, degradados física e culturalmente ao longo do processo histórico de colonização do Centro-oeste – eram, naquele momento, os estrangeiros que aportavam ao sertão, e que recebem atenção bem maior que os adventícios de diversas regiões brasileiras, em geral mestiços de matizes diversos. No caminho para Leopoldina, por exemplo, o cronista segue a bordo de um caminhão "em meio da extravagante companhia de três índios caiapós, de uma negra e de um casal de aventureiros alemães com três filhos pequenos", concluindo afinal que "não vão mal estes typos dispares, representados pelo aryano, pelo indio e pelo negro. Tanto que já combinaram descer o rio juntos, alliados pela miseria"[50].

A presença da família alemã era bastante inusual naquele contexto de empreendimentos exclusivamente masculinos, dados os altos níveis de instabilidade social, desconforto físico, ameaça à sobrevivência e privação material que caracterizavam o Brasil do Centro-oeste, sobretudo em torno dos núcleos

---

49. Hermano Ribeiro da Silva, *Garimpos de Mato Grosso*, p. 68.
50. Hermano Ribeiro da Silva, *Nos Sertões do Araguaia*, pp. 39-40.

mineradores e nos precários caminhos pelos quais se moviam os aventureiros. O grupo estava no país já há alguns anos, e o insucesso das tentativas parece ter antes instigado a obsessão do antigo marceneiro, cuja representação se faz através de uma imediata identificação entre a guerra europeia e a perturbação mental que o teria conduzido a arrastar mulher e filhos até aquela sociedade convulsa e escassa. É como uma ruína viva da Grande Guerra que ele é apresentado ao leitor:

> A guerra europeia virou-lhe os miolos e daí a sua crença de achar uma mina de ouro. Não sabe onde ella se encontra, mas diz que leu qualquer noticia a respeito da sua existência nos sertões do Pará. Assim agarrou a famalia [sic], a mulher bonacheirona e as innocentes crianças de ólhos muito azues e saiu a caminho do seu sonho ambicioso. Elle aqui está com os ultimos recursos, e nós ficamos a commentar o que resultou de um parco entendimento dominado pela deshonestidade de qualquer publicista. Qual será o fim dessa gente?[51]

Ao final da narrativa, Hermano reencontra "o carapina allemão que sobrou da grande guerra" e pode então responder a sua própria pergunta. Obcecado com a promessa de fortuna anunciada pelo companheiro de viagem indígena, que supunha a existência de minas de ouro e de diamante nas serras do interior do Pará, próximas de sua aldeia nativa, o alemão havia se internado com a família pela floresta. Observando que "a sua ambição anda a pagar tributo tristissimo", o narrador comunica mortificado que toda sua família havia contraído malária. A ela se somara ainda um bebê nascido "na miséria de uma choça de bugres", que o indígena havia retirado da floresta para ser cuidado em Conceição do Araguaia, dada a condição precária de saúde da mãe. "Quem auxiliará os deventurados, onde 3 innocentes meninos expiam a maluquice dos paes?", pergunta-se novamente o narrador. A notícia da escassez de alimentos e medicamentos e o vaticínio de uma morte certa espalham angústia e, com os ingentes esforços dos missionários dominicanos e algumas pílulas de quinino cedidas por Hermano, consegue-se afinal resgatar a família. A descrição dos recém-chegados dá a medida do arruinamento do grupo pelas condições severas do interior da Amazônia,

---

51. *Idem*, p. 40.

particularmente durante a estação chuvosa, em que mais aguda era a incidência de malária:

> Chega afinal a familia, parecendo um grupo de resuscitados. Os pequerruchos perderam o rosado das faces, estão lividos, e os seus olhos muito azues, enormes, mostram uma expressão agoniada, enterrados no fundo das orbitas
> [...]
> O casal, de protestantes professos, converte-se ao catholicismo, não sabendo como agradecer ao piedoso amparo. João confessa-me a gratidão sincera pelos que o tiraram do desespero. Tudo isso, entanto, não lhe arranca a mania fixa da mina de ouro. "Na secca do anno proximo eu deixo a familia aqui e vou explorar a serra". E pede para copiar um dos meus mappas. Elle tinha absoluta ignorancia geographica da terra promettida aos seus sonhos phantasticos... João foi um heroe na guerra, de onde trouxe ferimentos, medalhas e a desgraça mental[52].

O impacto da guerra, portanto, fazia-se sentir pela desordem da razão. De fato, no texto de Hermano, o derreamento mental do chefe da família alemã faz dele o personagem mais emblemático do impacto da Primeira Guerra sobre a sociedade europeia, encarnando o sentimento de *débâcle* civilizacional a ela conexo.

Ao leitor, esse trecho traz à memória o encontro do narrador com outro grupo de crianças, definido como "uma das mais dolorosas e repugnantes impressões da nossa vida." Nas proximidades de Leopoldina, seu grupo havia socorrido uma família cujas "[...] crianças, nuas e de vastos ventres inchados, assam e comem algumas ratazanas que matamos e realizam isso sob a plena naturalidade de um acto costumeiro". Nesse caso, a miséria é vista como uma condição habitual, sendo o extremo pauperismo significado a partir do contraste com "o chão feracissimo [que] rodeia a pocilga". Enquanto as crianças de origem alemã são definidas como vítimas da "maluquice dos paes", e não de sua desídia, os pequenos sertanejos restavam "à espera da queda de algum maná do céu, dominados pelo seu fatalismo desolador, doentio"[53].

Evidenciam-se, assim, duas leituras contrastantes de fenômenos similares, pois enquanto os europeus despertam empatia e se acomodam, na economia

---

52. *Idem*, pp. 204-205.
53. *Idem*, p. 42.

da narrativa, à condição de vítimas de uma insanidade coletiva historicamente situada, o estado dos sertanejos apresenta-se, naquela situação específica, como um dado a-histórico. Se a situação dos primeiros é um índice da fragilidade da condição humana em face das crises sociais, os segundos são mantidos em uma espécie de limbo em que, prostrados, parecem ter-se excluído das possibilidades de interação com a natureza e de ação sobre o mundo, uma vez que refratários ao trabalho. Ao passo que a decadência da família alemã descreve um percurso de vida que espelha um drama coletivo, conduzindo a uma leitura da história em que as ruínas da civilização se antropomorfizam, a família sertaneja define-se por uma condição desesperadora, mas estática[54].

A presença de estrangeiros aparentemente extraviados no contexto da vida sertaneja não era um dado novo, uma vez que Hermano faz referências a homens de diversas origens que circulavam no interior brasileiro há mais tempo. É o caso de *monsieur Morél* [sic], um francês que vivia em Conceição do Araguaia e havia feito fortuna no comércio de borracha, cujas motivações para o exílio no remoto interior do país são desconhecidas. Afinal, anota o narrador, não era hábito perguntar-se pelo passado daqueles que haviam vindo de lugares distantes, pois "[s]e alguns apenas se arrojam na aventura, muitos procuram nella o esquecimento, ás vezes a obscuridade do proprio nome". Se já era difícil compreender as motivações dos mais pobres, ao narrador parece ainda mais inexplicável o comportamento "dos instruidos, dos estranhos dos sertões que renunciam para sempre os attractivos da civilização [...]"[55]

Embora cenas como a do velho francês cantarolando trovas parisienses do final do século XIX em pleno sertão amazônico não sejam estranhas ao universo cultural da região, o trauma da guerra, a crise econômica mundial

---

54. Hermano Ribeiro da Silva atribui às doenças endêmicas que grassavam do sertão a causa da inércia que identifica na população: "Alli vae o sertanejo, soberano dentro do seu habitat insolito e barbaro. Se aos de sua estirpe, que são a maioria dos sertanejos, fosse possivel arrancar as doenças que os abatem, certamente teríamos nelles uma raça intrepida de vencedores" (*idem*, p. 241). Embora se declare contrário às teorias raciológicas, especialmente quando dirigidas aos mestiços pelos viajantes estrangeiros, em alguns trechos o próprio narrador enuncia sentenças que atribuem à mistura racial considerável poder explicativo em vista da miséria generalizada no sertão: "Da mescla gerada entre o habitante das florestas, o prisioneiro das senzalas e o aventureiro branco surgiu um typo humano que por emquanto não possue muito apego ao que nós outros chamamos disciplina ou necessidade de trabalho racional" (Hermano Ribeiro da Silva, *Garimpos de Mato Grosso*, p. 129).
55. Hermano Ribeiro da Silva, *Nos Sertões do Araguaia*, p. 205.

a partir de 1929 e o acirramento das contradições sociais e políticas nos primeiros anos da década de 1930 induzem a chegada de novas levas de viajantes, e formam o pano de fundo das histórias de vida de outras tantas figuras que aportam à narrativa de Hermano, expondo os contrassensos da modernidade naquele contexto. A crer no narrador, a estadia no sertão não representou para ele um efetivo afastamento em relação à vida tumultuária da contemporaneidade, pois essa se reproduzia em uma das regiões mais hostis do território brasileiro, na forma da inusitada convergência entre culturas, etnias e projetos de vida contrastantes. Arranchado no acampamento de missionários católicos, já no final da viagem o sertanista reencontra ao acaso viajantes que haviam cruzado seu caminho no início do percurso.

> Faço as apresentações, vingando breve o mais franco entendimento na estupenda cidade cosmopolita, em que se alliam o americano (Howard), o allemão (Fritz), o tcheco-slovaco (Carlos), o caboclo sertanejo do Piauhy (Raymundo), e meu brasileirismo paulista[56].

A irônica constatação do improvável internacionalismo do interior brasileiro dá a medida do desassossego que congrega em um dos pontos mais remotos da América levas de aventureiros, para os quais, no entanto, não se observa nenhuma forma de redenção, haja vista a inexistência de qualquer constatação, nos escritos de Hermano, da obtenção de resultados virtuosos da vivência na região. A fortuna passageira obtida nos garimpos é decerto mencionada nos relatos da caravana paulista ao Mato Grosso, mas não descreve a trajetória de nenhuma das figuras de destaque na narrativa. O registro mais eloquente a respeito dos resultados da experiência no sertão, antes degradante que construtiva, reporta ao tcheco Carlos, que participava de uma expedição ao rio das Mortes, investigando o território onde habitavam os índios xavantes. Em violento ataque de malária, ele havia declarado: "Não me importo de morrer. O Inferno não póde ser muito pior que a desgraça do sertão. Deixei de tomar cerveja nos *dancings* de Praga para vir bater nesta miseria. Que burro que sou"[57]. Salta aos olhos o violento contraste entre o movimento de cultura e lazer no contexto de abundância em um grande centro europeu e a vivência no remo-

---

56. Idem, p. 253.
57. Idem, p. 258.

to sertão, em meio a um ambiente selvagem, a uma vida comunitária comparativamente escassa e letárgica e a condições de extrema provação material.

Podemos dizer que esses europeus do sertão ocupam uma posição similar, na narrativa, aos habitantes primitivos daquele espaço, os indígenas, ambos deslocados em seu modo de vida e passando a viver experiências híbridas entre seu universo primário de referências e uma alteridade destrutiva e aterradora. Além disso, a deterioração da saúde e o arrefecimento dos ânimos à medida de seu mergulho nas privações do cotidiano sertanejo convertem os estrangeiros exilados em ruínas humanas, o que se soma a uma percepção difusa da decadência da civilização ocidental, por sinal simétrica à degradação do indígena à medida de sua inserção forçada na sociedade brasileira. O sertão converte-se, assim, no espaço por excelência da perda identitária, o que torna tão aterradoras as figuras de nativos embriagados e europeus decaídos, como o "alemão acaboclado", que dirigia uma hospedaria de espantosa falta de higiene e o jovem barão germânico definido como pessoa de "elevada educação e de raro refinamento", mas que misteriosamente desempenhava uma função de baixa hierarquia na Companhia Viação São Paulo-Mato Grosso[58].

Nessa galeria de tipos, o norte-americano Howard Rinehard ocupa um lugar privilegiado, e não apenas por sua condição de companheiro do narrador durante uma extensão considerável de sua viagem ao Araguaia. A respeito desse personagem, os sentimentos de Hermano dividem-se entre a familiaridade alimentada ao longo do convívio intenso durante o percurso, uma certa empatia em face de sua crítica à civilização moderna, e o renitente incômodo causado por suas imprecações racistas, que ofendem profundamente os brios nacionalistas do narrador. Viajante e piloto experimentado que já havia vivido anteriormente no Brasil, segundo Hermano havia retornado ao país não por objetivos de trabalho ou iniciativa produtiva, mas como resultado do abatimento causado pela guerra e pela desilusão em face dos rumos da modernidade:

> Elle é um engenheiro americano viajado pelo mundo inteiro, serviu como aviador na guerra europeia e conhece vasto trecho do Amazonas, havendo trabalhado na construcção da estrada de ferro Madeira-Mamoré. Tem 50 annos de idade, exprime-se aturavelmente em portuguêz e diz que na presente excursão visa refugiar-se dos civili-

---

58. Hermano Ribeiro da Silva, *Garimpos de Mato Grosso*, pp. 47 e 100.

zados, da hypocrisia e da ladroeira que lavram no planeta. Era socio de uma fabrica de aviões no seu país, fallida graças á derrocada dos bancos, que lhe surrupiaram os capitaes depositados. Salvando alguma coisa, com isso resolveu internar-se no Araguaia, em cuja calmaria quer afundar as atribulações. Traz porisso extraordinaria bagagem, cheia de inutilidades excessivas, com que pretende montar uma cabana na ilha do Bananal, almejando achar o esquecimento no abrigo das selvas[59].

O sertanista duvida, entretanto, da possibilidade de regeneração dos males da civilização através do mergulho na barbárie sertaneja, embora considerasse inegáveis os benefícios dela para a mente perdida em elucubrações e desconectada de qualquer fonte da energia vital. Afinal, ele escreve, a civilização deixava marcas indeléveis na memória, que tendiam a exacerbar-se no contato com o meio selvagem, de modo que o desgaste da vida moderna não poderia encontrar alívio enquanto a mente fosse capaz de retomar as atribulações nela gravadas pelos estímulos incessantes da vida urbana. Na interpretação de Hermano, portanto, a experiência do sertão via-se perturbada pela memória que o ócio dos longos dias estimulava:

> Ouço-os [a Howard e ao sertanejo Raymundo] deitado no couro e considero as vantagens da nossa existencia nobremente livre, liberta das hypocrisias que corroem as sociedades, enaltecida e mesmo purificada pelos perigos e soffrimentos constantes. Todavia na deteriorada civilização ha miragens inolvidaveis para quem lhe provou os proprios resaibos mais injustos. Se Howard deseja encontrar o esquecimento na vida de asceta sertanejo, elle se illude. Nos ambientes de mysterios ensombrados crescem e avultam as torturas das maguadas recordações[60].

Portanto, na visão do viajante paulista, a busca do sertão como refrigério para os males da modernidade estava fadada ao insucesso. De fato, o norte-americano termina por desistir de seu exílio sertanejo e retornar a São Paulo, enquanto o próprio Hermano confessa sua saudade do progresso nos dias finais de sua aventura. "Quasi 9 mêses de sertões ao sabor do destino, na aspereza da vida nomada e pobre, bastam para rehabilitar as promessas da Civilização. Ella se annuncia fecunda, desabrocha em sonhos, como fanal da

---

59. Hermano Ribeiro da Silva, *Nos Sertões do Araguaia*, pp. 206-207.
60. *Idem*, p. 244.

anciedade nostalgica dos exilados"[61]. Dizendo-se satisfeito por haver sobrevivido à malária quando se havia esgotado todo o carregamento de quinino de sua expedição, o "bandeirante do século XX" retornou de sua segunda viagem ao Centro-oeste nos primeiros meses de 1933. Nos anos seguintes, dedicar-se-ia a publicar as narrativas de sua viagem, complemento necessário da experiência vivida, como instrumento pedagógico de virtual apresentação da realidade interiorana a um público letrado e em sintonia com o patriotismo exaltado característico daquela quadra histórica. Na viagem de 1937 não teve a mesma sorte, e seu corpo acabou sepultado em Leopoldina, às margens do Araguaia.

RELÍQUIAS, RESQUÍCIOS, RUÍNAS

Transcendendo a mera evocação do caráter melancólico do cenário decadente, as narrativas de Hermano Ribeiro da Silva manipulam os significados assumidos pelas marcas do passado encontradas ao longo de sua trajetória pelo sertão, conforme o significado simbólico e o peso ideológico das iniciativas de ocupação do território gravadas naquele cenário. Os vestígios de antigas eras podem ser lidos como relíquias e inspirar uma serenidade nostálgica quando recordam os tempos heroicos do bandeirantismo e conectam o viajante com seus próprios propósitos de exploração mineral, como se lê nos trechos da narrativa de Hermano dedicados a Goiás velho, mesmo que a decadência da velha capital se anuncie inevitável. As ruínas insuflam no cenário sertanejo o sentimento da beleza das origens, na forma de resquícios incorporados a iniciativas de povoamento do território, ainda que incipientes e precárias, como é o caso de Santa Maria, em que se tornam um sinal eloquente de uma benfazeja comunicação com o passado. Podem, também, tornar-se a expressão derrisória da descontinuidade dos esforços de imposição da presença estatal no interior do país, despertando um riso mordaz quando acompanhadas pelas expectativas irrazoáveis de um funcionário público extemporâneo, guardião de um serviço extinto, em meio a indígenas não de todo assimilados, mas tampouco mantidos em coerência com sua cultura. Quando associada à tumultuária febre da borracha, contexto em que a internacionalização e a imigração em massa haviam criado uma multidão de apátridas e alimentavam a degradação ética, a observação das ruí-

---

61. *Idem*, pp. 293-294.

nas induz à censura moral. Particularmente angustiantes são, na ordem da narrativa, aquelas que simbolizam a frustração do empenho de um modernizador malogrado, Couto de Magalhães, em seu sonho de integração dos sertões à comunidade nacional, mensagem que se prolonga no tempo e encontra, no narrador, um partidário induzido pelas circunstâncias ao ceticismo.

Nesse sentido, a força metafórica das ruínas aponta para uma apreensão da história capaz de transcender a superfície enganadora do "tempo homogêneo e vazio" do progresso, na linguagem de Walter Benjamin. Através da obra do teórico alemão compreendemos a significação da ruína na apreensão do movimento histórico, a capacidade do fragmento de deslocar a perspectiva, fazendo atentar para os eventos que se acomodam mal à temporalidade linear, pois dessa forma "a história não se revela como processo de uma vida eterna, mas antes como o progredir de um inevitável declínio"[62]. A figura da ruína, evidência material da falência dos esforços humanos em face da retomada do espaço pelos agentes orgânicos, metaforiza à perfeição a história testemunhada pelo sertanista em seu percurso pelos sertões brasileiros. Essa história será lida como a alternância entre esforço e inércia, sucessos provisórios e malogros renitentes, projetos de futuro que, lidos a partir do passado, evidenciam a impossibilidade de leitura da história como uma sucessão linear de fatos que culminariam na formação de uma sociedade digna de ser tida como moderna.

Na vivência do sertão, diluem-se os limites entre cultura e natureza, e se mesclam a criação humana e a brutalidade recalcitrante, de maneira que as fronteiras entre povos, culturas e categorias sociais se mostram incertas e em alguns casos intercambiáveis. Identidades, categorias e hierarquias dissolvem-se sob a pressão das circunstâncias de privação, doença e desconforto, o que reforça a analogia da experiência sertaneja com o imaginário das ruínas. Ao mirar essas marcas da derrota dos esforços humanos, nos tornamos capazes de vislumbrar potencialidades históricas não concretizadas e de capturar a destrutividade do tempo que prenuncia a catástrofe inevitável imposta pela ordem da natureza aos construtos humanos, inclusive aqueles estabelecidos pela modernidade como emblemas de seu domínio[63]. Os nexos entre a desordem sertaneja e os exilados

---

62. Walter Benjamin, *A Origem do Drama Trágico Alemão*, Belo Horizonte, Autêntica, 2016, p. 189.
63. Walter Benjamin, *O Anjo da História*, Belo Horizonte, Autêntica, 2016.

do hemisfério Norte que ela abriga sugerem que essa abstrusa conjuntura sul-americana estava longe de significar uma excepcionalidade na história do mundo ocidental, desnudando a presença subjacente da barbárie, à espreita.

REFERÊNCIAS BIBLIOGRÁFICAS

"Bandeira anhanguéra". *O Estado de S.Paulo*, 3 dez. 1937.

"Homenagem ao Autor do Livro *Nos Sertões do Araguaia*". *O Estado de S.Paulo*, 20 maio 1935.

"Um moderno Bandeirante". *A Manhã*, p. 15, 19 abr. 1942. Rio de Janeiro.

"O sacrifico de um bravo" [sic]. *Gazeta de Notícias*, p. 11, 1 set. 1938. Rio de Janeiro.

Corrêa Filho, Virgilio. "As Raias de Matto Grosso". *O Estado de S.Paulo*. 1925.

Ferreira, Tito Livio. "Do Santo Condestavel ao Condestavel do Cristianismo". *O Estado de S.Paulo*, 15 jan. 1961, p. 104.

Fleming, Peter. *Brazilian Adventure*. 2. ed. London, World Books, 1940 [1. ed. 1933].

República dos Estados Unidos do Brazil. *Constituição de 1891*. Legislação Informatizada, 20--. Disponível em: <https://www2.camara.leg.br/legin/fed/consti/1824-1899/constituicao-35081-24-fevereiro-1891-532699-publicacaooriginal-15017-pl.html>. Acesso em 10 mar. 2019.

Silva, Hermano Ribeiro da. *Garimpos de Mato Grosso (Viagens ao Sul do Estado e ao Lendário Rio das Garças)*. São Paulo, J. Fagundes, 1936.

_____. *Nos Sertões do Araguaia. Narrativa da Expedição ás Glebas Bárbaras do Brasil Central*. São Paulo, Cultura Brasileira, 1935.

ENSAIO, TEORIA E HISTORIOGRAFIA

Andrade, Karylleila dos Santos & Bastiani, Carla. "A Hodonímia do Rio Araguaia nos Séculos xviii e xix". *Tabuleiro de Letras*, n. 4. s.p., jul. 2012. Salvador.

Benjamin, Walter. *A Origem do Drama Trágico Alemão*. 2. ed. Trad. João Barrento. Belo Horizonte, Autêntica, 2016.

_____. *O Anjo da História*. 2. ed. Trad. João Barrento. Belo Horizonte, Autêntica, 2016.

Borges, Durval Rosa. *Rio Araguaia, Corpo e Alma*. São Paulo, Ibrasa/Edusp, 1987.

Erickson, Hal. [Sinopse] "Tarzan, The Ape Man" (1932). *AllMovie*, Estados Unidos, [20--]. Disponível em: <https://www.allmovie.com/movie/tarzan-the-ape-man-v48689>. Acesso em 10 mar. 2019.

Ferreira, Manoel Rodrigues. *O Mistério do Ouro dos Martírios: Desvendando O Grande Segredo das Bandeiras Paulistas*. São Paulo, Biblos, 1960.

GARFIELD, Seth. *A Luta Indígena no Coração do Brasil. Política Indigenista: A Marcha Para o Oeste e os Índios Xavantes (1937-1988)*. Trad. Claudia Sant'Ana Martins. São Paulo, Unesp, 2011.

GRANN, David. *Z, A Cidade Perdida. A Obsessão Mortal do Coronel Fawcett em Busca do Eldorado Brasileiro*. Trad. Claudio Carina. São Paulo, Companhia das Letras, 2009.

HARDMAN, Francisco Foot. "*Homus Infimus*: A Literatura dos Pontos Extremos". *A Vingança da Hileia. Euclides da Cunha: A Amazônia e a Literatura Moderna*. São Paulo, Editora da Unesp, 2009, pp. 307-318.

HOLANDA, Sérgio Buarque de. *Visão do Paraíso: Os Motivos Edênicos no Descobrimento E Colonização Do Brasil*. 6. ed. São Paulo, Brasiliense, 1994. 2. ed. aum. 1968.

LÉVI-STRAUSS, Claude. *Tristes Trópicos*. Trad. Rosa Freire d'Aguiar. São Paulo, Companhia das Letras, 1996. [1. ed. 1955].

LOWENTHAL, David. *The Past is a Foreign Country Revisited*. Cambridge. Cambridge University Press, 2015.

MAGALHÃES SOBRINHO, Couto de & MAGALHÃES, José Couto de. Prefácio da 2. ed. *In*: MAGALHÃES, General Couto de. *Viagem ao Araguaya*. 4. ed. São Paulo, Companhia Editora Nacional, 1938, pp. XIX-XLII.

MEDEIROS, Jotabê. "Raridades do Alto Xingu". *O Estado de S.Paulo*. Caderno 2, p. 131, 21 abr. 2013.

MONTERO, Paula. *Selvagens, Civilizados, Autênticos. A Produção das Diferenças nas Etnografias Salesianas (1920-1970)*. São Paulo, Edusp, 2012.

MURARI, Luciana. *Natureza e Cultura no Brasil (1870-1922)*. São Paulo, Alameda/Fapesp, 2009.

_____. "Os Filhos da Natureza: Figurações do Indígena no Romance Brasileiro dos Anos 1930". *Latin American Research Review*, vol. 53, n. 2, pp. 358-371, 2018.

PRATT, Mary-Louise. *Os Olhos do Império. Relatos de Viagem e Transculturação*. Trad. Jézio Hernani Bonfim Gutierre. Bauru, Edusc, 1999.

THIESSE, Anne-Marie. *La Modernisation du Passé au XIXº Siècle*. Austin, 29 out. 2005. Disponível em: <www.utexas.edu/cola/insts/france-ut/archives/fall2005/thiesse.pdf>.

WOLLSTEIN, Hans J. [Synopse] "Trader Horn" (1931). *AllMovie*, Estados Unidos, [20--]. Disponível em: <https://www.allmovie.com/movie/trader-horn-v114251>. Acesso em 10 mar. 2019.

19

Ilusões Cronológicas: Etéreos que se Querem Eternos

FRANCISCO FOOT HARDMAN

*Em memória de Patrizia Piozzi,
Reginaldo Moraes e Nicolau Sevcenko:
três companheiros de geração, três "desiguais e combinados",
desafinados, que fazem muita falta.*

DOIS PROCESSOS SIMULTÂNEOS operam nas espaço-temporalidades mundiais desde que a economia de trocas conheceu sua primeira grande expansão planetária, a partir dos séculos XV-XVI, sob signo do chamado capitalismo mercantil. O primeiro deles é o choque violento de regimes temporais, vale dizer, culturas, instituições, artefatos materiais e estatais de dominação, técnicas e linguagens. Sendo assimétrico, o que nas teorias liberais convencionou-se como "negociação", nada mais quer dizer do que formas de assimilação, sujeição ou mera aniquilação. Todo constructo folclórico traz essa marca de violência, mesmo que sublimada, muita vez, em idealização de tradições ou culto nostálgico de passados perdidos e por isso mesmo passíveis de mitologias. Melancolia ou ufania, elegia ou epifania, pouco importa, o lastro de predações e silêncios sanguinolentos persiste.

O segundo processo, fundamental para o entendimento da impossibilidade de histórias evolutivas lineares em todas as esferas, é o seguinte: visíveis ou invisíveis, as espaço-temporalidades em choque permanecem ativas sob o mecanismo "do desigual e combinado" e cabe ao analista preocupado em não reificar aparências óbvias ou suspeitas, estabelecer diferenças significativas, em cada caso, em cada espaço e em cada tempo, procedimento tanto mais aconselhável se estivermos no campo movediço das produções culturais, artísticas ou literárias, em especial nas fronteiras sempre contraditórias e dialéticas do pertencimento ou não-pertencimento. Nesse sentido, as contribuições do historiador e cientista político da Universidade de Glasgow, Neil Davidson, recentemente falecido, são de enorme atualidade, em especial para uma revisão téorico-crítica das noções da modernidade e modernismo[1]. Tariq Ali, entre outros, também deslocou criticamente o debate ao apresentar, em simpósio realizado no King's College London, em 2018, dedicado às heranças e perdas de Maio de 1968, a ideia de "centros extremos", em que se incluíam não os países corriqueiramente chamados de "periféricos", mas sim os EUA (e a era Trump mal tinha começado), além de uma rocambolesca "Desunião Europeia" (e estávamos longe, então, dos efeitos da pandemia)[2].

No esforço de revisão das trajetórias do que se denominou produções "modernas" ou "modernistas" na história cultural do Brasil, seria sempre prudente exercitar os bons procedimentos da historiografia ciosa dos processos descontínuos e fragmentários, jamais iludida, portanto, com o pretenso desvelamento completo das intrigas. Sendo indiciária, haveria que fugir das tentações dogmáticas ainda presentes nas ciências sociais herdeiras do positivismo e, também, de parte considerável das teorias literárias contemporâneas, eurocêntricas no mais das vezes, ou então ávidas dos últimos modismos universitários norte-americanos, exibidos como imprescindíveis até o limite de sua efêmera passagem.

A insustentabilidade da Semana de Arte Moderna de 1922 como marco divisor do "modernismo brasileiro", seja o que puder significar essa expressão mitológica[3], ficou claramente exposta quando, há mais de quatro décadas, pudemos pesquisar as origens da classe operária urbana no Brasil, a partir da aquisição do Arquivo de História Social Edgard Leuenroth pela Unicamp. A vasta produção de arte, cultura e literatura anarquistas, desde a passagem do

---

1. Neil Davidson, *Desenvolvimento Desigual e Combinado: Modernidade, Modernismo e Revolução Permanente*, São Paulo, Editora Unifesp/Coletivo Editorial Ideias Baratas, 2021.
2. Tariq Ali, *The Extreme Centre: A Second Warning*, London/New York, Verso, 2018.
3. Daniel Faria, *O Mito Modernista*, Uberlândia, Edufu, 2006.

século XIX ao XX e até pelo menos 1935, colocava sérias dificuldades em relação a dicotomias comuns nas hagiografias modernistas, como, por exemplo, tradicional x moderno, internacional x nacional, erudito x popular. Em alguns trabalhos publicados, também em colaboração, entre outros, com Victor Leonardi, Antonio Arnoni Prado e Cláudia Leal, foi possível recuperar algumas dessas produções, que eram negligenciadas ou, na melhor das hipóteses, registradas como possíveis vozes intrusas ou, até mesmo, fatores encobertos e inauditos do que de melhor sobressaía nas cenas teatrais, jornalísticas, líricas e narrativas desde os finais dos Oitocentos e inícios dos Novecentos no Brasil (e por que não dizer, em vários países latino-americanos e alguns europeus). Os sinais do "vulcão extinto" vibravam ainda em várias camadas da sociedade brasileira nos processos de urbanização-industrialização anteriores a 1930. Sobressaíam no plano cultural como temporalidades subterrâneas mais que desiguais e combinadas[4].

No exame das representações fantasmagóricas em torno da construção de uma ferrovia nos confins da Amazônia, na fronteira de Brasil e Bolívia – a Madeira-Mamoré –, pudemos aprofundar pesquisas sobre a articulação orgânica da economia brasileira, desde a segunda metade do século XIX, ao sistema-mundo capitalista, em plena expansão do vapor como força motriz na circulação mundial de mercadorias, da força de trabalho assalariada, servil e escrava e, *last but not least*, do capital financeiro. Integração que se viabiliza, seja pelo alargamento das vias marítimo-fluviais, seja pelo impulso vertiginoso das redes ferroviárias. "Modernidade na selva", mais que um paradoxo, parece ter sido um modelo exitoso de mundialização das relações capitalistas, cerca de um século e meio antes da rubrica atualmente em voga, "Sul Global"[5].

Esse processo implicou grande movimento na indústria tipográfica e editorial, inclusive e especialmente em centros distantes do eixo Rio-São Paulo.

---

4. Victor Leonardi e Foot Hardman, *História da Indústria e do Trabalho no Brasil: Das Origens aos Anos 20*, São Paulo, Ática, 1991; Francisco Foot Hardman, Antonio Arnoni Prado e Claudia Baeta Leal, *Contos Anarquistas: Temas & Textos da Prosa Libertária no Brasil*, São Paulo, WMF Martins Fontes, 2011; Francisco Foot Hardman, *Nem Pátria, Nem Patrão! Memória Operária, Cultura e Literatura No Brasil*, São Paulo, Editora Unesp, [1983], 2002.
5. Francisco Foot Hardman, *Trem-Fantasma: A Ferrovia Madeira – Mamoré e a Modernidade na Selva*, São Paulo, Companhia das Letras, 2005.

No ensaio "Cidades Errantes", exemplificamos esse longo processo com estudos de caso, no século XIX, de antiga tipografia em São Luís do Maranhão; de uma companhia de operários alemães envolvida com obras de modernização urbana no Recife antigo; da ambiguidade entre arte moderna e ofícios artesanais numa Salvador cosmopolita[6]. Processos multifacetados que pesquisas mais recentes, como as de Marinilce Coelho e Ricardo Martins, só vieram a confirmar, a partir de produções literárias e culturais nas complexas redes urbanas de Belém do Pará e São Luís do Maranhão[7].

Por outro lado, entre todas as artes embebidas nessa aceleração dos tempos e fuga das paisagens, a fotografia, desde logo, despontou, em vários pontos do Brasil, como índice de notável e moderníssima figuração, de que talvez Marc Ferrez constitua seu exemplo mais emblemático[8].

A essa perspectiva transnacional de análise, é preciso aqui agregar as contribuições inovadoras, no desvendamento de fontes e nas análises transversais de produções, do projeto coletivo internacional capitaneado por Márcia Abreu, "Circulação Transatlântica dos Impressos (1789-1914)", que já trouxe, em três livros publicados, ótimos frutos para a revisão de paradigmas estéticos e histórico-culturais bastante arraigados[9].

Quando da celebração dos setenta anos da Semana de 22, em seminário promovido pela Funarte e organizado por Adauto Novaes – "Tempo e História" –, apresentamos o ensaio "Antigos Modernistas", em que se pontuavam várias das questões que nos ocupam ainda, agora, às vésperas do centenário dessa efeméride. Podemos resumir muitos dos impasses críticos que se põem diante de nós, indagando: por que insistir em consagrar

---

6. Francisco Foot Hardman, "Cidades Errantes: Signos do Moderno no Nordeste Oitocentista" [1988; 2000], *A Vingança da Hileia: Euclides da Cunha, a Amazônia e a Literatura Moderna*, São Paulo, Editora Unesp, 2009.
7. Marinilce Coelho, *O Grupo dos Novos, 1946-1952: Memórias Literárias de Belém do Pará*, Belém, Edufpa, 2005; Ricardo André Ferreira Martins, *Os Atenienses: A Invenção do Cânone Nacional*, Imperatriz, Ética, 2012.
8. Sérgio Burgi (org.), *Marc Ferrez: Território e Imagem*, São Paulo, IMS, 2019.
9. Márcia Abreu (org.), *Romances em Movimento: A Circulação Transatlântica dos Impressos (1789-1914)*, Campinas, Ed. Unicamp, 2016; Claudia Poncioni e Orna Levin (orgs.), *Deslocamentos e Mediações: A Circulação Transatlântica dos Impressos (1789-1914)*, Campinas, Editora Unicamp, 2019; Lúcia Granja e Tania Regina de Luca (orgs.), *Suportes e Mediadores: A Circulação Transatlântica dos Impressos (1789-1914)*, Campinas, Editora Unicamp, 2019.

como eternas, obras e ações que, conscientes da impermanência dos tempos modernos, se autoproclamaram, a seu tempo, etéreas?[10]

Linhas tênues separam os modernismos de antes e depois de 1920. Fascismos de variada cor se apresentaram, também, lá e agora, como rupturas com passados utópicos, como apologia das novas técnicas afins com o futurismo das máquinas e das guerras-espetáculo. Sim, modernismos podem ser – como foram em muitas de suas vertentes - reacionários[11]. É preciso, sempre, esperar a "propensão das coisas" antes de nomear e classificar o real. Este, talvez, o maior desafio para superar-se a atmosfera sobrecarregada de palavras e imagens vazias com que a civilização ocidental tem contaminado o mundo[12]. Como se sabe, o ciclo forte do romance de 1930 guarda pouco ou nenhum elo com a geração de 1922[13]. E se entrarmos no terreno por definição ambíguo do gênero lírico, mesmo um entusiasta das pautas vanguardistas, como Octavio Paz, chamou a atenção para o quebra-cabeças não direcionado nem unilateral da poesia moderna no Ocidente, em ensaios antológicos como "Signos em Rotação" e "A Consagração do Instante"[14].

Será necessário repetir, nesse Brasil colapsado, que a malandragem pode ser mais que fatal, sinistra ou até neofascista, e que, a rigor, Macunaíma sobrevive em grande parte envolto em mitologia domesticadora de sua criação e recepção?[15] Será necessário recorrer ao humor, como nos ensina sempre Saliba, para apenas rir das pretensões monumentalizantes dos modernistas?[16] Será necessário, por fim, reiterar que a construção de uma fantasia de "Brasil tropical", mediante o ideal da Antropofagia, reintro-

---

10. Francisco Foot Hardman, "Antigos Modernistas" [1992], *A Vingança da Hileia: Euclides da Cunha: A Amazônia e a Literatura Moderna*, São Paulo, Ed. Unesp, 2009.
11. Jeffrey Herf, *O Modernismo Reacionário: Tecnologia, Cultura e Política na República de Weimar*, São Paulo, Ensaio, 1993.
12. François Jullien, *A Propensão das Coisas: Por uma História da Eficácia na China*, São Paulo, Ed. Unesp, 2017.
13. Luís Bueno, *Uma História do Romance de 30*, São Paulo/Campinas, Edusp/Editora Unicamp, 2006.
14. Octavio Paz, *Signos em Rotação*, São Paulo, Perspectiva, 1972.
15. Francisco Foot Hardman, "Matem o Mito", *O Estado de S.Paulo* [Caderno Aliás], 21.2.2016.
16. Elias Thomé Saliba, *Crocodilos, Satíricos e Humoristas Involuntários: Ensaios de História Cultural do Humor*, São Paulo, Intermeios, 2018; Benjamin Moser, *Autoimperialismo: Três Ensaios Sobre o Brasil*, São Paulo, Crítica, 2016.

duz preconceitos étnicos que contradizem o apregoado vanguardismo de Oswald de Andrade?[17].

Vale dizer que o tema das ilusões cronológicas que persistem em torno de rótulos modernistas, no Brasil, pode ser trabalhado em outros lugares. A flagrante desigualdade regional da formação nacional tardia da Itália, por exemplo, matéria tão afim à história brasileira, bem como os estudos notáveis de Gramsci sobre a "questão meridional" e, especificamente, sobre a esquecida ilha da Sardenha, seu berço natal, inspiraram o ensaio "Ilusões Geográficas", em que se examina, como antecedente epistemológico importante do que aqui questionamos, a volubilidade incontornável da dicotomia "centro x periferia", tanto mais instável quanto mais mergulhado acha-se o planeta Terra em tempos globais extremos, seja no plano socioambiental, seja na esfera da economia e da política[18].

Ora, conforme já demonstrou, entre outros, Bruno Gomide, a acachapante modernidade da literatura russa, só a muito custo rompeu a barreira ocidental, no século XIX, e chegou ao Brasil por vias inusitadas, desde o Nordeste, em linhagens e fluxos editoriais que nada deveram ao modernismo paulista (muito ao contrário, foram seus credores). Mais um indicador a sugerir fortemente que as ilusões cronológicas e geográficas em torno do tema em muito extravasam os limites de um só país[19]. Antes disso, Marshall Berman já havia estabelecido elos importantes, mediante uma aguda imaginação crítica, apesar de permanecer atado à noção desenvolvimentista dos anos 60, da Rússia pré-revolucionária como um mundo "subdesenvolvido". De todo modo, seu mérito foi ampliar enormemente a noção de modernidade, até sua versão matricial romântica em Goethe. Isso parece se mostrar bem compatível com outras análises independentes e paralelas, entre as quais as de Michael Löwy e Robert Sayre, quando vislumbram, na revolta melancólica do romantismo, o

---

17. Francisco Foot Hardman, "Algumas Fantasias de Brasil: O Modernismo Paulista e a Nova Naturalidade da Nação", em Edgar Salvadori de Decca e Ria Lemaire (orgs.), *Pelas Margens: Outros Caminhos da História e da Literatura*, Campinas/Porto Alegre, Unicamp/UFRGS, 2000.
18. Antonio Gramsci, *Scritti sulla Sardegna*, Nuoro, Ilisso, 2008; Francisco Foot Hardman, "Ilusões Geográficas: Sobre A Volubilidade da Noção de Periferia No Espaço-Tempo Global", *Letterature D'America*, XXXVI, (161-162), 2016.
19. Bruno Barretto Gomide, *Da Estepe à Caatinga: O Romance Russo no Brasil (1887-1936)*, São Paulo, Edusp, 2011.

primeiro ato da modernidade anticapitalista e contraposta aos valores imperantes do Antigo Regime[20].

O fato é que, a julgar pelo que se vê, todo mundo parece querer um modernismo "para chamar de seu". Antes da literatura dita moderna tornar-se uma força notável da indústria cultural, deve-se levar em conta, sobretudo, o peso mercadológico da arquitetura modernista, bem como a explosão, nas grandes metrópoles mundiais, da febre das galerias e museus de arte "moderna e contemporânea", da especialização financeira global do mercado de imputação de obras auráticas, da espiral midiática de curadores, leilões milionários, megaexposições, colecionadores-magnatas. Em pleno colapso socioambiental planetário, esses segmentos ainda raciocinam em termos de "progresso" e, pior, aplicam esse dogma "euro-norte-americano-cêntrico" à cultura, à arte e à literatura. Sejamos eternamente modernistas, isto é, eternamente gratos à legenda que enriquece poucos e engana muitos. O discurso publicitário e as retóricas próprias da era do espetáculo casam-se perfeitamente com esse tom radical-chique de falsas vanguardas. Falar de "arte" passou a ser, nos círculos dominantes, sinônimo de falar de "valor de troca", a partir do potencial monetizável de cada obra. Até "ocupações" curadores descolados promovem. Pouco importa que, enquanto isso, negros, indígenas, LGBTs, operárias e camponesas, sem-terra, precarizados, refugiados e sem-teto continuem a morrer nas periferias e centros, nas florestas, campos e cidades do Brasil. Essa fratura exposta do processo de dominação-exclusão brutal em nosso país parece aumentar ainda mais o fosso entre as elites ilustradas, modernistas, *bien-sûre*, e a imensa maioria vulnerável dos despossuídos. Tentamos refletir sobre tal abismo, que só fez crescer nessas duas décadas, num seminário internacional em Varsóvia, em meados dos 90, depois convertido em livro cuja atualidade não deve ser comemorada, mas sim lamentada[21]. Felizmente, hoje, excelentes análises, em perspectiva latino-americana, aprofundam a reflexão crítica desse "eclipse do progressismo". Seus autores demonstram lucidez para perceber

---

20. Michael Löwy e Robert Sayre, *Révolte et Mélancolie: Le Romantisme à Contrecourant de la Modernité*, Paris, Payot, 1992; Marshall Berman, *Tudo que É Sólido Desmancha no Ar: A Aventura da Modernidade*, São Paulo, Companhia das Letras, 1986.
21. Francisco Foot Hardman (org.), *Morte e Progresso: Cultura Brasileira Como Apagamento de Rastros*, São Paulo, Edusp, 1998.

que tal perspectiva de leitura pode e deve ser ampliada, forçosamente, para a dimensão global. Começando pelo esforço de produzir uma análise continental, delimitada à América Latina[22].

No início de 2019, a propósito de conferência feita na abertura do ano acadêmico da Sociedade Brasileira de Psicanálise-São Paulo, pudemos novamente retornar ao tema, ao se refletir sobre o não-lugar dos refugiados internacionais e deslocados internos[23] nas ciências humanas contemporâneas, aí incluídas a teoria e a história literárias. Assunto que só adquiriu, desde então, em pleno cenário da pandemia, contornos ainda mais dramáticos. E que nos ocupou, igualmente, na metade daquele ano, no colóquio de lançamento do núcleo de pesquisa *Exodus*, dedicado exatamente ao exame de produções culturais excêntricas e extemporâneas no mundo atual, coordenado por Daniela Birman[24]. Quanto mais nos debruçamos na barbárie moderna contemporânea, produzida a partir dos centros "extremos" mais "civilizados" do Ocidente cristão capitalista, mais ressalta aos olhos o desconcerto da noção de "modernismo", mais se põe como pertinente a noção de "anacronismo"[25], ao se tratar de imagens e formas artísticas na história de temporalidades desiguais e combinadas.

As possibilidades de análise e pesquisas abertas com o alargamento das noções usuais de espaço-tempo nos estudos culturais brasileiros são enormes. Apenas à guisa de exemplo próximo, pois se trata de autora participante deste mesmo livro, as contribuições de Luciana Murari devem ser destacadas, tanto no que toca à inscrição histórico-literária da paisagem natural, quanto no exame da literatura de viajantes-modernos, que Flora Süssekind já havia desbravado com olhar crítico sensível a essa modalidade narrativa, até então menosprezada nas origens da prosa de ficção no Brasil oitocentista[26].

---

22. José Correa Leite, Janaina Uemura e Filomena Siqueira (orgs.), *O Eclipse do Progressismo: A Esquerda Latino-Americana em Debate*, São Paulo, Elefante, 2018.
23. Ou refugiados urbanos, na feliz expressão do padre Julio Lancelotti.
24. Daniela Birman, "Notas Sobre a Marginalidade: O Periférico, o Agregado e o Louco no Campo Literário Contemporâneo", *Letterature d'America*, XXXVI (161-162), 2016, Roma; Francisco Foot Hardman, "Onde Fica Mesmo o Centro? Deslocamentos de Paradigmas na Era dos Refugiados", *Exodus: Deslocamentos na Literatura, no Cinema e nas Artes*, Belo Horizonte, Relicário, 2020.
25. Georges Didi-Huberman, *Devant le Temps: Histoire de l'Art et Anachronisme des Images*, Paris, Minuit, 2000.
26. Luciana Murari, *Brasil, Ficção Geográfica: Ciência e Nacionalidade no País d'Os Sertões*, São Paulo/Belo Horizonte, Annablume/Fapemig, 2007; *Natureza e Cultura no Brasil: 1870-1922*, São Paulo, Alameda, 2009; Flora Süssekind, *O Brasil Não Fica Longe Daqui: O Narrador, a Viagem*, São Paulo,

Antes de concluir, convém relembrar alguns exemplos marcantes da impropriedade do recorte modernista de 1922 em nossa historiografia cultural e literária. Quando criticamos a noção de "pré-modernismo" como evolucionista, tendenciosa e anacrônica, tivemos o apoio manifesto do professor Alfredo Bosi, que, num encontro acadêmico na Unicamp, em 1994, disse concordar plenamente com nossas ponderações críticas acerca dessa noção, que ele próprio fora dos primeiros a utilizar, num livro de 1966 sobre Lima Barreto e Euclides da Cunha, entre outros autores. Mas, a bem da verdade, diga-se que Bosi pareceu sempre desconfiar da periodização triunfante de 1922, como sugeriu, depois, de modo elegante e perspicaz no ensaio "Moderno e Modernista na Literatura Brasileira"[27].

O historiador Nicolau Sevcenko, entre outros, já havia chamado a atenção, na perspectiva da história cultural, para esses autores-chave do que denominara "literatura como missão": Lima Barreto e Euclides da Cunha[28]. No caso de Lima Barreto, havíamos pesquisado, antes, na esteira, entre outros, de Francisco de Assis Barbosa e Arnoni Prado, suas ligações importantes com a literatura social de cunho anarquista[29]. Neste século, merece realce o trabalho pioneiro de Luiz Silva, sobre a categoria original de "sujeito étnico", que cunhou para examinar a obra do poeta simbolista negro mais ousado que muitos dos arautos de 1922, Cruz e Sousa, além da trajetória ficcional e crítica do próprio Lima Barreto[30].

Com relação a Euclides da Cunha, afora vários ensaios produzidos ao longo de duas décadas, reunidos em *A Vingança da Hileia* (2009), há que mencionar, por seus vínculos ao nosso tema, o estudo introdutório elaborado recentemente para integrar a edição crítica de *À Margem da História*, organizada em colaboração com Leopoldo Bernucci e Felipe Rissato, 110 anos

Companhia das Letras, 1988. Cf. também a interessante e original pesquisa de Luciana Murari apresentada no seminário e publicada no presente volume.
27. Alfredo Bosi, "Moderno e Modernista na Literatura Brasileira", *Céu, Inferno: Ensaios da Crítica Literária e Ideológica*, São Paulo, Ática, 1988; *O Pré-Modernismo*, São Paulo, Cultrix, 1966.
28. Nicolau Sevcenko, *Literatura Como Missão: Tensões Sociais e Criação Cultural na Primeira República*, São Paulo, Brasiliense, 1983.
29. Francisco Foot Hardman, *Nem Pátria, Nem Patrão! Memória Operária, Cultura e Literatura no Brasil*, [1983], 2002.
30. Luiz Silva [Cuti], *A Consciência do Impacto nas Obras de Cruz e Sousa e de Lima Barreto*, Belo Horizonte, Autêntica, 2009.

depois da sua primeira aparição. Nela, remando contra a corrente de certa recepção predominantemente nacionalista-conservadora de sua obra, ressaltamos o caráter socioambiental pioneiro de seu pensamento crítico[31]. Se, em Lima Barreto, emergem liames libertários anarquistas, em Euclides, por outro lado, em seu livro póstumo *À Margem da História*, que talvez seja sua obra mais relevante, ao lado de *Os Sertões*, desponta um pensamento socialdemocrata nos moldes do que melhor propugnavam, àquela altura, os programas mínimos de reforma trabalhista socialdemocrata da chamada Internacional Socialista. E, isso, com claras alusões condenatórias à destruição ecológica da região Amazônica, em pleno curso do ciclo da borracha, entre 1904-1906, quando o escritor lá esteve. Iniciada no período colonial, esboço trágico da catástrofe por vir, disso Euclides tratava num manuscrito que denominou "Brutalidade Antiga", depois aparentemente desaparecido em sua versão original.

Controvérsias à parte, é fato hoje bem convincente que, quando os tambores do Teatro Municipal rufaram, naquela badalada Semana de 22, já havia pelo menos meio século de diversificada produção literária, no Brasil, perfeitamente disposta aos cânones de quaisquer dos modernismos em curso, seja em âmbito hispano-americano, seja em âmbito norte-americano ou europeu. E não seria preciso recorrer ao "caso" Machado de Assis, como "genialidade periférica", como exceção de excelência no cânone ocidental. Bastava acompanhar o que diziam nossos críticos culturais mais proeminentes na passagem do século XIX ao XX, de José Veríssimo a Araripe Júnior, de Sílvio Romero a Manuel Bomfim, de Gonzaga Duque a João do Rio, de Lima Barreto a José Oiticica e a Ronald de Carvalho, entre tantos. Variando gostos e estilos, a vida literária adensava-se como as urbes, entre imigrantes estrangeiros, ex-escravos e espoliados da sorte, entre dândis e "liberais que não se liberaram jamais". Alguém duvida que essas diversidades e abismos se precipitem até nós, agora?

É preciso ver a contracorrente dos rios da história. Em julho de 2019, ocorreu a terceira edição de uma contramanifestação ao indefectível 9 de julho da elite paulista, em antigo pátio de velha fábrica do Brás, em São Paulo: o ato de concessão do prêmio António Martínez a operários militantes destaca-

---

31. Francisco Foot Hardman, "A Amazônia e a Radicalização do Pensamento Socioambiental de Euclides da Cunha", em Euclides da Cunha, *À Margem da História*, São Paulo, Editora Unesp, 2019.

dos. Homenagem e ato memorial a um jovem sapateiro espanhol morto pela Força Pública nas barricadas da greve geral de 1917, por coincidência a 9 de julho, exatamente ao lado do galpão em que se realizou o evento. Será possível sempre buscar novos símbolos em contraponto às narrativas oficiais do poder, que se exibe e se autoreverencia em todos seus aparelhos, dispositivos, tempos e lugares.

Nesse mesmo contexto, é verdadeiramente exemplar a ficção autobiográfica inacabada de Paulo Emílio Salles Gomes, que só veio à baila em 2007: *Cemitério* (que pode muito bem ser lido em paralelo com o relato de Pagu, *Autobiografia Precoce*, saído em 2005). A ela se junta ainda a peça *Destinos*, por ele escrita e encenada no presídio político da vila Maria Zélia, no Belenzinho, após a repressão de Vargas, no final de 1935[32]. Incríveis e invisíveis são os fios e rumos da resistência das classes populares, em todos os regimes e épocas. Linhas e traços fragmentários e descontínuos, as representações dos subalternos acabam, de algum modo, por suspender as determinações do cotidiano imediato, nem que seja para sublimá-lo ou expressá-lo em formas e linguagens diversas.

Para finalizar, vale relembrar de um escritor brasileiro de prosa moderna no século xx, que passou ao largo das instituições literárias oficiais do modernismo paulista: José Geraldo Vieira. Tome-se, afora seu trabalho inovador e pioneiro como crítico de arte e tradutor, a sua dezena de romances de elevada maestria de construção e linguagem, entre os quais *A Quadragésima Porta* (1943), *A Ladeira da Memória* (1950), *O Albatroz* (1952) e *Terreno Baldio* (1961). Poucos autores nacionais foram capazes de tamanha dose de cosmopolitismo, sem perder de vista o lugar do "desigual e combinado" das espaço-temporalidades no Brasil. O primeiro dos romances citados foi bastante mal recebido por Antonio Candido, em resenha depois incorporada à coletânea *Vários Escritos*. Numa das visitas que fizemos ao mestre, em seus derradeiros anos, atrevi-me a perguntar-lhe as razões de tanta rejeição contra um escritor "marginal do andar de cima", portador de altíssima qualidade narrativa e

---

32. De fato, de volta à prisão política do Paraíso, em meados de 1936, por conta do "ato subversivo" de *Destinos*, Paulo Emílio foi vizinho de cela de Patrícia Galvão, que amargou cerca de cinco anos de cárcere durante a ditadura Vargas, período em que redigiu sua longa carta autobiográfica dirigida a Geraldo Ferraz.

estética. Ele me retrucou sem delongas: "– Arroubo de juventude, sectarismo ideológico inconsequente. José Geraldo Vieira é dos maiores escritores brasileiros do século XX, infelizmente ainda em grande parte desconhecido..."[33]. Nada como o tempo para refazer o ciclo dos juízos e das intrigas.

REFERÊNCIAS BIBLIOGRÁFICAS:

ABREU, Márcia (org.). *Romances em Movimento: A Circulação Transatlântica dos Impressos (1789-1914)*. Campinas, Editora Unicamp, 2016.

ALI, Tariq. *The Extreme Centre: A Second Warning*. London/New York, Verso, 2018.

BERMAN, Marshall. *Tudo que É Sólido Desmancha no Ar: A Aventura da Modernidade*. São Paulo, Companhia das Letras, 1986.

BIRMAN, Daniela. "Notas Sobre A Marginalidade: O Periférico, o Agregado e o Louco no Campo Literário Contemporâneo". *Letterature D'America,* XXXVI (161-162), 2016, pp. 19-41. Roma.

BOSI, Alfredo. "Moderno e Modernista Na Literatura Brasileira". *Céu, Inferno: Ensaios da Crítica Literária e Ideológica*. São Paulo, Ática, 1988, pp. 114-26.

_____. *O Pré-Modernismo*. São Paulo, Cultrix, 1966.

BUENO, Luís. *Uma História do Romance de 30*. São Paulo/Campinas, Edusp/Editora Unicamp, 2006.

BURGI, Sérgio (org.). *Marc Ferrez: Território e Imagem*. São Paulo, IMS, 2019.

COELHO, Marinilce. *O Grupo dos Novos, 1946-1952: Memórias Literárias de Belém do Pará*. Belém, Edufpa, 2005.

DAVIDSON, Neil. *Desenvolvimento Desigual e Combinado: Modernidade, Modernismo e Revolução Permanente*. São Paulo, Editora Unifesp/Coletivo Editorial Ideias Baratas, 2021.

DIDI-HUBERMAN, Georges. *Devant le Temps: Histoire de L'art et Anachronisme des Images*. Paris, Minuit, 2000.

FARIA, Daniel. *O Mito Modernista*. Uberlândia, Edufu, 2006.

FOOT HARDMAN, Francisco & LEONARDI, Victor. *História da Indústria e do Trabalho no Brasil: Das Origens aos Anos 20*. 2. ed. rev. São Paulo, Ática, 1991.

---

33. Não gravei nem anotei a frase, mas reproduzo-a com fidedignidade. Estavam presentes os colegas Antonio Arnoni Prado e Geraldo Moreira Prado. Devo ao colega Mário Luiz Frungillo, rastreador de preciosidades em sebos, meu primeiro contato com a obra ficcional de José Geraldo Vieira. Depois de uma tentativa inicial da editora Planeta, o grande responsável pela reedição das obras do autor neste século é André Caramuru Aubert, através da editora virtual Descaminhos (José Geraldo Vieira, "Noturno da Memória ou a Esperada Volta de Um Mestre (Introdução)", *A Ladeira da Memória*, São Paulo, Planeta do Brasil, 2003; "O Romancista Brasileiro da Era dos Extremos" (Prólogo), em José Geraldo Vieira, *Terreno Baldio*, São Paulo, Descaminhos, 2014).

GALVÃO, Patrícia. *Paixão Pagu: A Autobiografia Precoce de Patrícia Galvão*. Rio de Janeiro, Agir, 2005.
GOMES, Paulo Emílio Salles. *Cemitério: Mais a Peça Teatral. Destinos*. São Paulo, Cosac Naif, 2007.
GRAMSCI, Antonio. *Scritti sulla Sardegna*. Nuoro, Ilisso, 2008.
GRANJA, Lúcia & LUCA, Tania Regina de (orgs.). *Suportes e Mediadores: A Circulação Transatlântica Dos Impressos (1789-1914)*. Campinas, Ed. Unicamp, 2019.
GOMIDE, Bruno Barreto. *Da Estepe à Caatinga: O Romance Russo no Brasil (1887-1936)*. São Paulo, Edusp, 2011.
HARDMAN, Francisco Foot. "Algumas Fantasias de Brasil: O Modernismo Paulista e A Nova Naturalidade da Nação". *In*: DECCA, Edgar Salvadori de & LEMAIRE, Ria (orgs.). *Pelas Margens: Outros Caminhos da História e da Literatura*. Campinas/ Porto Alegre, Unicamp/UFRGS, 2000.
_____. "A Amazônia e a Radicalização do Pensamento Socioambiental de Euclides da Cunha". *In*: CUNHA, Euclides da. *À Margem da História*. São Paulo, Unesp, 2019, pp. 15-31 [Ed. crítica por BERNUCCI, Leopoldo; HARDMAN, Francisco Foot & RISSATO, Felipe].
_____. "Antigos Modernistas" [1992]. *A Vingança da Hileia: Euclides da Cunha, A Amazônia e a Literatura Moderna*. São Paulo, Editora Unesp, 2009, cap. 10.
_____. "Cidades Errantes: Signos do Moderno no Nordeste Oitocentista" [1988; 2000]. *A Vingança da Hileia: Euclides da Cunha, a Amazônia e a Literatura Moderna*. São Paulo, Editora Unesp, 2009, cap. 17.
_____. Ilusões Geográficas: Sobre a Volubilidade da Noção de Periferia no Espaço-Tempo Global. *Letterature D'America*, XXXVI, (161-162), 2016a, pp. 5-18. Roma.
_____. "Matem o Mito". *O Estado de S.Paulo* [Caderno *Aliás*], 21.2.2016.
_____. (org.). *Morte e Progresso: Cultura Brasileira Como Apagamento de Rastros*. São Paulo, Editora Unesp, 1998.
_____. *Nem Pátria, Nem Patrão! Memória Operária, Cultura e Literatura no Brasil*. [1983]. 3. ed. rev. ampl. São Paulo, Unesp, 2002.
_____. "Noturno da Memória ou a Esperada Volta de um Mestre" (Introdução). *In*: VIEIRA, José Geraldo. *A Ladeira da Memória*. São Paulo, Planeta do Brasil, 2003.
_____. "O Romancista Brasileiro da Era do Extremos" (Prólogo). *In*: VIEIRA, José Geraldo. *Terreno Baldio*. São Paulo, Descaminhos, 2014.
_____. "Onde Fica Mesmo o Centro? Deslocamento de Paradigmas na Era dos Refugiados". *In*: BIRMAN, Daniela & HARDMAN, Francisco Foot (orgs.). *Exodus: Deslocamentos na Literatura, no Cinema e nas Artes*. Belo Horizonte, Relicário, 2020, pp. 17-32.

_____. *Trem-fantasma: A Ferrovia Madeira – Mamoré e a Modernidade na Selva*. 2. ed. rev. e ampl. São Paulo, Companhia das Letras, 2005.

HERF, Jeffrey. *O Modernismo Reacionário: Tecnologia, Cultura e Política na República de Weimar*. São Paulo, Ensaio, 1993.

JULLIEN, François. *A Propensão das Coisas: Por uma História da Eficácia na China*. São Paulo, Unesp, 2017.

LEITE, José Correa; UEMURA, Janaina & SIQUEIRA, Filomena (orgs.). *O Eclipse do Progressismo: A Esquerda Latino-Americana em Debate*. São Paulo, Elefante, 2018.

LÖWY, Michael & SAYRE, Robert. *Revolte et Melancolie: Le Romantisme a ContreCourant de la Modernite*. Paris, Payot, 1992.

MARTINS, Ricardo André Ferreira. *Os Atenienses: A Invenção do Cânone Nacional*. Imperatriz, Ética, 2012.

MOSER, Benjamin. *Autoimperialismo: Três Ensaios Sobre o Brasil*. São Paulo, Crítica, 2016.

MURARI, Luciana. *Brasil, Ficção Geográfica: Ciência e Nacionalidade no País d'Os Sertões*. São Paulo/Belo Horizonte, Annablume/Fapemig, 2007.

_____. *Natureza e Cultura no Brasil: 1870-1922*. São Paulo, Alameda, 2009.

PONCIONI, Claudia & LEVIN, Orna (orgs.). *Deslocamentos e Mediações: A Circulação Transatlântica dos Impressos (1789-1914)*. Campinas, Editora Unicamp, 2019.

PAZ, Octavio. *Signos em Rotação*. São Paulo, Perspectiva, 1972.

PRADO, Antonio Arnoni; HARDMAN, Francisco Foot & LEAL, Claudia Baeta (orgs.). *Contos Anarquistas: Temas & Textos da Prosa Libertária no Brasil*. 2. ed. rev. e ampl. São Paulo, WMF Martins Fontes, 2011.

SALIBA, Elias Tomé. *Crocodilos, Satíricos e Humoristas Involuntários: Ensaios de História Cultural do Humor*. São Paulo, Intermeios, 2018.

SEVCENKO, Nicolau. *Literatura Como Missão: Tensões Sociais e Criação Cultural na Primeira República*. São Paulo, Brasiliense, 1983.

SILVA, Luiz (Cuti). *A Consciência do Impacto nas Obras de Cruz e Sousa e de Lima Barreto*. Belo Horizonte, Autêntica, 2009.

SÜSSEKIND, Flora. *O Brasil Não Fica Longe Daqui: O Narrador, a Viagem*. São Paulo, Companhia das Letras, 1988.

Sobre os Autores

ANA LUIZA MARTINS. Possui graduação em História pela Universidade de São Paulo (1970), mestrado em História Social pela Universidade de São Paulo (1990) e doutorado em História Social pela Universidade de São Paulo (1998). Publicou, entre vários trabalhos, *História do Café, História da Imprensa no Brasil, O Historiador e Suas Fontes,* todos pela Editora Contexto. Concursada como historiógrafa no Condephaat (Conselho de Defesa do Patrimônio Histórico Arqueológico, Artístico e Turístico), exerceu a função de historiadora do serviço técnico e, posteriormente, de Diretora do GEI (Grupo de Estudos de Inventário e Reconhecimento do Patrimônio Cultural e Natural) da UPPH (Unidade de Preservação do Patrimônio Histórico).

ANDRÉA DE ARAUJO NOGUEIRA. Bacharel e licenciada em História (FFLCH-USP); Mestre em Artes Visuais (IA/Unesp) e Doutora em Ciências da Comunicação (ECA-USP). Pesquisadora Colaboradora (FFLCH-USP). Gestora cultural e atual Gerente do Centro de Pesquisa e Formação do Sesc São Paulo.

CAMILA RODRIGUES. Graduada em História pela Universidade de São Paulo (USP), mestra e doutora em História Social e pós doutora em História Cultural pela mesma instituição. Já trabalhou como professora de Humanidades no nível fundamental e médio e tem experiência em pesquisa na área de História, com ênfase em História Cultural e Teoria da História, atuando principalmente nos seguintes temas: Relações entre História e Literatura enfocando especialmente José Saramago; João Guimarães Rosa; Pedro Bloch; História da Infância; História e Humor.

ELENA PAJARO PERES. Doutora em História pela USP. Pós-doutora em Literatura pelo Instituto de Estudos Brasileiros da USP, com pesquisa sobre os manuscritos da escritora Carolina Maria de Jesus. Foi pesquisadora visitante no African American Studies da

Boston University. Autora do livro *A Inexistência da Terra Firme. A Imigração Galega em São Paulo*, da tese *Exuberância e Invisibilidade: Populações Moventes e Cultura em São Paulo* e do capítulo "Carolina Maria de Jesus. Insubordinação e Ética numa Literatura Feminina de Diáspora", entre outros escritos.

ELIAS THOMÉ SALIBA. Professor titular do Departamento de História da FFLCH da USP, pesquisador 1A do CNPq e membro da International Society of Luso-Hispanic Humor Studies. Coordena o Grupo de Pesquisa em História Cultural do Humor, da USP, credenciado pelo CNPq e o site humorhistoria.wordpress.com. Entre suas publicações mais importantes estão os livros *Raízes do Riso* (3. ed., Companhia das Letras, 2009); *As Utopias Românticas* (2. ed., Estação Liberdade, 2007); *Crocodilos, Satíricos e Humoristas Involuntários: Ensaios de História Cultural do Humor* (Intermeios/USP, 2018) e os capítulos "A Dimensão Cômica da Vida Privada na República", que integra o volume III da *História da Vida Privada no Brasil* (org. por Nicolau Sevcenko, 11. ed., Companhia das Letras, 2014); e *Cultura: As Apostas na República* que compõe o vol. 3, *A Abertura para o Mundo, 1889-1930*, da Coleção História do Brasil-Nação (org. Lilia Schwarcz, 3. ed., Objetiva, 2018).

FRANCISCO FOOT HARDMAN. Doutor em Filosofia (USP, 1986), livre-docente em literatura e ciências humanas (Unicamp, 1994) e fez pós-doutorados no Collège International de Philosophie (Paris, 1989) e no Istituto di Studi Avanzati da Universidade de Bolonha (2013). É professor titular na área de Literatura e Outras Produções Culturais do Instituto de Estudos da Linguagem da Unicamp, onde ensina desde 1987. Entre trabalhos publicados, é autor de *Trem-fantasma: A Ferrovia Madeira-Mamoré e a Modernidade na Selva* (Companhia das Letras, 2005), *Nem Pátria, Nem Patrão! Memória Operária, Cultura e Literatura no Brasil* (Unesp, 2002), *A Vingança da Hileia: Euclides da Cunha, a Amazônia e a Literatura Moderna* (Unesp, 2009), e organizador de *Morte e Progresso: Cultura Brasileira Como Apagamento de Rastros* (Unesp, 2005) e *Ai Qing: Viagem à América do Sul - Poemas* (Unesp, 2019).

GABRIELA PELLEGRINO SOARES. Professora livre-docente de História da América Independente da Universidade de São Paulo. É pesquisadora do CNPq, co-coordenadora do projeto de cooperação internacional Transatlantic Cultures (Fundação de Amparo à Pesquisa do Estado de São Paulo/Agence Nationale de la Recherche) e pesquisadora associada da Biblioteca Brasiliana da USP. Integra a coordenação da área de Ciências Humanas e Sociais da Fapesp.

LEANDRO ANTONIO DE ALMEIDA. É bacharel e licenciado em História pela USP, onde se tornou mestre e doutor pelo programa de História Social. Integra o grupo de Pesquisa Humor e História da USP, junto ao qual realizou entre 2017 e 2019 estágio pós-doutoral, do qual resultou o seu capítulo. Professor do curso de Licenciatura em História do Centro de Artes, Humanidades e Letras, campus Cachoeira, da Universidade Federal do Recôncavo da Bahia (UFRB) e professor do Mestrado Profissional em História da

África, da Diáspora e dos Povos Indígenas. Coordenador do Subprojeto História do PIBID/UFRB e do Grupo de Pesquisa Roda de Histórias.

LUCIANA MURARI. Fez sua formação acadêmica na Universidade Federal de Minas Gerais e na Universidade de São Paulo, tendo também realizado estágio de pesquisa na École des Hautes Études en Sciences Sociales, na França. Atualmente, é professora da Escola de Humanidades e do Programa de Pós-graduação em História da Pontifícia Universidade Católica do Rio Grande do Sul. Suas pesquisas têm se concentrado nas áreas de história cultural e intelectual do Brasil, explorando o pensamento social e a produção literária.

NELSON APROBATO FILHO. Doutor, mestre e graduado em História pela USP. Possui pós-doutorado pela mesma instituição, tendo pesquisado a história dos animais no Rio de Janeiro a partir da obra de Machado de Assis. Foi pesquisador visitante no Departamento de História do MIT. Especialista em História das Relações entre o Ser Humano e os Animais e História das Sonoridades Urbanas. Autor, entre outras publicações, do livro Kaleidosfone. As Novas Camadas Sonoras da Cidade de São Paulo – Fins do Século XIX, Início do Século XX, Edusp/Fapesp, 2008.

NELSON SCHAPOCHNIK. Professor da Faculdade de Educação da Universidade de São Paulo desde 2001. Mestre (1992) e doutor (1999) na área de História Social (FFLCH-USP), estágio pós-doutoral (2013) UERJ. Pesquisador do Livro, da Leitura, das Bibliotecas e da Edição. Organizador de João do Rio: Um Dândi na Cafelândia (Boitempo, 2004); com Márcia A. Abreu, Cultura Letrada no Brasil: Objetos e Práticas (Mercado de Letras, 2005) e com Giselle M. Venâncio, Escrita, Leitura e Edição na América Latina (UFF, 2016) e autor dos capítulos "Cartões-Postais, Álbuns de Família e Ícones da Intimidade", História da Vida Privada no Brasil, vol. III (org. Nicolau Sevcenko, 11. ed., Companhia das Letras, 2014); e "Cicatriz de Origem: Notas para uma Historiografia da Leitura no Brasil", em Plinio Martins Filho e Waldecy Tenório (orgs.), João Alexandre Barbosa: O Leitor Insone, São Paulo, Edusp, 2007.

PATRICIA TAVARES RAFFAINI. Desenvolveu suas pesquisas de mestrado, doutorado e pós-doutorado em História Social pela Faculdade de Filosofia, Letras e Ciências Humanas, FFLCH-USP. Foi professora visitante da pós-graduação em História da Universidade Federal de São Paulo, Unifesp. É pesquisadora residente da Biblioteca Brasiliana Guita e José Mindlin, BBM-USP, onde desenvolve o projeto Modernismo e a Edição de Livros Infantojuvenis no Brasil (1920-1931). Dedica-se a pesquisar as áreas de História do Livro e da Leitura no Brasil e História da Literatura Infantil. Publicou Esculpindo a Cultura na Forma Brasil. O Departamento de Cultura de São Paulo, 1935-1938 (São Paulo, Humanitas, 2001). Sua pesquisa de pós-doutorado será publicada, pela Com-Arte – Editora Laboratório do curso de Editoração – ECA-USP, com o título Livros para Morar: Uma História dos Livros para Crianças e Jovens no Brasil (1860-1920).

Paula Ester Janovitch. Mestre em Antropologia (puc/sp) e doutora em História (usp). Autora do livro *Preso por Trocadilho: A Imprensa de Narrativa Irreverente Paulistana 1900-1911* (Ed. Alameda) e do roteiro "Os Segredos das Passagens: Percurso Pelas Galerias do Centro Novo", capítulo do livro *Dez Roteiros Históricos a pé em São Paulo* (Narrativa Um Editora). Escreve no blog Versão Paulo e faz roteiros históricos pela cidade como integrante do coletivo pisa: pesquisa + cidade.

Regina Horta Duarte. Possui graduação em História pela Universidade Federal de Minas Gerais (1985), mestrado e doutorado em História pela Universidade Estadual de Campinas (1988 e 1993, respectivamente). Atualmente é Professora Titular da Universidade Federal de Minas Gerais. Tem experiência na área de História, com ênfase em História do Brasil República, história e natureza, história da biologia na Primeira República, história dos animais.

Roney Cytrynowicz. Historiador com Mestrado e Doutorado pela fflch-usp. É autor de *Guerra Sem Guerra: A Mobilização e o Cotidiano em São Paulo Durante a Segunda Guerra Mundial* e de *Memória da Barbárie* (ambos pela Edusp) e co-organizador de *Retratos da Infância na Imigração Japonesa* e dos guias *Dez Roteiros Históricos a Pé em São Paulo* e *Dez Roteiros a Pé com Crianças pela História de São Paulo* (Narrativa Um). Foi curador da exposição *Infâncias em São Paulo* no Museu da Cidade (2021). É diretor da Editora Narrativa Um – Projetos e Pesquisas de História.

Rosane Pavam. Formada em jornalismo pela Escola de Comunicações e Artes da Universidade de São Paulo, atuou como redatora, resenhista, repórter, editora e coordenadora nos jornais *Folha de S.Paulo, Jornal da Tarde, O Estado de S.Paulo, Diário do Grande abc, Valor* e *Gazeta Mercantil*, e em revistas como *Carta Capital, IstoÉ* e *Animal*, essa de quadrinhos adultos e cultura. Traduziu contos do escritor Jack London destinados à coleção Para Gostar de Ler (Ática) e editou para a Estação Liberdade o *Relato Autobiográfico* do cineasta Akira Kurosawa. Seu mestrado, defendido em 2011 pela Faculdade de História da usp, investiga o cinema de Ugo Giorgetti. Sua tese de doutorado, de 2017, intitula-se *Retratos do Épico-Cômico: Totò, De Sica e a Commedia all'Italiana*. É autora de dois livros, *O Cineasta Historiador* (Alameda) e *O Sonho Intacto* (Imprensa Oficial).

Tania Regina de Luca. Possui graduação em História pela usp, Mestrado e Doutrado em História Social pela mesma universidade. Professora Livre-Docente do Departamento de História, Unesp/Assis. Pesquisadora Produtividade do cnpq. Desenvolve pesquisas na área de história da cultura e da imprensa. Em 2018, publicou *A Ilustração (1884-1892): A Circulação de Imagens Entre Paris, Lisboa e Rio de Janeiro* (São Paulo, Unesp/Fapesp, 2018).

Thais Leão Vieira. Doutora, mestre e graduada em História pela Universidade Federal de Uberlândia. Professora do curso de Licenciatura em História da Universidade Federal de

Mato Grosso e do Programa de Pós-graduação em História da UFMT. Coordenadora do Grupo de Estudos e Pesquisa em História, Linguagens e Cultura (GEPEHLC/UFMT/CNPq). Integra o grupo de Pesquisa Humor e História da USP, junto ao qual realizou entre 2019 e 2020 estágio pós-doutoral. É membro da International Society for Luso--Hispanic Humor Studies (ISLHHS) e da Rede Internacional de Pesquisa em História e Culturas no Mundo Contemporâneo. Autora de *Allegro Ma Non Troppo: Ambiguidades do Riso na Dramaturgia de Oduvaldo Vianna Filho* (São Paulo, Ed. Verona, 2014 e-book).

WAGNER MARTINS MADEIRA. Graduação, mestrado e doutorado na FFLCH-USP. Sua dissertação de mestrado *Machado de Assis: Homem-lúdico: Uma Leitura de Esaú e Jacó* foi publicada em 2001 pela Annablume. A tese de doutorado *Formas do Teatro de Comédia: A Obra de Oduvaldo Vianna* foi publicada em 2016 pela FAP-Unifesp. Em decorrência também do doutoramento, já havia publicado em 2008 pela Martins Fontes o volume *Comédias* sobre o teatro de Oduvaldo Vianna. Em 2013, concluiu pós--doutoramento em Literatura Brasileira na Unesp-Assis, a respeito da obra do escritor contemporâneo Ronaldo Correia de Brito.

Formato	16 x 23 cm
Tipologia	Sabon MT Std (miolo)
Papel	Off_Set Alta Alvura 240 g/m² (capa)
	Pólen Natural 70 g/m² (miolo)
Impressão e acabamento	A. R. Fernadez Gráfica Ltda.
Data	Dezembro de 2022